高等院校医学影像学、医学影像技术案例版系列教材

编审委员会

主 任 委 员 余建明 黄 钢

副主任委员（以姓名笔画为序）

牛延涛 付海鸿 孙存杰 杜 勇 李真林
林承光 郑传胜 聂生东 徐海波 高剑波
谢明星 鲜军舫 薛蕴菁

委　　员（以姓名笔画为序）

王世威 牛延涛 付海鸿 吕发金 吕维富
刘建军 孙存杰 杜 勇 李真林 李彩娟
李智岗 杨 建 杨晓鹏 吴飞云 邱士军
邱建峰 余建明 林承光 郑传胜 赵心明
胡鹏志 聂生东 倪红艳 徐海波 高剑波
郭跃信 黄 钢 黄小华 曹国全 梁 萍
谢明星 雷子乔 鲜军舫 翟福山 薛蕴菁

前　言

本教材是高等院校医学系列教材，供医学影像学、医学影像技术、生物医学工程等专业本科生使用，也可作为在职放射治疗师的培训用书，同时也可作为肿瘤放射治疗相关专业人员了解本专业的参考用书。本教材编写中注重学生的素质教育和能力培养，体现了思想性、科学性、先进性、启发性和适用性，使学生掌握基本理论、基本知识和基本技能。本教材由高等医学院校长期从事肿瘤放射治疗临床研究及教学工作，并具有丰富的理论知识和实践经验的专家教授共同编写，采用案例与教学内容相结合的编写形式，融案例教学于课堂理论授课之中，所有案例均来自工作实践，经专家反复讨论修订，有很强的实用价值。本教材中的每个案例都是按教学内容需求进行选择、提出问题，并进行案例分析解答，其丰富了教学内容，使学生能通过案例实践提高专业知识的综合应用能力，启发学生创新思维，提高学生学习的主动性和积极性。本教材主要内容包括绪论、放射治疗设备、放射治疗计划设计及计划评估、临床放射生物学基础、临床放射治疗学、肿瘤放射治疗体位固定技术、肿瘤放射治疗模拟定位技术、肿瘤放射治疗技术、放射治疗的质量控制和质量保证、放射治疗网络建设及管理、肿瘤患者放射治疗过程中的心理干预，从临床实际问题出发，以丰富的实际案例作解释，深入浅出地介绍了近年来放射治疗新技术、新进展，重点突出实用性和操作性。

本教材的编写得益于全体编者与出版社的通力合作，中山大学附属肿瘤医院放射治疗科齐新宇治疗师为本教材做了大量细致工作，在此一并表示诚挚谢意。

由于水平有限，对教材中不足之处，敬请学界同仁和读者批评指正，提出宝贵意见，使本教材在实践中得以逐步完善。

林承光　郭跃信　翟福山

2020 年 6 月

目　　录

第一章　绪论 ··· 1
　　第一节　放射肿瘤学的发展历史 ··· 1
　　第二节　放射治疗在肿瘤治疗中的作用和地位 ··· 4
第二章　放射治疗设备 ·· 8
　　第一节　X射线模拟定位机 ·· 8
　　第二节　CT模拟定位机 ·· 11
　　第三节　MR模拟定位机 ··· 14
　　第四节　钴-60治疗机 ··· 20
　　第五节　医用电子直线加速器 ·· 23
　　第六节　γ刀立体定向放射治疗设备 ··· 39
　　第七节　射波刀立体定向放射治疗设备 ··· 42
　　第八节　螺旋断层放射治疗设备 ··· 48
　　第九节　质子、重离子治疗设备 ··· 52
　　第十节　近距离放射治疗设备 ·· 56
　　第十一节　放射治疗剂量检测和剂量验证设备 ··· 62
第三章　放射治疗计划设计及计划评估 ··· 69
　　第一节　外照射放射治疗计划设计 ··· 69
　　第二节　放射治疗计划系统 ··· 93
　　第三节　三维适形和调强与立体定向放射治疗计划设计 ·· 98
　　第四节　特殊照射技术计划设计 ··· 105
　　第五节　后装近距离放射治疗计划设计 ··· 109
　　第六节　放射性粒子植入计划设计 ··· 114
　　第七节　放射治疗计划评估 ··· 118
　　第八节　治疗计划剂量验证 ··· 122
第四章　临床放射生物学基础 ·· 126
　　第一节　电离辐射对细胞的作用 ··· 126
　　第二节　电离辐射对正常组织和器官的作用 ·· 129
　　第三节　电离辐射对肿瘤的作用 ··· 133
　　第四节　分次放射治疗的生物学基础及临床应用 ·· 135
　　第五节　改变放射效应的措施 ·· 140
第五章　临床放射治疗学 ··· 144
　　第一节　鼻咽癌 ·· 144
　　第二节　肺癌 ··· 151
　　第三节　食管癌 ·· 158
　　第四节　乳腺癌 ·· 164
　　第五节　直肠癌 ·· 174

第六节　前列腺癌 180
　　第七节　宫颈癌 190
　　第八节　中枢神经系统肿瘤 196

第六章　肿瘤放射治疗体位固定技术 205
　　第一节　概述 205
　　第二节　体位固定方式 207
　　第三节　头颈部肿瘤放射治疗的体位固定 214
　　第四节　胸部肿瘤放射治疗的体位固定 217
　　第五节　乳腺肿瘤放射治疗的体位固定 218
　　第六节　腹部及盆腔肿瘤放射治疗的体位固定 220
　　第七节　特殊情况肿瘤放射治疗的个体化体位固定 223

第七章　肿瘤放射治疗模拟定位技术 231
　　第一节　二维X射线模拟定位 231
　　第二节　CT模拟定位 237
　　第三节　MRI模拟定位 247

第八章　肿瘤放射治疗技术 254
　　第一节　鼻咽癌的放射治疗技术 255
　　第二节　肺癌的放射治疗技术 258
　　第三节　食管癌的放射治疗技术 263
　　第四节　乳腺癌的放射治疗技术 264
　　第五节　直肠癌的放射治疗技术 270
　　第六节　前列腺癌的放射治疗技术 273
　　第七节　宫颈癌的放射治疗技术 275

第九章　放射治疗的质量控制和质量保证 279
　　第一节　概述 280
　　第二节　放射治疗设备的质量控制和质量保证 285
　　第三节　模拟定位设备的质量控制和质量保证 293
　　第四节　放射治疗流程中的质量保证 297
　　第五节　图像引导放射治疗（IGRT）技术 302
　　第六节　放射治疗中的器官运动管理 313
　　第七节　放射治疗安全问题 319

第十章　放射治疗网络建设及管理 326
　　第一节　放射治疗网络 326
　　第二节　放射治疗网络应用管理及维护 328

第十一章　肿瘤患者放射治疗过程中的心理干预 333
　　第一节　肿瘤患者的心路历程 333
　　第二节　放射治疗患者的心理评估 335
　　第三节　放射治疗患者的心理干预 339
　　第四节　放射治疗师与肿瘤患者沟通的技巧 342

参考文献 346

第一章 绪 论

【学习目标】
1. **记忆** 放射肿瘤学的分支；人类对射线的初步认识及应用；放射治疗设备的发展历史；放射肿瘤学的学科组成和发展历程。
2. **理解** 放射治疗技术学及放射治疗师在放射治疗中的作用和地位；放射治疗团队的建设与管理；放射治疗在肿瘤治疗中的作用和地位。

第一节 放射肿瘤学的发展历史

放射肿瘤学（radiation oncology）是专门研究人类肿瘤的病因、预防，特别是如何利用电离辐射治疗肿瘤的学科。目前，放射肿瘤学已发展成为一个完整的学科，其主要分支包括临床放射肿瘤学、肿瘤放射物理学、肿瘤放射生物学、肿瘤放射治疗技术学等。

一、人类对射线的初步认识及应用

1895 年，Röntgen 发现了 X 射线；1896 年，Becquerel 发现了放射性；1898 年 Curie 夫妇发现了镭，这些新发现被迅速应用到医学治疗领域，即放射治疗。到 1899 年，第一个癌症——基底细胞癌，被治愈了。早期的放射治疗主要用于皮肤和其他表浅肿瘤，并取得了史无前例的疗效，以至于人们产生了一种不切实际的认识，即发现了治疗癌症的神奇疗法。然而，当肿瘤复发，正常组织损伤开始出现时，这种天真的看法很快破灭。

前 25 年的放射治疗被比作放射肿瘤学的"黑暗时代"。在此期间，这门新学科没有培训课程，几乎所有的早期从业人员都是从外科和皮肤科等其他领域挑选出来的。他们不了解他们所使用的新型神秘物质的物理性质，也不了解它们的生物学效应。他们缺乏可靠的剂量测量方法，也没有通用的剂量单位。他们的设备是原始的、临时拼凑的，并且产生的能量很低。从事外科的背景使得早期的放射治疗大多采用单次、大分割照射，目的是在单次治疗中根除肿瘤。那些在放射治疗后存活下来的患者，尽管他们的肿瘤有了令人印象深刻的早期消退，但通常会出现严重的并发症，并且肿瘤的复发率很高。因此，那时的许多临床研究都是针对组织损伤的描述和分析。

在 1905 年，Dessauer 提出均匀剂量可以改善放射治疗临床结果，从而促使多野或多源照射概念的形成。与此同时，Claudius Regaud 正在开展他的睾丸照射实验，并观察到有丝分裂的细胞对辐射更敏感，而分化程度越高的细胞就越不敏感。这项工作得出了贝-特二氏定律（Bergonie-Tribondeau law），即再生性越强，有丝分裂象越长，分化越低，细胞的辐射效应就越强，这一发现形成了分次放射治疗的生物学基础。1932 年，Henri Coutard 在美国 X 射线大会上发表了他具有里程碑意义的研究成果，证明了多分次放射治疗在治愈深部肿瘤的同时，具有明显更低的毒性。此后，世界各地的放射肿瘤学家大多放弃了大分割放射治疗。不过 Coutard 还认为，这两种分割方式的选择应该取决于靶区体积，小靶区允许大分割放射治疗，而大靶区应该采用多分次放射治疗。

【案例 1-1-1】
患者，男，56 岁，右下肺巨大非小细胞肺癌，包块最大直径超过 10cm，并有胸膜、肋骨和部分椎体侵犯，无手术指征，拟行放射治疗。
问题：该患者是否适合单次大分割放射治疗，请结合 Coutard 的相关发现进行分析。

【案例 1-1-1 分析】
根据 Coutard 的发现，多分次放射治疗较单次大分割放射治疗具有明显更低的毒性，在选择两种分割方式时，应考虑靶区体积，小靶区允许大分割放射治疗，而大靶区应该采用多分次放射治疗。本例患者包块最大直径超过 10cm，并有胸膜、肋骨和部分椎体侵犯，按照 Coutard 的发现和现有体部立体定向放射治疗的标准，不宜采用单次大分割放射治疗。

二、放射治疗设备的发展历史

在 1870 年前后，英国物理学家 William Crookes 等发明的一种叫作克鲁克斯管（Crookes tube）的设备，观察到阴极射线（电子流）。1895 年 11 月 8 日，德国物理学家 Röntgen 在进行克鲁克斯管实验时发现了 X 射线，因此，克鲁克斯管就成为第一个 X 射线管（X-ray tube），即一种将电能转换成 X 射线的真空管。1896 年，人们就用 X 射线治疗了第一例晚期乳腺癌。1913 年，美国物理学家 William Coolidge 通过改进克鲁克斯管，制成了热阴极射线管，也叫 Coolidge 管。它的真空能够达到约 10^{-4}Pa 或 10^{-6}Torr，是应用最广泛的一种 X 射线管。1920 年，在 X 射线管的基础上，生产了第一台深部 X 射线机，而这也是此后几十年，肿瘤放射治疗的主要设备。

然而，由于能量较低，普通的 X 射线管难以治疗人体深处的肿瘤。一些放射性同位素在兆伏范围内产生 γ 射线，但在第二次世界大战之前，几乎只有天然的镭可用于放射治疗。因为它在矿石中很少出现，所以其价格极为昂贵。第二次世界大战期间，曼哈顿计划中的核反应堆的发明，使得人造放射性同位素成为可能。钴-60 是一种高活性的 γ 射线源，它发出 1.17MeV 和 1.33MeV 的 γ 射线，平均能量 1.25MeV；半衰期为 5.27 年，很适合放射治疗。它在放射治疗中广泛应用的主要原因是它的半衰期比许多其他 γ 放射性核素长，每 5 年才需要更换一次钴源。1949 年，萨斯喀彻温大学的 Johns 博士向加拿大国家研究委员会（National Research Council，NRC）发出请求，要求生产钴-60 同位素。两个钴-60 装置随后被建造，一个在萨斯喀彻温大学，另一个在伦敦安大略省，而这也是钴治疗单元的原型。Johns 博士收集了萨斯喀彻温大学的深度剂量数据，这些数据后来成为世界标准。1951 年，在安大略省维多利亚医院，人们用钴-60 治疗了第一例肿瘤患者。基于钴-60，1967 年，瑞典斯德哥尔摩卡罗林斯卡医学院的 Lars Leksell、神经外科医生 Ladislau Steiner 和瑞典乌普萨拉大学的放射生物学家 Borje Larsson 发明了 γ 刀，并用于立体定向放射外科（stereotactic radiosurgery，SRS）。

放射治疗中最重要的治疗设备——直线加速器的原理早在 1924 年就被提出，但早期并未应用于放射治疗。1953 年，Vickers 制造了全球首台专用的医用直线加速器（linear accelerator）能够产生 8MV 光子束，并在伦敦汉默史密斯（Hammersmith）医院治疗了第一例患者。1955 年，另一台 6 MV 医用直线加速器在美国投入使用。医用直线加速器的问世开创了高能 X 射线治疗深部肿瘤的新时代。

20 世纪 70 年代，随着计算机断层扫描（computed tomography，CT）、磁共振成像（magnetic resonance imaging，MRI）的发明，对于任意解剖区域，具有高空间分辨率的三维影像变得唾手可得。同时，随着计算机技术的引入和三维治疗计划系统的发明，直接使用三维影像数据计算三维辐射能量沉积成为可能，放射治疗从二维过渡到了三维时代。20 世纪七八十年代，基于常规模拟定位机设计放射治疗计划的方式在临床上广泛开展。20 世纪 80 年代，利用多叶准直器（multileaf collimator，MLC）产生各种射野孔径，通过计算机优化射野形状、强度等，开创了调强放射治疗时代。近年来，随着射波刀、螺旋断层放射治疗系统、旋转强调治疗直线加速器、精细 MLC、电子射野验证设备、锥形束 CT、MRI 直线加速器等的出现，以及影像引导放射治疗等技术的引入，放射治疗进入了精确治疗时代，立体定向放射治疗也日益兴起。

三、放射肿瘤学的学科组成和发展历程

目前,放射肿瘤学已发展成为一个独立而完整的学科,其主要分支包括临床放射肿瘤学、肿瘤放射物理学、肿瘤放射生物学、肿瘤放射治疗技术学等。在发现 X 射线、镭等放射现象后的很长一段时间里,人们对射线的认识非常肤浅,包括射线与物质的相互作用方式,人体对射线反应的生物学机制等,因此,早期的临床治疗是比较粗糙的。学校教育方面,没有临床放射肿瘤学这门学科,早期的临床放射治疗医生主要来自外科、皮肤科等相关科室,因此缺乏临床肿瘤放射治疗知识;物理学方面,人们并不能准确地计算照射到肿瘤靶区的剂量,也不清楚靶区内的剂量分布;放射生物学方面,人们不清楚某种剂量会导致怎样的肿瘤反应和组织损伤。由此带来的典型负面例子就是早期大分割放射治疗带来的严重副作用。

随着放射物理学家的大量研究,国际辐射单位和测量委员会(International Commission on Radiation Units and Measurements,ICRU)、国际原子能机构(International Atomic Energy Agency,IAEA)等成立和推出了相关的辐射剂量监测指南,射线与物质相互作用、放射治疗剂量测量等才逐渐变得清晰和准确,放射物理学也因此逐渐发展成熟,成为放射肿瘤学中重要的分支学科。另一方面,人们逐渐了解了辐射导致的人体生物学效应,包括 DNA 损伤,基因突变,染色体畸变,细胞杀伤,正常组织早反应、晚反应等,从而形成了另一个放射肿瘤学分支——放射生物学。在追求杀灭肿瘤并最大限度保护正常组织的道路上,在大量的临床实践和放射相关研究的基础上,放射治疗医生不断地探索和总结经验。在这个过程中,临床放射肿瘤学也逐渐发展起来,成为放射肿瘤学的重要组成部分。当今,随着肿瘤放射治疗的分工越来越细,放射治疗技术学也逐渐分离出来,成为了放射肿瘤学的重要分支。总之,临床放射肿瘤学、肿瘤放射物理学、肿瘤放射生物学、肿瘤放射技术学等共同组成了放射肿瘤学这门学科,并且其不断被完善,推动了肿瘤放射治疗的进步,能够更好地为肿瘤患者服务。

四、放射治疗技术学及放射治疗师在放射治疗中的作用和地位

肿瘤放射治疗技术学是放射肿瘤学的重要组成部分,主要研究放射治疗师(也称放射治疗技师)怎样运用放射治疗设备及放射治疗辅助设施,将放射治疗医生和放射治疗物理师设计好的放射治疗计划方案实施到患者的过程,包括如何将计划好的放射治疗剂量足够精确地传递到靶区,同时尽可能保护周围正常组织,从而实现肿瘤治疗、缓解症状、提高患者生存质量等目的。

肿瘤放射治疗涉及多个环节,包括肿瘤诊断、确定治疗方针、模拟定位、计划设计、计划验证、治疗实施、随访等。在整个肿瘤放射治疗过程中,需要放射治疗医生、放射治疗物理师、放射治疗师等共同参与来完成。其中,放射治疗师主要负责的环节包括模拟定位中的体位固定、模拟影像获取,治疗实施中的患者摆位、位置验证、剂量传递,以及治疗前检查计划、患者教育,治疗中、后了解患者对放射治疗的反应,并及时与放射治疗医生、物理师沟通等。

放射治疗师在整个肿瘤放射治疗中非常重要,放射治疗医生、放射治疗物理师所设计的放射治疗计划方案最终都由放射治疗师实施到患者身上,体位固定、治疗摆位等的精度直接决定了放射治疗剂量传递的精度,而后者关系到放射治疗的成败。因此,肿瘤放射治疗师必须经过系统的专业培训,在一定程度上掌握多方面的专业知识才能取得执业资质,包括放射治疗技术学知识、临床肿瘤学知识、放射物理学知识、放射生物学知识、影像学知识、肿瘤心理学知识,以及放射治疗设备相关知识等。

五、放射治疗团队的建设与管理

肿瘤放射治疗团队是由放射治疗医生、放射治疗物理师、放射治疗剂量师、放射治疗技师、设备维修工程师、护理人员等共同组成的。在肿瘤放射治疗早期,团队分工并不像现在这么细,整个放射治疗流程往往由医生完成,后来才分出了放射治疗医生和放射治疗师。同样,早期也没有专业

的放射治疗物理师，计划设计往往由放射治疗医生或放射治疗师完成；后来逐渐分离出放射治疗物理师，负责放射治疗质量保证和计划设计等；目前，在很多国家和地区，放射治疗物理师又分成物理师和剂量师，前者主要负责放射治疗质量保证等工作，而后者主要负责治疗计划设计。相信未来，肿瘤放射治疗团队分工会越来越细，将会有更多工种出现，以推动肿瘤放射治疗朝着更加精准的方向前进。

肿瘤放射治疗团队的组成人员众多，各成员需要协调配合，形成合力，方能更好地完成肿瘤患者的放射治疗过程。一方面，放射治疗医生要在团队中起主导作用，放射治疗物理师、治疗师等积极配合放射治疗医生；另一方面，各成员需要协调发展，共同进步，因为任何成员的短板将决定整个团队放射治疗水平的高低。因此，肿瘤放射治疗团队需要统一建设和管理，形成一个有机的整体，以便更好地为肿瘤患者服务。

（肖江洪）

第二节　放射治疗在肿瘤治疗中的作用和地位

放射治疗是利用电离辐射对疾病进行治疗的临床手段，它不仅仅用于治疗恶性肿瘤，也用于治疗一些良性疾病。目前临床肿瘤治疗主要的三大手段分别是手术治疗、放射治疗和化学治疗（化疗），放射治疗与手术一样，都属于局部治疗手段。据统计所有肿瘤患者在病程的不同阶段约70%以上需要接受放射治疗，在放射治疗短短的一百多年历史中，大多数恶性肿瘤的疗效得到了显著提高，特别是近几十年来随着技术的发展，一些以往只能手术治疗的肿瘤采用放射治疗也能取得与手术相同甚至更好的疗效。2008年世界卫生组织（World Health Organization，WHO）报道，55%的恶性肿瘤可以治愈，其中手术、放射治疗和化疗的贡献率分别为27%、22%和6%，这充分体现了放射治疗在恶性肿瘤治疗中的地位。

放射治疗的原则是在给予肿瘤靶区精确剂量照射的同时，尽可能减少正常组织受照射剂量，在杀灭肿瘤细胞的同时更好地保护正常组织，这样既延长了患者的生存时间，又保证了患者的生存质量。

在临床实践中根据放射治疗的目的不同，可以分为根治性放射治疗和姑息性放射治疗。在姑息性放射治疗过程中，往往有一些患者，肿瘤退缩良好，身体一般情况有显著改善，这时可以将姑息性放射治疗过渡为根治性放射治疗。

以往临床上对肿瘤的治疗，大部分采用手术或放射治疗等单一模式。随着对肿瘤研究的不断深入，加深了对肿瘤本质的认识，以及放射治疗、化疗和手术等治疗方式的不断进步，肿瘤治疗模式已由过去单一模式转变为现在多种治疗手段相结合的综合治疗模式。综合治疗不仅是手术、放射治疗、化疗等手段的简单、无序的组合，而且根据个体肿瘤的病理类型、侵犯范围、发展趋势，以及患者自身机体的功能状态，有计划地、合理地综合采用上述治疗手段。近几年发展起来的越来越受到重视的多学科综合治疗团队（multidisciplinary team，MDT）为肿瘤的治疗发挥了各个专业的优势，最终达到疗效的增益和互补，这就需要不同专业的肿瘤医师密切配合。至于如何确定放射治疗在综合治疗中的应用，在临床实践中根据放射治疗的方式不同，可以将放射治疗分为单纯放射治疗、放射治疗与手术、放射治疗与化疗结合的治疗方式，采用哪种治疗方式的关键在于对肿瘤本质的认识、对肿瘤控制与正常组织保护之间关系的准确把握，全面分析各种治疗手段的优缺点，综合考虑然后才能做出决定。

一、根治性放射治疗

根治性放射治疗的目的是将恶性肿瘤细胞的数目减少至可获得永久局部肿瘤控制的水平，患者可长期生存。主要针对一些对射线中、高度敏感的肿瘤，如鼻咽癌、早期喉癌等。放射范围应包括已经被证实的肿瘤、可能存在肿瘤病变的亚临床灶。在治疗过程中或治疗结束后容许发生一些放射治疗相关的毒副反应，这些反应应控制在可接受范围内。

二、姑息性放射治疗

姑息性放射治疗主要针对肿瘤已有全身或局部转移，临床难以治愈的患者，或身体一般状况较差难以耐受根治性放射治疗的患者，或患者肿瘤对放射线不敏感者。姑息性放射治疗目的主要在于缓解症状、提高患者生活质量和一定程度的控制肿瘤。

例如，有一些肺癌脑转移压迫脑组织造成身体瘫痪，经脑部放射治疗后解除了压迫症状，提高了生活质量，患者常常是被抬着进来，经治疗后自己能走着出去。姑息性放射治疗以不增加患者痛苦为原则，达到目的即可停止放射治疗，一般情况下仅给予较低剂量照射，不会产生严重毒副作用。有一些患者在实施姑息性放射治疗过程中，肿瘤消失明显，身体状况有改善的可以争取过渡到根治性放射治疗。例如，一位鼻咽癌患者，就诊时已经肝转移、左侧髂骨转移疼痛难忍，经基因检测适合靶向药物治疗，所以先行靶向药物治疗及放射治疗转移疼痛的髂骨，经治疗一段时间后疼痛消失，肝转移灶明显缩小，患者一般状况明显改善，最后再行鼻咽及颈部的根治性放射治疗，获得了长期生存，到目前已经存活9年，这是从姑息性放射治疗过渡到根治性放射治疗的例子，说明即使对于姑息性放射治疗患者而言，没有到最后一刻不要轻言放弃。

另外在临床上有一些良性疾病如瘢痕瘤、肥厚性瘢痕、狐臭、内分泌性突眼（如Graves病）、眼眶假瘤、退行性骨关节炎、听神经瘤、翼状胬肉等，这些疾病对患者生活质量可能产生持续影响，如引起局部疼痛或其他严重症状，且常常是其他治疗方式无效或可导致严重毒副反应。这些疾病多为炎症性、退行性、增生性和功能性，在没有其他治疗方法的情况下，尝试采用放射治疗往往能取得意想不到的效果，如内分泌性突眼、瘢痕瘤等。所以放射治疗在治疗恶性肿瘤的同时也开辟了对某些良性疾病的治疗，并且取得良好的效果。例如，有一些青年女性在胸前有瘢痕，越长越大，采用手术切除，但不久又长出新的瘢痕，再切除又再长，这样的患者在术后3日内就给予深部X射线或者电子线放射治疗，能很好地控制手术切口瘢痕的生长。

三、单纯放射治疗

单纯放射治疗一般是指肿瘤对射线比较敏感，肿瘤分期比较早的病例，不需要手术或者化学药物配合，采用放射治疗单一手段来治疗肿瘤。例如，早期的鼻咽癌患者（T1N0M0），单纯采用放射治疗，无须手术或药物的配合，取得比较明显的治疗效果。

四、放射治疗与手术

放射治疗可以单纯进行也可以与手术配合进行，主要目的是达到根治效果，按时间先后顺序不同，可以分为术前放射治疗、术中放射治疗及术后放射治疗三种形式。

1. 术前放射治疗 主要针对肿瘤局部或区域侵犯广泛，单纯手术难以彻底切除者。其优点是照射可使肿瘤体积缩小、肿瘤分期降低，可提高手术切除率、减少手术中肿瘤细胞播散风险，以及增加手术保留器官的可能性；缺点是延迟手术、放射治疗后组织粘连而增加手术难度，且可能影响术后病理学检查结果和预后判断。

术前放射治疗价值较为肯定的是局部晚期头颈部肿瘤、直肠癌、食管癌等。食管癌术前放射治疗取得了满意效果，中山大学附属肿瘤医院NEOCRTEC5010课题经10年的研究证实术前放化疗比单纯手术5年生存率提高了50%，体现了食管癌术前放射治疗价值。

而作为低位直肠癌，由于术前放射治疗给手术保肛提供了机会，甚至部分患者放射治疗后肿瘤全部消失，可以采取观察等待的治疗策略。

2. 术中放射治疗 主要针对肿瘤侵犯重要脏器或大血管，单纯手术难以彻底切除者，在手术中对瘤床或局部病灶进行一次性大剂量照射。其优点是可充分暴露肿瘤，直视下进行照射，靶区清楚，并可很好地保护正常组织；缺点是只能照射一次，且多采用电子线或低能X射线照射，不能体现常规分割照射的放射生物学优势。术中放射治疗在乳腺癌、胃癌、胰腺癌、胆管癌等肿瘤的治疗中开展较多。因需要具有防护条件的特殊手术室，而且术中放射治疗设备昂贵，目前国内虽然有很多家三甲医院开展了术中放射治疗，但设备的使用频率和治疗效果都不够理想，到目前为止术中放射治疗并没有成为主流的治疗方式。

3. 术后放射治疗　是指手术切除肿瘤后，对瘤床和（或）区域淋巴引流区进行放射治疗，旨在降低局部和区域复发风险。其优点在于多数情况下肿瘤已被切除，肿瘤负荷小，且有手术和病理结果指导治疗；缺点是手术影响局部血供，残存的肿瘤细胞缺氧，从而导致放射敏感性降低，且需要等待伤口愈合后才能进行放射治疗。在头颈部肿瘤、肺癌、食管癌、直肠癌等多种恶性肿瘤的临床研究均证实术后放射治疗具有一定价值。例如，食管癌手术后病理报告切缘阳性，需要对吻合口实施放射治疗，减少复发的概率。

五、放射治疗与化疗

放、化疗结合是临床肿瘤治疗中常见的综合治疗模式之一。综合应用放射治疗和化疗，不论对肿瘤组织还是对正常组织的影响都优于单独使用这两种方法中的任意一种。它的理论基础是基于放射治疗和化疗的空间协同作用，放射治疗主要针对原发肿瘤局部病灶及区域淋巴结，而化疗则能够杀灭远处转移病灶。随着新的化疗药物和方案的不断出现，肿瘤化疗与放射治疗的组合方式也逐渐多样化，由最初的辅助化疗，发展到诱导化疗、新辅助化疗、夹心化疗和同步放化疗等多种模式。

1. 序贯性放、化疗　诱导化疗（先化疗后放射治疗）、辅助化疗（先放射治疗后化疗）、"夹心治疗"（化疗+放射治疗+化疗）等不同的放、化疗综合模式统称序贯性放、化疗。这些模式体现了综合治疗更具有计划性。诱导化疗目的在于使肿瘤缩小，一方面肿瘤负荷减小，有利于局部控制；另一方面可能使照射野缩小，从而更好地保护正常组织。辅助化疗针对的是临床分期晚、远处转移风险高的患者。在恶性淋巴瘤、小细胞肺癌等治疗中，序贯性放、化疗模式取得了显著的疗效。

2. 同步放化疗　放、化疗两种治疗手段同步进行，其目的：一是利用化疗药物的放射治疗增敏作用增加肿瘤的局部控制，以及化疗对远处亚临床转移灶的杀灭作用；二是两种方式同时进行，对局部病灶和远处转移灶均不存在治疗延迟。同步放化疗主要应用于局部晚期恶性肿瘤，如头颈部肿瘤、非小细胞肺癌、小细胞肺癌等，其疗效已被大量的临床研究所证实。但是必须注意同步放化疗的毒副反应，临床应用时应严格掌握适应人群。例如，晚期鼻咽癌（T4N3M0）采用同步放化疗的模式，大大提高了鼻咽癌远期生存率。

【案例 1-2-1】

患者，男，48岁。患慢性咽喉炎1年多，近1个月来声嘶，服用中药两周没有好转，遂前往三甲医院耳鼻喉科诊治，经电子喉镜检查发现左声带表面有一个绿豆大小的结节，取活检病理证实为声带鳞状细胞癌，经颈部CT检查，肿瘤局限于左侧声带，没有侵犯喉部其他组织，未发现周围淋巴结转移，身体一般情况正常。

问题：

1. 喉癌的常见临床症状有哪些？
2. 此患者可采用哪些治疗方法？

【案例 1-2-1 分析】

1. 喉癌的常见临床症状有声音嘶哑、吞咽有异物感、疼痛感、颈部淋巴结肿大等。
2. 该患者由于肿瘤生长在声带而引起声嘶，这种情况容易引起患者注意而及时就诊，该患者属于T1N0M0局限于声带的早期喉癌，单纯手术切除或者单纯放射治疗都可以取得很好的疗效，但手术会严重影响患者的发音功能，对一位教师来说意味着丧失工作能力。放射治疗可以保存声带的发音功能，确保患者的生活质量，即使以后出现复发也可以再行手术治疗，经过多学科会诊，与患者本人及家属充分沟通最后决定采用单纯根治性放射治疗，取得了满意的效果。

【案例 1-2-2】
患者，男，53岁，间歇性便血半年，因近1个多月来几乎每次大便都有出血而就诊，经直肠指检发现离肛门4cm处有肿物，经肠镜检查发现离肛门口4~9cm处有肿瘤，表面有溃烂，遂取活检，病理结果为直肠低分化腺癌，盆腹部CT检查未发现周围淋巴结转移，也未发现肝转移，肿瘤局限于直肠，肠壁增厚。

问题：
1. 直肠癌的常见临床症状有哪些？
2. 此患者可采用何种治疗方案，单纯手术治疗？单纯放射治疗？放射治疗加手术？

【案例 1-2-2 分析】
1. 直肠癌的常见临床症状有排便习惯改变，里急后重、便不尽感，大便表面带血或黏液，有时新鲜红或暗红，量不多、间歇性出现，大便变形、变细，贫血消瘦等。
2. 此患者可以采用单纯手术切除，但由于肿瘤离肛门太近，难以保肛，需要造口，这样患者要终身佩戴人工肛，严重影响生活质量。所以也可以采用先放射治疗再手术，如果肿瘤消退明显争取采用保肛手术。如果放射治疗后肿瘤消退理想，甚至可以先不手术，采取边随诊边观察的治疗策略。所以需要多学科合作，与患者密切沟通，依照病情和患者意愿做出合适的选择。

（林承光）

本 章 小 结

放射肿瘤学是专门研究人类肿瘤的病因、预防，特别是如何利用电离辐射治疗肿瘤的学科，其主要分支包括临床放射肿瘤学、肿瘤放射物理学、肿瘤放射生物学、肿瘤放射治疗技术学等。射线从发现到应用到肿瘤治疗中，经历了前期的"黑暗时代"。随着放射物理学家、放射医学家的大量研究与临床实践，射线物质相互作用、放射治疗剂量测量变得清晰准确，人体生物学效应被人们所了解。临床放射肿瘤学、肿瘤放射物理学、肿瘤放射生物学、肿瘤放射技术学等共同组成了放射肿瘤学这门学科，并且其不断被完善，推动了肿瘤放射治疗的进步，能够更好地为肿瘤患者服务。随着计算机技术的发展和CT、MRI、三维治疗计划系统的发明，放射治疗从二维过渡到了三维时代。放射治疗师运用直线加速器等放射治疗设备及放射治疗辅助设施，将放射治疗医生和放射治疗物理师设计好的放射治疗计划方案实施到放射治疗患者身上，将计划好的放射治疗剂量足够精确地传递到靶区，同时尽可能保护周围正常组织，从而实现肿瘤治疗、缓解症状、提高患者生存质量等目的。肿瘤放射治疗团队是由放射治疗医生、放射治疗物理师、放射治疗剂量师、放射治疗师、设备维修工程师、护理人员等共同组成的。各成员需要协调配合，形成合力，方能更好地完成肿瘤患者的放射治疗过程。目前临床肿瘤治疗主要的三大手段分别是手术治疗、放射治疗和化疗。在临床实践中根据放射治疗的目的不同，可以分为根治性放射治疗和姑息性放射治疗，也可以根据放射治疗的方式不同，将放射治疗分为单纯放射治疗、放射治疗与手术、放射治疗与化疗结合的治疗方式。

思 考 题

1. 为什么前25年的放射治疗被比作放射肿瘤学的"黑暗时代"？
2. 放射治疗技术学研究的是哪些内容？
3. 肿瘤放射治疗涉及哪些环节？
4. 临床肿瘤治疗主要的三大手段分别是什么？
5. 放射治疗的原则是什么？

第二章 放射治疗设备

【学习目标】
1. 记忆 各种放射治疗设备的临床应用、验收、使用和维护等。
2. 理解 钴-60治疗机、电子直线加速器、近距离放射治疗机、γ刀、射波刀、螺旋断层放射治疗设备、质子重离子等设备的治疗特点和方法及其应用的适应证和禁忌证。
3. 运用 常用放射治疗设备的基本结构、特点、原理和功能。

第一节 X射线模拟定位机

X射线模拟定位机（simulator）是模拟放射治疗机治疗的几何条件确定照射部位的放射治疗辅助设备，实际上是一台特殊的X射线机。早在20世纪60年代末，已用于放射治疗。

一、概 述

X射线模拟定位机是放射治疗中必备配套设备，放射肿瘤医生借助该设备确定肿瘤病灶位置。X射线能够使人体在荧屏或胶片上形成影像，一方面是基于X射线的穿透性、荧光效应和摄影效应；另一方面是人体组织有密度和厚度的差别。当X射线透过人体各种不同组织结构时，吸收X射线的程度不同，到达荧屏或胶片上的X射线照射量有差异，在荧屏或胶片上就形成具有不同灰度显示的影像。因此X射线影像的形成，应具备以下三个基本条件：①X射线具有穿透力，能穿透被照射的组织结构；②被穿透的组织结构，存在密度和厚度的差异；③显像过程，在显示屏或胶片上显示具有不同灰度值的X射线影像。

放射治疗的目的是最大限度杀死癌细胞、最大限度保护正常组织，这就要求定位过程必须准确，透视只需微小（mA）的X射线，通过影像增强系统（或平板探测器），便能清晰地显示出肿瘤的位置。另外，如患者实际治疗需要变更原CT定位点，也可在治疗前通过X射线模拟定位机进行新计划参考点复位，并进行标记。X射线模拟定位机作为一种常规模拟放射治疗设备，以X射线管kV辐射源替代放射治疗机辐射源，模拟放射治疗时的各种几何条件，通过影像系统，观察肿瘤在治疗时所需的射野形状，模拟机架、准直器角度，界定射野大小及辐射源到体表（入射面）的距离（简称源皮距，source-skin distance，SSD）、辐射源到机架旋转轴或机器等中心的距离（简称源轴距，source-axis distance，SAD）等。

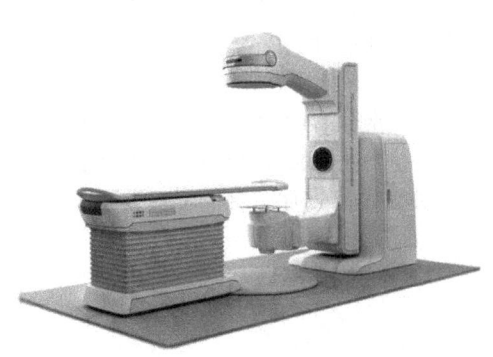

图 2-1-1 X射线模拟定位机

二、X射线模拟定位机结构与功能

X射线模拟定位机主要由普通X射线机、准直器、主机架（可等中心旋转）、影像探测器、诊断床、操作控制台和激光定位装置组成，见图2-1-1。

X射线机的基本结构主要包括X射线管（或X射线球管）和高压电压发生器。X射线管的功能是产生用于成像的X射线。X射线管实体和管内结构见图2-1-2。

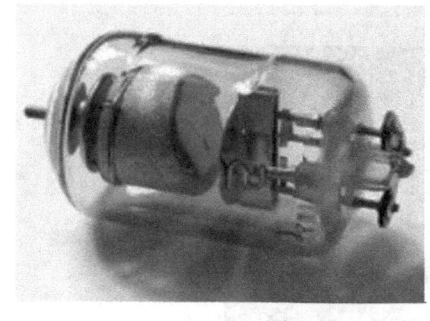 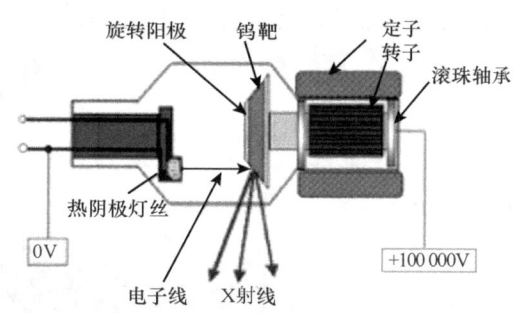

图 2-1-2　X 射线管实体和管内结构示意图

准直器是限定线束范围的装置,可限定一定射野大小。一般机头上的4条钨条(井字线),为X射线模拟定位机上的实际准直器,井字线能够模拟对称和非对称射野。准直器下端,还配有防撞装置。

影像探测器主要有影像增强器和平板探测器两种,过去的设备常用影像增强器,目前较多采用平板探测器(图像清晰度更高)。

主机架包括立柱和大支臂,电机驱动链条带动大支臂旋转,变频调速器控制其旋转速度。机架还可以调节机头与等中心的距离,模拟不同的 SAD 距离。

诊断床包括床面运动机构和床体,可以进行上下、左右、前后移动,还能围绕等中心旋转,模拟治疗机治疗床功能。

操作控制台通过人机交互实现对 X 射线模拟定位机的运动和成像等操作。

在 X 射线模拟定位机房内安装的激光定位装置用来直观指示机器等中心位置,方便患者摆位和位置的标记。

三、X 射线模拟定位机技术性能参数

X 射线模拟定位机的性能主要是机械精度和成像质量这两个方面:①机械精度,主要包括机架旋转等中心、机架升降中心轴、准直器旋转等中心、治疗床旋转等中心、治疗床升降标尺刻度、机架旋转角度刻度、准直器旋转刻度、灯光野和射野重合度、准直器旋转轴与辐射束等中心一致性、机架旋转轴与辐射束等中心一致性、激光灯位置精度;②成像质量,主要体现成像图像的高对比分辨率和低对比分辨率,具体包括影像增强器扫描运动范围,影像增强器上升运动范围,X射线管电压、管电流准确性,影像系统清晰度。

此外,还应包括操作控制台及机房各项联锁装置、急停开关的工作情况。

由于 X 射线模拟定位机基本上是 X 射线诊断机,其性能参数也近似相同。其主要包括:①机械参数。准直器、机架、治疗床旋转等中心的旋转精度应小于1mm。"井"字射野形界定线(铅丝)的指示值误差值应小于2mm;治疗床升降误差应小于2mm;靶面旋轴距(target axis distance,TAD),大多数 X 射线模拟定位机的 TAD=100cm 的参考位置,可变范围在60~140cm。②检查参数:透视管电压,40~125kV;管电流,25~630mA;摄像曝光时间,0.0035~6s。③X-TV 系统参数:主要功率,80kW;摄影 kV,40~150kV;摄影 mA,10~800mA;成像保真率10~14线,方格图像误差小于2mm。

四、X 射线模拟定位机临床应用

【案例 2-1-1】
图 2-1-3 是 X 射线模拟定位机在临床上使用的一张投影片,从这幅影像中,我们可以读出哪些信息?

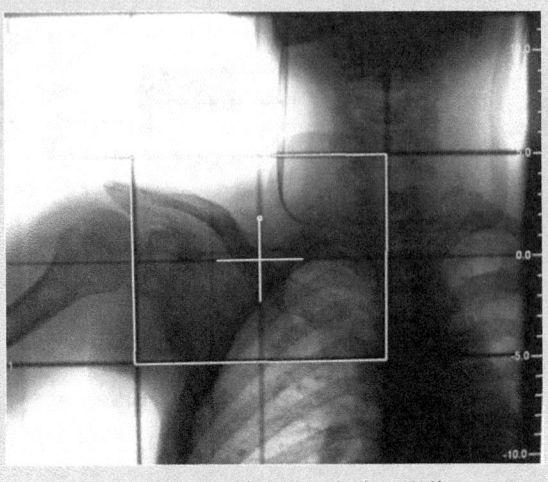

图 2-1-3　X 射线模拟定位机影像

【案例 2-1-1 分析】
　　此图片为射束方向观（beam eye view，BEV）平片，从图中可以识别患者的等中心位置、射野的范围，以及患者的解剖结构等。

　　X 射线模拟定位机临床应用主要表现在以下几个方面：①界定靶区和危及器官位置（定位）；②确定靶区和危及器官的运动范围；③治疗前模拟治疗计划的可执行性；④拍摄照射野定位片或验证片；⑤检验照射野挡铅块的形状及位置等；⑥3D 精确放射治疗时计划复位和位置验证，患者治疗计划完成后，将定位 CT 重建数字化图像（digitally reconstructed radiograph，DRR）传输到 X 射线模拟定位机，患者按照定位时体位进行固定，根据治疗计划单显示的移床值移床到治疗坐标后拍摄验证片，以定位 CT 的 DRR 片作为参考，将 X 射线模拟定位机拍摄的正侧位片与 DRR 片进行比对分析，确定误差范围（图 2-1-4）。

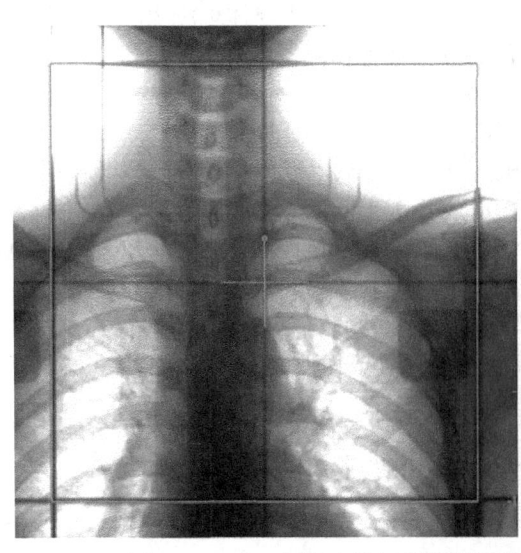 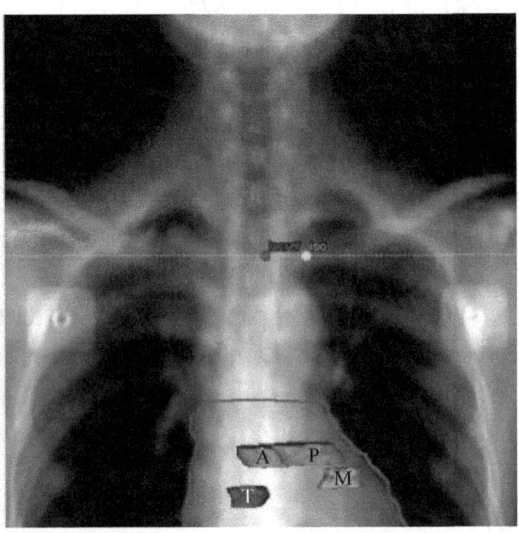

图 2-1-4　左：霍奇金淋巴瘤模拟影像；右：基于 CT 影像的重建数字化图像
A. 主动脉瓣；M. 二尖瓣；T. 三尖瓣；P. 肺动脉瓣

五、X射线模拟定位机使用与维护

X射线模拟定位机使用环境、机房面积应符合国家相关规定，应进行环境评估检测、安装固定式射线报警装置。临床使用前要进行验收，查验机器的合格证明文件，如随机使用说明书、维护保养手册、机器型号、规格；生产批号和生产日期、性能、主要结构与适用范围等；验收合格应予编号、建立台账；验收信息记录在案归档保存。操作技师应了解机器及辅助设备的性能及基本结构，能准确进行患者治疗摆位并参与质控及日常维护保养，对意外事件应能够进行应急处理。使用过程中应经过排查水、电、通风、消防等可能存在的隐患（故障）；保证标识牌、警示语的正确合理设置；及时排除所发现的隐患，记录存档保存。应对机器进行质量控制检测，检测频率分为日检、月检、年检。日检可以由授权的技师来完成，月检和年检则由放射治疗物理师来完成，主管放射治疗物理师负责核查并签字认可。设备重要部件维修后应由工程技术人员进行全面检测后方可进行临床使用，停机超过一周以上或移机后应等同安装验收过程进行设备参数、性能检测。应定期进行机器稳定性检测、校正和维护保养，并由省级以上卫生行政部门资质认证的检测机构每年至少进行一次状态检测。

X射线模拟定位机的维护：主要从射线质量、机械精度、图像质量及机械和电器保养这四个方面进行。①射线质量：类似于X射线机，保证半价层稳定，通常检测管电压、管电流。②机械精度：包括准直器等中心、机架等中心、治疗床等中心、射野和光野的一致性、井型线位置、定位激光灯精度等。③图像质量：影像增强器或平板探测器的成像质量。④机械和电器保养：设备安全性检查。

（王世超）

第二节　CT模拟定位机

一、概　　述

CT模拟定位是以CT重建图像为基础的计算机虚拟模拟定位，较常规模拟定位能更加准确地显示肿瘤范围和周围正常组织与器官的轮廓，是三维精确放射治疗的基础。CT模拟定位机将模拟定位功能融合入CT机，用于放射治疗计划中CT图像获取及原始坐标点的确认。放射治疗CT模拟定位机不同于放射科诊断CT，具有显著的特点（图2-2-1）。

二、CT模拟定位机结构与功能

CT模拟定位机的结构基本类似于常规CT扫描机，兼有常规X射线模拟定位机和诊断CT双重功能的定位系统。它由一台CT扫描机、一套激光定位系统、CT-Sim计算机工作站组成，部分CT模拟定位系统也带有激光射野模拟系统。CT模拟定位机的平板治疗床床板也采用与治疗机同样的水平床面板。

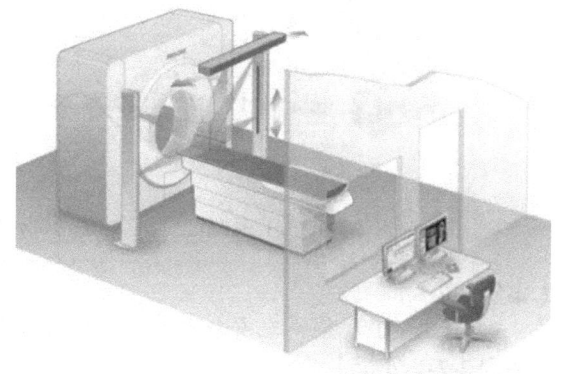

图2-2-1　CT模拟定位机整体示意图

1. CT扫描机　CT扫描机是CT模拟定位机的核心，其结构基本等同于常规的CT扫描诊断机（图2-2-2）。目前多采用螺旋CT机。因为放射治疗需要进行三维图像重建和剂量计算，为保证精确度，常选择比诊断CT更小的扫描层厚。头部扫描一般选择1~3mm层厚，体部肿瘤一般选择5mm层厚，因此患者进行CT模拟定位扫描层数比诊断CT更多。CT扫描的层厚直接关系着DRR

的图像质量,一般来讲,层厚越薄,所勾画出的治疗靶区和危及器官的轮廓和体积就越精确;由于患者的呼吸、身体位移、内脏器官运动等会影响最后的成像质量,所以扫描时间不宜过长。

2. CT-Sim 计算机工作站 通常为计算机终端组成,包含图像虚拟模拟软件,用以重建 CT 图像,并能够将扫描图像通过网络传输给相应的治疗计划系统(图 2-2-3)。

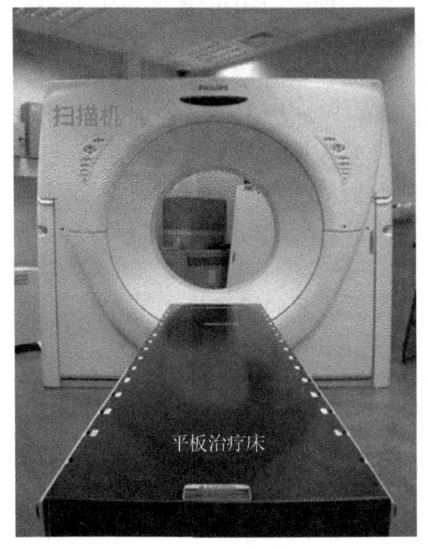
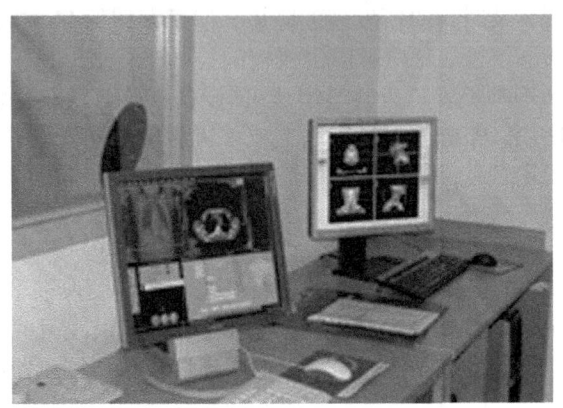

图 2-2-2　CT 扫描机和平板治疗床示意图　　图 2-2-3　CT-Sim 计算机工作站示意图

3. 激光定位系统 CT 模拟定位机激光定位系统通常指外置可移动激光灯(图 2-2-4)。

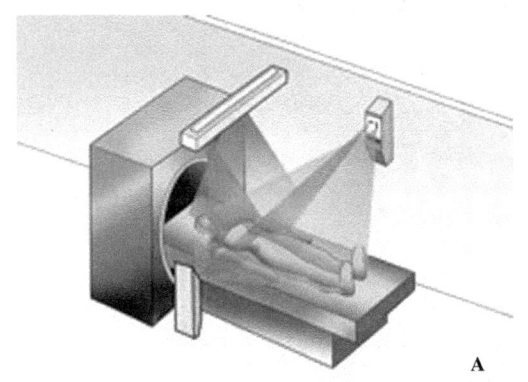
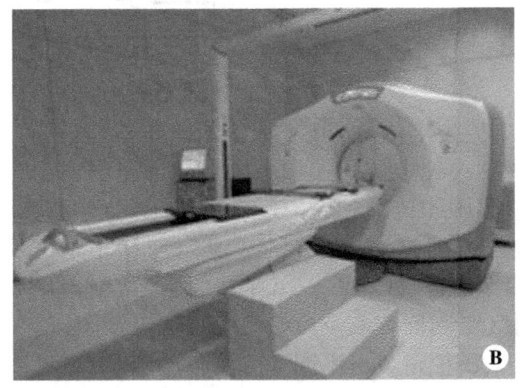

图 2-2-4　CT 模拟定位机激光立体模拟示意图(A),实际位置示意图(B)

【案例 2-2-1】
　　为什么 CT 机架内配有激光灯,还需额外配置激光定位装置呢?
【案例 2-2-1 分析】
　　因为放射治疗用于模拟定位的 CT 孔径较大,70~85cm,CT 自带的激光灯定位比较困难。外置激光灯为移动激光灯,便于患者定位标记。

【案例 2-2-2】
　　为什么需要在体模上用铅点标记出三个位置,对后续的治疗有什么用?
【案例 2-2-2 分析】
　　三点确定一个平面,这样可通过三个铅点位置,确定一个横断面位置,对后续治疗的摆位、等中心确认具有标示作用(图 2-2-5)。

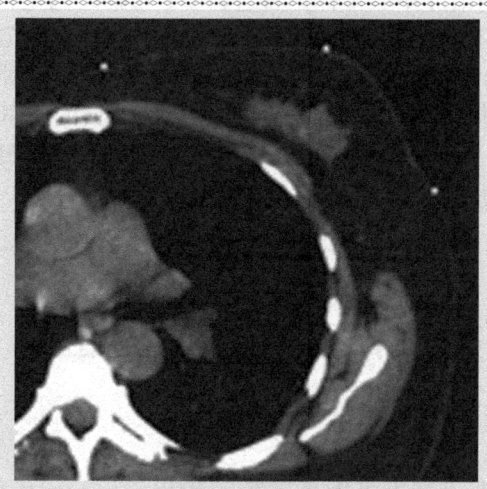

图 2-2-5 CT 扫描图像标记点示意图

4. 平板治疗床 CT 模拟定位机的扫描定位床要与加速器治疗床保持一致，通常为平板治疗床，这样可以保证肿瘤患者治疗时，体位固定一致。CT 扫描平板治疗床的精度是影响后期治疗摆位的一个重要因素。CT 模拟定位时还需要外置的激光定位装置配合，确定放射治疗计划制订所需的参考点（reference point）。该参考点通常需要在定位激光的帮助下，在模体上标记画出，在扫描前将铅点（通常为三个）放置在该位置，CT 扫描后可以在图像上留下显影的标记。

【案例 2-2-3】
CT 模拟定位机的扫描定位床和诊断 CT 扫描床有什么不同？
【案例 2-2-3 分析】
CT 模拟定位床采用平板治疗床，目的是与后期加速器治疗体位保持一致。

三、CT 模拟定位机技术性能参数

CT 模拟定位机的基本硬件类似于诊断 CT，功能主要有 CT 肿瘤靶区定位、图像重建、剂量计算、图像处理、射野验证。CT 模拟定位机技术性能参数要满足肿瘤定位需要，硬件包括 X 射线球管、平板床。

CT 模拟定位机系统兼有常规 X 射线模拟定位机及诊断 CT 的双重功能，其性能参数：①管电压、管电流、扫描层厚、重建算法、扫描位置等的准确性。②CT 值，包括 CT 值精确性、电子密度与 CT 值的转换。③CT 扫描床的精确性，包括床的平坦性、前后移动线性、承重情况。④图像质量，主要是空间分辨率、对比度分辨率、图像噪声。一般要求 CT 空间分辨率为 15 线/mm，而且要低噪声及密度均匀。空间分辨率是扫描机成像能力的基本指标，应能够对患者的解剖结构和一些植入结构进行成像。CT 模拟定位机的图像质量直接关系到靶区及重要器官的勾画准确性。⑤安全联锁装置，关系到从业人员、患者等安全，因此至关重要。⑥定位激光的等中心重合性。⑦快速剂量计算精度。

四、CT 模拟定位机技术临床应用

CT 模拟定位机是进行精确放射治疗的重要定位设备，主要功能：①完成精确放射治疗三维定位，精确确定肿瘤病灶位置及周边正常器官，明确关系。②精确放射治疗方案的模拟与验证。患者治疗计划完成后，将治疗坐标信息传输到 CT 模拟定位室可移动激光灯电脑。患者按照定位时体位进行固定，运行激光定位灯到治疗中心坐标位置进行 CT 扫描，与定位 CT 进行比对，确定误差范围。③提供不同组织 CT 值并转换为相应的电子密度曲线，供剂量计算。

与诊断 CT 不同，放射治疗科 CT 模拟定位机的主要功能是进行肿瘤精确定位，因为它的机械性和影像质量会直接影响到肿瘤靶区的勾画精度，必须进行严格的质量控制，进行定期的机械精度、影像质量等方面的相关检测。CT 模拟定位机的维护类似于常规 CT 扫描机，此外，还需对外设定位激光灯的精确性进行定期标定和检测。

（王世超）

第三节　MR 模拟定位机

一、概　　述

现代精确放射治疗技术对肿瘤的准确定位要求越来越高，CT 影像最主要的不足在于较低的组织对比度，对于某些肿瘤病变的范围和轮廓，以及与周围组织的关系显示并不尽人意。然而，磁共振（magnetic resonance，MR）以其无电离辐射、软组织分辨率高等特点，弥补了 CT 扫描的劣势。采用 MR 进行模拟定位，将 MR 与 CT 图像进行关联、结合、配准，能更准确地确定肿瘤靶区、危及器官的范围，拓展了过去仅依据 CT 影像进行放射治疗定位的范畴（图 2-3-1）。

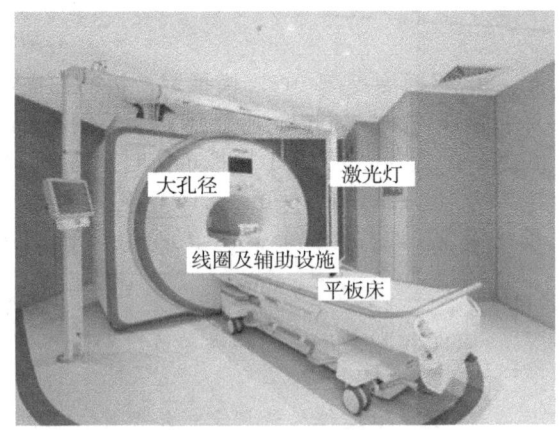

图 2-3-1　MR 模拟定位机装置示意图

二、MR 模拟定位机结构与功能

MR 模拟定位机结构和诊断用 MR 类似，主要结构为一套独立运行的 MR 设备，包括主磁体、梯度磁场系统、射频（RF）系统、专用线圈、计算机图像重建系统、放射治疗专用平板床、放射治疗成像固定装置、激光定位系统、质控体模等。

1. 主磁体　产生磁场，它是 MRI 设备的核心部件之一，其功能是提供原子核定向所必需的静磁场。根据磁场产生的方式可将主磁体分为永磁型和电磁型，根据导线材料不同又可将电磁型主磁体分为常导磁体和超导磁体（图 2-3-2）。

磁场 3T 与 1.5T 比较，氢质子具有更大的宏观纵向磁化强度矢量，提高了图像信噪比，从而改善了时间和空间分辨率，在脑功能成像、多期动态成像和血管成像等方面更具优势。MRI 模拟定位，患者需要使用热塑膜等摆位固定装置进行扫描，3T MR 能实现更快的扫描速度，提高患者舒适度，并能提供更加优质的功能影像。但高场强会在一定程度上导致磁敏感伪影和化学位移伪影的增加，使患者接受更高射频能量，应对设备和人员实行更加严格的安全管理措施。另外由于 3T MR 具有更好的化学位移效果，在波谱成像方面也能更加精准和快速。

2. 梯度磁场系统　梯度磁场系统也是 MRI 系统的核心部分之一，是指与梯度磁场有关的电路单元及梯度线圈。相对于主磁场，它利用梯度线圈产生较微弱的在空间位置上变化的磁场，并叠加在主磁场上，为系统提供满足一定的线性度和快速开关的梯度磁场，对 MRI 信号进行空间编码，以确定成像层面的位置和厚度；产生 MR 回波（梯度回波）；施加扩散加权梯度场；进行流动补偿；进行流动液体的流速相位编码。梯度磁场系统主要包括梯度控制器、数模转换器（digital-to-analog converter，DAC）、梯度放大器、梯度线圈（图 2-3-3）、梯度冷却系统。

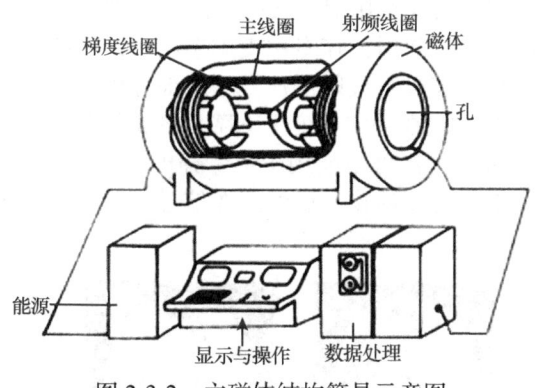

图 2-3-2 主磁体结构简易示意图

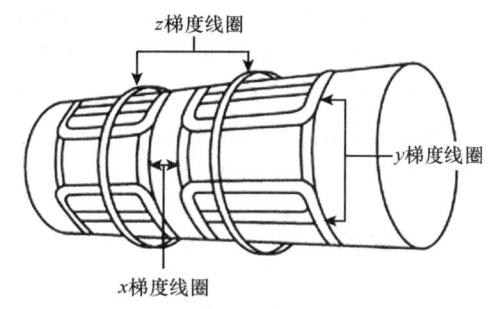

图 2-3-3 梯度线圈简易示意图

3. 射频（RF）系统 主要由射频脉冲发射单元和射频脉冲接收单元两部分组成，其中包括射频发射器、射频功率放大器、射频发射线圈、射频接收线圈，以及低噪声射频信号放大器等关键部件。射频系统的作用是发射射频脉冲，使磁化的质子吸收能量产生共振，并接收质子在弛豫过程中释放的能量。射频线圈的敏感容积越小，则信噪比越高；线圈与人体检查部位的距离越近，信号则越强，信噪比越高。这两者直接决定着图像的质量，所以需根据人体各个部位不同的形状、大小，制成不同尺寸和类型的线圈，以取得最佳图像质量。射频线圈主要有两类。体积线圈：大容积，如头线圈、体线圈；表面线圈：小容积，如乳腺线圈等。

4. 专用线圈 放射治疗成像专业化设计线圈是优质成像的基础，需要针对放射治疗应用进行专业化设计以保证放射治疗应用的高质量成像。针对不同部位的放射治疗成像，不同多通道线圈满足了高质量放射治疗成像的需求，同时一体化线圈的设计理念也更好地适应于放射治疗工作流（图 2-3-4）。

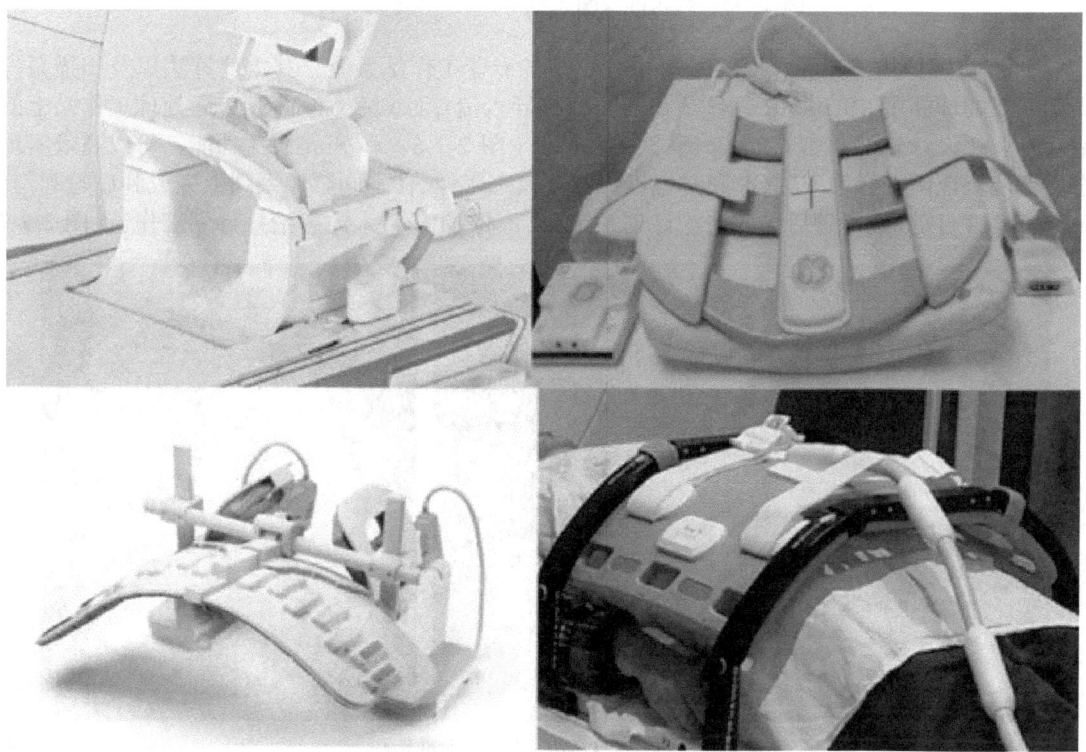

图 2-3-4 常用的专用线圈

为适合放射治疗摆位辅助装置，MRI-Sim 应配备放射治疗专用射频接收线圈或线圈固定架。体部 MRI 模拟定位，由前后 2 个线圈组成，前部线圈可配合放射治疗专用支撑架使用，后部线圈内置于扫描床床板下；头部和头颈部 MRI 模拟定位扫描，需配备放射治疗专用头部分体式表面相控阵线圈。放射治疗专用表面头线圈，由于近线圈效应影响，在一定程度上会降低图像均匀性，若采用滤过技术即图像后处理方法校准，无须额外校准扫描，但图像不能用于定量分析计算；若采用表面线圈敏感性信息与体线圈比对的方法，需要进行校准扫描，使校正后的图像信号均匀性与大体线圈扫描的图像一致（图 2-3-5）。

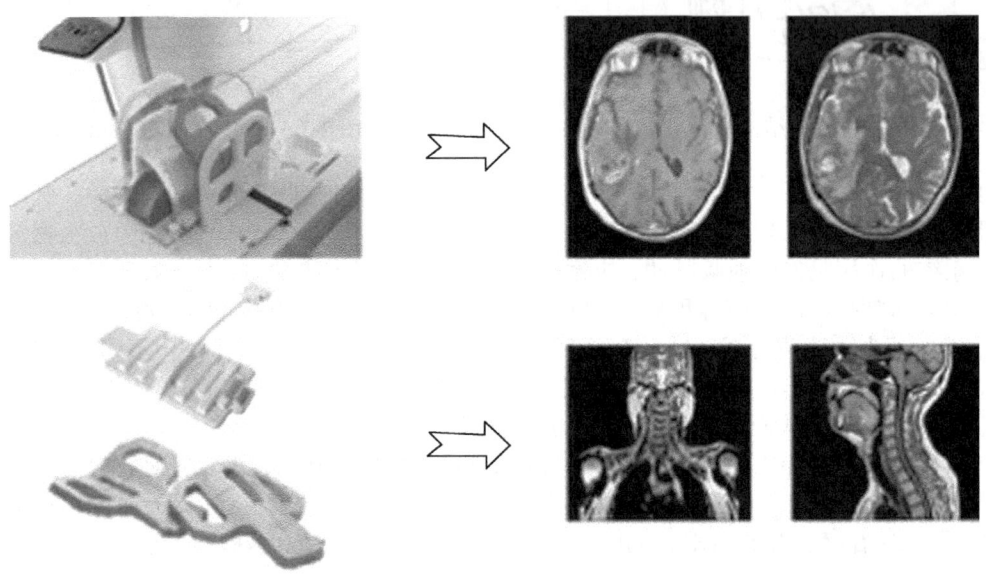

图 2-3-5　头颈部线圈（左），成像示意图（右）

5. 计算机图像重建系统　MR 放射治疗定位的专业工作站系统，其重建算法以及扫描条件均不同于一般的诊断用 MRI。MR 系统成像后可直接导入治疗计划系统，而 MR 后处理工作站上的放射治疗专业化设计软件，如 CT/MR 等多影像配准（图 2-3-6）和 Sim-MD 功能，可以高效实现多模态影像能快速配准和精准融合，同时也可提取多模态影像，在不同影像系列上完成肿瘤轮廓勾画，以及危及器官自动识别，随后导入治疗计划系统，真正将 MRI 带入放射治疗计划工作流（图 2-3-7）。

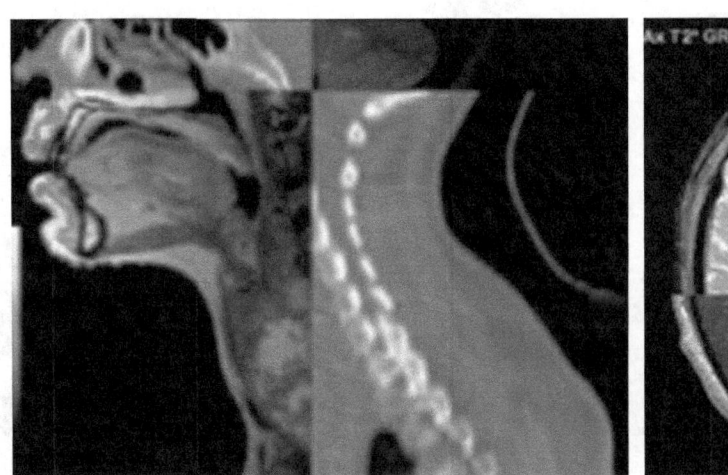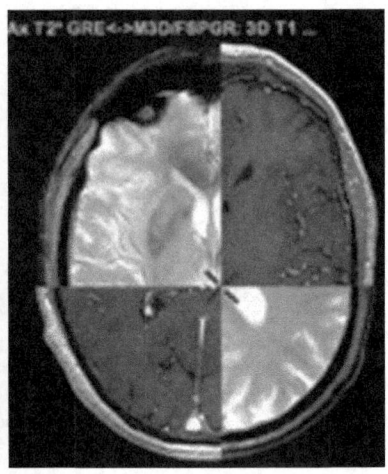

图 2-3-6　CT/MR 多影像配准示例

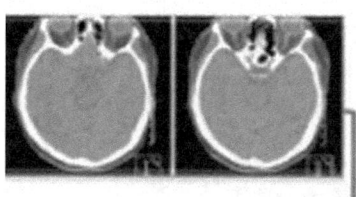

DICOM CT 计划影像

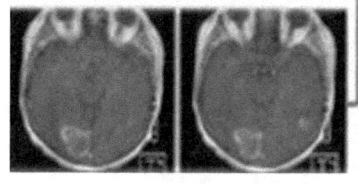

DICOM MR 影像

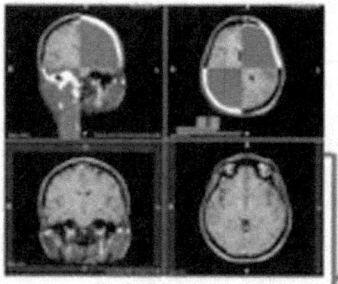

MR 与 CT 影像融合

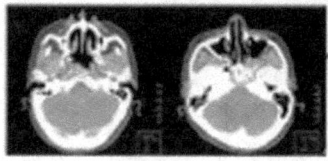

MR 与 CT 影像融合勾画相应 ROI

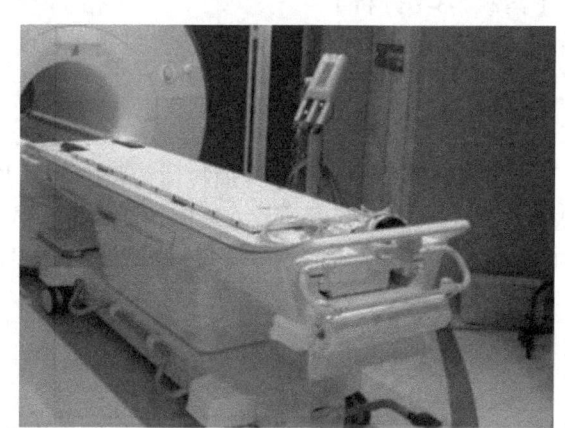

将相关影像、ROI 导入 TPS

图 2-3-7　MRI 模拟定位图像处理流程示意图

6. 放射治疗专用平板床　放射治疗模拟定位需要按患者治疗时的体位和固定方式进行摆位，因此要求扫描床床面采用与放射治疗加速器治疗床床面相同的平面结构，并能与标准的放射治疗摆位装置相兼容。MR 与 CT 影像的自动配准在两者同体位成像时误差最小。专业放射治疗的平板床可直接集成于 MR 扫描床中，以放射治疗标准嵌入式实现（图 2-3-8）。MR 扫描床目前分为移动式和固定式两种。移动式扫描床便于直接转运卧床的患者，但这种移动式的设计，由于底部有 4 个橡胶质地万向轮支撑，不宜固定、稳定性差，很难达到放射治疗定位与治疗摆位体位的重合，重复性差，达不到定位精确度。目前，放射治疗定位均采用固定式，如遇临床特殊需求，可临时考虑采用 MRI 专用转运式扫描床进行定位。

图 2-3-8　MRI-Sim 专用平板床

7. 放射治疗成像固定装置　相关商用公司 GE 和 CIVCO 公司已开发了兼容放射治疗影像患者体位固定装置，能满足患者体位不同部位在不同影像和治疗设备的重复放射治疗定位和成像需求，保证了高质量（图 2-3-9）。

图 2-3-9　常用放射治疗成像固定装置

8. 激光定位系统　MR 模拟定位需采用外置激光定位系统，帮助患者重复摆位，以及在不同设备之间的匹配（图 2-3-1，图 2-3-10）。

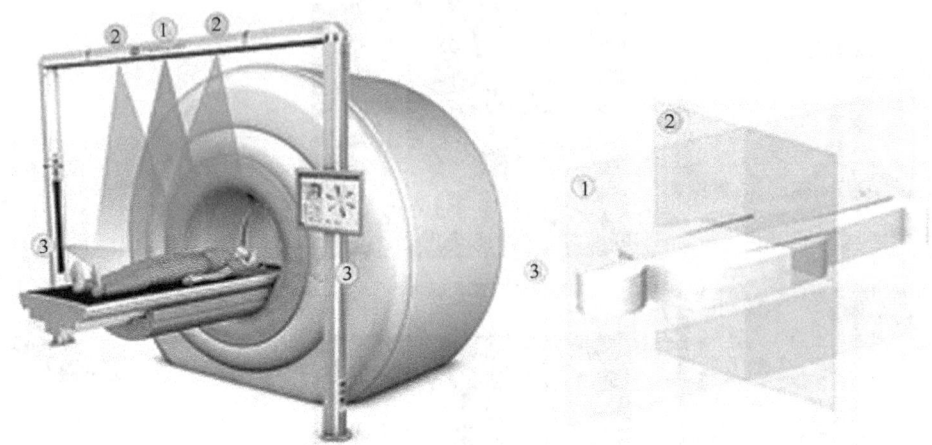

图 2-3-10　激光定位系统（①、②、③分别代表三个平面）

【案例 2-3-1】
MR-Sim 的激光灯特点有哪些？

【案例 2-3-1 分析】
MR-Sim 定位室内的移动激光灯常用的是桥架式设计，且具有磁屏蔽特性，数据传输通常采用光纤，MRI-Sim 需配备 MRI 专用的摆位辅助装置，材料为凯夫拉纤维或玻璃纤维等，且形状规格与科室已有摆位装置一致。

9. 质控体模　放射治疗质控体模帮助从业者周期性评估放射治疗成像质量，包括几何精度，MR 信号均匀度，线圈质量，线圈信噪比等参数，满足精准放射治疗需求。为精确完成 MRI 模拟定位，放射治疗常用的碳纤维材料不适合于 MRI-Sim，原因是碳材料相当于一个导体。

【案例 2-3-2】
简述 MRI-Sim 与普通 MRI 的区别。

【案例 2-3-2 分析】
MRI-Sim 既要应用于放射治疗领域，能提供优质的 MR 图像，又要保证 MRI 模拟定位的精确度和流程的顺畅。早期采用的是开放式 MRI-Sim，其磁场方向与扫描床方向垂直，其磁场均匀性好。但开放式磁体开放空间大，场强低，成像质量差，失真大，效率低。近年来，封闭式大孔径高场强 MRI-Sim 逐渐应用到临床中，其特点是：

1. 采用大孔径（70cm），为放射治疗摆位提供了足够的空间，放疗定位图像质量大大提高。
2. 可以实现将靶区在磁场中心摆位，以获得最佳的均匀性，且可以完成特殊体型（如肥胖）患者的特殊放射治疗定位。
3. 考虑摆位的重复性及固定模体的影响，放射 MRI 线圈的设计如头部线圈由常规封闭式改为开放式，体部线圈需配合前置阵列支撑架使用，以及后置阵列套件、开放阵列套件与线圈的配套使用。

三、MR 模拟定位机临床应用

MR 用于放射治疗的模拟定位，主要是结合 CT 扫描图像，来进行靶区的勾画，特别是靶区边界的识别；针对不同部位的肿瘤定位图像，可选取不同的扫描序列。MR 模拟定位机主要使用三维 T_1 或 T_2 加权成像、造影剂增强扫描、弥散加权成像等，在序列选择时，需要通过频率相位校正，来保证大视野的图像空间分辨率的准确性。

由于 MRI 缺少组织密度信息，利用 MRI 独立模拟定位需要考虑 DRR 重建的问题，还需注意 MR 强磁场的影响。目前，主要基于勾画出骨组织的轮廓，然后赋予这些轮廓骨密度来重建 DRR 图像。

【案例 2-3-3】
头部 MRI 与 CT 图像融合勾画靶区示例。

【案例 2-3-3 分析】
图 2-3-11，左侧一列为计划用 CT 图像，中间一列为同步层面的 MRI 图像，右边一列为叠加了 MRI 和 CT 图像后，在计划 CT 上显示出靶区轮廓。由图中对比可见，MRI 对靶区或危及器官，轮廓边界分辨清晰，有利于保护器官，而又保证靶区剂量充足施照。

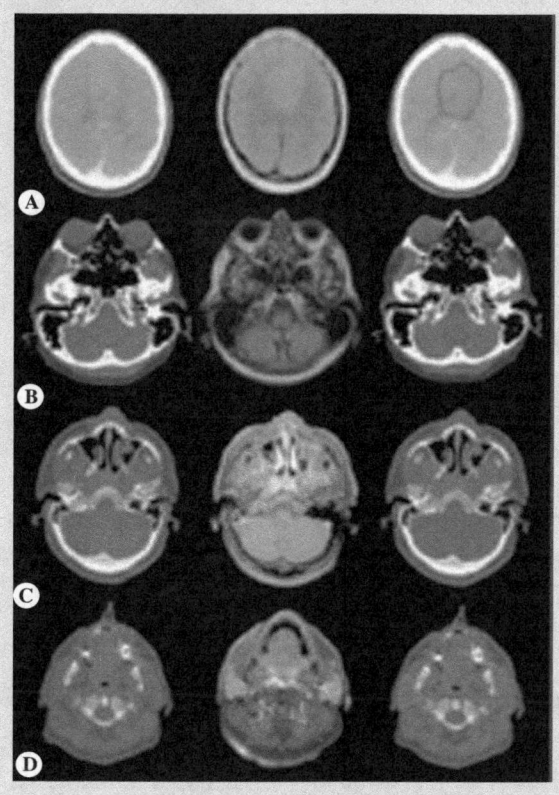

图 2-3-11　头部 MRI 与 CT 图像融合勾画靶区示例图
A. 胶质母细胞瘤；B. 脑干；C. 鼻咽；D. 腮腺

四、MR 模拟定位机使用与维护

MR 模拟定位机使用的流程和普通 MR 机类似，维护主要由以下几个步骤完成：①扫描期间保持恒温、恒湿；②定期校准射频管工作特性曲线；③校准磁体匀场，保证优质图像质量；④常导供电电源确保稳压稳流、通风散热；⑤超导磁体应记录每日液氦消耗量；⑥定期检查梯度冷水机；⑦避免体内遗留金属物品，清理磁体扫描孔；⑧定期清洁线圈连接插头、插座；⑨制冷剂水平面降至 55%～60% 前就应提前联系安排补充事宜。

（王世超）

第四节 钴-60治疗机

一、概述

钴-60治疗机是利用放射性同位素钴-60发射的γ射线治疗肿瘤的外照射放射治疗设备。钴-60放射源属于人工放射性同位素，它是由钴-59在核反应堆中经过热中子照射轰击而产成的，钴-60在衰变过程中发射出β和γ两种射线，半衰期为5.27年，β射线的最大能量为0.315MeV，γ射线的能量有1.17MeV和1.33MeV两种，平均能量为1.25MeV，衰变的最终产物是镍的稳定同位素镍-60。钴-60治疗机一般由下述几个部分组成：①一个密封的钴源；②储源罐及防护机头；③可以自由开关的遮线器装置；④具有定向限束功能的准直器；⑤可以360°旋转的治疗机架；⑥治疗床；⑦计时器及运动控制系统；⑧辐射安全及联锁系统。其基本结构见图2-4-1。钴-60放射源是细小颗粒，封装在一个柱状的容器内，容器底部直径一般为2cm左右，高度随装源量不同而不同。钴-60治疗机装源量一般为3000～9000Ci。

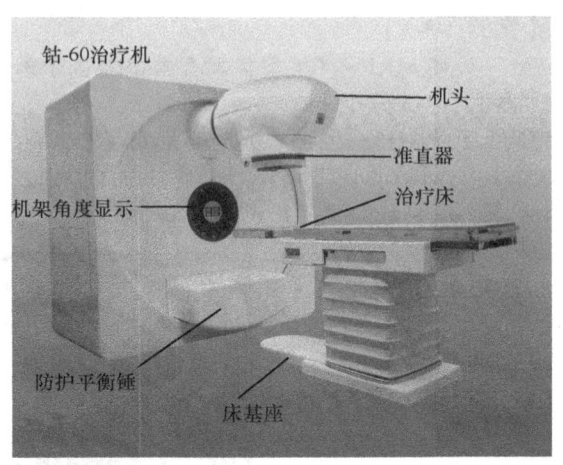

图2-4-1 钴-60治疗机基本结构示意图

【案例2-4-1】
患者，男，51岁，头痛6月余，鼻塞、右侧耳鸣2个月，右侧面部麻木、张口受限3周，MR平扫提示：鼻咽癌；左侧咽后及右颈Ⅱ区多发淋巴结转移；余颈部多发小淋巴结；双侧上颌窦、筛窦、乳突炎症。鼻咽部活检：鼻咽分化型非角化性癌。临床血液学检查、胸片、腹部B超、全身骨ECT检查均未见异常。入院诊断：鼻咽分化型非角化性癌cT4N3M0。治疗：拟行钴-60治疗机放射治疗。
问题：鼻咽癌钴-60放射治疗中要注意哪些事项？
【案例2-4-1分析】
钴-60治疗机进行鼻咽癌放射治疗是应用放射性同位素钴-60发射的γ射线，钴-60源具有一定的体积，会产生几何半影。几何半影的存在会增加对肿瘤周边正常组织的照射，因此要使用挡铅或者多叶光栅保护正常组织；钴-60源平均能量为1.25MeV，射线与组织的作用方式主要为康普顿效应，其特点是骨和软组织有几乎同等的吸收剂量，要注意对颅骨、下颌骨等骨的防护；钴-60在有效使用期内持续衰变产生γ射线，要注意对工作人员和患者及其家属的射线防护。注意采取屏蔽措施、减少接触时间、增大接触距离来减少射线的照射；钴-60源半衰期为5.27年，约每个月衰变1.1%，随着衰变，放射源的活度不断降低，要经常对放射源活度进行测量，校准照射时间，保证治疗剂量的准确；在治疗过程中要密切观察，加强监测，防止放射源卡源不能退回储源罐时，对患者和医护人员造成的意外照射。

二、钴-60治疗机的物理半影

半影的概念：所谓半影，是指照射野边缘剂量随离开射线中心轴距离增加而急剧变化的范围，通常定义为20%～80%剂量线之间的距离。半影是衡量放射治疗设备的重要指标之一，半影越小，治疗时靶区外正常组织受到的照射范围越少，更加有利于靶区周围正常组织的保护。有三种原因造成钴-60治疗机的半影（图2-4-2）。

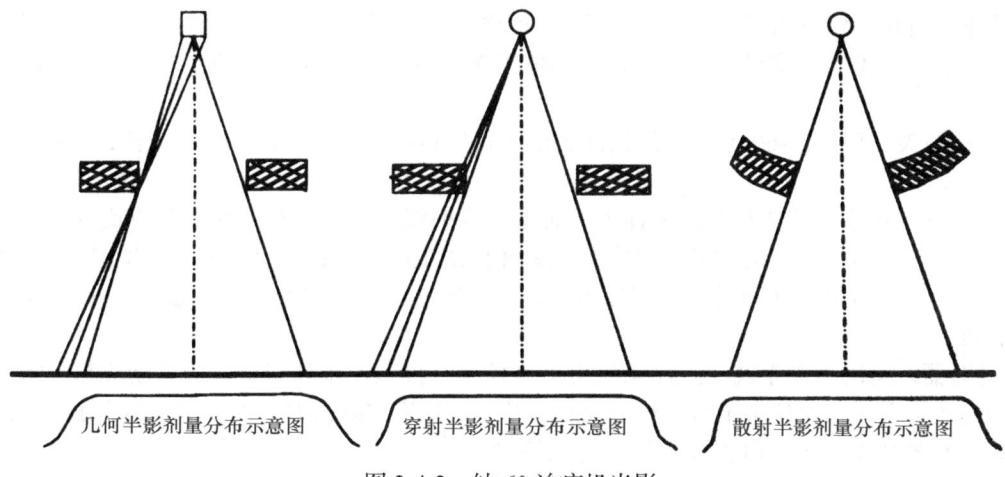

| 几何半影剂量分布示意图 | 穿射半影剂量分布示意图 | 散射半影剂量分布示意图 |

图 2-4-2　钴-60 治疗机半影

1. 几何半影　钴-60 源具有一定的体积,从源体积不同区域发射出的射线经过准直器限束后在照射野边缘形成一渐变的剂量分布,这一渐变的剂量分布范围就是几何半影。几何半影是因为放射源具有一定体积造成的,是不能消除的,可采用复合式准直器减小几何半影,理想的方法是采用点源,加速器放射源可以理想化为点源。

2. 穿射半影　即使采用点源,但是因为准直器端面与射线束边缘是不平行的,就造成射线束穿过准直器厚度不同,从而引起照射野边缘形成剂量渐变式分布,这就是穿射半影。要消除穿射半影,最好的办法是使用球面聚焦式准直器,或使用准直器沿弧线运动,这样就保证准直器边缘始终与射线束相切,从而达到消除穿射半影的效果。

3. 散射半影　射线经限束后到达组织,和组织发生作用产生散射,从而在照射野边缘形成渐变剂量分布。入射的射线能量不同,照射野大小不同,散射半影大小也有差异,但是散射半影是无法消除的。

三、钴-60 治疗机基本结构与功能

钴-60 治疗机基本结构主要包括以下几个部分:

1. 钴-60 源　是放射治疗外照射辐射源,非治疗状态时位于储源罐内。钴-60 源是放射性同位素,每时每刻都产生射线,其防护必须符合标准。根据国际放射防护委员会(International Commission on Radiological Protection,ICRP)的推荐,钴-60 源处于关闭状态时,距钴-60 源 1m 处,各方向的平均照射量应<2mR/h,不应有>10mR/h 的地方。为保证医务人员和患者家属安全,必须对放射源进行有效防护,常用防护材料为铅或是钨和铀的合金,要求漏射剂量要符合辐射防护标准。

2. 储源罐及防护机头　主要作用是储存放射源和阻挡射线。治疗状态时,放射源应位于治疗位置,射线可以射出来,对患者肿瘤部位进行有效照射;关闭状态时,放射源应位于储源罐内,射线的泄露应低于放射源相关的防护标准。

3. 遮线器装置　遮线器是用来遮断放射线的装置。遮线器处于开位时,放射线可以漏出来;遮线器关闭时,射线束被截断,但是会有少量的射线漏射出来,不过漏出来的射线剂量大小在安全范围内。

4. 准直器系统　准直器也称铅门,其作用是可按照计划设计的要求形成一定大小的照射野,以适应治疗不同大小肿瘤的需要。准直器厚度要满足 ICRP 防护标准,射线漏射量不应超过照射量的 5%,因此至少需要 4.5 个半价层。钴-60γ 射线平均能量为 1.25MeV,防护材料通常采用高密度的钨合金,通常需要数厘米厚才能使射线衰减到安全范围之内。准直器设计应使钴-60 源半影尽可

能小，通常设计成一级准直器和二级准直器，一级准直器用来限定钴-60治疗机的最大照射野，不能进行调节；二级准直器多设计成复式，分别位于X方向和Y方向，分成上、下铅门，以减小几何半影。

5. 旋转机架 现在钴-60治疗机都设计成滚筒式旋转机架，可以进行360°旋转，以满足临床不同治疗需要。

6. 治疗床 承重要能够承载足够体重的患者，当射线通过时，对射线的吸收比较小，材质最好是碳纤维。床面有带刻度的凹槽，可满足患者体位固定的需要；能垂直升降，既满足治疗需要，又满足患者上下床方便。床面设计要能够纵向移动，床面床座可±90°旋转，其旋转中心精度要符合相关标准。

7. 计时器及运动控制系统 控制系统由电气控制、机械控制和安全保护控制等部分组成。控制台配有总电源开关、源位指示灯、双道计时系统、治疗机控制钥匙开关、门联锁指示、气源压力系统、机头机架角度指示、电视监控和对讲机等。

8. 辐射安全及联锁系统 为保证机器安全运行，保证患者及工作人员安全，钴-60治疗机必须设置一系列的安全联锁装置，这些装置都连接到主控电路中，任何一个安全联锁不在正常位置，机器都不能顺利出源治疗。

四、钴-60治疗机临床应用

钴-60源平均能量为1.25MeV，最大剂量深度位于皮下0.5cm处，应用钴-60射线进行肿瘤放射治疗时，皮肤剂量相对较小，皮肤的放射反应较小；射线与组织的作用方式主要为康普顿效应，其特点是骨和软组织有几乎同等的吸收剂量，治疗深部肿瘤时不致引起骨损伤；结构简单，故障少，经济可靠，是经济欠发达地区可靠的放射治疗设备。

但是钴-60治疗机相对于加速器，存在明显的缺点：①钴-60治疗机装源量有限，焦点剂量率较低，单次治疗时间较长，效率较低；②钴-60能量较低，不适合治疗深部肿瘤；③钴-60治疗机存在几何半影，照射野外的正常组织受照射范围较大，不利于对正常组织的保护；④随着时间延长，钴源衰变，治疗时间变得越来越长，增加了治疗中患者的痛苦，降低了治疗精度；⑤需要定期更换放射源，废旧放射源处理较为困难，且花费较大；⑥钴-60治疗机为有源设备，如果出现故障放射源卡源时，放射源不能退回储源罐，将对患者和医护人员损伤较大，故障处理也非常困难。

五、钴-60治疗机使用与维护

钴-60治疗机属于γ射线远距离放射治疗设备，机房设置要符合国家有关的放射防护与安全技术要求，对辐照源的安全性进行分析，出具分析报告。机器安装后要进行验收，其技术性能、辐射安全性能要满足国家标准。治疗单位应配备医师、物理师和技师并取得相应的资质。必须设有专职或兼职的辐射防护与安全工作人员，负责日常辐射防护与安全的管理与监督。新进放射源必须持有使用许可证，做好交接手续，在装源前后必须清点并做好详细的立账登记。使用中应经常检查辐射源有无脱落，至少每年清点一次，并做好详细记录。另外，还应配备辐射剂量和辐射防护的检测设备，建立质量保证体系，进行质量控制检测，同时做好患者防护。还应制订事故应急方案，其中包括事故预案、应急程序等具体措施并进行演练。钴-60源处于持续衰变中，要定期对放射源活度进行检测并计算不同治疗野的照射时间，放射源活度比较小时，患者的治疗时间大大延长，要更换放射源，必须办理相应的审批手续并有详细的登记记录。

（郭跃信）

第五节　医用电子直线加速器

一、概　　述

电子直线加速器（electron linear accelerator）是在真空中用微波电磁场将电子沿直线轨道加速到很高能量的装置。医用电子直线加速器是指专门用于临床医学的电子直线加速器，其加速后的电子打靶可以产生高能光子射线，直接引出的电子束经过散射处理后产生治疗用电子线，其主要用途为对恶性肿瘤进行放射治疗。医用电子直线加速器是最主要的放射治疗装置。国际上将每百万人口拥有的医用电子直线加速器数作为表征一个国家卫生事业水平的重要指标之一，美国等发达国家每百万人口达 10 台以上。我国最近 10 年医用电子直线加速器数量增加很快，目前我国与发达国家指标相比仍有一定差距。

在电子直线加速器出现之前，人类发明了多种用于放射治疗的设备和装置。1895 年科学家 Röntgen 发现了 X 射线，在 Röntgen 宣布他的发现仅一两个月，Schiff 和 Freund 医生就建议采用 X 射线治疗一些疾病。1898 年 Curie 夫妇发现天然放射性核素镭-226。1899 年医生们第一次用电离辐射治疗癌症，并形成了放射治疗的热潮。1910 年 Coolidge 研制成钨丝热阴极 X 射线管，1922 年 Coolidge 研制成 200kV X 射线机用于放射治疗，X 射线管和 X 射线机为放射治疗提供千伏级 X 射线治疗。1931 年 Van de Graff 发明电子静电加速器，1940 年 Kerst 发明电子感应加速器，1944 年 Veksler 提出电子回旋加速器原理，1946 年 Wilson 提出质子治疗。1949 年美国用电子感应加速器进行放射治疗。1950 年加拿大利用反应堆生产的人工放射性核素钴-60 研制成远距离治疗机。

医用电子直线加速器的发展得益于第二次世界大战时期雷达通信的微波技术的发展。第二次世界大战后大功率雷达机得到应用，大功率微波器件（磁控管和速调管）的诞生使电子直线加速器的研制有了进一步发展。1947 年英国 Fry 和美国 Hansen 带领各自部门在电子直线加速器研制上取得进展，分别将电子加速到 3.5MeV 和 4.5MeV。1953 年英国 Hammersmith 医院首次使用一台医用电子直线加速器采用 8MV 光子线对患者进行放射治疗，1955 年 Newbery 等首次将等中心治疗原理用于医用电子直线加速器。医用电子直线加速器涉及众多的学科，如高能物理、微波理论及测量技术、电真空技术、计算机、无线电子学、光学、精密机械等学科。

临床应用的医用电子直线加速器按照其输出射线的能量可以将其分为低能、中能、高能三种机型。一般将能量在 4～6MV 的称低能，能量在 8～14MV 的称中能，能量在 15～25MV 的称高能。根据医用电子直线加速器的微波加速场可以分为行波型和驻波型；根据医用电子直线加速器的偏转形式分可以分为有偏转型和无偏转型；根据微波源的特点，医用电子直线加速器的微波器件类型可以分为磁控管型和速调管型。

随着电子计算机技术与影像处理技术的发展，目前医用电子直线加速器装配了多叶准直器、电子射野影像系统和锥形束断层成像系统，可以通过调强放射治疗技术实现对治疗靶区的剂量精确投照，通过电子射野影像和锥形束断层成像技术实现对患者体位的精确定位。

二、医用电子直线加速器原理与结构

（一）微波

第二次世界大战中，雷达通信技术的应用带动了微波传感器件、高功率微波管、微波检测等技术的发展，从而促进了电子直线加速器的迅速发展。微波是波长从 0.001～1.000m 之间的电磁波。微波作为一种电磁波具有波粒二象性，微波的基本性质为穿透、反射、吸收三个特性。对于玻璃、塑料和瓷器，微波几乎是穿越而不被吸收，微波对金属会产生反射。临床应用的电子直线加速器一般使用 S 波段，在临床电子直线加速器中常用的频率为 2998MHz 或 2856MHz。而小型化的加速管，如射波刀加速器则采用 X 波段，波段参考请看表 2-5-1。

表 2-5-1　波段参考

波段代码	标称波长/cm	频率/GHz	波长范围/cm	波段代码	标称波长/cm	频率/GHz	波长范围/cm
L	22	1~2	30~15	C	5	4~8	7.50~3.75
S	10	2~4	15.0~7.5	X	3	8~12	3.75~2.50

微波功率源在低功率时一般使用磁控管，高功率时使用速调管，速调管比磁控管更能直接可靠地提供高峰值的脉冲功率。微波功率源器件无论是磁控管还是速调管都是超高真空条件下工作的大功率元器件。

磁控管是利用磁场控制阳极电流的电子管，即是在一定的磁场和外加阳极电压的作用下，能产生微波震荡的二极管，它是自激振荡器（图 2-5-1、图 2-5-2）。

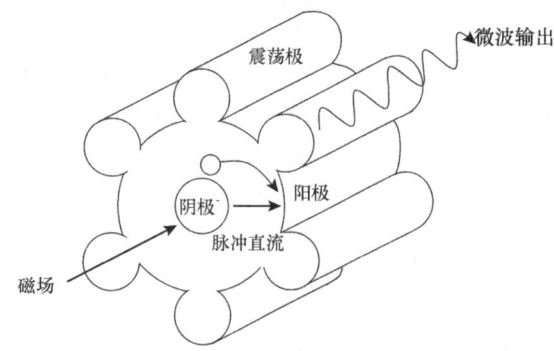

图 2-5-1　磁控管示意图

图 2-5-2　磁控管

速调管是通过电子束与高频场的相互作用将直流能量转换为高频能量的微波放大器件，速调管本身不能震荡，用作放大器，其频率由射频驱动器来决定，射频驱动器一般是全固态震荡放大器。速调管阴极发射的电子经电子枪高压的作用形成均匀的电子束，穿过一系列谐振腔到达收集极。如果有高频信号馈入，并且与腔谐振，激起各腔的高频振荡。振荡的能量通过输出腔耦合机构输出波导。速调管具有增益高、输出功率大、稳定性好、寿命长的特点。速调管体积较大，一般采用浸泡在油箱的方式进行冷却，因此不适合安装在旋转机架上（图 2-5-3、图 2-5-4）。

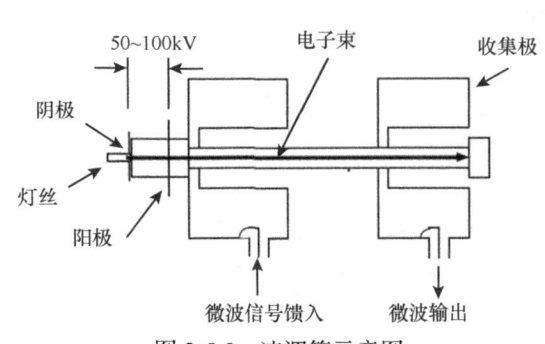

图 2-5-3　速调管示意图

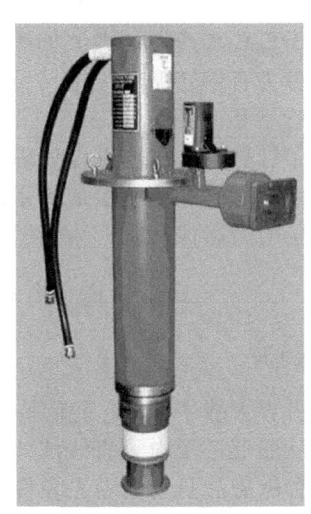

图 2-5-4　速调管

（二）加速原理

加速管也称加速结构（accelerating structure），它是电子直线加速器的核心部件，根据其加速原理可以分为行波加速管和驻波加速管。

行波（travelling wave）加速原理：在加速管内按一定规律放置中间有束流孔的圆形盘片，改变圆盘间的间距可以改变波的传播速度，起到减慢行波相速的作用，实质上是一个慢波机构，故称盘荷波导（图2-5-5）。在盘荷波导中，微波电磁场以波的形式沿轴线方向传播，行波电场在轴线附近具有轴向分量，可以对电子施加轴向作用力，电子若处于轴线附近，若相位合适，就可以不断地受到行波电场的加速作用而增加能量。利用这种方式加速电子的直线加速器称行波加速器。形象的表示方法是用海浪和冲浪运动员来比喻行波电场和电子，维持电子一直处于波峰附近，电子好像骑在波峰上不断获得能量（图2-5-5、图2-5-6）。

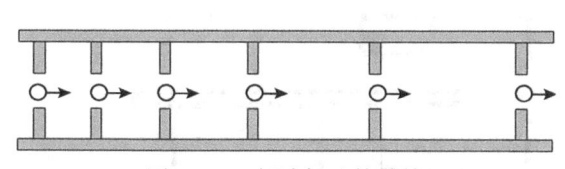

图2-5-5 行波加速管结构

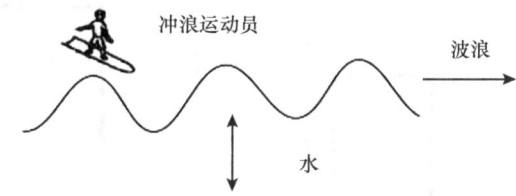

图2-5-6 行波加速器示意图

驻波（standing wave）加速原理：驻波加速就是在加速管末端不接匹配负载，而接短路面，使微波在终端反射，所反射的微波沿电子加速的反方向前进，如果在加速结构的始端也放置短路面，反射功率将再次在始端被反射，如果加速管长度合适，则反射波和入射波相位一致，加强了入射波，在加速管内形成驻波状态，见图2-5-7，驻波加速示意图见图2-5-8。

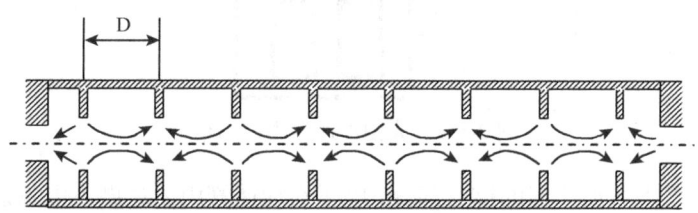

图2-5-7 驻波加速管结构

图2-5-8 驻波加速示意图

图2-5-7中，第一腔的电场随时间从小到大，方向正好适合加速电子时，两腔电场方向是减速的，但过一会，当第1腔电场变成减速方向时，第2腔正好能加速电子。如果让电子在第1腔刚由负变正时注入其中，电子前进，场强不断增加，电子不断获得能量，场强达到峰值时，电子在中央。其后场强下降，电子在后半腔飞行，当场强由正变负时，电子正好飞出第1腔。这时第2腔场强刚好由负变正，电子在第2腔又能继续获得加速。如果这种安排能得到满足，电子就可不断地获得能量。

在微波功率相同的情况下,驻波加速器可以在更短的加速器结构中获得更高的能量,聚焦简单,因此驻波加速器机型小、重量轻、结构轻便。驻波加速场强高,可以实现低电压注入,行波加速注入电压高,另外驻波加速管真空度和对自动频率控制要求比行波高。

(三)医用电子直线加速器结构

医用电子直线加速器的基本结构包括加速管、微波功率源与微波传输系统、电子枪、束流系统、真空系统、恒温水冷系统、电源、脉冲调制器、操作与控制系统、剂量监测系统、准直与治疗头系统、治疗床和附件等。典型的加速器主体结构见图2-5-9。

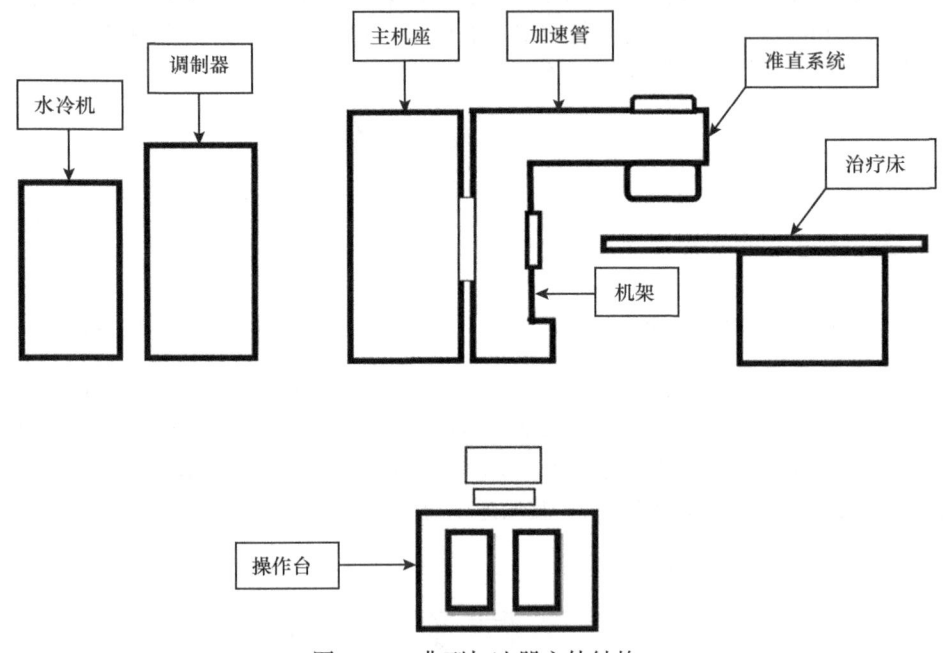

图 2-5-9 典型加速器主体结构

加速管是医用电子直线加速器的核心部分,电子在加速管内通过微波电场加速。加速管一般采用铜通过精密加工制作而成,内部维持真空状态,电子枪安装在加速管的起始端,在输出端一般具有输出窗用来引出高能电子束。或者直接设置了 X 射线靶用以产生 X 射线。

加速管根据加速类型不同分为行波加速管和驻波加速管。由于驻波在加速管内所建立的电场强度提高,提高了加速效率,驻波加速管一般对真空要求也较高。

医用电子直线加速器使用的大功率微波器件主要是磁控管或速调管。目前实际使用的医用电子直线加速器中,行波医用电子直线加速器和低能医用电子直线加速器较多使用磁控管作为微波功率源,中高能驻波医用电子直线加速器较多使用速调管。

微波传输系统主要包括隔离器、波导、取样波导、输入输出耦合器、三端或四端环流器、终端吸收负载、频率自动稳频等组成。

电子枪为医用电子直线加速器提供被加速的电子。电子枪为加速器注入具有一定能量、流强的电子流,常见的电子枪有二极枪和三极枪,三极枪在阴极和阳极之间设置了控制栅极。

束流系统包括聚焦、导向和偏转线圈。聚焦线圈安装在电子枪出口,为使电子枪发射的电子束汇聚成细束注入加速管,同时保证电子在加速管中横向运动的稳定性,在加速管外部安装有多组螺线管聚焦线圈,它们产生的轴向磁场对电子产生径向聚焦力约束电子。导向线圈的作用是使电子枪发射的电子准确地注入加速管的轴线上,并沿着加速管轴线飞行。

偏转系统利用偏转磁场使得电子束发生偏转,当加速管较长同时需要做等中心照射时通常采用偏转的方式。常见的偏转角度为270°偏转，如 Varian Trilogy 加速器，也有采用滑雪式消色散的偏转方法，如 Elekta Synergy 加速器。对于加速管较短的加速器采用直线输出，无偏转系统的设计，如 Varian 6EX 低能加速器。

真空系统通常用来维持加速管和速调管的真空，一般采用离子泵保持真空度。保证加速管的真空度可以减少电子在运动过程中发生碰撞，同时电子枪也需要在真空系统下工作，避免电子枪中毒。

恒温水冷系统用来带走加速器产生的热能，水冷机产生的冷却水通过交换器冷却加速器的内循环水，将内循环水的热量带走。恒温水冷系统检测内水水温并控制内水水温恒定，保证加速管、偏转系统、微波系统、导向聚焦系统、水负载、油箱、变压器等部件的温度恒定，保证加速器正常工作。

充气系统一般采用 SF6 气体作为绝缘气体充入波导管中，目的是防止波导内强电场产生放电打火。

剂量监测系统是医用电子直线加速器上测量和显示直接与吸收剂量有关的辐射量的装置。剂量监测系统采用电离室监测加速器的剂量率、累积剂量、射线的平坦度、对称性等剂量相关的参数，并依据监测的数据来伺服控制加速器射束。

准直与治疗头系统包括主准直器、散射箔、均整系统、铅门射野大小指示器、源皮距光学指示器、楔形板、多叶准直器等。准直器用来限制射束方向，形成一定范围的照射野，主准直器一般为圆锥形，次级准直器一般采用铅门或多叶准直器。均整系统用来获得平坦的射野剂量分布，目前也有部分加速器采用无均整块的模式，可以使得加速器的输出剂量率更高。散射箔使电子线获得较宽的照射野。有些加速器采用电动楔形板，通过调节射野中停留的时间比例，用来形成一定楔形角度的剂量分布。铅门由两个方向的电机推动，形成不同大小射野，相当于下准直器。多叶准直器采用一定数量的带凹凸槽的叶片形成射野用来代替铅挡块，利用多对独立控制的光栅叶片，在计算机控制下形成不规则照射野形状。准直与治疗头系统示意图见图 2-5-10。如图 2-5-10 所示：A.电子束打靶产生 X 射线，通过主准直器、均整块，穿过电离室后通过次级准直器后形成照射野；B.电子束不打靶，直接输出电子线，通过主准直器后，经过散射箔，穿过电离室，经过次级准直器和电子线托架后形成所需的电子线照射野。

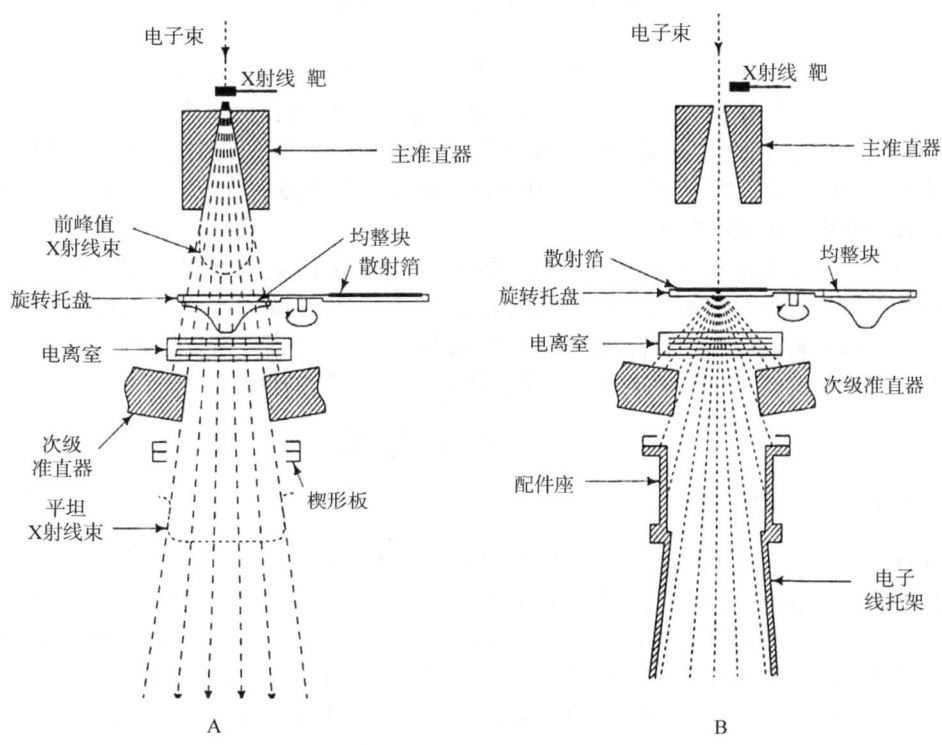

图 2-5-10　准直与治疗头系统示意图
A. 电子束打靶产生 X 射线；B. 直接输出电子线

治疗床可以通过上下、左右、前后运动将患者按临床要求进行摆位。目前有些加速器治疗床已经出现了六维控制，实现上下、左右、前后及三个方向的小幅度的精密旋转调节。

附件一般包括铅块托架、电子线托架、治疗床固定器械、激光灯及机器校正工具等相关部件。

电源和脉冲调制器实现电力稳压、电源分配和脉冲调制功能。脉冲调制器为磁控管（速调管）和电子枪产生高压脉冲，进而产生微波和电子束。

加速器机架一般由旋转支臂和机座组成，机架主要有两种形式：支臂式和滚筒式。旋转支臂承载着治疗头可以进行 360°旋转，机座支撑旋转支臂保证其安全稳定的旋转。加速器机架是一重要部件，要求精度非常高，机架旋转的平稳性和角度位置误差直接影响临床治疗精度。

医用电子直线加速器是根据等中心原理设计的，在机器运行角度范围内，加速器等中心是指旋转机架的旋转轴、准直器旋转轴与治疗床的公转轴的交点（图 2-5-11）。

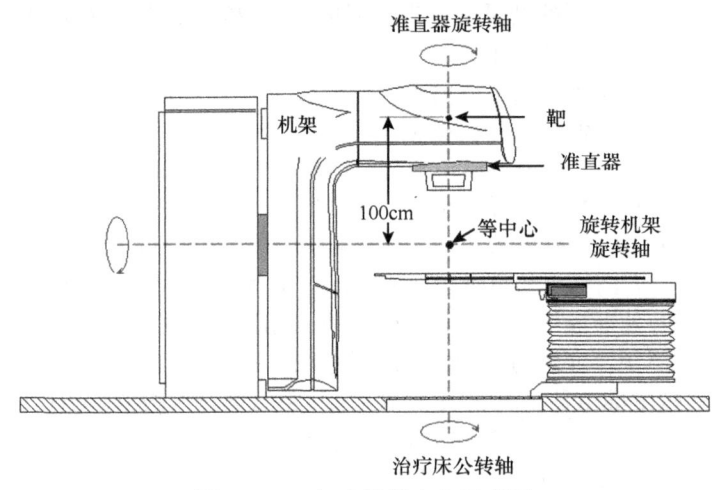

图 2-5-11 加速器等中心示意图

操作与控制系统通过人机界面实现对加速器的操作和控制。操作人员通过操作与控制系统将操作指令发送给加速器进行执行，同时实时监测加速器的各个参数状态，当任何参数出现异常时，系统通过联锁功能限制加速器的特定操作。一般医用电子直线加速器操作系统包括临床模式、维修模式、管理模式等。临床模式进行临床治疗；维修模式具有诊断故障、设备校正等功能；管理模式用来设置加速器的使用权限和参数等。

多数医用电子直线加速器可以输出两种射线：X 射线和电子线。X 射线和电子线一般均有多个能量挡和剂量率可供选择。高能 X 射线具有穿透力强、表面剂量较小、旁向散射小等优点。电子线易于散射，表面剂量较高，百分深度剂量很快达到最大点，然后形成高剂量"坪区"，射程后几乎没有辐射。电子线的特点决定了电子线更适合治疗比较表浅的肿瘤。

三、多叶准直器

（一）多叶准直器简介

多叶准直器（MLC）一般由左右两组叶片组成，每组叶片有一定数量的叶片凹凸交叉衔接，每个叶片独立运动，通过控制叶片位置形成不同形状的照射野。由于在常规放射治疗中，铅挡块存在着制作复杂、使用效率低等不足，MLC 的最初应用是取代传统的挡块，形成不规则照射野，提高放射治疗的效率。随着计算机控制 MLC 技术水平的提高，静态（step and shoot）和动态（sliding windows）调强获得了广泛应用。与铅挡块相比，MLC 具有显著优势：能大幅提高放射治疗的效率，操作简便，不会产生有害气体或粉尘。在常规适形治疗中，MLC 替代铅挡块，无须人工更换铅挡块操作，如图 2-5-12 所示；在调强放射治疗中：通过计算机控制各个叶片的独立运动进行动态照射,对照射区内的每一个单元体积投照不同的分次剂量,靶区形成了临床设计的三维剂量分布。

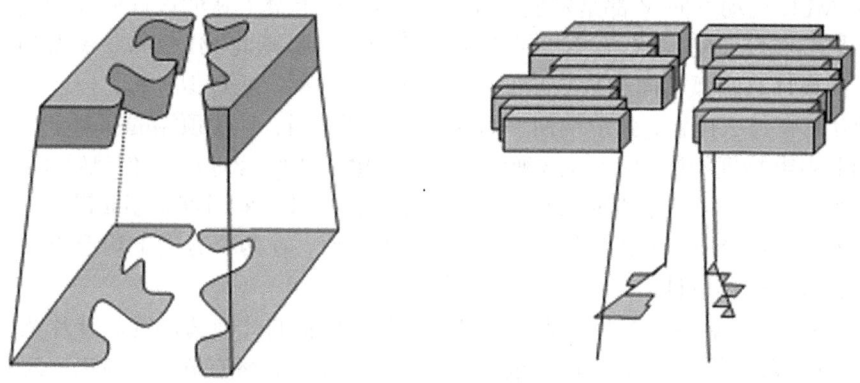

图 2-5-12　铅挡块（左）与 MLC（右）示意图

（二）多叶准直器的结构

MLC 由单独叶片按次序排列组成,如图 2-5-13 所示。对单独一个叶片而言,宽度是垂直于射线穿射方向和叶片运动方向的叶片的物理宽度,即叶片两侧面间的宽度;而临床中叶片宽度一般是指叶片在加速器等中心处的投影宽度;叶片长度为平行于叶片运动方向的叶片的物理长度;叶片顶面为近放射源一侧的叶片表面,叶片底面为近患者皮肤一侧的叶片表面;叶片高度为叶片顶面与底面之间的距离。叶片高度的大小决定了叶片对射线的衰减特性。叶片伸入射野内形成射野边界的表面,称叶片端面。

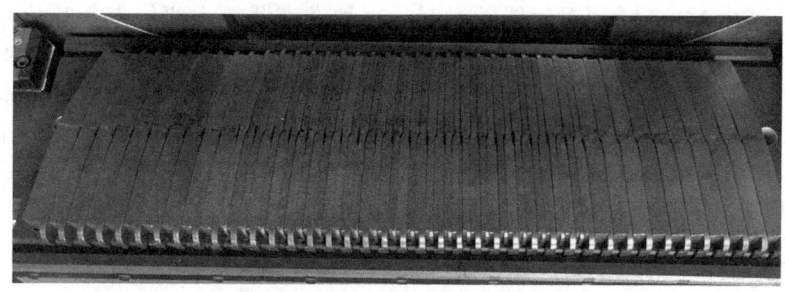

图 2-5-13　MLC 叶片的排列

Varian Millennium 60 对叶片 MLC,上端近靶,下端靠等中心

MLC 的材料多选用密度较大的钨合金。钨合金具有硬度大,伸展系数小,制造性能好的优点。钨合金可达到较高的加工精度,有利于控制相邻叶片之间的间隙。MLC 的叶片一般高 6~8cm,叶片高度必须使原射线的穿透不超过原来的 5%,因此需要 4~5 个半价层的高度。

叶片的纵截面设计上,叶片的底面和顶面必须在与叶片运动方向垂直的平面内聚焦于放射源,同时叶片间的漏射线剂量最小。因此叶片的横截面必须是梯形结构,顶面宽度小于底面宽度。为保证叶片间射线的泄漏最少,叶片侧面必须采用凹凸槽结构（图 2-5-14）。相邻叶片的凹槽和凸槽彼此交错,避免射线直接通过。为保证相邻叶片间的相对运动整体性,多数厂家的叶片取台阶式交错方法。

叶片端面的设计应使射野半影尽可能小,考虑在不同射野大小时,保持半影一致,理想

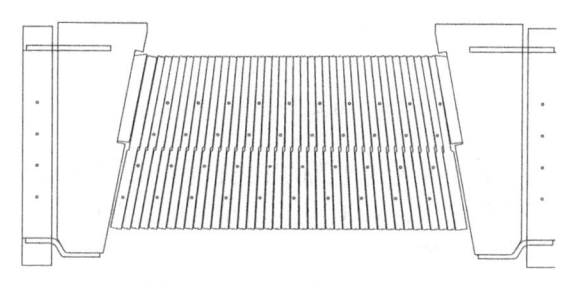

图 2-5-14　叶片侧面示意图

情况是叶片端面在任何位置时都与原射线的扩散度相切。由于放射源的线束在沿MLC叶片运动方向X和垂直于MLC运动方向Y都是发散的。叶片截面采用上窄下宽的设计使MLC在Y方向聚焦于放射源。如果端面设计使MLC在X方向也聚焦于放射源，则此MLC称双聚焦MLC。

常见的端面设计有圆弧端面和直立端面。弧形端面设计时，通过拟计算，合理设计叶片端面弧度，使得无论叶片在什么位置，弧形端面上的穿射厚度都相同，叶片顶端的穿射半影始终相等，从而保证了不同照射野物理特性的一致。这种设计大大简化了叶片运动方式，但牺牲了部分物理特性，照射野半影较大。上述这种一个方向聚焦的方式称单聚焦设计。采用直立端面设计时，为达到双聚焦效果，通常使叶片沿X射线靶为中心的圆弧形轨迹运动。在两个方向上均形成向上聚焦于射线的焦点的结构，称双聚焦设计。

MLC叶片的宽度影响MLC所形成的照射野与靶区形状的几何适形度。叶片宽度越薄，适形度越好；但叶片越薄，制作越困难，造价也越高。由于叶片间必然有缝隙，所以一定存在漏射，而且叶片越薄，漏射越多。

目前多数MLC叶片在等中心处投影的宽度多为2.5mm、5mm或10mm。例如，Elekta MLCi MLC由40对叶片组成，每片在等中心投影的宽度为1cm，常规治疗的最大野为40cm×40cm；Elekta Agility MLC由80对叶片组成，每个叶片在等中心投影宽度为5mm，可以形成40cm×40cm的照射野；Varian Millennium MLC由60对叶片组成，常规治疗最大野为40cm×40cm，两端各10片每片在等中心投影宽为1cm，中间40片叶片投影宽度为0.5cm；Varian HD MLC由60对叶片组成，中间叶片投影宽度为2.5mm，外侧叶片投影宽度为5mm，最大野为22cm×40cm。

根据MLC的安装位置的区别，通常可以分成三类。第一类以Elekta公司为代表，MLC代替加速器上铅门准直器，并在MLC和下铅门准直器之间增加一对后备型薄片准直器，它跟随MLC叶片运动，减小MLC叶片对射线的泄漏。这种准直器的主要优点：叶片靠近放射源，形成相同射野大小时，MLC叶片运动范围较小，叶片长度可缩小，MLC结构紧凑；缺点：叶片远离等中心，叶片实际宽度与等中心处投影宽度比值小，对叶片加工的精度要求高，对叶片位置定位精度要求高。第二类以Siemens公司为代表，MLC代替加速器的下铅门准直器。第三类以Varian公司为代表，MLC安装在上铅门准直器和下铅门准直器下方，成为三级准直器。第三种方式也可以采用外挂式的方法，在不需要的情况下可以灵活拆卸。

（三）多叶准直器叶片控制

叶片的驱动控制主要有两种方式。第一种是较为常见的马达驱动，马达驱动一般结构为驱动电路给直流电机驱动电流，电机带动丝杆或齿条运动，推动叶片前进与后退，见图2-5-15。第二种是气体活塞式推动方式，主要在NOMOS Mimic MLC和Tomotherapy的MLC上，采用开合二进制的方式。

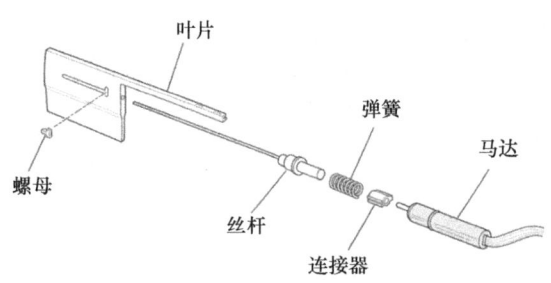

图2-5-15　MLC马达驱动结构

不同MLC采取不同的位置监测方法，常见的叶片位置的监测方式如下：①电位器或者编码器；②光学位置监测；③光电开关。电位器或者编码器方法具有良好的线性和精度，但是接线较多；光学位置监测方法实现无接触的位置监测，但是容易受到外界光线变化的影响；光电开光方式主要用于开合式的MLC位置监测。不管采用何种驱动和监测方法，MLC的位置精度都会直接影响照射野的剂量分布，因此对叶片位置的检测和质量保证尤为重要。

四、电子射野影像装置

（一）电子射野影像装置的发展历程

电子射野影像装置（electronic portal imaging device，EPID）是加装在加速器上直接获取高能 X 射线影像的放射治疗辅助装置。早期放射治疗设备（钴-60 或加速器）均没有配置影像接收装置，EPID 最初的设计目的主要是解决射野形状和患者摆位精度的实时验证问题。1958 年 Andrews 设计了第一个电子射野影像装置用于监测 2MV X 射线治疗。1962 年 Benner 也设计了一个类似的装置用于监测 30MV X 射线治疗。早期的 EPID 图像接收装置是直接采用诊断用 X 射线机的影像增强器方式，影像增强器安装在加速器机架底部，接收加速器产生的兆伏级 X 射线。由于早期的影像增强器技术水平有限，同时兆伏级 X 射线本身图像质量较差，该技术没能得到广泛应用，但是早期研究为放射治疗实时验证装置的发展奠定了基础。

自 20 世纪 80 年代，固体探测器和液体探测器开始应用于 EPID 中，EPID 的图像质量大大提高。随着三维适形放射治疗和调强放射治疗技术的临床应用，EPID 在临床治疗患者靶区位置和射野形状验证得到了广泛应用。各加速器厂家（Elekta、Varian 和 Siemens）研制了各种不同类型的 EPID 装置并集成在加速器上投入临床应用，图 2-5-16 为 Varian 加速器上配置的 EPID。

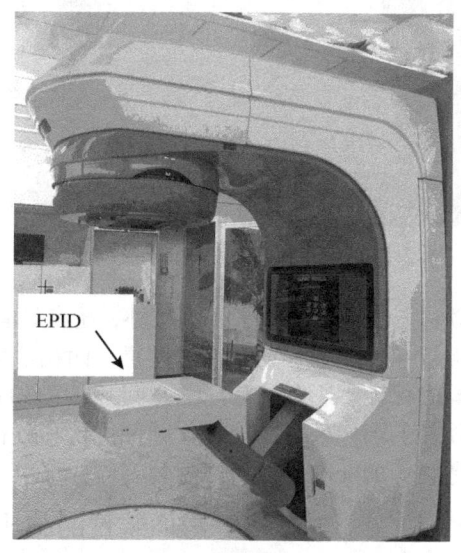

图 2-5-16 Varian 加速器上配置的 EPID

（二）电子射野影像装置的结构原理

电子射野影像系统一般由射线探测器和采集射线信号的计算机处理单元两部分组成，不同的系统差别主要体现在射线探测部分，采集射线信号的计算机处理部分差别不大。根据射线探测方式的不同，EPID 可分为荧光影像增强系统、液体电离室系统和固体探测器系统。目前广泛使用的是固体探测器系统。

荧光影像增强系统主要由 X 射线转换器、反射镜、摄像机组成。当 X 射线入射到金属板时，与其发生相互作用产生高能电子，高能电子打到荧光屏上发出荧光，产生的荧光信号经下方的反射镜传输到摄像机，光信号经过摄像机处理后成为数字图像。荧光系统具有分辨率高、成像视野大、获取影像速度快的优点，同时存在装置占用体积大、光子收集效率较低的缺点。

液体电离室系统由两个相距一定空隙并相互垂直排列的电极板组成，在每个电极板上平均分布着一定数量的液体电离室。其工作原理：当射线入射时，对每个电离室加上极化电压，空隙里的异辛烷充当电离介质。电极板上面建成材料将入射射线转换为高能电子，同时吸收低能和散射光子，电离室液体同样可以将入射光子转换为高能电子，转换成功的高能电子会将部分能量转化为可测量信号。液体电离室系统的优点是液体电离室均匀分布且位置固定，不会造成影像的几何失真。

固体探测器系统是用非晶硅或非晶硒材料做成的半导体构成的线阵，采用非晶硅（amorphous silicon，a-Si）材料类型的探测器称之为非晶硅探测器，采用非晶硒（amorphous selenium，a-Se）材料类型的探测器称之为非晶硒探测器。固体探测器系统具有体积小、效率高、分辨率高、动态范围大的优点，固体探测器系统已被证明可用较少的剂量获得较好的成像。固体探测器系统是目前 EPID 开发和应用的主要装置。

非晶硅（或硒）X 射线平板探测器是一种以非晶硅（或硒）光电二极管阵列为核心的 X 线影像探测器。在 X 射线照射下探测器的闪烁体或荧光体层将 X 射线光子转换为可见光，具有光电转

图 2-5-17 Elekta 公司 iView GT 探测板

换功能的非晶硅（或硒）阵列将光信号转换为电信号，通过外围电路采集并进行 AD 转换，从而获得数字化图像。目前临床应用的固体探测器系统常见的有 Varian 公司的 Portal Vision aS500/a S1000，瑞典 Elekta 公司的 iView GT 系统。图 2-5-17 为 Elekta 公司 iView GT 所采用的探测板，该探测板探测面积达 41cm×41cm，像素达 1024×1024。

目前的商业化 EPID 采用 1～2MU（cGy）的曝光剂量即可得到相当于慢感光胶片射野照片（4～7MU）的图像质量。由于 EPID 外围的读数和放大电路是半导体元件，因此容易受辐射损坏，外围电路虽然不在主射野范围内，但是射线的散射和辐射泄漏将对该部分电路产生一定影响。

临床应用的 EPID 系统包括影像采集的硬件和应用软件。硬件部分除了探测板外，还有具有收缩功能的机械臂。通过对机械臂的运动控制，可以将探测板在使用时移动至目的位置，而在使用完毕可以自动收缩，避免探测器接收不必要的射线照射，同时保证不影响治疗所需空间。应用软件的功能是支持影像采集模式的选择和控制采集操作，应用软件的图像处理部分提供图像优化和分析功能，包括窗宽（窗位）的调节、放小缩小、测量、与参考图像的配准融合，医学数字影像通信（DICOM）图像导入导出等功能。

（三）电子射野影像装置的临床应用

基于 EPID 在成像实时性、图像分辨率、数字化等方面的特点，在临床应用中，EPID 不仅用在射野位置验证方面，还在加速器质控和剂量验证方面发挥着重要作用。

1. 射野位置验证　在 EPID 尚未普及的情况下，临床射野位置验证通常采用胶片的方法。因为使用胶片需要冲洗后才能成像，另外胶片不方便保管，因此实时性较差。EPID 的应用首先在代替胶片在射野位置验证中得到应用。使用 EPID 验证射野位置时，通常采用模式有：单曝光、双曝光、实时连续拍摄方式。为保证定位的准确性，一般采用 0°、90°各拍摄一张图像，形成正交定位，可以将其与治疗计划系统定位 CT 的 DRR 图进行比较，分析位置偏差，然后根据偏差结果，放射治疗师对患者体位进行调整，直至摆位误差达到允许范围。在实际的临床应用中，EPID 作为放射治疗技师的摆位工具以提高摆位的精度，尤其是借助图像融合分析软件，可以使摆位验证的精度及可靠性大大提高。

2. 加速器质控和剂量验证　由于非晶硅探测器具有良好的剂量响应线性，经过剂量线性校正后，EPID 可以实现快速的二维剂量测量，取代胶片、电离室等测量设备，直接测量射野输出量、半影、均整度、对称性等。通过 EPID 采集照射野的图像，通过软件分析，可以快速计算得到射野平坦度、对称性等参数，相对三维水箱测量具有节省时间的优点。通过特定设计的软件，还可以使用 EPID 进行加速器光射野重合性、准直器射野中心、铅门位置、MLC 到位精度等方面的精确测量。因此 EPID 也是加速器进行质量控制的一个便利工具。

目前 EPID 还广泛应用于调强放射治疗的剂量验证工作。在验证之前对 EPID 进行剂量标定，然后在加速器下执行调强治疗计划，将 EPID 接收的剂量信息通过软件进行分析，验证加速器治疗计划的准确性。

五、锥形束成像装置

（一）锥形束成像装置结构原理

随着放射治疗技术的发展，锥形束成像装置（cone beam computed tomography，CBCT）被引入放射治疗临床应用中，通过该装置获取放射治疗患者三维影像，利用图像配准技术得到相应的三维方向位置偏移，根据偏移量对患者体位进行修正。CBCT 是采用 X 线发生器产生锥形射线束，围绕患者进行旋转照射，射线经患者后由面阵探测器进行采集，采集数据重建得到三维影像的装置。

常规 CT 使用窄束成像，需要通过床的移动来配合完成扫描，CBCT 只需旋转扫描一次即可获得重建所需的数据，不需要移动治疗床，伪影较轻。CBCT 扫描容积的尺寸取决于探测器的尺寸、形状和投射光束的几何形状。与传统 CT 相比，CBCT 具有更短的数据采集时间，有较高的图像分辨率，其伪影相对减少，辐射剂量较低，具有更快的扫描速度。CBCT 具有体积小，重量轻，开放式架构的特点，方便整合到直线加速器上。

根据所用辐射源的不同，CBCT 分为千伏级和兆伏级 CBCT。千伏级 CBCT 采用 X 射线球管作为射线源，球管和探测器分别安装在机架的两侧。随着机架的转动，球管和探测器绕着等中心旋转。千伏级 CBCT 系统一般包括 X 射线球管、高压发生器、探测板、机械运动装置和计算机采集重建系统。常见放射治疗临床使用的千伏级锥形束成像装置见图 2-5-18。

兆伏级 CBCT 射线源直接采用加速器输出的低能量（2~3MV）兆伏级的 X 射线，在治疗头的对侧安装兆伏级平板探测器。兆伏级 CBCT 的 X 射线源和治疗束同源，其优点是不需要另外安装 X 射线源，与加速器的结合在机

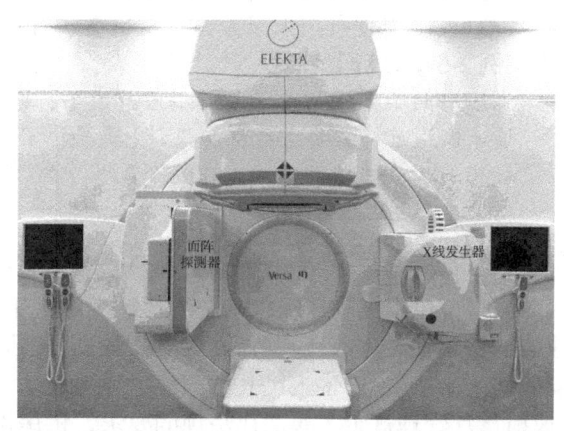

图 2-5-18　安装在 Elekta 加速器上的锥形束成像装置

械学上较简单，降低成本，减少了占用空间。兆伏级 CBCT 可以作为剂量学监测设备，其图像可以通过一定校正后用来进行剂量计算。Siemens 公司加速器 ONCOR 可以支持兆伏级 CBCT，以 41cm×41cm 的非晶硅 EPID 影像板（1024 像素×1024 像素）进行图像采集，探测器与源距离 133cm。但是对于正常人体组织，由于千伏级和兆伏级射线的物理特性的区别，兆伏级 CBCT 图像分辨力低，尤其是对软组织成像较差，因此进行图像引导时常使用骨性标记进行配准。兆伏级 CBCT 图像与千伏级 CBCT 图像相比的优点是采用高穿透高能射线，对高原子序数物质（如人工关节等）不会产生明显的伪影。

随着 CBCT 应用和技术的提高，4D-CBCT 也在临床中得到应用。4D-CBCT 扫描可以采集整个呼吸周期器官的实时运动轨迹和范围，有助于直观分析和评估治疗计划，以及患者治疗时行在线或离线校正，保障放射治疗计划的精确执行。

（二）锥形束成像装置的应用

CBCT 在临床应用中的步骤包括参考图像生成、扫描条件的设置、扫描重建、图像配准和位置修正等。

患者在模拟定位 CT 行扫描，图像传送至治疗计划系统，制订好相应的放射治疗计划，计划将所采用的定位 CT 图像作为 CBCT 扫描的参考图像。在扫描前 CBCT 系统自动导入参考图像，根据患者治疗部位选择不同的扫描条件，即根据扫描部位、扫描范围、扫描电压等选择相应的准直和过滤装置等，在 CBCT 软件系统中通常选择采用常用扫描条件的方法，方便临床治疗操作。

在 CBCT 系统球管加热完毕及自检完成后，在加速器状态正常的情况下，将患者按照摆位要求进行体位固定后行 CBCT 扫描。扫描结束，系统根据采集数据重建三维图像，与参考的计划 CT 图像进行配准。选择合适的配准框（配准范围）和配准算法，得到 CBCT 扫描图像与参考图像之间的位置偏差，该偏差将传送给加速器的治疗床进行自动偏差修正，偏差修正完成后进行放射治疗。

CBCT 设备的性能参数会影响采集图像的质量，从而影响配准的结果。常见的参数包括 CBCT 系统与加速器等中心一致性、低对比度分辨力、高对比度分辨力、CT 值线性、CT 值均匀性等。

因此定期做好 CBCT 的质量保证工作非常重要。

六、医用电子直线加速器的安装、验收、临床数据采集与测试

> 【案例 2-5-1】
> 　　某医院计划配置医用电子直线加速器，在开展临床放射治疗前需要做好大量的准备工作。
> 问题：
> 　　1. 在开展临床放射治疗前，需要做好哪些准备工作？
> 　　2. 需要哪些部门人员参与这些准备工作？
> 【案例 2-5-1 分析】
> 　　医用电子直线加速器是大型医疗设备，其采购配置需要严格按照有关法规流程进行，在投入临床使用前，需要进行机房设计、评估、设备安装、验收、数据采集与测试等工作，还需要做好相关人员的培训工作，在整个流程中需要多方面人员的参与。

（一）医用电子直线加速器的安装

　　医疗单位根据临床需求确定所要购买的医用电子直线加速器的型号和具体配置参数，在进入加速器的实际安装之前还需要做好加速器机房评估、设计建设并取得许可证。依照《中华人民共和国职业病防治法》《中华人民共和国放射性污染防治法》《放射性同位素与射线装置安全和防护条例》《放射诊疗管理规定》等法律法规的要求，机房设计方案须取得省级卫生行政主管部门的放射诊疗建设项目职业病危害放射防护预评价报告批复，取得省级环境保护行政主管部门的辐射性医疗设备工作场所辐射环境影响报告表批复和其颁发的《辐射安全许可证》。

　　在机房设计方面，院方与厂家根据机器型号参数和建设地点的具体情况，充分考量机器机房布局、屏蔽要求、设备和人员进出通道、管线走向、预留吊装配置、通风与温控、水冷系统、电源供电与接地、辅助设施的预埋、装修与配套等要求，制订机房设计方案。院方选定地点，确定操作间、治疗室、设备间布局，选择机器摆放方向，确定主照射束方位，同时确立治疗门方案和迷道形状。机房设计方案通过有关部门审核后才可开展机房建设。

　　根据所选加速器的射线种类、能量、最高剂量率等参数，计算得到机房辐射防护所需的合理墙体厚度。治疗机房的尺寸上，首先要满足机器所需的最小尺寸需求，同时要满足基本的临床治疗所需，过大的设计尺寸会造成增大基建成本。在墙体材料上一般采用混凝土浇筑的方式，在有些情况下为了减小墙体厚度会考虑采用密度较大的重晶石混凝土浇筑。

　　有些加速器要求配置专门的基建设施，例如，Elekta Synergy 加速器要求在治疗室天花板安装工字梁，用以设备安装和维护；Varian Trilogy 加速器建议设置安装吊环，方便安装时起吊大件设备。

　　为了防止射线的泄漏，空调管道、电缆管道、水冷管道在设计路径时宜采用非直通的方式，一般采用 U 形或者 S 形的管道。加速器机房除了需要采用空调控制机房温度，还需要控制环境湿度，同时对机房每小时换气的次数有一定的要求，因此在机房设计时需要制订好温度、湿度和换气方案。

　　医院提供满足加速器使用功率的三相电源，为保证加速器电源电压稳定，一般加速器配套一个独立的电源稳压器。加速器供电采用动力电，机房照明、辅助设施采用独立的另一回路供电，保证两者互不影响。医院应为加速器提供独立的接地系统，并将接地线引至调制柜底下，接地电阻 $\leq 0.5\Omega$。如果地线阻抗过高会引起干扰，将会影响机器正常工作。

　　视频监控系统通常采用多方位摄像机，从多个角度监控治疗室，更好地查看患者与设备的状态。照明系统通常设计多路不同类型灯光，方便摆位、治疗、维修等不同场景的需要。对讲和紧急开关须安装在合理的位置，方便操作。

　　机房基建完成之后，开始进入机器安装阶段。医用电子直线加速器的安装一般由厂家安装工程师负责安装，安装过程严格按照安装手册进行，院方负责安装方面的配合。

安装阶段通常分为两个阶段，第一阶段是硬件安装，第二阶段是系统调试。第一阶段工作主要包括基座的预埋、主机搭建、电缆铺设、水冷安装、基准调节等。第二阶段工作包括系统的通电调试、参数配置和校正。由于加速器是精密仪器，在安装过程中要求机房环境必须达到安装要求，避免由于温湿度和灰尘因素而造成对设备的不良影响。在第二阶段开始前应该将防护门、灯光、射线状态指示灯、监控系统、紧急开关全部安装完毕，保证设备调试的安全。

（二）医用电子直线加速器的验收、临床数据采集与测试

1. 医用电子直线加速器的验收 医用电子直线加速器安装完成以后，需要对整个系统进行验收，确保设备安全，性能指标达到临床使用要求，同时根据合同和标书的要求满足所有条款。一般加速器厂家有一套相应的验收手册，手册包含了验收方法和评价标准。在满足厂家验收标准的前提下，一般院方也会根据国内和国际上医用加速器的一些标准对设备进行验收，作为厂家验收标准的补充，确保设备达到各项指标要求。验收具体内容一般包括下面几个方面：

（1）安全性监测：设备安全性检查，保证工作人员及公共环境的安全。包括联锁开关有效性、急停开关有效性。应验证所有与安全有关设备的有效性，检查包含门联锁、辐射开关联锁、运动中止联锁、紧急开关联锁、辐射指示灯、监控通信设备。确保安全功能正常，同时具有相应的安全警示标志。

（2）机房辐射屏蔽检测：一般请国家专职机构检测，并出具检测报告。检测范围包括操作间、治疗室四周及上下层面。对于10MV以上的直线加速器，还应对中子辐射进行探测。

（3）准直器和机头漏射检测：根据《医用电子加速器卫生防护标准》（GBZ 126—2002）规定：①最大有用线束外的漏射线限制。在正常治疗距离上，垂直于有用线束中心轴并以轴为圆心，半径为2m的圆平面上漏射线不得超过有用线束中心轴吸收剂量的0.2%（最大）和0.1%（平均）；距电子轨道1m处的漏射线不得超过正常治疗距离上有用线束中心轴吸收剂量的0.5%。②最大有用线束外的中子泄漏辐射限制，X射线标称能量大于10MeV的加速器在垂直于有用线束中心轴为圆心，半径为2m的圆平面上最大有用线束外的中子泄漏辐射不得超过有用线束中心轴吸收剂量的0.05%（最大）和0.02%（平均）；距电子轨道1m处的中子泄漏辐射不得超过正常治疗距离上有用线束中心轴吸收剂量的0.05%。③感生放射性限制。X射线标称能量大于10MeV的加速器，距设备表面5cm和1m处由感生放射性所造成的吸收剂量率分别不得超过0.2mGy/h和0.02mGy/h。

（4）机械精度检查：包括①等中心精度检查。其是加速器的重要精度指标，包括准直器旋转中心、机架旋转中心、治疗床旋转中心。三者旋转中心要求半径≤1mm。②准直器、机架旋转角度指示数字读数偏差≤0.5°。③照射野大小读数通过坐标纸进行检查，误差≤1mm。

（5）光野和辐射野检查：①光野十字线中心，通过旋转准直器检查，中心圆圈半径≤1mm。②辐射中心一般采用在不同的角度进行拍摄的胶片，检验准直器和机架旋转，确定准直器和机架旋转射野中心圆圈半径≤1mm。光野与射野的一致性通过胶片方式进行检查，要求误差不超过2mm。光距离尺误差应＜±2mm，激光定位误差应＜±1mm。

（6）X射线辐射束检查

1）辐射质：X射线的辐射质由剂量比D_{20}/D_{10}或组织-模体比TPR_{20}/TPR_{10}确定。检定中的测量结果与实际使用的数值的偏差不应超过±3%。一般6MV X射线$D_{20}/D_{10}≈0.58$。

2）辐射野的均整度：机架0°，SSD=100cm，照射野10cm×10cm，测量在水下10cm处垂直于射线束轴的平面上，在均整区内最大与最小剂量比值应不大于1.06。

3）辐射野的对称性：机架0°，SSD=100cm，照射野10cm×10cm，测量在水下10cm处垂直于射线束轴的平面上，在均整区内对称于射线束轴的任意两点吸收剂量比值不大于1.06。

4）剂量监测：剂量监测系统的指示值（MU）与相应的吸收剂量标准值的偏差应不超过±1%。

（7）电子线辐射束检查

1）辐射质检测：机架0°，SSD=100cm，在水箱中测量电子线中心轴上的百分深度剂量（percentage depth dose，PDD）。电子束的辐射质由其在模体表面的平均能量E_0确定。当$E_0≤15MeV$

时，模体表面光野不小于12cm×12cm；E_0＞15MeV时，模体表面光野不小于20cm×20cm。测出吸收剂率为最大剂量率50%的点的深度，即剂量半值水深R_{50}^d。电子线在模体表面的平均能量E_0由测出的R_{50}^d确定。

2）辐射野的均整度：机架0°，SSD=100cm，照射野为10cm×10cm，在最大剂量深度平面上沿两个相互垂直的射野中心轴测出的离轴曲线90%的剂量线与照射野几何投影主轴的距离应≤1cm；沿照射野两个对角线测出的离轴曲线90%的剂量线与照射野几何投影对角线的距离应≤2cm。

3）辐射野的对称性：机架0°，SSD=100cm，照射野为10cm×10cm，在最大剂量深度平面上沿两个相互垂直的射野中心轴测出的离轴曲线，在最大剂量90%的点向内1cm范围的照射野内，对称于电子束轴的任意两点的剂量比值应≤1.05。

4）剂量监测：机架0°，SSD=100cm，照射野10cm×10cm，在水箱中测量，剂量监测系统的指示值（MU）与相应的吸收剂量标准值的相对偏差应不超过±1%。当E_0＜5时，应使用平行板电离室在最大剂量深度处的测量值；当5≤E_0＜10时，可以使用平行板电离室，也可以使用指形电离室在最大剂量深度或水下1cm处的测量值（取两者较大值）；当E_0≥10时，使用指形电离室在最大剂量深度或水下2cm处的测量值（取两者较大值）。

上文仅列举了加速器验收的部分内容，详细内容可以参考加速器的验收手册和AAPM TG-142号报告（Quality Assurance of Medical Accelerators）。加速器的验收除了验收对应的加速器性能指标外，还需要按照合同清单逐一检查所配置功能和备件是否齐全，常用备件、专用工具、辅助器材是否达到要求；技术资料（安装手册、操作说明书、技术图纸、维修手册等）是否交付。对于验收中出现不能达到验收标准的，需要及时整改。

2. 医用电子直线加速器的临床数据采集与测试　加速器验收完成后，投入临床试用前需要对加速器进行临床数据采集。采集的加速器的临床数据，一方面提供给治疗计划系统，另一方面作为加速器的基准数据，为以后加速器的维修、调整提供基准。

为保证治疗计划系统计算精确，治疗计划系统需要输入每一台加速器的射野参数，数据通过制订的格式导入计划系统。通常采集的加速器数据包括各能量挡的PDD曲线、离轴比（off-axis ratio，OAR）曲线、输出因子、楔形因子、托盘因子、MLC漏射因子等。一般使用三维水箱、剂量仪等专用设备进行采集。

治疗计划系统导入加速器采集数据后，通过计划模型优化完成后，需要在加速器下进行治疗前的测试，保证加速器准确执行临床计划。

临床测试采用模拟患者的方法，制订不同类型的治疗计划，使用加速器的不同的功能和治疗技术进行模拟治疗。测试结果与治疗计划对比，分析治疗执行的误差，包括位置、输出量、剂量分布等，保证加速器严格按照计划执行，误差在允许范围以内。

七、医用电子直线加速器的使用和维护

【案例2-5-2】
医用电子直线加速器是一种复杂、精密的放射治疗设备，日常需要规范操作，同时做好日常维护才能保证放射治疗工作的正常开展。
问题：
1. 医用电子直线加速器的使用流程和注意事项是什么？
2. 当设备出现故障时如何处理？

【案例2-5-2分析】
医用电子直线加速器的使用必须严格按照规程操作，定期做好设备的检查和维护，在使用中必须保证患者、工作人员及设备的安全。工作人员必须熟悉设备的原理和日常操作，当出现故障时及时通知维修人员。

（一）医用电子直线加速器的使用

医用电子直线加速器是医疗专用设备，涉及安全方面包括辐射、机械运动、处方信息等，不当操作会导致严重的后果，严格按照设备的使用规程进行操作是保障设备安全使用的关键。安全使用包括患者安全、工作人员安全、设备本身安全三个方面。患者安全要求正确使用设备，防止不当操作危及患者；工作人员安全是要求正确使用设备，防止工作人员受到伤害；设备安全是要求正确使用设备，防止使用不当损坏设备。因此熟练掌握医用电子直线加速器原理和构造，了解加速器的内部运行机制，并且规范操作才能保证安全使用设备。

在日常临床应用中，电子直线加速器的一般操作流程包括多个步骤（不同品牌和型号的电子直线加速器在具体操作上有一定的区别），医用电子直线加速器一般操作流程如图 2-5-19 所示。

开机自检——系统通电后操作系统硬件、软件自动检查，检查各个功能控制器软件、硬件，包括系统各个部分参数。当检查发现任意一项或多项有问题，操作系统将提示相应的故障原因。

机器加热——机器自检通过后，系统进入加热状态，一般加速器的几个重要部件需要经过加热才能正常工作，如磁控管、速调管、闸流管等。加热完成后加速器相关部件的温度进入稳定状态。

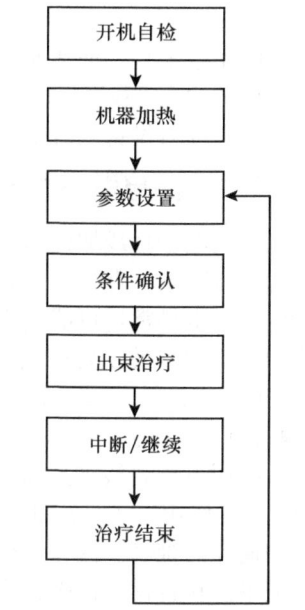

图 2-5-19 医用电子直线加速器一般操作流程

参数设置——操作人员通过操作系统输入所需参数条件，操作系统检查输入参数是否符合机器要求，满足条件的指令将发送给控制器。对超出系统设置范围或不合理输入系统会做出提示和禁止指令。

条件确认——系统自动实时检查设置参数与系统实际参数，当实际参数与设置参数不一致时，机器停留在参数设置状态，并提示存在联锁。当系统实际参数与设置参数一致时，可以进入准备好状态，进入等待射线输出指令状态。

出束治疗——当系统满足设置要求，而且不存在其他联锁时，可以通过按键发出射线输出指令，系统控制机器各个部分执行操作，按照处方要求进行照射。在出束治疗中，系统实时检测系统各个机构的运转。当检测到实时参数与预置值有偏差时，系统将通过联锁机制切断高压触发信号，同时操作系统将提示对应的联锁原因。

中断/继续——在照射治疗中，操作系统可以中断照射治疗。在中断后，也可以根据需要，在条件满足时，继续通过发出照射治疗指令进行治疗。

治疗结束——当治疗按照要求执行完毕（剂量或时间达到设置值）时，系统自动切断高压，机器转入参数设置状态。

在治疗过程中系统会自动记录执行的操作及出现联锁或故障时的监测参数，通过文件的方式保存下来，方便查阅。

在日常操作使用中，严格执行使用前检查。开机使用前需要巡视机房，查看是否存在异常，当存在异常时需要排除后才能开机。开机巡查工作一般包括下列几个方面：

1）检查机房温度、湿度和排风情况，检查水冷系统制冷状况，当发现异常时应尽快做好相应的处理或通知维修工作人员。

2）检查系统水压、水温、水流、气压、真空监测值，检查治疗附件、机械运动部件、防碰撞功能是否存在异常。

3）检查防护门联锁、辐射指示灯、监视系统、对讲机状况、操作控制面板及显示是否存在异常。

在临床应用的电子直线加速器应该做好系统的使用和维修保养记录。定期记录机器的关键部件参数，有助于分析设备状态和排查故障，以及时发现隐患，同时有利于做好设备的统计分析工作。常见的设备监测参数：闸流管栅极电压、钛泵电流、电子枪电流、磁控管电流及波形、高低压小时数等。

医用电子直线加速器是精密复杂的设备，除了日常使用检查，还需要物理师、工程师对设备进行定期的检查、校准。通过物理师的质量控制和质量保证工作，保证设备达到治疗的要求。同时也需要工程师对设备进行定期的预防性保养和维护，保证设备能够在日常临床治疗中顺利进行。

（二）医用电子直线加速器的维护

医用电子直线加速器是一种复杂、精密的放射治疗设备，在临床使用过程中设备出现故障是常见的。医用电子直线加速器涉及电子、机械、真空、高压、剂量、计算机、网络等技术，任何一个方面的因素异常均可能造成加速器不能正常使用。使用损耗老化和外部环境因素是导致医用电子直线加速器故障的主要原因。医用电子直线加速器在设计时考虑了如何保证患者治疗时的安全和准确，同时也设计了大量的措施保证设备自身的安全，因此当医用电子直线加速器出现故障时其将通过联锁反馈故障。

医用电子直线加速器的维修保养在使用中非常重要，通过维护保养可以减少加速器的潜在故障，避免医用电子直线加速器未来可能存在问题的发生，有利于临床治疗的顺利进行。医用电子直线加速器的维修和保养必须由经过培训合格的人员开展工作，需严格做好定期的维护计划并做好维护记录。在日常工作中，维护人员对操作技师反馈的问题需要及时分析并处理。

医用电子直线加速器需要进行定期检查和维护，定期检查加速器的物理指标，保证设备符合临床要求。常见的加速器物理参数：等中心、光射野重合度、射线能量、输出剂量、均整度、对称性等。一方面当医用电子直线加速器治疗参数发生变化，不能达到临床要求时，不能用于临床治疗，要严格按照要求进行维修校正，并做好相应的质控后方能投入临床使用；另一方面医用电子直线加速器在使用中出现故障时，也需要及时进行维修和质控。

医用电子直线加速器故障处理程序：根据医用电子直线加速器的工作原理，首先查找故障起因，分析确定故障所在部位，通过逐步排查修复。对设备检修后影响到参数改变的，需要做好相应的校正和检定工作。

一般加速器不能正常出束的常见故障的主要原因：①水温过高；②气压低；③水压低；④真空破坏；⑤电子枪损坏；⑥闸流管老化；⑦调制器故障；⑧剂量监测系统故障；⑨机械故障；⑩MLC故障；⑪微波源故障；⑫导向系统故障；⑬控制系统故障。医用电子直线加速器维修的具体做法应遵循的原则：先寻问，后诊断；先直观，后检查；先全面，后局部；先传动，后电路；先外部，后内部；先控制，后数据；先定性，后定量。一般故障检测方法：直观法、测量法、敲击法、比较法、替换法、变温法、信号跟踪法、信号输入法、前后合追法、负载分离法等。

【案例 2-5-3】

Varian Trilogy 加速器在治疗中出现"HWFA"联锁。

问题：

1. "HWFA"联锁提示加速器存在哪方面的问题？
2. 如何处理 HWFA 故障？

【案例 2-5-3 分析】

该联锁表示控制处理器检测到硬件故障，导致该联锁的常见原因：机架、铅门、准直器电位器电压异常，或者主次电位器值不一致，或者出束开关故障。

当加速器在治疗过程中出现 HWFA 故障时，查看加速器记录，根据故障提示信息判断故障来源。例如，记录提示机架电位器故障，进入维修模式查看机架各电位器电压，通过对比，发现异常的电压值。通常机架电位器是由于其中一个或两个电位器损坏，从而导致两个电位器读数不一致。此时需要更换损坏的电位器，并做好位置读数校正，最后保存校正参数。

另一个导致 HWFA 故障的常见原因是出束开关故障。在加速器准备好出束后，将 KEY 从 disable 转动到 enable，当按下出束键时出现"HWFA"联锁。在这种情况下，通常是钥匙下方的两组开关没有同步动作，按下出束按键时"HWFA"联锁出现。此时需要拆开键盘，检查开关接线，在线路没有问题的情况下更换开关。

【案例 2-5-4】
Elekta Synergy 加速器治疗中出现"LOW DOSE RATE"联锁。

问题：
1. "LOW DOSE RATE"联锁代表什么意思？
2. 如何处理"LOW DOSE RATE"联锁？

【案例 2-5-4 分析】
Elekta Synergy 加速器的各挡能量参数设置通过软件参数的形式保存在计算机中。随着加速器使用的电子枪、磁控管等元器件的老化，出现参数与机器状态不是最优匹配状态。因此当出现 LOW DOSE RATE 的故障时，首先优化电子枪和自动频率控制（AFC）参数以期获得更高的剂量率，消除"LOW DOSE RATE"联锁。当通过优化仍然不能消除 LOW DOSE RATE 的情况下，则需要使用示波器观察闸流管和磁控管工作状态，电子枪、闸流管和磁控管均是损耗件，当其到了使用寿命时则需要更换。

（罗广文）

第六节　γ刀立体定向放射治疗设备

一、概　述

γ刀（γ knife）立体定向放射治疗设备是一种融合现代计算机技术、立体定向技术和放射治疗技术于一体的治疗性设备，它将钴-60 发出的 γ 射线经几何聚焦后集中于病灶，进行多角度、单次、大剂量照射，以达到靶区内病变毁损的不可逆生物效应，边缘如刀割一样，形似手术治疗的效果，因此又称 γ 刀。1992 年美国国立医学图书馆统一医学语言系统（Unified Medical Language System，UMLS）和医学主题词表将 γ 刀的学名定为放射外科（radiosurgery），另行分类在治疗学类下的放射治疗目录内。

1951 年，瑞典 Leksell 教授首先提出放射外科学的概念，并设计了第一台立体定向放射治疗设备。从射线聚焦原理和设备的机械结构进行划分，γ 刀的发展大概经过了以下几代。①第一代 γ 刀：特点是钴源均匀安置在半球形的壳体上，射线经准直器聚焦到球心形成焦点，壳体和钴源均不运动。代表机型为 Elekta 公司 C 型 γ 刀（图 2-6-1）。

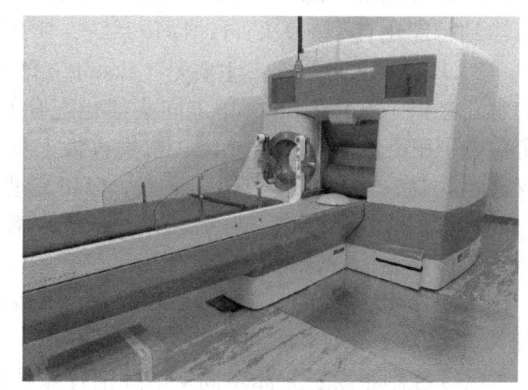

图 2-6-1　Elekta 公司 C 型 γ 刀示意图

②第二代 γ 刀：特点是安置钴源的治疗头可做 360°自转，治疗头上安装的钴源在自转中射线束形成多角度锥形聚焦。代表机型是我国深圳奥沃公司研制的头体部旋转式 γ 刀。③第三代 γ 刀：特点是安置在治疗头上的钴粒呈扇形排列，治疗头围绕人体纵轴 360°转动，除了扇形静态聚焦外，治疗头做 360°转动时形成二次回转聚焦。从第三代 γ 刀开始，γ 刀不仅能治疗头部肿瘤也能治疗体部肿瘤，并且均能自动更换准直器和治疗坐标，使整个治疗过程完全自动化。代表机型是我国深圳市海博科技有限公司生产的超级 γ 刀。④第四代 γ 刀：特点是安置在治疗头上的钴粒呈扇形排列，射

线束形成扇形聚焦，放射源整体沿 C 形臂绕等中心做同步的圆周运动，配合治疗床的三个轴（X，Y，Z）运动，实现动态拉弧照射。代表机型是陕西海基泰医用机器有限公司研发的被称为月亮神的 γ 刀。⑤第五代 γ 刀：特点是设备采用了航天陀螺仪的旋转原理，将钴放射源安装在两个垂直方向同步旋转的陀螺结构上，因此又称"陀螺刀"。陀螺自转，保持射线在旋转轨迹中的聚焦点始终处于靶点位置，并可绕人体做任意角度的旋转。代表机型是上海伽玛星科技发展有限公司新研制的 GMX-I 型陀螺旋转式 γ 射线放射外科治疗系统（商品名是伽玛星 I 号）。⑥新型图像引导 γ 刀：六自由度 γ 射线放射外科治疗系统，它是一个 γ 射线非等中心治疗放射外科治疗系统，该设备采用德国库卡公司生产的机器人（六自由度机器人），装有钴源的治疗头安装在机器人手柄上，两个在治疗室天花板上安装的 X 射线球管和治疗床旁的 X 射线探测器组成两台数字 X 射线系统，原理与 Cyberknife 相似。Elekta 公司也在其 γ 刀设备上增加了图像引导系统，可以达到实时自适应精确放射剂量控制。目前 γ 刀已经成为一种可靠的立体定向放射神经外科治疗装置。

二、γ 刀基本结构与功能

γ 刀已经经过了几代发展，但基本结构相似，现以 Elekta C 型 γ 刀机器讲授它的主要结构和相应功能。γ 刀主要由放射外科系统、治疗计划系统、立体定位系统、移动式治疗床、自动摆位系统和控制系统等组成。

（1）放射外科系统：主要由射线源装置和屏蔽装置等组成。

放射源：钴-60 源按一定经纬度排列安装于半球形金属屏蔽体内，射线经准直后，聚焦于焦点上。准直器是限制射线束方向及束径大小的装置，由固定准直器和准直器头盔（可调换的二级准直器头盔）组成，固定准直器与放射源连为一体，准直器头盔分成四种型号：4mm、8mm、14mm、18mm，治疗时可以根据肿瘤体积大小进行选择。

屏蔽装置：主要包括屏蔽半球、屏蔽门、屏蔽棒、屏蔽地基等，用以确保辐射防护安全。

（2）治疗计划系统：治疗计划系统是由计算机工作站和剂量计划软件组成。目前使用 Leksell γ 刀剂量计划（Leksell gamma plan，LGP）系统。它使图像处理、图像显示、照射靶点设计、放射剂量计算、等剂量曲线分布都显示在高清晰显示器上。LGP 通过局域网可以与 C 型 γ 刀的控制系统和自动摆位系统（automatic position system，APS）相连，将设计的治疗计划书（治疗方案）直接传输到智能化 C 型 γ 刀的自动摆位系统，实现了照射靶点坐标的自动调整。

（3）立体定向系统：主要是 Leksell 立体定向架，它由底部的矩形框架和 4 根立柱及固定头架的螺钉组成。与 Leksell G 型定向头架相配套的三维坐标定位盒包括 CT 定位盒、MRI 定位盒、DSA 定位盒。在定位盒左右及前面 3 块垂直板上有定位标志线或定位标志符，定位扫描时定位影像上不仅显示病灶，而且还有定位标记点。LGP 根据定位标记点能自动计算出靶点的三维坐标。

（4）移动式治疗床：与 γ 刀的主体结构相连，它的头部是准直器头盔支架，通过螺栓可将准直器头盔固定在治疗床的头部。

（5）自动摆位系统：由计算机控制，可按照治疗计划所设定的靶点，在三维空间中自动改变患者头位，摆放靶点坐标的装置。

（6）控制系统：立体定向 γ 射线治疗系统的治疗过程是在计算机控制下进行，控制系统自动开启 γ 刀主体结构的防护门，移动式治疗床将患者自动送入放射源主体内实施治疗。治疗结束，控制系统将移动式治疗床返回原位，关闭防护门。

三、γ 刀临床应用

（一）γ 刀剂量学特点及剂量分割模式

γ 刀采用小野照射，当射野逐渐变小时，由于射线束的准直，单个小野的离轴剂量分布逐渐接近高斯分布形状，它们在空间聚焦后合成的剂量分布具有以下特点：①剂量分布集中；②靶区周边剂量变化梯度较大；③靶区内及靶区附近的剂量分布不均匀；④靶区周边的正常组织剂量很小。γ刀小野照射剂量学特点对靶区定位精度和摆位精度提出了更高要求，实验测试表明，1mm的定位或摆位误差，将引起靶周边最小剂量变化10%的量级，决定了γ刀1次照射必须采用刚性有创固定。

γ刀小野集束照射治疗模式与常规照射不同，多采用单次大剂量或高分次剂量治疗模式，这种剂量治疗分割模式具有较高的生物效应，大量的研究结果表明其可以提高肿瘤的局部控制率。分次剂量高低，由肿瘤体积大小、病理类型、所在器官及靶区周边正常组织放射耐受性和体位固定方式、定位精度与位置验证等技术应用程度综合决定。

（二）γ刀治疗的适应证和禁忌证

适应证：颅脑部良或恶性肿瘤、脑血管畸形等功能性疾病；体部各种脏器或器官的原发性及转移性恶性肿瘤；不能手术或不适合手术的恶性肿瘤；手术后复发、残留或未控的肿瘤。

颅脑病变如：①脑血管疾病：动静脉畸形、脑动脉瘤、海绵状血管瘤等；②脑部肿瘤：胶质瘤、脑转移瘤、垂体瘤、脑膜瘤、颅咽管瘤等。

体部肿瘤主要适用于实质器官肿瘤的治疗，如肺癌、肺转移癌、胸腺瘤、纵隔肿瘤及淋巴结转移、肝癌、肝转移癌、胰腺癌、胆管癌、肾上腺肿瘤、肾癌、腹膜后肿瘤和淋巴结转移、直肠癌术后复发及盆腔内转移等。

禁忌证：患者一般情况差，K氏评分＜50分；伴有严重的内科疾病；颅内肿瘤近期急性出血；大量胸腔积液、腹水、恶病质，并发严重感染，预估治疗不会给患者带来明显好处的；胃癌、贲门癌、结直肠癌（直肠癌术后复发除外）、食管癌、腹腔内肿瘤与肠管有粘连等，这些肿瘤若采用高分次剂量的立体定向放射治疗，容易造成正常腔道器官的放射损伤，如溃疡、出血、狭窄、穿孔等；肿瘤巨大伴有广泛转移；脊髓及其周围的肿瘤等。

（三）γ刀治疗流程

【案例2-6-1】

一肺腺癌患者放射治疗一年后出现头痛、呕吐等症状，经CT检查发现额叶有一约3cm×3cm×4cm的转移灶，其他的一般项目检查、临床检查、影像学检查均正常，诊断为肺腺癌脑转移，拟行γ刀治疗。

问题：γ刀治疗要经过几个步骤？

【案例2-6-1分析】

患者进行γ刀治疗首先要进行头架固定，在患者头颅前后四个不同部位进行皮下麻醉，然后用颅钉将头架固定在颅骨上；之后引导患者到CT或MR定位室，患者坐到治疗床上，将CT或MRI定位盒固定在头架上，患者平躺，确保患者耳垂、鼻尖与床板相垂直，对患者进行头部增强扫描。扫描范围要包括整个头部，层厚为1~3mm。扫描结束，将患者定位图像传输到医生工作站，由医生勾画靶区和危及器官，靶区主要包括肿瘤区、临床靶区和计划靶区，危及器官主要包括脑干、视神经、视交叉、眼球、晶状体等；医生设定放射治疗处方，主要是靶区放射治疗剂量规定和危及器官剂量限值等；物理师进行计划设计，选择合适的射线入射角度和射野数目，进行剂量计算，获得能够满足靶区处方剂量和危及器官限值需求的计划；将计划传输到γ刀操作工作站，技师核对患者信息，对患者进行摆位后实施治疗。

γ刀一般治疗一次，有时根据临床情况需要数次。γ刀治疗流程如下：

（1）体位固定：头部肿瘤使用专用立体定位头架进行固定，将头架通过四个小螺钉固定在患者的颅骨上，尽量使欲选的靶区中心接近框架中心。头架可防止治疗过程中治疗靶区的偏移，确保颅内靶区得到计划设计照射剂量。体部肿瘤一般采用真空袋进行体位固定。

（2）影像扫描：体位固定完成后，使用MRI或CT实施影像资料采集，以确定肿瘤靶区位置、形状和大小。如果医生实施颅内血管性疾病的治疗，还要进行血管造影检查。

（3）放射治疗计划制订：影像资料获取完成后，医生在γ刀三维治疗计划系统软件勾画靶区和重要器官，物理师完成放射治疗计划的制订，计划设计完成后，医生和物理师共同审核计划，计划评估合格后签字确认，并将计划传输到γ刀控制系统。

（4）γ刀治疗：放射治疗计划完成后，患者躺在治疗床上并将头架固定在头盔上，进行第一次治疗。体部肿瘤患者，先将负压床摆放在治疗床上，摆放好真空袋，患者按照定位时体位和姿势躺好，根据定位记录单记录位置摆放标尺并锁紧，确认无误后开始治疗，整个治疗过程患者处于清醒状态并可通过视频聊天与工作人员交流。整个治疗过程将被实时监控。治疗过程持续数分钟到数十分钟。

四、γ刀使用与维护

开展γ刀治疗的单位应配备合格的放射治疗医师、放射物理人员、设备维修工程师和其他技术人员，除规定的学历外，要经过相应的专业培训与放射防护知识培训并取得相应资质。γ刀设备应合格，且应配备辐射剂量监测仪表，保证放射防护卫生管理，公众人员和工作人员的剂量控制符合相应标准。应该有相应的质量保证措施并正确实施，为患者制订精确的放射治疗计划，并制订防护安全应急预案。设备性能方面：γ刀在投入使用前，应由具备资质的检测机构对其剂量学参数和防护安全等性能进行验收检测，确认合格后才可使用，验收检测的项目技术要求应符合厂家和国家标准。γ刀及其影像设备在大修后或更换重要的部件后，应由具有资质的检测机构重新进行剂量学和防护性能方面的检测，确认符合标准。机房方面：机房建筑位置和面积、辐射防护要求、通风要求等要符合标准，并配置相应的联锁装置和影像监控装置保证治疗安全。患者治疗方面：患者诊断治疗确属γ刀适应证，放射治疗医师应对患者病变部位进行精确定位并制订治疗计划，放射物理人员应核定照射剂量、照射时间，并经另外一位放射治疗医师核对，确认无误方可执行。整个治疗过程至少有两名放射治疗技师进行规范操作，发现情况时要及时报告。γ刀在使用过程中，应该定期进行稳定性检测和防护安全检测，确保机器技术性能指标和辐射安全指标符合相关标准，在投入使用后，应该依据质量保证方案规定的频度对机器稳定性和辐射安全进行检测，并进行年度状态检测，所有检测均要记录，存档备查。

γ刀使用钴-60作为放射源，在使用过程中，必须确保源的安全，不被盗、不失火，在任何情况下都不偏离其固有位置或暴露在治疗机屏蔽壳以外。钴-60是放射性同位素，经过5~7年的衰变，活度已经很低，治疗一个患者所需时间将大大延长，此时需要更换放射源。更换放射源是非常复杂的工作，需要专业公司的专业技术人员来完成，换下的钴源作为放射性废物运回原厂进行处置，放射源的更换与废物的运输、处置要依法进行。

（郭跃信）

第七节　射波刀立体定向放射治疗设备

【案例2-7-1】

立体定向放射治疗是一项可代替手术，对全身大部分（包括脑部、肺部、肝脏、胰腺、肾脏、前列腺等）的恶性和非恶性肿瘤进行较高精度的放射治疗，为部分不能手术和不愿手术的患者提供无创、新型的治疗方式。

问题：
1. 射波刀立体定向放射治疗设备与传统的直线加速器在结构与功能上有什么不同？
2. 射波刀治疗系统相比其他治疗系统有哪些优缺点？
3. 射波刀临床应用有哪些？

【案例2-7-1分析】

1. 结构上：射波刀治疗系统主要由机器人照射系统、靶区定位系统、治疗计划系统、治疗床、同步追踪系统及计算机网络集成与控制系统组成，其独特的机器人手臂和多种靶区追踪定位系统，使治疗更加精确、高效。传统加速器则多采用C形臂结构，照射野可至40cm×40cm，可用于较大体积肿瘤的放疗。

功能上：射波刀治疗系统主要用于头部和体部的立体定向放射治疗，单次剂量大，分次少。

2. 与其他X射线立体定向放射治疗设备、γ刀及直线加速器相比较，射波刀优点：特有的五大追踪系统（6D颅骨追踪系统、脊柱追踪系统、金标追踪系统、同步呼吸追踪系统和肺追踪系统）；亚毫米级的治疗精度；治疗过程中实施追踪肿瘤；剂量跌落梯度大；较常规分割治疗疗程短且毒副作用小等。缺点：治疗时间长；有靶区尺寸限制和较为严格的适应证。

3. 射波刀放射治疗是一种微创治疗方式，可用于治疗全身大部分位置对放射线敏感的肿瘤，不仅可应用在运动相对小的肿瘤部位，如中枢神经系统的脑膜瘤、听神经瘤、垂体瘤、脑转移瘤，也可应用于运动相对较大的肿瘤，如肺、胰腺、肝、肾等及一些功能性病变的治疗，如动静脉畸形、难治性三叉神经痛等。此外，射波刀在手术治疗后残留肿瘤、放射治疗后的肿瘤局部推量和手术或放射治疗后效果不佳的肿瘤治疗中也有应用。

一、概　述

1951年，瑞典神经外科医生Lekshell提出了立体定向放射外科概念，随后发明了治疗头部病变的γ刀。1985年，改造的直线加速器被用于立体放射治疗，出现了颅脑X刀。1987年，Adler教授研发出一种无须立体定位框架的全身肿瘤立体定向放射治疗系统——射波刀立体定向放射治疗系统（图2-7-1）。射波刀立体定向放射治疗系统将X波段6MV能量的小型直线加速器安装在机器人治疗臂上，可以在一个预置的工作空间里进行非等中心、非共面投照，结合实时的影像监控、追踪系统对治疗过程中的肿瘤残留运动进行实时的补偿及追踪，对运动肿瘤靶区进行精准的追踪照射治疗。

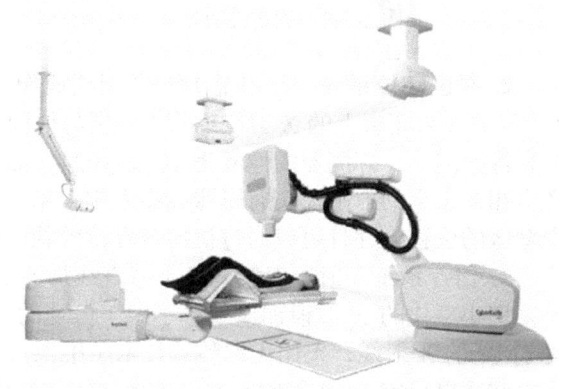

图2-7-1　射波刀立体定向放射治疗系统

在临床实践中，与X射线立体定向放射治疗技术（X刀）、γ刀及直线加速器相比较，射波刀主要有以下优势：

1. 更高的治疗精度　在实时图像引导下，治疗前、治疗中验证肿瘤位置，保证肿瘤靶区治疗精确性，并可根据不同解剖部位的特殊结构，选取不同的追踪方式，实现肿瘤的高精度治疗。

2. 无痛无创　在头部治疗时与γ刀比较无须安装头部固定架，减少了手术风险及手术并发症的发生，避免了患者在治疗过程中及治疗后的疼痛及不适；同时克服了γ刀治疗小于3cm肿瘤的局限，该系统可用来治疗一些直径达5cm的肿瘤。

3. 治疗疗程短　由于其治疗的精确性，可以提高每次照射的分割剂量，缩短照射时间，一般常见肿瘤仅需1～5次的照射。

4. 毒副作用小　射波刀治疗精度的提高，可以更加有效并最大限度地保护肿瘤周围正常组织。

二、射波刀结构与功能

射波刀治疗系统主要由六大系统组成，机器人照射系统、靶区定位系统、治疗系统、治疗床、同步追踪系统、计算机网络集成与控制系统。

1. 机器人照射系统　是由机械臂和直线加速器组成。该系统可产生 6MV 治疗 X 射线，装有小型加速器的机械臂可做 6 轴转动，机械精度可达 0.2mm。系统提供固定准直器（fixed，图 2-7-2）和可变准直器（iris，图 2-7-3）两种类型。固定准直器为 12 个圆形限束装置，尺寸为 5mm、7.5mm、10mm、12.5mm、15mm、20mm、25mm、30mm、35mm、40mm、50mm 和 60mm（在 SAD800mm，等中心平面处尺寸），通过手动或自动方式（Xchange®准直器自动更换系统）进行准直器自动更换，产生不同的射野尺寸。对于不同的准直器，机械臂的运动路径不同；对于可变准直器而言，加速器可以在任何一个位置通过切换准直器孔径来变换射束大小，以达到按照治疗计划实施射束照射的目的，并可进一步减少治疗时间。

图 2-7-2　固定准直器

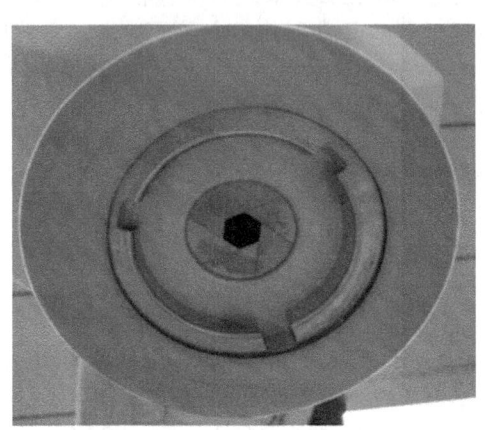
图 2-7-3　可变准直器

2. 靶区定位系统　使用千伏级 X 射线成像系统来提供治疗中的靶区位置信息，成像系统包括 2 个安装在天花板上的 X 射线球管（分别与地面成 45°和 135°）和相对应的 2 个内嵌安装在地面上的影像探测器，探测器的像素为 1024×1024，面积约为 41cm×41cm。两个 X 射线球管的位置保证产生相互正交的射束。实时影像和患者定位 CT 影像产生的 DRR 匹配，此技术可以测定分次治疗中靶区的位移，并且可以通过机械臂在治疗执行中自动完成位移和旋转补偿。

3. 治疗系统　射波刀系统是小型直线加速器安装在机器人治疗臂上的治疗系统，直线加速器是采用小型化的 X 波段加速管，不同于传统的 S 波段加速器，体积较小，仅有 140kg，输出能量为 6MV 的 X 射线，采用无均整器技术（flattening filter free，FFF）及双通道剂量监测系统（主电离室和次电离室）。在等中心 80cm 处，剂量率可达到 10Gy/min。机器臂系统有六个活动关节，由计算机自动控制，把小型直线加速器准确地运送到指定的安全空间位置上进行多方位非共面治疗，可自由选择多达 1950 条射线束。在直线加速器机头上带有确保患者安全的接触检测传感器，可触发急停系统。

4. 治疗床　标准平板治疗床具备五个自由度，包括前后（A-P）、左右（L-R）、头脚（S-S）方向平移、左右（roll）及前后（pitch）旋转运动，能为用户提供灵活的远程定位操作功能，标准治疗床最大承重 159kg。而机器人治疗床主要由机械臂、平板床、可调座椅及控制系统组成，具有六个自由度运动，最大承重 227kg。

5. 同步追踪系统　射波刀根据临床应用部位、靶区特点不同，分门别类设计多种不同的专用追踪系统。追踪系统主要有以下五种：六维颅骨追踪系统、脊柱追踪系统、肺追踪系统、同步呼吸追踪系统、金标追踪系统。

（1）6D-skull 追踪功能：用于治疗颅内的肿瘤，可以直接、非侵入式地追踪颅内病变。利用 DRR 图像和实时图像间的强度、亮度梯度来识别和追踪刚性颅骨解剖结构，从而完成靶区追踪和运动补偿，而不需要使用刚性头部支架。

（2）脊柱追踪系统：不需要植入标记物，就能够在颈椎、胸椎、腰椎、骶椎区域进行骨骼结构追踪，对患者进行精确定位和射束输送。脊柱追踪系统在分级网格上进行 2D-3D 配准，估计每个网格点的局部位移，并组合起来对 6 个自由度机械臂提供六维校正，机械臂使用校正后的数据自动将射线束照射到移动后的靶区位置。

（3）肺追踪系统：不使用标记点，是利用图像中病变与背景的强度差异直接追踪图像可见的肺部肿瘤。肺追踪系统和脊柱追踪系统联合使用，追踪病变的平移运动。利用脊柱追踪系统里的脊柱分割功能完成患者位置配准，治疗时，肺追踪系统跟踪图像可见肺部肿瘤的平移运动。

（4）同步呼吸追踪系统：用于肺部、肝脏、肾上腺、胰腺等随呼吸变化的器官，能够使由于呼吸引起运动的靶区得到连续、同步治疗。系统实时监测患者的呼吸模式，并创建呼吸模式与靶区内多个点在一次呼吸中位置的运动模型。通过 X 射线实时成像确定靶区的位置，对内部标记进行可视化。同时，通过外部标记（基于 LED、光学追踪标记）对呼吸模式进行实时追踪和监视，从而达到精确治疗。

（5）金标追踪系统：常用于远离椎体且不受呼吸运动影响的肿瘤，常需在患者体内植入 4 个金标，且每个金标间的距离大于 2cm，待植入金标稳定后再对患者定位安排治疗。

此外，自适应成像系统是一个基于时间的运动跟踪技术，用于补偿靶区分次内的非周期运动，是专门针对前列腺等放射治疗中遇到的运动补偿而设计的。

6. 计算机网络集成与控制系统　射波刀拥有一台主控计算机工作站，主控计算机工作站通过网络控制机器人机械臂、控制直线加速器何时投照射线、控制治疗床、控制靶区定位系统和同步呼吸追踪系统。

三、射波刀临床应用

射波刀放射治疗是一种微创治疗方式，可用于治疗全身大部分位置对放射线敏感的肿瘤，不仅可应用在运动相对小的肿瘤部位，如中枢神经系统的脑膜瘤、听神经瘤、垂体瘤、脑转移瘤，也可应用于运动相对较大的肿瘤，如肺、胰腺、肝、肾等及一些功能性病变的治疗，如动静脉畸形、难治性三叉神经痛等。此外，射波刀在手术治疗后残留肿瘤、放射治疗后的肿瘤局部推量和手术或放射治疗后效果不佳的肿瘤治疗中也有应用。

（一）射波刀脑部肿瘤治疗

射波刀脑部治疗射线束见图 2-7-4。最常见的脑肿瘤包括原发性恶性肿瘤（如星形细胞瘤）、良性肿瘤（如脑膜瘤、听神经瘤）、转移瘤（如肺癌脑转移、乳腺癌脑转移等）、不知名的原发性肿瘤及恶性黑色素瘤。

射波刀治疗脑部病变的优势：

1. 由于恶性肿瘤术后复发率较高，一般术后加以放射治疗降低其复发率。射波刀可为患者提供更高精度的治疗，减少并发症的发生。

2. 可高精度治疗毫米级病灶，克服常规治疗方法在微肿瘤上的治疗缺陷。

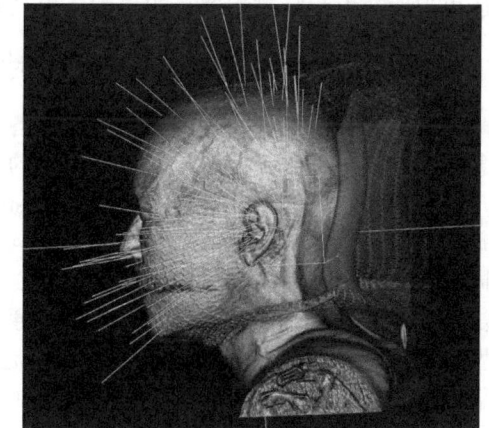

图 2-7-4　射波刀脑部治疗射线束

3. 射波刀剂量梯度大，可以利用非等中心技术来进行计划设计可更好地保护正常组织；缩短疗程，治疗次数少，单次剂量大。

（二）射波刀脊柱肿瘤治疗

脊柱肿瘤多为转移性瘤，其原发灶主要为前列腺癌、乳腺癌及肺癌，其次为白血病（非霍奇金淋巴瘤及多发性骨髓瘤）和肾癌。射波刀能精确地治疗脊柱大部分的病变，即脊柱的转移性疾病、良性脊柱肿瘤。与颅内外科手术治疗比较，射波刀对脊柱肿瘤的控制率良好，并能显著快速及持久地舒缓疼痛，维持或改善生活质量，而且并发症的发生率较低。

（三）射波刀胸部肿瘤治疗

肺癌是最常见的胸部恶性肿瘤，手术治疗是早期非小细胞肺癌的标准治疗模式。不耐受肺癌手术的患者常选择体外放射治疗和立体定向放射治疗。晚期非小细胞肺癌则根据病情严重程度、肿瘤的大小及是否转移，决定采用手术、立体定向放射治疗、化疗或联合以上疗法进行治疗。

（四）射波刀腹部肿瘤治疗

射波刀在腹部肿瘤的应用主要有肝脏、胰腺、肾脏等。

多项研究显示立体定位放射治疗为有效的肝癌治疗方法之一。Synchrony 呼吸追踪系统可以实时追踪肝脏肿瘤的移动，实现剂量精确投照，更好地降低了正常肝组织受量。

大约只有 2% 的胰腺癌可通过手术完全切除。体外放射治疗及术中放射治疗可降低不适合手术的晚期患者的局部恶化程度。采用射波刀 Synchrony 呼吸追踪系统对局部晚期的胰腺癌患者进行高剂量照射，不仅可以得到较高肿瘤控制率，还能更好地保护周围正常组织。

肾细胞癌是最常见的肾脏肿瘤，大约占所有肾癌的 90%。肾细胞癌可通过肾癌手术进行根治性治疗或局部切除。正常的肾脏对射线极敏感，但肾细胞癌对低剂量的放射线并不敏感，单次大剂量的立体定向放射治疗可局部控制肾脏肿瘤。射波刀的大剂量、低分割治疗模式可有效控制肾细胞癌。

（五）射波刀盆腔肿瘤治疗

射波刀在盆腔肿瘤治疗的应用也较多，尤其是前列腺肿瘤。虽然近距离放射治疗（内照射放射治疗）对于前列腺癌治疗的效果已接近或胜过手术，但根治性的前列腺切除术仍是目前最常用的疗法。其他治疗包括雄性素去除疗法、体外放射治疗（传统或强度调控放射治疗）及高强度聚焦超声波。射波刀用作早期前列腺癌的单一疗法或传统放射治疗后的局部加量，正逐步取代调强放射治疗及近距离放射治疗。射波刀结合近距离放射治疗和调强放射治疗的优点，可获得良好的靶区适形度，还可追踪放射治疗过程器官的移动、提高肿瘤控制、降低肿瘤并发症的发生率。

四、射波刀使用与维护

射波刀作为一种先进的放射治疗设备，在临床上的使用也越来越广泛，因此它的使用和维护也急需重视，包括日常设备检测及使用时的一般操作流程和注意事项。

1. 晨检 每日质量保证（quality assurance，QA）项目因设备型号不同，检查内容也有区别。每天治疗患者前，应按照厂家提供的 QA 手册逐一对系统状态进行检查，监测各项参数的漂移，同时做好记录（射波刀每日晨检记录单，图 2-7-5），确保系统参数处于要求的范围内。发现异常，需反复核对，若确实存在问题，应及时通知工程师进行维修。安全性能检查包括门联锁、E-Stop、警示灯、激光灯在待机位的位置。在钥匙开关处于 ON（开启）位置时，打开高压，治疗室门上警示灯亮。机械臂处于待机位时，打开加速器的激光灯，检查激光灯的位置与地面上标记的位置是否一致。

接着进行以下检测流程：

（1）影像系统 X 射线球管预热。
（2）直线加速器预热。
（3）剂量率测量。
（4）绝对剂量测量（测量值与基线值偏差小于 ±2%）。
（5）自动质量保证（auto quality assurance，AQA）检测，验证机械精度（小于 0.95mm）。

20_ _年 _ _月 第一周

物理质控清单

	单位	容差范围	日期						
:			1	2	3	4	5	6	7
加热枪	V	3.5 - 5							
VAC-电离泵	μA	< 5							
SF_6气压	psi	28-32							
手控盒处于外部模式		Y/N							
所有紧急停止信号清除		Y/N							
:			1	2	3	4	5	6	7
加热枪	V	5.5 ± 0.5							
磁控管	V	9.0 ± 0.5							
线圈 1	A								
线圈 2	A								
线圈 3	A								
线圈 4	A								
调制解调器	mA	0.2 - 0.8							
水温	°C	18 - 20							
水流	liter/min	> 3.0							
气压(可变准直器)	psi								
: 6000 MU 非封闭电离室; 2 min./2000 MU 封闭电离室			1	2	3	4	5	6	7
剂量率	MU/min								
			1	2	3	4	5	6	7
内部联锁检查:									
治疗门		Y/N							
紧急停止按钮		Y/N							
警示灯		Y/N							
激光灯位于起始位		Y/N							

	单位	容差范围	日期						
			1	2	3	4	5	6	7
X线球管预热		完成							
			1	2	3	4	5	6	7
气温	°C								
气压									
修正因子$C_{T,P}$									
投递 MU									
平均电离室读数	nC								
修正后的电离室读数	nC								
期望电离室读数	nC								
输出偏差	cGy/MU	0.98 - 1.02							
:									
当前校准因子	ChannelA	0.9 - 1.1							
	ChannelB	0.9 - 1.2							
新校准因子	ChannelA	0.9 - 1.1							
	ChannelB	0.9 - 1.2							
最新电离室读数	nC								
AQA (与基线偏差小于<1 mm)			1	2	3	4	5	6	7
结果	mm								
QA结果核对:									

:

1045765D CyberKnife ACCURAY 4

图 2-7-5 射波刀每日晨检记录单

2. 一般治疗操作流程及注意事项 确认设备正常后方可开始治疗:

(1)治疗前认真查对患者姓名、性别、年龄等。

(2)查对患者的固定装置，并确定治疗床上固定装置的位置。

(3)患者在治疗床上按照 CT 定位时的体位固定位置。

(4)通过图像引导、追踪系统确定治疗靶区的准确位置。

(5)及时记录治疗情况，做到双人双岗。

(6)在治疗前、更换准直器或治疗结束后，应使机械臂回到待机位，防止意外碰撞。

(7)在治疗前或者治疗结束后应将治疗床高度调至适合患者上下的高度，对于年老体弱的患者，应协助其上下床，防止意外发生，注意在下降治疗床时应首先使其回到起始位。

(8)处理治疗过程中出现的机器故障，应立即撤出患者，做好患者的解释工作，并通知工程师维修，故障排除后方可继续进行治疗。

3. 关机 每日治疗后关闭射波刀加速器电源、监视器、照明灯。下班前应对治疗室进行全面的检查，避免意外发生。

4. 每日治疗结束后应将物品放回原处，保持治疗室的整洁，定时打扫卫生，保持设备清洁。

5. 物理师应定期对加速器进行质量控制和 QA 检查。

(李小波)

第八节 螺旋断层放射治疗设备

一、概述

Helical 螺旋断层放射治疗设备（tomotherapy system，TOMO）不同于直线加速器，它是将直线加速器安装在 X 射线计算机螺旋断层摄影装置（螺旋 CT）的滑环机架上，应用逆向 CT 成像原理，采用调强的扇形射线束，以螺旋旋转的方式进行放射治疗的装置。

20 世纪 80 年代末 Mackie 教授首先提出了 tomotherapy 概念。其研究团队构想如果采用 CT 的滑环机架结构，再安装剂量探测系统就可以在放射治疗的同时进行 CT 扫描。1991 年 Kalender 和 Polacin 在关于螺旋 CT 技术研究中发现，螺旋型的投照方法能够大大避免因旋转形成接野处的剂量冷热点和伪影，由此 TOMO 的螺旋放射治疗方式也可避免治疗中照射野衔接处出现严重的剂量冷热点。

> 【案例 2-8-1】
> 一鼻咽癌患者，拟行螺旋断层放射治疗，为保证治疗时位置的准确，从而保证患者肿瘤靶区递送剂量和剂量分布的准确，在治疗前拟行兆伏级 CT（MVCT）图像引导。
> 问题：如何做图像配准？
> 【案例 2-8-1 分析】
> 进行图像引导，首先要以患者的定位 CT 作为参考图像，定位 CT 图像是从计划工作站通过网络传输到操作工作站。以靶区为中心选择数层进行 3.5MV 能量的螺旋断层扫描，获得 MVCT 图像，选择骨+软组织图像配准格式，对定位 CT 图像与 MVCT 图像进行配准，确定摆位误差是否在容许范围内。

二、螺旋断层放射治疗设备结构与功能

TOMO 一般包括照射执行系统、优化服务器、数据服务器和计划系统工作站等（图 2-8-1）。其中照射执行系统主要由直线加速器、次级准直器、多叶光栅（MLC）、探测器及射野挡铅等硬件组成。螺旋断层放射治疗设备主机外形，环形机架结构见图 2-8-2。

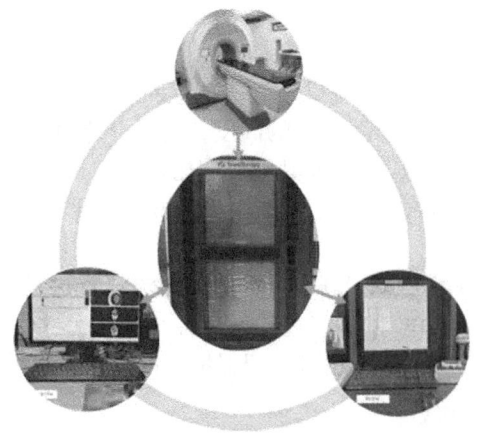

图 2-8-1 螺旋断层放射治疗设备构成

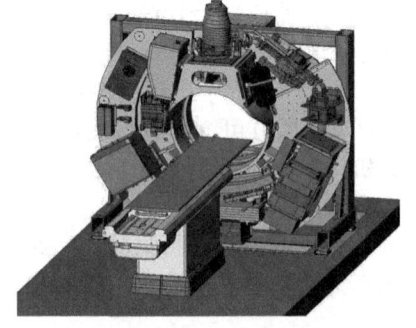

图 2-8-2 螺旋断层放射治疗设备

（一）照射执行系统

TOMO 照射系统主体是直线加速器，还有其他一些硬件如次级准直器、MLC、探测器、主射

野挡铅等，均安装在85cm孔径的旋转机架上。机器外形和普通CT基本相似，表面安装有各种功能控制面板。与照射执行系统配套的设备有患者治疗床、激光定位系统、治疗操作工作站和状态控制器等。

1. 照射执行系统

（1）直线加速器：6MV边耦合驻波加速器，通过加载在真空腔的电磁场给电子束加速，使其达到兆伏级能量范围，然后打靶后产生高能光子束。具有二种工作状态，成像状态时能量为3.5MV，治疗状态时能量为6MV。

（2）次级准直器：位于直线加速器下方，厚度约13.5cm，射野宽度2.5cm和5cm，它的打开和关闭，控制着射线从照射源穿射到MLC。

（3）MLC：64片，叶片厚度为100mm，等中心处叶片射野宽度为6.25mm，叶片平均开关时间小于20ms，最大治疗体积即纵向长度135cm×直径40cm的圆柱体范围；径照模式下可实现非等中心照射，并可以同时进行多靶区照射。MLC可以单独打开或关闭任一个叶片，通过打开叶片来调制照射到患者的射线量，打开的顺序和时间由治疗计划的优化结果来确定。

（4）探测器：可以测量射线穿过人体和治疗床后到达探测器的剂量。用于tomotherapy MVCT影像，还可以用影像重新计算剂量进行剂量验证。MVCT影像采集时间：2~3min（由所选层数决定）；MVCT影像重建层厚：2mm、4mm和6mm；剂量电离室：密封2通道独立电离室；影像用放射探测器：氙气探测器；空间分辨率：标称0.5线对/毫米；成像尺寸：视野（field of view，FOV）标准40cm；通过融合诊断CT图像，最大显示可达到FOV 60cm；软组织对比度：20mm，±2%；MVCT患者剂量：小于3cGy。

（5）主射野挡铅：用于屏蔽主射野。主射野挡铅安装在主照射源对侧，机架旋转时主射野挡铅也跟着旋转，厚度约为12.5cm。

此外在机架内还有产生微波使电子加速的磁控管、提供直流高压脉冲的调制器、机架冷却系统、高压电源和滑环驱动机构等部件。

功能控制面板如电源控制面板，安装在机架外壳的侧面，它主要用来关闭和打开电源，并指示系统在操作中的状态；摆位控制面板分别安装在机架外壳的左前侧和右前侧，通过摆位控制面板可以手动控制患者治疗床或基于预设程序自动调整患者治疗床。

2. 照射执行配套系统

（1）患者治疗床：安装有带有凹槽刻度的碳素纤维床板，在治疗状态下可以支持高达200kg的重量。防碰撞机械装置和系统软件可以防止治疗床在前进和后退时碰撞机架孔径。在患者治疗床的两侧各有一个控制键板，这个控制键板可以精确地控制床的移动。

（2）激光定位系统：包括固定激光灯定位系统（绿激光灯），用来表示机架虚拟等中心的空间坐标系，通常物理师用来进行模体摆位；还有可移动激光灯定位系统（红激光灯），其基准坐标与固定激光灯定位系统重合，根据患者治疗计划参数可确定患者在床上的初始定位，在断层图像匹配后也可实现修正患者位置。

（3）治疗操作工作站和状态控制器：位于控制室内，治疗操作工作站连接到系统服务器和数据库，操作人员在操作台工作站可以进行TomoImage扫描（MVCT）和患者治疗及图像引导，在紧急情况下可立即关闭机器。

（二）优化服务器

优化服务器是进行剂量优化计算的服务器，采用专门的服务器提高优化运算速度。

（三）数据服务器

存储数据（包括机器数据和患者数据），并支持快速查找和恢复，它与优化服务器、计划系统工作站及操作工作站相连。

(四)计划系统工作站

计划系统工作站：用于患者影像资料录入和轮廓勾画，包括逆向调强放射治疗计划、断层径照放射治疗计划（包括3D治疗模式选择和调强放射治疗模式选择）计划设计，三维图像显示、计划评估及计划输出。

三、螺旋断层放射治疗设备临床应用

(一)螺旋断层放射治疗设备特点

1. 实现螺旋断层放射治疗 TOMO采用直线加速器与CT扫描联合的设计理念，把6MV直线加速器安装在CT滑环机架上，窄扇形束射线可以绕患者做360°连续旋转照射。机架旋转的同时移动患者治疗床，照射野形成螺旋形照射。机架每旋转一圈有51个方向的调制射野，射野方向越多，靶区的适形度越好，靶区内剂量分布越均匀；连续的螺旋照射方式也解决了层与层衔接处的剂量不均匀问题。射野出口处采用气动二元MLC设计，治疗过程中，叶片只有开和闭两种状态，依据优化程序的结果决定叶片的运动序列和开闭时间，完成对子野强度的调制。

2. 实现图像引导放射治疗（image-guided radiation therapy，IGRT） IGRT是通过在每次放射治疗前使用MVCT进行成像扫描，重建靶区三维影像，与计划影像进行比较，从三维方向上修正摆位误差。TOMO采用同源双能加速管（同一个加速管，治疗时输出6MV的X线能量，CT扫描时输出3.5MV的X线能量），实现了治疗源与成像源的统一，保证了治疗空间坐标和成像空间坐标的一致性。

3. 实现自适应放射治疗（adaptive radiation therapy，ART） TOMO MVCT的CT值和电子密度之间呈线性关系，不仅可以利用患者治疗前的MVCT影像进行引导摆位、校正患者的摆位误差，并且可以用来检测放射治疗过程中由于肿瘤、危及器官或体重减轻引起的解剖位置和结构变化，通过剂量重建步骤，将照射的实际剂量投影到患者的CT图像上，依据一定的算法推算出肿瘤实际吸收的射线剂量，和原来计划进行比对，进而调整分次治疗计划，指导完成后续治疗。

(二)螺旋断层放射治疗设备临床优势

与传统加速器相比，TOMO在肿瘤放射治疗中表现出以下优势：

1. 照射野范围大 传统加速器通常一次治疗40cm以内的区域，TOMO一次治疗的肿瘤范围可以像螺旋CT扫描那样长达160cm，治疗的横断面（直径）可到40cm，且治疗中不需要移动患者，不需要像传统照射那样考虑多野衔接问题，还可以实现多个靶区的同时治疗，如全中枢神经系统（全脑及脊髓）放射治疗、全骨髓放射治疗（total marrow irradiation，TMI）、全淋巴放射治疗（total lymphatic irradiation，TLI）、大范围的腹-盆腔放射治疗等。

2. 危及器官被更好保护 与三维适形放射治疗、调强放射治疗或旋转容积调强放射治疗的剂量学相比，TOMO以数千计的子野、以螺旋方式围绕患者实施精确照射，靶区剂量高度适形，能够更好地保护危及器官，如多发性脑转移瘤放射治疗时对海马区的保护、食管癌放射治疗时对心脏的保护等。

3. 临床适应证广 既可以用无创、无框架的立体定向方式精确治疗小到0.6cm左右的单个或多个颅内外的小肿瘤病灶，也能对40cm直径的横断面和160cm长的全身范围内的大肿瘤进行图像引导下的调强治疗。其适应证几乎覆盖所有适合放射治疗的病例，如脑部多发转移瘤的同时治疗、解剖结构复杂的头颈部肿瘤、毗邻重要器官的胸腹部肿瘤、盆腔部位肿瘤和全中枢神经系统照射及全身多部位肿瘤同时放射治疗。

(三)螺旋断层放射治疗设备临床适应证

TOMO的应用非常广泛，各类肿瘤均可选择。由于TOMO的特殊设计和功能，可以治疗包括头、躯干等位于身体任何部位的肿瘤。

治疗范围包括：
（1）鼻咽癌、上颌窦瘤、喉癌、舌癌等头颈部恶性肿瘤。
（2）胶质瘤、脑转移瘤、脑膜瘤等颅内良恶性肿瘤。
（3）肺癌、乳腺癌、食管癌、纵隔肿瘤等胸部恶性肿瘤。
（4）肝癌、胃癌、胰腺癌、胆道系统、肾脏等腹部恶性肿瘤。
（5）前列腺癌、精原细胞瘤、宫颈癌、子宫内膜癌、直肠癌等盆腔恶性肿瘤。
（6）脂肪肉瘤、骨肉瘤、皮肤鳞癌、黑色素瘤等皮肤和软组织恶性肿瘤。
（7）白血病、恶性淋巴瘤等造血系统病变。
（8）各类恶性肿瘤的转移性病变。

四、螺旋断层放射治疗设备使用与维护

TOMO 的原理和构造与传统放射治疗加速器有诸多不同，其使用和维护有其特殊性：

1. 温度冷却系统的配置和保养　TOMO 治疗出束时间及剂量率均比常规直线加速器要高，为了保证设备稳定安全的运行，必须具备一套完善的温度冷却系统，包括恒温水循环系统及室温控制系统。

（1）恒温水循环系统：TOMO 通过 40℃恒温水循环系统达到所需的工作温度，机器水温＞42℃将终止出束。温度升高会引起磁控管和加速管膨胀，造成管尺寸变化，导致管工作频率发生变动，使机器剂量率产生变动，无法保证精确治疗的实施。

（2）室温控制系统：TOMO 的恒温水循环系统是基于风冷却原理实现的，为了保证恒温水循环系统的正常运作，要求有一套完善的室温控制系统。室温控制系统由设备底座下一个出风口及机房室内天花板上多个出风口组成。因此室内温度要维持在 20~24℃，当机房室温过高时，机器水温将上升超过 42℃，出束被迫中断。除了治疗室外，计算机机房内由于装置了存储服务器和运算工作站阵列，产热量大，温度＞20℃可能导致服务器发生故障和数据丢失，因此需要选择制冷能力较强的工业用空调设备，保证温度处于合适范围。

2. 空气压缩系统的配置和保养　空气压缩系统包括空压机、储气罐、干冷机及过滤器。空压机产生一定压力的气体经过干燥设备后通过管道输送至 TOMO MLC 控制端口，使 MLC 叶片快速地开闭，实现对射束的快速调制。而空气压缩系统的正常工作是 TOMO 正常使用必不可少的条件。空气压缩系统的安全管理和保养维护应做到：①投入使用前，需到压力容器管理部门进行备案，定期为空气压缩系统排气；②每年须校验空气减压阀一次，定期更换过滤网和机油。

3. 易损性部件的监测　靶是产生 X 射线的基础部件，电子束打在靶面不同位置上造成靶的损耗不一致，厚薄变得不均匀，导致输出剂量出现偏差，当靶偏差超过允许范围时，应对其进行更换。MLC 验证板是验证 MLC 叶片到位精度的部件，是精确放射治疗的重要保证，由于验证板内有光耦器件，辐射后易损，其寿命基本由出束时间决定。

4. 数据系统维护　存储服务器中存储着患者的 CT 图像、治疗计划和执行状态等重要信息，当服务器存储量＞90%后，会导致数据库不稳定甚至可能崩溃。为保证机器的快速响应和降低服务器的故障率，保养维护应做到：定期备份和删除结束治疗的计划；当存储量超过空间总量的 75%时，进行磁盘整理。

TOMO 属于大型肿瘤放射治疗设备，应配备有放射治疗医师、物理师、放射治疗技师、工程师等，并且均应接受岗位培训及辐射防护培训，获得相应的从业资格证书；建立健全 TOMO 使用人员岗位职责及监督管理办法，应结合本单位 TOMO 的临床使用特点，建立健全 TOMO 安全管理制度，如临床使用前的验收制度、使用操作制度、维护保养制度、应急预案制度、培训考核制度、档案管理制度等；机器安装后，应由医疗器械、医疗管理部门，临床使用部门会同国家质量监督部门与设备供应商依据购买合同、配置清单等相关文件进行验收检测，验收检测的内容应包括设备的机械运动精度和数值刻度、剂量学精度、电气、辐射防护安全和网络数据管理等，检测结果应符合

国家及设备厂家提供的用户验收规程中的相关规定。在临床使用前，科室应该进一步针对拟开展的治疗技术对设备进行更加严格的误差检测和必要的校准。在使用过程中，应依据国家相关规范进行周期性的质量控制检测，物理师负责对检测结果进行核查，签字认可并归档。放射防护安全管理小组应定期对 TOMO 机房进行周期性放射防护检测，保证辐射水平符合有关规定或者标准，对工作人员进行定期健康检查、专业及防护知识培训，并分别建立个人剂量、职业健康管理和教育培训档案。重要部件维修后应由医疗器械管理技术人员、物理师进行全面检测，检测合格后方可进行临床使用。停机超过一周以上或移机后应进行等同安装验收的设备参数、性能检测。应当定期对 TOMO 进行稳定性检测、校正和维护保养；应当每年进行 1 次状态检测，保证设备处于良好的状态。

（郭跃信）

第九节　质子、重离子治疗设备

一、概　　述

放射治疗技术作为肿瘤治疗的主要手段之一，在保留患者器官功能、提高生存质量方面具有较大优势。2008 年，WHO 公布目前全球肿瘤的 5 年生存率约为 55%，其中放射治疗贡献率为 23%，手术为 25%，化疗为 7%，放射治疗已成为治疗癌症的重要手段。目前光子束放射治疗设备仍然是放射治疗领域的主流设备，但光子束的剂量指数衰减缺陷，即使采用三维适形或调强放射治疗技术，在杀死癌细胞的同时，周围健康组织也受到不同程度的伤害。质子和重离子束与光子射线不同，是带电粒子束，具有一定能量的质子或重离子射线穿过物质时有"确定的射程"，而且在射程末端处的能量损失最大，即出现布拉格（Bragg）峰（图 2-9-1）。峰的位置可以由初始能量进行精确计算而得到。通过叠加不同能量的质子 Bragg 峰，就可得到扩展布拉格峰（spread out Bragg peak，SOBP）。将扩展 Bragg 峰的宽度与肿瘤厚度相适应，可以对肿瘤进行治疗。相对于光子治疗，质子和重离子束放射治疗时肿瘤靶区前段剂量明显降低，可以减少对肿瘤前正常组织的伤害，同时位于靶区后方的敏感器官也可以得到很好的保护。

在生物学基础上，质子的生物学效应和光子、电子线的生物学效应该没有很大差别，质子束相对生物效能（relative biological effectiveness，RBE）为 1.00~1.25，常规 X、γ 的时间剂量因子模式可直接用于质子治疗，因此治疗质子计划设计可以以积累了上百年经验的常规放射治疗为基础。但重离子束（如碳离子）为高传能线密度（linear energy transfer，LET）射线，具有较高的 RBE（图 2-9-2），有更大地杀伤缺氧细胞的能力，且能有效地杀灭肿瘤干细胞。

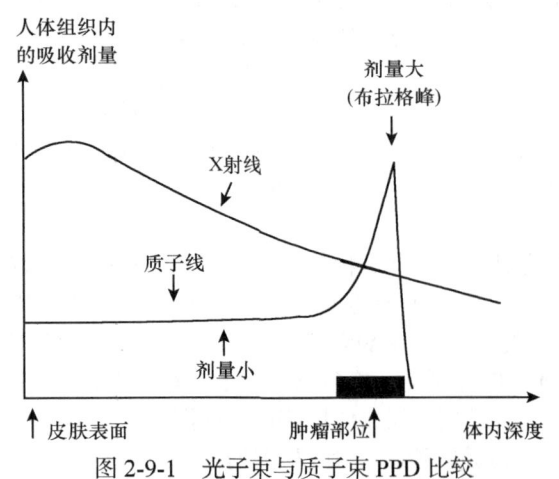

图 2-9-1　光子束与质子束 PPD 比较　　　　图 2-9-2　RBE 与 LET 关系

二、基本结构与功能

目前，质子治疗的技术比较成熟，重离子治疗技术还有待于发展。质子放射治疗系统主要有以下几个部分组成：质子加速器、能量选择与输运系统、旋转机架、治疗头、患者定位与准直系统、剂量验证系统、治疗计划系统、治疗控制系统、治疗安全系统等（图 2-9-3）。质子放射治疗系统附设设备有三维激光定位系统、正交 X 射线图像引导、锥形束 CT（CBCT）等。

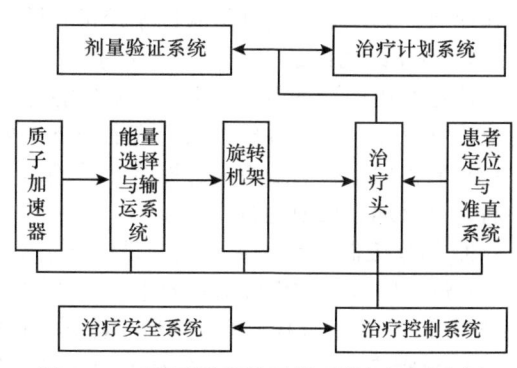

图 2-9-3　质子治疗装置的系统原理示意图

（一）质子放射治疗系统

1. 质子加速器　是产生质子束的主体设备，主要分为回旋加速器和同步加速器两种，能量在 70～230MeV 之间，以适应治疗不同深度的肿瘤需求。

2. 能量选择与输运系统　治疗时要根据肿瘤本身深度和人体厚度选择不同能量的质子，回旋加速器引出的质子流输出能量为 230MeV 固定值，在加速器与治疗头之间有能量选择系统，经过能量选择系统后，通过调节降能器的不同厚度，就可以得到 70～230MeV 连续可调质子流。

若是以 RFQ 为注入器的质子同步加速器，则能量可在 70～230MeV 间任意调整，不再需要能量选择系统。

为了将质子流送到相应不同位置的治疗头入口，要求质子无损传输，传输束流的系统叫束流输运系统。束流输运系统主要由二极偏转磁铁、四极聚焦磁铁、微调磁铁、真空管道与各种束流测量探头组成。质子在束流输运系统中输送，会撞击其他物质（如真空管壁、隙缝、散射装置、监测器等）产生中子，称中子泄漏，因此必须做好屏蔽。

3. 旋转机架　是一个巨大的能同中心旋转的钢结构，该机架上装有质子束偏转磁铁、聚焦磁铁、真空系统和射线监测器等。旋转机架可将束流以任何角度传送到患者肿瘤部位。

4. 治疗头　实际上是一个"束流性能转换装置"，可以把加速器引出的比较细小的束流照射野扩展到整个计划靶区（planning target volume，PTV），并使之在 PTV 区域产生的剂量刚好等于要求剂量，以完成适形治疗的目的。为将加速器引出的束流扩展成较大且均匀的质子流，覆盖所有肿瘤横向面积，需要有束流配送系统。为了将质子流形成一个扩展 Bragg 峰，能穿透到肿瘤的整个纵向深度，需要有束流能量调制器。目前质子治疗头的束流传递方法有下述几种，国际所采用的治疗头主要是散射治疗头和扫描治疗头：

（1）单散射方法（single scattering）：适用于治疗小视野（5cm 以下），要求平均剂量率 5Gy/min 以上的固定治疗头的眼部肿瘤治疗。

（2）双散射方法（double scattering）：适用于治疗较大视野（15 cm 以上），要求平均剂量率 2Gy/min 左右的固定治疗头的头颈部和旋转治疗头的体部肿瘤治疗。

（3）摆动式扫描（wobbing）：适用于大视野（30cm 以上）的旋转治疗头的体部肿瘤治疗，有些厂家的摆动式扫描往往和散射相结合，形成摆动散射（wobber scattering）束流扩展法。

（4）铅笔束扫描法（pencil beam scanning）：平均剂量率 2Gy/min 左右，适用于头颈和体部肿瘤的适形治疗和调强治疗。这种方法不需要患者专用补偿器和准直孔径，是今后质子治疗较为先进的治疗头。

（5）点束流扫描法（spot beam scanning）：其治疗性能和铅笔束扫描法类似，但治疗速度慢。

5. 患者定位与准直系统　在每一个治疗室中，不论是旋转治疗头用的治疗床，还是固定治疗头用的座椅，都要配置一套患者精密定位和准直系统，达到定位精度小于 0.5mm。

患者定位系统主要是利用热塑材料做成与患者身体表面形状一致的模具，将患者固定在治疗床上，要求在多次照射时位置不变。治疗床可做三维平动和三维转动共 6 个自由度的运动，利用激光进行粗定位，利用 X 射线成像进行细定位。

6. 剂量验证系统　为确保在治疗时的真实质子治疗剂量参数达到治疗的规定要求值，确保安全和疗效，必须有一套剂量验证系统进行治疗剂量的实际测量与验证。

7. 治疗计划系统　专用质子治疗应用软件，医生根据患者临床信息，制订治疗方案，并确定所有治疗参数和设备运行参数。主要功能有：可进行三维剂量计算、三维彩色立体图像显示，进行治疗计划设计、专用补偿器与准直器设计等要求。该系统的输出，即要求的加速器治疗运行参数、治疗头的各种运行参数等通过网络直接输送至相应分系统，通过严格的确认规定，证明完全正确无误后，再分别自动地运行。

8. 治疗控制系统　主要功能是将质子治疗系统中各个独立工作的特定功能设备相互连接在一起，通过专用应用软件按治疗要求统一协调。治疗控制系统包括加速器、输运控制分系统、配送分控制系统、治疗室分控制系统、治疗计划分控制系统、剂量测量与刻度测控分系统、治疗数据库等。

9. 治疗安全系统　是一个专用于辐射安全的分系统，确保一切人员的人身辐射安全。

（二）质子放射治疗系统附设设备

1. 三维激光定位系统　旋转机架治疗室内安装有 7 个预定位激光器。它们被直接固定在旋转机架治疗头结构上或治疗室内。

2. 正交 X 射线图像引导　X 射线数字影像系统能够提供正交立体图像，准确定位和调整患者位置。通过 X 射线透视功能能够获得人体内部组织实时 X 射线影像，方便工作人员观察治疗过程中肿瘤位置和治疗区域，并观察、跟踪器官移动。

3. 锥形束 CT　CBCT 与传统正交准直系统相比能够更清晰地显示软组织，使治疗更精确。优势：①在治疗室内和等中心点处获取图像；②保证获取准确的治疗体位；③能够沿放射治疗路径进行解剖校正。

三、工 作 原 理

肿瘤放射治疗中使用的射线有光子线（如 X、γ）和粒子线（如质子和碳离子），质子是原子核的基本组织部分，带正电荷。质子来自氢原子，移去其外周的一个电子即成为质子（H^+）。重离子有多种带电的离子，包括碳、氧及氮等，但是放射物理学和生物学的研究表明，比较适合人类肿瘤放射治疗的是碳离子。碳离子可以来自二氧化碳，去掉氧后成为带正电荷的碳离子。把质子或碳离子注入同步加速器，加速到接近光速时再引出以治疗患者。

光子放射线的物理学剂量在进入人体后随着进入人体的深度而逐渐降低。而质子和重离子放射线的物理学剂量分布和光子完全不同。粒子射线的物理特征是具有 Bragg 峰，即粒子射线在进入体内后剂量释放不多，而在到达它的射程终末时，剂量全部释放完毕，因此在其深部的剂量接近于零。这种物理剂量分布的特点，非常有利于肿瘤治疗。重离子束能量高、质量大，与体内生物分子碰撞所产生运动方向的改变小，因而不仅具有明确的射程，而且侧向散射小、射程歧离小，有利于 Bragg 峰区在肿瘤靶区的准确定位。碳离子与人体内的生物分子碰撞发生核反应时，发射出正电子，可以通过正电子发射断层成像（positron emission tomography，PET）进行跟踪定位，从而提供反馈信号，供治疗计划系统用以验证和调整。其能够给予肿瘤比较高的放射剂量，而对肿瘤周围的正常组织和器官的剂量明显少于光子放射治疗。

质子、重离子放射治疗比传统的光子放射治疗有更大的肿瘤杀灭效应。质子放射治疗杀灭瘤的效果是光子的 1.2 倍。重离子放射线是高 LET 射线，有更强烈的放射生物学效应，它对细胞 DNA 的杀伤是双链断裂，具有比质子更强的肿瘤杀灭效应；重离子束属于致密的电离辐射，即便是在缺氧细胞中也可以诱导产生复杂的、难于修复的 DNA 团簇损伤，因而氧增强比（oxygen enhancement ratio，OER）小；并且细胞周期依赖性小，对不同时相细胞的敏感性差别相对于常规射线而言小得多，能有效杀灭肿瘤干细胞。重离子具有更强大的放射生物学效应，因此必须使用精确的放射治疗技术，在照射肿瘤的同时保护好正常组织和器官。

四、临床应用特点

质子独特的物理学特点是能量较大、侧向散射小，质子束进入人体组织后，在一定深度形成 Bragg 峰；通过调节能量、扩展峰的宽度，可以使高量区正好位于不同深度和大小的肿瘤。质子治疗的方式有以下几种：

1. 质子放射手术 也被称为质子外科手术，特点是治疗一次或者几次，将高剂量集中于较小的肿瘤靶区内，使肿瘤病灶完全破坏。其主要适用于颅内良性小肿瘤、功能性神经疾病和动静脉畸形的治疗。

2. 质子适形调强放射治疗 质子适形调强放射治疗能够使高剂量区剂量分布在三维方向上和靶区形状一致。其主要根据 CT 和 MRI 确定靶区体积大小、形状及与周围正常组织在三维空间相对位置关系，利用转台、治疗头、多级散射轮、准直器及治疗床运动来实现适形调强。对于束径较小的单能质子束，它的 Bragg 峰很窄，不能用于适形放射治疗，为此要增宽 Bragg 峰，即进行束的扩展。在肿瘤深度方向，利用一系列散射器和准直器构成的系统在 X、Y 方向上适形，使扩展束能覆盖整个肿瘤，达到横向扩展的目的，按肿瘤的厚度增加束的能量分散范围。调强技术是使靶区内及表面的剂量处处相等，就必须能对射野内各点的输出剂量率或强度按要求的方式进行调整，称质子调强治疗。

3. 质子扫描 是将从加速器引出的笔形束通过偏转磁铁实现扫描。适形调强放射治疗是通过散射方法将束流扩展使束流均匀，而质子扫描是将从加速器引出的铅笔束，通过偏转磁铁实现扫描。线扫描是利用 X 和 Y 方向两块二极偏转磁铁扫描，点扫描是利用一块脉冲磁铁和一块扫描磁块，配合床的机械运动实现质子的三维治疗。

重离子束具有 Bragg 峰放射物理学特性，又具有高 LET 射线的高 RBE 特性，它可使肿瘤 DNA 分子双链断裂而无法修复或再生，对肿瘤细胞形成致命性损伤。对放射抗拒的肿瘤细胞、缺氧肿瘤细胞同样具有很好的治疗效果。

质子和重离子放射治疗的临床适应证：肿瘤局限在原位，或有区域淋巴结转移，但是没有发生远处转移的疾病，包括：①不适合手术的Ⅰ～Ⅲ期肺癌；②颅底肿瘤，如脊索瘤、软骨肉瘤；③消化道肿瘤，如原发性肝癌、胰腺癌；④中枢神经系统肿瘤，如星形胶质细胞瘤、孤立的脑转移灶、垂体瘤、脑动静脉畸形、脑膜瘤、听神经瘤；⑤头颈部肿瘤，如鼻咽癌、局部晚期的头颈部癌；⑥腹盆腔肿瘤，如前列腺癌、腹膜后软组织肉瘤。

质子、重离子放射治疗不适合于：①全身性的恶性疾病，如白血病、多发性骨髓瘤等；②胃癌和肠癌等空腔脏器的癌症；③一般情况不好的患者，如患者在白天有一半或以上的时间卧床、生活需要他人照料；④已经发生了广泛的远处器官肿瘤转移；⑤同一肿瘤部位已接受过 2 次及以上放射治疗的患者；⑥无法较长时间（30min）保持俯卧或仰卧体位的患者。

质子、重离子放射治疗是肿瘤放射治疗的一种新技术，该技术治疗部分肿瘤的疗效优于传统的光子放射治疗，治疗相关的不良反应也有所减少，特别是为肿瘤局部晚期外科无法切除，或因伴发心肺功能不佳、不能耐受麻醉而无法接受手术治疗等患者提供了一种治疗的新选择。质子、重离子放射治疗是一种局部肿瘤治疗的技术，除了少数很早期的肿瘤以外，其他肿瘤都需要联合其他肿瘤治疗方法，如化疗、靶向治疗、内分泌治疗和免疫治疗等。

五、使用与维护

相比于光子放射治疗设备，质子、重离子放射治疗设备是新型设备，关于它的使用与维护方面的经验还需要时间进行学习和积累。

对于开展质子、重离子放射治疗的单位，要制订严格的技术管理要求，包括：①严格遵守质子或重离子放射治疗技术操作规范和诊疗指南，严格掌握质子或重离子放射治疗技术的适应证和禁忌证；②应当由2名以上取得副主任医师（副研究员）及以上专业技术职务任职资格、具有质子或重离子放射治疗技术临床应用能力的医师和2名以上在职放射物理师共同决定，并制订合理的治疗与管理方案；③实施质子或重离子放射治疗前，应当向患者及其家属告知治疗目的、治疗风险、注意事项、可能发生的并发症及预防措施等，并签署知情同意书；④建立质子或重离子放射治疗技术质量控制和质量保证体系，定期开展仪器设备检查与维护；⑤建立健全质子或重离子放射治疗技术应用后监控及随访制度，并按规定进行随访、记录；⑥建立病例信息数据库，在完成每例质子或重离子放射治疗技术应用后，应当按要求保留并及时上报相关病例数据信息；⑦医疗机构和技术人员定期接受质子或重离子放射治疗技术临床应用能力、质量控制和风险管理评估，包括病例选择、治疗成功率、医疗不良事件发生情况、治疗后患者管理、随访结果、设备质控和治疗剂量验证等；⑧建立质子或重离子放射治疗设备及相关器材登记制度，保证器材来源可追溯；⑨在应用质子或重离子放射治疗患者的住院病历中留存相关器材条形码或者其他合格证明文件。

质子、重离子治疗装置是目前国际上最大的医疗设备，投资和使用费用数额都非常大，还有一些技术问题需要解决。如在粒子调强治疗过程中，器官运动导致明显的剂量波动问题；靶程不确定问题，即当粒子束经过密度不一致的组织（如骨骼）时，其入射轨迹受到影响；剂量分布的不确定性问题，这都需要不断的探索和发展。

（郭跃信）

第十节　近距离放射治疗设备

【案例2-10-1】
1. 常用近距离放射治疗设备有哪些？
2. 后装治疗的常用放射源特点是什么？

【案例2-10-1分析】
1. 常用的近距离放射治疗设备有后装近距离放射治疗机、放射性粒子植入和术中放射治疗设备。
2. 高剂量率后装治疗机使用放射源铱-192，半衰期为74.2d，γ射线的平均能量为380keV（最高670keV），γ常数为4.8R·cm^2/(mCi·h)（裸源），使用的放射性活度10~12Ci，可制成多种形状，如籽粒、丝状等，便于临床使用。

一、概　述

近距离放射治疗（brachytherapy，取自希腊brachys一词，意思是"短距离"），也称内照射放射治疗，是放射治疗的主要手段之一，迄今已经有100余年的历史。近距离放射治疗是将放射源放置于需要治疗的肿瘤内部或附近，有腔内（intracavitary）、管内（intraluminal）治疗，组织间（interstitial）、手术中（intraoperative）治疗及模（mould）治疗等。随着后装放射治疗技术的应用，操作者接收有害照射的风险大大降低；随着三维成像技术、治疗计划系统和治疗设备的发展，近距离放射治疗已成为一种安全、有效的治疗方式，已广泛应用于宫颈癌、前列腺癌、乳腺癌和皮肤癌的治疗，也适用于许多其他部位的肿瘤治疗。近距离放射治疗一般与其他疗法如外科手术、外照射放射治疗相结合使用。

近距离放射治疗分类：
1. 根据放射源的放置方式，近距离放射治疗可分为组织间插植式和接触式治疗。组织间插植式治疗，放射源被直接放置于靶区组织内，如前列腺或乳腺；接触式治疗是将放射源放置于靠近靶区组织的空间，这个空间可以是人体内天然腔道，如子宫或阴道；可以是人体内天然管道，如气管、食管；或是外部（敷贴式近距离放射治疗），如皮肤；放射源也可放置于血管中（血管内近距离放射治疗），用于治疗冠状动脉支架内再狭窄疾病。

2. 根据肿瘤接受的剂量率或"强度"的高低，近距离放射治疗可分成低剂量率、中剂量率、高剂量率。低剂量率（low dose rate，LDR）近距离放射治疗是指植入的放射源的照射剂量率在 2Gy/h 之内；中剂量率（middle dose rate，MDR）近距离放射治疗剂量率范围为 2~12Gy/h；高剂量率（high dose rate，HDR）近距离放射治疗剂量率大于 12Gy/h。现代后装治疗机基本都是高剂量率。

3. 根据照射的持续时间，近距离放射治疗分为短期和永久治疗。短期治疗是指在放射源撤回前停留一段固定的时间（一般是几分钟或几小时）。具体治疗时间长短受许多因素如治疗剂量率、肿瘤大小，肿瘤类型位置等而不同。永久性治疗也称粒子植入，是指将小的低剂量率放射性粒子或小球（大约为米粒大小）植入肿瘤或治疗位置，永久地留在体内。随着植入粒子放射性逐渐衰减，几周或几个月后，其放射性水平会趋近于零。

近距离放射治疗设备主要包括后装近距离放射治疗机、术中放射治疗设备和放射性粒子植入设备。

二、后装近距离放射治疗机

后装近距离放射治疗机是近距离放射治疗重要设备，它是通过由施源器或插植针将放射源送入肿瘤部位直接对肿瘤进行贴近照射的一种放射治疗设备（图 2-10-1）。

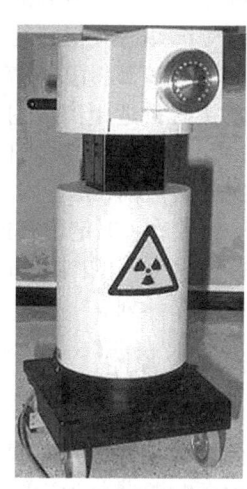

后装现代高剂量率放射治疗机，主要由四部分组成。①微型化的放射源：大多采用高剂量率铱-192（^{192}Ir）源；②施源器：预先放入人体腔、管道或组织间，供放射源驻留或运动，并实施治疗的特殊容器，通过施源器可将放射源由步进电机驱动到体内适当位置进行治疗；③贮源器：储存后装近距离放射治疗用放射源的容器，包括供运输（或暂存）放射源用的运输贮源器和供近距离后装机配套用的工作贮源器；④治疗计划系统：利用治疗计划系统可以查看放射源驻留情况，进行剂量计算，查看剂量分布，对瘤体和危及器官的剂量进行评估，传输计划到控制机器计算机，实施治疗。

图 2-10-1　后装近距离放射治疗机

高剂量率后装近距离放射治疗的优点：①治疗时间短，不需住院；②所用铱-192 放射源可以微型化（可用于气管内、插植等），治疗用途广。目前国内后装近距离放射治疗几乎全部是高剂量率类型。

（一）放射源

高剂量率后装治疗机使用放射源铱-192，半衰期为 74.2d，衰变过程中产生 γ 射线，γ 射线的平均能量为 380keV（最高 670keV），γ 常数为 4.8R·cm^2/（mCi·hr）（裸源），放射性活度 10~12Ci，可制成多种形状，如籽粒、丝状等，便于临床使用。铱-192 放射源外包有铂或不锈钢壳（0.1~0.2mm 厚），焊接在钢丝一端，与之相连接的钢丝长 100~150cm（图 2-10-2）。

铱-192 放射源于非工作状态时在贮源器中存放，贮源器由铅或铅铀合金制成。放射源由步进马达驱动，步长一般设置 2.5mm 或 5mm 作为一个间隔。现代后装治疗机设置了一个与放射源有同样几何结构的非活性假源，真、假放射源的运动由相互独立的两组步进马达驱动（图 2-10-3）。假源可模拟真源运动，它的作用是实施治疗之前，自动检验每一输源通道是否通畅，特别是在输源导管弯曲度较大的情况下。只有假源检验完成后，系统才允许真源输出实施治疗。为防止治疗中可能发生意外情况，应提供有一组后备电池在电源故障时做临时电源，并配备手动退源装置。后装近距离放射治疗机一般可切换 10~20 个输源通道，以备施源器置放较多时方便使用。

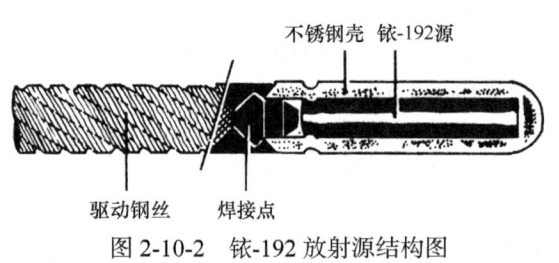

图 2-10-2　铱-192 放射源结构图

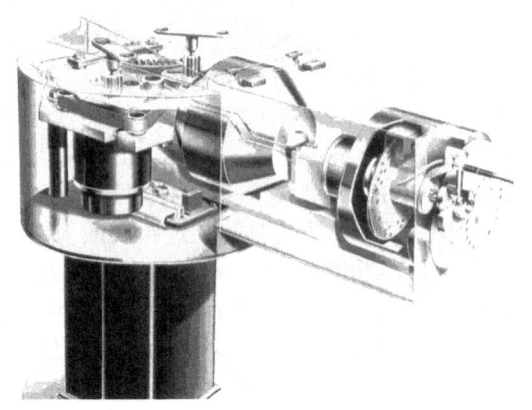

图 2-10-3　后装近距离放射治疗机机头内部驱动装置

（二）施源器

施源器是插入人体的部分，是后装近距离放射治疗机的主要附属部件。施源器的形状、结构设计及材料应选择适应靶区的解剖特点，保证放射源在其中正常驻留或运动，根据临床的需要，施源器的种类比较多，常用的有宫颈三管施源器、食管单管施源器等。施源器包括开放端和病灶治疗端，开放端连接后装近距离放射治疗机施源管，病灶治疗端由具有屏蔽功能材料制成的椭圆形内管构成，在内管中心上设置有圆孔。

在实施治疗前，首先对选定的施源器进行消毒，然后将施源器放置在需要近距离放射治疗的病变部位，还要在 CT 定位机或模拟定位机上，通过 CT 扫描或透视并拍照的方法确认施源器的确切位置，并通过专门的图像输入设备将拍摄的 X 射线片输入到治疗计划系统的计算机内，通过专业软件设计治疗计划。

（三）贮源器

放射源贮源器即储存后装近距离放射治疗用的放射源容器，表面必须标有放射性核素名称，最大容许装载活度和牢固、醒目的电离辐射警示标识（图 2-10-1）。

放射源贮源器分为运输贮源器和工作贮源器，装载后装近距离放射治疗用放射源的贮源器除运输外，必须存放在限制一般人员进入的放射治疗室或专用贮源库内。

（四）后装近距离放射治疗计划系统

后装近距离放射治疗计划系统接收患者影像资料后，根据主管医生设立的处方要求，如距施源器特定距离，剂量参考点要求，进行剂量优化及剂量计算，主管医生根据剂量分布图（图 2-10-4）、剂量体积直方图等，对治疗计划进行评估，计划评估通过后，生成相应的后装近距离放射治疗机步进源驱动文件，包括治疗所使用的放射源通道数、每一通道内放射源不同的驻留位置及相对驻留时间和总治疗时间及参考总剂量。最后将驱动文件输入后装近距离放射治疗机后即可实施治疗。

三、术中放射治疗设备

术中放射治疗（intraoperative radiotherapy，IORT）是指患者手术切除肿瘤后清醒前对瘤床区域、残存肿瘤在手术中给予一次大剂量照射。IORT 分为术中电子线、光子线放射治疗和术中高剂量率后装放射治疗。

术中放射治疗设备，由加速器产生的高能（6~20MeV）电子线、光子线为最佳选择，主要有两个类型：①移动式 IORT 专用加速器，其特点是设备体积小，可在不同手术室之间移动，无须进行治疗室防护改建，但是价格昂贵；②常规直线加速器，其特点是使用时需要把患者运送到加速器室进行治疗，或在手术室内安装加速器。

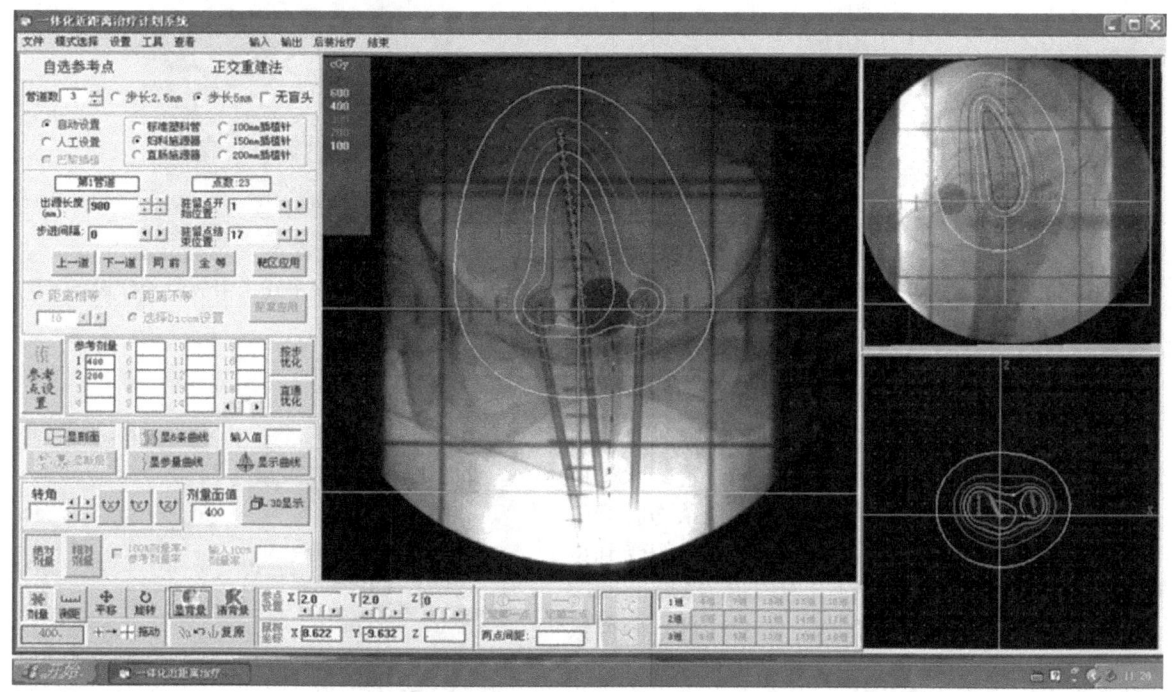

图 2-10-4　后装近距离放射治疗计划系统中的剂量分布图

现代 IORT 技术于 20 世纪 60 年代在日本兴起，70 年代在美国得到发展，80 年代扩展到欧洲、亚洲。1997 年，首台可移动式 IORT 加速器在加利福尼亚大学投入使用，其较小的体积、较轻的重量、较低的防护要求，使得机器可以在手术室内直接使用，可移动性则使其为多台手术提供 IORT 成为可能。

1. 移动式电子束 IORT 加速器　如美国 IntraOp 公司生产的 Mobetron 术中放射治疗设备，结构组成可分为治疗单元、调制单元、控制单元 3 个部分。它采用 X 波段高频磁控管（10GHz），产生用于治疗的电子线，具有 4MeV、6MeV、9MeV 和 12MeV 等 4 种能量，治疗剂率为 100cGy/min，标称源皮距为 50cm。其治疗单元采用 C 形臂设计（图 2-10-5）。加速器机头安放于 C 形臂上，机头能够沿 C 形臂做等中心旋转，也可以做左右前后各±5cm 幅度的平移，还可在垂直方向±15cm 范围升降。治疗限光筒全部为圆形，按其断面可分为 0°、15°、30°3 个角度，直径从 3~10cm，按 0.5cm 等差递增共 15 种，通过适配底座与固定系统相连，再通过固定系统固定在手术床上，限光筒还配有一套大小与限光筒断面形状相同，厚度分别为 0.5cm、1.0cm 的组织补偿器，用于提高表面剂量。治疗时，首先将限光筒安放于患者需要照射的部位，再通过固定系统将其固定在手术床上；移动加速器，利用激光定位系统实现射束中轴与限光筒中心轴对准，在控制单元上进行治疗。

2. 移动式光子线 IORT 系统　如德国蔡司公司的 Introbeam 术中放射治疗设备（图 2-10-6）。放射源为 50kV 低能 X 射线，配置各种适配器如球形适配器、气球适配器、针形适配器等，自带的质控设备包括高精度水假体和电离室，用于调试能量和剂量率分布独立验证，可用于不同部位肿瘤的放射治疗。外科医生切除肿瘤后，根据肿瘤区域可疑残余肿瘤组织情况及深度，选择相应的适配器和治疗剂量，由控制系统确定照射时间，经物理师确认后，将适配器接上放射源，支架装上消毒罩，适配器经过承载系统锁定在治疗位置，照射部位周边用薄铅板屏蔽以保护正常组织，全部准备工作完成后，实施照射治疗。

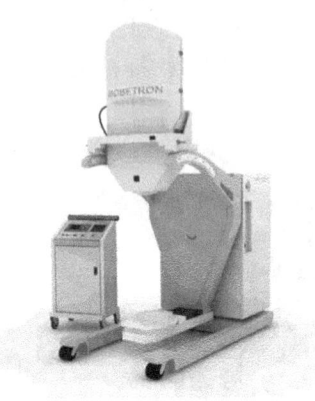

图 2-10-5　移动式电子束术中放射治疗设备

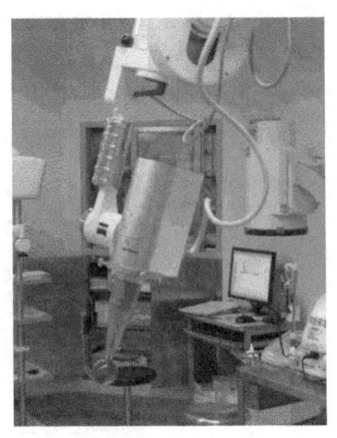

图 2-10-6　移动式光子线术中放射治疗设备

四、放射性粒子植入设备

粒子植入也称永久性近距离放射治疗，是指将低剂量率放射性粒子植入肿瘤或治疗位置，永久留在体内，放射性粒子持续释放射线达到杀伤肿瘤的目的，使肿瘤得到最大受照，周围正常组织受到尽可能小的照射，同时又不受病变移动的影响。

放射性粒子植入设备包括：①治疗计划硬件系统（图 2-10-7）；②定位装置，包括模板、头架、体架等；③植入装置，包括植入针、植入枪、粒子拾取镊、机械手等（图 2-10-8）；④防护设备，包括铅眼镜、铅衣、铅手套、铅围脖、铅玻璃防护罩等（图 2-10-9）；⑤监测设备，包括个人剂量检测仪、表面剂量检测仪、活度计等；⑥可选择的放射性籽源，包括 ^{125}I、^{103}Pd、^{198}Au 等（图 2-10-10）。

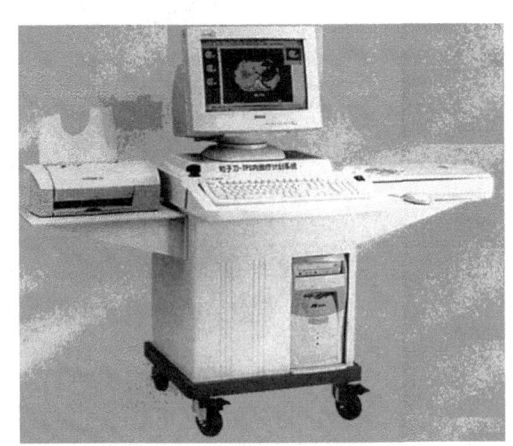

图 2-10-7　可移动组合工作台

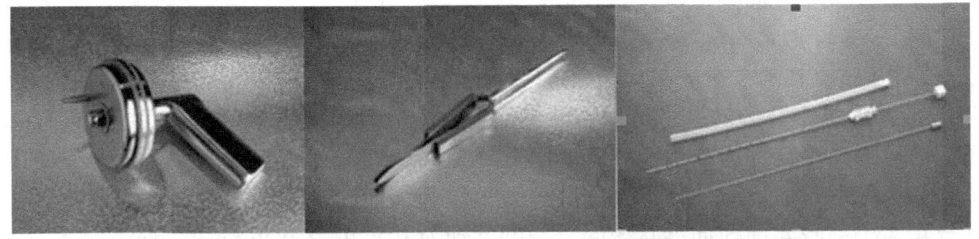

图 2-10-8　植入装置（左：植入枪；中：粒子拾取镊；右：植入针）

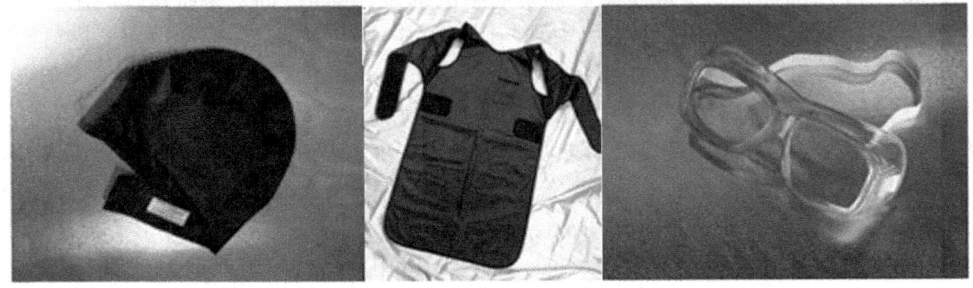

图 2-10-9　防护设备（左：铅围脖；中：铅衣；右：铅眼镜）

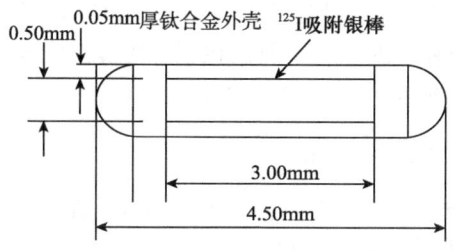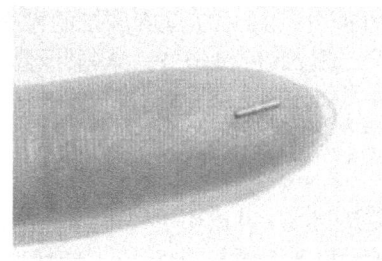

图 2-10-10 放射性籽源（左：^{125}I 微粒结构示意图；右：^{125}I 实物）

放射粒子植入治疗一般需要 3 个基本条件：①三维治疗计划系统；②放射性粒子；③辅助设备。

1. 三维治疗计划系统 是放射性粒子植入治疗的核心部分，它对输入的 CT 及 MRI 的影像资料进行精确运算，绘制出肿瘤在体内的立体坐标，通过对现有的放射源剂量计算，绘制出杀灭肿瘤的等剂量区及放射源立体放置部位，预测出放射源剂量的时间衰减曲线，最终制订出完整的肿瘤治疗计划表，以指导临床医师的操作。

2. 放射性粒子 用于放射性粒子植入治疗的放射源必须满足下列条件：①在组织中必须有足够的穿透力；②便于防护和储存；③半衰期较长；④易制成微型源；⑤植入后不易产生过热点而损伤主要脏器；⑥应用方便。

^{125}I、^{103}Pd、^{198}Au 等（表 2-10-1）常作为放射性粒子植入治疗的放射源，与 ^{198}Au 相比，^{125}I、^{103}Pd 的半衰期较长、应用方便、能量较低、易于防护，因此，目前国内主要采用 ^{125}I 和 ^{103}Pd，前者的应用尤为广泛，这是由于其物理特性所决定的。①^{125}I 释放 γ 射线，其能量为 27～35keV，属于低能放射性同位素，能穿透到局部组织间，疗效较好，损伤小；②^{125}I 半衰期较长，为 59.6 日，可提供 200 日左右的持续照射（约 3 个半衰期），适合繁殖周期较长的肿瘤组织，且便于临床使用和保存；③半价层为 0.025mm 的铅，操作人员易于防护；④靶治疗体积以外放射剂量迅速衰减，从而提高放射治疗增益比，减少放射损伤的发生，植入后不易产生过热点而损伤重要脏器。

有学者认为有效治疗时间和肿瘤细胞倍增时间有关，倍增时间较短则无效剂量（即有效治疗时间以后的剂量）将增加。因此，倍增时间较短的肿瘤细胞宜采用开始剂量较高的放射性粒子。在永久性植入方式中，^{125}I 使用最为广泛，其适用于分化好、分裂较慢的肿瘤细胞，而 ^{103}Pd 适用于分化差、增殖快的肿瘤细胞。

表 2-10-1 用于放射性粒子植入治疗的放射性核素的物理特征

核素	半衰期/日	射线能量/keV	半价层/mmPh
^{125}I	59.6	27.4	0.025
^{103}Pd	16.8	21	0.0081
^{198}Au	2.7	410	10

3. 辅助设备 粒子植入需要的辅助设备与临床治疗途径相关：①细针穿刺技术：放射粒子的直径为 0.88～20.00mm，可顺利通过注射针内腔，进行放射微粒的定位植入。②缝合、粘合技术：手术中因腔道管壁薄等因素，不宜行穿刺植入时，可用生物胶将放射微粒粘附在受肿瘤侵犯的腔道外壁，也可用细线缝合固定。③与手术配合应用：手术中能整块切除肿瘤的情况，可在淋巴回流途径上植入放射性粒子，甚至在更远的淋巴引流途径上植入放射性粒子，部分替代扩大的肿瘤区域清扫，减少手术创伤，缩短术后恢复周期；手术中仅能切除肿瘤的情况下，在肿瘤边缘亚病灶区域和淋巴回流途径上植入放射性粒子；手术中部分切除或不能切除肿瘤的情况下，在残留的肿瘤内、亚病灶区域和淋巴回流途径植入放射性粒子。④微创应用：借助超声、CT、MRI 等仪器的定位，经皮穿刺到肿瘤内植入放射性粒子，在前列腺癌的治疗、肺癌的治疗上国内外已获得确切可靠的疗效。

⑤与腹腔镜配合应用：在实施腹腔镜的检查和治疗中，穿刺针经仪器的活检孔道穿刺到肿瘤内植入放射性粒子；或经腹腔镜定位，穿刺针经皮穿刺到肿瘤内植入放射性粒子。⑥模板技术：模板用于辅助粒子植入到计划靶区，已在肺癌和头颈部肿瘤取得相对成熟的经验。

五、临床应用特点

近距离放射治疗可适用于以下部位肿瘤的治疗，如脑、眼、头颈（唇、口底、舌、鼻咽及口咽）、呼吸道（气管和支气管）、消化道（食管、胆囊、胆管、直肠、肛门）、尿道（膀胱、尿道、阴茎）、女性生殖器官（子宫、阴道、女性外生殖器）和软组织。

近距离放射源可以被精确地放置于肿瘤治疗的部位，可实现局部高剂量放射治疗；患者移动或体内肿瘤运动时，放射源与肿瘤的相对位置可保持不变，肿瘤病灶可以获得很高的剂量适形度。不同于外照射放射治疗，近距离照射只影响到放射源周围十分有限的区域，可减小距离放射源较远的正常组织受到的照射量；近距离放射治疗的疗程更短，有助于降低癌细胞分裂与生长的概率；可以减少患者来院就医的次数，更短的治疗时间及门诊就医方式提高了科室效率。

相对于外照射放射治疗，近距离放射治疗可有效治疗多种类型的癌症，治愈率与手术或外照射放射治疗相近，且副作用更低。对于肿瘤直径较小或没有转移的局部晚期肿瘤，近距离放射治疗可达到治愈的目的，对于晚期肿瘤，由于手术通常难以取得好的治疗效果，那么包括近距离放射治疗在内的放射治疗便是好的治疗方式；近距离放射治疗还可作为姑息疗法，缓解疼痛及出血症状；近距离放射治疗可与外照射放射治疗或手术相结合，治疗位置复杂或体积过大的肿瘤。

（包超恩）

第十一节　放射治疗剂量检测和剂量验证设备

【案例 2-11-1】
1. 临床剂量测量中常用的辐射剂量计有哪些？
2. 影响剂量计特性的因素有哪些？
3. 电离室剂量仪的组成和临床应用特点是什么？

【案例 2-11-1 分析】
1. 临床剂量测量中常用的辐射剂量计有电离室剂量仪、热释光剂量仪、多通道半导体剂量仪、胶片剂量仪、阵列式探测器等。
2. 评估一个剂量计的特性一般包括精确度和准确度、线性、剂量和剂量率的依赖性、能量响应、方向依赖性和空间分辨率等。
3. 电离室剂量仪由电离室探头和静电计组成，一般是测量电流或电荷量的大小来计算照射量。电离室剂量仪具有很高的稳定性和精确性，在临床上，一般用作剂量的绝对测量。

一、概　　述

剂量检测设备主要是检测医用加速器等射线装置输出射线特性的设备或仪器，保证加速器输出剂量的准确性和稳定性，保证加速器工作可靠、运行稳定、剂量准确。常用的剂量检测设备主要有电离室剂量仪、半导体剂量仪、热释光剂量仪和三维水箱剂量扫描系统等。

由于无法直接观察患者体内的射线剂量分布，目前一般是通过剂量验证设备，间接进行分析与验证。常用的放射治疗剂量验证分析设备有：圆柱形电离室剂量仪、多通道半导体剂量仪、胶片剂量仪、阵列式探测器和射野影像系统等。

二、剂量检测设备

（一）电离室剂量仪

电离室剂量仪是临床上最常用最可靠的剂量仪，由电离室探头和静电计组成。电离室探头一般由内、外两个电极组成，中间充满空气或组织等效气体等，因其形状和电极间结构的不同分为圆柱形、平板型等多种不同用途的电离室。当射线照射到电离室外壁时，产生的次级电子使空腔中空气产生电离，形成大量离子对，当外壳与中心电极间加上高压时，正负离子向相反极性的电极运动，形成电流，电流强度与离子数目成正比，而离子数目又与射线剂量率成正比，由测量电流或电荷量的大小，可以测得剂量率及剂量的大小。一般用作剂量的绝对测量。

1. 圆柱形电离室（指形电离室） 目前最普遍使用的圆柱形电离室，是由 Farmer 设计并由 Baldwin 最先制造出的灵敏体积为 $0.6cm^3$ 的电离室，现在许多厂家都能生产这种 Farmer 型电离室，用于放射治疗剂量测定中的辐射束校准。这种电离室的灵敏体积形状类似套环，因此 Farmer 型电离室通常也称指形电离室，设计原理见图 2-11-1。

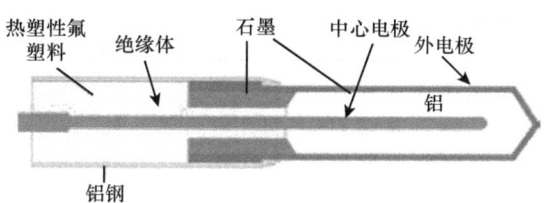

图 2-11-1 指形电离室设计原理和结构示意图

不同生产厂商制造的圆柱形电离室，其灵敏体积通常在 $0.1 \sim 1.0cm^3$ 之间。一般来说，电离室内气腔的长度不超过 25mm，气腔的内直径不超过 7mm。用作室壁的材料一般是低原子序数 Z（即组织或空气等效）材料，室壁的厚度低于 $0.1g/cm^2$。在空气中用钴-60 射线来校准电离室时通常需要加上平衡帽，其厚度大约为 $0.5g/cm^2$。

电离室的构成应尽可能是均质的，直径约为 1mm 的中心电极通常由铝材料构成，以确保电离室具有某一固定的能量依赖性。

2. 平行板电离室 由两个平板室壁组成，其中一个作为入射窗，形成极化电极，另一个作为后壁，形成电荷信号的收集电极，同时它也作为防护环系统。后壁通常是一块导电塑料，或者是带有一个薄石墨导电层的不导电材料（通常是有机玻璃或聚苯乙烯），形成收集电极和保护环。平行板电离室的结构原理见图 2-11-2。

平行板电离室被推荐用来测量能量低于 10MeV 电子束的辐射剂量。同时它也用来测量兆伏级光子束在建成区的表面剂量和深度剂量。有些电离室需要做注量扰动修正，因为它们不能提供足够的保护宽度。

3. 井型电离室 井型电离室可用于近距离放射治疗放射源剂量的校准和标定，其空气比释动能强度（或参考空气比释动能率）较低，需要较大灵敏体积（大约为 $250cm^3$ 或者更大），以提供足够的灵敏度。井型电离室的结构原理见图 2-11-3。

井型电离室必须按照典型尺寸的放射源的要求来进行设计，以符合近距离放射治疗中的临床使用和参考空气比释动能率的校准。

（二）半导体剂量仪

某些固体物质，如硅、硫化钙等，经射线照射后，在物质中形成具有一定能量的电子-空穴对，使物质的电导率发生改变。物质电导率改变的程度正比于电子-空穴对的数目，即电导率改变的大小正比于射线的剂量。用这种材料做成的剂量仪称固体电导型剂量仪，半导体剂量仪就是其中的代表。

硅半导体剂量计是 P-N 结型二极管，它是通过在 N 型硅或 P 型硅表面掺入相反类型物质的杂质而生成。按照基本物质称 N 型硅或 P 型硅剂量计。两类二极管都可用于商业，但只有 P 型硅适合于辐射剂量测量，因为它受辐射损伤影响较小，而且暗电流很小。

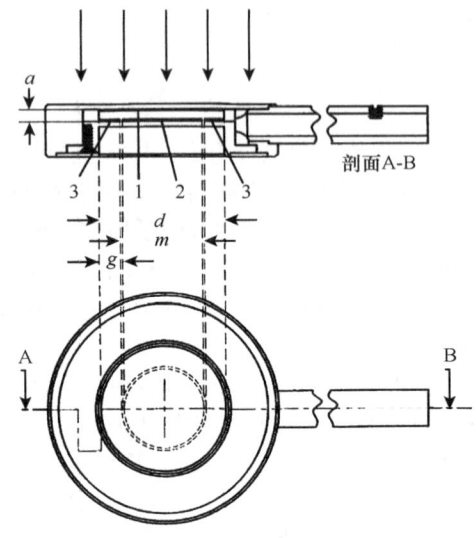

图 2-11-2 平行板电离室

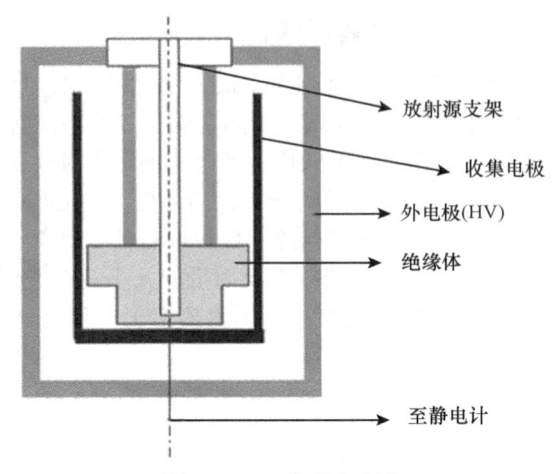

图 2-11-3 井型电离室

1. 极化电极；2. 测量电极；3. 保护环；a. 气腔的高度；d. 极化电极的直径；m. 收集电极的直径；g. 保护环的宽度

辐射剂量计（包括耗尽层）里产生电子-空穴对。剂量计里产生的电荷（少数电荷载体或载荷子）在扩散长度范围内扩散进耗尽层。在内部电位导致的电场作用下，它们穿过耗尽层，这样在二极管里产生了相反方向的电流。

由于固体探头的物理密度较空气高得多，但产生电子-空穴对所需的电离能比空气的小，所以半导体探头的灵敏度比空气电离时的高 18000 多倍。由于半导体探头的灵敏度高，在满足测量精度和所需测量电流限值的前提下，可将探头灵敏体积做得很小，可测量剂量梯度变化较大的区域，如剂量建成区、半影区及小照射野剂量参数的获得等。半导体探头所需电压很低，做成探头用于患者体内测量，比电离室安全。

基于上述优点，半导体测量仪近年来被广泛应用于临床。但是半导体能量响应差，灵敏度易受环境温度、射野大小等因素的影响，应用时要做修正，并定期校验。

（三）热释光剂量仪

自然界中有些物质如氟化锂被放射线照射后，可将射线能量储存下来，当外界对其加热时，以光的形式释放被储存的能量。光的强度正比于被储存的能量，即正比于射线的剂量，因此，可将测量到的发光强度和射线剂量联系起来，这种形式的剂量测量设备称热释光剂量仪（thermoluminescent dosimeter，TLD），一般作为剂量测量的间接方法。

常用于制作热释光固体剂量仪的物质有硼酸锂、氟化钙和氟化锂等晶体，它们可以做成片状、粒状或粉末状，广泛地应用于放射治疗临床剂量测量中，特别是粉末状的氟化锂剂量计可以做成很小的体积放入患者的天然腔内（如宫颈、食管、鼻咽等）进行体内剂量的直接测量，监测放射治疗患者受照射的实际剂量。

在使用之前，TLD 需要退火来去掉残存的信号。应使用成熟和可重复的退火周期，包括加热速度和冷却速度。基本的 TLD 读数系统由用于放置和加热 TLD 的金属板，探测热释光散发和将它转化成电信号（与探测到的光子量成线性比例）的光电倍增管（photomultiplier，PMT），和用于将 PMT 信号记录为电荷或电流的静电计组成。TLD 读数器的基本原理见图 2-11-4。

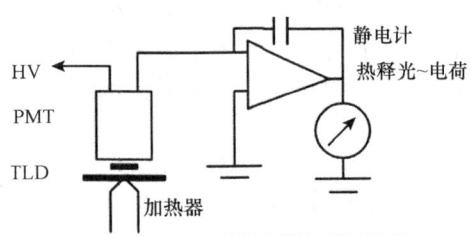

图 2-11-4 TLD 读数器的基本原理

热释光剂量仪具有以下特点：在几个 mR 到 10^4R 范围内可获得理想的剂量线性；在大于 30keV 条件下，

能量响应较好；重复性好，比较经济，剂量元件可以邮寄，能够对不同地区不同放射治疗单位进行剂量对比工作。

（四）三维水箱剂量扫描系统

三维水箱也称辐射野分析仪，是对医用电子直线加速器（或钴-60治疗机）输出的射线三维剂量分布进行测量和分析的大型仪器，是加速器厂商在生产过程中，对加速器各项参数进行调试的必需工具，也是治疗计划系统所需参数的测量工具。不管是加速器的生产，还是临床的放射治疗过程，都需要该系统测量的数据。因此，三维水箱在保证放射治疗质量中起着非常重要的作用。

三维水箱由有机玻璃箱体、扫描支架、探测器、控制器、剂量仪、计算机、软件系统几部分组成。如图2-11-5所示，主探测器在水中进行X、Y、Z三维运动，就可以测量出三维剂量分布。

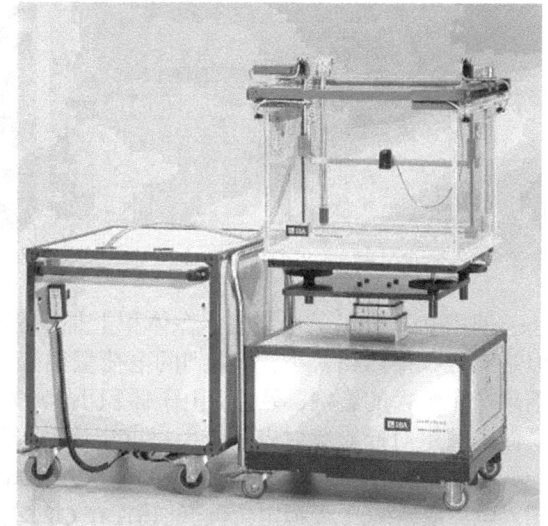

图2-11-5　全自动三维水箱剂量扫描系统

1. 探测器　①电离室：探头电离室的选择要根据测量的射野大小来进行，3cm×3cm以上射野常用0.125cm^3防水圆柱形电离室，该类型的电离室是记录大量辐射粒子平均效应的电流电离室，即通过收集测量电离室电离电荷（或电流），可准确得到辐射量的大小和强度；②半导体：可以用于相对剂量或电子线剂量分布的测量，而不需要进行修正。

2. 剂量仪　将电离室和半导体传过来的两个通道弱电流信号，经过信号放大、滤波、积分等处理，将电流信号转化成电压信号，送至AD变换器，最后输出数字信号，上传至软件系统。

3. 导轨运动系统　由步进电机、支架、齿轮带到齿轮皮带组成。其原理是步进电机通过蜗杆蜗轮带动齿轮皮带转动，在皮带上安装有放置探测器的专用接头。导轨可运动行程为45cm×45cm×40cm，可以测量40cm×40cm的辐射野。其中运动精度为（100±0.5）mm。

4. 软件系统　基于Windows平台的软件系统，需支持数据采集和数据分析。其串行通信采用多线程方式，向导模式的中文操作控制软件可以快速完成测量。

三、剂量验证设备

剂量验证分为绝对剂量的验证和相对剂量分布的验证，包括点剂量验证、二维剂量验证、三维剂量验证及第三方独立计算软件。不同的剂量测量方法需要相应的仪器设备，这些仪器设备的测量精度决定了剂量测量的结果，所以这些测量工具应依据相应规程定期进行校准标定。

（一）点剂量验证设备

圆柱形电离室在剂量线性、能量响应及重复性等方面具有很好的稳定性等优点，所以在剂量验证过程中，用圆柱形电离室对感兴趣点作绝对剂量的验证，但必须根据国家标准进行校准后才能进行测量。目前临床剂量验证常用的圆柱形电离室有3种灵敏体积，分别是0.6cm^3、0.125cm^3和0.015cm^3。0.6cm^3电离室是放射治疗中最常用的一种，加速器绝对剂量的标定使用这种电离室（图2-11-6）。

调强放射治疗计划照射野内或射野边缘，剂量分布可能是不均匀的，物理师应选取剂量变化相对平缓的区域，因为在剂量分布陡峭之处，0.6cm^3收集体积的电离室长度超过2cm、体积大，此时感兴趣点测量结果显然不能代表某一点的剂量，而是一个小区域的平均剂量，所以应考虑电离室的体积效应造成的验证误差，通常采用在水模体或等效水模体CT图像中勾画出的电离室有效测量体积并计算其平均剂量，与电离室的测量结果进行绝对剂量的验证。

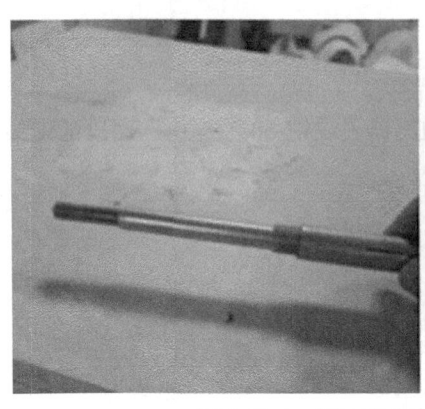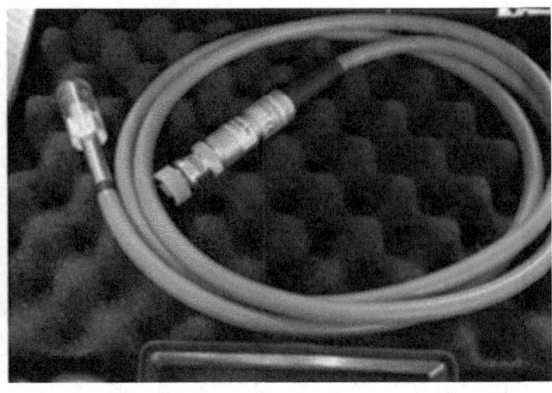

图 2-11-6　圆柱形电离室（左：0.6cm³；右：0.125cm³）

使用 0.015cm³ 的电离室，在体积上是非常符合照射野内点剂量验证，可认为是点剂量的测量，但是有效收集体积太小，收集到的电荷量很少，以至于漏电流及静电计电子线路的噪声可能对测量结果产生较大的影响；另外，由于体积小，中心电极大多采用铁类的高原子序数材料，这类材料容易使电离室对低能散射光子产生过度反应，导致测量结果存在一定的误差。

调强放射治疗计划绝对点剂量的测量方法如下：将电离室适配孔等效固体水模体放置于中间层面，插入电离室，在 CT 模拟定位机下扫描；在 CT 图像中逐层勾画出电离室的有效测量体积和固体水模体，将调强放射治疗计划移植于该模体中，以电离室体积模拟靶区进行剂量计算，取该计算体积的平均剂量与相同条件下电离室测量的结果进行绝对剂量的对比，两者误差应小于 5%。点剂量验证时，电离室应位于剂量相对均匀的位置，在剂量梯度变化较大处，位置偏差会导致剂量发生较大范围的变化。

（二）二维剂量验证设备

放射治疗计划剂量在感兴趣平面或参考平面（冠状面、横断面及矢状面）的剂量分布的验证，弥补了只对一个点或几个点做绝对剂量验证的不足。目前用于测量调强放射治疗计划平面剂量分布的二维剂量检测工具如下：

1. 胶片剂量仪　胶片是一种很好的放射治疗计划验证工具，其在高剂量区和低剂量区都有很好的可靠度。并且由于胶片分辨率高，也适用于在高剂量变化梯度区域及半影区测量。胶片剂量仪分为放射照相用胶片和自显影胶片。

（1）放射照相用胶片：X 射线照相用胶片在放射诊断、放射治疗和辐射防护中起着若干重要作用。它可以用作辐射探测器、相对剂量计、显示设备和归档文件。未曝光的 X 射线照相用胶片是由一片薄的塑料片基构成，片基单面或双面均匀地覆盖了一层辐射感光乳剂（乳剂里悬浮着溴化银颗粒）。

放射照相用胶片在放射治疗中的典型应用是定性测量和定量测量，包括电子射野的剂量测量，放射治疗机器的质量控制（如灯光野与射野的一致性和准直器中心轴位置的确定，即所谓的星点检测），在不同模体和射野影像系统中治疗技术的验证。

（2）自显影胶片：是用于放射治疗剂量测量的一种新型胶片，无色，覆盖着一层接近等效组织的成分（9% 的氢，60.6% 的碳，11.2% 的氮和 19.2% 的氧）。当受到辐射照射时，其显影呈蓝色。

自显影胶片对比放射照相用胶片具有以下特点：经辐照后不需要化学处理可以直接显色，对可见光不敏感，无须冲洗胶片，可放在水中进行剂量测量；可以裁剪任意大小尺寸进行测量，近似组织等效及较高的能量响应（特别是对 25kV 或更低的低能 X 射线），主要用于相对剂量的测量。通常自显影胶片比放射照相用胶片灵敏性低，它多用在较高剂量的测量，尽管其剂量响应是非线性的，但在较高剂量区域应予以修正。虽然减少了定影对结果的影响，但剂量刻度、扫描转换等因素对结果仍有一定影响，如果适当考虑修正和环境条件，其精确度可以超过 97%。

（3）胶片验证流程：首先要对胶片进行剂量刻度并建立胶片剂量响应曲线，将自显影胶片切割成为 1cm×10cm～10cm×10cm 大小的小胶片，共 7 张并按顺序编号。将胶片水平居中放置于等效固体水模体中，胶片中心与射野中心一致，能量为 6MV，SSD 为 100cm，深度为 5cm 处，照射野大小为 10cm×10cm，分别给 0MU、30MU、50MU、100MU、200MU、300MU 及 400MU 的机器跳数，按顺序依次照射。利用胶片分析软件把曝光后的胶片进行扫描分析，并输入对应的剂量，形成胶片剂量响应曲线。

把刻度后的胶片置于模体中，它可以测量指定横断面的剂量分布，可以测量单个照射野，也可以测量计划的全部照射野，但是辐射照射后需要经过一定的时间（建议照射后 2 小时以上）才能达到稳定的显色。用特定的扫描仪在红绿蓝三色模式下将胶片扫描到计算机中，经软件处理后得到相应的等剂量分布并进行 Gamma 指数及 DTA 分析比较。

2. 二维平面阵列式探测器 是基于二极管或电离室探测器组成的二维阵列，每个探测器的位置均是固定的，有限分布的探测器数量导致其空间分辨率低，而且明显差于胶片测量。二维平面阵列式探测器经过剂量校准后，放射治疗计划剂量验证在照射后可立即得到测量结果，有助于及时判断误差的来源及范围。

商用的二维平面阵列式探测器主要区别在探测器的性质、数量、间距及最大的测量面积（图 2-11-7），其中 IBA 公司生产的 MatriXX 技术参数如下：1020 个独立的通气电离室，排成 32×32 二维矩阵；每个电离室直径 4.5mm，高 5mm，体积 0.08cm³；电离室中心距离 7.62mm；单个电离室的平均灵敏度为 2.1nC/Gy；SSD=100cm，最大射野为 24.3cm×24.3cm，其线性度≤±0.5%；最短采样时间、时间分辨率均为 10ms；配合分析软件 OmniPro I'mRT，进行伽马分析等。

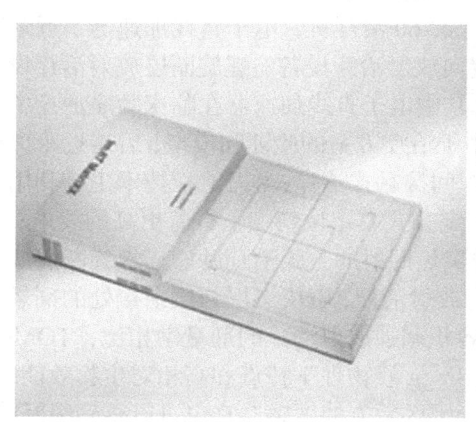

图 2-11-7　二维平面阵列式探测器（左：1020 个探头；右：729 个探头）

加速器机载的 EPID 亦属于二维平面阵列探测器，可用于调强计划二维剂量的验证。由于是加速器机载的，更加缩短了验证时间，甚至一些新开发的实时剂量验证软件也应运而生，为实施精确放射治疗提供了更加可靠的剂量保证。二维电离室探测器的优点在于校准方便，可以进行实时测量，几乎没有时间延迟，其测量结果可以直接作为绝对值的测量。

（三）三维剂量验证设备

三维剂量验证设备主要有分布在圆筒壁上的探测器，垂直交叉的平板探测器及旋转平板探测器等（图 2-11-8），可以在三维方向上进行调强放射治疗的剂量测量。其中机载的 EPID 及悬挂加速器机头的二维探测器与加速器同步旋转运动，可实时采集患者治疗过程中的影像信息，根据影像信息与剂量的关系，来计算患者体内特定平面实时的剂量分布，为精确的放射治疗提供实时剂量验证方法。

Delta⁴ 技术参数如下：两组正交的探测器组成，共有 1069 个 P 型电离室，每个电离室面积 0.78mm²；在 6cm×6cm 中心区域，电离室中心距离 5mm；在外围区域，电离室中心距离 10mm；

最大探测面积 38cm×20cm；每个电离室灵敏度 5nC/Gy，稳定性 1%/kGy（6MV 光子束），温度灵敏度 0.32%/kGy；收集任意入射角度的粒子信息，测量中心点的吸收剂量；三维分布的吸收剂量的最高分辨率达 1mm×0.05mm；使用 Delta^4 控制软件进行伽马、DTA 分析等。

调强剂量验证不仅要花费大量时间，还需要验证设备，因而有些医学物理学家认为可以通过计算的方法加以验证，一种简单的独立计算软件可以输入调强计划的多叶准直器文件等一系列条件，独立计算一些点的剂量，然后和计划系统的计算结果比较以确定计划系统计算的正确性，如果两者符合，则计划系统有较大误差的可能性将大大降低。

蒙特卡罗方法是放射治疗剂量计算方法中最精确的，和实际测量基本一致，由于计算时间太长而不能大量应用于实际临床工作，但是在调强计划验证方面可以用来对系统做测试以发现存在的严重问题。

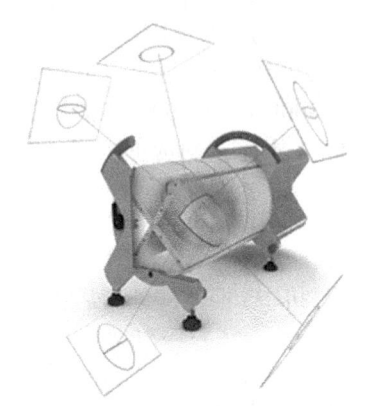

图 2-11-8　三维剂量验证设备（Delta^4）

（包超恩）

本 章 小 结

临床中常用的放射治疗设备主要有模拟定位机，钴-60 治疗机，电子直线加速器，近距离放射治疗机，γ 刀立体定向放射治疗设备，射波刀立体定向放射治疗设备、螺旋断层放射治疗设备，质子、重离子治疗设备等。这些设备各有其应用特点，其中电子直线加速器在临床肿瘤治疗中最为常用；模拟定位机主要用于界定病变和器官的位置及用于治疗方案的验证和模拟；后装近距离放射治疗机是将放射源直接放置于靶区组织内插植式或组织间接触式治疗；γ 刀治疗技术主要利用了立体定向治疗原理，有其小野集束照射剂量学特点，在固定方式及定位精度上有着更高的要求；射波刀则是采用高能 X 射线束进行非等中心、非共面、非聚焦照射的方式治疗肿瘤；螺旋断层放射治疗设备采用调强的扇形射线束，以螺旋旋转的方式进行放射治疗，解决了层与层衔接处的剂量不均匀问题，与三维适形放射治疗、调强放射治疗或旋转容积调强放射治疗的剂量学相比，TOMO 能够更好地保护危及器官；质子、重离子治疗具有独特的 Bragg 峰物理学特点和高相对生物效能的特性，可以更好地减少对肿瘤前正常组织的伤害，同时位于靶区后方的敏感器官也可以得到很好的保护。放射治疗被誉为"隐形的手术刀"，不当操作将会导致严重的后果，所以在放射治疗设备质控方面的工作尤为重要。EPID 用于射野位置验证，在加速器质控和剂量验证方面也发挥着重要作用。CBCT 具有 X 射线透视、摄片、容积成像多重功能，用于纠正摆位、监测靶区运动。为了保证患者接受放射治疗的安全和疗效，对放射治疗设备进行规范操作、日常检测、校准和维护，保证设备达到临床治疗的要求标准，确保设备能够在日常临床治疗中达到良好状态，是我们放射治疗技术人员必备的工作内容。

思 考 题

1. 常用放射治疗设备有哪几种？
2. 电子直线加速器的分类及其原理是什么？
3. 螺旋断层设备临床应用特点是什么？
4. 质子和重离子束与光子束相比优势有哪些？
5. 现代高剂量率后装治疗机的主要组成和临床应用特点是什么？

第三章　放射治疗计划设计及计划评估

【学习目标】
1. **记忆**　放射治疗临床剂量学原则，靶区定义，高能X（γ）射线和高能电子线百分深度剂量，后装近距离放射治疗技术概念，全脑全脊髓照射、全身全骨髓照射、全身皮肤电子线照射、术中放射治疗技术。
2. **理解**　三维适形放射治疗、调强放射治疗和特殊照射技术的定义及计划设计方法，理解SRT的定义。
3. **运用**　临床放射治疗外照射计划设计原理，放射治疗计划评估方法、剂量验证方法及IMRT的实施方式、剂量分布基本特征和分类。

第一节　外照射放射治疗计划设计

放射治疗有两种基本照射方式：①放射源位于体外一定距离，集中照射人体某一部位，称体外远距离照射，简称外照射；②将放射源密封直接放入被治疗的组织内或放入人体的天然腔内，如舌、鼻咽、食管、宫颈等部位进行照射，称组织间照射或腔内照射，简称近距离照射。利用人体某器官对某种放射性同位素比较高的摄取率，通过口服或静脉注入人体内进行治疗，如碘-131治疗甲状腺癌，称内用同位素治疗。由于内用同位素是开放性的，与组织间及腔内治疗时封闭型同位素不同，剂量计算方法也有区别，内用同位素在放射治疗中所占比例很小。

一、概　　述

【案例3-1-1】
放射治疗计划设计是放射治疗医生勾画放射治疗靶区、规划处方剂量，物理师与放射治疗医生共同配合，应用专用的计算机工作站，模拟需要照射的各种参数，设计治疗计划，计算结构剂量及剂量分布，制订治疗方案。物理师计划设计技术及设计经验是一个优质放射治疗计划设计成功的关键。
问题：治疗计划设计的目的是什么？
【案例3-1-1分析】
恶性肿瘤放射治疗需要适宜的照射范围，足够的照射剂量，均匀的剂量分布，合理的照射体积，进行个体化治疗，最大限度杀灭癌细胞，最大可能保护重要器官，即提高肿瘤控制概率，降低正常组织并发症的发生概率。

（一）临床剂量学原则

放射治疗目的是给予肿瘤足够高的照射剂量，尽可能在提高肿瘤控制率和生存率的同时，保护肿瘤周围正常组织和重要器官，接受尽可能少的照射剂量，提高患者生存质量（图3-1-1）。在治疗计划设计和实施过程中，应遵循临床剂量学原则：

1. 肿瘤剂量要准确　放射治疗同手术治疗一样，是局部治疗手段，照射肿瘤位置和剂量要准确，并且给予足够的照射剂量，以使肿瘤组织受到最大程度的杀伤。肿瘤剂量的不确定度应控制在±5%以内。

2. 治疗的肿瘤区域内剂量分布要均匀　接受照射的肿瘤体积内，剂量分布均匀，剂量梯度变

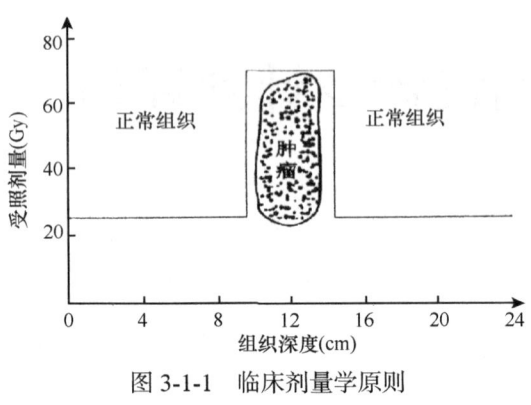

图 3-1-1 临床剂量学原则

化不能超过±5%。但应用新技术提升肿瘤剂量及生物效应等因素时,如立体定向放射治疗和调强放射治疗,不一定要求肿瘤治疗区内剂量分布非常均匀。

3. 保护肿瘤周围重要器官 肿瘤邻近的正常组织和重要器官,如脑干、脊髓、晶状体等,受到过量照射,可能会对其造成损伤,引发严重的并发症,影响患者的生存质量。因此肿瘤周围重要器官的受量不允许超过其耐受剂量。

4. 降低正常组织受照剂量 在提高肿瘤治疗区域内照射剂量的同时,尽量降低正常组织受量,使正常组织少受或不受照射。

(二)放射治疗计划设计中的基本概念

1. 放射源 规定放射源前表面中心或产生辐射的靶面中心定义为放射源。

2. 等剂量曲线 等剂量曲线是模体内剂量相同点的连线,用来描述模体内吸收剂量的分布状况,等剂量曲线可以通过线状曲线或灰度分布显示剂量分布。等剂量曲线可以在水模体中测量得到,可以用实际吸收剂量(绝对剂量)表示,或将某一固定的点剂量归一为100%,用相对等剂量曲线表示。相对等剂量曲线有两种常用归一方法:①在射野中心轴上最大剂量深度处归一;②在等中心处归一。

3. 照射野 射线束经准直器后垂直交于体模表面的区域定义为照射野。临床剂量学中规定模体内50%等剂量曲线的延长线交于模体表面的区域定义为照射野的大小。

4. 射野中心轴 即射线束的中心对称轴线,一般用放射源与照射野中心的连线作为照射野的中心轴。

5. 源皮距(SSD) 表示沿射线中心轴从射线源到体表(入射面)的距离。

6. 源轴距(SAD) 放射源到机架旋转轴或机器等中心的距离,即放射源随机架旋转的半径。

(三)肿瘤靶区定义

【案例 3-1-2】

患者,男,80岁,咳嗽咳痰,痰中带血5日入院,行胸部CT扫描示左肺上叶占位性团块状阴影。支气管镜进一步检查,活检病理报告:(左肺上叶)鳞状细胞癌。诊断为左肺癌。查体:T 36.4℃,P 76次/分,R 19次/分,BP 153/96mmHg。双锁上及浅表淋巴结未触及,双肺呼吸音清,未闻及明显干湿啰音,心腹检查未见明显异常,双下肢无水肿。完善相关辅助检查后,拟行放射治疗(图3-1-2)。

问题:如何确定放射治疗的照射范围?

【案例 3-1-2 分析】

放射治疗和手术治疗的区别在于,手术只能切除眼睛可以看到的肿瘤,但放射治疗时射线却可以穿过组织将肿瘤及亚临床肿瘤灶彻底消灭。放射治疗医生是利用影像资料,依据对肿瘤影像学、病理生物学等的深入理解,以及丰富的临床经验,来确定需要照射的肿瘤区域和需要保护的正常组织范围,如果靶区范围过小或过大,就会造成肿瘤复发和正常组织过度损伤等不良后果。

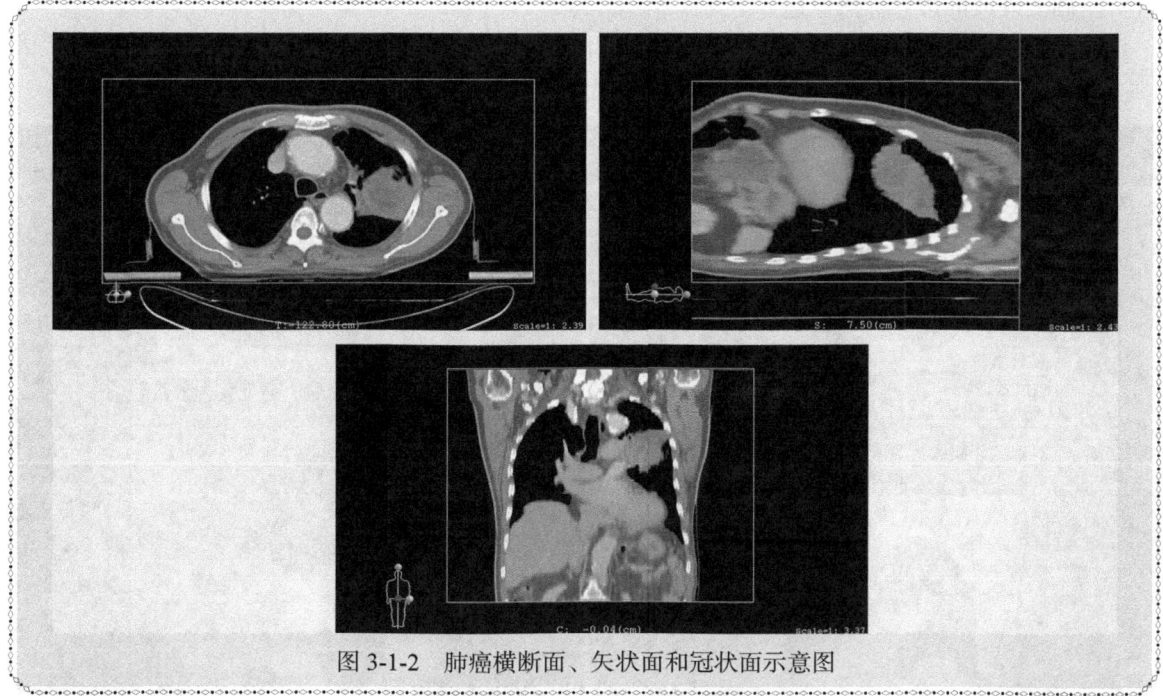

图 3-1-2 肺癌横断面、矢状面和冠状面示意图

靶区是指放射治疗要照射的部位。根据 ICRU 29 号、50 号、62 号和 83 号报告规定统一定义如下（图 3-1-3）：

1. 肿瘤区（gross target volume，GTV） 指通过临床体检、影像学检查、病理检查显示的恶性肿瘤位置和肿瘤范围，包括原发肿瘤区（GTVp）、区域转移淋巴结肿瘤区（GTVn）及远处转移肿瘤区（GTVm）。准确确定 GTV 有利于患者的 TNM 分期，通过给予 GTV 足够的照射剂量实现肿瘤的局部控制。根据治疗中 GTV 的退缩变化情况，进行治疗评估和预测治疗疗效。对于手术后肿瘤被完全切除，则认为没有 GTV。

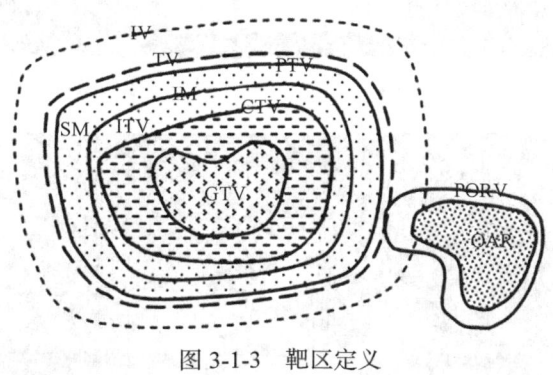

图 3-1-3 靶区定义

确定 GTV 的方法，除传统的临床检查以外，可采用多模态的医学影像手段，如 CT（图 3-1-4）、MRI，功能影像 PET、功能 MRI 等，可揭示肿瘤细胞的代谢状态、缺氧和增殖等生物学信息。

2. 临床靶区（clinical target volume，CTV） 指包括 GTV、肿瘤边缘浸润区域（图 3-1-5）、可能受浸润的淋巴结和可能浸润的其他区域。因此有些情况可以有多个 CTV。由于不同的 CTV 复发危险程度不一致，需要照射的剂量也可能不同。对于手术后肿瘤被完全切除后需要接受放射治疗的患者，没有 GTV，只需要定义和勾画 CTV。多个邻近的 GTV 可以共用一个 CTV。

3. 内靶区 患者的器官生理运动是指呼吸运动、膀胱及直肠充盈状态、吞咽、心脏跳动及小肠蠕动等状况，为了区分人体器官生理运动引起的误差还是其他误差，ICRU 62 号报告将因器官生理运动而需要外放的边界称为内边界（internal margin，IM），IM 可能是不对称地围绕在 CTV 周围。在 CTV 基础上外放内边界包括的范围成为内靶区体积（internal target volume，ITV）。针对 GTV 提升剂量时，在 GTV 基础上考虑器官生理运动而外放的边界称为内肿瘤区（internal gross target volume，IGTV）。

4. 摆位边界（setup margin，SM） 考虑治疗摆位误差、机器误差、分次治疗间的误差等，在

CTV 基础上外放的边界称摆位边界。

5. 计划靶区（PTV） 指为确保 CTV 任何部分都获得足够的处方剂量，考虑到各种不确定因素，在 CTV 基础上外放一定范围所包括的体积（图 3-1-6）。

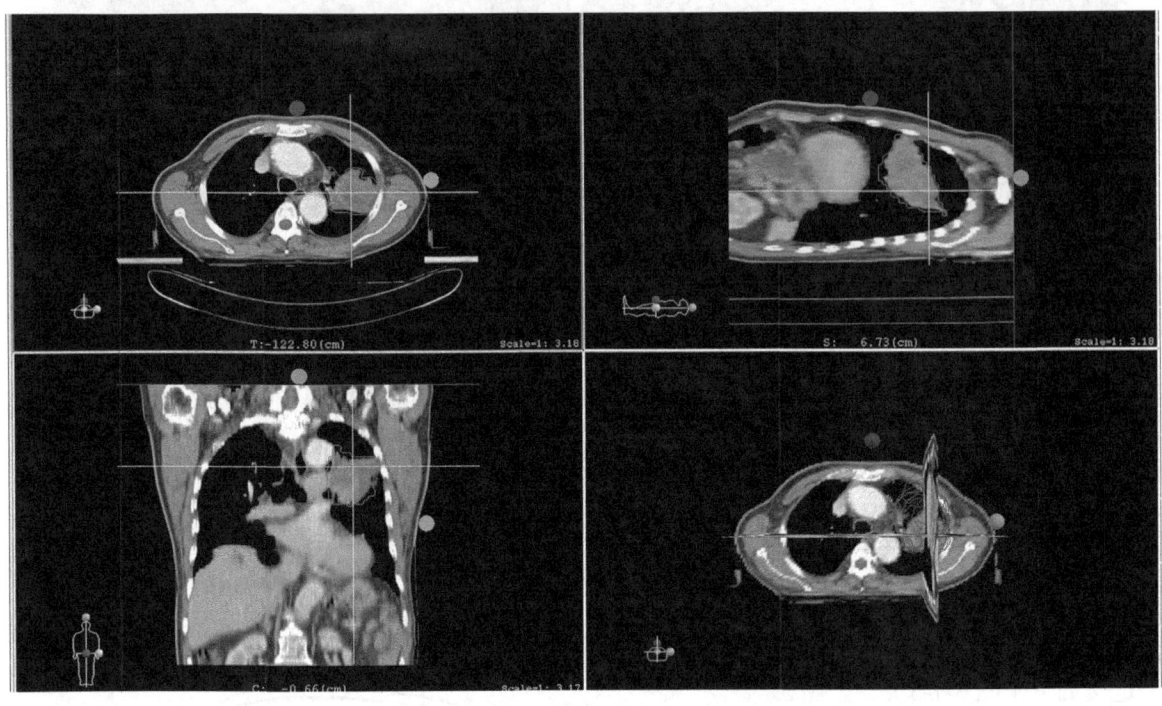

图 3-1-4　肿瘤区（GTV）

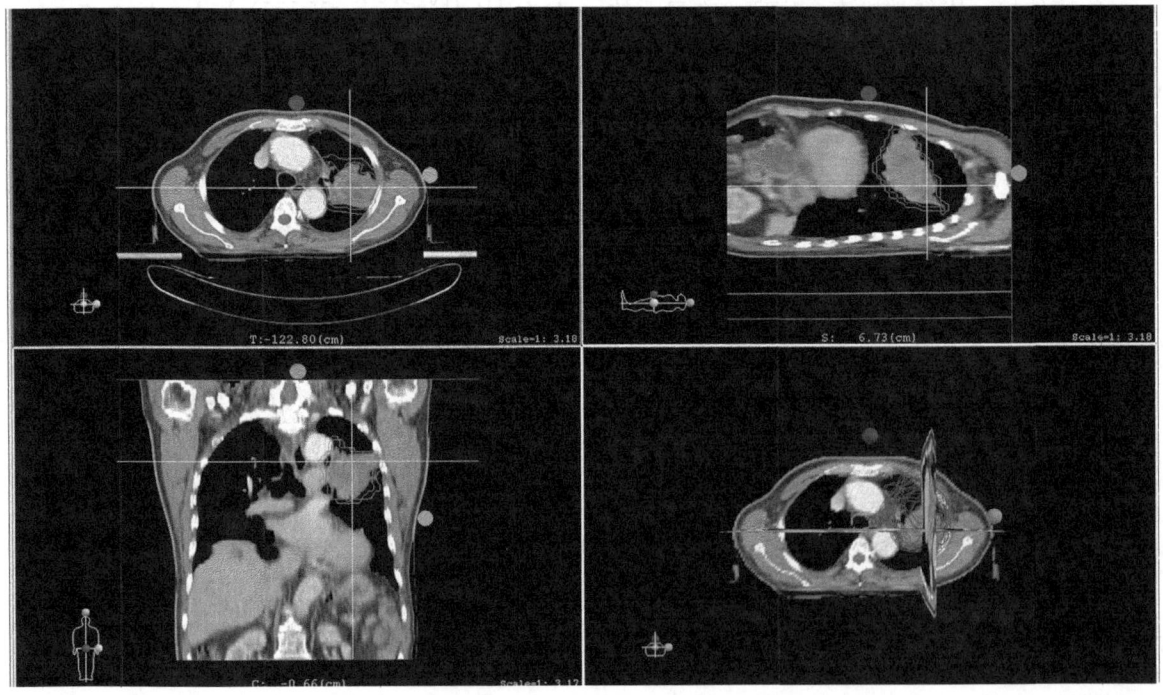

图 3-1-5　临床靶区（CTV）

不确定因素包括患者本身（内部因素）和患者相对于射束（外部因素）的变化。内部因素有解剖位置、器官生理运动及患者特征性变化；外部因素有摆位边界、射束不确定性、患者影像转换传输误差等。这些因素在不同的放射治疗中心、同一放射治疗中心不同的治疗设备之间、患者与患者之间均有很大的差异。不同的体位固定装置，治疗师的熟练程度等都必须予以考虑。PTV 的设定是在 CTV 基础上三维方向均匀或不均匀外放一个区域，治疗计划是根据 PTV 的大小和形状，选择合适的剂量分布来设计的。

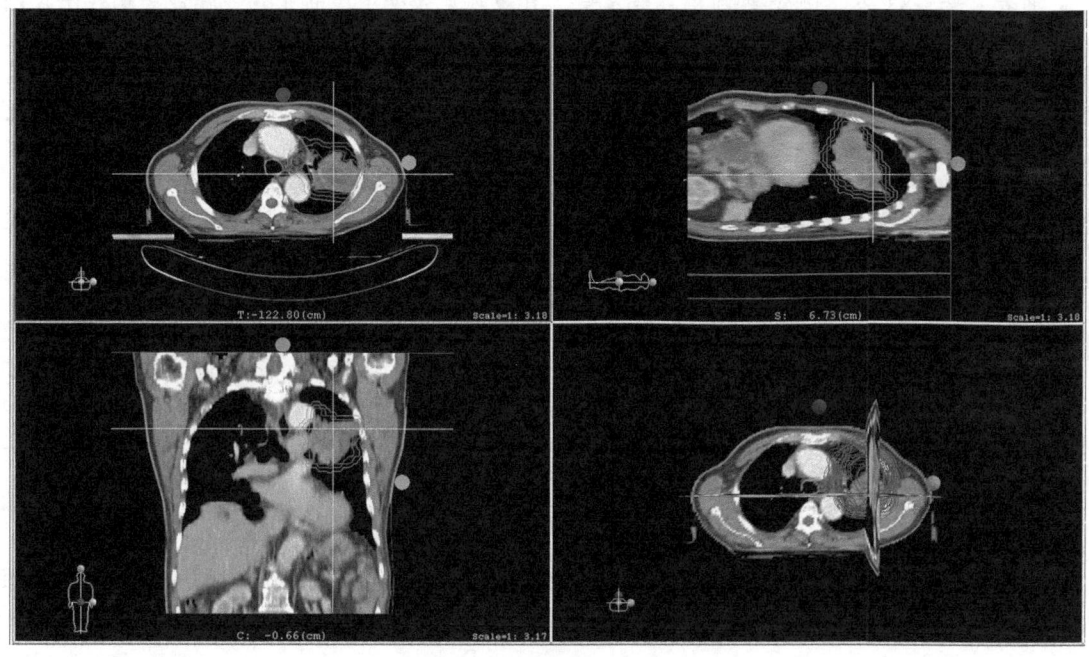

图 3-1-6　计划靶区（PTV）

6. 治疗区（treatment volume，TV）　指根据治疗目的选定的等剂量面所包绕的体积，等剂量面原则上由医生决定，由于照射技术的限制，接受处方剂量的区域会与 PTV 的范围有所不同，TV=PTV 时最好，但临床应用中，通常 TV 均大于 PTV。

7. 照射区（irradiated volume，IV）　指在一定照射技术和射野安排下，50%等处方剂量线所包括的范围。此区域位于治疗区外但仍处于照射野之内。

8. 危及器官（organ at risk，OAR）　指靶区内或靶区附近有可能因照射而损伤的正常器官或组织。危及器官的耐受剂量会影响治疗计划和处方剂量的制订。

人体器官可分为串联器官和并联器官，串联器官是链式功能单元，为保证器官的正常功能所有功能单元都必须予以保护，如脊髓、神经等，某一特定的单元遭到损毁后，将影响其功能。并联器官功能单元是相互独立的，如有一定数目的肺泡单元被破坏，不会影响整个器官的功能，只有肺体积的破坏达到一定阈值，呼吸容量会显著减少。还有一些器官具有串联和并联组织特点，如肾脏中的肾小球属于并联组织，而远端肾小管属于串联组织。串联器官的照射体积对评估器官剂量耐受的影响不显著，而并联器官，体积评估非常关键，需要完整的器官结构进行计划评估。

9. 计划危及器官区　考虑到危及器官位置的不确定性，如器官生理运动、摆位误差、机器误差等，在危及器官基础上适当外放一定边界，弥补这些误差对危及器官带来的变化和不确定性，所包括的体积称计划危及器官区（planning organ at risk volume，PORV）。临床应用中 PTV 与 PORV 之间有可能重叠。

二、高能 X（γ）射线治疗计划设计

（一）高能 X（γ）射线剂量学

【案例 3-1-3】

患者，女，83 岁，进食哽咽 8 月余入院，胃镜可见食管中段新生物，病理为鳞状上皮细胞癌。查体：T 36.5℃，P 64 次/分，R 14 次/分，BP 147/78mmHg。双锁上及浅表淋巴结未触及异常肿大，心肺腹检查未见明显异常，双下肢无水肿。诊断为食管癌。完善相关辅助检查后，拟行放射治疗（图 3-1-7）。

问题：医生确定病灶计划体积后，如何确定患者体内接受的照射剂量？

【案例 3-1-3 分析】

患者病灶接受的照射剂量是放射治疗的核心，对患者病灶所受剂量进行计算时要考虑的因素有射束中心轴百分深度剂量、离轴比、射野输出因子等，患者食管部位接受的照射剂量与射线照射到食管病灶的距离、照射野大小、射线能量等因素有关。

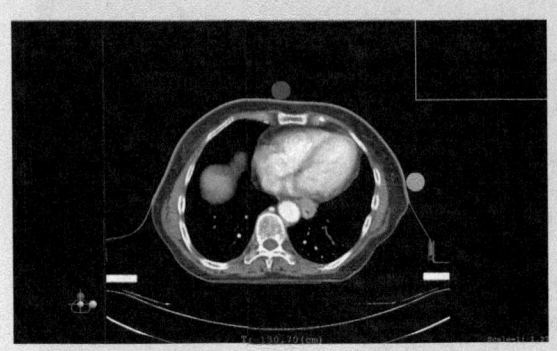

图 3-1-7　食管癌示意图

1. 百分深度剂量

（1）百分深度剂量（percentage depth dose，PDD）定义：是指模体内照射野中心轴上任一深度 d 处的吸收剂量（D_d）与参考点深度 d_0 处吸收剂量（D_0）之比的百分数（图 3-1-8）。

$$\text{PDD}(E,S,d) = \frac{D_d}{D_0} \times 100\% \quad (3\text{-}1\text{-}1)$$

式中，E 为射线束的能量；S 为放射源到水模体表面的距离；d 为水模体中的任一深度。

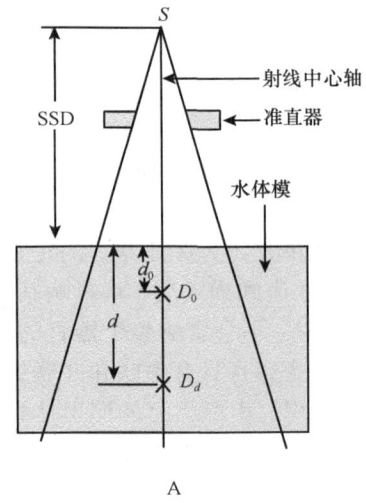
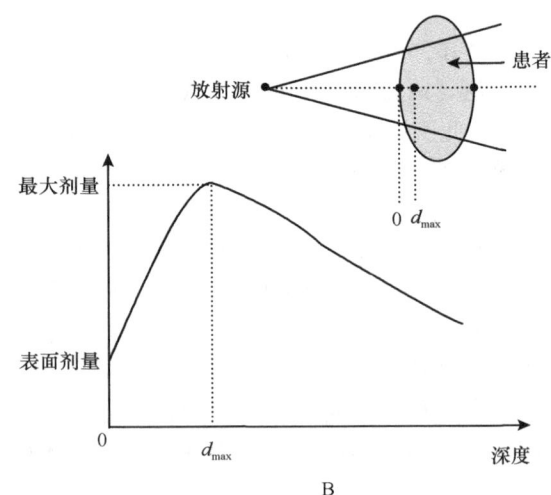

图 3-1-8　百分深度剂量示意图

A. 模体示意图；B. 百分深度剂量曲线

参考点为剂量计算或测量的参考点，规定为模体表面下射线束中心轴上的点，参考点深度 d_0 的选择是任意的，通常随能量不同有所区别，低能 X 射线可以选择在体表；对高能 X（γ）射线，参考深度选在最大吸收剂量深度，即 $d_0 = d_{\max}$。

（2）影响百分深度剂量的因素：①随组织深度的变化。在剂量建成区内，百分深度剂量随深度增加而增大，在剂量建成区外，即过最大剂量点深度后，百分深度剂量随深度的增加逐渐减少。②随射线能量的变化。由于射线与物质的相互作用与射线的性质及物质本身的性质有关，相同物质对能量不同的射线吸收是有差异的，射线能量增大时，射线的穿透力提高，因此同一深度处，射线能量增高，百分深度剂量也随射线能量的增加而增大。随能量增加，表面剂量减少，有利于对皮肤的保护，且最大剂量深度增加。③射野面积和形状的影响。组织内的射线剂量包括原射线和散射线，是两者共同贡献之和。其他条件相同时，随着射野面积增大，百分深度剂量变大。这主要是由于射野面积比较小时，百分深度剂量主要由原射线决定；随射野面积的增大，散射线在吸收剂量中所做的贡献越来越大，同时随着深度的增加散射线的比重更大。百分深度剂量随射野面积改变的程度取决于射线的能量，低能 X 射线，各方向的散射线几乎同等，照射面积增大，同一深度的百分深度剂量随之加大；随着射线能量增高，散射线主要向前，高能射线百分深度剂量随射野的变化幅度应小于低能射线。

临床常用方形野、矩形野、圆形野及不规则野，而测量时常用的是方形野。为方便剂量计算，将矩形野或不规则野剂量计算转化为方形野的剂量计算，称等效方野。等效方野物理意义：如果使用的矩形野或不规则野在其照射野中心轴上的百分深度剂量与某一方形野的百分深度剂量相同时，该方形野为所使用的矩形或不规则照射野的等效照射野。等效照射野精确计算方法是用原射线和散射线分别计算，临床上经常使用近似的几何计算方法或者使用面积/周长计算方法。面积周长比法：长方野与方野等效时，设矩形野为 $a \times b$，则其等效的方形野的边长为：

$$C = \frac{2ab}{(a+b)} \tag{3-1-2}$$

圆形野等效方法：半径为 r 的圆形野与边长为 $1.8r$ 的方形野等效。

源皮距对百分深度剂量的影响：在同一深度处，相同的射线能量，相同的照射野情况下，源皮距越小百分深度剂量越小；源皮距越大百分深度剂量也越大。

【案例 3-1-4】
射野中心轴上的百分深度剂量反映了沿射束中心轴的剂量分布，射束轴以外组织对射线的吸收，可以应用等剂量曲线分布图直观显示。
问题：体内吸收剂量分布如何表示？
【案例 3-1-4 分析】
离轴比是用于评估等剂量曲线分布的一种方式，其值的大小与多种因素相关，源与准直器的距离、准直器与均整器的设计、源的大小均与离轴比密切相关。射束中心轴以外各点的剂量，随离轴距离增加而减小。通过离轴比与百分深度剂量等参数，来呈现出体内的剂量分布。

2. 射野离轴比

（1）射野离轴比定义：百分深度剂量提供了沿射野中心轴剂量平面的剂量分布，射野离轴比（off-axis ratio，OAR）是描述在与射野中心轴垂直的方向上的剂量分布，有枪靶方向（y 方向）和与枪靶方向垂直的左右方向（x 方向）离轴剂量分布。中心轴剂量分布和离轴剂量分布相结合才能提供二维和三维剂量分布情况。射野离轴比定义为射野内任一点的吸收剂量 $D(x, y, d)$，与射野中心轴上同一深度的点的吸收剂量 $D(0, 0, d)$ 之比（图 3-1-9）。即：

$$\text{OAR}(x,y,d) = \frac{D(x,y,d)}{D(0,0,d)} \tag{3-1-3}$$

OAR（x, y, d）的大小反映了与射野中心轴垂直的射野截面内的剂量分布的情况（图 3-1-10）。影响 OAR（x, y, d）剂量分布的因素有射线的能量、组织深度、射野大小、源皮距和离轴距离。而源到准直器距离、准直器设计、加速器束流均整器的设计、放射源的大小对离轴比的影响较大。

从 OAR(x, y, d) 剂量分布图上可以分析：①射野几何大小，射野离轴剂量分布两侧50%剂量点之间的区域；②半影，射野离轴剂量分布变化梯度大的区域（20%～80%），半影区大小与射线源尺寸、射线能量、准直器、射线源到准直器的距离、源皮距和体模内深度因素有关。远离射野边缘的区域为阴影区，阴影区剂量很低，主要来自准直器和机头防护部分的穿透射线。

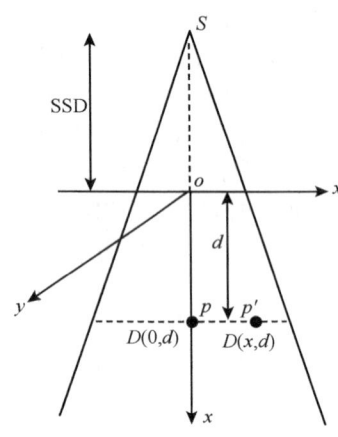

图 3-1-9 射野离轴比的定义

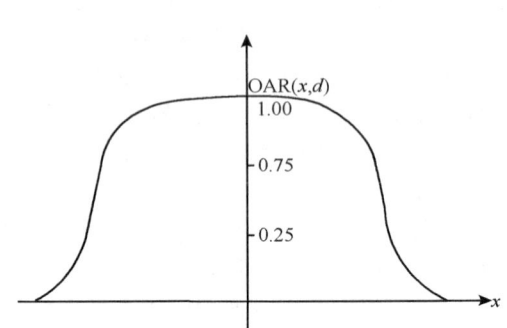

图 3-1-10 d 深度 x 轴方向离轴比值随离轴距离的变化

（2）射野平坦度和射线束对称性：模体中不同深度的射野离轴剂量分布量化指标有射野平坦度和射线束对称性。

$$射野平坦度：F = \frac{D_{max} - D_{min}}{D_{max} + D_{min}} \times 100\% \quad (3-1-4)$$

D_{max} 和 D_{min} 为在参考深度处中心区 80% 射野宽度内，最大剂量 D_{max} 和最小剂量 D_{min}。

射线束对称性：射野离轴剂量分布，在 d_{max} 深度处，与射野中心轴对称的任何两点剂量相互差别。

3. 射野输出因子

（1）原射线和散射线：模体中任意一点的剂量可认为是原射线和散射线剂量贡献之和。原射线是指从 X 射线靶或放射源射出的原始 X（γ）射束。散射线包括①原射线与准直器系统（一级准直器、均整器、治疗准直器及射野挡块等）相互作用产生的散射线；②原射线及穿过准直器和射野挡块的射线与模体相互作用后产生的散射线。原射线与准直器系统相互作用产生的散射线，穿透力比较强，射线线质比较硬，类似于原射线，与始发于放射源（或 X 射线靶）的原射线统称有效原射线，有效原射线产生的剂量称有效原射线剂量。模体散射线产生的剂量称散射剂量。射野内任意一点有效原射线百分深度剂量可理解为模体散射为零时的该野百分深度剂量。

（2）射野输出因子：由于有效原射线中的原射线和准直器系统的散射线的影响，射野输出剂量（照射量率或吸收剂量率）随射野增大而增加，这种变化关系用射野输出因子（output factor，OUF）来描述。OUF 定义为某射野在空气中的输出剂量率与参考射野（一般为 10cm×10cm）在空气中的输出剂量率之比，又称准直器散射因子（collimator scatter factor，Sc）（图 3-1-11）。

模体散射因子（phantom scatter factor，Sp）定义为射野在模体内参考点（一般在最大剂量点）深度处的剂量率与准

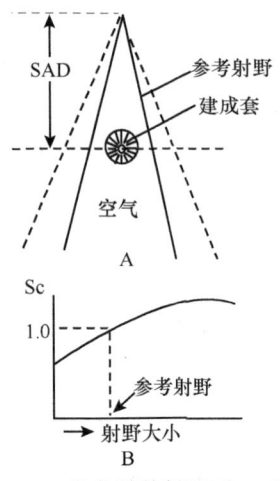

图 3-1-11 准直器散射因子 Sc 示意图
A. 准直器散射因子 Sc；B. 准直器散射因子 Sc 随射野增大而增加

直器开口不变时参考射野（10cm×10cm）在同一深度处的剂量率之比。保持准直器开口相同时，改变模体的散射范围，测量相当困难（图3-1-12），Sp通常从总散射因子经过计算来获得。

准直器和模体散射的总和为总散射因子（total scatter factor，Scp），总散射因子定义为射野在模体中的输出剂量率与参考射野（10cm×10cm）在模体中的输出剂量率之比（图3-1-13）。

$$Scp = Sc \times Sp \qquad (3\text{-}1\text{-}5)$$

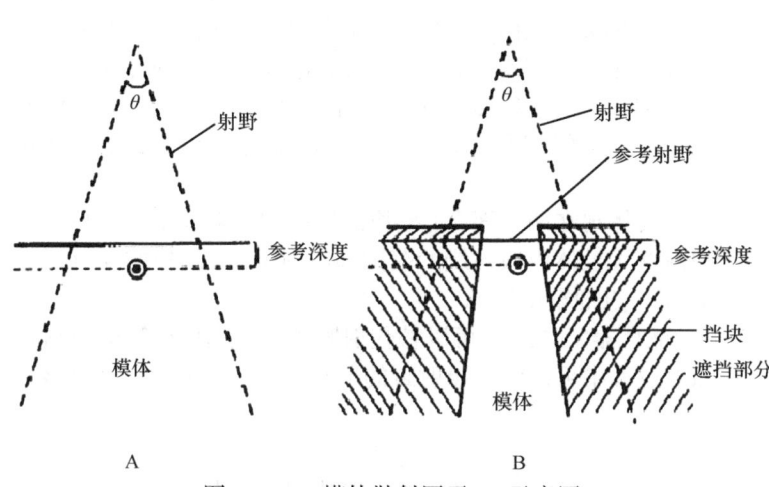

图3-1-12 模体散射因子Sp示意图
A. 模体内参考点；B. 准直器开口不变时参考射野

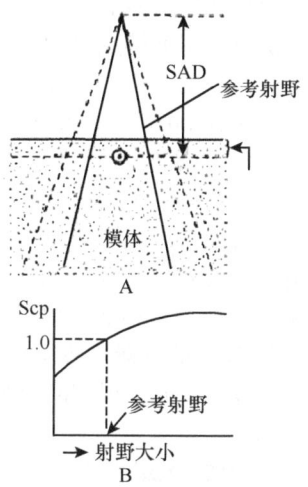

图3-1-13 总散射因子Scp示意图
A. 模体内参考点；B. 总散射因子Scp随射野增大而增加

（二）高能X（γ）射线束的修整

【案例3-1-5】

患者，女，45岁，主因右乳癌改良根治术后13个月，化疗后1个月入院，术后病理为右乳浸润性导管癌Ⅱ级。免疫组化：ER（中阳性，70%），PR（中阳性，40%），KI67（＋，5%），c-erbB2（－）。腋窝淋巴结见癌转移。查体：T 36.3℃，P 72次/分，R 18次/分，BP 139/94mmHg。浅表淋巴结未触及异常肿大，右胸壁可见一斜行长约20cm手术瘢痕，切口愈合良好，右乳缺如。左侧乳房发育良好，乳头无内陷、溢液，左乳房内未触及明显结节，诊断：右乳浸润性导管癌术后化疗后。患者术后病理提示淋巴结转移广泛，数量较多，临床分期为局部晚期，拟给予胸壁及锁骨上下淋巴引流区预防性放射治疗（图3-1-14）。

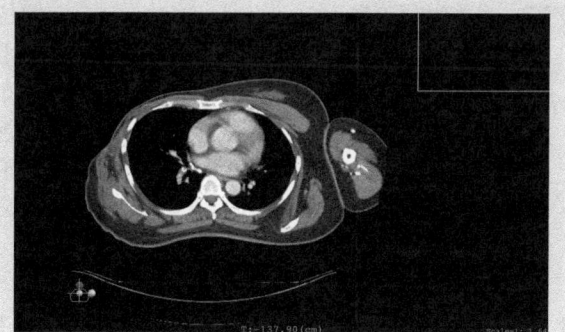

图3-1-14 乳腺癌术后胸壁示意图

问题：患者右侧乳房切除后，体表外形有较大的弯曲，对射线照射是否有影响？

【案例3-1-5分析】

根据临床需求不同，且由于照射区人体轮廓不规则，往往需要对射线束在空间和人体内的剂量分布进行人为修整，以达到满意的剂量要求，常用的射线束修整方法有射野挡块、多叶准直器、组织补偿物和楔形板等。

1. 射野挡块　临床治疗中，由于病变形状不同及重要组织或器官需要保护，且为适应靶区，保护射野内的重要器官和正常组织免受不必要的照射，常常需要不同形状的照射野。除方形野、矩形野和圆形野外，其他形状的射野称不规则射野。不规则射野是在规则射野中加射野挡块形成，挡块的目的是使射野形状与靶区形状的投影一致，或为了保护射野内的重要组织或器官。射野挡块的厚度，通常为 5 个半价层，可将原射线或有效原射线的剂量减低到 3%左右（全挡），根据临床需要也可以遮挡 50%的照射剂量（半挡），或遮挡 25%的照射剂量（1/4 挡）等。射野挡块有标准挡块，也可以用低熔点铅制作患者个体化铅块。标准挡块由纯铅制作，密度为 11.34g/cm³，由于铅熔点比较高（327.46℃），制作比较困难，不易制作个体化特定的铅块。低熔点铅（low melting point lead，LML）由铋 50%、铅 26.7%、镉 10%、锡 13.3%组成，熔点为 70℃，密度近似等于 9.4g/cm³，约为纯铅密度的 83%。低熔点铅挡块制作首先是用热丝切割泡沫塑料，再浇铸低熔点铅加工成不规则射野挡块，制作相对较简单。

射野挡块改变了规则射野剂量分布，主要体现在两方面：①挡块的漏射和散射改变了规则射野原射线或有效原射线的剂量分布；②挡块改变了模体内散射线的范围和散射条件。挡块的穿射因子定义为加挡块与不加挡块时挡块下射野内某一点剂量率之比。

2. 多叶准直器　应用加速器内置多叶准直器（MLC）可以替代射野挡块，利用计算机控制叶片的运动，形成不规则的射野，并且在照射过程中可以调节照射野的形状，使其与靶区的投影形状相一致。

3. 组织补偿物

（1）等效组织填充物：是一种组织等效材料，放置在皮肤表面，以达到提高表面剂量或者是补偿缺损组织。

为了提高表面剂量，通常使用一层均匀厚度的补偿膜（0.5～1.5cm），因此等效组织填充物不会明显地改变深处等剂量曲线分布的形状。组织等效硅胶、包裹的湿毛巾或者医用纱布等都可以用来作为等效组织填充物。

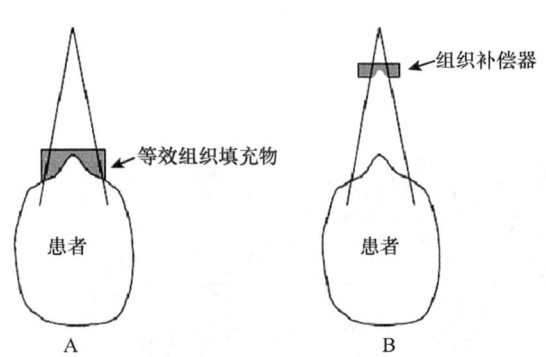

图 3-1-15　等效组织填充物和组织补偿器的区别
A. 等效组织填充物；B. 组织补偿器

人体外轮廓的不规则导致组织内剂量分布的畸变或靶区剂量不均匀，为了补偿组织缺损或者人体的曲面，按照人体表面形状个体化制作的等效物能够修补人体曲面，在皮肤表面及组织欠缺的位置填入组织等效物，使得垂直于射线束方向的平面变得平坦（图 3-1-15），从而能够让等剂量分布同表面平坦模体的等剂量分布相似，可达到改善剂量分布的作用；然而，等效物会破坏皮肤保护作用。通常用作这类组织等效物的材料是石蜡，基本上是组织等效材料，石蜡加热后可以变软，能够与人体表面紧密接触。

组织等效物还可以用来弥补散射线的不足，例如，在做全身照射过程中头脚两端的散射线不足，用盐水袋或者米袋等作为这类治疗中的组织等效物。

等效组织填充物仅对人体轮廓进行补偿，即假设人体为均质组织，而考虑对非均质组织的影响时，补偿计算就复杂得多。

（2）组织补偿器：尽管等效组织填充物可以改善剂量分布，但破坏了皮肤保护效应，组织补偿器可以产生同人体组织等效物相同的剂量分布效果，但是不会失去对皮肤的保护作用。

补偿器可以用使用各种材料，但是大多数是使用金属材料如铅，通常是插在机头铅挡块插槽内，可以在二维方向进行剂量调节（手工计算制作或使用计算机控制的切割机制作）。

组织补偿器是在等效组织填充物基础上将其长度和宽度按比例缩小,组织补偿器距离放射源越近,它就越小,因为射线从源经过组织补偿器到患者是发散的。组织补偿器的尺寸可由源皮距与源到补偿器的距离之比来确定其长和宽(图 3-1-15)。

确定组织补偿器每点的厚度是根据患者体内某个深度处剂量减小的多少来决定。沿着射线束方向,组织补偿器上某点的厚度为 x,根据衰减法则有 $I/I_0 = \exp(-\mu x)$,这里 μ 是组织补偿器材料针对某一能量射线的线性衰减系数。

(3)剂量补偿器:使用剂量补偿器目的是人为调整人体内射线束强度分布。和组织补偿器类似,通常是插在机头铅挡块插槽内,可以在二维方向进行剂量调节。

相对于组织等效物,组织补偿器和剂量补偿器的使用费时费力。计算有组织补偿器或剂量补偿器时的射野剂量分布,需要测量含有组织补偿器的照射野离轴比和其他的射野物理数据,而组织等效物可以当作是患者轮廓的一部分,因此不需要额外的测量。组织补偿器和剂量补偿器相对于组织等效物的优点是保存了对皮肤的保护作用。

4. 楔形板 是一块楔形金属块,其楔形板角为 δ 角(图 3-1-16),此角对临床应用意义不大,在制作楔形板时此角度,与所选用的楔形板材料和射线能量有关,常用铅或铜制成。其作用是可以改变射线剂量分布,对剂量起着修正的作用,使剂量曲线倾斜,用于身体曲面不平时,可选用不同角度的楔形板校正,起到组织补偿作用,使照射靶区内得到临床需要的剂量分布,如乳腺癌切线照射、食管癌颈部照射等。

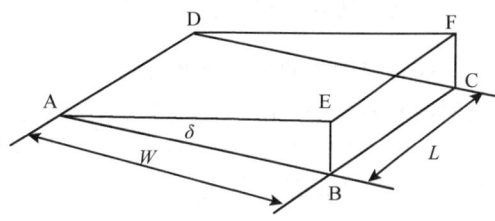

图 3-1-16 楔形板示意图

(1)楔形角:是表示当射线通过楔形板后,等剂量曲线改变倾斜的角度,即射野中心轴特定深度处(通常用 10cm 深度),等剂量曲线与中心轴之间夹角的余角称楔形角(图 3-1-17),该角与楔形板角 δ 角不同。

(2)楔形因子(F_W)定义:射野中心轴上深度 d 处有楔形板和无楔形板时的吸收剂量之比,即

$$F_W = \frac{D_{dW}}{D_d} \quad (3-1-6)$$

楔形因子一般通过测量方法获得,测量深度随所使用射线的能量不同而不同,钴-60γ 射线 $d=5$cm,对高能 X 射线 $d=10$cm。使用楔形板时,楔形野百分深度剂量定义为体模中楔形照射野中心轴上某一深度处吸收剂量 D_{dW} 与参考点处吸收剂量之比。

(3)楔形板分类:楔形板通常分为三类。①常用的 15°、30°、45°和 60°标准固定楔形角的物理楔形板;②动态楔形板,是利用独立准直器逐渐移动,根据移动的时间来调节射野内射线强度形成楔形板的效果;③一楔多用,在机头里安装一个 60°物理楔形板,在每次照射剂量中,用 60°楔形板照射一定剂量后,自动收回楔形板,再用无楔形板照射,将有楔形板与无楔形板按一定比例照射,便可合成小于 60°楔形板以内的任何楔

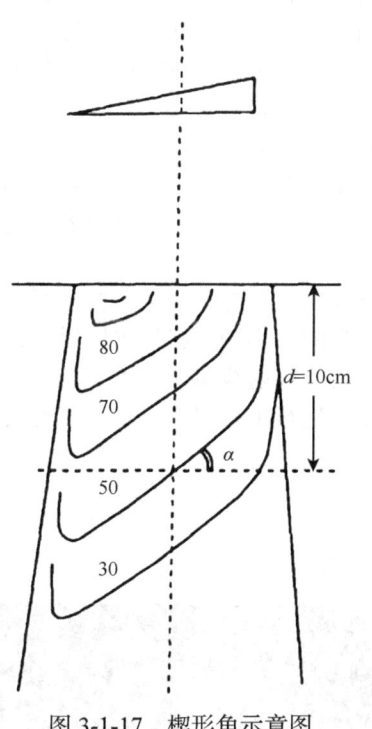

图 3-1-17 楔形角示意图

形角度的剂量分布,这样就不局限于 15°、30°、45°和 60°四种物理楔形板。

（三）高能 X（γ）射线固定源皮距照射

【案例 3-1-6】
患者，女，70岁，主诉食管癌术后 2 年余、左上肢及肩部疼痛 2 月余入院，入院后查体：T 36.7℃，P 90 次/分，R 20 次/分，BP 128/80mmHg；双肺呼吸音清，未闻及啰音，心率齐，各瓣膜听诊区未闻及杂音，腹部未见异常，左锁上可触及一 1cm×1cm×1cm 大小肿大淋巴结，质硬有压痛，活动度差。诊断为食管癌术后左锁上淋巴结转移。完善相关辅助检查后，拟行左锁上放射治疗。
问题：针对该患者有可触及的锁骨上淋巴结，采用何种放射治疗技术？

【案例 3-1-6 分析】
锁骨上淋巴结区域部位较表浅，可采用普通放射治疗的照射方法，最简单而有效的照射方式是适宜的体位固定，机架角度为 0°，源到体表皮肤照射中心位置固定，行垂直照射。

固定源皮距照射是最基本最简单的放射治疗照射技术，放射源到患者皮肤距离确定，肿瘤位于放射源与射野中心的延长线上（图 3-1-18），放射源到皮肤的距离为一固定值，通常是将放射源到皮肤的距离等于源轴距，即将机架的旋转中心位于皮肤照射野的中心点上，肿瘤或靶区的中心位于源与照射野中心的延长线上。

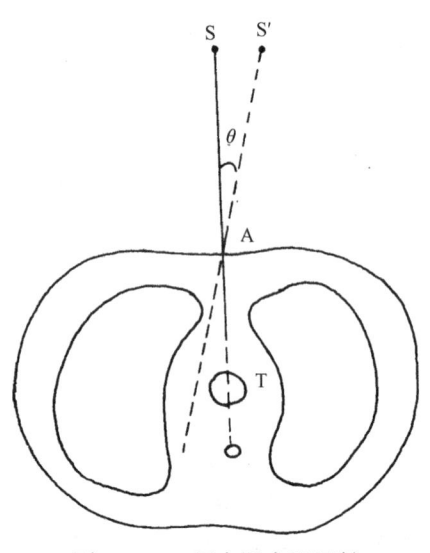

图 3-1-18　固定源皮距照射

图 3-1-18 显示源皮距等于源轴距的固定源皮距照射，机架旋转中心（A）在皮肤上，而肿瘤或靶区中心在放射源 S 和皮肤入射点 A（机架旋转中心）连线的延长线上。该技术摆位的要点是机架转角要准确，还要注意患者的体位，否则肿瘤中心就会偏出放射源和皮肤入射点连线的延长线之外，甚至偏出射野之外，如图 3-1-18 所示，若机架转角偏 θ，则治疗延长线偏离肿瘤。

不同放射治疗设备采用不同的源皮距，如钴治疗机常为 80cm，加速器常为 100cm，对于比较大的照射野如淋巴瘤照射野、全身照射等，照射野不能覆盖靶区则需采用较长的源皮距。

固定源皮距照射，首先确定源皮距，然后根据医生在患者皮肤表面画出的照射野的大小和形状设置照射野，通常采用垂直照射，垂直照射时放射线束中心垂直于治疗床平面。患者可采取各种体位进行垂直照射，这种照射技术适用于各类肿瘤。

（四）高能 X（γ）射线等中心照射

【案例 3-1-7】
患者，女，63 岁，主诉进食不顺 2 个月、确诊食管癌 3 日入院。胃镜示食管距中切牙 21~25cm、6~9 点位可见隆起性新生物，表面糜烂充血，质地硬，扩张差，咬检病理为鳞状细胞癌。查体：T 36.5℃，P 64 次/分，R 16 次/分，BP 121/80mmHg；神清，浅表淋巴结未触及肿大，双肺呼吸音清，腹软无压痛及反跳痛。病情评估：患者食管病变较长，位于胸上段，病理示鳞状细胞癌，预后不良，拟行局部放射治疗（图 3-1-19）。

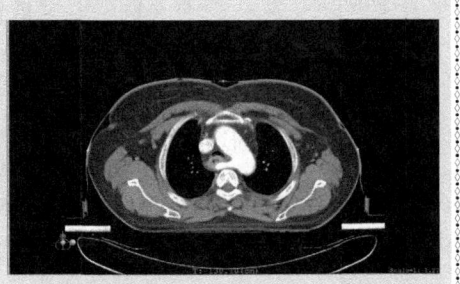

图 3-1-19　食管癌示意图

> **问题**：对于此类胸上段食管癌哪种放射治疗方式更适合？
>
> 【案例 3-1-7 分析】
>
> 由于食管胸上段位置较体表深，普通单野照射不能满足临床要求。对于食管肿瘤，靶区位于两侧肺之间，后有脊髓，都是需要保护的重要器官。因此需要至少 3 个野交角照射来避开重要器官和组织。由于人体各方向的组织厚度不同，如采用固定源皮距照射，则每换 1 个角度都要重新核对源皮距，这样人为地增加了治疗难度。如果将等中心定在肿瘤或靶区中心上，不论机架转角的准确性或体位误差，都能保证射野中心轴通过此中心，无须考虑源皮距。该技术便是等中心照射。

1. 等中心 治疗机的机架旋转轴、准直器旋转轴和治疗床旋转轴在空间交于一点，该点就称机器的等中心。

2. 源瘤距（source-tumor distance，STD） 放射源沿射线中心轴到肿瘤内所考虑点的距离。

3. 等中心照射 等中心照射技术是将病变中心或靶区中心置于治疗机机架旋转中心位置，当机架位于任何角度时，射线束都必定穿过病变中心或靶区中心，放射源围绕机架等中心旋转，即以源轴距为半径做定角或圆周运动（图 3-1-20）。

等中心照射时，将肿瘤中心置于机器的等中心，采用多野等中心定角照射或旋转照射。等中心照射技术的最大优点是照射重复性好，等中心照射技术是临床上常用的照射方法，常用两野、多野成角照射，用于食管癌、肺癌、胰腺癌、肾癌等，通过合理布置照射野，可以避开重要器官，减少重要器官所受的照射剂量。

4. 组织空气比（tissue-air ratio，TAR） 指体模内射线中心轴上任一点吸收剂量 D_d 与空间同一位置上自由空气吸收剂量 D_{fs} 之比（图 3-1-21）。

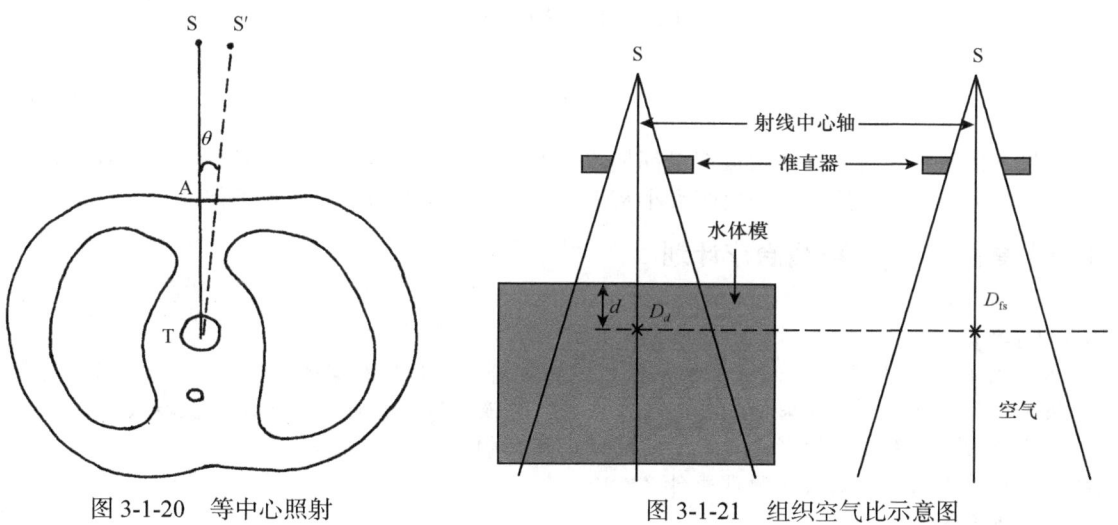

图 3-1-20 等中心照射　　　　图 3-1-21 组织空气比示意图

$$\text{TAR} = \frac{D_d}{D_{fs}} \quad (3\text{-}1\text{-}7)$$

式中，D_d 为组织中的吸收剂量，D_{fs} 为空间同一位置处空气中相同射野面积的吸收剂量。

组织空气比表征的是在空间同一位置处在组织中的吸收剂量与空气中的吸收剂量比值，两者的散射条件不同。

5. 组织空气比的影响因素

（1）组织深度：高能 X（γ）射线，由于剂量建成效应的存在，使组织空气比在最大剂量深度以内随深度增加而增大，在最大剂量点达到最大，在此深度之后，随深度增大而减小。临床剂量学中将最大剂量点处的组织空气比称反散射因子（back scatter factor，BSF）表示：BSF=TAR（d_m）。

（2）照射野与射线能量：随照射野及射线能量的增大组织空气比也增大，与百分深度剂量类似。

（3）源皮距：对组织空气比无影响，因为组织空气比是比较两种不同散射条件在空间同一位置的吸收剂量之比。

组织空气比适于等中心照射时的剂量计算，但组织空气比的一个缺点在于必须测量出空气中计算点处的吸收剂量。随着射线能量的增加，为达到次级电子平衡测量空气吸收剂量的电离室壁厚度增大，这不仅使测量变得困难，而且会增加测量误差。为解决上述问题临床上引入了组织最大比（tissue max ratio，TMR）的概念。

6. 组织最大比（tissue max ratio，TMR） 模体内照射野中心轴上任意一点的吸收剂量 D_d 与空间同一点模体中射野中心轴上最大剂量点处的吸收剂量 D_m 之比（图 3-1-22）。

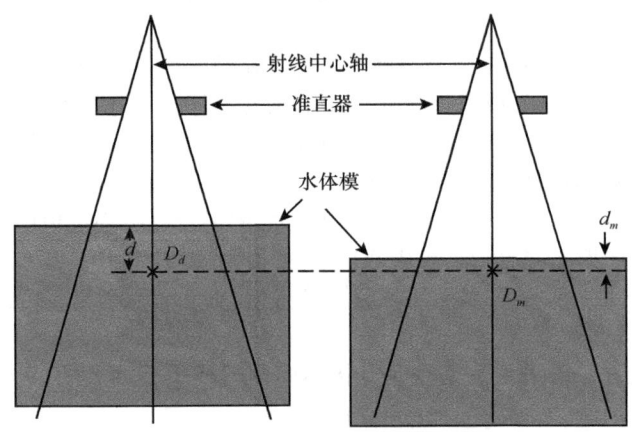

图 3-1-22　组织最大比示意图

$$\text{TMR} = \frac{D_d}{D_m} \quad (3\text{-}1\text{-}8)$$

组织最大比概念中所涉及的两点剂量都是体模内组织吸收剂量，解决了组织空气比测量遇到的困难。组织最大比随射线能量、照射野大小及组织深度变化与组织空气比相类似。

（五）高能 X（γ）射线治疗计划

> 【案例 3-1-8】
>
> 高能 X（γ）射线是放射治疗中使用最广泛的放射线，其具有穿透力强、表皮剂量较小、旁向散射小等特点。X（γ）射线入射到物体内时，其强度随穿透物质厚度近似呈指数衰减。X（γ）光子与物质相互作用的形式与光子能量大小密切相关。
>
> 问题：肿瘤放射治疗计划设计原理是什么？
>
> 【案例 3-1-8 分析】
>
> 人体是一个活的三维有机体，射线与人体的相互作用不仅有吸收还有散射，体内各点的吸收剂量与周边环境密切相关。通常，放射治疗效果的优劣是以对肿瘤的控制率和周边正常组织并发症为评价标准的。治疗计划设计就是根据病变的大小、形状、位置与周围组织的解剖关系来选择治疗束流的类型、能量和照射的方法等。

1. 获取患者解剖图像资料　获取患者治疗部位解剖图像资料是为了确定患者的治疗部位，通常使用 CT 或 MR 扫描图像，扫描范围包括上下最远射野边界外一定长度的层面，以提供足够的散射体积供剂量计算。靶区周围重要组织和器官应具有完整的解剖结构扫描图像，以便用剂量体积评估。依据患者解剖图像资料，确定外轮廓、靶区、重要组织和器官轮廓等，按相应的 CT 值对所有组织器官进行组织密度校正。

2. 选择射线束参数 放射治疗使用的放射源主要有三类：①放出 α、β、γ 射线的放射性同位素；②产生不同能量 X 射线的 X 射线治疗机和各类加速器；③产生电子束、质子束、中子束、负 π 介子束及其他重离子束的各类加速器。高能 X（γ）射线源常用的放射源有钴-60 放射源和电子直线加速器产生的 4～20MV X 射线。

根据剂量学原则选择合适的放射源、射线能量、射野方向、楔形板、射野挡块及组织补偿物等。射束方向应选择靠近肿瘤，使体内穿射路径最短的方向，射束入口处应尽量分散以减少剂量叠加的区域，射束相近时应考虑加适当楔形板，可使用共面或非共面射束，并调节各射束剂量权重，射束应尽量避开重要器官，减少正常组织受量。

为使治疗区的形状与靶区形状一致，应用射野挡块或 MLC 确定照射射野形状和大小，通过射束方向观（BEV）模拟医生或计划设计者站在放射源位置，沿射野中心轴方向观看射野与患者治疗部位间的关系，调整射野，从三维方向上进行剂量分布控制。

3. 高能 X（γ）射线射野设计

（1）单野照射：根据高能 X（γ）射线百分深度剂量定义（图 3-1-8），当单一射野照射某一靶区时，由于剂量建成区剂量变化梯度较大，剂量不易确定，所以应选择合适的射线能量，使射线最大剂量深度位于肿瘤深度之前（图 3-1-23）。但最大剂量深度之后的剂量随深度呈指数递减，靶区范围较大时，靶区内剂量分布很不均匀，且位于靶区后方的重要器官及正常组织受照射剂量亦很高，因此不符合临床剂量学原则，临床上一般不主张使用单野高能 X（γ）射线照射。

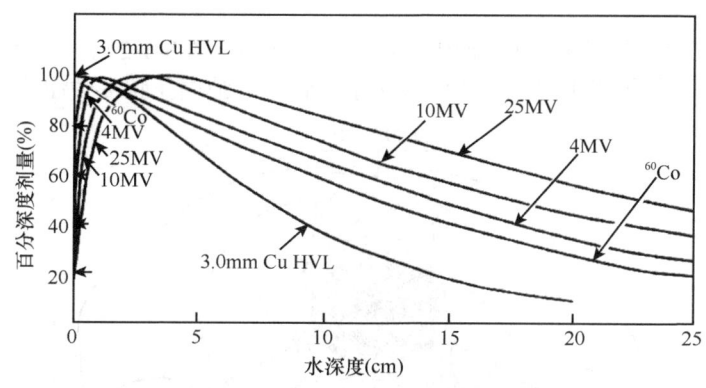

图 3-1-23 高能 X（γ）射线百分深度剂量曲线

（2）多野照射：对位于体中心部位肿瘤，使用两野同轴对穿照射，两野剂量比可选择 1∶1 或 1∶2 或 3∶2 等，为避免两侧正常组织受照剂量高于靶区剂量，应使每个射野在体内中心处的百分深度剂量不少于 70%。多数肿瘤位于体内一定深度，使用对穿野会引起正常组织受照剂量较高，使用多个照射野可得到满意的治疗方案。最常用的三野照射，三野可等角或不等角照射，如治疗食管癌采用三野照射，既可获得较理想的靶区剂量分布，又能避免正常组织及重要器官的过量照射。大多数肿瘤放射治疗需要使用多个照射野（3～7 个）才能获得满意的剂量分布。

1）两野照射：对位于体部中心附近的病变，一般采取两野对穿照射，当两野剂量比相等时，在体中心部位得到的剂量是左右、上下对称分布（图 3-1-24）。

对偏体位一侧的病变，可选择两野交角照射（图 3-1-25），但因几何关系，在病变区域形成"内野"型剂量分布，剂量不均匀分

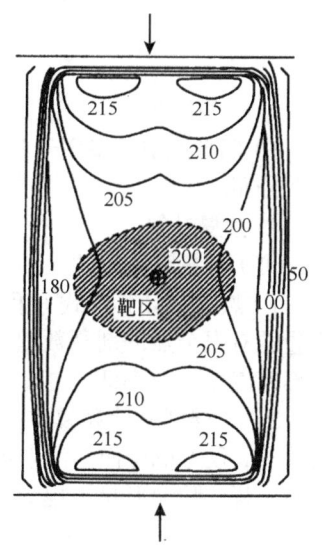

图 3-1-24 两野对穿剂量分布

布。采用适当的楔形板,可使靶区剂量均匀。两楔形野交角照射时,楔形板应厚端相邻(图3-1-26),两野交角 θ,应选楔形角 α 为:

$$\alpha = 90° - \frac{\theta}{2} \tag{3-1-9}$$

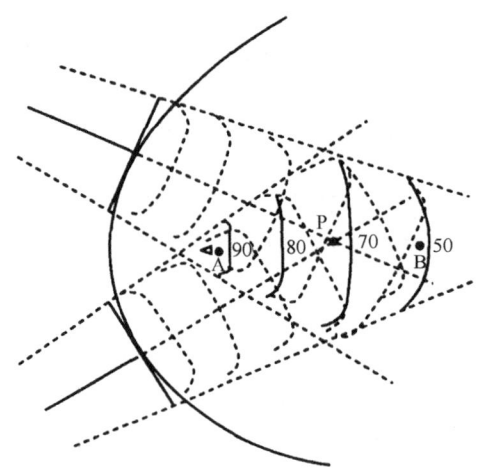

图 3-1-25 两野交角照射剂量分布

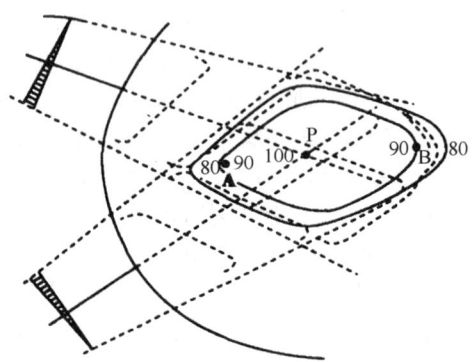

图 3-1-26 两楔形野交角照射剂量分布

2)三野照射:三野交角照射,如一前野和两后斜野照射(图3-1-27),射野权重比可灵活调整,靶区剂量高,同时又可保护正常组织,广泛应用于食管癌、肺癌及脑部肿瘤等。

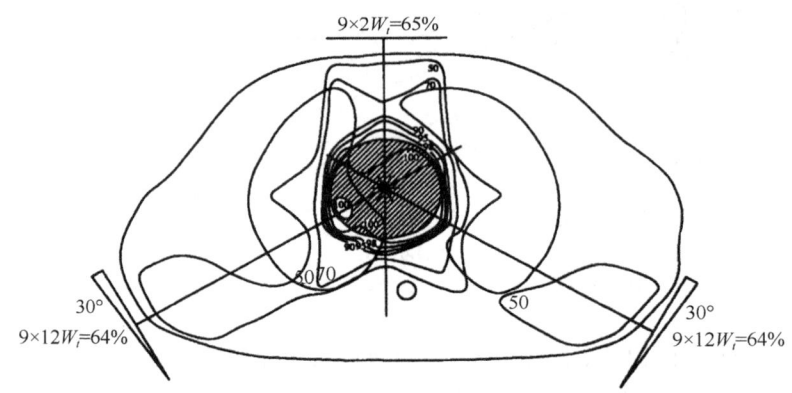

图 3-1-27 一前野和两后斜野照射剂量分布

3)四野照射:多用于盆腔腹部肿瘤的治疗(图3-1-28),如膀胱癌、直肠癌,得到的是箱型的剂量分布。

4. 剂量计算

(1)剂量计算模式

1)点剂量计算模式(手工计算模式):早期射野剂量计算是把人体看成均匀体,利用在水箱中测量的有限个点的剂量数据,手工计算某个点剂量或中心轴上某些点的剂量,不能计算剂量分布,计算精度差,效率低。

2)二维剂量计算模式:二维剂量计算是仅计算肿瘤中心层面,以及肿瘤上界和下界层面的剂量分布,仅考虑层面内沿射束方向肺、骨、软组织、空腔等不同组织密度校正。由于各断层解剖结构不一样,肿瘤形状不规则,如食管、脊髓等弯曲组织,这种单一平面的计算结果,与实际剂量分布有较大差异。

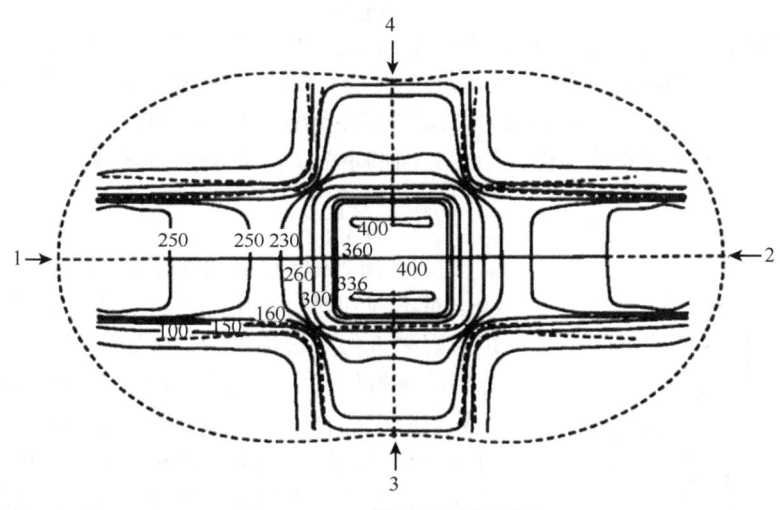

图 3-1-28 四野照射剂量分布

3）三维剂量计算模式：三维剂量计算是采用 CT 或 MR 断层连续扫描图像信息，进行三维图像重建，利用三维重建空间，在直角坐标系、极坐标系或扇形线坐标系中用网格矩阵进行逐点剂量计算，并使剂量计算网格矩阵与患者体内解剖网格矩阵一致，从而获得患者三维空间剂量分布。

（2）剂量计算数学模型：用数学语言描述射线剂量计算称剂量计算数学模型，常用的有经验模型、纯理论计算模型、实测数据计算模型和物理原理与测量数据结合计算模型。

1）经验模型：在放射治疗发展初期，基本上依赖于医生的放射治疗经验公式来进行射线剂量计算。通过拍摄正交的 X 射线片得到人体解剖结构轮廓图，将人体看成是均匀水模体，所以只能简单计算射野中心轴上的点剂量或者简单的离轴剂量。

2）纯理论计算模型：依据基本物理原理，用数学参数描述射线剂量计算，如笔形束计算法及蒙特卡罗法等。

3）实测数据计算模型：利用某种条件下实测数据，凭借医生的治疗经验，考虑患者具体情况对测量数据修正，进行剂量计算。由于人体差异和肿瘤形态不同，实测数据的使用具有其局限性，需要对测量数据进行内插、外推计算剂量，需要设计者能对测量数据做正确的处理和分析，如果改变治疗条件需要重新测量新数据，这是早期放射治疗常用的方法。

4）物理原理与测量数据结合计算模型：首先依据物理原理，结合部分测量数据建立剂量计算模型，再与实测剂量数据对比，得到剂量计算模型所需要的各种参数，再根据测量结果验证剂量计算模型的计算结果，从而完成剂量计算数学模型的建立。

放射治疗剂量计算模型的发展与计算机的发展密不可分，经历了手工计算、计算机计算、网络云计算不同的阶段。

（3）剂量计算：是依据治疗机射线源、射线能量、射线几何参数、准直器、多叶光栅、挡块等参数，在患者虚拟模型基础上，准确快速计算治疗机的照射时间，即计算出治疗机 MU 值或照射时间及患者体内剂量分布。射野内任意一点的剂量与中心轴剂量、射野输出因子、离轴比、楔形因子等因子相关。

1）固定源皮距照射剂量计算：百分深度剂量曲线是在水体模中实际测量的随深度、照射野面积及射线能量等参数变化的深度曲线。临床工作中，应用 X 射线模拟定位机或 CT 模拟定位对患者进行肿瘤定位，确定肿瘤位置和肿瘤深度，选择相应的射线能量，需要照射的肿瘤剂量为 D_t，则依据肿瘤深度处 PDD 值计算得出：

$$D_m = \frac{D_t}{\text{PDD}} \quad (3\text{-}1\text{-}10)$$

2）等中心照射剂量计算：等依据 TAR 或 TMR 进行中心照射剂量计算，TAR 或 TMR 可以通过水模体中测量获得，在临床应用中，通常是由 PDD 经过公式转换而来。如食管癌病人，采用三野等中心照射技术，经模拟定位机或 CT 模拟定位确定等中心位置，确定射野大小和肿瘤深度，选择相应的射线能量，依据 TAR 值，医生给定肿瘤剂量为 D_t，则处方剂量为

$$D_m = \frac{D_t}{\text{TAR}} \quad (3\text{-}1\text{-}11)$$

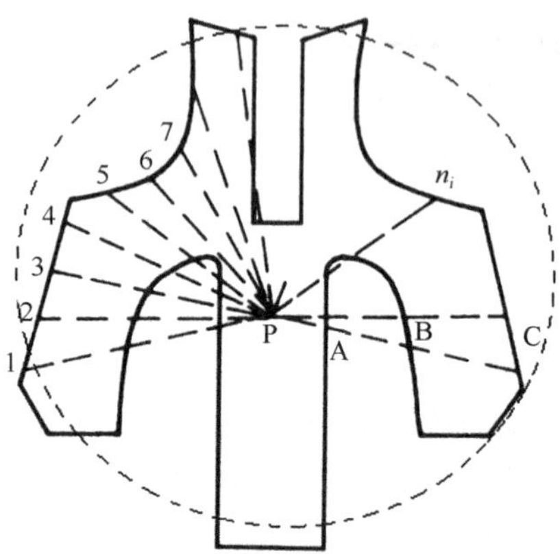

3）几何近似法：在规则射野内放置挡块遮挡一部分射线，对不规则射野采用几何近似法，就是找到一个等效的矩形野来近似不规则射野，按矩形野中心轴剂量计算。计算射线剂量依据中心轴百分深度剂量和离轴剂量比，简单计算射野中心轴上的点剂量和简单的离轴剂量，射野内任意计算点处的原射线通过离轴比和射野中心轴原射线的剂量计算，再考虑射野内散射线对该计算点的贡献。

4）Clarkson 计算方法：原理是将组织内任意一点的吸收剂量分解为原射线（零野照射）和周围组织对该点贡献的散射线两部分分别计算，把照射野分割成各个扇形区，对每个扇形区的散射线剂量加权平均后再叠加到原射线剂量上（图 3-1-29）。用于复杂的不规则射野内点剂量计算。

图 3-1-29　Clarkson 计算方法

5）笔形束计算法：认为大照射野是由小照射野集合而成，小照射野由更细的笔形束组成，笔形束是一束很细的束流，把很细的束流产生的剂量分布叠加而成小照射野及大照射野，对不规则射野边界的剂量分布可以计算得更精确。

6）蒙特卡罗法：物理学中把粒子与物质相互作用的全过程称粒子输运过程，蒙特卡罗法是用统计学随机抽样技术模拟大量的单个光子的径迹和与物质间的相互作用，包括：①模拟加速器 X 射线靶产生的 X 射线及一级准直器和均整器产生的散射线组成的原射线能谱及离轴分布；②模拟原射线和散射线在介质中的输运过程；③模拟射线与物质相互作用后产生的次级电子的输运和能量沉积过程。该方法具有较高的计算精度。

（4）治疗计划优化设计

1）正向计划设计：是设计者依据自己的经验，首先选择射线种类、射线能量、射野剂量权重等物理参数，计算患者体内剂量分布，根据剂量学四原则对计划进行评估和修改，得到所需要的剂量分布，最后确定治疗方案。正向计划依赖物理师和医生的经验，需要反复调试。

这种"人工选择"的计划设计方法，治疗方案的好坏很大程度上取决于计划设计者的经验，正向设计计划往往是"可接受"的方案，特别是当射野数目较多、靶区形状复杂、靶区剂量要求特殊时，人工设计会遇到很多困难，通常只能找到一个可接受的方案，但不能肯定是最优的计划方案。

2）目标函数：将临床预期目标表示成计划设计变量的数学函数称目标函数，有物理目标函数和生物目标函数。物理目标函数限定或规定的是靶区和危及器官，应达到的物理剂量分布，如靶区最大剂量、最低剂量及平均剂量，危及器官最大限制剂量、体积剂量等，其应满足临床要求，遵从临床剂量学原则；生物目标函数限定的是应达到临床治疗结果，如肿瘤控制概率和正常组织并发症发生概率等，生物目标函数是描述治疗后患者控制概率和生存质量的量化指标，是治疗的最高原则。

3）逆向计划设计：治疗计划设计就是寻找最好的布野方式，包括射线源、射线能量、射野方向、射野形状、剂量权重及每个射野的强度分布等，目的是使肿瘤得到临床要求的剂量分布，最大可能地控制肿瘤，同时使正常组织的放射损伤最小。逆向计划设计是根据临床要求的剂量分布反推设计出一个治疗方案。正向计划设计与逆向计划设计基本区别在于：前者是先选择射线种类、射线

能量等参数，计算出患者体内剂量分布，根据临床剂量学原则，观察剂量分布是否满足治疗要求，反复调整射线参数，最后确定治疗方案；后者是根据预期的靶区和靶区周围的三维剂量分布，优化确定出为达到此预期目标所需要的射野入射方向、射线能量、每个射野的形状等参数，以及射野内的射线强度分布。逆向计划只需医生给出临床要求，通过设定物理目标函数或生物目标函数，由计算机依据一定的剂量计算模型优化计算，最终获得符合临床预期目标的治疗计划。

三、高能电子线治疗计划设计

（一）高能电子线剂量学

【案例 3-1-9】
皮肤癌是常见的恶性肿瘤，起源于表皮或皮肤附属器，主要表现为结节和溃疡，病因常见于长期紫外线照射、慢性皮肤病等，好发于头皮、面部、颈和手背等暴露部位。
问题：患者诊断为皮肤癌后，拟行放射治疗，如何选择射线束？
【案例 3-1-9 分析】
皮肤癌属表浅病变，其放射治疗是以表面病变区域剂量高、深部组织剂量低为目的。而高能电子束具有有限的射程，其特点是皮肤剂量相对较高，随深度增加剂量迅速下降，从而使靶区后正常组织受照剂量较小。

1. 高能电子线百分深度剂量曲线

（1）百分深度剂量曲线：高能电子束的百分深度剂量分布，分为四部分，即剂量建成区、高剂量坪区、剂量跌落区和 X 射线污染区（图 3-1-30）。模体内电子束中心轴百分深度剂量的基本特性及有关参数，与高能 X（γ）射线明显不同：剂量建成效应不明显；表面剂量高，一般在 75%～80%及以上。

图 3-1-30 中参数的含义。D_s：表面剂量，以表面下 0.5mm 处的剂量表示；D_m：最大剂量点剂量；R_{100}：最大剂量点深度；D_x：电子束中 X 射线剂量；R_t（R_{85}）有效治疗深度，即治疗剂量规定值的深度（如 85%D_m 深度），R_{50} 表示 50%D_m 深度或半峰值深度（half value depth，HVD）；R_p：电子束的射程；R_q 表示百分深度剂量曲线上，过剂量跌落最陡点的切线与 D_m 水平线交点的深度。

（2）能量对百分深度剂量的影响：电子束百分深度剂量分布随电子束能量的改变有很大变化，随着射线能量增加，表面剂量增加。由于电子束易于散射，造成电子束的表面剂量 D_s 随电子束能量增加而增加。例如，4～6MeV 电子束，表面剂量约为 75%；而 20～25MeV 电子束，表面剂量会高于 90%（图 3-1-31）。

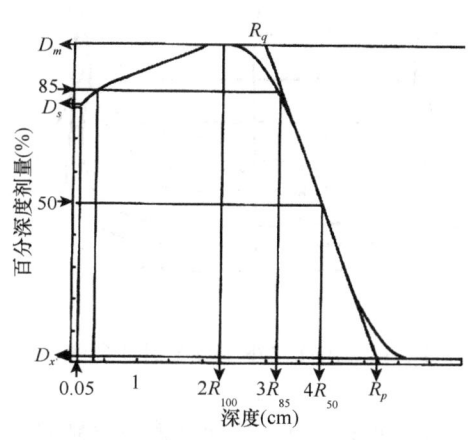

图 3-1-30　高能电子线百分深度剂量曲线

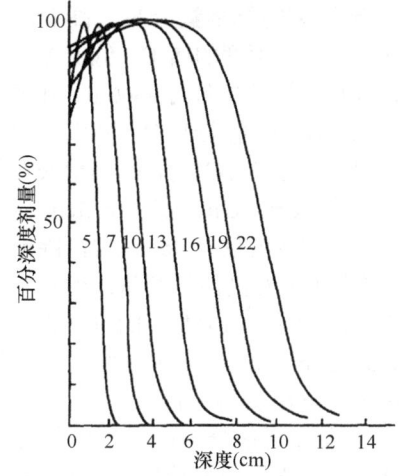

图 3-1-31　不同能量高能电子线百分深度剂量曲线

随着深度增加，百分深度剂量很快达到最大点，然后形成高剂量坪区，这主要是由于电子束在其运动径迹上，很容易被散射，形成单位截面上电子注量的增加。随着射线能量的增加，高剂量坪区变宽，剂量跌落减小。低能电子束的剂量跌落要比高能电子束的更陡。剂量跌落是高能电子束极为重要的一个特点。用剂量梯度 G 作为对剂量跌落的度量，记为 $G = \dfrac{R_p}{(R_p - R_q)}$，该值一般在 2.0～2.5 之间。

电子束经过散射箔、监测电离室、X 射线准直器和电子限光筒等装置时，与这些物质相互作用，产生 X 射线。任何医用加速器产生的电子束都包含有一定数量的 X 射线，表现为百分深度剂量分布曲线后部有一长长的"拖尾"。随着射线能量的增加，X 射线污染增加，电子束的临床剂量学优点逐渐消失。X 射线污染水平，6～12MeV 电子束，为 0.5%～2.0%；12～20MeV 电子束，为 2.0%～5.0%。

（3）照射野对百分深度剂量的影响：高能电子线照射野较小时，因相当数量的电子被散射出照射野，中心轴百分深度剂量随深度增加而迅速减少。当照射野增大时，较浅部位中心轴上电子的散射损失被照射野边缘的散射电子补偿逐渐达到平衡，百分深度剂量不再随射野的增加而变化。图 3-1-32 是 32MeV 电子束百分深度剂量随照射野大小变化的情况。一般条件下，当照射野的直径大于电子束射程的二分之一时，百分深度剂量随照射野增大而变化极微。因此，低能时因射程较短，射野对百分深度剂量的影响较小；但对较高能量的电子束，因射程较长，使用较小的照射野时，百分深度剂量随射野的变化较大。

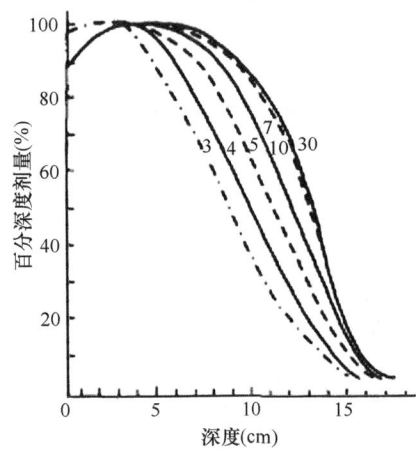

图 3-1-32　32MeV 电子束百分深度剂量随照射野直径变化

（4）源皮距对百分深度剂量的影响：医用电子直线加速器电子束限光筒的设计，为保持电子束的剂量分布特点，皮肤表面或仅留有 5cm 左右的空隙。对某些特殊照射如全身皮肤照射等，会改变限光筒到皮肤之间的距离，这种变化会直接影响到百分深度剂量及剂量分布。当限光筒至皮肤表面的距离增加时，表面剂量降低，最大剂量深度变深，剂量梯度变陡，X 射线污染略增加，而且高能电子束较低能电子束变化显著。由于电子束百分深度剂量随源皮距变化的特点，要求临床应用中，应保持源皮距不变，否则要根据实际的临床使用条件，具体测量百分深度剂量及有关参数的变化。

2. 高能电子束的等剂量分布　高能电子束等剂量分布的特点：随深度的增加，低值等剂量线向外侧扩张，高值等剂量线向内侧收缩，并随电子束能量而变化，特别是能量大于 7MeV 以上时后一种情况更为突出。如图 3-1-33 所示，10MeV 的电子束，表面射野为 7cm×7cm，模体下 3cm 深度处，90%等剂量曲线的宽度仅有 4cm 左右。除能量的影响外，照射野大小也对高值等剂量线的形状有所影响。如图 3-1-34 所示，13MeV 的电子束，照射野从 3cm×3cm～20cm×20cm，其 90%等剂量线的底部形状，由弧形逐渐变得平直。

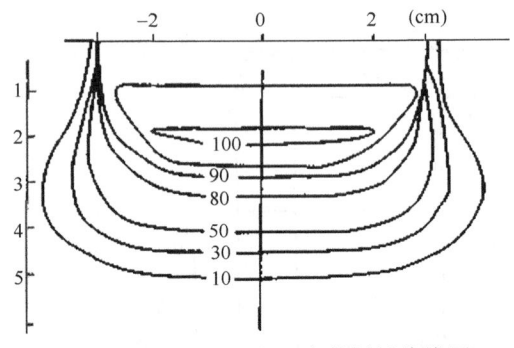

图 3-1-33　10MeV 电子束等剂量曲线图

造成电子束等剂量分布曲线这些特点的主要原因，是电子束易于散射的特性。对于不同类型、不同限束系统的治疗机，这些特点会有显著的不同。限光筒的下端与患者皮肤之间的距离，患者体表的弯曲程度，电子束的入射方向等，都会影响电子束等剂量分布曲线的形状。

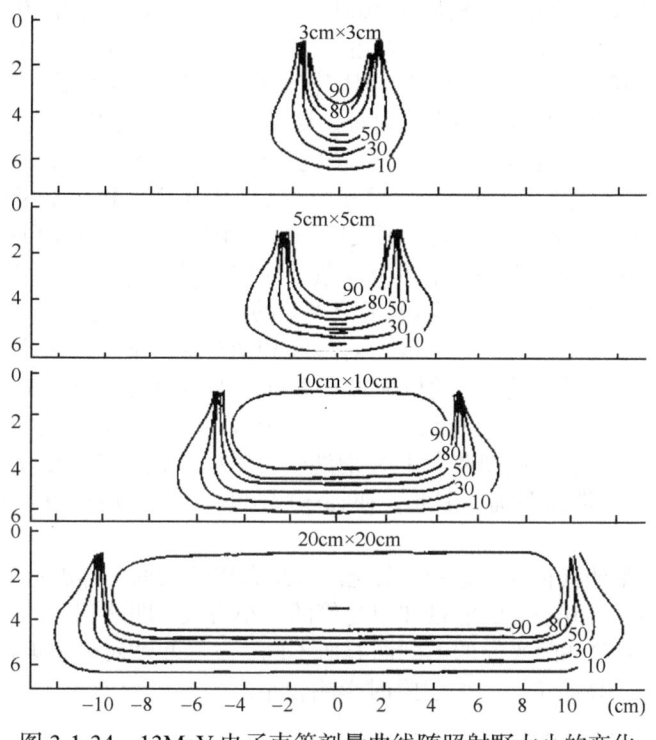

图 3-1-34　13MeV 电子束等剂量曲线随照射野大小的变化

3. 电子束射野均匀性及半影　垂直于电子束射野中心轴平面的剂量分布可以用射野的均匀性、平坦度及半影等参数来描述。如图 3-1-35 所示，通过 $\dfrac{R_{85}}{2}$ 深度与射野中心轴垂直的平面图 3-1-35A 中的 B-B 截面为定义和描述电子束照射野均匀性、平坦度和半影的特定平面。ICRU 建议电子束射野的均匀性用均匀性指数表示，即 $U_{90/50}$ 其数值等于特定平面内 90% 与 50% 等剂量分布曲线所包括的面积之比，对 $100cm^2$ 以上的照射野，此比值应大于 0.70，即沿射野边和对角线方向上，90% 和 50% 等剂量线的边长之比 $\dfrac{L_{90}}{L_{50}} \geqslant 0.85$，同时必须避免在该平面内出现峰值剂量超过中心剂量 3% 的剂量"热点"，它所包括的面积即图 3-1-35B 中的面积 a 的直径应小于 2cm。

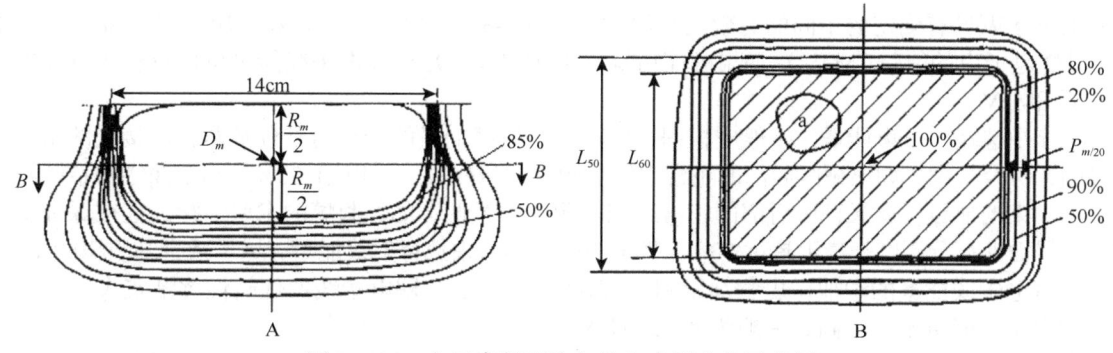

图 3-1-35　电子束射野均匀性和半影定义示意图

A. 电子束等剂量曲线和 $\dfrac{R_{85}}{2}$ 深度定义示意图；B. 图 3-1-35A 中 B-B 位置，垂直于射野中心轴特定平面的剂量分布和射野均匀性指数及半影定义示意图

电子束的物理半影 $P_{80/20}$，由特定平面内 80% 与 20% 等剂量曲线之间的距离确定。一般条件下，当限光筒到表面距离在 5cm 以内，能量低于 10MeV 的电子束，半影约为 10～12mm；能量为 10～20MeV 的电子束，半影约为 8～10mm；而当限光筒到表面距离超过 10cm 时，半影可能会超过 15mm。

4. 电子束的输出剂量　对 X（γ）射线，射野输出剂量率随射野的增大而呈单调增加。高能电子束由于其本身的物理特点，如具有一定的射程、易于散射等，加上限束系统的影响，使得电子束输出剂量率随射野变化的规律变得复杂。对每一个电子束限光筒，X 射线准直器应位于特定的位置。如果改变了 X 射线准直器位置，即使电子束限光筒不变，电子束的输出剂量率也会有较大的变化，特别是对低能电子束。X 射线准直器位置，不仅影响电子束射野的平坦度和对称性，同时也会影响其输出剂量率，是电子束剂量学中的一个重要参数。医用电子直线加速器中，电子束治疗模式下，均采用 X 射线准直器射野跟随系统，即随电子限光筒的插入，自动选定相应的 X 射线准直器的开口大小，以获得最好的电子束射野的平坦度、对称性和使对射野输出剂量率的影响减小。

对采用散射箔展宽束流的加速器，随机配置有射野大小不同的电子限光筒。电子束输出剂量随射野（限光筒尺寸）变化，由于其设计上的差别，不同厂家的加速器，也会表现出不同的特点。电子束输出剂量的变化，不仅变化幅度要大于 X 射线输出量的变化（最大变化可超过 20%），同时变化的规律性也不像 X 射线那样明确。因此，在临床应用时，应对所配置的电子束限光筒进行实际测量。

影响电子束输出剂量的其他因素还有，限光筒到患者皮肤表面（或测量模体表面）的空气间隙，即与源皮距的改变有关，与电子束的能量和限光筒的大小有关。即使相同的空气间隙，所引起的输出剂量的改变，也要视能量和限光筒的不同而有所不同。空气间隙对电子束输出剂量的影响，在低能量、小照射野时较大，高能量、大照射野时影响较小。

（二）高能电子线治疗计划

1. 高能电子线治疗计划设计　根据高能电子线剂量学特点，电子束的表面剂量较高，很快到达最大剂量点深度后，进入剂量坪区，至射程末端，剂量急剧跌落。应用单野高能电子线治疗表浅的、偏体位一侧的病变，具有高能 X（γ）射线所不能及的突出优点，单野照射，靶区剂量均匀，可对靶区后侧的正常组织加以保护，获得比较满意的剂量分布。

高能电子线单野照射临床应用要求：①照射时应尽量保持射野中心轴垂直于入射表面，并保持限光筒端面至皮肤的正确距离。这是由于电子束的等剂量曲线极易受到诸如人体曲面、斜入射和空气间隙的影响。②电子束的一些重要剂量学参数，如百分深度剂量、输出剂量等，会随照射条件的改变发生较大的变化。这些变化虽然可以采用数学的方法进行校正，但必须进行实际测量，得到所使用的机器类型和具体照射条件的实测数值，以供临床计划设计参考。

2. 高能电子线能量和照射野的选择　根据高能电子束百分深度剂量随深度变化的规律，不同能量的电子束具有确定的不同的有效治疗深度（图 3-1-31），电子束的有效治疗深度（cm）约等于 1/4～1/3 电子束的能量（MeV）。如果肿瘤后缘深度为 d（cm），选择电子线能量可以近似为 $E=[3×d+(2～3)]$MeV。

临床中选择电子束能量，一般应根据靶区深度、靶区剂量的最小值及危及器官可接受的耐受剂量等因素综合考虑。如果靶区后部的正常组织的耐受剂量较高，可以用 90% 等剂量曲线包括靶区来选择电子束的能量；如果靶区后部的正常组织的耐受剂量低，如乳腺癌的术后治疗，往往保证胸壁和肺的界面处百分深度剂量不超过 80%（甚至 70% 左右）来选择射线能量，尽量减少肺组织的受量。

随着电子线能量的增加，皮肤剂量和 X 射线污染增加，即电子线的优越性逐渐丧失，故临床常用的电子线能量不能太高，一般为 4～25MeV。

电子束治疗选择照射野大小的原则，应确保特定的等剂量曲线完全包围靶区。因电子束高值等剂量曲线，随深度增加而内收，在小野时此现象尤为突出。人体表面照射野，应按靶区的最大横径而适当扩大。根据电子线射野 90% 与 50% 等剂量线的边长之比 $\dfrac{L_{90}}{L_{50}} \geq 0.85$，所选电子束射野应至少等于或大于靶区横径的 1.18 倍。并在此基础上，根据靶区最深部分的宽度的情况射野再放 0.5～1.0cm。

3. 电子束的斜入射校正　由于患者治疗部位皮肤表面的弯曲，或由于摆位条件的限制，致使电子束限光筒的端面不能很好地平行于皮肤表面，而引起空气间隙和形成电子束的斜入射，导致电子束等剂量分布曲线的畸变（图 3-1-36）。

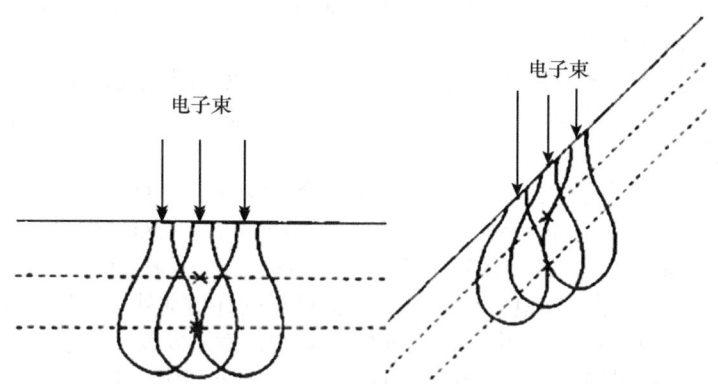

图 3-1-36　电子束斜入射对侧向散射的影响示意图

当宽束电子束斜入射到患者表面时，可以理解为由许多平行入射的笔形束组成，表浅深度的各点会接受相邻笔形束较多的侧向散射；而随着深度的增加，由于笔形束的横向展宽侧向散射强度减小，使得深部各点只接受较少的侧向散射，造成了电子束剂量在表浅部位的增加和较深部位的减少。同时因斜入射，增加了电子束限光筒端面与患者皮肤表面的空气间隙，由射线束的扩散作用，使所有深度的剂量都将减小。因此斜入射对百分深度剂量的影响，是缘于电子束的侧向散射效应和距离平方反比造成的线束的扩散效应的双重作用的结果。

电子束斜入射对剂量曲线的影响：①增加最大剂量深度（d_m）的侧向散射；②使最大剂量深度 d_m 向表面方向前移；③穿透能力（如根据80%剂量深度的变化）减弱。

4. 组织不均匀性校正　在不均匀性组织如骨、肺和气腔中，电子束的剂量分布会发生显著变化，应对其校正。通常采用的校正方法为等效厚度系数法（coefficient of equivalent thickness，CET）。假设某种不均匀组织的厚度为 Z，它对电子束的吸收的等效水的厚度为 $Z×CET$，其中 CET 由不均匀性组织对水的相对电子密度求得。对组织不均匀性作校正的方法为近似方法，有一定误差，临床应用时应加以注意。

5. 电子束的补偿技术　用于：①补偿人体不规则的外轮廓；②减弱电子束的穿透能力；③提高皮肤剂量。临床常用的补偿材料有石蜡、聚苯乙烯和有机玻璃，其密度分别约为 $0.987g/cm^3$、$1.026g/cm^3$ 和 $1.11g/cm^3$。前两种材料，因密度接近于软组织，使用较多。石蜡易于成形，能很紧密地敷贴于人体表面，避免或减少补偿材料与皮肤间的空气间隙，常被用作类似胸壁照射时的补偿材料。聚苯乙烯和有机玻璃可制成不同厚度的平板，在一些特殊照射技术中，如电子束全身皮肤照射，用它们作电子束能量的衰减材料时，因其有效原子序数较低，不会增加因韧致辐射产生的 X 射线成分。

6. 电子束照射野的衔接技术　对一些特殊部位病变的照射，如全脑全脊髓照射中的脊髓野、乳腺癌术后的胸壁照射野等，因单一电子束射野不可能包括整个靶区，需要采用多个相邻野衔接构成大野进行照射，必须恰当处理，避免靶区内超、欠剂量的发生。

（1）电子束照射野衔接：基本原则是根据射线束宽度随深度变化的特点，在皮肤表面相邻野之间留有一定的间隙，或使两野共线，最终使其 50%等剂量曲线在所需深度相交，形成较好的剂量分布。具体采取何种方式衔接，要依所使用的电子束能量的射野的等剂量分布情况而定。

（2）电子束与 X（γ）射线照射野衔接：临床中特别是在头颈部肿瘤的治疗时，会遇到电子束和 X（γ）射线照射野的衔接问题。采用的方法往往是使两照射野在皮肤表面共线相交。这会使得 X（γ）射线照射野一侧出现剂量热点，电子束一侧出现剂量冷点。其原因是电子束照射野产生的侧向散射。

决定相邻照射野是否共线或留有间隙，是基于使靶区剂量分布均匀为前提的。由于电子束治疗的肿瘤大多位于表浅部位，治疗的深度较浅，同时在治疗区域内往往没有重要的敏感器官存在，如果剂量热点的位置和范围在临床可接受的情况下，则电子束的相邻照射野[包括与 X（γ）射线照射野相邻]，就可在皮肤表面共线衔接。

7. 电子束照射野的挡铅技术 电子线照射野附加铅块改变限光筒的标准照射野为不规则野，以适合靶区的形状，并保护周围的正常组织。铅挡块可附加固定在限光筒的末端，也可直接放在患者体表需被遮挡的位置。

（1）挡铅厚度的确定：铅挡块厚度的微小变化，会影响电子线的剂量。如果挡铅厚度过薄，剂量不仅不会减少，反而会有所增加，特别是在大照射野情况下，1～2mm 微小的变化都可能起不到对正常组织的保护作用。通常挡铅厚度应略大于所需要的最小铅厚度值，而挡铅过厚临床应用不方便。

挡铅厚度的选择，要依据不同电子束能量的挡铅材料的穿射曲线。穿射曲线的测量，一般采用平行板电离室，在固体模体内进行。由于穿射剂量的最大贡献主要发生在表浅部位，因此测量深度不应超过 5mm。最低的挡铅厚度（以 mm 为单位）应是电子束能量（以 MeV 为单位）数值的二分之一。同时从安全考虑，可将挡铅厚度再增加 1mm。不同能量电子束 5%穿射量时低熔点铅厚度见表 3-1-1。

表 3-1-1　不同能量电子束 5%穿射量时低熔点铅厚度

电子束能量	低熔点铅厚度	电子束能量	低熔点铅厚度	电子束能量	低熔点铅厚度
6MeV	2.3mm	12MeV	8.5mm	20MeV	25.0mm
9MeV	4.4mm	16MeV	18.0mm		

（2）电子束的内遮挡：用电子束治疗某些部位的病变，如嘴唇、耳翼等，常需要用内遮挡铅保护正常组织，这会在铅挡和组织接触的界面处产生电子束的反向散射，使其界面处的剂量增加 30%～70%（在 4～20MeV 的能量范围内）。临床上为削弱反向散射效应的影响，内遮挡时，在铅挡与组织之间加入一定厚度的低原子序数材料，如有机玻璃等，此类型材料本身产生的反向散射低，同时可吸收铅挡所产生的反向散射。

（3）铅挡对剂量参数影响：电子线加铅挡块后，因电子束与挡块和托架的相互作用产生的次级射线，会影响皮肤表面剂量的大小和建成区内的剂量分布，并且会影响电子束标准限光筒的射野的剂量学参数，其程度取决于铅挡所形成的照射野大小和电子束的能量。①标准电子束限光筒足够大（如＞6cm×6cm）不同能量电子束的百分深度剂量不受限光筒大小的影响；铅挡所形成的照射野，在较高能量（12～14MeV）条件下，照射野小于 8cm×8cm 时，治疗深度变浅，剂量梯度变小；较低能量（≤10MeV）时没有显著变化。②标准电子束限光筒的输出因子，在不同能量条件下都有很大变化，但没有规律性；铅挡所形成的照射野，射野输出因子变化规律性明显，即照射野越小，输出因子越大与高能 X（γ）射线相反，较低能量时变化小（约 1.0%），较高能量时变化大（约 6.0%）。③对较高能量的电子束，铅挡确定的照射野，即使和标准限光筒大小一致，在小野（如 6cm×6cm）条件下，输出因子也有差别，同时 90%剂量深度 R_{90} 也发生改变。

上述电子线铅挡的剂量学效应，对不同类型及厂家的加速器有类似的规律性，但变化幅度上有差别。由于不同机器的电子束限束系统和限光筒设计上的差异，临床应用时，应对其规律和变化进行实际测量。

（翟福山）

第二节 放射治疗计划系统

【案例 3-2-1】
放射治疗计划的优劣直接影响放射治疗疗效,其中需要考虑诸多因素,包括临床要求、剂量学原则、布野原理、时间剂量因子、肿瘤控制率和正常组织并发症概率等。广泛意义上来说,计划设计是一个治疗方案量化的过程。
问题:放射治疗计划系统的作用是什么?
【案例 3-2-1 分析】
放射治疗计划系统的作用是为物理师提供模拟治疗对象的虚拟环境,根据模拟的治疗设备和由患者影像数据重建的患者虚拟三维模型,如常用的患者影像数据为 CT 或 MR 断层图像,设计治疗计划,为临床提供高肿瘤控制率低并发症的治疗方案。

放射治疗计划系统(treatment planning system,TPS)是放射治疗核心组成部分,随着计算机技术的发展和放射治疗剂量算法的进步,已发展为三维治疗计划系统。三维治疗计划系统具有三维图像重建、显示平面和立体剂量分布、治疗计划评估等功能,计划设计是依赖 TPS 进行的。

一、治疗计划系统功能

早期治疗计划设计基本上依赖于医生的解剖学知识与放射治疗经验,应用基础经验公式,使用手工绘制患者轮廓及患者体内解剖结构,结合射野数据通过手工计算。早期应用计算机治疗设计计划,是将患者治疗部位的解剖信息(如外轮廓、靶区、重要组织及器官的轮廓等)输入到计算机中,人工布置靶点和安排射野或射野附件(如楔形板、挡块、各种补偿物等),进行剂量计算获得剂量分布,此时,TPS 的功能局限于剂量计算,放射治疗仍处于半经验时期,治疗计划设计仍是一个被动的过程。

随着计算机技术、放射治疗物理学、放射肿瘤学、生物医学工程和医学影像设备的不断发展,尤其是 CT 和 MR 断层扫描设备的广泛应用,治疗计划系统的软硬件性能、剂量计算速度和精度都不断提高,已从手工绘制、手工计算,发展到具有三维重建、剂量显示和治疗方案优化等功能的计划系统。

TPS 由复杂的软件系统组成,主要功能有:

1. 三维人体建模和可视化 为了满足临床需要,TPS 中的三维人体建模包括:①三维组织重建,即由人体的断层图像,构造人体三维体积图像。将放射治疗医生关心的人体轮廓、器官、病灶、感兴趣的组织结构等从原始图像中提取出来,确定组织三维边界,勾画轮廓线等。②三维表面重建和显示,是将人体模型及组织的外表面可视化,使表面形成和显示出来。③组织内部结构可视化,是将人体内部组织结构可视化,对人体内部进行局部和细微观察,是人体内表面的检测与透明显示。

2. 治疗环境和过程的模拟 TPS 能对治疗设备的治疗参数,如机架的旋转角度、治疗机头的旋转角度、治疗床的旋转角度、射野的形状、射野与肿瘤的位置关系、射线束的入径、治疗过程中可能发生的碰撞等进行模拟。治疗过程模拟包括:①建立描述加速器、治疗床和患者位置信息的统一坐标系;②由三维体积图像数据构造出清晰的 DRR 图像、BEV 图等;③三维人体模型中的射线束显示。

3. 剂量分布计算 治疗计划设计的剂量分布计算,是 TPS 最重要的功能之一。剂量分布能反映放射治疗计划设计的合理与否,是医生决策的关键。在 TPS 中,剂量分布是通过所建立的剂量计算模型计算得到的。剂量分布计算包括:①较高计算精度和较快计算速度的剂量计算模型;②进行剂量计算的快速算法。

4. 治疗计划评估 TPS 能够对计划的优劣做出定量判定,治疗计划评估包括:①剂量分布显示；②剂量分布的评估方法。

二、治疗计划系统配置

（一）治疗计划系统硬件配置

治疗计划系统（TPS）是工作站级计算机，要求有较高的运算速度、较大的存储容量、高分辨率图像显示等指标。TPS 可与其他设备联网，如与 CT、MR 等模拟定位设备联网，获取患者的图像资料；与放射治疗网络服务器连接，将治疗计划数据传输到加速器等治疗设备，用于计划验证和实施治疗。彩色打印机打印治疗计划参数、文字及图形报告，具有大容量的资料存储设备以便存储患者全部文字、图像和计划资料（图 3-2-1）。

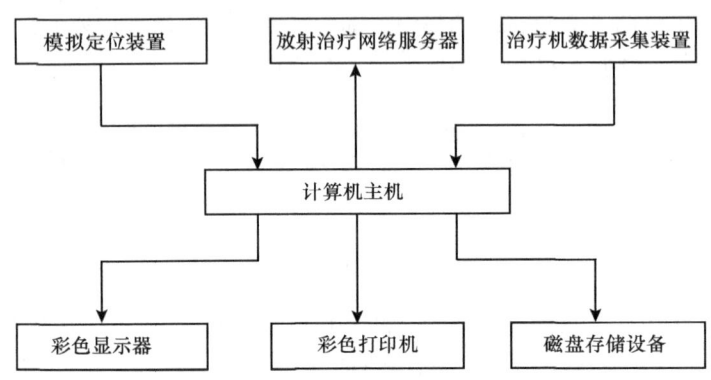

图 3-2-1　治疗计划系统硬件配置示意图

（二）治疗计划系统软件功能

【案例 3-2-2】
　　计划设计过程是对整个治疗过程不断进行量化和优化的过程，主要包括：患者定位影像图像的输入和处理；医生对治疗方案的要求及实现，如靶区剂量及分布、周围重要器官和组织的限量、剂量给定方式等；计划确认及执行中精度的检查和误差分析等。计划系统软件必须具备处理这些问题的功能。
问题：治疗计划系统软件必需的模块有哪些？
【案例 3-2-2 分析】
　　治疗计划系统软件必需的模块有：①系统管理模块；②患者数据模块；③治疗机机械数据模块；④治疗机剂量数据模块；⑤图像处理模块；⑥治疗计划计算和设计模块等。

治疗计划系统软件部分通常包括有计算机操作系统，数据管理及临床应用等模块。常用的计算机操作系统有 Windows Server、Unix、Sun Solaris 等。

1. 数据管理模块
（1）放射治疗设备数据模块：①放射治疗机机械数据包括设备名称、射线类型和能量、治疗设备机架和准直器机械运动数据、治疗床的机械运动数据、楔形板数据、挡块数据、MLC 几何数据等；②不同的剂量计算模型所需要的治疗设备剂量参数不同，通常需要开野的剂量数据如百分深度剂量数据、离轴剂量分布及散射数据、楔形野剂量数据、MLC 射野及挡块射野剂量数据等。

（2）患者数据模块：患者数据模块包括患者的临床基本资料如年龄、性别、病种、病变部位等，还需要患者的模拟定位图像，如 CT、MR、PET 图像等。

2. 临床应用模块
（1）图像处理及图像显示模块：①患者图像处理，对每幅患者图像勾画外轮廓、肿瘤轮廓、危及器官轮廓等，并对各组织器官密度校正。②患者 CT 图像三维重建，依据 CT 断层图像，重建显示冠状面、矢状面、三维立体轮廓、三维立体实体及三维立体旋转显示和任意切面显示等。显示 BEV、空间方向观（room eye view，REV）、DRR 视图等，应用 BEV 观察射野与靶区、重要器官及正常组织的相互关系。利用 REV 显示患者和治疗设备相对空间位置关系，可提示治疗设备是否与患者发生碰撞。DRR 是利用 CT 断层图像用数学方法重建 X 射线图像，用于模拟计划的实施和治疗前患者体位验证。

（2）图像融合功能：临床影像学检查有 CT、MR、放射性核素影像、超声图像等，按成像模式可分为两类，即解剖成像和功能成像。前者主要描述人体形态信息，如 X 射线成像、CT 成像；而功能成像主要是描述人体内物质代谢功能动态变化信息，如单光子发射断层成像（SPECT）、PET。图像融合是充分利用不同模式、不同时间的图像，获得互补信息，使临床诊断和治疗更加准确完善。图像融合方式分为不同模式图像融合和相同模式图像融合，不同模式图像融合称交互融合（或称多模融合），指融合的两幅图像是来源于不同的成像原理的图像，如 CT 与 MR，CT 与 PET 图像，利用不同模式图像在靶区显示方面的优势，更精确地确定靶区。相同模式的图像融合（或称单模融合）是指待融合的两幅图像是由同一设备不同时间获取的图像，如患者在治疗过程中肿瘤缩小、水肿区变化、患者体重减轻等因素导致患者的肿瘤大小及肿瘤和正常组织位置关系发生改变，因此在治疗期间重新对患者进行 CT 扫描，重新进行治疗计划设计，两次 CT 的图像融合可以得到重新设计计划需要的信息，方便计划设计。

（3）剂量计算模块：①剂量计算模块是治疗计划系统的核心，调用各模块中的数据，依据剂量计算数学模型进行剂量计算，剂量计算模块通常分为外照射和近距离照射。外照射剂量计算模块又分为 X 射线和电子束计算模块，各有不同的剂量计算模型，可以独立计算，也可以相互混合进行剂量计算；近距离剂量计算分为腔内、插植、植入等不同治疗方式的剂量计算，各自有不同的剂量计算数学模型。②在横断面、冠状面、矢状面及三维立体图像上显示等剂量分布，用于评估组织内任意点、线、面的照射剂量。治疗计划系统可计算靶区和危及器官剂量体积，以剂量体积直方图（dose-volume histogram，DVH）显示，评估治疗计划的优劣，并且可以进行不同计划的比较。

（4）治疗计划输出模块：治疗计划确认后，打印治疗报告，将治疗数据通过网络传输到治疗设备，以备实施治疗。治疗计划输出内容包括治疗参数控制文件、MLC 控制文件、治疗单、基于 CT 解剖图像的等剂量线分布图、DVH 图等治疗计划资料。

三、治疗机数据测量

【案例 3-2-3】
治疗计划系统除硬件和基本软件程序外，还要求输入治疗设备的物理数据和参数，包括百分深度剂量、射野离轴比、射野输出因子、模体散射因子、楔形因子等参数，然后结合剂量计算模型，计算出特定的剂量分布。
问题：治疗设备数据运用于计划系统的作用是什么？
【案例 3-2-3 分析】
放射治疗剂量及患者体内剂量分布的计算，是依据治疗机的机械和辐射等数据及相关的患者影像资料，通过治疗计划系统对机器参数、放射线选择，照射野布置，各照射野剂量分配，不同组织密度校正等综合进行计算和优化，从而获得理想的剂量分布图。

治疗计划系统需要配置治疗机的各种机械结构参数及剂量参数，用于治疗计划设计。

（一）治疗机机械运动参数

治疗计划系统需要配置治疗机的机械参数，包括准直器尺寸，限光筒尺寸，机架、多叶准直器等几何参数及标称源皮距等。还需要设置治疗机的机械运动限制参数，如加速器机架旋转、治疗床旋转、准直器运动和旋转运动限制参数。

(二) 射野剂量学数据

治疗计划系统需要配置与射束剂量相关的参数，一般包括开野和楔形野的中心轴百分深度剂量、离轴剂量分布、输出因子、楔形因子、托盘因子、补偿器（compensator）的衰减因子及其他附件因子等，以及与 MLC 相关数据包括叶片穿透、相邻叶片间的穿透及当相对叶片合拢时的端面穿透。数据测量要依据使用的 TPS 要求进行，这些数据的准确性，将直接影响治疗计划结果。

1. 中心轴百分深度剂量 中心轴百分深度剂量测量有固定源皮距或等中心测量方法，选择合适的电离室，测量射野面积：3cm×3cm，最大射野 40cm×40cm，数据测量步长 1～2mm，测量深度 30cm。楔形野百分深度剂量与中心轴深度剂量测量一致，测量面积应在楔形板允许范围内。

2. 离轴剂量分布测量 包括平野和楔形野枪靶方向和左右方向离轴剂量分布。测量要求使半影区和射野边缘区域得到充分的测量数据，射野外外扩 4～5cm，通常需要不同深度，如最大剂量点深度（d_{max}）、5cm、10cm、15cm、20cm 等的离轴比曲线。

3. 射野输出因子测量 射野输出因子是在水模中测量，SSD=100cm，测量深度依射线能量而不同，15MV 以下能量 X 射线，一般选择在水下 5cm 深度进行测量，得出不同射野大小与 10cm×10cm 射野输出剂量比值。准直器散射因子测量条件是 SAD=100cm，根据射线能量选取相应建成帽在空气 d_{max} 处测量。

4. 电子线数据测量 电子线百分深度剂量和离轴剂量分布测量，需要对各限光筒进行测量，不同加速器限光筒末端与治疗体表面的间隔距离不同，临床一般要求在标准治疗源皮距 SSD=100cm，剂量百分深度测量和离轴剂量分布数据。离轴剂量分布数据测量射野外外扩 4～5cm，根据电子线能量不同选择不同的测量深度。

四、患者解剖数据获取

(一) 患者临床数据

治疗计划设计和实施都需要患者解剖数据，患者临床数据获取是治疗计划设计中重要部分。患者临床数据主要用于：①确定患者肿瘤位置的标记物（骨性标志或基准标记），用于治疗计划设计和实施；②根据患者身体几何尺寸，用来计算治疗时间和治疗剂量监测；③治疗计划剂量评估所需要的患者数据，如 DVH 需要的靶区体积和器官组织体积等，评估和计算器官组织的受照射剂量、剂量分布及受照射的体积。

依据患者图像数据可实现患者 CT（或 MR）影像数据调用，包括 CT（或 MR）影像数据输入、标尺刻度、灰度刻度、调整二维图像的显示方式，如图像放大、缩小，调整图像的窗宽、窗位，进行冠状面、矢状面、任意切面、DRR 图像和三维重建显示、任意角度和指定方向图像旋转、CT 图像分割等。

(二) 患者临床数据要求

计算照射野中心轴剂量，如单野直接照射或者平行对穿野照射，且垂直平面入射，只需要知道源皮距和肿瘤深度，即可计算。

简单的算法，如 Clarkson 积分，用于不规则射野的剂量计算，已知计算点的坐标和源皮距，可计算离轴点剂量。由于仅计算点剂量，不需要了解患者的体轮廓形状。对简单的计算机二维治疗计划剂量计算，患者的身体轮廓可由射野中心轴处单层横截面外轮廓来描述。此轮廓可通过铅丝或石膏脱模的方式获得。

三维治疗计划系统的患者数据要求：①患者的外部轮廓必须包括射野入射和出射的所有区域（用于身体轮廓的修正）及相邻的区域（用于考虑散射线的贡献）；②靶区和内部器官必须被勾画出来，以确定剂量计算范围；③如果要对组织不均匀性进行修正，剂量计算区域内矩阵体积元的电子密度要明确；④在成像过程中要求考虑每个体积元的衰减特性。因此三维剂量计算要求的患者数据的种类和复杂性限制了手工获取外部轮廓方式的使用。横断面的 CT 扫描图像包含了三维治疗计划需要的所有信息。

（三）患者临床数据获取

治疗计划所需要患者数据，主要是通过获取大范围体积内的 CT 影像，以及不同影像方式获取的融合影像。

1. 患者单层图像获取　用于简单的点剂量计算，感兴趣点及危及器官位置可在模拟定位片上获得，源皮距和感兴趣点在组织内的深度可通过模拟定位确定。危及器官及其深度可在模拟定位片上确定。

2. 基于计算机断层影像的患者数据获取　CT 扫描是获取患者计算机断层影像的主要方法，CT 影像是以一系列横断面的影像，可重建三维图像。这些基于电子密度的解剖结构图像具有非常高的分辨率和对比度，与二维 X 射线模拟影像相比，大大改善了肿瘤的定位和定义。患者轮廓很容易从 CT 数据中获得，特别是患者的皮肤、靶区体积、感兴趣器官及人体组织不同组成成分所引起的非均匀性组织剂量计算所需要的电子密度信息，均可以从 CT 数据中获取。进行 CT 扫描时通过获取预扫描或引导扫描的图像可以把每层图像的位置和靶区与骨性结构标志联系起来。患者治疗区域的 CT 图像数据，层距选取一般胸部 CT 图像层间距应为 0.5cm，盆腔为 0.5cm，头颈部为 0.3cm。外部轮廓（代表皮肤或固定面罩）须在每层 CT 图像上勾画出来。肿瘤靶区和危及器官及其他正常结构通常由放射肿瘤医师在 CT 图像上勾画。

3. 磁共振成像（MRI）　在某些区域如脑部，MRI 的软组织对比度要比 CT 图像清晰，然而不能单独使用 MRI 进行剂量计算设计治疗计划。主要有原因有：①常规 MR 扫描孔径尺寸及其附件限制了患者体位固定装置的使用和治疗体位的选择；②骨信号缺失；③MRI 没有组织的电子密度的信息，进行剂量计算时无法进行组织不均匀性的修正；④MRI 容易产生几何伪影和失真，这可能会影响剂量分布计算和治疗的准确性。

CT-MR 图像的配准和融合，通过一系列的转换，旋转和比例缩放，将 MR 影像叠加在 CT 影像中，有效地结合了 MR 影像体积定义的准确性和 CT 影像的电子密度信息。

五、治疗计划系统调试

治疗计划系统调试是整个治疗计划系统质量保证工作中最重要的环节之一，包括系统功能的测试和剂量计算算法性能的验证。调试的目的是提供治疗计划系统和计划过程的质量保证。治疗计划系统调试的内容可以分为非剂量参数测试和剂量参数测试两部分。

（一）非剂量参数测试

1. 影像参数测试　主要有获取 CT 图像数据信息测试，CT 值-密度值校准，数字化仪校准，MRI、PET、SPE-CT、超声等其他影像形式导入功能及准确性测试，以及解剖模型功能测试等。需要测试输入到计划系统的图像质量，如 CT 图像和 MR 图像均匀度、几何失真度、几何尺寸和空间位置的精确度等；患者定位方向的确认，如头脚方向、仰卧、俯卧等；测试 CT 值和电子密度转换关系。影像和射野空间位置关系，空间坐标传输的准确性，影像设备、计划系统与治疗设备坐标的对应关系。

2. 加速器参数验证　主要有加速器射束控制参数、加速器运动限制参数、准直器设置、非对称射野、挡铅定义及形状、MLC 适形、自动射野适形、射野参数设置、机架角度、准直器角度、床角度、楔形板、电子限光筒、组织补偿块、三维显示、BEV 显示、DRR 显示等参数的检查。

3. 计划输出和数据传输检测　治疗计划系统投入临床使用前，需要进行治疗设备基本机械参数配置的检查和测试，保证按照临床使用治疗机的几何坐标、机械参数、限制等正确定义治疗机，验证等中心位置与体模中心位置关系是否正确，源皮距是否正确。机架、准直器、治疗床旋转方向一致性，运动范围限制。楔形板的显示、插入方向，挡块托盘插入位置和方向是否与治疗计划一致。检查 MLC 叶片数目、叶片编号、位置、叶片方向、叶片宽度、过中心线距离、叶片最大移动位移、叶片运动速度、相邻及相对叶片限制等。

（二）剂量参数测试

1. 射野输出因子测试 主要有不同源皮距下各方野和矩形野输出因子测试、各角度的楔形野楔形因子测试。

2. 光子束剂量测试 主要有各方野和矩形野、各角度的楔形野、各种形状的不规则野和斜入射野、MLC 叶片末端效应、MLC 叶片及准直器的透射、调强野等剂量学测试。

3. 电子束剂量测试 主要包括方野、适形野、源皮距依赖性、组织补偿块、斜入射野等剂量学测试。

4. 剂量计算检测 主要包括算法选择、非均匀密度修正、计算可靠性、计算几何分辨率和计算范围设置等检查。

5. 绝对点剂量测试 包括单野、对穿野和三野计划，圆形、马蹄形等形状靶区的调强计划的绝对点剂量验证。①机架 0°准直器 0°，SSD=100cm，方野 20cm×20cm、矩形野 25cm×25cm、偏轴野 10cm×10cm（GT 方向偏 4cm）、半野 15cm×15cm（GT 方向 1 个准直器关闭）、1/4 野 15cm×15cm。楔形野 10cm×10cm、半野楔形野 15cm×15cm，分别测量中心轴和 GT 方向不同深度剂量。②机架 0°准直器 0°，SSD=85cm，方野 10cm×10cm，测量中心轴和 GT 方向不同深度剂量。③机架 45°准直器 0°，SSD=100cm，方野 10cm×10cm，点剂量测量。

6. 平面剂量分布测试 ①不同射野尺寸的方形野，2cm×2cm、5cm×5cm、10cm×10cm、20cm×20cm；②不同射野尺寸的矩形野，2cm×10cm、10cm×2cm、5cm×20cm、20cm×5cm；③MLC 不规则野；④不对称野；⑤调强野。

7. 计划评估工具检测 包括剂量显示及 DVH 的计算和显示。

（翟福山）

第三节 三维适形和调强与立体定向放射治疗计划设计

一、三维适形放射治疗计划设计

（一）三维适形放射治疗的基本概念

现代医学影像技术、计算机技术及放射治疗设备的发展，促使肿瘤放射治疗进入了三维适形放射治疗（three-dimensional conformal radiation therapy，3D-CRT）时代。所谓 3D-CRT，就是基于 3D 影像，通过形状适形靶区的射野照射，使高剂量体积适形靶区，同时尽可能减小危及器官剂量的放射治疗技术。其基本特征：①靶区基于三维影像定义；②多个射束聚焦照射；③每个射野形状适形靶区；④精准治疗实施，包括体位固定、运动管理、图像引导放射治疗等的合理运用。现代医用电子直线加速器都配备了先进的由计算机控制的 MLC 系统，可以形成多种形状的射野，极大地方便了 3D-CRT 的实施。

图 3-3-1 显示了一例肺癌患者 2D 前后野对穿技术和 3D 四野楔形技术在某一横截面的剂量分布比较。相对于 2D 放射治疗（two-dimensional radiation therapy，2D-RT），3D-CRT 计划的高剂量区更适形靶区。3D-CRT 计划并不仅是 2D-RT 计划的简单累加，而是代表了放射治疗实施过程的一个根本变化，二者的区别详见表 3-3-1。

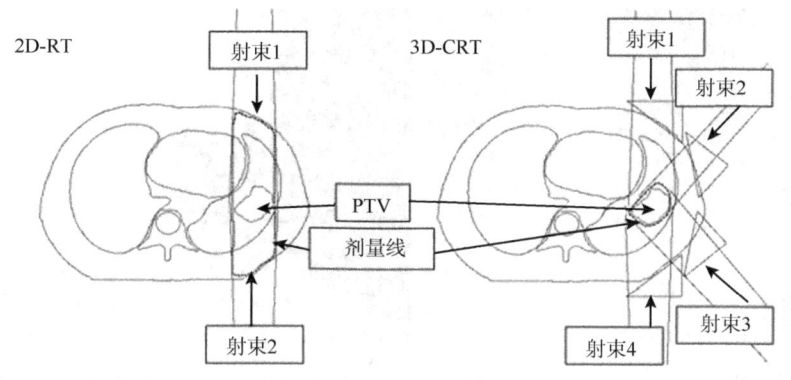

图 3-3-1　I 期非小细胞肺癌患者 2D 和 3D 放射治疗技术剂量分布对比示意图
左图为前后对穿野 2D 计划，右图为四野 3D-CRT 计划，虚线为处方剂量线

表 3-3-1　2D-RT 和 3D-CRT 对比

内容	2D-RT	3D-CRT
定义	2D 水平传统的、经验式的放射治疗	共面或非共面照射，在 3D 空间上照射野形状与肿瘤靶区适形，高剂量体积与靶区适形
特点	能治愈少量放射敏感肿瘤，但照射范围大，正常组织副反应大，治疗比低	属精确放射治疗范畴，靶区剂量适形度高，正常组织受照剂量小，治疗比较大
适应证	晚期恶性肿瘤姑息、减症放射治疗；骨转移的止痛治疗等	适用范围较广，可用于全身各部位大小不同、形状各异肿瘤的放射治疗
模拟定位	一般无体位固定技术，用二维模拟定位机或根据体表标记定位	进行体位固定，用 CT/MRI 对肿瘤进行三维定位
照射范围	在模拟定位机 X 射线透视下 2D 方向上调整确定照射范围	在每层 CT/MRI 图像上精确定义肿瘤靶区和危及器官
布野	依据 X 射线片所示解剖结构简单布野	根据 3D 图像布野，常采取多野
计算	手工计算或 2D TPS 计算剂量	3D TPS 计算剂量
评估	不能评估或根据等剂量线简单评估	等剂量线、体积剂量（DVH）并可做统计分析
计划结果	照射范围较大	正常器官照射较少，靶区内剂量分布均匀，适形度好
QA	较缺乏	有完整质量保证方案，可进行位置验证，实施器官运动管理措施等

（二）3D-CRT 计划设计

3D-CRT 计划是一种正向计划，即先配置射束参数，然后计算得到要求的剂量分布。3D-CRT 计划流程大致包括体位固定，影像模拟定位，靶区和危及器官勾画，设计射束方向、形状、权重，计算 3D 剂量，评估治疗方案，计划质量保证等。下面详述其核心步骤：

1. 靶区和危及器官勾画　ICRU 50、62 和 83 号报告规范定义了肿瘤和危及器官。通常肿瘤和危及器官勾画是由放射肿瘤学家和医学剂量师共同在容积影像数据集上完成的。手动勾画是使用鼠标在电脑影像横截面上逐层勾画轮廓；自动勾画则是使用软件自动描绘一些具有明显界线的危及器官（如皮肤、肺等），然后只需进行少量的手动修改即可完成。目前，基于人工智能的自动勾画正处于放射治疗科研的前沿，其部分或全部取代人来勾画靶区和危及器官值得期待。

2. 布野　3D TPS 必须能够模拟加速器的所有运动功能，包括机架角度、准直器角度、床的三维方向和角度等。物理师利用 3D TPS DRR 和 BEV，用鼠标来绘制挡铅或 MLC 光阑范围，布置射束时要避开危及器官。通常要在 PTV 边缘外扩一定宽度的边界（margin），以补偿射野边缘因散射等导致的靶区剂量不足，通过 REV，即站在治疗室观察加速器、射野和患者的视野，明确患者和机器的相对空间关系，方便布野（图 3-3-2）。

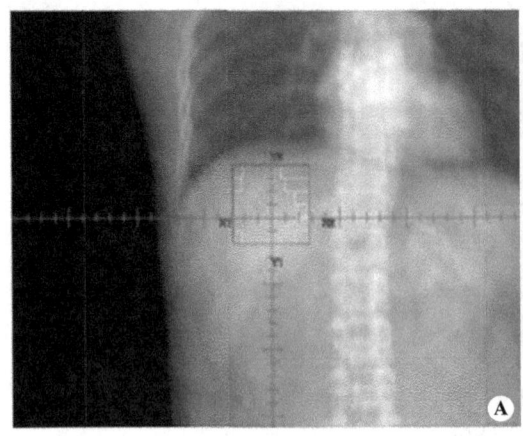 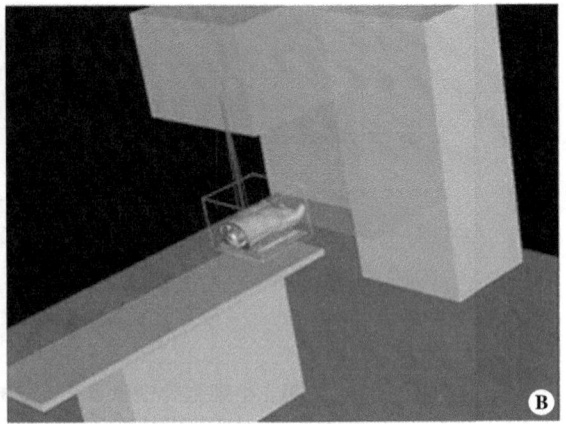

图 3-3-2 布野
A. BEV；B. REV

> 【案例 3-3-1】
> 　　患者，男，50岁，患食管癌，拟行 3D-CRT。PTV 处方剂量：60Gy/30 次，靶区范围从第 5 颈椎椎体水平到第 7 胸椎椎体水平，胸段靶区类似于圆柱体状，颈段靶区向两侧延伸。
> 问题：该患者 3D-CRT 计划布野时，需要注意哪些事项？
> 【案例 3-3-1 分析】
> 　　由于食管癌颈段和胸段靶区形状走向不同，通常需要分段布野，中心点放在颈、胸段分界处。胸段采用经典的一前两后斜野（前野 0°，后斜野分别为 120°和 240°附近），前野要尽可能避开双肺，两后斜野尽可能避开脊髓，同时尽量少照射肺。颈段由于靶区向两侧延伸，并且往往在前后方向距离脊髓较胸段更近，因此，通常采用前后野加侧野照射，以避开脊髓。同时，颈、胸段的射野在剂量权重上应适当调整，以便在满足脊髓耐受量的同时，尽可能保护双肺。

3. 剂量计算　　传统的剂量计算方法是以标准状况下水模体的测量结果为基础，引入患者表面轮廓和组织不均匀性，以及挡块、楔形板和补偿器等射野修饰器的修正因子来进行剂量计算。现在先进的 3D TPS 基于内置的加速器模型，利用蒙特卡罗法、卷积/叠加等算法进行剂量计算。

4. 计划评估和调整　　3D-CRT 计划评估/改进过程是一个迭代的、交互式的方法过程。剂量师通常是在 BEV 和 REV 视窗下根据临床经验来选择最初的射野设置，剂量计算完成后，根据剂量分布和 DVH 等进行计划评估，并根据需要修改射野设置。3D-CRT 计划通常要求靶区剂量均匀（如 −5%到+7%的处方剂量），同时危及器官的剂量应该在给定的耐受剂量之下。只有达到以上剂量分布要求的计划才可能被放射肿瘤学家批准。

二、调强放射治疗计划设计

（一）调强放射治疗基本概念

调强放射治疗（intensity modulated radiation therapy，IMRT），是指肿瘤放射治疗中，基于计算机和优化算法，通过调制照射方向、射野形状和射束强度等参数，实现满足靶区和正常组织特定吸收剂量要求的放射治疗技术。IMRT 计划是一个逆向优化的过程，即从要求的肿瘤控制概率和正常组织并发症概率所需求的剂量分布出发，通过优化得到满足需求的射束参数配置。

20 世纪下半叶，MLC 技术发展及使用极大方便了射野的调制。不同于传统放射治疗技术中均匀或平稳变化的射束强度，IMRT 中的每个射束强度能够按需求调制。例如，静态 IMRT 中，射野被分成若干子野，而每个子野的强度可以调整，从而获得满足需要的、更加优化的剂量分布。

1. 调强放射治疗的优点 相对于普通放射治疗，IMRT 具有明显的剂量分布优势：①具有理想的剂量梯度，既可以在解剖结构复杂、组织密度差异悬殊的位置形成相对均匀的靶区剂量分布，也可以在危及器官紧邻靶区的位置形成非常陡的剂量梯度，以满足靶区剂量，同时保护危及器官；②具有高的靶区适形性，对于凹形等形状复杂的靶区及较多危及器官相邻或包围的靶区，剂量分布优势明显；③可以产生非均匀剂量分布，如同步推量技术（simultaneous integrated boost techniques）；④可提高靶区剂量，或者在相同靶区剂量时减少正常组织受照剂量，改善肿瘤控制概率和（或）减少正常组织并发症概率；⑤简化放射治疗程序，提高剂量精度。如多靶点治疗，传统放射治疗需要多中心布野照射，程序复杂，不同中心射束可能相互干扰，形成剂量冷热点，而 IMRT 可以单中心调制计划，避免上述问题。图 3-3-3 示意了 3D-CRT 和 IMRT 计划的剂量分布区别。

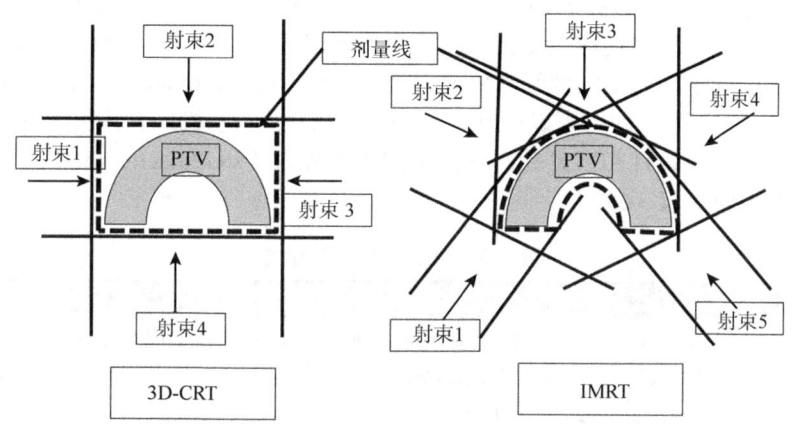

图 3-3-3 3D-CRT 和 IMRT 计划的剂量分布对比示意图

【案例 3-3-2】
一例鼻咽癌患者拟采用 IMRT 技术，靶区处方剂量如下：PTV_{70}，70Gy/33 次，PTV_{60}，60Gy/33 次，PTV_{54}，54Gy/33 次；需要保护的危及器官包括脑干、脊髓、晶状体、视神经、颞叶、下颌骨、臂丛、腮腺、口腔、耳蜗、喉等。
问题：鼻咽癌患者采用 IMRT 技术的理由或优势是什么？
【案例 3-3-2 分析】
鼻咽癌靶区形状复杂，鼻咽部靶区类似马蹄形，下颈靶区类似"八"字形；靶区处方剂量中，需要多个剂量梯度且需同步完成；周围危及器官多且很多紧邻靶区，需要很陡的剂量梯度，以满足靶区剂量，同时保护危及器官；鼻咽癌是 IMRT 放射治疗很好的适应证。

2. 调强放射治疗的临床适应证 主要包括：①周围解剖结构复杂的肿瘤（周围正常组织密度不均匀，多个重要器官相邻或包围靶区）；②形状比较复杂的肿瘤（凹形、蝶形、环形等）；③同时有多个靶点的肿瘤；④同步推量；⑤放射治疗后局部复发的肿瘤；⑥其他情况，如与常规放射治疗剂量相当，希望进一步减少放射治疗毒性，或在常规放射治疗毒性水平下，希望进一步推高剂量。

（二）调强放射治疗的实施方式

依据不同的放射治疗设备，IMRT 具有不同的实施方式，包括：①补偿器，一种用高密度材料（如低熔点合金）制成的设备，通常放在射束通路上偏射线源一侧。厚度越大的部分射线衰减越多，反之越少。通过优化程序可以定制补偿器的二维厚度排列，从而使单个射野衰减成患者需求的剂量强度分布，多个方向的射野和相应补偿器组合可以实现 IMRT。②静态 IMRT（segment MLC，简称 SMLC；或 step-and-shoot），利用 MLC 将每个照射野分成若干个子野，并赋予每个子野不同的剂量权重，实现剂量强度分级。治疗时每个射野的子野按照剂量强度依次照射，每一子野照射完毕后照射切断，叶片准备照射下一个子野，直到所有子野照射完毕，所有子野的束流强度相加形成计划要求的强度分布。③动态 IMRT（dynamic MLC，简称 DMLC；或 sliding-window），叶片在射野内以变化的速率运动来形成不同的强度分布。在 DMLC 中，每一对叶片以计算好的速率通过射野，同时治疗机连续出束，叶片在不同位置停留的时间长短决定相应位置的剂量强度。④弧形或旋转调强放射治疗（intensity modulated arc therapy，IMAT），这种 IMRT 基于加速器锥形射束和 MLC 来实现，其特点是在机架旋转过程中，MLC 位置连续变化，通常需要多个弧来完成治疗。另一种新的 IMAT，也称容积旋转（或弧形）调强放射治疗（volumetric modulated arc therapy，VMAT），能够在出束的同时，机架、MLC 位置、剂量率在一定范围内变化，单个弧就能获得多种强度分布。⑤断层放射治疗（tomotherapy），这是一种特殊的旋转 IMRT 技术，其采用的是类似 CT 的薄扇形束旋转照射。二进制准直器是该技术的特点之一，这种准直器能够迅速地在开启和关闭两种状态中切换，准直器开启的时间决定剂量强度。早期的序列断层放射治疗（serial tomotherapy）中，扇形束旋转照射时治疗床固定，而新的螺旋断层放射治疗（helical tomotherapy，HT）中，扇形束旋转照射的同时治疗床连续移动，即射束以一种螺旋模式照射患者。⑥机械臂放射治疗通过大量非共面方向的笔形束照射患者，设计初衷是针对立体定向放射外科（stereotactic radiosurgery，SRS），也能够用于 IMRT 的实施（表 3-3-2）。

表 3-3-2 IMRT 实施方式

实施方式	调制方法
补偿器	通过优化程序设计一个射束滤过器，以此产生患者特异的剂量强度分布
SMLC（step-and-shoot）	多个入射方向，MLC 形成的多个子野照射
DMLC（sliding-window）	叶片以不同的速度通过射野
IMAT（如 VMAT）	机架旋转的同时叶片移动，剂量率改变
序列断层放射治疗	机架绕患者旋转时治疗床固定，二进制准直器形成扇形束照射，每完成一次旋转，治疗床移动至下一位置
HT	机架旋转同时治疗床缓慢移动，即扇形束相对患者螺旋前进，二进制准直器形成扇形束照射
机械臂放射治疗	由机械臂实施多个非共面笔形野照射

（三）调强放射治疗计划设计

相较于 3D-CRT，IMRT 计划设计流程多了一个优化过程（图 3-3-4），这也是 IMRT 计划设计中最核心的步骤，下面就 IMRT 计划主要步骤进行详细介绍。

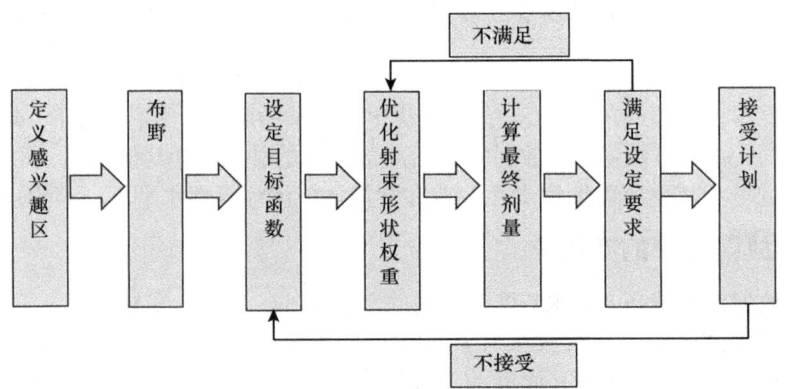

图 3-3-4 IMRT 计划核心流程

1. 靶区、危及器官和计划辅助区勾画 IMRT 的靶区和危及器官勾画与 3D-CRT 类似，但经常需要勾画专门的计划辅助区，如靶区周围的环用于增加靶区适形性；亚靶区用于处理靶区和危及器官重叠；冷热点用于提高靶区剂量，降低危及器官剂量等。

2. 布野　固定野 IMRT 通常采用 5～11 个射束，且多为奇数个射束以避免对穿照射（对穿野孔径在目标函数上会直接竞争）；VMAT 可以根据靶区部位、复杂程度、危及器官保护等选择部分弧、全弧、多弧等，根据临床需要在权衡计划质量和效率情况下可以选择共面或非共面布野方式。

> 【案例 3-3-3】
> 　　患者，男，55 岁，患肺癌，靶区位于左肺中叶后内侧，靠近脊柱，拟行 VMAT 放射治疗。
> 问题：该患者的计划设计中，布野的注意事项有哪些？
> 【案例 3-3-3 分析】
> 　　VMAT 照射，目前多采用 1～4 个弧，同时，该患者肺癌靶区位于肺后内侧，近脊柱旁，考虑到就近布野要求（即避免射野先穿过较多正常组织再照射靶区，造成正常组织剂量反而高于靶区剂量），采用人体后侧半弧或小半弧布野，同时考虑到目前的加速器多不能跨越 180°，需要将弧分成两段，即患者右侧在 181°～270° 范围内布野，左侧在 90°～180° 范围内布野。

3. 优化　IMRT 计划是逆向计划，首先设定要求的剂量分布，然后通过计算机优化求解，得到满足要求的射野参数。IMRT 计划的关键步骤：①将用户需求的剂量体积分布转化成数学目标函数，输入计划系统；②基于优化算法，计算机自动寻找最优的解决方案，即射野参数组合，如射野方向、子野形状、权重等。目标函数、子野形状、权重可以反复修改和优化，直到用户获得满意的结果。

不同的计划系统目标函数大同小异，主要包括最小剂量、最大剂量、最小体积剂量、最大体积剂量、等效均衡剂量（equivalent uniform dose，EUD）等，整体上可以分为两类：①硬约束（constraint），即不能违背的限制条件，如射束大小、子野数量、危及器官最大剂量等。硬约束会限制解决方案的范围，有时甚至会排除最优解，因此在 IMRT 计划中须谨慎使用。②软约束，定义全局最优解，在优化中能够被权衡。IMRT 中最常用的目标函数是源自剂量体积要求的软约束，通过它提高靶区剂量和均匀性，同时减少正常组织剂量。求解过程的中心思想是目标函数值的最小化。

三、立体定向放射治疗计划设计

（一）立体定向放射治疗的基本概念

立体定向放射治疗（stereotactic radiotherapy，SRT）是采用单次或少量分次，非常精确地给予靶区高辐射剂量的外照射方法。其基本特征包括高的靶区剂量和陡峭的靶区外剂量跌落，因此，高度精确的剂量传递和快速跌落的剂量梯度是 SRT 发展的基础。不同的文献和机构对 SRT 的定义略有差别，但总体上 SRT 分为两类：

（1）立体定向放射外科（stereotactic radiosurgery，SRS），主要针对颅内靶区和脊柱病灶，目前的定义包括：①单次；②高分次剂量，即分次剂量大于 5Gy；③中枢神经系统（脑或脊柱）靶区直径小于 3.5cm；④治疗准确性控制在 1mm 以内。

（2）体部立体定向放射治疗（stereotactic body radiotherapy，SBRT），也叫立体定向消融放射治疗（stereotactic ablative radiotherapy，SABR），主要针对体部（即颅外）靶区，目前的定义包括：①1～5 个分次，有些文献认为最高可到 8～10 次；②高分次剂量，即分次剂量大于 5Gy；③靶区直径小于 7cm，有些文献描述最大直径可达 8cm；④治疗准确性控制在 1.5～2mm 以内；⑤严格的运动管理，通常采用 ITV 和 PTV 边界补偿分次内或分次间的运动和变形。

进行 SRT 治疗要关注的因素：①治疗设备，ESTRO 和 ACROP 推荐 SBRT 的强制设备包括容积图像引导设备，4D-CT，高分辨率 MLC（等中心宽度<10mm）等；可选的设备包括配备高分辨率 MLC 的 C 形臂直线加速器，Tomotherapy，Cyberknife，Vero 等，SRS 的设备还包括 γ 刀等；另外，为了缩小射束半影，通常在直线加速器或 γ 刀上加装二级准直器。②必须进行小野调试（commissioning）以考虑小野剂量的不确定性。③必须进行图像引导放射治疗。④必须采用运动管

理技术。⑤端对端测试准确性小于 1mm，传递剂量 QA 标准小于 3%/2mm。

（二）SRT 计划设计

SRT 可以采用 3D-CRT、IMRT 等多种放射治疗技术，其计划设计方法和相应的常规放射治疗计划类似，但由于 SRT 精度要求明显高于常规分割放射治疗，因此一些计划步骤具有特殊的要求。

1. 模拟定位　SRT 可以采用有框架和无框架固定，后者需要在肿瘤周围放置可在影像上显影的基准点标记，或者采用解剖标记作为基准，而刚性固定设备便于分次内成像和纠正患者运动。高分辨率的影像是准确勾画 GTV 的基础，并且分辨率将会影响治疗时图像引导的准确性，因此推荐 SRS 扫描层厚度小于 1.25mm，SBRT 扫描层厚小于 3mm。扫描范围方面，AAPM TG-101 推荐应在治疗部位边缘头脚方向外扩 5~10cm，如果采用非共面射野则外扩 15cm。另外 4D 影像有助于患者运动管理，必要时应采用多种影像，如 MRI、PET 等进行融合，以增加对靶区勾画的精准度。

2. 靶区定义　SRT 中 GTV 到 CTV 的外扩边界比常规分割小，通常为 0~2mm；CTV 到 PTV 的外扩边界应遵循相关临床试验组的推荐。对于运动靶区通常基于 4D 影像勾画 ITV，如肺癌基于最大密度投影直接勾画 ITV，或者基于每个时相勾画 GTV，然后合并成 ITV。

3. 剂量要求　由于 SRT 靶区单次剂量很高，危及器官的生物有效剂量（biologically effective dose，BED）也会更高，因此危及器官的耐受剂量较常规分割放射治疗低，必须单独指定危及器官的限量标准。目前大多数实践均遵循 Timmerman 等提出的危及器官限量标准或一些临床试验组的推荐。SRT 对于靶区剂量适形性和靶区外剂量梯度要求非常高，如 RTOG 0915 要求处方剂量体积与 PTV 体积之比应在 1.2~1.5 以下，而 50%处方剂量体积与 PTV 体积之比（$R_{50\%}$）应在 2.9~7.5 以下，$R_{50\%}$ 要求与 PTV 体积成反比。另外，剂量限制区域（PTV+2cm）用来限制相对危及器官的中间剂量体积。对于靶区剂量均匀性，AAPM TG-101 号报告指出：只要不涉及功能正常组织，SBRT 中靶区剂量不均匀是可以接受的；甚至热点在靶区内是临床理想的结果，因为放射治疗抵抗的缺氧细胞更可能位于肿瘤中心区域，而剂量热点有助于根除这些细胞。

4. 布野　SBRT 中，如果采用固定野照射，射野方向选择必须充分考虑避开敏感器官、设备的机械限制、射束途径尽可能短等因素。通常较多的固定野容易获得更好的靶区剂量适形性和靶区外陡的剂量跌落，但射野数量选择应兼顾临床可行性，不宜太多；并且，应避免射野重叠，以及限制单个射野的入射端剂量小于累积剂量的 30%，以便预防急性皮肤反应，产生各向同性剂量跌落。旋转治疗中弧范围选择，以及 Cyberknife 等特殊设备的布野原则与固定野类似。采用 γ 刀的 SRS，由于钴源具有固定的排列，其采用的是钴源转动聚焦照射。

> **【案例 3-3-4】**
> 　　SBRT 用于治疗胸段脊柱旁肿瘤时，通常需照射椎体和（或）其上的软组织肿瘤，距离脊髓很近，而 SBRT 中正常组织剂量限制往往严于常规分割放射治疗，如 4 分次 SBRT 推荐脊髓最大剂量为 26Gy，双肺至少有 1000cm³ 体积受量小于 12.4Gy，超量可能导致严重的副反应甚至危及生命。
>
> **问题**：SBRT 用于治疗脊柱旁肿瘤时，怎样布野以减少危及器官（尤其是脊髓和肺）的剂量？
>
> **【案例 3-3-4 分析】**
> 　　SBRT 用于治疗胸段脊柱旁肿瘤时，由于肿瘤距离脊髓很近，要特别注意脊髓外扩边界以避免摆位误差可能导致的过高脊髓剂量。各向同性（等角度）布野可能使肺剂量超过限制，此时，固定野技术宜采用 9~11 个背侧斜入射的 18°~20°等角度分布的射野，旋转照射技术宜采用背侧半弧，并在兼顾治疗效率和设备限制的基础上适当考虑非共面布野，尤其是对于机械臂 IMRT 技术。通过背侧和（或）非共面布野，在靶区和危及器官之间形成更大的剂量跌落梯度，通常使每毫米距离剂量下降约 12%，在靶区剂量大于 90%的处方剂量的同时，充分保护脊髓和肺。

5. 剂量计算　剂量计算精度方面，SRT 要求更高，尤其是小野计算精度和非均匀组织修正方面应特别注意。笔形束算法不能考虑低密度组织中增加的电子散射，因此不推荐使用，而应使用卷积/叠加、蒙特卡罗法等，计算网格（grid）推荐≤2mm，非均匀组织修正可以参照相关报告。

（肖江洪）

第四节　特殊照射技术计划设计

一、全脑全脊髓照射

对于具有软脑膜转移倾向的中枢神经系统恶性肿瘤，如髓母细胞瘤等，临床上需要做全脑全脊髓照射（craniospinal irradiation, CSI）。但因为靶区在头脚方向上非常长，远远超出了直线加速器的最大射野范围，对于放射治疗计划和治疗实施提出了巨大的挑战，因此需要采用特殊的放射治疗技术进行治疗，即 CSI 技术。目前，CSI 采用的技术主要包括传统 2D 或 3D-CRT 技术，tomotherapy 技术，基于加速器的 IMRT 技术，质子治疗等。

（一）传统 CSI 技术

传统 CSI 技术包括 2D 或 3D-CRT 技术。患者可以选择俯卧位或仰卧位，仰卧位舒适性更好，患者依从性更高，但治疗床应采用碳纤等可使射线衰减小的材料。传统放射治疗中经典的布野方式包括两个侧野和 1～2 个后野（图 3-4-1）。

1. 侧野　全脑和上颈部脊髓采用侧向对穿野照射。机架角度分别为 90°和 270°，根据患者解剖和摆位情况，可以适当调整。等中心点放置在侧野与后野交界处，侧野的准直器角度可以适当旋转，以便与后野进行半野衔接，即侧野下缘刚好与后野上缘重合。

2. 后野　剩余部分的脊髓采用 1～2 个后野照射，射野个数取决于靶区长度。两个后野的衔接需要确定一个适当的射野间隙（gap），以便两个射野的 50%等剂量线刚好在脊髓前缘相交。疗程中，每照射 8～10Gy，所有的衔接点（线）应该至少移动 0.5～1.0cm，以避免冷热点总是出现在同一个区域。通常的做法是将各射野的等中心点同时朝一个方向移动相同距离。

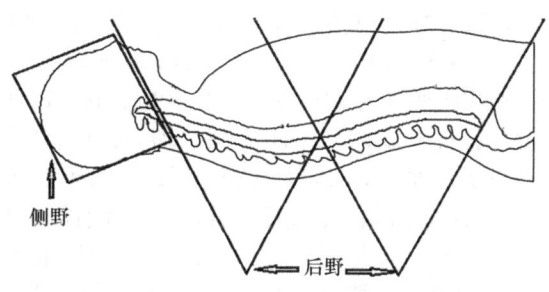

图 3-4-1　传统全脑全脊髓照射技术布野示意图

（二）基于常规直线加速器 IMRT 的 CSI 技术

传统 CSI 技术脊髓采用 1～2 个单后野照射，一方面，射野衔接会出现剂量冷热点，可能使脊髓剂量过高或靶区剂量过低；另一方面，靶区剂量适形性较差，而 IMRT 具有明显的剂量分布优势，因此逐渐被用于 CSI 中。目前，基于常规直线加速器 IMRT 的 CSI 技术，包括固定野 IMRT 和 VMAT 等，常用的计划设计方法有：①全脑和脊髓采用 2～3 个等中心全范围固定野 IMRT 或 VMAT 来设计放射治疗计划；②全脑和上颈部脊髓采用两个侧野 3D-CRT 技术，其余部分脊髓采用固定野 IMRT 或 VMAT 设计放射治疗计划。基于常规直线加速器的 CSI 技术通过计划系统自动调制，进行射野间的衔接，能够明显减小衔接区域的剂量冷热点，增加靶区剂量适形性。另外，对于一些非常规的患者，如解剖结构异常，需要同步推量等，该技术能够提供极大的灵活性。

（三）螺旋断层 CSI 技术

由于射野大小的限制，基于常规直线加速器 IMRT 的 CSI 技术仍然需要多个射野衔接，虽然放射治疗计划中的剂量冷热点能够很好地避免，但治疗过程中还是需要技术员反复进入机房，移动治疗床，因此治疗程序仍然很复杂，而且可能因为治疗床移动误差导致衔接区域实际受照剂量发生误差，产生剂量冷热点。HT是目前理想的CSI技术，因为其可以一次完成患者整个靶区长度照射，避免了传统技术中因射野衔接造成的剂量冷热点，以及治疗过程中反复移动治疗床，减少了计划设计和治疗的复杂性。另外，同基于常规直线加速器IMRT的CSI技术一样，HT也具有极大的灵活性，包括同步推量等。

> 【案例3-4-1】
> 　　某医院放射治疗科收治1名患髓母细胞瘤的小女孩，8岁，需要做CSI，科室现具备40cm×40cm加速器和相关辅助设施。
> 问题：如果采用传统CSI技术，计划设计需要注意哪些问题？
> 【案例3-4-1分析】
> 　　采用传统CSI技术，应考虑靶区总长度，决定采用头颈部侧野加单后野（较短，通常总长度在60cm左右），还是头颈部侧野加双后野（较长，单后野不能包全靶区）；传统CSI技术侧野和后野需要进行半野衔接，准直器角度可以适当旋转以便和后野边缘相切；女性患者的卵巢可能位于后野范围内，必要的时候，下段靶区改用侧野照射以避开卵巢。

二、全身全骨髓照射

全身照射（total body irradiation，TBI）是利用射线对患者进行系统或全身照射，从而治疗或辅助治疗良、恶性疾病的放射治疗技术。其临床应用主要包括治疗造血和淋巴系统肿瘤，根除骨髓或干细胞移植受体残留的恶性肿瘤细胞，调节免疫系统等。

（一）传统TBI技术

传统TBI可以基于钴-60治疗机或加速器进行，患者通常位于放射源几米外的位置，机架旋转至侧方位（90°或270°附近），准直器旋转到45°，并开到最大射野，射野中心轴通常对准肚脐中心。其中，源皮距通常为4m左右，最大可到5m，以便将患者全部包括在照射野内。处方剂量归一到盆腔中段或肚脐中心平面，TBI剂量要均匀，剂量变化通常要求在±10%的范围。治疗体位和照射方式主要有以下几种：①前后对穿野照射，患者垂直站立，先后以身体前面和背面正对放射源；②侧位对穿野，患者垂直站立，先后以身体左侧和右侧正对放射源。前后对穿野照射是临床上应用最多的TBI技术。对于小孩或身体状况差的患者，可以采用侧躺的方式。如果采用直线加速器照射，能量通常采用6~10MV，取决于患者的厚度、摆位方式、源皮距、射束扰流板等。如侧位照射能量应高于前后对穿野照射，通常高能有利于剂量分布均匀性，但是会在表浅部位（如皮肤）形成低剂量，典型的做法是在靠近患者的装置上（距离患者20~30cm），粘贴1~2cm厚度的丙烯酸材料，这种材料可以产生更多的电子线，以便使表面剂量不低于90%的处方剂量。由于从头到脚的体厚并不相同，这种厚度差异可能导致剂量异质性达10%~20%，因此需要构建一个患者特异的补偿器（薄铅片），以改善剂量均匀性。因此设计TBI计划前，需要测量患者体中线上多个部位的体厚，包括头顶、前额、下巴、胸骨上切迹、剑突、脐中心、盆腔中心、大腿、膝、小腿、踝及脚趾等。对于需要保护的器官或组织（肺、肾、肝，以及前面照射过的组织等）通常采用金属挡块屏蔽射线，挡块尺寸的确定应非常谨慎，以权衡靶区和需要保护的组织，如肺挡块外缘通常需要距离胸腔周围骨组织、隔和椎体1~2cm，以避免漏照靶区。肺挡块不宜采用透射率为3%的全挡块，而应该采用透射率为50%的挡块。另外，被挡器官的表浅漏照组织可以补照电子线，如因挡肺而漏照的胸壁等。

（二）基于IMRT的TBI技术

随着IMRT的进展，包括HT、VMAT也开始应用到TBI中。尤其是基于HT的IMRT技术既具有剂量分布优势，同时能够一次性照射全身范围，因此成为 TBI 理想的放射治疗技术。一方面，进一步改善危及器官剂量和靶区覆盖；另一方面，患者采用仰卧位，增加舒适性和摆位重复性，还能够减少补偿器、挡块等位置不精确带来的剂量误差。由于明显的剂量分布优势，基于 IMRT 的 TBI 能够针对骨髓提高剂量，从而进行全骨髓照射（total marrow irradiation，TMI）。

三、全身皮肤照射

全身皮肤照射（total skin irradiation，TSI）是一种用于全身浅表疾病（如蕈样霉菌病和卡波氏肉瘤）的放射治疗技术。当前，全身皮肤电子线照射（total skin electron irradiation，TSEI）被认为是这类疾病的标准放射治疗技术，而另一种可选的治疗方式是 HT。健康皮肤的耐受剂量约为 50Gy，故处方剂量应低于该限值，并且对一些敏感危及器官应采用特殊的屏蔽措施，如头皮、晶状体、会阴、指/趾甲等。

（一）全身皮肤电子线照射

在 TSEI 中，通常整体剂量均匀性限制在 10%～15%以内，80%等剂量线照射深度应≥4mm，20%等剂量线照射深度应＜20mm，以便确保上皮、真皮等靶区部位接受足够剂量，同时保护深部组织。TSEI 通常选择穿透力低于 1～2cm 的低能电子线照射，并可以采用合成树脂材料使射线进一步衰减散射，从而降低能量，增加均匀性。照射方式主要分为三种：①大电子射野技术，也称斯坦福技术（图 3-4-2）；②旋转技术；③照射中移动患者技术。其中，斯坦福技术最常用，患者取站立位，源皮距约 3m（跟患者身高相关），采用两个角度的射野交叠照射（机架在水平位上下旋转同样角度，如 18°，目的是使均匀剂量包全整个身体及最小化光子污染，同时允许足够小的源皮距）。两个交叠野总共照射 6 个角度（间隔均为 60°），即前、后野及 4 个斜对穿野。第一天照射前野和 2 个后斜野，第二天照射后野和 2 个前斜野。与 TBI 类似，束扰流板位于射束入射方向患者附近，以增加广角散射而改善剂量均匀性。经典的旋转照射中，患者站立在一个匀速转动的平台上，机架位于水平侧位，采用单野或双野照射。照射中移动患者技术即将患者摆放在一个平板床上，然后移动患者通过一个较短的射野。

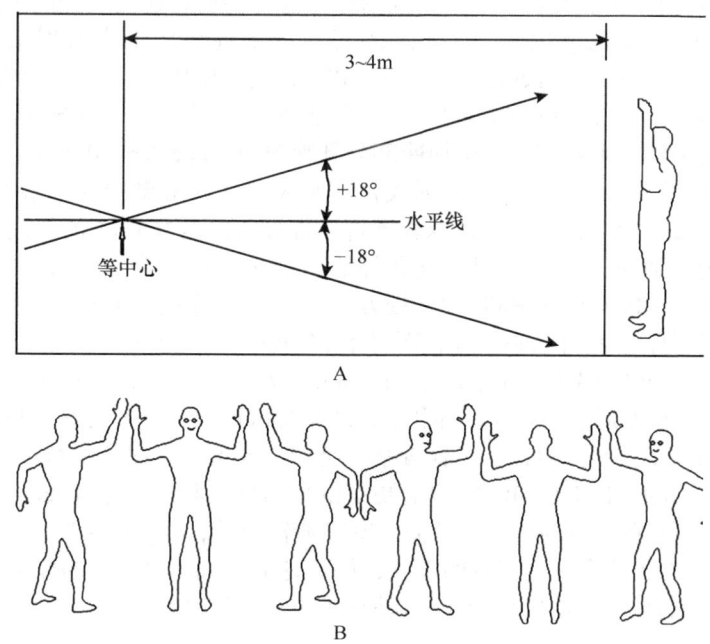

图 3-4-2　斯坦福技术示意图

A 为两野交叠方法（dual-field approach）；B 为斯坦福六野技术（Stanford six-field technique），从左至右分别为：右后斜、前、左后斜、右前斜、后、左前斜野

在标准摆位技术下，头皮、下巴、会阴和脚底都不能接受全部的剂量。如果临床需要，这些区域可以通过临床电子照射技术来增强，如头皮可采用头顶野治疗。由于患者、射束的几何形状，在传统的直线加速器上治疗下巴更具挑战性，可以采用表面治疗方式替代，如体表近距离放射治疗。其他值得关注的剂量不足区域见于肥胖患者的臀部皮肤褶皱、下腹部皮肤褶皱等。预防这些区域的剂量不足可用胶带粘贴去除或减少褶皱。如果折叠太深，还可能需要增强野。最终决定通常应根据受影响区域的体内（in-vivo）剂量测定结果来做出。

（二）基于螺旋断层放射治疗的全身皮肤照射技术

采用 HT 治疗全身皮肤疾病时，患者取仰卧位，通常使用大的全身真空垫和热塑性面罩固定。模拟 CT 通常分两个部分扫描：上半身包括头顶到大腿，下半身包括大腿到脚趾。两个部分中间重叠 10~15cm。在基于 HT 的治疗中，机架旋转出束的同时，治疗床缓慢移动，因此，单个射野就可以照射长达 135cm 的皮肤靶区。由于 HT 放射治疗技术属于 IMRT 放射治疗的范畴，其计划设计方法见本章第三节。文献报道，通常计划优化的目的是至少 95% 的处方剂量覆盖 95% 的 PTV，并且要注意保护生殖器、嘴唇和眼睛等敏感组织。

四、术中放射治疗技术

术中放射治疗（IORT）是在手术过程中对肉眼可见的肿瘤或瘤床进行单次大剂量照射，同时通过外科移位或屏蔽等手段使周围组织的剂量最小的放射治疗技术。临床放射治疗中，一些肿瘤因受限于临近正常组织辐射损伤风险而难以推高靶区剂量，对此 IORT 可能是一种理想的选择。IORT 不仅仅是放射治疗和手术的简单组合，它更强调手术和放射治疗的相互作用，主要表现在三个方面：①通过 IORT 消除镜下肿瘤灶，减少手术部位病灶残留的机会；②通过术中单次大剂量照射最大化放射生物学效应；③优化外科和早期放射治疗的结合时机。传统术后放射治疗，在外科手术与放射治疗的间期（surgery to radiotherapy interval，SRI），镜下残留肿瘤细胞可能会再增殖，再群体化，而 IORT 可以避免此问题。

目前最常用的 IORT 技术有：①电子线术中放射治疗（intraoperative electron radiotherapy，IOERT），将专用的直线加速器安装在手术间或治疗间进行照射，包括一些用于接触式放射治疗的电子近距离放射治疗设备也可用于 IORT；②高剂量率近距离术中放射治疗（high-dose-rate brachytherapy intraoperative radiotherapy，HDR-IORT），通常使用装有铱 192 的敷贴器照射；③千伏级 X 射线术中放射治疗（kV-IORT），最常用的低能 X 射线装置是 Intrabeam 系统，即一个小型的 50kV 的 X 射线发生器，主要用于术中加速部分乳腺照射（accelerated partial breast irradiation，APBI）和一些推量照射。还有一种微型 X 射线管（如 Xoft Axxen 微型 X 射线源）被用于 IORT，尤其是乳腺癌的加速放射治疗，术中植入球囊导管通常被认为是 IOERT 的替代方案。

IORT 的处方剂量取决于肿瘤残留数量和外照射剂量，通常为 10~20Gy（镜下残留 10~12.5Gy，肉眼残留 15~20Gy）。IOERT 通常处方归一到最大剂量点或 90% 等剂量线；HDR-IORT 通常处方归一到距离敷贴器表面 0.5cm 处；而对于 kV-IORT，处方归一到距表面 1cm 深度处可能是最好的折中方案。由于电子束的剂量剖面仅在中心区域是平坦的，因此必须选择比靶区直径大约 2cm 的限光筒，以便使参考剂量覆盖靶区体积。另外当靶区后面的正常组织剂量较高时需要插入屏蔽板来施加保护，典型的屏蔽工具由铅、铜等金属覆盖一层低原子序数材料（如铝）制成。

IORT 技术对比：IOERT 和 kV-IORT 具有更好的穿透性（利于治疗 0.5cm 以上深度的肿瘤），更好的剂量均匀性，更短的治疗时间，以及治疗室屏蔽较简单；因为加速器、限光筒空间摆位的限制，IOERT 和 kV-IORT 不适合一些困难的位置，如耻骨下等，而 HDR-IORT 则能灵活适应各种位置；由于敷贴器的灵活性，HDR-IORT 在多数情况下更适形靶区。

（肖江洪）

第五节 后装近距离放射治疗计划设计

【案例 3-5-1】
后装近距离放射治疗是利用人体的自然腔道或组织间隙，将放射源直接放入或插植在患者肿瘤所在部位进行照射的治疗方法。其特征是放射源能够以最大限度贴近肿瘤组织，有效地杀伤肿瘤组织，而周围正常组织受量较低。
问题：后装近距离放射治疗有哪些优点？
【案例 3-5-1 分析】
后装近距离放射治疗是放射影像技术、放射物理剂量学及计算机技术有机结合之产物，其优点：①治疗范围广，由传统的妇科扩大到鼻咽、食管、气管、直肠、膀胱、乳腺、胰腺、脑等多处肿瘤；②利用计算机系统对放射源在空间定位，计算剂量分布准确、快捷；③根据患者个体情况，确定优化的剂量分布；④源的定位和照射时间能准确确定并在计算机控制下执行治疗方案，故给量准确；⑤使用同一个高活度微型放射源，因此消除了多个放射源活度的分散性；⑥高剂量率减少了治疗时间；⑦减少了医护人员的受照射剂量；⑧可进行多种方式照射，开拓多种施源器；⑨后装近距离放射治疗机具有各种联锁，保证了治疗安全。

近距离放射治疗是使用小体积且密封的放射源近距离治疗肿瘤，即将放射源直接植入被治疗的肿瘤组织内或在其周边，在短时间内（暂时性）或在放射源完全衰变的整个活性期内（永久性）实施连续照射。暂时性近距离放射治疗是在短时间内实施照射，达到处方剂量后将放射源退出，是通过施源器把密封放射源送到肿瘤中或肿瘤附近，利用计算机控制放射源在体腔内或组织间，按照一定的时间间隔步进位移，对病变区域进行放射治疗。

一、后装近距离放射治疗方式

后装近距离放射治疗是先将施源器放置在病变位置，然后将放射源通过机械（自动遥控后装）方式导入施源器内进行治疗。

后装近距离放射治疗照射有腔内照射、组织间照射、表面敷贴照射、管内照射、术中照射和血管内近距离治疗。

腔内照射是将放射源放置在人体空腔内贴近肿瘤组织照射，是暂时性照射；组织间照射是将放射源经手术植入肿瘤组织内照射，可以是暂时性照射也可以是永久性植入照射；表面敷贴照射是将放射源放置在人体表面覆盖治疗组织照射；管内照射是将放射源放置于人体管腔内照射；术中照射是将放射源在手术中植入病变组织内照射；血管内近距离治疗是将单一放射源放置在小的或大的动脉内照射。

近距离照射按处方剂量参考点或参考面的剂量率可分为低剂量率（LDR）照射 0.4～2.0Gy/h；中剂量率（MDR）照射 2～12Gy/h；高剂量率（HDR）照射＞12Gy/h。高剂量率后装治疗时间短，可在几分钟至十几分钟内完成一次治疗。

二、近距离放射治疗放射源特点

（一）近距离放射治疗放射源物理特性

适合近距离照射的放射源必须满足：①在组织中有足够穿透力；②易于放射防护；③半衰期不宜过长；④易制成微型源。

近距离放射治疗放射源产生的有用辐射注量包括：①γ射线，最重要的辐射成分；②在放射源中通过电子俘获或内转换辐射的特征 X 射线；③在放射源套管内产生的特征 X 射线和韧致辐射。

近距离放射治疗放射源通常是密封的，密封套管可以很好地保护放射性核素，使放射源坚实，并且可以吸收其衰变过程中产生的 α 和 β 射线。

近距离放射治疗常用的放射源是钴-60（^{60}Co），铯-137（^{137}Cs），铱-192（^{192}Ir），碘-125（^{125}I），钯-103（^{103}Pd）等。因为安全方面的考虑，镭-226（^{226}Ra）已不再继续使用。

近距离放射治疗放射性核素的选择取决于与之相关联的物理特性：①光子能量和光子射束穿透组织及屏蔽材料的程度，如在屏蔽材料中铅的半价层；②半衰期；③比活度；④放射性强度；⑤随着距放射源距离的增加，剂量成平方反比跌落（近距离放射治疗的距离较短，这是首要的剂量学效应）。表 3-5-1 列出了常用近距离放射治疗放射源的物理学特点。

表 3-5-1 近距离放射治疗使用的放射性同位素特点

同位素	平均光子能量/MeV	半衰期	Γ 常数 Γ_r /[R·cm²/(mci·h)]	空气比释动能率常数 Γ_{AKR}/[μGy/(m²·GBq·h)]
镭-226	0.83	1590 年	8.25	195
钴-60	1.25	5.27 年	13.1	309
铯-137	0.662	33 年	3.3	78
铱-192	0.36	74.2 日	4.8	113
碘-125	0.028	59.4 日	1.4	33
金-198	0.412	2.7 日	2.35	55.5
钯-103	0.021	17 日	1.48	35

近距离放射治疗使用的放射源有多种形状（针状，管状，籽粒状，丝状和丸状），一般是将其制成密封式放射源。为了屏蔽从放射源辐射的 α 和 β 射线，以及防止放射性材料的泄漏，通常放射源都有双层密封壳。铯-137 源有多种形状，如针状、管状和丸状。铱-192 源为丝状，活性芯为铱-铂合金，外壳是 0.1mm 厚的铂材料。该源也使用籽粒状，外有双层不锈钢壳。高剂量率远距离控制后装治疗机使用特殊设计的铱-192 源，标准活度为 370GBq（10Ci）。碘-125、钯-103 源只使用籽粒状。通常使用特殊的植入"枪"将该种放射源植入到肿瘤内，实施治疗。钴-60 后装治疗源为丸状，标准活度为 18.5GBq（0.5Ci）。

（二）放射源相关的物理量

1. 有效活度　放射源周围剂量分布计算，在考虑到与距离平方成反比定律的同时，还应考虑源的自吸收，源内的多次散射和源的几何形状、放射源封套的吸收和滤过效应等诸多因素。由于放射源封装材料的滤过吸收和散射效应，直接测量放射源的活度比较困难，常用有效活度来表示放射源的强度。有效活度为近距离放射源在空气中沿着过放射源中点的垂线上参考距离（通常为 1m）处，产生的照射量率与同种未滤过的放射性核素产生的照射量率相同。

有效活度 SI 单位是贝可勒尔（Bq，1Bq=1s-1），曾用单位是居里（1Ci=3.7×10^{10}s-1=3.7×10^{10}Bq），有时有效活度又称显活度。

2. 点源照射剂量率　对于针状、管状和其他较小的固态放射源，放射源中心到参考点的方向，应与放射源的长轴成直角。近距离照射放射源可认为是各向同性的点源，在空气中点源周围某一点处照射剂量率与其距源的距离平方成反比。

$$X = \frac{A \times \Gamma_X}{r^2} \quad (3-5-1)$$

式中，Γ_X 为放射性核素的照射量率常数，即放射性活度（1Bq）的点辐射源在距离 1m 处所造成的照射量率 Γ[Rm²/(h·Bq)]；A 为放射性活度（Bq）；r 为某一点距离源的距离。

3. 点源空气比释动能率　空气中距放射源距离为 r 的 P 点空气比释动能率为 $K_{air}(r)$，

$$K_{air}(r) = \frac{A \times \Gamma_{AKR}}{r^2} \quad (3-5-2)$$

式中，Γ_{AKR} 为特定放射源的空气比释动能率常数[μGy/(m²·GBq·h)]。

Γ_{AKR} 与 Γ_X 的关系为：

$$\Gamma_{AKR} = \frac{\Gamma_X 0.876 \times 10^{-2} \text{Gy/R}}{3.7 \times 10^{10} \text{Bq/Ci}} = 236.8 \frac{\mu\text{Gy/R}}{\text{GB1/Ci}} \Gamma_X \quad (3\text{-}5\text{-}3)$$

其中 Γ_X 的单位是 $\text{R} \cdot \text{m}^2/(\text{Ci} \cdot \text{h})$，$\Gamma_{AKR}$ 的单位是 $\mu\text{Gy} \cdot \text{m}^2/(\text{GBq} \cdot \text{h})$。

例如：钴-60 放射性核素：

$\Gamma_X = 1.31 \text{ R} \cdot \text{m}^2/(\text{Ci} \cdot \text{h})$ 和 $\Gamma_{AKR} = 310 \mu\text{Gy} \cdot \text{m}^2/(\text{GBq} \cdot \text{h})$

4. 空气比释动能强度 Sk 采用有效活度表示放射源强度，测量时需应用 r 常数，而该常数一般是依据理想点状裸源确定的，实际测量时该值随放射源的几何尺寸和物理结构而有所变化。空气比释动能强度定义为空气中源中垂轴上，距离源为 d 处的空气比释动能率 $K_{air}(d)$ 与距离 d 的平方的乘积。

$$Sk = K_{air}(d) \times d^2 \quad (3\text{-}5\text{-}4)$$

应用空气比释动能强度表示近距离照射中放射源的强度，便于各种核素间强度大小的比较，而不必考虑其几何和物理结构，如源的包壳、源壁的材料和厚度等，对吸收剂量计算的影响。

5. 基于空气比释动能的线源剂量计算 后装近距离微型柱状放射源附近，应按线状源进行剂量计算，可以把线状源看成连续的点状源，空间一点 P 的剂量是由每个点源对 P 点剂量贡献之和，即组成线状源的无数个点源在 P 点形成的剂量积分（图 3-5-1）。长度为 L 的线状源，总活度为 A，相距为 r 处 P 点的比释动能率为

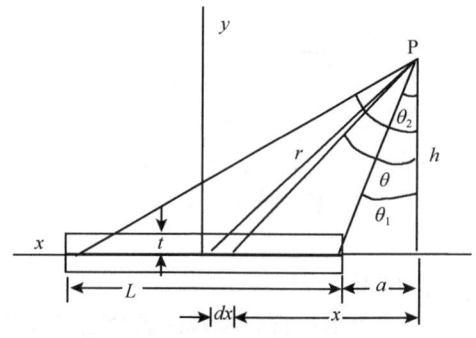

图 3-5-1 线状辐射源剂量计算示意图

$$K_{air}(r) = \int_a^{a+L} \frac{A \times \Gamma_{AKR}}{L \times r^2} \times e^{-u \times \frac{1}{\cos\theta}} \times dx = \frac{A\Gamma_{AKB}}{Lh} \times \int_{\theta_1}^{\theta_2} e^{-u \times \frac{1}{\cos\theta}} \times d\theta \quad (3\text{-}5\text{-}5)$$

（三）近距离放射治疗剂量分布特点

近距离放射治疗剂量分布具有以下特点：①近距离照射，其放射源活度较小，有几十个 MBq（几个 mCi）到大约 400GBq（10Ci），而且治疗距离较短，在 5mm 到 5cm；②由于距离平方反比定律的影响，在腔内组织间近距离照射中，离放射源近的组织剂量相当高，距放射源远的组织剂量较低，靶区剂量分布的均匀性远比外照射差。

近距离放射治疗剂量计算点和放射源中心之间的距离至少两倍于放射源的活性长度，则放射源可假设为点源，任一点的剂量为每个放射源剂量贡献的和。近距离放射治疗首先要确定治疗体积和放射源放置的位置，治疗时间取决于放射源强度、处方剂量和放射源位置。

三、近距离放射治疗剂量学体系

（一）腔内治疗剂量学

腔内近距离放射治疗是把放射源置于自然管腔内治疗肿瘤，广泛用于宫颈、宫体和阴道肿瘤的治疗。宫颈腔内照射方法，通常采用两组放射源施源器；一是直接植入宫腔内，称宫腔管；另一是植入阴道内，紧贴在宫颈部，称阴道容器。

1. 斯德哥尔摩系统 是将不同长度的宫腔管和不同宽度的阴道容器包绕宫颈，使用较高强度的源，60～80 毫克镭当量，每次治疗 27～30 小时，间隔 3 周，治疗 2～3 次，称大剂量、短时间分次治疗。

2. 巴黎系统 是使用 3 个独立的球形容器，中间容器对准宫颈口，两侧容器贴在阴道穹窿，所有源总强度为 40～70 毫克镭当量，总治疗时间为 6～8 日，低强度放射源，低剂量率，连续照射。

斯德哥尔摩系统和巴黎系统剂量计算方法均是以放射源总强度（毫克镭当量）与治疗总时间（小时）的乘积。

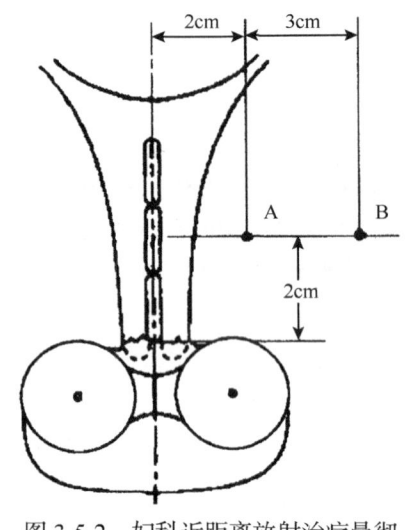

图 3-5-2 妇科近距离放射治疗曼彻斯特系统示意图

3. 曼彻斯特系统 是基于巴黎系统，根据宫腔的不同深度和阴道的不同大小，分为长、中、短三种宫腔管和大、中、小三种尺寸的阴道卵形容器。阴道源的分布要尽量宽，宫腔与阴道源强度比例不同，使用中等强度的放射源，系统设置了 A 点和 B 点作为剂量参考点（图 3-5-2），A 点位于宫颈口上方 2cm，宫腔轴线旁开 2cm 的位置；B 点位于过 A 点横截面并距宫腔轴线旁 5cm 的位置，临床上相当于闭孔淋巴结区域，代表盆腔淋巴结接受的照射剂量。

近距离放射治疗与外照射不同，剂量分布均匀性差，在靶区获得处方剂量照射的同时，必须保护重要的相邻器官，避免出现严重并发症。宫颈癌腔内放射治疗最常发生的并发症，是直肠和膀胱局部受到高剂量照射。为使得这些敏感器官接受的剂量尽可能少，施源器相对于直肠和膀胱的位置就特别重要。宫颈癌后装治疗时常需使用填塞棉纱隔离的方法，减少直肠及膀胱敏感器官受量。同时，由于近距离放射治疗选用射线能量低，需保证放射源固定准确，保证靶区获得较高的治疗剂量。

4. ICRU 报告推荐的腔内治疗剂量学体系 曼彻斯特系统提出 A 点、B 点剂量，计算方便，但对于具体患者，要了解其体内剂量分布，仅用个别点剂量数据表示是不够的。ICRU 38 号报告建议对腔内近距离放射治疗推荐剂量学参数包括治疗技术（放射源、施源器）、时间剂量模式、参考体积、参考点剂量（膀胱、直肠、淋巴引流区、盆壁）等。如果进行了外照射治疗，近距离放射治疗总参考等剂量不包括外照射的贡献。

（二）组织间插植剂量学系统

组织间插植治疗是根据靶区的形状和范围，用钢针或施源器，将一定规格的放射源，按特定的排列法则，直接插植到肿瘤部位，在肿瘤区域产生高剂量照射。

1. 坤贝（quimber）系统 是将相等线性活度的密封源按一定规则均匀分布在一个平面上，源间距 1cm，构成一个面治疗施源器，多个这样的面做插植治疗，得到立体施源器。均匀分布的放射源使治疗体积中心剂量要高于周边剂量，产生非均匀的剂量分布。

2. 曼彻斯特系统（或称 Paterson-Parker 系统） 是以镭-226 直线源设计的平面植入剂量系统，曼彻斯特剂量学系统的目标是治疗体积接受均匀剂量（±10% 处方剂量）。将相等线性活度的密封源，基于靶区的大小，按一定规则不均匀地分布在一个平面内，构成平面施源器，由于放射源的分布是不均匀的，获得平面中心附近组织受量与边缘组织受量接近，不均匀度小于 10%，多个这样的平面施源器，构成均匀的立体施源器。根据被植入的组织厚度及范围，选择植入平面。

单平面植入：若组织厚度小于 1cm，可以采用单平面植入，放射源设置用于治疗 1cm 厚的组织。放射源必须相互平行，且之间距离不能大于 1cm，在相互平行的放射源端点，有与其垂直的直线源与之交叉，交叉点距离放射源小于 1cm，形成封闭的平面，处方剂量定义在距放射源平面 0.5cm，并与其平行的平面为参考剂量平面，该平面的最高和最低剂量比处方剂量偏差在 10% 以内。如果放射源不能形成封闭的辐射平面，则治疗面积会有所减少。

双平面植入：若植入组织厚度为 2.5cm，可采用双平面植入，放射源设置在两个相互平行的平面，用于治疗的组织厚度约 2.5cm。所需放射源的总强度等分布在两个平面，放射源设置规则与单平面相同。两个放射源平面间隔大于 1cm 时，处方剂量定义在距放射源平面 0.5cm 的每一内平面。

应注意对厚的靶区，中平面的剂量可能比处方剂量低 20%～30%。

3. 巴黎系统 是使用铱-192 微型线源的组织植入剂量学系统，植入的线源相互平行，长度相等，各源之间等间距，所有线源的强度（活度）需均匀和等值，所有放射源的中心必须位于同一平面（中心平面）。多平面植入，在垂直于线源的平面内各源可呈直线、等边三角形或正方形排布。

4. ICRU 报告推荐的组织间插植剂量学体系 ICRU 58 号报告建议对组织间插植治疗推荐的剂量学参数包括临床靶区、放射源、植入技术和治疗时间、处方点/面、处方剂量、中心平面的参考剂量、平均中心剂量和周边剂量、高/低剂量区、均匀性和 DVH。最小剂量在肿瘤控制中很重要，因此需要记录周边剂量及高剂量区（＞150%处方剂量区域）和低剂量区（＜90%周边剂量区域）。

（三）步进源剂量学系统

近距离后装机是采用一个微型放射源，由计算机控制，以近似点源步进驻留方式模拟线源照射，该系统基于巴黎系统布源规则，根据靶区大小和形状确定放射源模拟线源的排列方式和间距，通过源的步进运动，即放射源在不同的位置，停留不同的时间，进行剂量学优化计算，达到合适的剂量分布。通常步进长度选用 2.5mm 和 5mm，均可达到模拟线源的效果。

四、近距离放射治疗计划设计

> **【案例 3-5-2】**
> 后装近距离放射治疗计划设计，是通过影像检查确定肿瘤靶区大小、局部侵犯的程度及治疗范围，科学合理地设计照射剂量。
> 问题：后装近距离放射治疗计划设计主要步骤是什么？
> **【案例 3-5-2 分析】**
> 首先将施源器植入所需要治疗的部位并加以固定，再将定位所需要的金属标志（假源）送入施源器内。获取影像资料，重建施源器与肿瘤组织和正常组织器官的相关关系。合理选择放射源及剂量参考点，进行治疗计划优化设计。

（一）依据剂量分布图谱设计治疗计划

早期近距离放射治疗，对于临床常用的放射源分布治疗模式，如线性矩阵或标准的体腔管等，可使用预先计算的剂量分布图谱，根据放射源的强度（活度）可按适当的比例增减调节，直接用于近距离放射治疗。但由于患者具体情况不同，治疗计划相对较粗糙。

（二）依据三维影像设计治疗计划

依据三维影像或三维重建影像设计近距离放射治疗计划，首先将带有定位标记（假源）的施源器按一定规则送入或插入治疗区域，拍摄 X 射线定位片或 CT、MR 扫描；然后重建出施源器或假源的几何位置，并根据临床要求，设计治疗计划；最后根据治疗计划，通过假源模拟运行正常后，运行放射源实施治疗。

1. 近距离放射治疗模拟定位 准确计算剂量分布的前提是准确地确定放射源位置。后装近距离放射治疗模拟定位，首先选用合适的施源器，通过腔道或组织间植入的方法将施源器放入病变部位或附近，再将定位所需的金属标志串（俗称假源，间距 10mm）送入施源器内，然后获取模拟定位图像，通常有两种方法：①在模拟定位机或 X 射线机或 C 形臂下拍摄两张不同角度的 X 射线定位片，拍片方法有正交法、等中心法、交角法等。正交法是拍摄正侧位片各一张，两片线束中心轴线垂直通过等中心，类似拍正侧位诊断片，但要求两片严格垂直。等中心法用于模拟定位机或旋转式 X 射线诊断机，先确定焦点到中心点的垂直距离，然后左右旋转相同角度，拍摄两张 X 射线定位片。交角法类似于等中心法，但拍摄左右两定位片的角度不相等，焦点至等中心的距离也可不同。

②应用 CT 或 MR 扫描获取断层图像，根据肿瘤位置确定扫描范围，将扫描图像传输至计划系统。

2. 施源器空间位置重建 利用计划系统软件，将 X 射线定位图像或 CT、MR 断层图像信息输入计划系统内，给出相关参数后（焦点到中心的距离、中心到 X 射线片的距离、对称角度、所用管道数、步数及起始终止点），完成施源器和假源空间重建，计划系统可在不同平面内显示施源器和假源的位置。

3. 剂量计算和计划优化 施源器和假源空间位置重建完成后，设置剂量参考点与参考剂量，如食管、气管癌剂量参考点设在距源轴 10mm 处，直肠癌、阴道癌设在黏膜下，参考点剂量多为每次 5～10Gy，每周 1～2 次，照射剂量为 20～30Gy，总剂量根据病情及外照射剂量综合考虑。剂量计算的基本算法应用点源模式和（或）线源模式。

在单一步进源的高剂量率治疗计划系统中，剂量分布优化是通过确定放射源相对分布和改变放射源在每个驻留点停留的时间权重而实现的。计划优化结果主要依赖于所选择剂量计算参考点的数目和它们的相对位置。计划优化处理是指通过计算机进行复杂的数学运算，常用优化方法是解析方法，通过求解系列方程式得到解决方案，使距离放射源驻留点相同或不同距离的参考点达到相同的剂量，这需要设计放射源在各驻留点的驻留时间来完成。优化是巧妙调整放射源的驻留位置和驻留时间，以得到预期的结果。

4. 剂量分布显示 二维剂量分布显示，主要显示放射源中心平面或任意平面的剂量分布，包括靶区和放射源位置。三维剂量计算提供靶区体积的适形度和正常组织的受照射剂量，并可显示任意等剂量面及 DVH。三维剂量分布显示最主要优点是可实现在三维任意方向观察覆盖靶区的等剂量面。如果剂量分布欠佳，可通过增减某些驻留点的时间重新优化，直到满意为止。治疗计划完成和确认后，则可使用近距离放射治疗机操作控制系统，按制订的计划进行治疗。

（翟福山）

第六节　放射性粒子植入计划设计

> 【案例 3-6-1】
> 　　放射性粒子植入属于近距离放射治疗组织间照射范畴，是将放射性同位素，直接植入到人体肿瘤组织内部，对肿瘤实施高剂量照射，从而达到治疗肿瘤的目的。
> 问题：放射性粒子植入的特点有哪些？
> 【案例 3-6-1 分析】
> 　　常用放射性粒子是碘-125 微型放射源，植入碘-125 放射性粒子到肿瘤组织中，其持续释放射线作用于肿瘤细胞，放射源距肿瘤组织近，局部剂量高，并且通过计算所需粒子数目、活度及合理设计粒子的分布，精确控制肿瘤照射剂量，以达到最大限度地杀灭肿瘤细胞、最大程度地减少对周围正常组织损伤的目的。

随着影像技术和放射物理的发展，微型放射性粒子源的研制和治疗计划系统的开发，应用辐射低能光子射线，短寿命放射源永久性植入得到发展和完善。根据肿瘤部位、肿瘤体积大小、治疗计划设计的植入路径、植入粒子活度和粒子数目及植入粒子的位置，使用植入针将粒子推送植入体内。植入针设计内有针芯，外有套管，针芯略长于套管，确保粒子能够推出。植入针末端根据植入器种类，设计成不同类型，主要是便于连接，治疗时保证不脱落。植入针套管设计有刻度，方便使用。针的长度有长针和短针两种，长针适于体内深部肿瘤治疗，短针适于人体浅表肿瘤治疗。

一、放射性粒子植入特点

放射性粒子植入也称粒子组织间插植，属于近距离放射治疗范畴，用于永久性粒子植入的放射源应满足下列条件：①在组织中有足够的穿透力；②便于防护和储存；③合适的半衰期；④容易制作成微型粒子源；⑤植入人体后不易产生剂量热点损伤重要组织；⑥应用方便。辐射低能量（0～30keV）光子射线的碘-125和钯-103籽粒放射源的应用，使得永久性放射性籽粒植入治疗受到了更多的关注。粒子植入多为立体定向经导管或植入针将放射性同位素碘-125针植入到肿瘤组织进行持续的放射治疗，达到治疗肿瘤的目的。碘-125半衰期为59.6日，衰变时释放出35.5keV的γ射线，辐射距离短。碘-125源采用钛合金封闭式（图3-6-1），制成0.8mm×4.5mm的圆柱体粒子状放射源。植入有三种方式：模板植入、术中植入、B超或CT引导下植入。

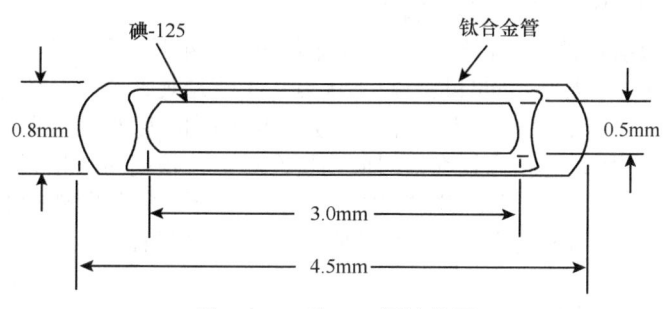

图3-6-1　碘-125源结构图

放射性粒子植入和外照射相比：①粒子源活度小，通常是1.11～3.70Bq（0.3～1.0mCi）；②治疗距离短（5～50mm）；③肿瘤组织剂量高，距离放射源近的组织剂量高，大部分射线能量能被肿瘤组织吸收；④持续性照射肿瘤组织，生物效应高；⑤靶区边缘剂量跌落快，正常组织受照射剂量低；⑥易于防护。

二、放射性粒子治疗计划设计

（一）粒子植入治疗计划设计

1. 治疗计划系统　放射性粒子植入治疗计划系统是放射性粒子植入治疗的核心部分，依据超声影像、CT或MR影像，精确确定放射性粒子植入的位置、放射源衰变时间及肿瘤和组织内照射剂量。根据肿瘤病灶大小、形状、瘤灶周围重要器官和组织范围等情况，以及放射源的表面活度、处方剂量等参数，计算出肿瘤区和其周围组织的空间剂量分布、粒子分布和等剂量曲线，应用三维治疗计划系统可以精确重建肿瘤的三维形态，准确设计植入粒子的位置、数量、活度及施入路径，满足靶区剂量具体化、个体化的优化设计要求，以指导医师做合理的植入。粒子植入计划设计包括植入前计划设计、植入术中计划优化和植入术后计划评估。计划系统软件包括操作系统、算法模型、图像显示、治疗计划四个方面，算法模型为三维数学模型，如蒙特卡罗、笔束、卷积等充分考虑散射线影响等；图像显示可进行立体显示，显示BEV、DRR、DVH等，可对任意切面和空间剂量分布评估。应用B超和CT图像引导粒子植入，不再是凭经验对肿瘤局部组织进行盲目穿刺，使粒子植入治疗的位置更加精确，靶区剂量分布更加理想，疗效更加明确。

2. 预计划　预计划是在实施粒子植入前基于超声或CT/MR影像，通过治疗计划系统确定进针点，计算植入粒子活度、粒子数目，确定植入粒子空间位置。根据所需籽粒的数目和在靶区中的分布，通过优化剂量分布，确定靶区周边处方剂量。

3. 粒子植入后的剂量分布和评估　通常在粒子植入后2～3周，再次行超声或CT/MR扫描，观察术后水肿退缩和粒子的位移。应用CT影像做剂量计算，并可和植入前的剂量分布比较。

（二）放射性粒子植入方式

1. 术中植入放射性粒子　手术中放射性粒子植入可以缩小手术范围，术中植入放射性粒子，不受进针路径的影响，定位准确。对于完全切除肿瘤的手术，可将放射性粒子植入在手术切缘周边，扩大治疗范围，使治疗更彻底；对于不能完全切除肿瘤的手术可以先姑息性切除，再将放射性粒子植入到残留肿瘤处；如肿瘤不能切除，可根据预计划设计和实际情况，将粒子植入到肿瘤处和容易转移的部位。术中植入粒子要充分考虑周围正常组织受量。

粒子植入与手术相结合可缩小手术范围，扩大治疗范围，具有治疗彻底、植入方便、易于操作等特点。但对于肿瘤暴露欠佳、病灶位置较深、病灶体积较大或病灶邻近重要器官或组织且难以有效分离的病变组织进行粒子植入时，存在粒子分布不均匀、无法有效避开危及器官、牵拉可能使病灶表面粒子迁移等缺点，致使有效性和安全性难以保证。因此术中粒子植入主要用于病变暴露良好、位置较浅、边界清晰、周围无重要脏器的病变。

2. 超声引导植入放射性粒子　超声引导经皮穿刺植入放射性粒子，具有安全、微创、准确性高、操作简便、设备简单等优点。同时具有以下优点：①清楚观察植入针的进针方位，避开血管、胆管、肠管等重要组织，减免损伤；②粒子金属外壳，超声图像表现为强回声，图像清晰有利于观察粒子位置、计算粒子间距；③植入针在短时间内留有针道，根据两条相邻的针道确定一个平面，控制相邻平面的间距；④实时性，在进针过程中可以实时引导，全程监测进针深度、方向，同时应用彩色多普勒技术对血流进行实时显像，避开重要管道系统，提高操作安全性；⑤微创、重复性好、无放射性，操作简便，易于学习。

超声引导存在的问题：①肿瘤是在三维空间立体生长的，而超声引导是在二维图像引导下完成的，存在三维空间定位的不精确甚至偏移，再次进针无法了解前次进针的空间分布；②医师需要观察患者的影像，可能与预计划影像不同，手术效果优劣取决于医师的经验和能力；③医生难以精确测量肿瘤空间位置和形状信息，难以在穿刺过程中确定穿刺针末端和肿瘤的相对关系；④穿刺针带入的气体（超声对气体全反射），在很大程度上影响医生对图像的观察和判断；⑤超声显示靶区与实际病理学靶区并不一定完全相符，对于骨内、骨旁、颅脑、肺内、纵隔及邻近膈顶的肝脾肿瘤显示欠佳，超声引导适用部位将受到限制；⑥超声对粒子精确分布显示不能令人满意，术后需要 X 射线片或 CT 扫描进行验证。

3. CT 引导植入放射性粒子　放射性粒子植入疗效取决于：精确的靶区定位、精确的计划设计、剂量分布和精确的实施照射计划。CT 有良好的空间分辨率和密度分辨率，扫描范围广，显像清晰，靶区明确，可较精确地显示病灶大小、部位、外形、病灶内的坏死空腔区，以及与相邻组织结构的解剖关系，可避开肠道、重要血管及胆管，避免严重并发症的发生，术中能及时进行 TPS 验证，方便术中粒子植入的调整，操作方便，安全性高，易于学习和掌握，精确确定靶区、制订计划和实施计划。

粒子植入术前、术中及术后均行 CT 扫描。粒子植入前扫描 CT 图像，采用治疗计划系统制订精确的粒子植入计划，根据病灶大小、位置及与周围正常组织的关系精确确定肿瘤治疗的靶区和周围剂量，制订安全、理想的粒子分布计划，保证病灶接受足够的照射剂量，同时使病灶外对射线敏感器官、组织保持在安全剂量范围内。治疗计划可以详细列出所需要的粒子总数及每个 CT 层面上的粒子数与位置。距放射性粒子一定距离的点的辐射剂量与距粒子的距离成平方反比下降，随距离的增加剂量迅速下降。要求植入的粒子在瘤体内分布均匀，粒子间距离过远则达不到足够的治疗剂量，过近不仅造成浪费，而且增加放射治疗的毒副作用。要求术中 CT 扫描与术前 CT 在层厚、间隔、扫描野等完全一致，以便于粒子植入计划的实施。依据粒子植入计划每层上所植入的粒子数、位置，选择安全、准确的进针路径，避免损伤血管等周围重要器官，降低并发症发生率，穿刺过程中依据 CT 图像精确确定和调整进针角度、深度和针尖位置，使穿刺针安全、准确到达预定的靶点，保证粒子植入的精度。术后 CT 检查用于观察粒子分布情况及有无并发症发生，术后每个月 CT 扫描观察粒子植入治疗的疗效。

CT 引导放射性粒子植入缺点是实时性差，治疗时间长，有辐射剂量。

4. MR 引导植入放射性粒子　MR 引导经皮穿刺粒子植入具有安全性高、实时性、患者术中无辐射剂量、对神经系统病变显示良好等特点。但由于粒子在 MR 影像上显影欠佳、MR 及配套针具等价格昂贵、胸腹部病变边界显示欠佳等原因，临床上主要应用于脑及脊髓恶性肿瘤治疗。

5. 腹腔镜下放射性粒子植入　在腹腔镜帮助下，用植入器按照术前治疗计划将放射性粒子植入病变区域。优点具有诊断和治疗双重功能，直视下操作，准确性高，创伤小。

6. 模板引导放射性粒子植入　根据术前制订的治疗计划，术中使用带有横竖坐标和栅格的多孔模板进行立体定位，模板上的栅格与超声或CT显示的栅格一致。穿刺针通过模板孔进入患者肿瘤内，按照治疗计划植入粒子，从而达到立体治疗目的。模板引导粒子植入优点是植入准确、放射源分布合理、治疗计划依从性好。

3D打印模板（3D-printing template）具有个体化设计的特性，是依据患者CT扫描图像数据，打印3D模板。3D模板与患者体表相适形，模板上带有十字线、针号、针的角度、针桩等信息。3D打印模板植入技术具有省时、省力、精准等特点，可使术前、术中碘-125粒子分布具有较好的一致性。

三、放射性粒子植入流程

> 【案例3-6-2】
> 　　放射粒子植入术后粒子植入位置及剂量分布，受解剖位置限制，术中难以按照术前计划植入粒子，造成与术前制订的治疗计划差异，直接与疗效和并发症有密切关系，因此术后治疗计划验证评估和剂量测定是不可缺少的环节。
> 问题：粒子植入术后计划验证的目的是什么？
> 【案例3-6-2分析】
> 　　粒子植入术后计划验证的目的是及时检查粒子在靶区内分布及剂量分布情况，检查术前计划与术后粒子分布的变化，从而确定剂量分布的变化，依此来决定是否需要再次植入粒子或追加外照射，以此消除靶区内剂量不足的问题。

（一）术前准备

术前准备包括患者术前的常规检查准备。定位装置有模板、头架、体架等，植入装置有植入器、植入针、机械手等，防护用品有铅眼镜、铅围脖、铅衣等。植入器配有粒子储存仓。

（二）植入术前计划

植入术前对患者病变部位进行CT扫描，层厚3～5mm，获取CT图像，将图像传送至TPS进行术前计划，首先勾画靶区及危及器官和正常组织，选择粒子种类及单个粒子活度，并确定处方剂量。然后确定植入针数、导针位置、粒子数及位置，计算预期靶区剂量，包括肿瘤及正常组织的剂量分布。处方剂量应包绕整个靶区，同时周围正常组织和危及器官的剂量应在可接受的水平，控制靶区内剂量不均匀程度，设计植入方式要安全可靠且简便易行，粒子植入应在1周内完成，以避免时间过长，靶区发生变化。

（三）粒子植入

1. 按围手术器期要求，术前禁食6～8小时，清肠备皮，使用镇静剂、麻醉剂等，常规局部皮肤消毒，消毒好粒子及粒子装载器备用。

2. 在CT等引导下进行粒子植入，根据术前或实时计划的剂量分布要求，进行粒子植入操作（图3-6-2）。

3. 应用模板将粒子植入针插植完成，缩短粒子植入时间，减少粒子植入时靶区结构和位置的改变，尽量减少CT扫描次数，减少术者受照剂量。

4. 验证植入针的位置，推注粒子。

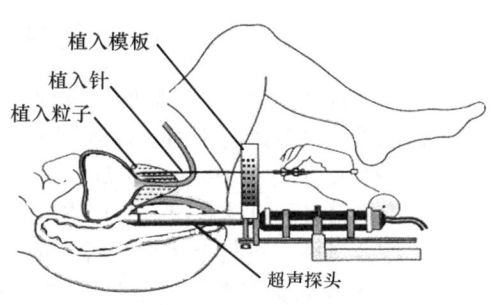

图3-6-2　碘-125粒子植入示意图

（四）植入中计划修正

粒子植入过程中需要实时进行治疗计划剂量优化，因为治疗中患者体位很难完全保持与植入前计划一致，植入前的麻醉可能会引起局部肌肉的收缩，植入针的插入等因素均会导致肿瘤靶区的相对改变，因此应使用适当的影像设备引导进行计划修正，优化剂量分布。要求：①正确勾画实际肿瘤靶区；②计算植入针数及粒子数；③计算靶区照射剂量；④调整粒子位置，纠正不均匀度，保护靶区相邻的重要器官。

（五）植入术后工作

粒子植入术后取出植入针体，并消毒包扎局部创面。检查手术台面，检测工作环境。

（六）植入术后计划验证和质量评估

粒子植入治疗后由于人体活动和器官的相对运动，需要通过平片和（或）CT 扫描来验证粒子植入质量、剂量分布是否与植入前治疗计划相吻合，分析植入后的粒子空间分布是否有变异，植入的粒子是否发生移位。这一点粒子植入治疗与外照射有所不同。

1. 粒子植入术后 要尽快拍摄靶区正、侧位 X 射线片，进行粒子和剂量重建，确认植入的粒子数目，粒子植入术后可以即刻验证，植入 30 日后可再行 CT 检查。

2. 依据 CT 检查的影像资料，对植入的每颗粒子定位 用 TPS 计算三维空间剂量分布，对靶区体积及危及器官和正常组织剂量进行评估，必要时做补充治疗。

3. 评估参数及评估方法 植入到体内的每一颗粒子源周围剂量梯度是不一样的，源表面的剂量最高，随距放射源的距离增加剂量将迅速减少，梯度落差将逐步减缓，因此，在治疗范围内，剂量不可能均匀。根据粒子植入的数量及位置，依据等剂量曲线，最主要的是 90%、95%、100%、150% 处方剂量线评估靶区体积和危及器官的剂量分布；计算靶区适形指数，根据 DVH 图评估 D_{100}、D_{95}、D_{90} 和 D_{80} 及 V_{200}、V_{150}、V_{100}、V_{80} 和 V_{50} 等参数。根据治疗剂量评估结果，必要时决定是否补充其他治疗。

放射性粒子植入治疗是一项复杂的治疗技术，需要必要的防护设备，应进行放射性粒子校准。粒子源的包装、消毒、装载操作应在＞0.025mm 的铅屏蔽后进行，操作时避免粒子源破损，应进行环境污染监测。提前制订周密的植入计划，严格操作规程，所有步骤应以减少操作人员和周围人群的射线照射为准。缩短放射源在环境中的暴露时间，减少操作时间，建立完善的操作流程和技术规范等质量保证体系。

（翟福山）

第七节　放射治疗计划评估

一、靶区及危及器官剂量限制

治疗计划评估是计划"验收"过程，需要对靶区剂量覆盖、危及器官保护程度进行评价，对危及器官的受照剂量进行限值（或限制）。美国肿瘤放射治疗协作组织（Radiation Therapy Oncology Group，RTOG）曾在 1984 年发布了关于人体相关组织的剂量限值报告，需要指出的是，要依此为参考，根据患者的身体状况、治疗史、肿瘤病灶所处部位、病理性质、病灶体积、与周边器官间的关系等综合考虑，进行个体化器官剂量限值。

评判靶区剂量覆盖、危及器官的剂量限值，所需要的参数有靶区最大剂量 D_{max}（maximum dose），靶区最小剂量 D_{min}（minimum dose），靶区平均剂量 D_{mean}（mean dose），危及器官如肺平均剂量 MLD（mean lung dose）、心脏平均剂量 MHD（mean heart dose），包绕 $X\%$ 体积的剂量 $D_{x\%}$，

接受 X 照剂量的体积 V_x 等参数。

> **【案例 3-7-1】**
> 某肺癌患者，放射治疗处方剂量为 2Gy/25 次，危及器官限值通常会给出如下条件：肺（双肺）：$V_{20}\leq20\%$；心脏：$V_{30}\leq50\%$；脊髓：$D_{max}<40Gy$。
> **问题**：脊髓和肺的剂量限值设置有什么不同？为什么？
> **【案例 3-7-1 分析】**
> 根据功能亚单位（functional sub unit）的概念将危及器官分为"串联型""并联型""串-并联型"。"串联型"器官链（如脊髓、视神经等）上任何一个功能单元的破坏将影响整个器官的功能，它的放射并发症具有较小的体积效应。"并联型"器官（如肺、肝、肾等）的功能单位则以并列方式构成整个器官的功能，它具有较大的体积效应，只有足够多的功能单位同时受损才会造成整个器官功能的损害（ICRU 83 号报告）。
> 因此，脊髓属于"串联型"器官，多推荐 D_{max}；肺属于"并联型"器官，D_{mean} 和 V_x 多用于对其的剂量评估。

常用危及器官剂量限定指标见表 3-7-1。

表 3-7-1 一些具有代表性的危及器官剂量限定指标

指标	肺	心脏	脊髓	脊髓	晶状体	脑干	胃	直肠
剂量≥/cGy	2000	5000	4000	4500	900	5400	3000	5000
体积≤/%	20	50	0	0	0	0	30	50
指标	股骨头	视神经	视角叉	腮腺	肝脏	肾脏	小肠	膀胱
剂量≥/cGy	5000	5400	5400	3000	3000	2000	5200	5000
体积≤/%	5	0	0	50	40	50	30	50

注：本剂量限值是基于常规分割方案，单次 2Gy，如采用的是大分割或超分割，指标会有所调整。

二、物理剂量和生物剂量关系

物理剂量通常指的就是处方剂量，不考虑放射生物效应，临床治疗所采用的剂量均用物理剂量标定。生物剂量则是基于物理剂量基础之上，考虑了放射生物效应，目前，放射生物效应的研究基础数据均来自实验动物，临床上仅作为参考。物理剂量和生物剂量之间的关系，也多由一些数学因子和公式而建立联系。

1. 生物有效剂量（BED） 1969 年，Dr Frank Ellis 提出了名义标准剂量（notional standard dose，NSD）；1973 年 Orton 和 Ellis 发表了时间剂量因子表格（time-dose factor，TDF）；基于线性二次型（linear quadratic，LQ）的方程式，包括了放射治疗中的时间因子，它是应用在放射治疗领域中细胞存活的一种线性二次方程的剂量计算方式，该方程替代了先前的 NSD 和 TDF。表示如下：

$$\text{BED} = nd\left(1 + \frac{d}{\alpha/\beta}\right) - \frac{\log_e 2(T - T_K)}{\alpha T_p} \quad (3\text{-}7\text{-}1)$$

式中，n 为分割次数；d 为单次剂量（Gy）；nd 为总剂量；T 为肿瘤治疗的总共时间（日）；T_K 为肿瘤再增殖的那个时间点；K 为在分次照射过程中延迟再增殖。

如前提到的 NSD，它的重要性是区别了以往的物理剂量，在不同的施照剂量条件下，物理剂量不能真实地反映生物组织的剂量效应，NSD 仅应用于正常组织。

2. 生物当量剂量（equivalent dose，EQD） 当单次物理剂量为 2Gy 时与单次剂量 D，分次 n_f 生物当量剂量关系可由下述公式表达：

$$EQD = D \times \frac{\left(\dfrac{\alpha}{\beta} + \dfrac{D}{n_f}\right)}{\left(\dfrac{\alpha}{\beta} + 2\right)} \quad (3\text{-}7\text{-}2)$$

式中，D 为分次剂量；n_f 为分次数；$\dfrac{\alpha}{\beta}$ 为组织 LQ 参数。

3. 等效均衡剂量（EUD） 如果组织接收的均匀剂量照射与不均匀剂量照射产生同样的放射生物学效应，该均匀剂量定义为不均匀剂量的等效均衡剂量。等效均衡剂量的广义计算公式为：

$$EUD = \left(\frac{1}{N}\sum_{i=1}^{N} D_i^{\alpha}\right)^{\frac{1}{\alpha}} \quad (3\text{-}7\text{-}3)$$

该公式适用于肿瘤组织和正常组织。其中 N 是组织的总体素数目；D_i 是第 i 个体素的剂量，α 是组织的生物学特征参数，用来描述剂量体积效应。α 的取值在 $-\infty \sim 20$。用于肿瘤组织时要求 $\alpha<1$，α 值越大，表示 EUD 值受到剂量冷点影响越小；用于并联型正常组织时要求 $\alpha=1$；用于串联型正常组织时要求 $\alpha>1$，α 值越小，表示 EUD 值受到剂量热点的影响越小。

三、放射治疗计划评估方法

1. 基于剂量分布的计划评估 等剂量分布（isodose distribution）是放射治疗计划质量评估的方法。通过剂量等剂量分布，放射治疗医师或物理师可在横断面、矢状面、冠状面，逐层对感兴趣区进行剂量分布评价，更直观地判断高、低剂量区的分布，直接识别最大剂量点所处的位置等。图 3-7-1 是腹部 3D-CRT 和 IMRT 的等剂量分布的对比。

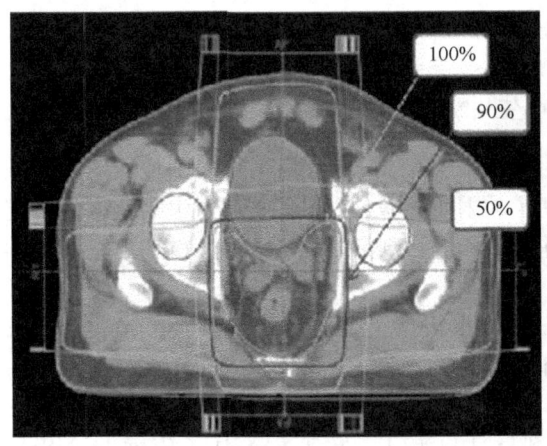 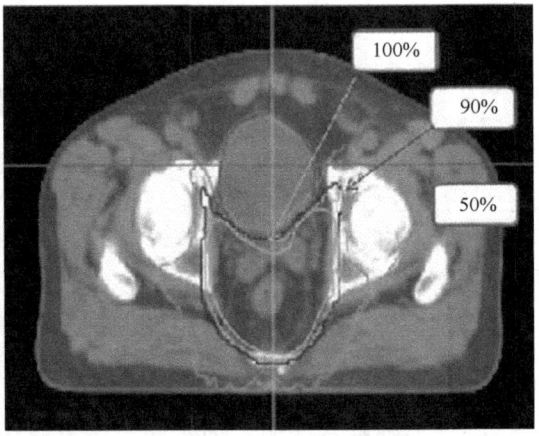

图 3-7-1 腹部 3D-CRT 和 IMRT 等剂量分布图（左：3D-CRT；右：IMRT）

2. 基于量化参数计划评估 治疗计划评估需要剂量分布图外，还需要依据 DVH 评估剂量均匀性和适形度、处方等剂量靶区（prescription isodose to target volume，PITV）比、均匀性指数、适形指数、靶区覆盖指数（target coverage index，TCI）等参数。

（1）DVH 图：剂量体积直方图主要从靶区及危及器官两个方面评价治疗计划。DVH 图是基于 TPS 的三维图像重建，反映了不同感兴趣区的等剂量分布和体积的对应关系，这些数据主要基于物理剂量的计算，进行评价（图 3-7-2）。

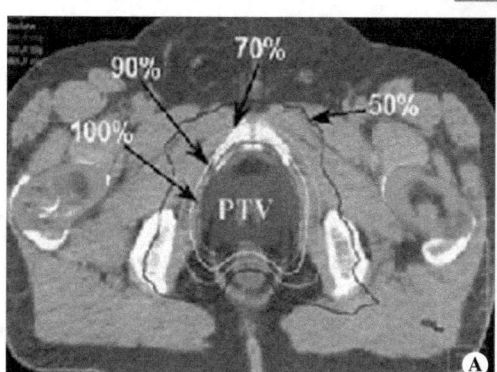
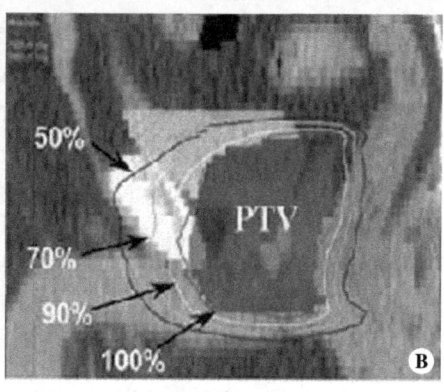
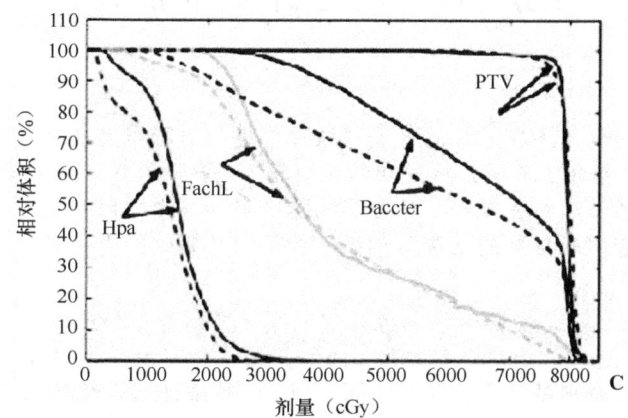

图 3-7-2　前列腺癌治疗计划 DVH 比较分析图
A. HT 计划；B. IMAT 计划；C. HT 和 IMAT 的 DVH 比较（实线：HT 计划；虚线：IMAT 计划）

（2）均匀性指数

$$HI = \frac{D_{max}}{PD} \quad (3\text{-}7\text{-}4)$$

式中，D_{max} 为 PTV 的最大剂量；PD 为处方剂量值。

HI 等于 1 是一种理想的靶区剂量均匀性状态，值越接近于 1，靶区剂量越均匀。此外还有一个修正后的 HI：

$$HI = \frac{D_{95}}{D_5} \quad (3\text{-}7\text{-}5)$$

式中，D_{95} 和 D_5 分别为 95%或 5%的靶区体积所达到的剂量值。

这个值更能够细致反映一个靶区的均匀性。

（3）适形指数：适形指数（conformal index，CI）是反映处方剂量包绕的体积 V_R 形状和大小与肿瘤靶区 V_T 的符合程度，理想的计划是 V_R 和 V_T 完全一致，CI 值为 1，现实中受照射技术的限制，很难达到两者完全一致，一般 3D-CRT 技术可以获得 CI>0.5，IMRT 技术可以获得更高 CI 值。

$$CI = \frac{PTV_{PD}}{PTV} \times \frac{PTV_{PD}}{PIV} \quad (3\text{-}7\text{-}6)$$

式中，PTV_{PD} 为 PTV 体积与处方等剂量体积的重叠部分；PTV 为计划靶区体积；PIV 为处方剂量包绕的体积。

CI 的值为 1，说明 100%的处方剂量全覆盖在靶区上。CI 越高，代表靶区的剂量越不适形。

（4）处方等剂量靶区比

$$PITV = \frac{PIV}{TV} \quad (3\text{-}7\text{-}7)$$

式中，PIV 为处方剂量包绕的体积；TV 为治疗区体积。

PITV 的值等于 1，说明处方等剂量体积和靶区体积相等。但是，这个指数仅能从数值上反映处方剂量和实际等剂量分布的差异，还需要 HI 和 CI 结合起来，这样评价起来更为立体、客观。

（5）靶区覆盖指数

$$TCI = \frac{PTV_{PD}}{PTV} \qquad (3-7-8)$$

式中，PTV_{PD} 为 PTV 体积与处方等剂量体积的重叠部分；PTV 为计划靶区体积。

（王世超）

第八节　治疗计划剂量验证

【案例 3-8-1】
　　放射治疗计划的设计是在虚拟的计算机软件中进行射野布置及剂量的计算，由于调强治疗计划剂量分布复杂，包含了不同强度复杂的照射野，其调强治疗计划剂量计算的精确性和在放射治疗计划传输中的临床相关差错，均会影响患者实际接受的照射剂量。
问题：如何确定患者实际接受的剂量与调强治疗计划计算的剂量一致？
【案例 3-8-1 分析】
　　调强治疗计划验证，是检验调强治疗计划系统计算剂量与加速器照射剂量之间的差异，是将含机架角度函数的 MLC 叶片序列文件（或补偿器）和照射剂量组成的治疗计划，移植到均匀或非均匀模体中进行剂量计算，得到验证计划，将验证计划在加速器上执行并测量，其结果与治疗计划相比较，根据是否符合临床可接受的要求，来决定治疗计划能否用于患者的治疗。

　　3D-CRT 比调强放射治疗计划设计执行简单，只需对直线加速器及其附属放射治疗设备做日常质量保证，保证放射治疗物理剂量的准确性即可。然而三维 IMRT 或 VMAT 计划中每个射野的执行都是一个复杂的过程，为了保证治疗的有效性及准确性，实施调强计划必须有完善的质量控制与质量保证，其中涉及 MLC 的位置精度、直线加速器的输出剂量率稳定性、准确性及其机械精度等。如果没有严格的剂量验证学验证，很有可能存在治疗风险。

　　剂量验证主要是通过绝对剂量验证和相对剂量验证，包括点剂量验证、二维剂量验证、三维剂量验证及使用第三方独立计算软件进行的剂量验证。验证工具主要有电离室、剂量胶片、电子射野影像系统、二维电离室矩阵等。这些仪器设备的测量精度决定了测量结果的准确性，所以这些测量工具应依据相应规程定期进行校准标定。

一、绝对剂量验证

（一）电离室剂量验证

　　绝对剂量验证的工具主要是电离室、剂量仪和体模。圆柱形电离室在剂量线性、能量响应及重复性等方面具有良好的稳定性，所以在剂量验证过程中，用圆柱形电离室对感兴趣点做绝对剂量的验证。但是必须根据国家标准进行校准后才能进行测量。目前临床绝对剂量验证常用的圆柱形电离室有 3 种灵敏体积，分别是 $0.6cm^3$、$0.125cm^3$ 和 $0.015cm^3$。$0.6cm^3$ 电离室是放射治疗中最常用的一种，加速器绝对剂量的标定通常都使用这种电离室。

　　调强计划照射野内或射野边缘，剂量分布可能是不均匀的，在做感兴趣点绝对剂量验证时，物理师应选取剂量变化相对平缓的区域，因为在剂量分布陡峭之处，$0.6cm^3$ 电离室收集体积的长度超过 2cm、体积大，此时感兴趣点测量结果显然不能代表某一点的剂量，而是一个小区域的平均剂量；

所以应考虑电离室的体积效应造成的验证误差。通常采用在水模体或等效水模体 CT 图像中勾画出电离室的有效测量体积并计算其平均剂量，与电离室的测量结果进行绝对剂量的比较。当照射野位于同一方向时，电离室摆位要考虑电离室的有效测量点（位于电离室前方 2/3 半径处）。从体积上考虑，0.015cm³ 的电离室非常适用于照射野内点剂量验证，可认为是点剂量的测量，但是有效收集体积太小，收集到的电荷量很少，以至于漏电流及静电计电子线路的噪声可能对测量结果产生较大的影响；另外，由于体积小，中心电极大多采用高原子序数材料如铁（Fe），这类材料容易使电离室对低能散射光子产生过度反应，导致测量结果存在一定的误差。0.125cm³ 电离室有效灵敏体积收集的电荷量适中，漏电流及静电计电子线路的噪声对测量的结果影响较小，可作为照射野绝对剂量验证的标准电离室。

IMRT 绝对点剂量的测量方法如下：在 CT 模拟定位机下扫描体积为 30cm×30cm×30cm 的等效固体水模体，将带有相应电离室（如 0.125cm³ 电离室）适配孔的等效固体水放置在中间层面。要求测量模体横向及纵向尺寸至少照射野外放 5cm 的大小，这样才能保证剂量测量点有足够的侧向散射和反向散射。在等效固体水模体的 CT 图像中应逐层勾画出电离室的有效测量体积，将 IMRT 的计划移植于该模体电离室中进行剂量计算，取该计算体积的平均剂量与相同条件下电离室测量的结果进行绝对剂量的对比，两者误差应小于 5%。同时注意在测量时避免治疗床对吸收剂量的影响。调强放射治疗剂量验证时，很小的位置偏差可能对剂量造成较大的影响，在剂量梯度变化较大处，1mm 的位置偏差导致的剂量变化可达到 5% 以上。

（二）胶片剂量验证

胶片剂量测量属于连续测量，具有极高的空间分辨率。胶片的吸收剂量范围有限，具有能量依赖性和方向依赖性，对低能光子高度敏感，在射野外对低吸收剂量水平表现出过响应。应用胶片精确剂量测量的关键在于仔细控制胶片的处理过程和读出过程，使用辐射自显影胶片可很好地解决这一问题。辐射自显影胶片具有以下特点：①对周围环境光线不敏感，无须暗室操作，但对紫外辐射很敏感；②对兆伏级射束，辐射自显影胶片几乎组织等效，且表现出低能量依赖性；③对千伏级 X 射线，辐射自显影胶片表现出不同程度的能量依赖；④具有防水性能。⑤能用相匹配的（平板）扫描仪读出，但读出过程需对水吸收剂量精确校准，包括非均匀性空间响应校准、扫描仪的响应校准和胶片信号方向依赖性校准；⑥胶片信号在辐照之后的几小时内持续产生，因此胶片应在照射后用和校准胶片同样的时间间隔扫描；⑦缺点包括胶片暗化，温度敏感性响应等。

应用胶片剂量验证，首先要对胶片进行剂量刻度并建立胶片剂量响应曲线，过程如下：将胶片切割成为 10cm×10cm 大小的小胶片，共 7 张并按顺序编号。将胶片水平居中放置于等效固体水模体中，胶片中心与射野中心一致，能量为 6MV，SSD（源到固体水表面距离）为 100cm，深度为 5cm 处，照射野大小为 10cm×10cm，分别给 0MU、30MU、50MU、100MU、200MU、300MU 及 400MU 的机器跳数，按顺序依次照射。利用胶片分析软件把曝光后的胶片进行扫描分析，并输入对应的剂量，形成胶片剂量响应曲线。

（三）电子射野成像剂量验证

EPID 是直线加速器上配备的兆伏级高速动态非晶硅平板探测器电子射野成像系统。EPID 可在机器手臂的精准操控下在三维方向上移动，可自动收回和展开，具有亚毫米的定位精度。EPID 也是可靠的剂量验证工具，有相关软件可转换 EPID MV 影像获得检测平面的剂量，与 TPS 计算的等中心及附近关键感兴趣区域的剂量比对，以验证等中心和感兴趣区域的剂量是否准确。需要指出的是，每台加速器 EPID 设备本身需定期进行 QA。在使用 EPID 进行几何和剂量的 QA 测量时，需明确确定测试内容的细节，如剂量率、能量、校准距离等参数。

二、相对剂量验证

(一) 二维剂量验证

对感兴趣平面或参考平面(冠状面、横断面及矢状面)的剂量分布验证,弥补了只对一个点或几个点做绝对剂量验证的不足。目前用于 IMRT 的二维剂量检测工具如下:

1. 胶片剂量测量 把刻度后的免洗放射性铬胶片置于模体中,它可以测量指定横断面的剂量分布,可以测量单个照射野,也可以测量计划的全部照射野,但是辐射照射后需要经过一定的时间才能达到稳定的显色。用特定的扫描仪在红绿蓝三色模式下将胶片扫描到计算机中,经软件处理后得到相应的等剂量分布并进行相对剂量分析比较。

2. 二维平面阵列式探测器 是基于二极管或电离室探测器组成的二维阵列,制造商提供的二维平面阵列式探测器主要区别在于探测器的性质、数量、间距及最大的测量面积,在测量时特别要注意探测器前方建成区等效水的厚度,以免测量深度不同造成剂量误差。

二维平面阵列式探测器经过剂量校准后,可及时得到测量结果,有助于及时判断误差及误差的范围,因其便利性和高效性,广泛应用于 IMRT 的剂量验证。由于二维平面阵列式探测器,每个探测器的位置是固定的,探测器数量有限,导致其空间分辨率较低,明显低于胶片空间分辨率。对于非悬挂的二维平面阵列式探测器在机架旋转调强计划验证时,会表现出机架角度的依赖性,探测器响应出现偏差,导致验证结果不能正确反映旋转照射的真实情况。

3. 电子射野影像装置 加速器机载的电子射野影像装置 EPID 亦属于二维平面阵列探测器,是利用 EPID 可获取低剂量、高分辨率的二维影像,实时应用于体剂量验证软件,用于调强计划二维剂量的验证。由于加速器机载电子射野影像装置,缩短了验证时间,校准方便,可以进行实时测量。

(二) 三维剂量验证

二维平面阵列探测器受机架角度的影响,需要将所有射束叠加在某一特定层面,无法获得三维空间剂量分布信息。

三维阵列探测器有筒状三维探测器,是探测器分布在圆筒壁上,有两垂直交叉的平板探测器及可随加速器机架旋转的平板探测器。其中机载的 EPID 及悬挂加速器机头的二维探测器与加速器同步旋转运动,不受机架角度影响,实时采集患者治疗过程中影像信息,根据影像信息与剂量的关系,计算患者体内特定平面实时剂量分布,提供实时剂量验证。

三、基于软件的剂量验证方法

调强剂量验证不仅要花费大量时间,还需要验证设备,利用独立计算软件如蒙特卡罗剂量计算方法,输入调强计划的 MLC 等文件,独立计算指定点剂量,并与计划系统的计算结果对比,以确定计划系统计算的正确性,如果两者符合,可排除计划系统计算误差。

四、相对剂量分布评估分析

剂量分布评估有逐点剂量、线剂量、面剂量评估等,最常用的方法是 Gamma 指数分析方法。

1. 剂量偏差(dose deviation) 模体中某点剂量测量值与该点计算剂量值的偏差,为剂量偏差。剂量偏差分析是在相同的空间位置上分析测量值与计算值的偏差,在剂量随位置改变而变化比较缓慢的区域,剂量偏差分析能够评估两种剂量的一致性,而在剂量梯度陡峭的区域,很小的距离改变,就会导致较大的剂量偏差。

2. 距离一致性测试(distance to agreement, DTA) 定义为测量剂量分布中与计算剂量分布中相同剂量点间的最小距离,相当于测量和计算等剂量线间最近的距离。计算剂量和测量剂量之间的空间关系是非常重要的，在剂量梯度陡峭的区域，因较小的空间位置改变可能导致较大的剂量变化，而临床上对于一定的较小空间位置变化是可接受的，仅剂量偏差不足以确定临床实际偏差。

3. Gamma 指数分析方法 综合考虑剂量偏差与 DTA 分析方法，对剂量陡峭区域和平滑区域加以综合考虑，快速定量分析剂量分布的整体偏差情况，Gamma 指数标准包含两部分：①剂量误差不超过误差范围（2%或 3%）；②等剂量线偏差距离不超过误差范围（2mm 或 3mm），其中有一项符合要求，即认为是符合剂量分布要求。Gamma 指数分析方法是将剂量误差和位置误差控制标准用数学形式表示出来，全面反映测量和计算之间的差别。

（翟福山）

本 章 小 结

治疗计划设计与计划评估在放射治疗过程中起着至关重要的作用，高能 X（γ）射线和高能电子线的计划设计主要根据临床剂量学原则，放射物理学、放射生物学等原理来制订。一个好的治疗计划决定了放射治疗效果。治疗计划系统具有图像重建、剂量计算、平面和立体剂量分布显示，治疗计划评估等功能。相比于二维放射治疗，三维适形放射治疗计划和调强放射治疗计划显著增加了治疗增益比。全脑全脊髓照射、全身全骨髓照射、全身电子线等特殊照射技术，各有其特点及应用范围。后装近距离放射治疗是将放射源直接放入或插植在患者肿瘤所在部位进行短时间（暂时性）照射，其广泛应用于妇科肿瘤及全身多处肿瘤的治疗中。放射性粒子植入是在放射源完全衰变的整个活性期内（永久性）实施连续照射，准确设计植入粒子的数量、位置、活度及施入路径，进行治疗计划的设计与评估，其适用于前列腺癌、鼻咽癌、胰腺癌、肺癌、乳腺癌和肝癌等实体肿瘤，已经成为一种成熟的治疗技术。综上所述的照射技术，采用等剂量分布、剂量体积直方图、适形指数、均匀性指数等方式进行计划评估。调强放射治疗计划是一个复杂的过程，为了保证治疗的有效性和精确性，治疗前的剂量验证必不可少。不同的肿瘤患者所需要的照射方法不同，这就要求在放射治疗前，合理的选择放射治疗方式，合理设计放射治疗计划，以及严格进行治疗计划的剂量验证。

思 考 题

1. 放射治疗临床剂量学原则是什么？
2. 靶区定义分类有哪些？
3. 影响百分深度剂量的因素有哪些？
4. 调强放射治疗实施方式有哪些？
5. 治疗计划评价方法有哪些？

第四章 临床放射生物学基础

【学习目标】
1. **记忆** 细胞放射损伤及修复；早反应组织和晚反应组织的分类与特点；正常组织的放射敏感性定义与分类、正常组织放射耐受量等。
2. **理解** 细胞存活曲线的作用；放射反应与放射损伤的准确定义；肿瘤控制概率与剂量关系。
3. **运用** 4R 原理理解分次放射治疗及临床应用；初步了解放射生物学线性二次方程的临床运用。

第一节 电离辐射对细胞的作用

一、细胞结构与细胞周期

哺乳动物细胞通过有丝分裂来进行繁殖和传代。一个细胞分裂，会产生两个携带与母细胞完全相同染色体的子细胞。细胞周期是指由细胞分裂结束到下一次细胞分裂结束所经历的过程，这一过程所需的时间称为细胞周期时间。一个完整的细胞周期包括分裂间期和分裂期两个阶段。分裂间期为分裂期进行物质准备，包括 DNA 分子的复制和有关蛋白质的合成，这占据了细胞周期的大部分时间。细胞增殖必须依次经过以下时期：①DNA 合成前期（G_1 期），指从有丝分裂完成到 DNA 复制之前的间隙时间，此期主要是进行 RNA 的复制、染色体蛋白质和 DNA 解旋酶的合成；②DNA 合成期（S 期），指 DNA 复制的时期；③DNA 合成后期（G_2 期），指 DNA 复制完成到有丝分裂开始之前的一段时间，此期主要进行与细胞分裂期相关酶的合成；④有丝分裂期（M 期），是指从细胞分裂开始到结束。

不同细胞周期时相对于电离辐射的敏感性是不同的，Sinclair 用中国仓鼠细胞离体培养实验证明，M 期细胞对于照射很敏感，较小剂量即可致细胞死亡或染色体畸变。在间期细胞中，G_2 期对放射线最敏感，其敏感性与 M 期细胞相似；其次是 G_1 期；S 期细胞相对不敏感。若 S 期较长，早 S 期较晚 S 期敏感。这种放射敏感性变化的主要特征即为有丝分裂期细胞或接近有丝分裂期的细胞是放射最敏感的细胞。

二、细胞放射损伤与修复

（一）细胞的放射损伤

电离辐射的生物学效应主要是通过直接作用或间接作用造成 DNA 损伤，从而引起一系列包括细胞死亡、突变和致癌等生物学事件的发生。直接作用是指任何射线被生物物质吸收时，射线直接和细胞关键的靶原子起作用，靶原子被电离或激发从而启动一系列事件导致生物改变。快中子或碳离子等高 LET 射线的生物学效应即是直接作用。间接作用是指射线在细胞内并不直接与关键靶原子起作用，而是和另一个原子或分子相互作用产生自由基，自由基扩散一定距离到达关键的靶并造成损伤。由于细胞中约 80% 为水分，低 LET 射线的生物效应在很大程度上是通过水电离产生的间接作用而形成。据研究统计，X 射线对细胞 DNA 的损伤，约 2/3 是由氢氧自由基所致。

细胞群受到照射后，部分细胞会死亡，部分细胞仅发生损伤。一般将电离辐射引起的细胞损伤分为三种类型，即亚致死损伤（sublethal damage，SLD）、潜在致死损伤（potential lethal damage，PLD）和致死损伤（lethal damage，LD）。

亚致死损伤是指受照射后经过一段时间能够完全被细胞修复的损伤，在正常情况下数个小时即可修复。如果在未修复时再给予另一次亚致死性损伤，可形成致死性损伤。亚致死损伤对细胞死亡影响不大，其修复会增加细胞存活率。

潜在致死损伤是指正常状态下应当在照射后死亡的细胞，若照射后改变环境条件细胞出现又可存活的现象；若得不到适宜的环境和条件则将转化为不可逆性损伤，使细胞最终死亡。

致死损伤指受照射后细胞完全丧失了分裂繁殖能力，是一种不可修复的损伤。

（二）细胞放射损伤修复

DNA 是放射线对细胞作用最关键的物质，但是射线在 DNA 水平所致损伤的数量远比最终导致的细胞死亡量大。有研究表明，临床上所用的照射剂量会造成大量的 DNA 损伤，但其中大部分可被细胞成功地修复。DNA 损伤后修复至少有以下两种途径：基因重组和碱基切割修复。基因重组分为同源性和非同源性两种，脊椎动物系统的 DNA 损伤修复以非同源性基因重组为主。

1. 亚致死损伤修复 是指假如将某一既定单次照射剂量分成间隔一定时间的两次时所观察到的存活细胞数量增加的现象。不同类型组织细胞修复亚致死性损伤的速度不一样，一般为 30 分钟到数小时。以小肠上皮细胞为例，照射后 3 小时即能完成损伤后的修复；而脊髓在照射开始后大约 24 小时才能完成亚致死性损伤修复。目前尚不完全清楚所有组织亚致死损伤的修复速率。

2. 潜在致死损伤修复 指照射后改变细胞的环境条件，因潜在致死损伤修复而影响既定剂量照射后细胞存活的现象。一般情况下这种损伤可导致细胞死亡，但如果照射后环境条件改变则会出现细胞存活增加，这被认为是潜在致死损伤修复的结果。例如，照射后把细胞放在平衡盐而不是完全培养基中培养几小时，潜在致死损伤会被修复。

三、细胞存活曲线

在离体培养细胞实验体系中，细胞群受到照射后，一个存活细胞可分裂繁殖成一个细胞群体，称为克隆（clone）。这种具有生成克隆能力的原始存活细胞，称为克隆源性细胞。

细胞存活曲线是通过测量接受不同剂量照射后，有增殖能力的细胞在体内、体外形成克隆的能力，根据其存活率的变化所绘制的剂量-效应曲线。研究细胞存活曲线，首先需要明确细胞存活和死亡的概念，细胞存活和死亡在不同学科的定义是不同的。放射治疗的目的是抑制肿瘤继续生长，阻止肿瘤细胞繁殖传代。因此，放射生物学规定细胞死亡是指任何能够引起细胞永久性无限增殖能力丢失的过程。这一定义是针对正处于增殖状态的细胞，对于那些不再增殖的、已分化的细胞，如神经细胞、肌肉细胞等，只要其特殊功能丧失即是死亡。细胞存活即是经过照射后仍能保持完整的增殖能力，能增殖形成细胞群落的细胞。

细胞死亡有两种形式：增殖性细胞死亡和间期性细胞死亡。增殖性细胞死亡是指细胞受到电离辐射后，在一段时间内仍保持完整形态，甚至可在完成几个细胞分裂周期后再发生死亡。增殖性细胞死亡与放射剂量呈指数型关系，是最常见的细胞死亡形式。间期性细胞死亡与细胞周期无关，一般发生于电离辐射后数小时，在 1.5~5Gy 照射剂量范围内较敏感，可伴发一系列生化和形态学改变，如染色体浓缩、细胞分解、凋亡小体形成，最终被邻近细胞或巨噬细胞吞噬。

细胞存活曲线主要用于研究以下几个放射生物学问题：①研究各种细胞生物效应与照射剂量的定量关系；②比较各种因素对放射敏感性的影响；③观察有氧和缺氧情况下细胞对放射敏感性的变化；④比较不同放射分割方案的放射生物学效应；⑤观察各种类型放射增敏剂的效用；⑥比较不同 LET 射线的生物学效应；⑦研究细胞的各种放射性损伤。

细胞存活曲线受多种因素影响，如不同物种、不同组织等。目前，已建立了几种数学模型以更好地模拟哺乳动物细胞的存活曲线，以下简要介绍临床研究中最常用的数学模型。

（一）指数存活曲线

指数存活曲线是指对于致密电离辐射（如中子、α粒子等）照射后的哺乳动物细胞的存活曲线，在半对数坐标系上是一条直线，其特点是只有一个生物学参数，即 D_0 值，通常称为平均致死剂量。它的定义是平均每靶击中一次所给予的剂量。

存活分数（SF）与照射剂量（D）之间的关系以下列公式表示：

$$SF=e^{-\alpha D} \text{（单靶单击模型）} \quad (4-1-1)$$

式中，e 是自然对数的底，近似等于 2.718，α 是与射线的质和细胞敏感性有关的常数。这个曲线用单靶单击数学模型拟合而成，表明细胞存活率随照射剂量的增加呈指数级下降，也称指数失活。当细胞受到剂量 D_0 照射后，$\alpha D_0=1$，这时 SF=0.37。也就是说并不是所有细胞都受到打击，实际上只有 63% 的靶细胞受到致死性打击，而有 37% 的细胞幸免。

（二）非指数存活曲线

非指数存活曲线是指对于稀疏电离辐射（X、γ 射线等）照射后，细胞存活曲线在低剂量段在半对数坐标上有一个有限的初斜率（存活分数是照射剂量的指数函数）；在稍高剂量段（肩区）出现弯曲，弯曲部分跨度是几个 Gy。在高剂量段存活曲线又趋于直线（存活分数又变成照射剂量的指数函数）。解释这个现象的最常用的数学模型即是多靶单击模型和线性二次模型。

1. 多靶单击模型 其数学表达式为：

$$SF=1-(1-e^{-KD})^N \quad (4-1-2)$$

假设一个细胞内有 N 个相同的靶，只有当所有的靶都失活，细胞才会死亡，而每个靶的失活只需要一次被放射线击中。在这个模型中，存活曲线由以下参数描述：①初始斜率 D_1：D_1 由单一事件的细胞杀灭所致。D_1 指在存活曲线初始部分，即将细胞存活分数从 1.0 降到 0.37 所需的剂量，反映的是细胞在低剂量区的放射敏感性。②终斜率 D_0：D_0 由多次事件的细胞杀灭所致。D_0 指存活曲线的直线部分，即将细胞存活分数从 0.1 降到 0.037 所需的剂量。③准阈剂量 Dq：它的定义是将存活曲线的直线部分向上延伸与通过存活分数为 1.0 的剂量轴相交处的剂量。Dq 意味着小于这个剂量将没有放射生物效应，但在射线作用中不存在无效应的剂量，因此称之为准阈剂量。它表明了细胞亚致死性损伤修复能力的大小，Dq 值小则细胞修复能力弱，很小的剂量即可使其进入指数性杀灭。④外推数 N：N 代表存活曲线肩区宽度大小的参数。

Dq、D_0、N 三个参数中，任意两个参数便可在一定程度上反映细胞的放射敏感性。三者之间的关系可用下面公式表示：

$$\ln N = Dq/D_0 \quad (4-1-3)$$

单靶单击、多靶单击模型细胞存活曲线如图 4-1-1 所示：

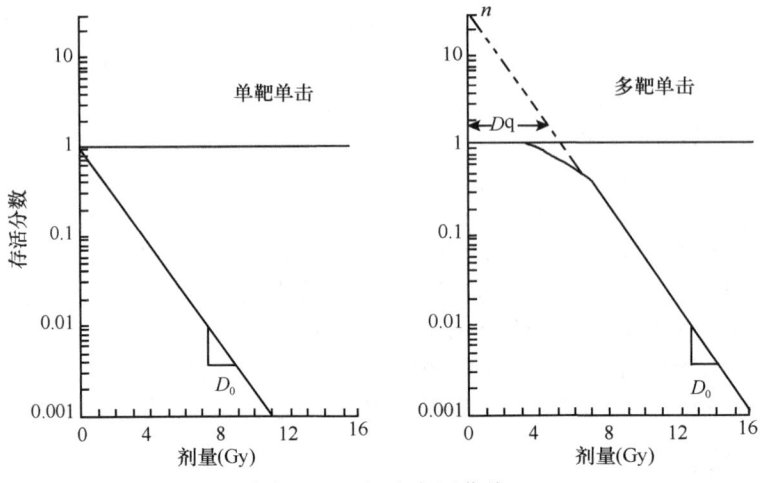

图 4-1-1 细胞存活曲线

2. 线性二次模型 此模型是根据所谓双重辐射作用理论所提出的模型，假设射线杀灭细胞有两部分组成，一部分与照射剂量成比例，另一部分与照射剂量的平方成比例。因此，细胞存活曲线的表达式为：

$$S = e^{-\alpha D - \beta D^2} \quad (4-1-4)$$

式中，S 是照射剂量为 D 时的细胞存活率，α 和 β 是常数。当 $D=\alpha/\beta$ 时，照射剂量与细胞杀灭成比例的部分与照射剂量平方成比例的部分相等，即线性和二次细胞杀灭的贡献相等的剂量等于 α/β 的比值。系数 α 代表斜率，决定的是低剂量照射条件下的损伤程度；系数 β 代表其放射生物学效应的超线性部分，它的贡献随照射剂量的增加而加大。线性二次模型细胞存活曲线如图 4-1-2 所示。

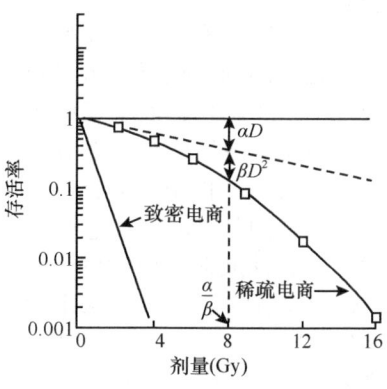

图 4-1-2 线性二次模型细胞存活曲线

第二节 电离辐射对正常组织和器官的作用

一、正常组织的结构组分

相对于肿瘤组织而言，正常组织细胞的增殖呈高度规律性。正常情况下，机体细胞的增殖与死亡之间存在着微妙的平衡关系，这种关系维持着组织结构和细胞数量的平衡，这是机体自我调节机制作用的结果。但当某一细胞群发生细胞丢失时，自我调节作用将加快细胞增殖，迅速补充缺损以达到平衡。

正常组织由具有不同增殖能力和功能分化的细胞组成，这些不同分化层次的细胞主要有以下 3 种类型：①干细胞：干细胞具有无限自我繁殖能力，正常情况下大部分干细胞都处于 G_0 期，受到刺激后可进入细胞周期；②分化或功能细胞：这些细胞通常没有分裂能力，最后因衰老而死亡；③扩增细胞：扩增细胞是处于干细胞和功能分化细胞之间的一个由正在成熟的细胞组成的中间层次，可快速增殖，但只具有有限的分裂次数。

根据细胞增殖以及功能细胞组成状态的不同将正常组织分为两类：一类是结构等级制约组织，其特点是干细胞、扩增细胞与功能细胞之间具有清楚的、可识别的界限；第二类是灵活组织，在这种组织中，细胞层次间没有明显界限，功能细胞和增殖细胞可来源于相同的细胞。增殖和功能层次细胞的组成状态对正常组织放射反应的结局非常重要。放射反应的最终表现取决于干细胞的耗竭程度，而放射反应发展的过程和程度取决于干细胞中前体细胞的分化速度、方式以及干细胞的增殖速度。

二、早期和晚期放射反应

正常组织器官受到一定剂量的辐射后，在一定时间内会出现一定程度的放射反应，患者临床上会表现出相应的症状，即放射治疗的毒副作用。根据放射反应发生时间不同，RTOG/EORTC 将放射治疗开始第一天至放射治疗结束 3 个月内所发生的放射性反应定义为早期放射反应，而放射治疗结束 3 个月后发生的放射性反应定义为晚期放射反应。早期放射反应多发生在更新转快的组织，包括口腔黏膜、消化道黏膜和骨髓等。晚期放射反应多发生在更新很慢的组织，包括肺、肾、心脏、中枢神经系统等。

临床根据正常组织的不同生物学特性和对射线的不同反应性,将正常组织分为早反应组织和晚反应组织。早反应组织的特点是细胞更新很快，照射以后损伤很快便会表现出来，损伤后通过活跃增殖来使组织损伤得到恢复。晚反应组织中细胞群体的更新很慢，更新周期达数周或一年，或更长时间也不进行自我更新，因此损伤很晚才表现出来。一般来说，肿瘤组织对射线的反应与早反应组织类似。

放射生物学实验及临床研究结果显示,早反应组织和晚反应组织对分次剂量和总治疗时间的反应是不同的。晚反应组织对分次剂量的变化比早反应组织更敏感,若增加分次剂量,可加重晚反应组织损伤,而早反应组织损伤加重并不明显。早反应组织对总治疗时间变化较晚反应组织更敏感,晚反应组织在放射治疗期间一般不发生代偿性增殖,缩短总治疗时间一般不会加重晚反应组织的损伤,但会使早反应组织来不及代偿增殖以修复损伤。因此,在临床放射治疗中,增加分割剂量时应注意晚反应组织的耐受性;而为保证肿瘤控制而缩短总治疗时间时,应考虑严重急性放射反应的发生。

值得注意的是,有些组织同时存在早期反应和晚期反应的机制,因此可以在临床中看到同一器官发生不同类型的损伤。如皮肤,典型的早期反应表现为红斑、干性脱皮、湿性脱皮等,而晚期反应则表现为纤维化、萎缩和毛细血管扩张。

三、正常组织放射敏感性与耐受量

(一)正常组织放射敏感性

放射敏感性是指当照射条件完全一致时,机体器官或组织对射线反应的强弱或速度的快慢。如果反应强,速度快,其敏感性就高,反之则低。从放射生物学角度来看,放射敏感性定义为造成一次击中所需的照射剂量越小,放射敏感性越高。

临床实践中,常根据放射敏感性的不同将正常组织或器官大致分为四大类,①放射高度敏感组织:照射剂量范围在 10～20Gy 时,受照射组织或器官功能就会受到影响,主要包括生殖腺(卵巢、睾丸)、发育中的乳腺、生长中的骨与软骨、骨髓等;②放射中度敏感组织:照射剂量范围在 20～45Gy 时,受照射组织或器官基本不会发生严重并发症,主要包括胃、小肠、结肠、肾、肺、肝、甲状腺、垂体、生长中的肌肉及淋巴结等;③放射低度敏感组织:照射剂量范围在 50～70Gy 时,受照射组织或器官很少发生严重并发症,主要包括皮肤、口腔黏膜、食管、直肠、唾液腺、胰腺、膀胱、成熟的骨与软骨、中枢神经系统、脊髓、眼、耳及肾上腺等;④放射不敏感组织:受照剂量范围在 75Gy 以上,组织或器官基本不会发生严重并发症。这类组织主要包括输尿管、子宫、成人乳腺、肌肉、关节软骨、周围神经及胆道等。

(二)正常组织放射耐受量

放射耐受量是指产生临床患者可接受综合征的放射治疗剂量。这个定义包括有关放射生物学的客观指标和主观指标,它受到多种因素的影响,如非标准条件下的照射方式、年龄、伴发全身性疾病、二程放射治疗及其他治疗手段等,临床医师记录和评价标准不一致也会带来影响。

由于存在个体差异和统计学波动的影响,耐受剂量只能代表一种概率。任何受照组织产生 5%、50% 或 95% 给定并发症的剂量统计,均存在明显的统计学方面的不确定性。对于如脊髓、脑干等重要功能部位而言,即使是 5% 的可能性也是不能接受的。对耐受剂量概念的定义不明确的另一个原因是早、晚期反应之间的区别,两者之间不平行且结局完全不同。肾和膀胱受照射后的放射反应即是典型例子,50～60Gy 照射中或几周后患者即可出现急性膀胱炎的症状,但缓解后不会有任何后遗效应;而全肾脏受相同剂量受到照射后,早期无明显放射反应,晚期则会出现肾功能丧失。因此,临床中放射治疗计划设计时需注意避免严重的晚期反应发生。

放射治疗计划设计中应考虑正常组织耐受量时常用的指标,即最小耐受剂量($TD_{5/5}$)和最大耐受剂量($TD_{50/5}$)。$TD_{5/5}$ 是指在标准治疗条件下,受照射后 5 年内严重放射并发症发生率不超过 5% 所对应的放射剂量。$TD_{50/5}$ 是指在标准治疗条件下,受照射后 5 年内严重放射并发症发生率不超过 50% 所对应的照射剂量。定义中的标准治疗条件是指应用能量为 1～6MeV 的射线,1 次/天,连续治疗 5 天,休息 2 天,10Gy/周。

四、正常组织的体积效应

一般来说，临床放射治疗中正常组织所能耐受的照射总剂量除了与照射野内体积密切相关外，还与组织固有的放射敏感性和可再生细胞的数目及构成方式有关。Kogel认为，在考虑正常组织受照体积对耐受量的影响时，必须区别认识结构性组织耐受和功能性组织耐受两个概念。结构性组织耐受取决于细胞的放射敏感性和在限定体积内使成熟细胞群保持在临界水平以上的干细胞活力。功能性组织耐受取决于作为一个整体器官是否能行使功能。

1988年Withers等首次引进了基于功能性亚单位（functional subunit，FSU）的组织放射耐受性概念。FSU是由单一的存活克隆源性细胞再增殖而来的最大的组织体积，FSU分为并联结构和串联结构。在并联结构中，FSU单独行使其功能，少量FSU损伤不会引起器官的功能障碍，只有当存活的FSU数目太少不能维持该脏器正常的生理功能时，才会表现出放射损伤的临床症状。对于这类器官存在着一个照射的阈值体积，小于这个体积就不会出现功能性损伤；超过这个阈值体积后，随着照射剂量的增加，器官功能性损伤加重。这类主要以并联结构存在的器官包括肺、肾、肝、腮腺等。在串联结构的器官中，器官功能取决于FSU的功能，只要其中一个FSU损伤便可因联锁反应导致整个器官的功能障碍，从而引起临床症状。在这些器官中，并发症的发生风险取决于器官中最大剂量（即"热点"）的大小，与整个器官中的剂量分布关系不大，也没有一个阈值体积。这类主要以串联结构存在的器官包括脊髓、小肠、食管等。

虽然人体内并不存在纯粹的并联器官和串联器官，但了解这些并联或串联结构组织的体积效应模式是很有用的，这可解释临床上一些矛盾的现象，如肝、肾、肺，即使有一半以上的组织损伤或丢失，可以无明显的功能障碍；而小体积脊髓受照射后也可能出现截瘫。

此外，许多脏器既不属于并联结构也不属于串联结构，可用中间型器官来描述，如临床上大脑的放射耐受性更多地依赖于受照射部位而不是受照射体积限制，因为特定的部位从事特定的功能，即便是很小体积的照射也会导致相应组织特定功能的永久性丧失。

照射肿瘤的剂量高低取决于正常组织的耐受量和肿瘤控制剂量的平衡，放射治疗计划设计时需要着重关注发生正常组织并发症的概率（normal tissue complication probability，NTCP）。影响NTCP的因素有很多，如放射总剂量、单次剂量、照射体积和放射治疗总时间等。进入三维适形放射治疗时代后，一种联系整个器官和部分体积损伤的剂量体积直方图（dose volume histogram，DVH）被证实是一种进行评估和比较治疗计划的很有用的工具。但是DVH中没有空间剂量分布信息，不能用来说明局部组织损伤与总的发病率之间的关系；同时，DVH不能区分一个器官中功能性和解剖性结构的差异。因此，在临床上应用DVH评估和选择治疗计划时应对其局限性有充分的认识，它不能精确预测临床放射治疗的效果。

人体正常组织、器官体积与放射耐受量关系见表4-2-1。

表4-2-1　人体正常组织、器官体积与放射耐受量　　　　　　　　　（单位：cGy）

器官	$TD_{5/5}$ 体积			$TD_{50/5}$ 体积			损伤
	1/3	2/3	3/3	1/3	2/3	3/3	
肾脏	5000	3000*	2300	—	4000*	2800	肾炎
膀胱	N/A	8000	6500	N/A	8500	8000	挛缩
骨							
股骨头	—	—	5200	—	—	6500	坏死
颞颌关节下颌骨	6500	6000	6000	7700	7200	7200	关节功能显著受限
肋骨	5000	—	—	6500	—	—	病理性骨折
皮肤	10cm²	30cm²	100cm²	10cm²	30cm²	100cm²	毛细血管扩张，坏死溃疡
	7000	6000	5500	—	—	7000	

续表

器官	TD$_{5/5}$体积			TD$_{50/5}$体积			损伤
	1/3	2/3	3/3	1/3	2/3	3/3	
脑	6000	5000	4500	7500	6500	4500	坏死、梗死
脑干	6000	5300	5000	—	—	6500	坏死、梗死
视神经	不考虑部分体积		5000			6500	失明
视交叉	不考虑部分体积		5000	不考虑部分体积		6500	失明
脊髓	5cm	10cm	20cm	5cm	10cm	20cm	脊髓坏死
	5000	5000	4700	7000	7000	—	
马尾神经根	不考虑部分体积		6000	不考虑部分体积		7500	显著神经功能损伤
骶丛神经根	6200	6100	6000	7700	7600	7500	显著神经功能损伤
晶状体	不考虑部分体积		1000	—		1800	白内障
视网膜	不考虑部分体积		4500			6500	失明
外耳/中耳	3000	3000	3000*	4000	4000	4000*	急性浆液性炎
腮腺△	—	3200*	3200*		4600*	4600*	口干
喉	7900*	7000*	7000*	9000*	8000*	8000*	软骨坏死
肺脏	4500	3000	1750	6500	4000	2450	肺炎
心脏	6000	4500	4000	7000	5500	5000	心包炎
食管	6000	5800	5500	7200	6700	6500	狭窄/穿孔
胃	6000	5500	5000	7000	6700	6500	溃疡穿孔
小肠	5000		4000*	6000		5500	梗阻穿孔/瘘管
结肠	5500		4500	6500		5500	梗阻穿孔/溃疡瘘管
直肠	100cm³		6000	100cm³		8000	严重直肠炎/坏死/瘘管/僵硬
	不考虑部分体积			不考虑部分体积			
肝脏	5000	3500	3000	5500	4500	4000	肝衰竭

* 小于50%体积不会有显著改变。

△ TD$_{100/5}$=5000。

【案例4-2-1】

患者，男，40岁，确诊为鼻咽鳞癌，病灶向上侵及颅底，邻近颞叶。患者接受常规分割放射治疗，肿瘤靶区放射治疗剂量为70Gy，颈部淋巴引流区预防照射剂量为50Gy。在放射治疗后期至放射治疗结束后2个月，患者出现较为明显的咽部疼痛、口干及面颈部放射治疗区域内皮肤色素沉着、脱皮现象，之后上述情况逐渐自行恢复。放射治疗结束后第2年时，患者皮肤呈纤维化及毛细血管扩张改变；放射治疗结束后第6年时，患者出现情感迟钝淡漠、记忆力下降症状，行头颅MRI检查提示颞叶损伤，考虑放射性损伤可能。

问题：

1. 患者放射治疗期间至结束后2个月时的咽痛、口干及皮肤色素沉着、脱皮现象属于哪种放射反应？放射治疗结束后第2年时，患者皮肤呈纤维化及毛细血管扩张改变属于哪种放射反应？

2. 患者放射治疗结束后6年时出现情感迟钝淡漠、记忆力下降的原因是什么？

【案例4-2-1分析】

1. 患者放射治疗期间至结束后2个月时的咽痛、口干及皮肤色素沉着、脱皮现象属于放射治疗导致的早期放射反应。早期放射反应一般是指放射治疗开始至放射治疗结束后3个月内的反应,常见于更新较快的组织器官。皮肤纤维化及毛细血管扩张改变属于晚期放射反应,一般指放射治疗结束3个月后发生的放射性反应,在更新较慢的组织器官较为多见。

2. 结合MRI检查结果,患者情感迟钝淡漠、记忆力下降症状考虑与放射治疗导致的颞叶损伤有关。因肿瘤病灶临近颞叶,为保证肿瘤靶区的足量放射治疗剂量70Gy,故颞叶受照射剂量可能超过其耐受限量54~60Gy,造成颞叶损伤。因为脑组织属于晚反应组织,故出现放射性损害时间较晚,且恢复时间较长。

第三节 电离辐射对肿瘤的作用

一、肿瘤的增殖动力学

恶性肿瘤的发展与肿瘤细胞的增殖能力有密切关系,肿瘤的增殖状况决定了肿瘤生长的进程和程度。肿瘤增殖动力学的研究可客观评价不同因素对肿瘤细胞增殖活性的影响,为肿瘤放射治疗计划的研究和设计提供依据。

(一)肿瘤的细胞动力学层次

恶性肿瘤细胞的动力学特征分为四个层次:第一层次由活跃分裂细胞组成,此类细胞是产生新生肿瘤细胞的根源;第二层次是指静止期细胞,静止期细胞常处于细胞 G_0 期,具有潜在的克隆源性,可重新进入细胞周期并不断增殖;第三层次由不再具备分裂增殖能力的分化终末细胞组成,此类细胞已失去无限增殖能力;第四层次是由死亡及正在死亡的细胞组成。

肿瘤实质内各层次细胞间的转化是持续发生的,肿瘤内不断有细胞从一个层次向另一个层次转移,不同层次间的细胞转化共同决定了肿瘤的发展进程。若 G_0 期细胞进入活跃分裂期,可导致肿瘤细胞增多,体积增大;反之,活跃分裂的细胞也可以进入静止期甚至死亡,从而导致肿瘤细胞丢失,减缓肿瘤增长的进程。

(二)肿瘤的生长速度

肿瘤的生长速度是肿瘤发展进程中的重要决定因素。对肿瘤生长速度的描述有以下几个参数:

1. 肿瘤体积倍增时间(doubling time of tumor volume,Td) 是描述肿瘤生长速度的重要参数,受细胞周期时间、生长比例和细胞丢失率这三个因素的影响。细胞周期时间越短,生长比例越高,细胞丢失率越低,则肿瘤体积倍增时间就越短,肿瘤生长速度越快。

2. 潜在倍增时间(potential doubling time,Tpot) 它的定义是在没有细胞丢失的理想状态下,肿瘤细胞增加一倍所需的时间,即由细胞周期时间和生长比例决定,是描述肿瘤生长速度的理论参数。细胞周期时间越短,生长比越高,则潜在倍增时间越短。

3. 细胞丢失因子(cell loss factor) 是反映肿瘤细胞丢失的指标。有相关实验表明,当肿瘤体积增大时,细胞丢失因子逐渐增加,生长比例下降,平均细胞周期时间延长,导致肿瘤生长速度下降。

$$细胞丢失因子 = 1 - Tpot/Td \qquad (4-3-1)$$

(三)肿瘤的指数性和非指数性生长

理论上,肿瘤的指数性生长是肿瘤体积在相等的时间间隔内以一个恒定的比例增加。一个细胞通过分裂会产生2个细胞,然后是4个、8个、16个,这个过程就是指数生长。实际上,肿瘤生长过程中会出现细胞周期时间的延长、细胞丢失率的增加和细胞的去周期化,这三个因素中任何组合都会导致肿瘤的非指数性生长。

二、肿瘤控制概率与剂量关系

（一）肿瘤控制概率的临床特征

随着放射剂量的增加和肿瘤克隆源性细胞存活率的降低，肿瘤得到控制的可能性也在增加。肿瘤是否得到控制的关键在于能否消灭最后一个存活的克隆源细胞，对于要永久性控制肿瘤而言，只要有一个克隆源细胞存活，就可能导致治疗失败。因此，肿瘤控制概率（tumor control probability，TCP）的定义是指肿瘤中存活克隆源性细胞为零的概率。临床上常用TCD_{95}指标即达到95%的肿瘤控制概率所需要的放射剂量。

放射治疗恶性肿瘤是否成功，除了与照射剂量密切相关外，还与肿瘤的病理类型、临床分期、内在放射敏感性、放射治疗剂量分布、放射治疗方案等诸多因素有关。有些肿瘤可通过放射治疗达到治愈的目标，如精原细胞瘤，恶性淋巴瘤；有些肿瘤应用放射治疗则难以控制，如多数的软组织肉瘤、骨肉瘤等。既往临床总结出的不同类型肿瘤95%肿瘤控制概率的放射剂量差异非常大，从精原细胞瘤的35Gy到黑色素瘤的80Gy；而且在评价同种类型肿瘤50%肿瘤控制概率的剂量时也发现差异显著。如1995年Okunieff总结发现乳腺癌的TCD_{50}为21.4～90.3Gy，宫颈癌的TCD_{50}为24.3～64.4Gy，分析这可能与肿瘤的大小相关。因此，临床目前尚不能将这些差别精确量化用以指导临床实践。

（二）放射治疗中的剂量-效应关系

临床放射治疗中，既定物理吸收剂量与放射生物效应及影响因素之间的关系是放射治疗关注的要点，这是一个很宽的剂量范围，在这个剂量范围内特定类型放射反应的发生风险或严重程度随照射剂量的增加而增加。有多种数学函数被设计用于描述剂量-效应关系，最常用的是泊松剂量-效应模型和逻辑剂量-效应模型。

既往放射生物学研究中，电离辐射的剂量-效应曲线呈"S"形。剂量趋近于0，辐射效应的发生率也趋近于0，随着照射剂量的增加，其辐射效应迅速增大，当照射剂量达到一定数值后，即使剂量再增加其辐射效应也仅略微增高。

如图4-3-1所示，正常组织和肿瘤组织均有这样一个"S"形的剂量-效应曲线。对于肿瘤而言，当致死效应达到80%～90%处的照射剂量时，虽可以控制肿瘤，但该剂量常常已超过正常组织的耐受量。因此，只有了解正常组织和肿瘤组织对放射线反应的不同，深入理解并充分利用这些差异，将肿瘤组织和正常组织的两条"S"形剂量-效应曲线分离的越远越好，从而达到放射治疗的最终目的——在正常组织能够耐受的条件下，最大限度地杀灭肿瘤细胞。

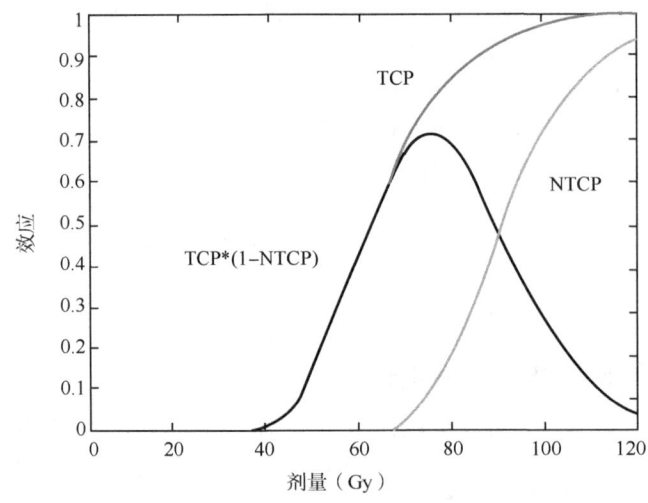

图4-3-1　肿瘤局部控制、正常组织并发症发生率与放射剂量的关系

【案例 4-3-1】

患者张某，男，34 岁。2016 年 5 月无意中发现左颈部肿大淋巴结，行超声检查提示淋巴结大小为 1.5cm×1cm，患者未予以重视。此后淋巴结进行性增大，1 个月后再次行超声检查示淋巴结大小为 4cm×2.5cm。后经病理诊断为霍奇金淋巴瘤，遂行根治性放射治疗，肿瘤放射治疗剂量为 36Gy。经治疗，肿大淋巴结明显缩小至 0.5cm×0.8cm，PET-CT 检查示淋巴结无代谢活性。

患者王某，女性，46 岁，2015 年 3 月无意中发现右颈部肿大淋巴结，行超声检查示淋巴结大小为 1.8cm×1cm。患者未予重视。4 个月后出现"回吸性血涕"症状，行鼻咽镜检查发现鼻咽有新生物，病理证实为鼻咽鳞癌。此时颈部肿大，淋巴结增大至 3.5cm×2cm。此患者行鼻咽癌根治性放射治疗，肿瘤放射治疗剂量为 70Gy。经治疗后，颈部肿大淋巴结缩小至 1.5cm×1cm。

问题：

1. 患者张某 1 个月内颈部淋巴结径线增大约 2 倍，而患者王某淋巴结径线增大 2 倍历时约 4 个月。导致两位患者颈部淋巴结大小增长速率差异的原因有哪些？
2. 两位患者均接受根治性放射治疗，但肿瘤剂量差别较大，且淋巴结缩小幅度也不同，导致这一差异的原因有哪些？

【案例 4-3-1 分析】

1. 肿瘤增长速率的差异主要由以下 3 个因素决定：肿瘤体积倍增时间、潜在倍增时间和细胞丢失因子。相较于鼻咽鳞癌细胞而言，霍奇金淋巴瘤细胞的细胞周期时间更短，生长比例更高，在细胞丢失相同的情况下，体积倍增时间更短、潜在倍增时间更短，从而导致了淋巴瘤有更快的生长速率。

2. 肿瘤放射治疗的控制概率及疗效与肿瘤病理类型、内在放射敏感性、放射治疗剂量等因素有关。霍奇金淋巴瘤属于放射敏感组织，仅需较低剂量（案例中 36Gy）即可达到根治剂量，且肿瘤消退明显。鼻咽鳞癌大多属于放射中度敏感组织，需要有较高的放射治疗剂量（案例中 70Gy）才能达到根治。合理的肿瘤放射治疗需结合"剂量-效应曲线"，选择合适的放射治疗剂量和照射方式，才能达到控制肿瘤目的，同时保护正常组织。

第四节 分次放射治疗的生物学基础及临床应用

一、分次放射治疗的生物学基础

经过多年的实验和临床研究证明，分次放射治疗是有效的基本放射治疗方法。为了达到最佳治疗效果，制定放射治疗方案时需将照射时间、剂量和次数进行优化组合，这就要求医生必须掌握影响分次放射治疗的生物学基础。临床放射生物学中的"4R"理论，是不同放射治疗分割方式进行剂量计算和评估的生物学基础。掌握它对于理解肿瘤放射治疗反应，尤其是分次放射治疗反应非常重要。"4R"是指细胞放射损伤修复、周期内细胞再分布、氧效应及缺氧细胞再氧合和再群体化。

（一）细胞放射损伤修复

细胞放射损伤修复主要包括亚致死损伤修复和潜在致死损伤修复两种形式。正常组织有较强的修复能力，肿瘤组织因为其细胞基因突变或基因组不稳定性及遗传物质分裂不对称性，参与损伤修复的组分功能不完善等因素使其修复能力下降。

1. 亚致死损伤修复 是指假如将某一既定单次照射剂量分成间隔一定时间的两次时所观察到的存活细胞数量增加的现象。中国仓鼠细胞受 2 分次 X 射线照射后的细胞存活实验证明了分次照射时细胞存在亚致死损伤修复现象。

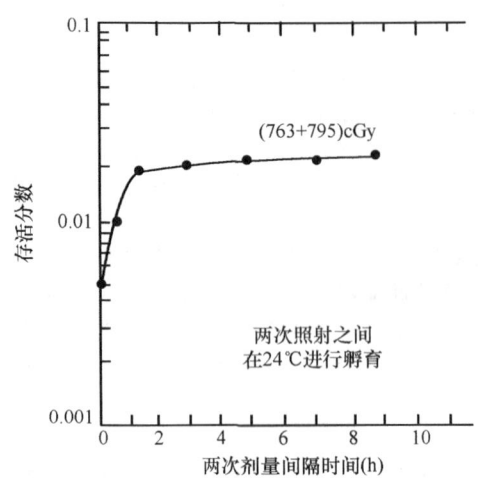

图 4-4-1 中国仓鼠细胞受 2 分次 X 射线照射后的细胞存活

图 4-4-1 显示用培养的仓鼠细胞得到的分次照射实验结果。单次照射剂量为 15.58Gy 的存活分数约为 0.005，如果把这个剂量分成相等的两次进行照射，其间间隔 30 分钟，细胞存活分数要比单次照射明显高一些，随着间隔时间的延长，细胞存活分数会继续增高，在 2 小时左右达到平台期，这时所对应的细胞存活分数为 0.02，大约为单次照射细胞存活分数的 4 倍，此后如果进一步增加分次剂量的间隔时间其细胞存活分数并不继续增高。在实际工作中，常应用亚致死损伤半修复时间（$T_{1/2}$：50%细胞损伤修复所需时间）来表达细胞亚致死损伤修复过程中量的变化。目前尚不完全清楚所有组织亚致死损伤的修复速率，一般为半小时到数小时不等。临床应用分次放射治疗的理论基础之一，正是利用正常组织与肿瘤组织在照射间隔期完成亚致死损伤修复的差异。

亚致死损伤的修复受许多因素影响，主要影响因素：①放射线的性质：X 射线等低 LET 射线照射后细胞存在亚致死损伤和亚致死损伤修复；重离子等高 LET 射线照射后细胞没有亚致死损伤及亚致死损伤修复。②细胞的氧合状态：处于慢性缺氧环境的细胞比氧合状态好的细胞对亚致死损伤修复能力差。③细胞群的增殖状态：未增殖的细胞几乎没有亚致死损伤修复功能。

2. 潜在致死损伤修复 指照射以后改变细胞的环境条件，因潜在致死损伤修复而影响既定剂量照射后细胞存活的现象。一般情况下，潜在致死损伤修复主要发生在非增殖细胞。既往研究表明，放射耐受的肿瘤可能与潜在致死损伤修复能力有关，即放射敏感的肿瘤潜在致死损伤修复不充分，而放射耐受肿瘤具有较为充分的潜在致死损伤修复机制。

潜在致死损伤修复受许多因素影响，主要影响因素：①放射线的性质：高 LET 射线照射没有潜在致死损伤修复；②细胞密度接触：细胞经过照射后，将细胞保持在密度抑制状态 6～12 小时后，可见细胞存活率增加；③潜在致死损伤修复也与细胞所处的周期时相有关，G_2 相、M 相和 G_1 相细胞都没有潜在致死损伤的再修复，但 S 相细胞有修复潜在致死损伤的能力；④细胞的氧合状态也是影响潜在致死损伤修复的重要因素。

（二）细胞周期时相的再分布

细胞周期中处于不同时相细胞的放射敏感性不同，敏感性从高到低依次为 M 期、G_2 期、G_1 期、S 期，其中 M 期最敏感，G_2 期敏感性与 M 期的敏感性相似，S 期细胞通常具有较明显的放射耐受性。

分次照射时，一方面处于不同细胞周期的细胞接受照射后，处于放射敏感时相的细胞失去再增殖能力，而不敏感时相的细胞逐渐进入敏感时相；另一方面，随着肿瘤体积不断缩小，生长分数增大，更多放射不敏感的 G_0 期细胞进入细胞周期进程中，提高了肿瘤对下一次照射的敏感性。应该注意的是，如果处于放射抗拒时相的细胞向放射敏感时相移动的再分布，将有助于提高放射线对肿瘤细胞的杀伤效果；但如果未能进行有效地细胞周期内时相的再分布，则也可能成为放射耐受的机制之一。

分次照射后，会引起增殖快的细胞群（早期反应组织和大部分恶性肿瘤）发生细胞周期时相的再分布，产生"自我增敏"现象，从而增加这些细胞的损伤；而对于增殖很慢或不增殖的晚期反应组织，一般不存在放射治疗后细胞周期时相再分布。

（三）氧效应及缺氧细胞的再氧合

1. 肿瘤细胞缺氧现象 研究发现肿瘤缺氧在实体瘤中是常见现象，实体肿瘤中缺氧细胞的产生主要是由于在其生长过程中血液供应障碍所致。肿瘤新生血管发育不良，结构紊乱，血管收缩功能受损或缺失等因素均可导致局部血流紊乱、肿瘤细胞缺氧及酸性物质堆积区形成。

肿瘤缺氧细胞按其产生的原因可分为两类：慢性缺氧和急性缺氧。由于从毛细血管弥散的氧含量不足而产生的缺氧称为慢性缺氧，又称扩散局限性缺氧。由于肿瘤内正常血流的暂时性减慢或阻断所产生的缺氧，称为急性缺氧，又称灌注限制性缺氧，是一过性的缺氧状态。

2. 氧效应及其意义 早期研究发现，细胞在低氧状态下达到相同细胞存活率水平所需的放射剂量要高于正常氧含量环境，辐射的这种生物学效应修饰称为氧效应。其评价指标是氧增强比（oxygen enhancement ratio，OER），OER 的定义为缺氧条件下与空气情况下达到相同生物效应所需的照射剂量之比。

氧效应的机制尚不完全清楚，比较公认的理论是"氧固定假说"。该假说认为当带电粒子穿过生物物质时会产生许多电子对，而生物物质吸收了射线以后可形成自由基，这些自由基能造成靶分子的损伤。在有氧的情况下，由于氧和电子有很强的亲和力，可以俘获靶分子电离的电子而抑制回复过程，"固定"辐射对生物分子的损伤，因此认为氧对放射的损伤起了"固定"作用。

低 LET 射线对细胞的作用主要依赖间接效应——自由基的作用，因此其生物学效应受氧的影响较大。对于低 LET 射线，肿瘤细胞 OER 为 2.5~3.0，即要杀灭数量相同的缺氧的肿瘤细胞，需增加 2.5~3 倍的射线剂量。高 LET 射线主要是直接和细胞关键的靶原子起作用，而且在通过水的径迹中在辐射化学作用下而形成氧，LET 值越高，则靶内能量沉积部位附近产生的氧浓度越高，因此，高 LET 射线的生物学效应受氧的影响很小，故应用高 LET 射线治疗缺氧肿瘤细胞更有效。

既往已有许多实验证明，肿瘤内缺氧细胞的存在使肿瘤对放射治疗的抗拒性增加。在宫颈癌、鼻咽癌的临床治疗实践中发现，低血红蛋白血症患者对放射敏感性较差，其局部控制率和远期生存率方面均显著低于血红蛋白正常者。

3. 肿瘤细胞再氧合 缺氧细胞对放射具有抗拒性质，但随着多次照射后邻近微血管氧合好的敏感细胞被杀灭，氧到缺氧细胞的弥散距离缩短，血管与肿瘤细胞的相对比例增加，同时肿瘤内压力减小，肿瘤微血管血流量增加，原来的缺氧细胞转变成氧合好的细胞，这种现象称为再氧合。目前缺氧细胞再氧合的发生机制还不甚清楚，而且也不能直接检测到人体肿瘤的再氧合，但分次放射治疗所达到的肿瘤局部控制的临床疗效间接地支持存在再氧合现象。

肿瘤缺氧细胞再氧合后对放射敏感性增加，而正常组织氧合较好，不存在再氧合增敏效应，分次放射治疗的再氧合进一步扩大了肿瘤组织和正常组织辐射效应的差别。因此，缺氧细胞的再氧合对于临床应用分次放射治疗具有重要意义。

（四）再群体化

肿瘤组织因照射或使用化疗药物而受到损伤后，可启动肿瘤内存活的克隆源细胞，通过激活基因表达增加，从而产生大量细胞因子、炎症介质，动员病灶邻近的、甚至远处的干细胞向损伤部位聚集，并促进损伤部位内残存细胞增殖和功能分化等途径，使之比照射或用药以前分裂得更快，这称之为加速再群体化。

放射治疗期间存活的克隆源细胞的再群体化是造成早期反应组织、晚期反应组织及肿瘤之间效应差别的重要因素之一。在常规分次放射治疗期间，大部分早期反应组织和肿瘤均存在一定程度的快速再群体化，而晚期反应组织一般不发生再群体化。再群体化有利于正常组织修复损伤，但对肿瘤控制不利，尤其是在疗程后期肿瘤细胞进入快速再群体化阶段，此时出现放射治疗中断或暂停，将显著降低放射治疗的生物学效应。若因各种原因导致暂停时间过长或中断放射治疗者，需增加肿瘤放射治疗总剂量或考虑后程加速超分割的放射治疗方案以弥补。

放射生物学的"4R"概念是影响分次放射治疗生物学的四个关键因素，总的来说，分次放射治疗有利于保护正常组织，因为足够长的间隔时间和总治疗时间可使正常组织完成亚致死损伤修复和再群体化；同时分次放射治疗还能加重肿瘤损伤，因为肿瘤在分次放射治疗期间会完成再氧合和细胞周期的再分布，从而对射线更为敏感。值得注意的是，延长放射治疗时间虽然可确保肿瘤的再氧合和正常组织的亚致死性损伤修复，但过度延长也会加速肿瘤细胞的再群体化。因此，在设计或变更放射治疗计划时，必须协调好剂量分割大小、照射间隔时间及总治疗时间等因素。

二、分次放射治疗的临床应用

常规分割放射治疗方案通常是指应用能量为 1~6MeV 的射线，1.8~2.0Gy/次，1 次/天，连续治疗 5 天，休息 2 天。从 20 世纪 80 年代开始，临床上提出了多种有别于常规分割的放射治疗方案，其目的旨在提高临床治疗效果，如超分割放射治疗、加速分割放射治疗、加速超分割放射治疗等。目前这些非常规放射治疗方案在头颈部肿瘤、肺癌、食管癌等恶性肿瘤的治疗上取得了一定的疗效，但其远期疗效有待大样本前瞻性随机试验予以证实。

（一）超分割放射治疗

"纯粹"的超分割放射治疗的定义是在与常规分割方案相同的总治疗时间内，在总剂量相同的情况下每天照射 2 次。设计超分割放射治疗方案的出发点在于扩大早期反应组织和晚期反应组织剂量-效应曲线的差异。晚期反应组织对每次分割剂量改变的反应较早期反应组织更为敏感，降低每次分割剂量有利于提高晚期反应组织的放射耐受量，减少晚期反应组织的放射性损伤；而对于早期反应组织和肿瘤的杀伤没有明显的影响。

从放射生物学的"4R"概念来探讨超分割模式的理论基础，首先是利用正常组织的亚致死损伤修复速度优于肿瘤细胞的特点，当分次照射间隔时间较短时，肿瘤细胞放射损伤累积效应将导致更多的肿瘤细胞死亡。其次，分次放射治疗间隔的缩短可有效抑制肿瘤细胞的快速再群体化。分割次数增多也可通过细胞周期再分布使肿瘤对射线敏感度得到提升。此外，伴随肿瘤细胞的死亡和体积变化，部分原本处于缺氧状态的肿瘤细胞重新氧合，从而提高了肿瘤的放射敏感性。

在临床实践中超分割放射治疗方案常常并不"纯粹"，具体表现在放射治疗总剂量提高，或总治疗时间缩短，或每天照射次数超过两次等方面。目前临床常用超分割方案是每次 1.15~1.25Gy，2 次/天，两次照射之间间隔时间大于 6 小时，5 天/周。这种超分割模式可在不增加晚期反应组织损伤的情况下，通过提高总剂量（提高 15%~20%）或缩短总治疗时间，以达到提高肿瘤局部控制率的效果。

（二）加速分割放射治疗

"纯粹"的加速分割放射治疗的定义是，使用与常规分割相同的总剂量，通过每天多次照射，将治疗总时间减少的方法。它的基本原理是缩短总疗程时间以克服疗程中肿瘤细胞加速再群体化，从而改善肿瘤局部控制率。但早期反应组织对于治疗总时间的变化很敏感，缩短治疗时间，会导致早期反应组织损伤加重。因此，在临床实践中患者常因发生严重急性毒性反应而不能按计划完成放射治疗，多需要通过采用减少总剂量或在治疗期内增加一个休息期来处理。值得注意的是，照射总剂量减少值只有小于阻止因时间缩短导致肿瘤细胞再群体化所需的剂量时，才能达到治疗效果。因为没有改变单次照射剂量且分割次数，总治疗时间缩短对正常组织晚期放射性损伤影响不大。

加速分割放射治疗主要包括单纯加速分割和混合加速分割两种类型。单纯加速分割是指总治疗时间缩短，但并不改变总剂量和分次剂量大小。如 1.8~2.0Gy/次，1 次/天，每周治疗 7 天，在总剂量不变的情况下，总治疗时间有所缩短。混合加速分割是指在总治疗时间减少的同时，伴有其他因素的改变，如总剂量、分次剂量大小和时间分布，如连续加速超分割放射治疗模式为：每次 1.5Gy，3 次/天，每周照射 7 次，总剂量 56Gy/36 次，总共 12 天完成。

（三）大分割放射治疗

近年随着调强放射治疗、螺旋断层放射治疗、质子重粒子放射治疗等精确放射治疗技术以及术中放射治疗的不断推出，分割次数少、单次剂量高、总治疗时间短的照射模式现在已成为放射治疗的新选择。尤其是对于生长较惰性的肿瘤，如前列腺癌、乳腺癌等。因它们的 α/β 值与晚期反应正常组织相近，为 2~3Gy，常规分割方式和放射治疗总时间的治疗疗效不佳，而大分割、少分次的方式却能达到良好地肿瘤控制目的。大分割放射治疗的生物学基础在于，精确放射治疗技术使得靶区剂量分布更为合理，周围正常组织受高剂量照射的体积进一步减少，而正常组织受量或体积的显著降低为提高单次剂量成为可能。

目前临床逐步推广的立体定向消融放射治疗（SABR）即是采用的大分割放射治疗模式。但 SABR 的总剂量和每次分割剂量尚无统一标准，文献报道每次分割剂量在 6~30Gy，分割次数 1~10 次不等。具体放射治疗方案的设计与肿瘤病理类型、部位、肿瘤体积、周围危及器官耐受等因素密切相关。

三、放射生物学线性二次方程（L-Q 公式）

（一）"生物剂量"概念与意义

进行"生物剂量"等效换算的作用主要在于：①对临床研究或实践中不同剂量分割方案进行比较；②改变原有放射治疗分割方案或开展新的放射治疗分割方案时，与常规分割方案进行"生物剂量"等效计算，以使患者获得最佳的治疗效益。因此，需要医师正确掌握"生物剂量"的概念，并准确应用相应的数学换算模型。

国际原子能委员会（ICRU）第 30 号报告定义，"生物剂量"是指对生物体辐射反应程度的测量。"生物剂量"与"物理剂量"是两个不同的概念。单野下的等剂量曲线，实际生物有效剂量与物理剂量并不一致，这是因为随着每次剂量的大小，生物剂量会发生变化。每次剂量越大，生物效应越大，尤其是晚期反应组织。

（二）放射治疗中的线性二次方程

多年来许多学者提出过很多生物剂量换算的数学模型，但只有极少数模型具有临床实用价值。其中主要有立方根规则、名义标准剂量（nominal standard dose，NSD）和线性二次模型（linear quadratic，LQ）。前两者被认为是经验性公式，后者是理论性公式。L-Q 模型比前两者获得更多认可的原因是，它可从细胞存活曲线中直接推导得出。下文我们主要讨论 L-Q 公式的运用。

1. 等效换算的基本公式 L-Q 公式又称线性二次方程，是 1973 年由 Chadwick 和 Leehouts 首次提出。它是将 DNA 双链断裂与细胞存活曲线联系起来的数学模型。根据 L-Q 公式，单次剂量 D 的效应（如细胞杀灭）可写作：

$$E = \alpha D + \beta D^2 \quad (4\text{-}4\text{-}1)$$

等式两边同时除以 α，得到：

$$E/\alpha = D + (\beta/\alpha) D^2 \quad (4\text{-}4\text{-}2)$$

E/α 被称为生物有效剂量（BED），它具有剂量的大小和量纲，对衡量生物效应有重要作用。它是指在所能给予的极低剂量率或分次无穷多剂量无穷小时产生相等生物效应所需的理论总剂量。BED 的单位是 Gy。它代表了整个分次照射或低剂量率连续照射过程中的生物效应，当分次剂量趋向于 0 时，BED 就相当于总剂量。在整个照射过程中，每一部分的 BED 相加，可得到总的生物有效剂量。

如果分次剂量为 d，采用分割时间大于 6 小时的分割照射，分割次数为 n，而且允许亚致死损伤获得完全修复时，上面的公式可变为：

$$\text{BED} = n[d + (\beta/\alpha) d^2] \text{ 或 } \text{BED} = nd[1 + d/(\alpha/\beta)] \quad (4\text{-}4\text{-}3)$$

公式中 nd 为照射总剂量 D，α/β 值可通过查表获得。

根据以上的推导，两种不同分割放射治疗方案的等效变换公式为：

$$n_1d_1[1+d_1/(\alpha/\beta)]=n_2d_2[1+d_2/(\alpha/\beta)] \tag{4-4-4}$$

在临床工作中经常会发生总治疗时间的改变。一般来说，对晚期反应组织而言，总治疗时间的变化对生物学效应影响不大。但对于大多数早期反应组织和肿瘤而言，总治疗时间的延长会使既定方案的生物学效应下降。而且，L-Q 的基本公式是基于每次照射后亚致死损伤都得到完全修复这个假设的，分割照射的间隔时间临床如果达不到完全修复，则整个治疗的损伤就会加重。这些情况均有相应的方法解决，如带有时间因子的或带有不完全修复因子的 L-Q 等效换算公式。

2. L-Q 公式的局限性　目前所获得的 α/β 值多来自动物实验，来自人体组织的数据不多且不够准确；肿瘤组织内坏死、缺血缺氧等因素也会影响 α/β 值的准确性；α/β 值在 2~4Gy 的组织等效曲线间的差异较大。这些因素都会使应用 L-Q 公式计算等效剂量的准确性下降。而且，L-Q 公式只适用于分次剂量在 1~8Gy 范围内的组织，对于某些组织如脊髓，照射剂量有可能估计过高。因此，临床应用 L-Q 公式设计非常规分割放射治疗方案时必须谨慎。

第五节　改变放射效应的措施

在放射线用于临床诊疗的历史中，人们总是不断地探索各种不同放射线的特点，及其放射效应的规律，并试图运用各种方法改变或者影响放射效应，从而达到更好地利用放射线的治疗效应，最大限度地减少其不利影响。这些方法包括高 LET 射线的应用、放射增敏剂和其他增敏措施、放射保护剂、利用基因技术改变放射效应等。

一、不同射线的放射效应

放射线可分为低传能线密度射线和高传能线密度射线。传能线密度（LET）是 Zirkle 提出的一个专用术语，是指射线在单位长度径迹上能量的传递，其常用单位是每微米单位密度物质的千电子伏特数（$keV \cdot \mu m^{-1}$）。放射生物学中用 LET 来描述不同类型射线辐射性质，对理解射线的作用特点有重要意义。低 LET 射线包括光子（X 射线、γ 射线）和电子线，高 LET 射线包括快中子、质子、重粒子等。目前临床主要是应用低传能线密度射线治疗肿瘤。质子、重粒子的应用是未来的发展方向之一。

高 LET 射线的剂量分布特点是具有 Bragg 峰，Bragg 峰以外及皮肤射入处剂量很小，峰的位置及体积可以调节，且横向散射小，因此，可以通过调节使之在肿瘤部位达到最大能量吸收，而肿瘤周围正常组织吸收较小。高 LET 射线照射后细胞致死损伤比潜在损伤及亚致死损伤多，损伤修复差，同时对氧依赖小，OER 小，不同的细胞周期对敏感性影响小。

目前，高 LET 射线临床治疗肿瘤的主要适应证或已取得显著疗效的疾病包括涎腺肿瘤、黑色素瘤、软组织肉瘤、骨肉瘤和脑瘤等，这些肿瘤均为对普通低 LET 射线抗拒或常规分割放射治疗疗效欠佳的病变。大多数涎腺恶性肿瘤对低 LET 射线抗拒，光子射线的 5 年局部控制率低于 30%，而碳离子、快中子治疗局部肿瘤控制率可达 66%；软组织肉瘤和骨肉瘤经中子治疗后局部控制可达到 60%，光子治疗仅为 30% 左右。

质子的生物效应与低 LET 射线相似，缺乏高 LET 射线的生物学特点，但因其具有剂量分布好、旁向散射少、穿透性强、Bragg 峰的位置和体积可调节等物理学优点，故仍列于高 LET 射线范畴。在眼色素膜黑色素瘤、脊索瘤、颅底肿瘤、听神经瘤等疾病的治疗中显示出了良好效果。眼色素膜黑色素瘤质子治疗后 5 年生存率可达 80% 以上。目前质子治疗已经在国内外得到广泛应用。

不同射线的电离能力不同，对组织的损伤程度也有所不同。放射生物学中通过引入"相对生物效能"（RBE）的概念来比较不同 LET 射线的生物学效应的差别。经典的定义是以 250keV X 射线为参照，产生相等生物效应所需 X 射线剂量与某种射线的剂量之比。质子的 RBE 值约为 1.1，碳离子 RBE 值约为 3。

二、放射增敏剂的应用

国际上对于放射增敏剂的研究始于 20 世纪 60 年代英国 ADAMS 实验室，研究人员发现硝基咪唑类化合物具有较强的亲电子能力，可使受射线损伤的生物靶分子自由基不能重新获得电子而进行修复，结果导致生物靶分子损伤固定，从而达到增敏作用。甘氨双唑钠是目前国内临床上常常使用的硝基咪唑类化合物放射增敏剂。

此外，还有一些放射增敏的方法或药物在实验室和临床进行了初步探索。例如，对照射后潜在致死损伤修复有抑制作用的药物如阿糖胞苷；阻断受照射肿瘤细胞 DNA 链断裂修复及钝化 DNA 修复酶的药物如放线菌素 D；临床上常用的化疗药物如铂类、5-氟尿嘧啶（5-FU）等，在照射同时使用能增加肿瘤细胞的杀灭效果。

需要特别指出的是，有关放射增敏剂和其他增敏措施的研究结果，大部分都是在培养细胞和实验动物肿瘤上获得的，其结果需要在临床实践中验证。

三、放射防护剂的应用

临床实施放射治疗时，通常需要在肿瘤局部控制与周围正常组织损伤之间取得充分平衡，要仔细考量肿瘤控制所需的最低剂量与正常组织可耐受的最大剂量之间的比值或差距。放射防护剂即是试图通过提高正常组织耐受量或减轻正常组织副作用，为提高肿瘤受照射剂量、改善治疗效果创造条件，虽然这方面的研究不少，但真正用于临床且获得认可的药物不多，目前临床上可使用的放射防护剂是氨基丙胺基乙基硫代磷酸酯。它是具有天然氨基酸的巯基，经研究发现其作用机制是：X 射线光子能量释放给快速电子，快速电子在生物组织中产生离子对，在离子对形成和化学键断裂之间的中间阶段形成自由基，巯基化合物与氧竞争"自由基"的反应阻断这一过程。该药的临床研究证实它可保护肺及头颈部正常组织，降低放射治疗相关毒副作用。临床上常用皮肤防护剂的主要成分也是巯基化合物。

四、放射治疗与分子靶向治疗、免疫治疗的联合

改变放射生物效应的措施研究，随着分子生物学和临床放射生物学的快速发展，也深入到了从基因水平进行修饰的程度。既往放射生物学研究发现，处于不同时相的细胞对于放射线的敏感性明显不同，而细胞的放射敏感性除了受控于细胞周期时相外，也会受到细胞凋亡启动、DNA 损伤修复效率、癌基因和抑癌基因突变以及肿瘤免疫微环境等因素的影响。因此，以这些因素为分子靶点的探索成为当前的研究热点。

在深入研究细胞周期进程调控的分子机制后，临床实践中常通过改变放射治疗分割方式及最佳照射时机以获得增敏效果，或者在照射的同时应用影响细胞周期进程的措施，包括化疗药物等，以达到增加肿瘤细胞杀灭、减少正常组织损伤的目的。

增强照射后 DNA 损伤程度和抑制修复也是增加放射生物效应的途径之一。在 DNA 损伤信号传导和修复机制中最受关注的是毛细血管扩张性共济失调突变基因（ataxia telangiectasia-mutated gene，ATM gene）。该基因在 DNA 损伤后被激活，ATM 突变的患者易发生恶性肿瘤且对放射线高度敏感，选择性抑制肿瘤细胞 ATM 激酶是放射增敏的可能靶点。

表皮生长因子受体（epidermal growth factor receptor，EGFR）是具有酪氨酸激酶活性的跨膜蛋白，在调节细胞的生长、增殖和分化过程中发挥重要作用，肿瘤细胞的 EGFR 或其家族蛋白常常过表达或发生突变，增加肿瘤的侵袭性，并对常规放射治疗抗拒。针对 EGFR 的抗体与放射治疗联合的治疗方案已在局部晚期头颈部鳞癌的治疗中显示出了良好效果。

近年，免疫检查点抑制剂在黑色素瘤、霍奇金淋巴瘤、非小细胞肺癌、尿路上皮癌等肿瘤的治疗取得了巨大进步，但单药使用时仍有相当一部分患者不能获益。因此，除了发展新的免疫治疗方式之外，应更深刻地理解放射治疗、化疗、分子靶向治疗和免疫系统的相互作用，以期改进目前的

免疫治疗。现有研究认为，放射治疗可通过以下环节激发肿瘤免疫反应：首先，放射治疗可诱导肿瘤细胞产生免疫原性细胞死亡；其次，放射治疗可通过释放 T 细胞趋化因子如 CXCL-9、CXCL-10 等来募集 T 效应细胞至照射区域；再次，放射治疗可一过性地增加肿瘤细胞表达 MHC-Ⅰ类分子和 Fas 配体，从而增加肿瘤细胞对 T 效应细胞杀伤的敏感性。

基于以上研究，放射治疗和免疫治疗联合已成为肿瘤免疫治疗的一个重要方向。现在正在进行的临床研究包括放射治疗联合 CTLA-4 抑制剂，放射治疗联合 PD-1/PD-L$_1$ 抑制剂，放射治疗联合细胞因子如白细胞介素 2、抗转化生长因子 B、粒-巨噬细胞集落刺激因子等，这些试验的结果未来可能会给临床医生和患者一个新的治疗选择。

【案例 4-5-1】

患者王某，临床诊断为右肺小细胞肺癌局限期，采取了同步放化疗的治疗策略。在制定放射治疗计划时，医生采取了每日照射 2 次，每次剂量 1.5Gy，总剂量 45Gy/3 周的放射治疗模式。患者邓某，临床诊断为食管颈段鳞癌（T3N2M0）。在制定放射治疗计划时，医生给予食管原发灶、转移淋巴结和高危淋巴引流区常规分割照射 40Gy/20 次后，对原发灶和转移淋巴结采用每日照射 2 次，每次剂量 1.4Gy，19.6Gy/14 次/7 天的放射治疗模式，总剂量 59.6Gy/34 次/5 周。

问题：

1. 患者王某采用每日两次放射治疗照射模式的依据是什么？
2. 患者邓某在食管癌常规分割放射治疗后期采用每日两次照射的放射治疗模式叫什么，目的是什么？

【案例 4-5-1 分析】

1. 采用该放射治疗照射的依据有：①细胞放射损伤修复。正常组织在接受放射线照射后有较强的细胞修复能力，而肿瘤细胞因其基因突变或基因组不稳定性及遗传物质分裂不对称性，参与损伤修复的组分功能不完善，因而修复能力下降。采用每日两次照射模式，可使正常组织在每日放射治疗间期完成细胞修复，从而降低正常组织放射性损伤。②细胞周期时相的再分布。分次放射治疗有利于使放射治疗不敏感时向的细胞逐步进入敏感时向，从而提高放射治疗敏感性。③氧效应及缺氧细胞的再氧合。肿瘤内氧含量与放射治疗敏感性呈正相关，肿瘤内缺氧细胞的存在使其对放射治疗的抗拒性增加。经过多次、分次放射治疗，缺氧肿瘤细胞可重新变成氧合好的细胞，即"再氧合"，提高放射治疗敏感性。

2. 患者在放射治疗后期采用每日两次照射的放射治疗模式叫后程加速超分割放射治疗。肿瘤细胞受放射线照射后比之前分裂得更快的现象，称为加速再群体化。肿瘤细胞再群体化导致其加速再增殖，降低放射治疗效果。所以，食管癌患者放射治疗后程采用加速超分割模式，是在保证总剂量一定的情况下，通过缩短总治疗时间，克服肿瘤再增殖，从而提高肿瘤控制率。

（张　涛）

本 章 小 结

本章分别阐述了电离辐射对细胞、正常组织和器官、肿瘤组织的作用，以及分次放射治疗的放射生物学基础和临床应用。从细胞层面，电离辐射可导致致死损伤、亚致死损伤和潜在致死损伤；而亚致死性损伤修复和潜在致死性损伤修复的存在则解释了临床研究中所发现的辐照剂量会造成大量的 DNA 损伤，但其中大部分可被细胞成功地修复的现象。细胞存活曲线主要用于比较各种因素对放射敏感性的影响和比较不同放射分割方案的放射生物学效应等。

从正常组织和器官层面来看，根据正常组织的不同生物学特性和对电离辐射的不同反应性，将正常组织分为早期反应组织和晚期反应组织。早期反应组织的特点是细胞更新很快，照射以后损伤很快便会表现出来；晚期反应组织中细胞群体的更新很慢，损伤很晚才表现出来。临床实践中，常根据放射敏感性的不同将正常组织或器官大致分为四大类：放射高度敏感组织、中度敏感组织、低度敏感组织和放射不敏感组织。而正常组织放射耐受量是指产生临床可接受综合征的放射治疗剂量，是放射治疗计划设计中必须要考虑的重要因素。电离辐射对正常组织的作用除了剂量效应外，还需考量体积效应的影响。RTOG/EORTC 将放射治疗开始第 1 天至放射治疗结束后 90 天内所发生的放射性损伤定义为早期放射反应；放射治疗结束后 90 天以后发生的放射性损伤称为晚期放射反应。

  肿瘤组织对射线的反应与早期反应组织类似。随着辐射剂量增加和肿瘤克隆源性细胞存活率的降低，肿瘤得到控制的可能性增加，有多种数学函数被设计用于描述剂量-效应关系，最常用的是泊松剂量-效应模型和逻辑剂量-效应模型。当然，放射治疗恶性肿瘤是否成功，除了与照射剂量密切相关外，还与肿瘤的病理类型、临床分期、内在放射敏感性、放射治疗剂量分布、放射治疗剂量分割方案等诸多因素有关。

  目前分次放射治疗是临床有效的基本放射治疗方法，而"4R"理论，即细胞放射损伤修复、周期内细胞再分布、氧效应及缺氧细胞再氧合和再群体化是分次放射治疗的生物学基础。它可对不同放射治疗分割方式进行剂量计算和评估，掌握它对于理解常规分割放射治疗、超分割放射治疗、加速分割放射治疗等非常重要。放射治疗中的线性二次方程主要用于对临床研究或实践中不同放射治疗分割方案进行比较或改变原有放射治疗分割方案或开展新的放射治疗分割方案时，与常规分割方案进行"生物剂量"等效计算。

  临床实践中，人们不断地探索各种不同放射线的特点，及其放射效应的规律，运用各种方法改变或者影响放射效应，从而达到更好地利用放射线的治疗效应，最大限度地减少其不利影响。这些方法包括高 LET 射线的应用、放射增敏剂和其他增敏措施、放射保护剂、与化疗、分子靶向治疗、免疫治疗联合应用等。

思 考 题

1. 亚致死损伤修复、潜在致死损伤修复的定义及其影响因素有哪些？
2. 细胞存活曲线在临床研究中的价值有哪些？
3. 哪些因素可影响正常组织的放射耐受量？
4. 如何理解恶性肿瘤放射治疗中的剂量-效应关系？
5. 分次放射治疗中的放射生物学基础是什么？
6. 超分割放射治疗的定义是什么？其临床应用的放射生物学基础是什么？

第五章　临床放射治疗学

【学习目标】
1. 记忆　常见肿瘤的临床表现、诊断与检查、分期。
2. 理解　常见肿瘤的治疗原则。
3. 运用　常见肿瘤的靶区勾画原则与计划设计。

第一节　鼻　咽　癌

一、鼻咽癌概述

鼻咽癌（nasopharyngeal carcinoma，NPC）是指原发于鼻咽黏膜上皮组织的恶性肿瘤。鼻咽癌在我国以珠江三角洲流域最常见。根据 2014 年全国肿瘤登记地区的数据显示，鼻咽癌发病率达 3.26/10 万，死亡率为 1.77/10 万。在恶性肿瘤死亡分类构成中居第 11 位。鼻咽癌的发病年龄多见于 30～59 岁人群，男女性别之比为（2～4）∶1。

早期鼻咽癌的治疗首选放射治疗，局部晚期鼻咽癌则常采用以放射治疗为主，辅以化疗、分子靶向药物治疗的综合治疗模式。鼻咽癌预后相对较好，5 年生存率达 67%～75%。

（一）病因

其病因目前尚未完全明确，流行病学调查提示主要与 EB 病毒感染、遗传因素和环境因素有关。目前已公认 EB 病毒感染与鼻咽癌之间关系密切。既往研究证实，鼻咽癌患者体内不仅存在 EB 病毒的高滴度抗体，其抗体水平随病情发展而变化；而且在各种不同类型的鼻咽癌组织中均存在 EB 病毒的 DNA 和 EB 病毒基因产物的表达。

鼻咽癌发病具有种族易感性和家族高发倾向的特点。在世界四大人种中以蒙古人种高发。高发地区人群移居其他地区后仍保持高发病率，并能把鼻咽癌易感性传给下一代。广东省高发区调查发现鼻咽癌患者一级亲属患鼻咽癌的危险性为配偶一级亲属的 9.3 倍。

此外，有研究发现职业环境中一些化学物质如甲醛、氯酚及硫酸等与鼻咽癌的发生有关。

（二）应用解剖

鼻咽位于鼻腔后方，蝶骨体下方，呈不规则的立方形状。前后径为 2～3cm，上下径和横径各为 3～4cm。鼻咽腔共分为六个壁，即顶壁、顶后壁、左右侧壁、前壁和底壁。鼻咽的顶壁位于蝶窦底部，顶后壁与顶壁无明显的分界，由蝶窦底、枕骨基底部和第 1、2 颈椎构成，是鼻咽癌最常见的侵犯部位。左右侧壁基本对称，主要由腭帆张肌、腭帆提肌、咽鼓管咽肌和咽鼓管软骨组成，是鼻咽癌的好发部位，也是鼻咽癌侵入颅内的重要途径之一。前壁由鼻中隔后缘、下鼻甲后端及双侧后鼻孔组成。底壁由软腭的背面及其后方的咽峡构成。

鼻咽的淋巴引流非常丰富，其黏膜下有较致密的淋巴管网。常见淋巴引流途径有：淋巴液经咽后壁引流至咽后内、外侧淋巴结，然后再引流至颈部；或咽侧壁直接引流至颈内动、静脉出入颅底处的淋巴结及乳突尖深部淋巴结，然后再引流至颈部的淋巴结。

（三）临床表现

1. 症状

（1）鼻出血及回缩性血涕：18%~30%的患者以回缩性血涕为首发症状，表现为晨起时发现回吸至口腔中的鼻腔分泌物中带血丝。鼻咽部肿块伴有大块坏死、深大溃疡时可出现大出血。

（2）耳鸣或听力减退：此症状是鼻咽癌早期症状之一，占初发症状的17%~30%。肿瘤位于咽鼓管咽口、隆突附近者，易引起咽鼓管通气和内耳淋巴液循环障碍，从而导致耳闷、耳鸣或听力减退症状。

（3）鼻塞：鼻咽肿瘤位于鼻咽顶前壁或侵犯后鼻孔时，可导致鼻腔通气不畅，开始为一侧，严重时两侧均有。

（4）头痛：患者头痛常表现为枕部或颞部的疼痛，多为钝痛。肿瘤合并感染、肿瘤侵犯颅底骨、脑神经或颅内组织、颈淋巴结转移压迫血管神经等均可致头痛。

（5）面部麻木：鼻咽肿瘤压迫或侵犯三叉神经第1、2、3支时，可表现为患侧头面部皮肤浅感觉异常或麻木。

（6）复视及眼部表现：此症状是由鼻咽肿瘤侵及颅底、海绵窦而引起的第Ⅲ、Ⅳ、Ⅵ对脑神经受累或肿瘤侵入眼眶内所致，临床表现为视物时出现重影、眼球活动障碍、视力下降、眼睑下垂等。

（7）张口困难：此症状为本病患者晚期症状之一，提示肿瘤侵犯颞下窝、翼内肌、翼外肌、翼腭窝等。

2. 体征

（1）鼻咽肿物：通过间接鼻咽镜或纤维鼻咽镜可见鼻咽部隆起的肿物或鼻咽黏膜糜烂溃疡。对于黏膜下型鼻咽癌，可能未发现鼻咽腔新生物，但可见鼻咽腔结构不对称。

（2）颈淋巴结肿大：40%~50%的鼻咽癌患者以无痛性颈淋巴结肿大为首发症状。多数病例开始为一侧，继而发展为双侧，肿块质地较硬，活动度差。最常见的颈淋巴结转移部位为颈深上淋巴结。

（3）脑神经受侵所致体征：鼻咽癌侵犯颅底，可因侵犯脑神经而引起一系列症状和体征，如吞咽困难、咽反射减弱或消失、舌或眼球活动障碍、视力下降、复视、上睑下垂、瞳孔缩小、头痛、声嘶等。

（四）诊断

早期发现、早期诊断对提高鼻咽癌的疗效十分重要。影响早期诊断的主要原因是鼻咽肿瘤生长部位隐蔽，患者早期症状无特殊性，容易被漏诊和误诊。因此，医生在临床工作中必须认真询问病史和仔细体检，关注鼻咽癌患者的主要症状及体征。鼻咽癌的诊断大致可分为定性诊断和分期诊断。目前，鼻咽局部活组织检查是本病唯一确诊手段；EB病毒血清学检查、间接或纤维鼻咽镜检查以及鼻咽影像学检查等均被视为有效的辅助诊断措施。各种影像学诊断主要用于分期诊断。

（五）病理与分期

1. 病理分型 鼻咽癌的病理组织分型目前仍没有统一的标准，现临床常用的是2003年WHO的分类，它将鼻咽癌的病理类型分为三型：非角化型癌、角化型鳞状细胞癌、基底细胞样鳞状细胞癌。其中非角化型癌又分为分化型和未分化型两个亚型，临床最常见是非角化型癌。

2. 扩散途径

（1）局部蔓延：鼻咽癌有浸润性生长的特点，容易沿黏膜下蔓延。其蔓延方向分别为：①向上，病变直接侵入蝶窦、垂体和视神经；或由破裂孔、卵圆孔入颅；②向下，病变沿咽后壁或咽侧壁侵犯到口咽、下咽；③向外，病变侵犯咽旁间隙、颞下窝；④向前，病变侵犯鼻腔后部、筛窦；⑤向

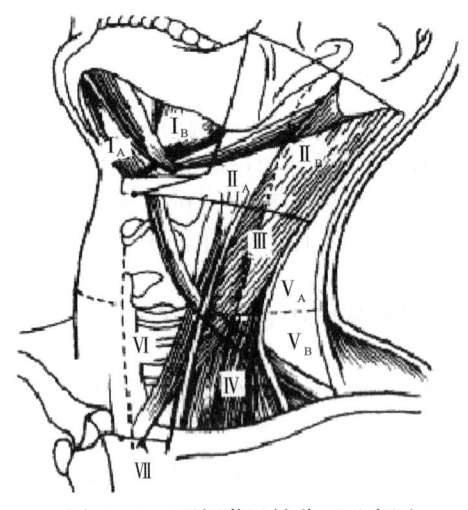

图 5-1-1　颈部淋巴结分区示意图

后，病变穿过鼻咽后壁，可侵犯上段颈椎。

（2）淋巴道蔓延：鼻咽腔淋巴引流非常丰富，鼻咽癌以淋巴结转移率高、转移出现早、转移范围广为特点，40%~80%的鼻咽癌患者初诊时即可发现颈部淋巴结肿大，其中咽后间隙及颈部Ⅱ区为好发部位。鼻咽癌通常沿着淋巴引流方向依次转移，较少出现跳跃现象。颈部淋巴结分区见图5-1-1。

（3）血行转移：鼻咽癌容易发生血行转移，其转移率为20%~30%。最常见转移部位为肝、骨和肺，骨转移中又以脊椎转移、骨盆骨转移多见。

3. 临床分期　国内外有多种鼻咽癌临床分期方案，因为都不能准确反映患者的疗效和预后，目前仍在不断的探索改进中。AJCC鼻咽癌分期第八版于2019年正式开始实施，具体见表5-1-1和表5-1-2。

表 5-1-1　AJCC 第八版（2019）鼻咽癌 TNM 分期定义

Tx	原发肿瘤无法评价
T0	未发现肿瘤，但颈部淋巴结EBV为阳性
T1	肿瘤局限于鼻咽部，或侵犯口咽和（或）鼻腔；但不伴咽旁浸润
T2	肿瘤侵犯咽旁间隙，和（或）侵犯邻近的软组织（翼内肌、翼外肌、椎前肌）
T3	肿瘤侵犯颅底、颈椎、翼状结构的骨性结构，和（或）鼻旁窦
T4	肿瘤侵犯颅内、脑神经、下咽部、眼眶、腮腺、和（或）翼外肌外侧缘以外的广泛软组织
Nx	区域淋巴结无法评价
N0	影像学及体检无淋巴结转移证据
N1	单侧或双侧咽后淋巴结转移；颈部淋巴结：单侧，最大径≤6cm，环状软骨尾侧缘以上区域淋巴结转移
N2	颈部淋巴结：双侧，最大径≤6cm，环状软骨尾侧缘以上区域淋巴结转移
N3	单侧或双侧颈部淋巴结转移，最大径>6cm，和（或）环状软骨尾侧缘以下区域淋巴结转移
M0	无远处转移
M1	有远处转移（包括颈部以下的淋巴结转移）

表 5-1-2　AJCC 第八版（2019）鼻咽癌临床分期

分期	T	N	M	分期	T	N	M
0	Tis	N0	M0	Ⅲ	T3	N1	M0
Ⅰ	T1	N0	M0	Ⅲ	T3	N2	M0
Ⅱ	T1	N1	M0	ⅣA	T4	N0	M0
Ⅱ	T2	N0	M0	ⅣA	T4	N1	M0
Ⅱ	T2	N1	M0	ⅣA	T4	N2	M0
Ⅲ	T1	N2	M0	ⅣA	任何T	N3	M0
Ⅲ	T2	N2	M0	ⅣB	任何T	任何N	M1
Ⅲ	T3	N0	M0				

（六）治疗原则

1. 综合治疗原则　鼻咽癌治疗应以个体化分层治疗为原则。Ⅰ、Ⅱ期鼻咽癌以单纯根治性放射治疗为主；Ⅲ、ⅣA期患者应采用同步放化疗模式为主的综合治疗；对于已有远处转移的ⅣB患者应采用以化疗为主的姑息性化、放射治疗综合治疗；根治性放射治疗后残存或复发病例在符合手术治疗条件时，可酌情考虑手术切除。就放射治疗的具体方式而言，目前临床多应用适形调强放射治疗技术。免疫治疗、分子靶向药物等新型治疗方法在鼻咽癌中的应用还需要进一步研究。

2. 放射治疗原则 ①首程放射治疗患者应以体外照射为主，必要时辅以腔内近距离放射治疗，不能单纯行腔内照射。②放射源首选 4～6MV 的 X 射线或钴-60 的 γ 射线。③放射治疗靶区应包括肿瘤侵犯范围、亚临床区域以及颈部淋巴引流区。④尽可能采用多野照射技术或调强放射治疗技术以保护周围正常组织器官。⑤遵循个体化的分层治疗原则。放射治疗前根据患者个体情况制定放射治疗计划，治疗中根据局部肿瘤退缩情况或患者体型轮廓变化及时修改放射治疗计划。

（七）疗效与预后

放射治疗是鼻咽癌的主要治疗手段，随着放射治疗设备更新和技术改进，其局部控制率得到了显著地提升，且患者远期生存时间也有一定程度的延长。根据国内报道，传统二维放射治疗技术治疗鼻咽癌的 5 年生存率为 47%～55%；三维适形放射治疗技术进入临床后，其 5 年生存率达 67%～75%；调强放射治疗技术和同步放化疗模式的应用使得鼻咽癌 5 年生存率已超过 80%。远处转移是鼻咽癌死亡的主要原因，约占本病死亡比例的 42%～45%。其次为鼻咽局部和区域淋巴结复发。

二、靶区勾画原则和计划设计

（一）传统二维放射治疗

1. 传统照射野设计 鼻咽癌常规放射治疗照射范围包括原发病灶、邻近可能受侵部位，即鼻咽、咽旁间隙、鼻腔及上颌窦腔的后 1/3 处，并且颈部淋巴引流区和颅底也需包括在射野内。一般来说，鼻咽癌照射野以面颈联合野、耳前野及颈部切线野为主。

（1）面颈联合野：对于早期患者，面颈联合野上界应充分包括颅底；下界多位于舌骨下缘水平；前界应包括鼻腔、上颌窦 1/3；后界多沿棘突后缘或斜方肌前缘走行；对于局部晚期患者，需根据病变具体侵犯范围适当外扩边界。面颈联合野的优点在于原发病灶、咽旁间隙、口咽和上颈淋巴结均在同一照射野内，可避免剂量重叠或遗漏；缺点则是照射野面积大，脑干、颈段脊髓均在照射野内。一般情况下，当面颈联合野照射扩至 DT 36～40Gy 后，需缩野避开脑干和颈段脊髓给予加量照射。面颈联合野、面颈联合缩野如图 5-1-2 所示。

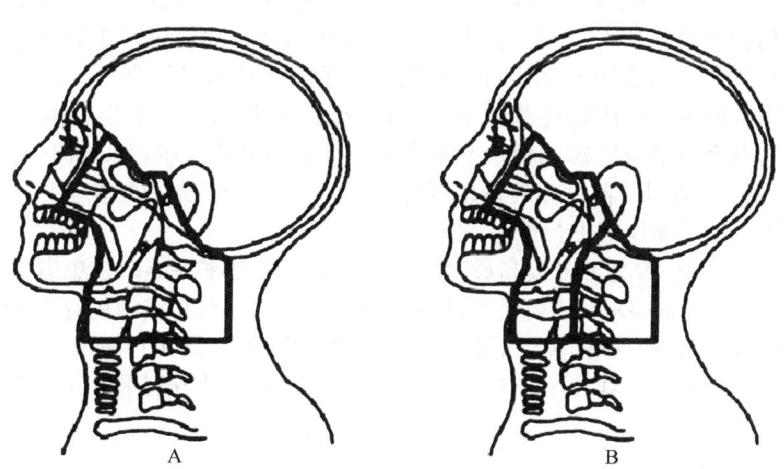

图 5-1-2 面颈联合野（A）、面颈联合缩野（B）示意图

（2）耳前野：耳前野的上界、前界同面颈联合野；后界为椎体前 1/2～2/3 处或外耳孔后缘；下界一般为第 2 颈椎椎体下缘。目前，临床上也将耳前野作为面颈联合野的后续照射野用以加量照

射。耳前野如图 5-1-3 所示。

（3）中下颈、锁骨区切线野：在面颈联合野照射时，中下颈及锁骨区设前切线野，上界与面颈联合野的下界共线，下界为锁骨上缘或下缘；外界在锁骨末端、肱骨头内侧缘，野的中间以 2.5~3.0cm 宽铅块全挡或部分脊髓挡铅。

2. 常用照射方法和剂量方案 传统二维照射时代经典的照射方法：放射治疗第一阶段使用面颈联合野+中下颈、锁骨区切线野，当面颈联合野照射剂量达 36~40Gy 后，根据原发肿瘤的累及范围决定将面颈联合野改为耳前野或面颈联合缩野（小面颈联合野）后继续照射，后界前移所致的遗留部分选用适当能量的电子束照射，目的是保护脊髓。

鼻咽癌放射治疗总剂量和剂量分割方式的选择根据肿瘤病理类型、分化程度、肿瘤体积及放射治疗中肿瘤退缩情况不同而定，有常规分割照射、超分割照射、后程加速超分割照射、连续加速分割照射等不同方式可供选择，目前临床常

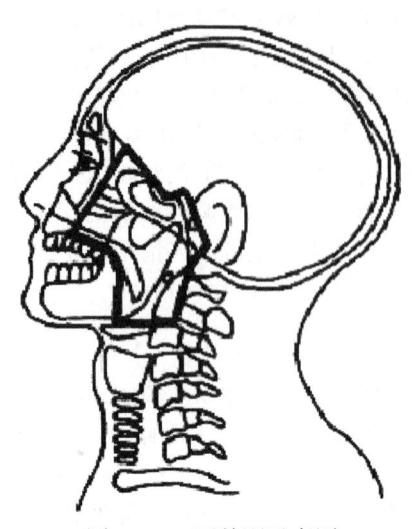

图 5-1-3　耳前野示意图

用的是常规分割照射和超分割照射。

（1）常规分割照射：常规分割照射是鼻咽癌放射治疗最常用剂量分割方法。临床上采用 1.8~2.0Gy/次，1 次/天，5 天/周。根治剂量 66~76Gy/33~38 次/7~8 周；预防剂量 50Gy/25~28 次/5~5.5 周。

（2）超分割照射：此照射方法采用 1.1~1.2Gy/次，2 次/天，两次间隔 6~8 小时，5 天/周，总治疗计划 76~82Gy/68 次/7 周。临床研究证实，对于头颈部鳞癌采用超分割照射可提高局部控制率。因此，此照射方法多用于放射敏感性较差、肿瘤消退较慢、晚期或复发后欲行再程放射治疗的患者。

（二）适形调强放射治疗

适形调强放射治疗技术以其放射剂量在三维方向上与靶区一致，且同时靶区内各点剂量强度也可进行调节为特点，使靶区可获得更为确定的剂量，并使周围正常组织受量减少。其治疗鼻咽癌的优势主要体现在：①鼻咽部位置较深，且毗邻重要结构较多，如脑干、颈段脊髓、垂体、视神经等，常规照射技术难以避开或保护这些器官。这些器官的损伤可严重影响患者的生活质量，而鼻咽癌放射治疗后多数患者可长期生存，对生存质量的要求相对较高。②鼻咽癌靶区范围大且形状极不规则，肿瘤靶区与临床靶区范围不一致性较大，常规照射技术很难达到高剂量区与靶区范围一致。③靶区内不同部位所需的根治剂量不同，常规照射技术难以实现靶区内的剂量能够按照临床需求分布。④鼻咽周围器官相对运动幅度极小，且照射过程中的体位固定简单可靠、重复性高，具有精确放射治疗操作的可行性。

近年来临床实践证明，IMRT 可提高鼻咽癌患者的局部控制率并能改善患者生存质量。但各个中心在靶区定义、处方剂量要求、放射治疗计划评估等方面的理解和实施仍存在着差异。为了使鼻咽癌患者得到最合理的治疗，中国鼻咽癌临床分期工作委员会于 2010 年制定了鼻咽癌 IMRT 靶区及剂量设计指引，该指引由放射治疗前准备、靶区命名及设置、处方剂量、危及器官剂量限定四部分组成。

1. 放射治疗前准备

（1）影像学检查：MRI 在确定鼻咽原发肿瘤位置及侵犯范围方面明显优于 CT，在无 MRI 扫描禁忌的条件下，鼻咽癌靶区勾画必须以 MRI 作为基本的影像学依据。PET-CT 尚不能替代 MRI 用于判断鼻咽局部侵犯范围和颈部淋巴结转移的作用。

（2）定位 CT：定位 CT 要求以增强 CT 方式进行扫描，扫描范围包括头顶至胸骨切迹下 2cm，

靶区区域内的层距、层厚≤3mm，靶区外的层距、层厚≤5mm。

（3）图像处理：图像处理用于勾画靶区的图像，建议采用 MRI 和定位 CT 图像融合，如 CT 和 MRI 的扫描体位不一致，则按骨性标志匹配原则行原发灶图像融合，颈部靶区可依据 CT 扫描图像勾画。

2. 靶区命名及设置

（1）鼻咽癌靶区设置：靶区位置以 ICRU-50 报告及其补充报告 ICRU-62 报告为指南，具体的靶区设置及其定义见表 5-1-3。GTV 是指临床或影像可见肿瘤病灶，包括原发病灶和转移淋巴结，即 GTVnx 和 GTVnd。CTV 淋巴引流区临床靶区根据 GTV 和肿瘤生物学行为来确定的。根据原发灶周围组织受累的危险程度不同，临床将 CTV 分为 CTV1（高危区）和 CTV2（低危区）。需要注意的是：①CTV1 外放的具体范围根据临床和解剖结构的特殊性可做适当调整，如 GTV 与脑干、脊髓、皮肤或正常骨性结构临近时，外扩距离需适当减小。②CTV2 须涵盖 CTV1，根据鼻咽解剖及肿瘤的生物学行为确定相应的 CTV2。

表 5-1-3　鼻咽癌的靶区设置及其定义

靶区名称	定义
GTVnx	影像学及临床检查可见的原发肿瘤部位及其侵犯范围
GTVrpn	咽后转移淋巴结
GTVnd	颈部转移淋巴结
CTV1	包括（GTVnx+GTVrpn）+5～10mm+整个鼻咽腔黏膜及黏膜下 5mm
CTV2	涵盖 CTV1，同时根据肿瘤侵犯的具体位置和范围适当考虑包括下列结构：鼻腔后部，上颌窦后部，翼腭窝，部分后组筛窦，咽旁间隙，颅底，部分颈椎和斜坡
CTVnd	包括 GTVnd+需预防照射的颈部淋巴结引流区
PTV	上述对应各靶区外放 2～5mm（外放具体数值按各单位摆位误差确定）

（2）淋巴引流区临床靶区（CTV）的设置：

1）单侧颈部有转移淋巴结者，CTVnd 包括同侧Ⅱ～Ⅴ区，对侧Ⅱ、Ⅲ、V_A 区；双侧颈部有淋巴结转移者，CTVnd 包括双侧Ⅱ～Ⅴ区。

2）I_B 区淋巴结：颈部淋巴结预防性照射常规不包括 I_B 区淋巴结，仅在以下情况时给予照射：①I_B 区有转移性淋巴结，或该区阳性淋巴结切除术后；②$Ⅱ_A$ 区转移性淋巴结包膜外侵或直径≥3cm；③同侧颈部多个区域（≥4 个区域）淋巴结转移；④鼻咽肿瘤侵犯鼻腔≥后 1/3、软硬腭、齿槽等。

3）未达到临床诊断标准的转移性淋巴结（N0）时 CTVnd 的设置：①影像学检查未发现任何淋巴结转移，CTVnd 需包括双侧Ⅱ、Ⅲ、V_A 区；②影像学检查发现颈部有肿大淋巴结，未达到转移性淋巴结的诊断标准，但临床考虑为高危淋巴结时，CTVnd 应包括有高危淋巴结的同侧颈部Ⅱ～Ⅴ区，对侧Ⅱ、Ⅲ、V_A 区。

3. 处方剂量的规定　临床医师在勾画好靶区及危及器官后，根据肿瘤局部分期，给出 GTV、CTV 的处方剂量以及剂量分布要求，其中处方剂量的定义为 95% 的 PTV 所接受的最低吸收剂量。靶区处方剂量推荐：PGTVnx 2.1～2.25Gy/次，总剂量 66～76Gy；PGTVnd 2～2.25Gy/次，总剂量 66～70Gy；PCTV1 1.8～2.05Gy/次，总剂量 60～62Gy；PCTV2、PCTVnd 1.7～1.8Gy/次，总剂量 50～56Gy。

4. 危及器官的剂量限制　医师在明确勾画了 GTV、CTV、PTV 后，需要以解剖为基础定义危及器官，并给予限制性条件供物理师进行计划设计和计算。危及器官的放射耐受性会显著影响放射治疗计划的制定、评估和实施，这也体现了放射治疗的基本原则，即在肿瘤控制的同时，尽可能使正常组织少受损伤。

因为器官运动和摆位误差的客观存在，ICRU 62 报告引入了计划危及器官区（PORV）的概念。

PORV 即是危及器官外放一定的边界所形成，类似于根据 CTV 形成 PTV。多数肿瘤中心定义脊髓的 PORV 即是在脊髓的各个方向外放 5mm 形成，脑干 PORV 即是在脑干边界外放 1mm 形成。

危及器官的限量为：脑干为 54Gy；脊髓为 40Gy；视神经和视交叉为 54Gy；颞颌关节为 50Gy；颞叶为 54~60Gy；下颌骨为 60Gy；腮腺 50%体积为 30~35Gy。

【案例 5-1-1】

患者，男，45 岁，2014 年 9 月无诱因出现晨起回缩性血涕，伴有右侧鼻塞症状。患者未予诊治，后血涕及鼻塞症状逐渐加重。2015 年 6 月，发现双侧颈部数枚肿大淋巴结，最大者位于右颈，约蚕豆大小，无压痛。患者于 2015 年 7 月就医，行鼻咽及颈部 MRI 提示鼻咽顶后壁增厚，右侧咽隐窝消失，呈等 T_1 稍长 T_2 信号改变，增强后提示为明显不均匀强化，右侧咽旁间隙受累，双侧颈部Ⅱ、Ⅲ区可见数枚肿大淋巴结，最大者直径约 1.8cm，明显强化；行鼻咽镜检查，可见鼻咽部新生物，取病变组织行病理学检查，结果示鼻咽部非角化性分化型鳞癌；胸腹部 CT 及 ECT 检查未见明显异常。遂患者采取 IMRT 方式行鼻咽癌根治性放射治疗。放射治疗期间，患者出现口干、咽痛等不适及面颈部放射治疗区皮肤色素沉着、干性脱皮表现。放射治疗结束后上述症状逐渐缓解。

问题：

1. 鼻咽癌常见临床症状有哪些？
2. 此患者鼻咽癌分期是什么？鼻咽癌综合治疗原则是什么？
3. 鼻咽癌放射治疗前准备有哪些注意事项？IMRT 放射治疗的靶区命名及定义是什么？
4. 鼻咽癌常规放射治疗剂量及常见危及器官的限量是多少？

【案例 5-1-1 分析】

1. 鼻咽癌常见症状有：鼻出血及回缩性血涕、耳鸣或听力减退、鼻塞、头痛、面部麻木、复视、张口困难等。

2. 此患者鼻咽癌分期为 T2N2M0（Ⅲ期）。鼻咽癌综合治疗应遵循个体化的分层治疗原则。其中Ⅰ、Ⅱ期鼻咽癌患者以单纯根治性放射治疗为主；Ⅲ、Ⅳ期患者应采用放、化疗综合治疗；对于已有远处转移的患者应采用以化疗为主的姑息性放、化疗综合治疗；根治性放射治疗后残存或复发病例在符合手术治疗条件时，可酌情考虑手术切除。

3. 放射治疗前准备包括：①鼻咽及颈部的 MRI 扫描，这在确定鼻咽原发肿瘤位置及侵犯范围方面明显优于 CT 扫描。②定位 CT 扫描。定位 CT 扫描要求以增强 CT 方式进行扫描，扫描范围包括头顶至胸骨切迹下 2cm，靶区区域内的层距、层厚≤3mm，靶区外的层距、层厚≤5mm。③图像处理。勾画靶区的图像建议采用 MRI 和定位 CT 图像融合，如 CT 和 MRI 的扫描体位不一致，则按骨性标志匹配原则行原发灶图像融合，颈部靶区可依据 CT 扫描图像勾画。

靶区命名：GTV 是指临床或影像可见肿瘤病灶，包括原发病灶和转移淋巴结，即 GTVnx 和 GTVnd。CTV，即临床靶区，包括 CTV1（GTV+5~10mm+整个鼻咽腔黏膜及黏膜下 5mm）、CTV2（涵盖 CTV1，同时根据肿瘤侵犯的具体位置和范围适当考虑包括鼻腔后部，上颌窦后部，翼腭窝，部分后组筛窦，咽旁间隙，颅底等结构）及 CTVnd（GTVnd+需预防照射的颈部淋巴结引流区）。PTV，即计划靶区，是上述各靶区外放摆位误差距离而得。

4. 鼻咽鳞癌常规放射治疗剂量：PGTVnx 2.10~2.25Gy/次，总剂量 66~76Gy；PGTVnd 2.00~2.25Gy/次，总剂量 66~70Gy；PCTV1 1.80~2.05Gy/次，总剂量 60~62Gy；PCTV2、PCTVnd 1.70~1.80Gy/次，总剂量 50~56Gy。常见危及器官限量：脑干为≤54Gy；脊髓为≤40Gy；视神经和视交叉为≤54Gy；颞颌关节为≤50Gy；颞叶为≤54~60Gy；下颌骨为≤60Gy；腮腺 50%体积为≤30~35Gy。

（张 涛）

第二节 肺 癌

一、肺癌概述

肺癌是指原发于肺、气管和支气管的恶性肿瘤，是当今世界最常见的恶性肿瘤。根据2014年全国肿瘤登记地区的数据显示，新确诊肺癌患者高达78.1万，发病率约为57.1/10万；死于肺癌的患者约为62.6万，死亡率约为45.8/10万，死亡率无论是男性女性均排在第一位。未来我国的肺癌发病率有可能进一步攀升，因此，肺癌的早期筛查与早期诊断就更显重要。有证据显示，在高危人群中开展肺癌的筛查工作可发现早期肺癌，并有利于提升治愈率。

肺癌的治疗需要综合使用手术、放射治疗、化疗、靶向治疗和免疫治疗等多种治疗手段。放射治疗与手术一样，是治疗肺癌的局部手段，但比手术的适应范围更广泛，不仅用于早期和局部晚期肺癌的根治性治疗，也可用于晚期肺癌的姑息性治疗。

(一) 病因

1. 吸烟 吸烟与肺癌发生呈明显正相关，主动吸烟和被动吸烟均为肺癌的危险因素。烟草中多链芳香烃类化合物和亚硝胺均有很强的致癌活性，可通过多种机制导致支气管上皮细胞DNA损伤，使得癌基因激活和抑癌基因失活，进而引起细胞的转化，最终导致癌变。

2. 其他因素 包括职业或环境接触中石棉、铬、镍、煤焦、多环芳香烃、3,4-苯并芘、芥子气等化学物质，放射线，既往肺部慢性感染性疾病和遗传因素等，经研究证实这些因素均与肺癌发生在一定程度上相关。

(二) 应用解剖

肺脏位于左、右胸膜腔内，借助肺根和肺韧带固定在纵隔两侧。肺根由支气管、肺动静脉、支气管动静脉以及神经、淋巴结、淋巴管组成，其结构之间为疏松结缔组织，周围为胸膜所包绕。纵隔中主要有心脏、主动脉、上腔静脉、气管、食管、迷走神经、膈神经等。左肺分为上、下两叶，右肺分为上、中、下三叶。气管由16~20个半环形软骨和韧带构成，长11~13cm，位于第6颈椎至胸骨角水平，气管向下分为左、右主支气管。气管分叉处称为隆突，相当于第4~5胸椎和胸骨角水平，在解剖学上有很重要的意义。

不同肺叶的淋巴引流途径是不同的。右上肺叶淋巴主要引流至右侧气管旁淋巴结；左上肺叶主要引流至主动脉旁和主动脉下淋巴结；左右下肺叶淋巴引流首先至肺门和隆突下淋巴结，而后至右侧气管旁淋巴结。左下肺淋巴引流也可能至左侧气管旁淋巴结。

(三) 临床表现

肺癌患者临床表现较复杂，其症状与体征与原发灶所在部位、大小、病理类型、有无转移和有无并发症等因素相关。大致可以分为由原发病灶直接产生的肺部症状、原发病灶或转移病灶外侵与压迫局部相邻器官造成的相关症状、副肿瘤综合征及全身症状。

1. 局部症状 局部症状是指由肿瘤本身在局部生长时刺激、阻塞、浸润和压迫组织所引起的症状。具体表现为咳嗽、痰中带血或咯血、胸痛、胸闷、气急等。

2. 外侵和转移症状 主要包括淋巴结转移、胸膜受侵和转移、骨转移、中枢神经系统转移等所致相应临床症状。如上腔静脉综合征、胸背部疼痛、骨痛、神经或精神症状等。

3. 肺外症状 由于肺癌所产生的某些特殊活性物质（包括激素、抗原、酶等），患者可出现一种或多种肺外症状。如肺源性骨关节增生症、异位激素综合征、神经肌肉综合征等。

4. 全身症状 全身症状主要表现为发热和恶病质。若伴有阻塞性肺炎或肺不张时可出现发热症状；肿瘤坏死组织被机体吸收也可表现为癌性发热。肺癌晚期患者由于感染、疼痛和消耗增加，可引起严重的消瘦、贫血、恶病质。

(四) 诊断

肺癌的诊断需要综合患者临床表现和各种辅助检查结果，大致可分为定性诊断和分期诊断。细胞学或组织学诊断属于定性诊断，目前仍是肺癌诊断的金标准，各种影像学诊断主要用于分期诊断。所有针对肺癌的治疗必须建立在定性诊断和分期诊断的基础上。

细胞学或组织学诊断主要包括痰细胞学检查、胸腔积液细胞学检查、支气管腔内灌洗液细胞学检查、原发灶或转移灶的活组织检查。活组织获取途径包括纤维支气管镜、经皮肺穿刺术、浅表淋巴结穿刺术、病灶切除手术等。

胸部 X 射线检查可了解肺部原发病灶的位置和大小，具有简单经济，临床广泛应用的特点。CT 检查不仅用于了解肺部原发病灶、肺门、纵隔等区域淋巴结转移情况，还用于肾上腺、骨、肝等脏器转移的判断，是目前肺癌诊断、临床分期、疗效评估和随访最常用的检查方法。骨扫描可以早期发现骨转移病灶，其诊断的敏感性和特异性分别为 87% 和 67%，是临床常用筛查骨转移的手段。MRI 主要用于检查脑转移病灶，它较 CT 能发现更多部位及更小的颅内病灶。正电子发射断层成像仪（PET）或 PET/CT 检查可准确地对肿瘤进行分期和评价疗效，判定肿瘤是否复发，但价格较为昂贵。纵隔镜检查主要用于评估肺门、纵隔淋巴结转移情况，尤其是不适合外科手术，而其他方法又不能获得病理诊断时，目前是纵隔分期的金标准。

(五) 病理与分期

1. 病理分型 肺癌常见的病理类型包括鳞癌、腺癌、大细胞癌和小细胞未分化癌等。临床实践中为工作方便，常将其简单地分为两大类：小细胞肺癌（small cell lung cancer，SCLC）和非小细胞肺癌（non-small cell lung cancer，NSCLC），后者包括除小细胞肺癌以外的其他所有上皮源性肺癌。如果病理医生不能在显微镜上明确病理类型，可借助免疫组化和（或）组织化学染色方法进一步分类。SCLC 具有早期和快速出现血行转移、预后差以及对放化疗敏感的特点，与 NSCLC 有很大不同，其治疗策略也存在明显的差异。

2. 扩散途径 肺癌的扩散途径包括直接蔓延、淋巴道转移以及血行转移。不同部位的肿瘤直接蔓延可侵犯胸膜、胸壁、肋骨、心包、气管或食管等器官。淋巴道转移是肺癌最常见的扩散途径。常见的淋巴道转移途径是：癌细胞经支气管和肺血管周围淋巴管，先侵入邻近肺段或叶支气管周围淋巴结，然后到达肺门淋巴结，再侵入隆突下淋巴结、纵隔、锁骨上淋巴结，最后进入血液循环。有时也会发生跳跃性转移。

肺癌血行转移较常见，可发生于多个脏器，转移部位为肺、脑、骨、肾上腺、肝等器官，血行转移是肺癌患者的主要致死原因。

3. 临床分期 NSCLC 和 SCLC 分期及关系见表 5-2-1，表 5-2-2。

表 5-2-1 肺癌分期

Tx	未发现原发肿瘤，或通过痰细胞学或支气管灌洗发现癌细胞，但影像学及支气管镜无法发现
T0	无原发肿瘤的证据
Tis	原位癌
T1	肿瘤最大径≤3cm，周围包绕肺组织及脏层胸膜；支气管镜见肿瘤侵及叶支气管，未侵及主气管
T1a（mi）	微浸润性腺癌。腺癌（最大径≤3cm），浸润深度≤5mm
T1a	肿瘤最大径≤1cm；或浅表扩散型肿瘤，局限于支气管壁，可能接近主气管，不论体积大小，亦分为 T1a
T1b	肿瘤最大径>1cm 且≤2cm
T1c	肿瘤最大径>2cm 且≤3cm

续表

T2	肿瘤最大径>3cm 且≤5cm；或具有以下任一特征：侵及主气管，无论其与隆突的距离，但未侵及隆突；侵及脏层胸膜（PL1 或 PL2）；存在侵及肺门的阻塞性肺炎、肺不张，累及部分或全肺
T2a	肿瘤最大径>3cm 且≤4cm
T2b	肿瘤最大径>4cm 且≤5cm
T3	肿瘤最大径>5cm 且≤7cm；或直接侵犯以下任何结构：胸膜壁层（PL3）、胸壁（含肺上沟瘤）、膈神经、心包壁层；或原发肿瘤同一肺叶出现其他孤立性结节
T4	肿瘤最大径>7cm；或无论肿瘤大小，侵及以下任何结构：膈肌、纵隔、心脏、大血管、食管、气管、喉返神经、隆突或椎体；或原发肿瘤同侧不同肺叶出现孤立癌结节
Nx	区域淋巴结转移情况无法评价
N0	无区域淋巴结转移
N1	同侧支气管和（或）同侧肺门淋巴结以及肺内淋巴结转移，包括原发肿瘤直接侵犯而累及
N2	同侧纵隔和（或）隆突下淋巴结转移
N3	对侧纵隔、对侧肺门、同侧或对侧前斜角肌或锁骨上淋巴结转移
Mx	无法评价有无远处转移
M0	无远处转移
M1	有远处转移
M1a	转移灶局限于胸腔内，包括胸膜播散（恶性胸腔积液、心包积液或胸膜结节）、对侧肺叶出现孤立性癌结节
M1b	胸腔外单个器官单发转移（包括单个非区域淋巴结转移）
M1c	胸腔外单个器官多发转移或多个器官转移

表 5-2-2　AJCC 第八版肺癌 TNM 分期标准（2019）

T/M	N0	N1	N2	N3
T1aM0	ⅠA1期	ⅡB期	ⅢA期	ⅢB期
T1bM0	ⅠA2期	ⅡB期	ⅢA期	ⅢB期
T1cM0	ⅠA3期	ⅡB期	ⅢA期	ⅢB期
T2aM0	ⅠB期	ⅡB期	ⅢA期	ⅢB期
T2bM0	ⅡA期	ⅡB期	ⅢA期	ⅢB期
T3M0	ⅡB期	ⅢA期	ⅢB期	ⅢC期
T4M0	ⅢA期	ⅢA期	ⅢB期	ⅢC期
任何T，M1a-b	ⅣA期	ⅣA期	ⅣA期	ⅣA期
任何T，M1c	ⅣB期	ⅣB期	ⅣB期	ⅣB期

目前临床实践中，SCLC 常采用美国退伍军人医院临床分期方法，它将 SCLC 分为局限期和广泛期。局限期是指肿瘤限于一侧胸腔内及其引流的区域淋巴结，包括同肺门淋巴结、同侧纵隔淋巴结、同侧锁骨上淋巴结。可合并少量胸腔积液，上腔静脉压迫综合征也被列为局限期。局限期也可以简单地理解为肿瘤局限于一个可接受的放射野所能包括的范围。广泛期是指肿瘤超出上述范围，不能被一个放射野所包括。

（六）治疗原则

1. 综合治疗

（1）NSCLC 治疗原则：①Ⅰ、Ⅱ期患者若无手术禁忌证，应首选手术或手术为主的综合治疗，术后应根据病理类型和临床分期，酌情配合辅助治疗。完全切除的Ⅰ～Ⅱ期 NSCLC 患者不建议使用术后放射治疗。因高龄或严重内科合并症等不能手术或拒绝手术者，放射治疗可作为一种根治性治疗手段。②Ⅲ期患者按照是否能手术选择相应治疗策略，或以手术为主的综合治疗，或以放化疗为主的综合治疗。不可手术切除的 NSCLC 多推荐同步放、化疗模式，也可采用序贯放、化疗模式。

③Ⅳ期患者如身体功能状态允许，可适当采用化疗或局部姑息放射治疗以及其他支持治疗。

（2）SCLC治疗原则：仅针对非常早期的SCLC患者（参照NSCLC分期标准为T1-2N0M0），可行肺叶切除术加纵隔淋巴结清扫；其他局限期应采用放、化疗结合的综合治疗。广泛期一般以化疗为主，根据化疗后患者耐受情况和肿瘤反应决定局部手术或放射治疗的介入。

脑是小细胞肺癌远处转移的好发部位，在经过综合治疗后生存3年以上的患者中，脑转移的发生率高达60%~70%。因此，对经治疗后取得CR或接近CR的局限期SCLC患者，建议应用预防性全脑照射（prophylactic cranial irradiation，PCI）；对于广泛期SCLC经过化疗后临床疗效评价为稳定及以上者，PCI能显著减少广泛期SCLC脑转移发生率并能提高其1年生存率，故也被常规推荐应用。

2. 放射治疗 作为局部治疗手段，放射治疗是肺癌综合治疗的一个重要组成部分。随着放射治疗技术进步和设备更新，放射治疗在治疗肺癌的临床应用方面会更为宽泛，作用更为肯定。

（1）NSCLC放射治疗：此治疗目前主要用于因高龄或内科原因不能耐受手术或拒绝手术的Ⅰ、Ⅱ期NSCLC的根治性放射治疗、不可手术切除的局部晚期NSCLC的根治性放射治疗、Ⅲ期NSCLC经过根治性手术后的辅助放射治疗、晚期患者的姑息性放射治疗等。

Ⅰ、Ⅱ期NSCLC患者中有相当一部分不能耐受或拒绝手术，故放射治疗成为其根治性治疗的主要手段。既往医师主要采用常规分割放射治疗的方式，现体部立体定向放射治疗（SBRT）或称立体定向消融放射治疗（SABR）已逐步成为标准治疗手段。与常规分割放射治疗相比，SBRT/SABR具有靶区小、单次剂量高、靶区与周围正常组织之间剂量变化梯度大、立体定向参数要求特别精确的特点。

对于不可手术切除的Ⅲ期NSCLC患者，既往认为单纯根治性放射治疗是主要手段。随着多项大型随机对照研究显示化疗联合放射治疗能进一步延长患者生存时间，目前治疗策略为放、化疗相结合的综合治疗，具体模式根据患者的身体功能状态和肿瘤侵犯情况采用同步放、化疗或序贯放、化疗。

对于肉眼可见残留、术后病理诊断切缘阳性、肺门和（或）纵隔淋巴结转移，特别是肿瘤已穿破淋巴结包膜进入周围组织的患者、手术中未做纵隔淋巴结清扫者，均需要进行术后放射治疗，以降低局部区域复发风险。

对于Ⅳ期NSCLC而言，放射治疗多数情况下以姑息减症为主要目的。如严重的大气管阻塞、大咯血、上腔静脉阻塞、有症状的骨转移和脑转移等。近来，临床针对转移灶数目有限的寡转移正在进行病灶局部根治性放射治疗的价值研究。

（2）SCLC放射治疗：该治疗主要用于局限期SCLC的同步放、化疗或序贯放、化疗、广泛期SCLC脑、骨等转移灶的姑息减症放射治疗、广泛期SCLC经化疗有效者的病灶局部放射治疗、全脑预防性放射治疗、根治性手术后病理证实有淋巴结转移者的术后放化疗等情况。

（3）常见放射治疗副作用：

1）放射性肺损伤：是临床常见而且严重影响患者生活质量的放射治疗副作用，严重放射性肺损伤会造成患者死亡。放射性肺损伤可以分为急性放射性肺损伤和慢性放射性肺纤维化。前者是指放射治疗开始后的3个月内出现的肺损伤。患者主要症状表现为低热、干咳、胸闷，较严重者有高热、气急、胸痛，严重者可出现急性呼吸窘迫、肺源性心脏病甚或导致死亡。若患者有明显临床症状，一般采用肾上腺皮质激素处理。慢性放射性肺纤维化一般出现于放射治疗结束3月以后，在1~2年后趋于稳定。患者临床症状的出现和严重程度与受照肺的容积和放射剂量有关，也与放射治疗前肺功能的状态有关。目前放射性肺纤维化尚无有效的治疗方法。

肺癌治疗临床实践中，多学科治疗综合治疗是发展的趋势，除了关注多种治疗手段在疗效方面的协同或相加作用外，也须注意在毒副作用方面的相互作用。如放射治疗与化疗药物、靶向药物和免疫检查点抑制剂的联合使用时，肺损伤的发生概率与严重程度可能会有增加。

2）放射性食管损伤：急性放射性食管损伤很常见，患者可表现为进食疼痛、胸骨后疼痛或烧灼感。一般在放射治疗开始后的2周左右出现。晚期放射性食管损伤主要为食管狭窄，临床上无特殊治疗,狭窄严重者可以考虑支架植入治疗。

3)放射性脊髓损伤:临床上一过性的放射性脊髓损伤较常见,在放射治疗后即可出现或数月后显现。临床表现为患者在低头时出现背部自头向下的触电感,可放射到双臂。多数患者上述症状不需任何治疗,可自行消失。晚期放射性脊髓损伤临床表现为横断性脊髓损伤,甚至截瘫。对这类脊髓损伤目前尚无有效治疗方法,主要以预防为主,避免脊髓照射超量。

4)心脏损害:本病患者临床表现有心包积液、缩窄性心包炎和心肌病。目前还没有有效治疗手段,主要处理措施为对症治疗。

二、靶区勾画原则和计划设计

(一)非小细胞肺癌

1. 放射源的选择 通常应用 6~15MV 的 X 射线,无条件单位亦可选择 ^{60}Co-γ 线。

2. 照射范围与剂量

(1)照射范围:NSCLC 根治性放射治疗的照射范围常规要包括原发灶、肺门和纵隔淋巴引流区。肺尖癌的照射范围应包括原发病灶、同侧的锁骨上区,如无肺门淋巴结肿大则不必包括肺门及纵隔。早期 NSCLC 在行立体定向放射时是否需要照射淋巴引流区存在争议,目前对于诊断明确的早期 NSCLC(T1~2N0M0)不建议进行淋巴结预防性照射。

NSCLC 根治性手术后辅助放射治疗主要包括术后局部区域复发的高危区域。照射范围根据原发灶切除、淋巴结清扫范围以及术后病理检查结果不同而不同。若患者已做标准淋巴结清扫术,病理检查未显示有淋巴结转移,仅有原发肿瘤残留或切缘阳性,照射野仅包括残留部位或切缘;若患者分期仅为 N2 阳性,照射野应包括有肿瘤转移的淋巴结区域以及同侧肺门和纵隔;若患者术后有肿瘤残留同时又是 N1~N2 者,则放射野包括残留部位、同侧肺门以及纵隔淋巴引流区。

(2)剂量与剂量分割方式:根治性放射治疗常规分割放射治疗,即每次照射剂量为 1.8~2.0Gy,1 次/天,5 次/周,亚临床病灶剂量为 40~60Gy,肿瘤靶区总剂量为 60~70Gy。也可用超分割放射治疗。

2012 年 SBRT/SABR 成为不能耐受手术者早期 NSCLC 的首选治疗,其剂量和剂量分割方式尚无统一推荐的标准方案,目前 BED≥100Gy 是临床广泛接受 SABR 的总剂量。

根治性手术后的辅助放射治疗剂量一般推荐 50~54Gy,1.8~2.0Gy/次,1 次/天。对于术后病理提示有残留的患者,剂量要求参照局部晚期 NSCLC 的根治性剂量。

(3)姑息性放射治疗的范围与剂量:

①上腔静脉压迫症:本病视病灶的范围,仅照射受压的上腔静脉或包括原发肿瘤,也可包括肺门、纵隔。采用前后两野对穿垂直照射。多采用常规分割照射,对于压迫症状严重不能平卧者可采用大分割照射,4Gy/次,每天或隔日照射,症状缓解后改用常规分割或 3Gy/次,1 次/天,5 次/周。总剂量为 DT60~70Gy/6~7 周。同时应酌情使用脱水剂或利尿剂。②脑转移:根据患者颅内病灶大小、数目和位置或颅外转移灶情况决定行全脑照射或全脑照射加局部野照射、SRS 或 SRT。全脑照射多采用两侧野相对照射。可以用常规分割放射治疗,颅中平面剂量每次 1.8~2.0Gy,总剂量为 30~40Gy,或颅中平面剂量 3Gy/次,1 次/天,5 次/周,总剂量为 30Gy 左右。可在放射治疗期间使用糖皮质激素及脱水剂。③骨转移:骨转移患者一般用常规分割或大分割照射,大分割照射每次 4~5Gy,每周 2~3 次,总剂量为 20~25Gy。也可用 3Gy/次,1 次/天,5 次/周,总剂量为 30Gy 左右。多发骨转移可用核素内放射加局部受累骨的外放射。④脊髓压迫症:本病常用剂量为 50Gy/25 次/5 周,也可用其他分割放射治疗方法。在放射治疗的同时建议应用糖皮质激素及脱水剂。

3. 靶区勾画 传统二维放射治疗计划的设计应满足全靶区照射,照射面积不宜超过 100 cm^2,靶区剂量要均匀。照射范围应先大野后小野,即对原发病灶和纵隔淋巴引流区照射达 DT 30~40Gy

后，避开脊髓，对残留病灶缩野适当追加剂量；同时照射锁骨上区时，应注意和胸部照射野交界处的剂量分布。锁骨上野的上界应达到环状软骨水平，下界至胸腔入口，即达到纵隔野的上缘，两侧外界应达到肱骨头内侧缘。对诱导化疗后放射治疗者，靶区应包括化疗后所见肿瘤以及化疗前的异常淋巴结；若经化疗后肿瘤完全消失，放射治疗靶区应包括治疗前的肿瘤区域和淋巴结；若化疗期间肿瘤发生进展，靶区则应包括进展后的所见肿瘤区域。

计划设计时还须考虑以下因素：①考虑呼吸动度的影响：上叶肺癌照射野至少应超过可见肿瘤靶区边界的1.0~1.5cm；下叶肺癌应超过病灶1.5~2.0cm；下叶周围型肺癌常转移到食管旁及下肺韧带淋巴结，因此纵隔野的下缘要达到膈肌水平。②上纵隔淋巴结转移：最好与胸部同设为一个照射野。纵隔野上缘起自胸腔入口，下至隆突下4~5cm，侧缘达到对侧的纵隔边缘外0.5cm处。③原发病灶与肺门或纵隔转移淋巴结距离较远时，应分成两个照射野进行照射。④肺不张患者应做详细影像学检查，明确肿瘤的准确边界，肺复张后应及时重新定位。⑤术后放射治疗应结合影像学、病理及手术中局部留置的银夹定位。

（二）小细胞肺癌

1. 放射源的选择 放射源通常采用6~15MV的X射线，锁骨上区可用X射线与电子线混合治疗。

2. 照射范围与剂量 既往放射野常规要包括原发病灶、同侧肺门和纵隔淋巴引流区。现多推荐对原发灶和受累淋巴结作为靶区给予根治性照射，而不再过多地扩展放射野；锁骨上区和健侧肺门不做预防性照射。因局限期SCLC经过化疗后，肿瘤会有不同程度的退缩，所以原发灶以化疗后的肿瘤范围为靶区；而肺门和纵隔淋巴结靶区以化疗前的受侵区域范围勾画。提高局部放射治疗剂量和有效的全身化疗是SCLC治疗的关键。常规放射治疗的剂量推荐60~70Gy/30~33次，至少不低于60Gy，有条件的可采用45Gy/30次/3周的模式。应注意的是，合并使用化疗时放射治疗的剂量应酌减。

3. 布野方法 全纵隔照射野上起自胸腔入口，下界达膈肌水平；包括两侧锁骨上淋巴引流区；广泛期SCLC仅行姑息治疗，照射野不宜过大。

（三）适形调强放射治疗

传统二维肺癌根治性放射治疗的局限性明显，包括照射剂量明显超过了正常肺组织的耐受剂量、周围存在食管、心脏、脊髓等剂量限制性器官、胸廓外轮廓不规则、靶区内组织密度不均一、器官生理活动幅度大等问题。随着计算机技术在放射治疗实践中的广泛应用，这些问题逐渐得以解决。目前临床放射治疗肺癌主要采用三维适形放射治疗技术（3D-CRT）和调强放射治疗技术（IMRT）。与二维放射治疗相比，3D-CRT和IMRT在靶区剂量分布均匀性和降低周围正常组织高剂量受照体积方面存在明显的优势。图像引导放射治疗技术（IGRT）则是在患者进行治疗前和治疗中，通过实施4D-CT扫描等多模态影像方式，对肿瘤及危及器官进行实时监控并调整治疗条件，使射野紧随靶区而改变，使照射更加精确，现已在有条件的医院进行。

（四）靶区勾画原则

依据ICRU50和ICRU60号报告确定放射治疗靶区。

（1）肿瘤区（GTV）的确定：应用CT、MRI等临床常见诊断手段可见的具有一定的形状和大小的肿瘤病变为GTV，转移淋巴结也应勾画入GTV。转移淋巴结的定义为（以下满足一项即被认定有淋巴结癌转移）：胸部CT上短径≥1cm的淋巴结；胸部CT上显示同一区域内有多枚淋巴结肿大，即使每枚淋巴结短径<1cm；治疗前PET影像上提示淋巴结有转移；纵隔镜获取的淋巴结病理为转移者。

（2）临床靶区（CTV）的确定：在GTV基础上包括周围亚临床病灶可能侵犯的范围和淋巴引

流区即为 CTV。腺癌在 GTV 基础上外扩 8mm 范围形成原发病灶 CTV；鳞癌则是外扩 6mm 范围。对于转移淋巴结的 CTV 如何外放，既往研究显示，10mm 以下的淋巴结包膜外侵犯的 95% 范围在 2.5mm 以内，10～20mm 的相应值为 3mm，20～30mm 的为 8mm。因此，临床推荐外放边界根据转移淋巴结的大小决定。

（3）内靶区（ITV）：是指临床靶区加上一个内边界范围所构成的体积。内边界设定主要考虑患者的器官运动造成的 CTV 外边界扩大。

（4）PTV/计划靶区的确定：无 ITV 应用情况下，PTV 外放边界包括两部分内容：肿块随呼吸运动的范围和摆位误差；应用 ITV 情况下，PTV 外放边界仅包括摆位误差。摆位误差需根据各中心具体的情况确定。

（5）注意事项：肺部原发病灶靶区勾画时应该选择肺窗，而纵隔淋巴结选择纵隔窗；肺癌伴有肺不张的病例，加用 PET-CT 比 CT 更有助于 GTV 的勾画；PET-CT 还特别有助于纵隔淋巴结转移和小的转移性软组织影的勾画；肺上沟瘤可借助 MRI 勾画靶区。

【案例 5-2-1】

患者，男，65 岁，因"咳嗽、咳痰半年，痰中带血 1 周"于 2016 年 2 月就诊，行胸部 CT 检查提示右肺上叶支气管开口处实性占位性病变，直径约 3.5cm×2cm，边缘呈分叶状，强化明显；纵隔多发肿大淋巴结，最大约 1.5cm×1cm，强化明显。行纤支镜检查，取右肺支气管新生物行病理学检查，结果为中分化鳞癌。完善脑部 MRI、腹部 CT 及 ECT 检查未见明显异常。患者遂接受胸部放射治疗及化疗。治疗结束后 1 年，患者无明显诱因出现左大腿上部疼痛，症状明显。行 CT 检查示左股骨上段骨质破坏，考虑转移，进一步 ECT 检查示颅骨、胸骨、左侧第 6 肋骨、右侧髂骨及左股骨上段异常核素浓聚，考虑多发骨转移。

问题：

1. 此患者的初诊肺癌分期是什么？非小细胞肺癌综合治疗的原则是什么？
2. 非小细胞肺癌常规放射治疗的放射源选择及剂量是什么？针对该患者骨转移的放射治疗方案是什么？
3. 内靶区的定义及 IGRT 技术在肺癌放射治疗中的优势是什么？

【案例 5-2-1 分析】

1. 患者的初诊肺癌分期是 T2N2M0（ⅢA 期）。非小细胞肺癌综合治疗的原则是：①Ⅰ、Ⅱ期患者若无手术禁忌证，应首选手术或手术为主的综合治疗，术后根据病理类型和临床分型酌情选择放化疗。对因高龄或严重的内科并发症等不能手术或拒绝手术者可行根治性放射治疗；②局部ⅢA 和ⅢB 期患者行同步或序贯放化综合治疗；③Ⅳ期根据患者状态可行化疗及姑息放射治疗。

2. 放射源一般选用 6～15MV 的 X 射线，病灶剂量为 60～70Gy，预防区域剂量为 50Gy。该患者多发骨转移，可针对疼痛明显部位病灶行姑息性止痛放射治疗，常规分割放射治疗为 30Gy/10 次/2 周，也可采用大分割放射治疗。针对多发骨转移，还可行核素内放射治疗。

3. 内靶区（ITV）是指临床靶区 CTV 加上一个内边界范围所构成的体积。内边界的设定考虑的是患者本身的器官运动造成的 CTV 外边界扩大，肺癌患者的内靶区是由于呼吸运动所致。IGRT 即图像引导放射治疗，在肺癌患者治疗前和治疗中，通过实施 4D-CT 扫描，对肿瘤及危及器官进行实时监控并调整治疗条件，可降低放射治疗过程中因呼吸运动、靶区舒缩、摆位等因素造成的误差，使放射射野紧随靶区而改变，并配合呼吸门控技术，使放射治疗范围更加精确。

（张　涛）

第三节 食 管 癌

一、食管癌概述

食管癌(esophageal carcinoma)是指从下咽部至食管、胃结合处之间食管上皮来源的恶性肿瘤。组织学类型上,我国食管癌以鳞状细胞癌为主,占食管癌发病的 90% 以上,而美国和欧洲以腺癌为主,占 70% 左右。食管癌发病有明显的地区分布特征,发病率最高的地区与最低的地区相差 60 倍。在中国,近年来食管癌的发病率有所下降,但死亡率一直位居第四位,发病率及死亡率分别列全部恶性肿瘤的第六和第四位。

(一) 病因

在我国食管癌高发区,主要致癌危险因素是致癌性亚硝胺及其前体物和某些真菌及毒素。目前研究还发现,饮食刺激与食管慢性刺激、饮食缺乏维生素 A、B_2 和 C、遗传因素和人乳头病毒感染与食管癌的发生密切相关。流行病学研究显示,吸烟和重度饮酒是诱发食管癌的重要因素。国外研究显示,对于食管鳞癌,吸烟者的发生率较不吸烟者增加 3~8 倍,而饮酒者较不饮酒者增加 7~50 倍。

(二) 食管的应用解剖

食管是一段长管状的器官,是消化道最狭窄的部分。它的上端在环状软骨处与咽部相连接,下端穿过横膈膜肌 1~4cm 后与胃贲门相接。从中切牙到食管入口处的距离约 15cm,到贲门约 40cm。

颈段食管:颈段食管上自下咽,下达胸廓入口即胸骨上切迹水平。周围毗邻气管、颈血管鞘和脊椎。内镜下测量距上切牙 15~20cm。

胸上段食管:胸上段食管上起胸廓入口,下至奇静脉弓下缘(即肺门水平之上)。其前面被气管、主动脉弓的 3 个分支及头臂静脉包围,后面毗邻脊椎。内镜下测量距上切牙 20~25cm。

胸中段食管:胸中段食管上起奇静脉弓下缘,下至下肺静脉下缘(即肺门水平之间)。其前方夹在两肺门之间,左侧与胸降主动脉相邻,后方毗邻脊椎,右侧游离直接与胸膜相贴。内镜下测量距上切牙 25~30cm。

胸下段食管:胸下段食管上起自下肺静脉下缘,下至食管胃结合部(即肺门水平之下)。内镜下测量距上切牙 30~40cm。

(三) 临床表现

1. 症状 早期食管癌患者的症状一般不明显,常表现为反复出现的吞咽食物时有异物感或哽咽感,或胸骨后疼痛。一旦上述症状持续出现或吞咽食物有明显的哽咽感或困难时提示食管癌已为中晚期阶段。当患者出现胸痛、咳嗽、发热等症状,应考虑有食管穿孔的可能。当患者出现声音嘶哑、吞咽梗阻、明显消瘦、锁骨上淋巴结肿大或呼吸困难时常提示为食管癌晚期。

2. 体征 大多数食管癌患者无明显相关阳性体征。当患者出现有头痛、恶心或其他神经系统症状和体征,或骨痛、肝大、胸腔积液、腹水、体重明显下降、皮下结节,颈部淋巴结肿大等提示有远处转移的可能,需要进一步检查确诊。

(四) 诊断

1. 食管癌高危因素和高危人群

(1) 高危因素:年龄 40 岁以上,长期饮酒吸烟、直系家属有食管癌或恶性肿瘤病史、具有上述癌前疾病或癌前病变者。

(2) 高危人群:具有上述高危因素的人群,尤其是生活在食管癌高发区,年龄在 40 岁以上,有肿瘤家族史或者有食管癌癌前病变者、长期饮酒和吸烟者。

2. 食管癌的临床表现　本病临床表现有吞咽食物时有哽咽感、异物感、胸骨后疼痛、或明显的吞咽困难等；查体时大多数食管癌患者无明显相关阳性体征。当患者出现有头痛、恶心或其他神经系统症状和体征，如骨痛、肝大、胸腔积液、腹水、体重明显下降、皮下结节，颈部淋巴结肿大等提示有远处转移的可能。

3. 辅助检查

（1）食管吞钡造影：它是目前诊断食管癌最直接、最简便、最经济而且较为可靠的影像学方法，食管气钡双重对比造影可发现早期黏膜浅表病变，对中晚期食管癌诊断价值更大，对于食管癌的位置和长度判断较直观。但对食管外侵诊断正确率较低，不能诊断纵隔淋巴结转移情况。早期食管癌的 X 射线表现为局限性食管黏膜皱襞增粗、中断，小的充盈缺损及龛影。中晚期为不规则的充盈缺损或龛影，病变段食管僵硬、成角及食管轴移位。肿瘤巨大时可出现软组织肿块影。

（2）内镜及超声内镜检查：食管纤维内镜检查可直接观察病变形态和病变部位，并可取组织病理学检查。超声内镜检查可清楚显示食管壁层次结构的改变、食管癌的浸润深度及病变与邻近脏器的关系。

（3）胸腹部 CT 检查：该检查能显示食管癌向管腔外扩展的范围及淋巴结转移情况，对判断能否行手术切除提供帮助。CT 检查可以在术前明确病变范围、淋巴结有无转移、远处有无转移等情况，也可用于术后（放化疗后）疗效评价，不足之处是组织分辨率不高，无法准确评估肿瘤外侵情况及小淋巴结转移情况。

（五）食管癌的病理

（1）早期食管癌的病理形态分型：包括隐伏型、糜烂型、斑块型和乳头型。中、晚期食管癌的病理形态分型：包括髓质型、蕈伞型、溃疡型、缩窄型和腔内型等。

（2）食管癌的组织学分型：组织病理学有分型鳞状细胞癌、腺癌、黏液表皮癌、未分化癌、神经内分泌肿瘤等，我国以鳞状细胞癌最常见，占所有分型的 90% 以上。

（3）组织学分级：鳞状细胞癌和腺癌依据分化程度不同可分为高分化、中分化和低分化癌。

（六）食管癌的临床分期

目前食管癌的临床分期采用 2017 年美国癌症联合会（AJCC）第八版 TNM 分期（表 5-3-1、表 5-3-2）。

表 5-3-1　食管癌分期

	原发肿瘤（T）
Tx	原发肿瘤不能评估
T0	没有原发肿瘤的证据
Tis	重度不典型增生，定义为恶性细胞局限在基底膜内
T1	肿瘤侵及黏膜固有层、黏膜肌层或黏膜下层
	T1a：肿瘤侵犯黏膜固有层或黏膜肌层
	T1b：肿瘤侵犯黏膜下层
T2	肿瘤侵及固有肌层
T3	肿瘤侵及食管外膜
T4	肿瘤侵及邻近结构
	T4a：肿瘤侵犯胸膜、心包或膈肌，奇静脉、横膈或腹膜
	T4b：肿瘤侵犯其他邻近结构，如主动脉、椎体、气管等
	镜下浸润癌，间质浸润深度≤5.0mm，水平浸润范围≤7.0mm

续表

	区域淋巴结（N）
Nx	区域淋巴结不能评估
N0	无区域淋巴结转移
N1	1～2枚区域淋巴结转移
N2	3～6枚区域淋巴结转移
N3	≥7枚区域淋巴结转移
	远处转移（M）
M0	无远处转移
M1	有远处转移

表 5-3-2　食管癌国际 TNM 分期（AJCC 2017）

A 食管腺癌临床分期					
	N0	N1	N2	N3	M1
Tis	0				
T1	Ⅰ	ⅡA	ⅣA	ⅣA	ⅣB
T2	ⅡB	Ⅲ	ⅣA	ⅣA	ⅣB
T3	Ⅲ	Ⅲ	ⅣA	ⅣA	ⅣB
T4a	Ⅲ	Ⅲ	ⅣA	ⅣA	ⅣB
T4b	ⅣA	ⅣA	ⅣA	ⅣA	ⅣB
B 食管鳞癌临床分期					
	N0	N1	N2	N3	M1
Tis	0				
T1	Ⅰ	Ⅰ	Ⅲ	ⅣA	ⅣB
T2	Ⅱ	Ⅱ	Ⅲ	ⅣA	ⅣB
T3	Ⅱ	Ⅲ	Ⅲ	ⅣA	ⅣB
T4a	ⅣA	ⅣA	ⅣA	ⅣA	ⅣB
T4b	ⅣA	ⅣA	ⅣA	ⅣA	ⅣB

（七）治疗原则

食管癌的治疗主要分为手术治疗、放射治疗和化疗。临床上应采取个体化综合治疗的原则，即根据患者的机体状况、肿瘤的病理类型、侵犯范围和发展趋势，有计划地、合理地应用现有的治疗手段，最大程度地控制肿瘤进展和提高治愈率，改善患者的生活质量。对拟行放射治疗、化疗的患者，应做 KPS 或 ECOG 评分，评估患者体能状态能否耐受放化疗。

1. 手术治疗　外科手术治疗是食管癌的主要根治性手段之一，在食管癌早期阶段外科手术治疗可以达到根治的目的。在中晚期阶段，通过以放化疗为主的综合治疗可以使其中一部分患者达到根治目的。手术前应根据诊断要求完成必要的影像学等检查，对食管癌进行 TNM 分期，以便制订全面、合理和个体化的治疗方案。

手术适应证包括：UICC/AJCC 分期（第八版）中的 T1aN0M0 期主要治疗以内镜下黏膜切除和黏膜剥离术为主。T1b-3N0-1M0 期患者首选手术治疗。T3-4aN1-2M0 期别患者可选择先行术前辅助放化疗+手术的方式。T4b 或 N3 或 M1 期患者一般推荐行根治性放化疗而非手术治疗。

手术禁忌证：①一般状况和营养状况很差，呈恶病质状态；②病变侵犯心脏、大血管、气管或邻近器官如肝、胰腺、脾等；多区域和多个淋巴结转移（N3），全身其他器官转移（M1）；③心、肺、肝、脑、肾重要脏器有严重功能不全者，如合并低肺功能、心力衰竭、半年以内的心肌梗死、严重肝硬化、严重肾功能不全等。

2. 放射治疗　是食管癌综合治疗的重要组成部分。我国70%的食管癌患者就诊时已属中晚期，已失去根治性手术切除的机会；而我国食管癌病理95%以上均为鳞状细胞癌，对放射线相对敏感。此时，就需要术前放射治疗联合手术或根治性放化疗的综合治疗模式来改善患者生存情况。可手术切除食管癌者，经术前放射治疗后，5年生存率可由33%提高至47%。对于不可手术切除的食管癌，也可在应用先进的调强放射治疗技术和同步放化疗后，5年生存率从单纯放射治疗时代的5%提高到现在的15%~20%。因此，目前对于中、晚期的可手术、不可手术或拒绝手术的食管癌患者，术前同步放化疗联合手术或根治性同步放化疗是主要治疗策略。

临床上，食管癌放射治疗主要包括以下几种治疗模式：

（1）术前新辅助放射治疗/同步放化疗：本治疗模式的适应证为能耐受手术的T3-4N+M0。注意不可手术的食管癌术前放射治疗后如转化为可手术，建议手术切除。如仍不可手术，则继续加至根治性剂量。

（2）术后辅助放射治疗/同步放化疗：①R1（包括环周切缘+）或R2切除。②R0切除术后，鳞癌，病理分期为N+，或T4aN0，淋巴结被膜受侵；腺癌，病理分期N+，或T3-4aN0，或T2N0中具有高危因素（低分化，脉管瘤栓，神经侵犯，<50岁）的下段或食管胃交界癌建议术后放射治疗或同步放化疗。目前并无循证医学证据明确术后放化疗的治疗顺序。一般建议R1或R2切除后，先进行术后行放射治疗或同步放化疗，再进行化疗。R0切除术后，鳞癌建议先进行术后放射治疗或同步放化疗，再进行化疗；腺癌建议先化疗后再进行放射治疗或同步放化疗。

（3）根治性放射治疗/同步放化疗：该治疗方案的适应证包括：①T4bN0-N3期患者。②颈段食管癌或颈胸交界癌距环咽肌<5cm。③经术前放射治疗后评估仍然不可手术切除的患者。④存在手术禁忌证。⑤手术风险大，如高龄、严重心肺疾病等。⑥患者拒绝手术。

（4）姑息性放射治疗：该治疗的适应证包括：①术后局部区域复发（术前未行放射治疗）。②较为广泛的多淋巴结转移。③骨转移、脑转移等远处转移病变，为缓解临床症状。④晚期病变化疗后转移灶缩小或稳定，可考虑进行原发灶放射治疗。⑤晚期病变为解决患者食管梗阻症状，改善营养状况。⑥缓解转移淋巴结压迫造成的临床症状。

3. 化疗　食管癌化疗分为同步放化疗、新辅助化疗、术后辅助化疗、姑息性化疗四种治疗手段。新辅助化疗有利于肿瘤降期、消灭全身微小转移灶，并观察肿瘤对该方案化疗的反应程度，指导术后治疗。对于食管鳞癌，由于目前新辅助化疗证据不足，建议行术前放化疗效果更佳。

食管鳞癌术后是否常规进行辅助化疗仍存在争议，尚未得到大型随机对照研究数据的支持。基于前瞻性Ⅱ期及回顾性临床研究的结果，对术后病理证实为区域淋巴结转移（N+）的患者，可选择行2~3个周期的术后辅助化疗。辅助化疗一般在术后第4周开始。

对转移性食管癌患者，如能耐受，推荐行姑息性化疗，若中途出现疾病进展，可更换方案化疗。根治性治疗后出现局部复发或远处转移的患者，如能耐受，可行化疗。

常用化疗方案包括：顺铂联合5-FU；紫杉醇+顺铂；表柔比星、顺铂联合5-FU（ECF）；表柔比星、奥沙利铂联合卡培他滨（EOX）；奥沙利铂、亚叶酸钙联合5-FU（FLO）；多西他赛、顺铂联合5-FU（改良的DCF方案）；伊立替康、5-FU/亚叶酸钙等。

（八）预后

食管癌患者的预后总体来看，鳞状细胞癌好于腺癌；缩窄型、蕈伞型好于溃疡型、髓质型。早期食管癌无转移外侵者5年生存率为60%，已转移外侵食管癌5年生存率小于25%，平均5年生存率为18.1%~40.8%。手术治疗可使患者总生存期和无进展生存期明显改善。手术、放射治疗、化疗等多种手段合理地结合使用可改善食管癌患者预后情况。

（九）常见放射治疗反应

1. 放射性食管炎 放射治疗期间（一般以20Gy左右开始）多数患者会出现放射性食管炎，主要表现为吞咽疼痛、进食梗阻感加重。如果不影响每日进食量可先采取观察、进软食、半流食等措施，嘱患者多饮水；中重度疼痛影响进食者，可给予静脉补液、抗炎、激素对症处理。溃疡不明显者可给予镇痛药物或贴剂。

2. 放射性气管炎 气管受到放射线照射时可能产生气道反应，多表现为刺激性干咳，夜间加重。但咳嗽的原因较多，上呼吸道感染、食管反流等均可能造成咳嗽。一般给予雾化吸入治疗效果较好，可一日数次，每次15~20分钟。雾化液可加入氨溴索、异丙托溴铵、糜蛋白酶、少量激素等。

3. 放射性脊髓炎 该症是食管癌放射治疗的严重并发症，发病率为1%~4%。多数是由于照射野设计不合理造成脊髓剂量过高，超过了脊髓的耐受量所致。少数情况是患者脊髓对放射线很敏感造成的。此外，治疗师摆位不正确，使本不应该被照射的脊髓落入照射野内，也会促使放射线脊髓炎的发生。一旦发生放射线脊髓炎，目前尚没有很好的治疗办法。故医师和治疗师应该竭力避免发生这种严重的放射治疗后遗症。

4. 晚期并发症 少数患者在放射治疗晚期可出现肺部纤维化，食管狭窄和吻合口狭窄等。

5. 全身反应 个别患者可出现乏力、食欲不振、白细胞下降、贫血等，可适当给予对症处理，严重者需暂停放射治疗。

二、靶区勾画原则和计划设计

（一）传统的常规照射方法

传统的常规照射方法有：等中心照射（常用一前二后斜野或两前斜野），和非等中心前后对穿野+斜野照射。

1. 中下段食管癌等中心、非等中心照射 前者特点是：①肿瘤内剂量分布好，剂量分布均匀，靶区内剂量梯度为±5%；②脊髓受量低，剂量多数≤65%；③肺受量少。通常前正中野为（6~8）cm×14cm，两后斜野为（5~7）cm×14cm，机架角为±130°（图7-4-1）。一般随着照射野宽度的加大，90%等剂量曲线的左右径和前后径增大，脊髓的受量明显增加。因此，当肿瘤较大、或肿瘤左右前后不对称性浸润或纵隔有淋巴结转移时，可采用非等中心前后对穿野加斜野照射，待36~40Gy以后再行病变区域CT扫描，据肿瘤缩小情况采用分野照射技术。这样肿瘤内的剂量分布虽不如等中心照射均匀，但能保证不漏照，且肺受量较少。照射野长度多数情况下为肿瘤上下端各外放3~5cm。

2. 上段食管癌 上段食管癌采用两前斜野等中心照射，两前野宽4.5~5.0cm，机架角±（50°~60°），30°楔形板，90%等剂量曲线，径线为5.0cm×4.0cm、6.4cm×4.4cm时，脊髓受量分别为21.6%、32.5%，剂量分布较好。当肿瘤较大或有锁上淋巴结肿大，应采用纵隔+锁骨上联合照射野，前后对穿照射到36Gy后，再行病变区域CT扫描，根据肿瘤缩小情况采用分野照射技术。

（二）三维适形或调强放射治疗

近年来，三维适形放射治疗（3D-CRT）、调强放射治疗（IMRT）新技术开展，使食管癌放射治疗的准确性大大提高，并且使受照射的靶区可达到所给的处方剂量，这些新技术可准确计算正常组织、危及器官受照射的剂量与体积。

1. 体位固定、CT 扫描。

2. 正常组织的勾画 勾画患者体表轮廓、肺、气管、脊髓、心脏、正常食管等重要组织器官及靶区。食管勾画范围包括食管入口至食管-胃结合部位，勾画在食管外肌层，在肿瘤层面则和 GTV 几乎一致。

3. 术前新辅助放射治疗/同步放化疗或根治性放射治疗/同步放化疗

（1）GTV 和 GTVnd：结合各项检查可见的食管原发肿瘤为 GTV，确诊转移或不能除外转移的淋巴结为 GTVnd。放置银夹标记后，GTV 以银夹标记的上下界为准。

（2）CTV

1）颈段/上段：GTV 上下放 3～5cm，或 GTVnd 上下放 0.5～1cm，以最高（低）为界。一般需包括 1（下颈、双侧锁骨上）、2、4、7 淋巴结引流区。

2）中段：GTV 上下放 3cm，或 GTVnd 上下放 0.5～1cm，以最高（低）为界。一般需包括 1（下颈、双侧锁骨上）、2、4、7、部分 8 淋巴结引流区。

3）下段：GTV 上下放 3～5cm，或 GTVnd 上下放 0.5～1cm，以最高（低）为界。一般需包括 7、部分 8、贲门、胃左、腹腔干淋巴引流区。注意 GTV 上、下外放 3cm 还是 5cm，如果 3cm 以外没有肿大淋巴结，则建议外放 3cm；如在 3～5cm 范围内有转移淋巴结或可疑转移淋巴结，可外放 5cm。若 5cm 以外还有淋巴结，可考虑累及野照射。

（3）PTV：在 CTV 的基础上外放 0.5cm 形成，头颈肩网罩固定的颈段或上段食管癌可外放 0.3cm。

（4）PGTV（采用序贯或同步加量时）：GTV+GTVnd 外放 0.5cm。

4. 术后辅助放射治疗/同步放化疗 术后残胃位于纵隔内（术后放射治疗照射野）的患者，因残胃对放射治疗耐受性差，除肿瘤有明显残留（R1/2 切除）外，不建议积极的行预防放射治疗。当残胃位于左侧或右侧胸腔内，且符合术后放射治疗适应证要求时，可行纵隔淋巴结引流区的预防性放射治疗。

适应证需包括吻合口情况：原发于颈段或上段食管癌，或切缘距肿瘤≤3cm。

（1）GTV 和 GTVnd：R1 或 R2 切除后，残留的原发肿瘤、切缘阳性的吻合口、残留的淋巴结或可疑淋巴结为 GTV 或 GTVnd。

（2）CTV：

1）颈段/上段：包括 GTV+GTVnd（如有），吻合口、1（下颈、双侧锁骨上）、2、4、7 淋巴结引流区。颈段可酌情不包括 7 区。

2）中段：包括 GTV+GTVnd（如有），1（下颈、双侧锁骨上）、2、4、7、部分 8 淋巴结引流区。T4b 需包括瘤床。

3）下段食管癌：包括 GTV+GTVnd（如有），1（下颈、双侧锁骨上）、2、4、7、8、贲门、胃左、腹腔干淋巴结引流区。T4b 需包括瘤床。

（3）PTV：在 CTV 的基础上外放 0.5cm 形成，头颈肩网罩固定的颈段或上段食管癌可外放 0.3cm。

（4）PGTV（有肿瘤或淋巴结残存需序贯或同步加量时）：GTV+GTVnd 外放 0.5cm 形成。

5. 处方剂量

（1）术前新辅助放射治疗/同步放化疗：95% PTV 41.4～50Gy/1.8～2.0Gy，每日 1 次，每周 5 次。

（2）术后辅助放射治疗/同步放化疗

1）R0 术后：95% PTV 50～56Gy/1.8～2.0Gy，每日 1 次，每周 5 次。

2）R1/2 术后：95% PTV 50/1.8～2.0Gy，序贯 95% PGTV 10～14/1.8～2.0Gy，每日 1 次，每周 5 次。有条件的单位也可采用同步加量技术。

(3）根治性放射治疗/同步放化疗

1）95% PTV 60~64Gy/1.8~2.0Gy，每日1次，每周5次。

2）95% PTV 50Gy/1.8~2.0Gy，序贯 95% PGTV 10~14Gy/1.8~2.0Gy，每日1次，每周5次。有条件的单位也可采用同步加量技术。

6. 正常组织限量 对于术后或术前放射治疗的患者，建议先按足量处方剂量（如 95% PTV 60Gy）进行正常组织评估，再按实际处方剂量执行，同时确定正常组织的实际受量。①双肺：平均剂量 14~16Gy，$V_5 \leq 60\%$，$V_{20}=30\%$，$V_{30} \leq 20\%$。同步放化疗者 $V_{20} \leq 28\%$。②心脏：$V_{30} \leq 40\%$，$V_{40} \leq 30\%$。③脊髓 PORV：$D_{max} \leq 45Gy$。④胃：$V_{40} \leq 40\%$，D_{max} 55~60Gy。⑤小肠：$V_{40} \leq 40\%$，$D_{max} \leq 55Gy$。⑥双肾：$V_{20} \leq 30\%$。⑦肝：$V_{30} \leq 30\%$。

【案例 5-3-1】

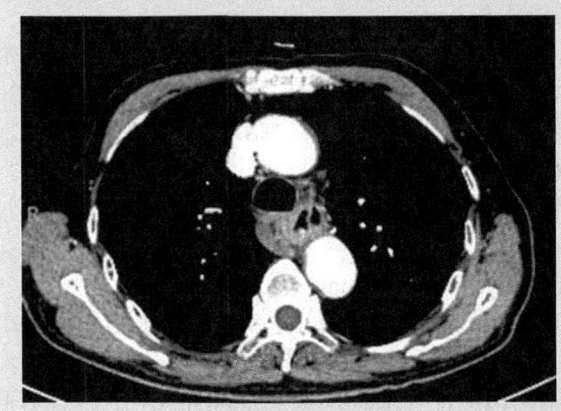

图 5-3-1 胸部增强 CT

患者，男，55 岁，进行性进食梗阻感 1 月余。行胃镜检查示：距中切牙 22~29cm 处见菜花样新生物，表面糜烂溃疡，污秽苔。病理检查示：食管鳞状细胞癌。胸部增强 CT 检查，如图 5-3-1。

问题：患者的临床表现有何特点？图像所示胸部增强 CT 改变有哪些？该患者的诊断和治疗原则分别是什么？

【案例 5-3-1 分析】

临床特点：中年男性；进行性进食梗阻感 1 月余；胃镜检查食管中上段菜花样新生物，表面糜烂溃疡，污秽苔；病理检查示：食管鳞状细胞癌。影像学改变：食管中上段管壁不均匀增厚，最厚处约 0.8cm，上下径约 5.4cm，其周围脂肪间隙浑浊，胸廓入口处食管旁见淋巴结短径约 0.6cm，考虑食管肿瘤性病变。诊断：中上段食管癌。治疗原则：同步放化疗。

（刘红利）

第四节 乳 腺 癌

一、乳腺癌概述

女性乳腺是由皮肤、纤维组织、乳腺腺体和脂肪组成，乳腺癌是发生在乳腺腺上皮组织的恶性肿瘤。原位乳腺癌并不致命，但癌细胞一旦脱落，游离的癌细胞可以随血液或淋巴液播散全身，形成转移，危及生命。全球乳腺癌发病率自 20 世纪 70 年代末开始一直呈上升趋势。中国不是乳腺癌的高发国家，但近年我国乳腺癌发病率的增长速度却高出高发国家 1~2 个百分点。据国家癌症中心 2018 年公布的 2014 年乳腺癌发病数据显示，2014 年我国女性乳腺癌新发病例约 27.89 万例，占女性全部恶性肿瘤发病的 16.51%，位居女性恶性肿瘤发病的首位。乳腺癌常采用手术、放射治疗、化疗、靶向或内分泌治疗等相结合的综合治疗。

（一）病因

乳腺癌的病因尚未完全清楚，研究发现乳腺癌发病存在一定的规律性，具有乳腺癌高危因素的女性容易患乳腺癌。家族史是乳腺癌发生的危险因素，近年发现乳腺腺体致密也成为乳腺癌发病的危险因素。乳腺癌的危险因素还包括：月经初潮早（<12 岁），绝经迟（>55 岁）；未婚、未育、晚育、未哺乳；患乳腺良性疾病未及时诊治；经医院活组织检查证实患有乳腺非典型增生；胸部接受过高剂量放射线的照射；长期服用外源性雌激素；绝经后肥胖；长期过量饮酒；以及携带与乳腺癌相关的突变基因等。

21世纪以来，我国女性乳腺癌发病率在城市和农村地区均呈持续上升趋势，且农村地区上升幅度更为显著。导致这种结果的原因可能与我国近年来城镇化进程的加速和社会经济的高速发展所伴随的居民生活行为方式、饮食习惯改变、人口老龄化、环境污染等危险因素增加，以及我国乳腺癌筛查工作开展较晚有关。

（二）应用解剖

乳房正常位于胸前部、胸大肌和胸肌筋膜的表面，上起第2~3肋，下至第6~7肋，内侧至胸骨旁线，外侧可达腋中线。乳房的外部结构包括乳头、乳晕和乳房体三部分。乳房的中心部位是乳头，由较致密的结缔组织和平滑肌组成；乳头周围有一圈色素沉着的皮肤称为乳晕；乳房体主要由腺体、导管、脂肪组织和纤维组织等构成，其内部的主要结构为输乳管、乳腺小叶和腺泡。此外尚有不等量的脂肪、纤维组织以及神经、血管和淋巴管分布在其周围（图5-4-1）。

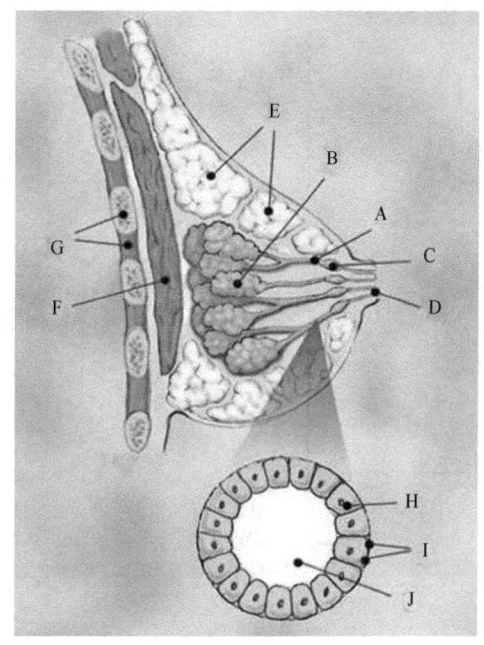

图 5-4-1　乳房解剖
A. 输乳管；B. 乳腺小叶；C. 输乳管窦；D. 乳头；E. 脂肪组织；F. 胸大肌；G. 肋骨；腺体放大示意图 H. 正常腺体细胞；I. 基底细胞膜；J. 腺体中央

乳房的血管分布丰富，乳房的动脉主要由三个来源：胸部内动脉分支、腋动脉分支及上肋间动脉前分支。乳房的静脉回流分深、浅两组，浅静脉分布在乳房皮下，多汇集到内乳静脉及颈前静脉；深静脉分别注入胸廓内静脉、肋间静脉及腋静脉各属支。

乳房的淋巴管由皮肤与小叶乳腺间的毛细淋巴管网和淋巴丛组成（图5-4-2）。外侧途径：大部分淋巴液流至腋窝淋巴结，再流向锁骨下淋巴结，部分乳房上部淋巴液可直接流入锁骨下淋巴结。这条途径可引流50%~75%淋巴液。内侧途径：部分乳房内侧淋巴液通过肋间淋巴管流向胸骨旁淋巴结。对侧途径：双乳间皮下有交通淋巴管网，一侧乳房淋巴液流向对侧乳房进而蔓延至对侧腋窝。下行途径：乳房深部淋巴网可沿腹直肌鞘和肝镰状韧带通向肝。

1955年，Berg按腋窝淋巴结所在位置与胸小肌的关系，将其分为三组：Ⅰ组-腋下组或低位组；Ⅱ组-腋中组或胸小肌后组；Ⅲ组-腋上组或锁骨下组。

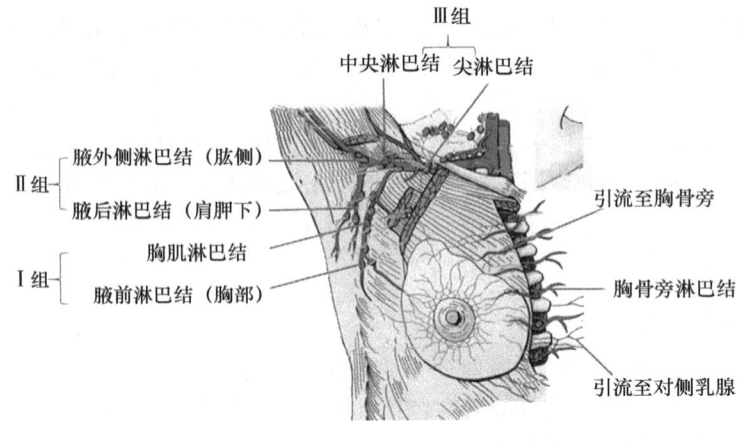

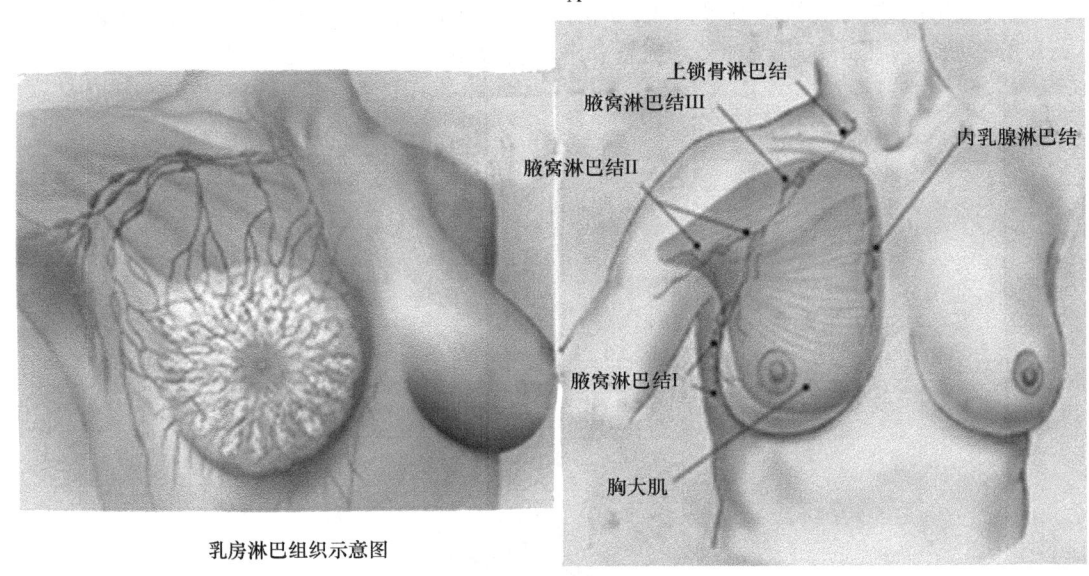

图 5-4-2　乳房的淋巴系统

（三）临床表现

乳腺癌的症状多种多样，常见的有乳腺肿块、皮肤改变、乳头改变、乳头溢液、乳腺疼痛、腋窝淋巴结肿大等。了解这些症状有助于我们临床正确的诊断和鉴别诊断。大多数乳腺原位癌、早期浸润癌以及一部分浸润性癌没有任何症状和体征，而是通过乳腺 X 射线钼靶片或 B 超普查发现的。

1. 乳腺肿块　80%的乳腺癌患者以乳腺肿块为首诊症状。患者常无意中发现乳腺肿块，多为单发，质硬，边缘不规则，表面欠光滑。大多数乳腺癌为无痛性肿块，仅少数伴有不同程度的隐痛或刺痛。

2. 乳头溢液　非妊娠期从乳头流出血液、浆液、乳汁、脓液，或停止哺乳半年以上仍有乳汁流出者，称为乳头溢液。引起乳头溢液的原因很多，常见的疾病有导管内乳头状瘤、乳腺导管扩张症和乳腺癌。

3. 皮肤改变　乳腺癌引起皮肤改变可出现多种体征，最常见的是肿瘤侵犯连接乳腺皮肤和深层胸肌筋膜的 Cooper 韧带，使其缩短并失去弹性，牵拉相应部位的皮肤可出现"酒窝征"，若癌细胞阻塞淋巴管，则会出现"橘皮样改变"，乳腺癌晚期，癌细胞可沿淋巴管、腺管或纤维组织浸润到皮内生长，在癌灶周围的皮肤形成散在分布的质硬结节，即所谓"皮肤卫星结节"。

4. 乳头、乳晕异常　若肿瘤位于或接近乳头深部，可引起乳头回缩。若肿瘤距乳头较远，乳腺内的大导管受到侵犯而短缩时，也可引起乳头回缩或抬高。乳头湿疹样癌，即乳腺 Paget 病，临床表现为乳头皮肤瘙痒、糜烂、破溃、结痂、脱屑、伴灼痛，以致乳头回缩。

5. 腋窝淋巴结肿　此症状初期可出现同侧腋窝淋巴结肿大，肿大的淋巴结质硬、散在、可推动。随着病情发展，淋巴结逐渐融合，并与皮肤和周围组织粘连、固定。晚期可在锁骨上和对侧腋窝摸到转移淋巴结。

（四）诊断

早期诊断是提高疗效的关键。应结合患者的临床表现及病史、体征、相关的辅助检查以及病理结果做出诊断，病理学检查是乳腺癌诊断金标准。

1. 乳腺 X 射线钼靶显像　本检查是临床常用的、有效的早期发现乳腺癌的方法，目前是乳腺癌普查的主要工具，对鉴别乳腺良恶性肿块有一定的诊断价值。

2. B 超检查　本检查简便易行且常用，对可疑病变区可反复进行比较。采用高分辨率的高频探头以及彩色多普勒技术后，其鉴别良、恶性肿瘤的准确性较高。

3. 乳管内镜检查　对有乳头溢液症状的女性，应该进行溢液涂片细胞学，还应该进行乳管内镜检查。

4. 乳腺磁共振　MRI 是利用乳腺癌的血供较周围正常组织丰富这一原理来对乳腺病灶的良恶性作出判断，具有很高的敏感性和特异性，能准确显示病灶范围以及发现亚临床病灶。

5. 病理学检查
（1）病理学检查方法
1）细胞学诊断：①脱落细胞学检查，对有乳头溢液的病例，可作溢液涂片细胞学检查，对于乳头糜烂患者，怀疑为乳头 Paget 病时可作糜烂部位的刮片或印片检查。②细针吸取细胞学检查，具有简便、快速、经济、准确等优点，对乳腺肿块的诊断敏感性较高。
2）活组织检查：①切除活检，是获得乳腺疾病组织学诊断最常用的方法。②空芯针活检，本检查不仅可以获得组织学诊断，而且还具有经济、安全、微创等特点，是一种较好的术前确诊方法。
（2）组织学分型：2000 年中国肿瘤病理学分类将乳腺癌大致分为非浸润性癌、早期浸润性癌、浸润性特殊型癌和浸润性非特殊型癌四种类型。
（3）组织学分级：组织学分级主要根据乳腺腺管形成程度、细胞核异型性以及核分裂计数分为Ⅰ级（高分化）、Ⅱ级（中分化）、Ⅲ级（低分化）。这与患者预后显著相关。
（4）免疫组化分型：2011 年 St.Gallen 国际乳腺癌大会上多数专家形成共识，可以根据免疫组织化学方法检测的激素受体（ER/PR）、人类表皮生长因子受体 2（HER2）及 Ki-67 结果进行分型来替代基因芯片分型，主要分为 4 个亚型：Luminal A、Luminal B、HER2 阳性及三阴型。

（五）分期

乳腺癌分期目前较常用的是国际抗癌联盟（UICC）制定的 TNM 国际分期法。AJCC 第八版乳腺癌分期系统由解剖学分期（表 5-4-1、表 5-4-2）与预后分期共同组成，新版分期系统增加了将 ER/PR、HER2、Ki-67 和肿瘤组织学分级四项生物学指标纳入新增的预后分期信息，作为 TNM 解剖分期的重要补充（表 5-4-3）。

表 5-4-1　UICC 第八版乳腺癌 TNM 分期标准（2017）

T 分期		N 分期		M 分期	
T-原发病灶		N	区域淋巴结	M	远处转移
Tx	原发肿瘤未扪及	Nx	原发肿瘤无法评估	Mx	远处转移无法评估
T0	原发肿瘤无法评估	N0	原发肿瘤无法评估	M0	无远处转移
Tis	原位癌（导管内癌，无肿块的乳头 paget 病）				
T1	原发病灶最大直径≤2cm	N1	腋窝淋巴结活动	M1	有远处转移
T2	肿瘤最大径 2.0～5.0cm	N2	同侧腋窝淋巴结转移，固定或相互融合；或虽然缺乏同侧腋窝淋巴结转移的临床证据，但有临床证据显示的同侧内乳淋巴结转移		
T3	肿瘤最大径＞5.0cm	N3	同侧锁骨下淋巴结转移伴或不伴腋窝淋巴结转移；或有临床证据显示同侧内乳淋巴结转移和腋窝淋巴结转移；或同侧锁骨上淋巴结转移，伴或不伴腋窝或内乳淋巴结转移		
T4	肿瘤任何大小，直接侵犯胸壁或皮肤（胸部包括肋骨、肋间肌、前锯肌，但不包括胸肌）				

表 5-4-2　根据以上不同的 TNM，可以组成不同的临床分期

临床分期	T 分期	N 分期	M 分期
0 期	Tis	N0	M0
Ⅰ 期	T1	N0	M0
Ⅰ$_A$ 期	T1	N0	M0
Ⅰ$_B$ 期	T0，T1	N1mi	M0
Ⅱ$_A$ 期	T0	N1	M0
	T1	N1	M0
	T2	N0	M0
Ⅱ$_B$ 期	T2	N1	M0
	T3	N0	M0
Ⅲ$_A$ 期	T0	N2	M0
	T1-2	N2	M0
	T3	N1-2	M0
Ⅲ$_B$ 期	T4	任何 N	M0
Ⅲ$_C$ 期	任何 T	N3	M0
Ⅳ 期	任何 T	任何 N	M1

表 5-4-3　AJCC 第八版乳腺癌预后分期系统（2017）

预后因子	临床意义	依据/标准/指南	AJCC 证据水平
ER、PR 表达状态	ER 及 PR 阳性患者使用内分泌治疗有效，表达水平越高，效果越好	IHC 测量，≥1%细胞染色为阳性	Ⅰ 级
HER2 表达状态	HER2 阳性与预后不良有关，抗 HER2 靶向药物能明显改善 HER2 阳性乳腺癌患者的预后	参照 2013 年 ASCO/CAP 指南	Ⅰ 级
组织学分级	组织学分级是独立于肿瘤分期的重要预后相关因素	采用 NSBR 分级系统	Ⅰ 级
Ki-67	Ki-67 反映细胞增殖的核蛋白	目前尚无广泛应用的 Ki-67 临界值	Ⅲ 级

（六）治疗原则

乳腺癌的治疗原则是根据患者年龄、月经状态、临床分期、组织学分级、激素受体情况、细胞

增生能力以及 Ki-67 及 HER2 等基因表达水平等情况，采用手术、放射治疗、化疗、靶向治疗或内分泌治疗相结合的综合治疗。化疗对原发灶局部和转移灶均能起到控制作用，尤其是对亚临床转移灶更为有效，但并不能降低局部复发率；放射治疗能有效控制局部复发和残存的区域淋巴结；对于激素受体阳性的乳腺癌患者，均应接受内分泌治疗，尤其是已有远处转移的晚期患者。

1. 各期乳腺癌的综合治疗原则

（1）Ⅰ期：Ⅰ期患者以手术治疗为主，目前趋向于保乳手术加放射治疗，对具有高危复发倾向的患者可以考虑术后辅助化疗。

（2）Ⅱ期：Ⅱ期患者可先手术治疗，术后再根据病理和临床情况选择是否进行辅助化疗。对肿块较大、有保乳倾向的患者，可以考虑新辅助化疗。

（3）Ⅲ期：Ⅲ期患者可选择新辅助化疗后再做手术治疗，术后再根据临床和病理情况选择是否做放射治疗、化疗。以上各期患者，如果激素受体阳性，应该在化、放射治疗结束后给予内分泌治疗。

（4）Ⅳ期：Ⅳ期患者是以全身系统治疗为主的综合治疗，包括化疗、内分泌治疗和靶向治疗等。

2. 手术治疗 乳腺癌是一种以局部表现为主的全身系统性疾病，其治疗应包括全身治疗和局部治疗两部分。乳腺癌常见的手术方式包括乳腺癌典型根治术、增加清扫内乳淋巴结的扩大根治术、改良根治术、单纯乳房切除术、保留乳房的根治手术。

乳腺癌根治术适用于进展期大部分Ⅱ、Ⅲ期乳腺癌；乳腺癌扩大根治术适用于位于乳腺内侧的进展期乳腺癌，但由于创伤太大目前已很少采用；乳腺癌改良根治术即保留胸大肌或胸小肌的根治术，其术后并发症和外观都优于典型根治术，目前有取代典型根治术的趋势；乳腺区域切除加腋窝淋巴结清除术的保乳术适用于早期乳腺癌、部分ⅡA期病例及经过新辅助化疗后肿块小于 2cm 者；单纯乳房切除术适用于一般情况不佳无法耐受根治术者、姑息性晚期乳腺癌治疗以及特殊类型的乳癌和叶状囊肉瘤。

3. 化疗 在乳腺癌的综合治疗中一直起着重要作用。对于大部分手术患者，化疗可用于术前或术后；对晚期已转移扩散者，化疗更是主要治疗手段。目前临床常用于乳腺癌治疗的化疗药物大致分为三大类：分别为蒽环类如多柔比星、表柔比星、吡柔比星；紫杉类如紫杉醇、多西他赛；其他类如卡培他滨、吉西他滨、长春瑞滨、顺铂、卡铂、环磷酰胺、氟尿嘧啶、甲氨蝶呤等。研究已证明合理选用多种药物联合化疗的效果明显优于单一药物治疗。

4. 内分泌治疗 大多数乳腺癌细胞的发生依赖于体内雌激素水平，降低体内雌激素水平和抑制雌激素作用都可以使癌细胞凋亡、肿瘤缩小。内分泌治疗是乳腺癌全身治疗手段之一，对激素依赖性复发转移乳腺癌和早期乳腺癌术后辅助治疗起到非常重要的作用，甚至可用于预防高危健康女性乳腺癌的发生。第三代芳香化酶抑制剂、黄体生成素释放激素类似物以及卵巢去势手术等方式均是通过降低体内雌激素水平来达到抗肿瘤效应；三苯氧胺则是通过抑制雌激素作用而产生治疗作用。

5. 靶向治疗 在乳腺癌 HER2 靶向治疗领域，目前已有四种药物被 FDA 批准用于治疗转移性乳腺癌：四种药物分别为曲妥珠单抗、拉帕替尼、帕妥珠单抗以及曲妥珠-DM1 偶联物（T-DM1），我国应用的主要治疗药物是曲妥珠单克隆抗体。应用曲妥珠单克隆抗体治疗 HER2 阳性的乳腺癌可以根据病情需要进行术前新辅助治疗、术后辅助疗以及晚期乳腺癌的靶向治疗。T-DM1 是一种新型抗体-药物偶联物，具有曲妥珠单抗类似的生物活性，可特异性的将强效抗微管药物 DM1 释放至 HER-2 过表达的肿瘤细胞内，是目前国际上曲妥珠单抗治疗失败后的二线首选治疗方案，但尚未在国内上市。

6. 免疫治疗 乳腺癌的免疫治疗是指通过给予乳腺癌患者某些生物物质，刺激机体产生免疫防御应答而达到消灭乳腺癌细胞的治疗方法。传统的免疫治疗方法包括 DC 疫苗、多肽疫苗、病毒载体疫苗、DNA、疫苗 HER2 单克隆抗体、过继细胞疗法、细胞因子治疗等主动及被动免疫治疗。近年兴起的免疫检查点抑制剂治疗是通过免疫检查点的抑制剂抑制淋巴细胞抑制性受体（如 PD-1 和 CTLA-4）的抑制免疫系统作用从而"恢复"机体自身免疫功能的过程。目前关于乳腺癌免疫治疗的临床试验多集中于晚期或转移性乳腺癌，至于早期乳腺癌能否从免疫治疗中获益，仍需要大量实验数据来支持。

7. 放射治疗原则

（1）Ⅰ～Ⅱ期乳腺癌根治术或改良根治术后，原发灶在乳腺外侧象限，腋窝淋巴结病理检查为阴性者，术后不放射治疗；腋窝淋巴结为阳性时，术后照射内乳区及锁骨上下区；原发灶在乳腺中央区或内侧象限，腋窝淋巴结病理检查为阴性时，术后仅照射内乳区，腋窝淋巴结为阳性时，加照锁骨上下区。

（2）Ⅲ期乳腺癌根治术后，无论腋窝淋巴结为阳性或阴性，一律照射内乳区及锁骨上下区。根据腋窝淋巴结阳性数的多少及胸壁受累情况，可考虑加或不加胸壁照射。

（3）乳腺癌根治术后，腋窝淋巴结已经清除，一般不再照射腋窝区，除非手术清除不彻底或有病灶残留时，才考虑补加腋窝区照射。

（4）放射治疗宜在手术后4～6周内开始，有植皮者可延至8周。

（5）目前对原发灶小于3cm、N0或N1的患者可考虑保留乳房手术加放射治疗。

（6）针对乳腺癌术后复发的放射治疗：对于复发病例，应当使用放射、化疗综合治疗，尤其对于发展迅速的复发病例。大野照射比小野照射疗效好，故应当尽量采用大野照射。

（7）乳腺癌远处脏器转移：放射治疗、化疗的目的旨在缓解症状、减轻痛苦、改善生存质量。对骨和脑转移者，放射治疗应是首选且有效地局部治疗方法。

（七）预后

乳腺癌的预后主要取决于乳癌的早期诊断，早期治疗，其他影响因素包括肿瘤的位置、大小及侵犯范围，有无淋巴结转移，病理组织学特征及雌激素受体和孕激素受体状态，肿瘤细胞的增殖状态及基因及其表达产物，以及患者年龄，妊娠及哺乳情况等。

二、靶区勾画原则和计划设计

（一）保乳术后放射治疗

原则上所有保乳手术后的患者均需要放射治疗，放射治疗方式常规采用两侧切线野加楔形板的照射技术。但因乳腺外形的变化造成乳腺靶区内剂量分布不均，差异甚至高达20%左右，因此应尽量采用三维适形或及调强放射治疗。

1. 保乳术后放射治疗照射靶区范围选择

（1）保乳术后可以进行全乳腺照射，腋窝淋巴结清扫或前哨淋巴结活检阴性或腋窝淋巴结转移为1～3个，但腋窝清扫彻底（腋窝淋巴结检出数10个），且不含有其他复发高危因素的患者，照射靶区为患侧乳腺。

（2）腋窝淋巴结转移为1～3个但含有其他高危复发因素，如年龄≤40岁、激素受体阴性、淋巴结清扫数目不完整或转移比例大于20%、HER2过表达等，照射靶区需包括患侧乳腺和锁骨上/下淋巴引流区。

（3）腋窝淋巴结转移≥4个，照射靶区需包括患侧乳腺、锁骨上/下淋巴引流区。

（4）腋窝淋巴结转移为1～3个，且肿瘤位于内侧象限；或腋窝淋巴结转移≥4个的患者，在保证心肺安全的前提下，可考虑将内乳引流区包括在照射范围内。

（5）腋窝未作解剖或前哨淋巴阳性而未做腋窝淋巴结清扫者，照射靶区需包括患侧乳房、腋窝和锁骨上/下区域。

2. 保乳术后放射治疗照射靶区的勾画

（1）全乳腺靶区勾画：对于此类患者术后已无GTV，常以可见或手术中银夹标记的术腔作为主要参照物，并结合定位CT所显示的术腔和银夹显示的瘤床范围基础上外放1.5cm为CTV，但前界限于皮肤下0.5cm，后界不包括胸壁和胸肌。PTV在CTV基础上外放1cm即可，前界限于皮肤下 0.5cm，后界不包括胸壁和胸肌（图 5-4-3，图 5-4-4）。术后整个乳腺常规接受的照射剂量是 DT46Gy/4.5 周。使用楔形板可使靶区内剂量分布均匀，否则胸壁与乳房顶点之间剂量相差 5%～10%。切线野照射结束后，对原发灶部位要给予 DT10～16Gy 的电子线补量或 IMRT 同步增量治疗。

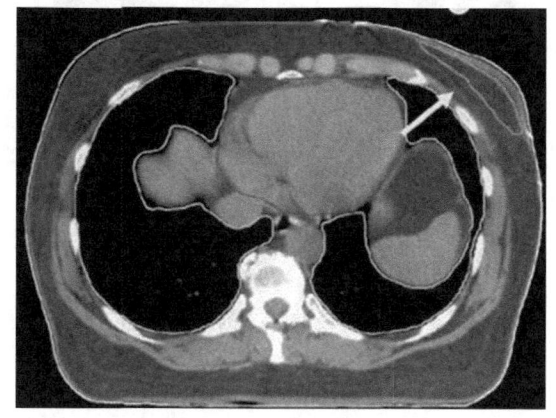

图 5-4-3　全乳腺靶区

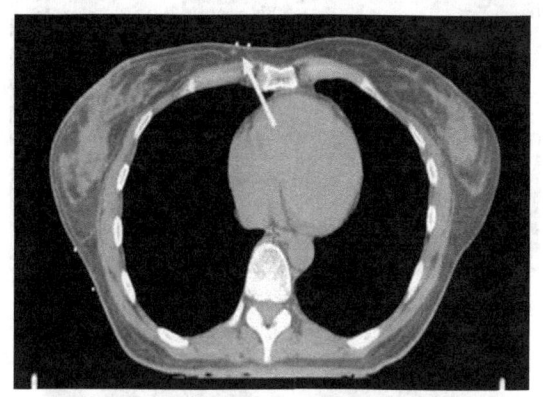

图 5-4-4　胸廓内动脉的乳腺内
（常被定位于乳腺的内侧缘）

（2）锁骨上、下淋巴结靶区的勾画（图 5-4-5）：包括锁骨上和锁骨下淋巴结（第Ⅲ组腋淋巴结），上界：环状软骨下缘；下界：锁骨下静脉下 0.5～1cm（或锁骨下静脉和颈静脉结合部）；内界：颈内血管内缘；外界：斜方肌/前锯肌前缘，胸小肌内缘。

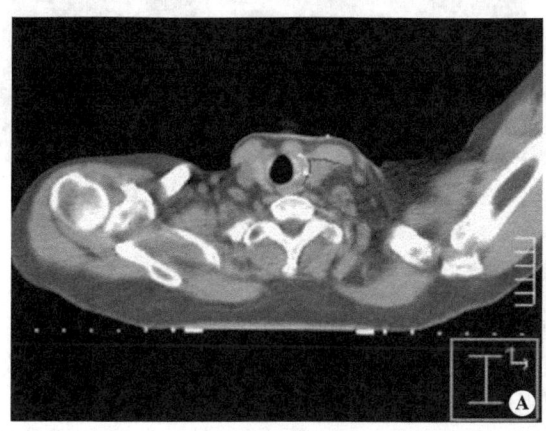
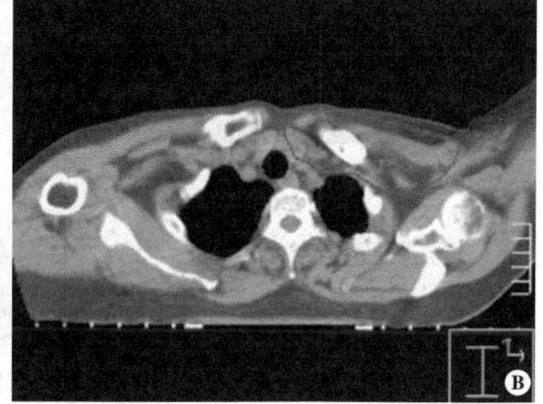

图 5-4-5　锁骨上淋巴结靶区

（3）内乳淋巴结的勾画：内乳淋巴结位于内乳动静脉的周围，大多数内乳淋巴结位于上 3 个肋间；CT 扫描图像上可以比较清楚地显示内乳动静脉，特别是上 3 个肋间，内乳淋巴结的勾画应包括内乳动静脉及其周围的脂肪和胸膜，一般距离动静脉外边缘 0.5cm。上界：胸廓入口平面；下界：第 4 前肋上缘；前界：胸骨后缘，或内乳血管前 5mm；后界：胸膜，或内乳血管后 0.5cm；内界：内乳静脉内侧 0.5cm；外界：内乳动脉外侧 0.5cm（图 5-4-6，图 5-4-7）。

（4）腋窝靶区的勾画：腋窝靶区Ⅰ区：上界，腋窝血管跨过胸小肌外缘；下界，胸大肌插入肋骨；外界，背阔肌内缘。腋窝靶区Ⅱ区：上界，腋窝血管跨过胸小肌外缘；下界，腋窝血管跨过胸小肌外缘或胸小肌下缘。腋窝靶区Ⅲ区：上界，胸小肌起始部/腋窝血管上缘；下界，腋窝静脉跨过胸小肌内缘（图 5-4-8，图 5-4-9）。

3. 保乳术后放射治疗注意事项　乳腺癌保乳术后放射治疗计划设计时需注意，不加组织填充物和乳罩：因为皮肤不是照射靶区；体部固定或填充会破坏高能 X 射线建成区，增加皮肤照射剂量，增加皮肤湿性反应和纤维化，影响美容效果。

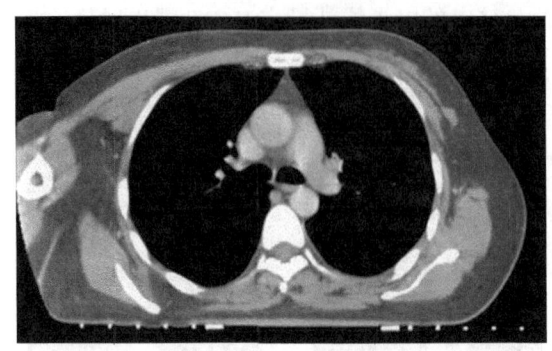

图 5-4-6　内乳淋巴结靶区（第2肋间）

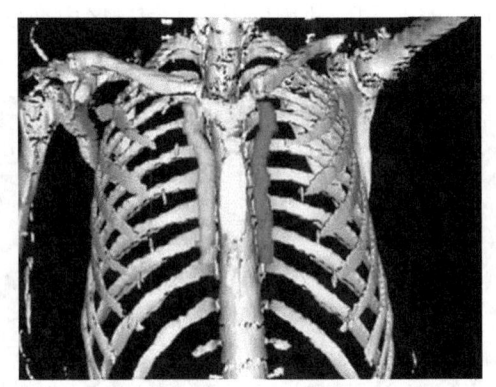

图 5-4-7　内乳淋巴结靶区（重建）

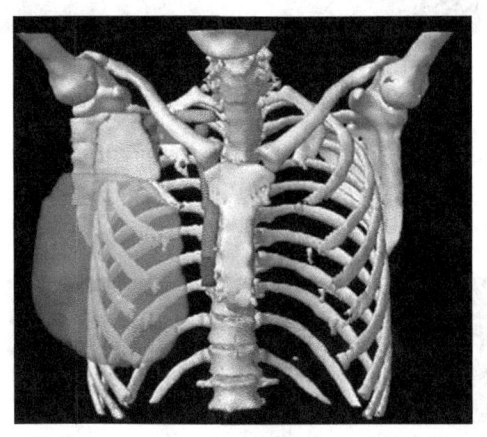

图 5-4-8　腋窝淋巴结靶区三维图

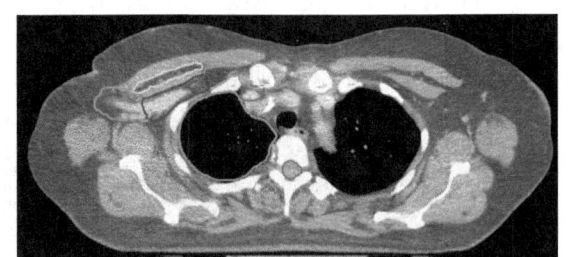

图 5-4-9　腋窝淋巴结靶区

（二）乳腺癌根治术或改良根治术后放射治疗

乳腺癌根治术或改良根治术后放射治疗指征包括：肿瘤直径＞5cm（T3 或 T4），淋巴结转移≥4个，T1-2 且腋窝淋巴结存在 1～3 个转移并伴有高危因素患者；腋窝淋巴结清扫不彻底（检出数＜10 个），脉管瘤栓，三阴乳腺癌（ER/PR/HER2 均阴性），年龄≤35 岁。

1. 照射靶区范围选择　照射靶区范围是胸壁和锁骨上及腋顶，若腋窝淋巴结清扫彻底时则不照射Ⅰ/Ⅱ组腋窝，针对内乳区是否应该照射目前没有统一标准，但对于具有内乳淋巴结转移高危因素的患者照射该区有更明显的疗效，对腋窝淋巴结转移数目为 1～3 个、且肿瘤位于内侧象限、或腋窝淋巴结转移≥4 个的患者，在保证心肺安全的前提下，可考虑将内乳引流区包括在照射范围内。

2. 照射靶区的勾画

（1）胸壁野靶区的勾画：照射野范围：上界，为锁骨头下缘水平；下界，相当于对侧乳腺皱襞下 2cm 水平；内界，为体中线；外界，为腋中线或腋后线。照射野需要包全手术瘢痕，包全引流口（如果可能）。具体 CTV 勾画：上界，为锁骨头下缘水平参照铅丝标记下 0.5～1cm；下界，相当于对侧乳腺皱襞下 2cm 水平参照铅丝标记上 0.5～1cm；内界，铅丝标记内 0.5～1cm；外界，铅丝标记内 0.5～1cm；前界，包全皮肤；后界，锁骨及胸壁肌群前缘（同保乳术后）。胸壁 PTV：CTV 上下外放 1cm，前后左右各外放 0.5～1cm，皮肤表面画出建成区，电子线 0.5cm，X 射线照射 0.5cm 厚（图 5-4-10）。

（2）锁骨上区靶区的勾画：照射野范围：上界，环甲膜水平；下界，锁骨头下缘水平；内界，体中线和胸锁乳突肌健侧 1cm 处；外界，肱骨头内缘。

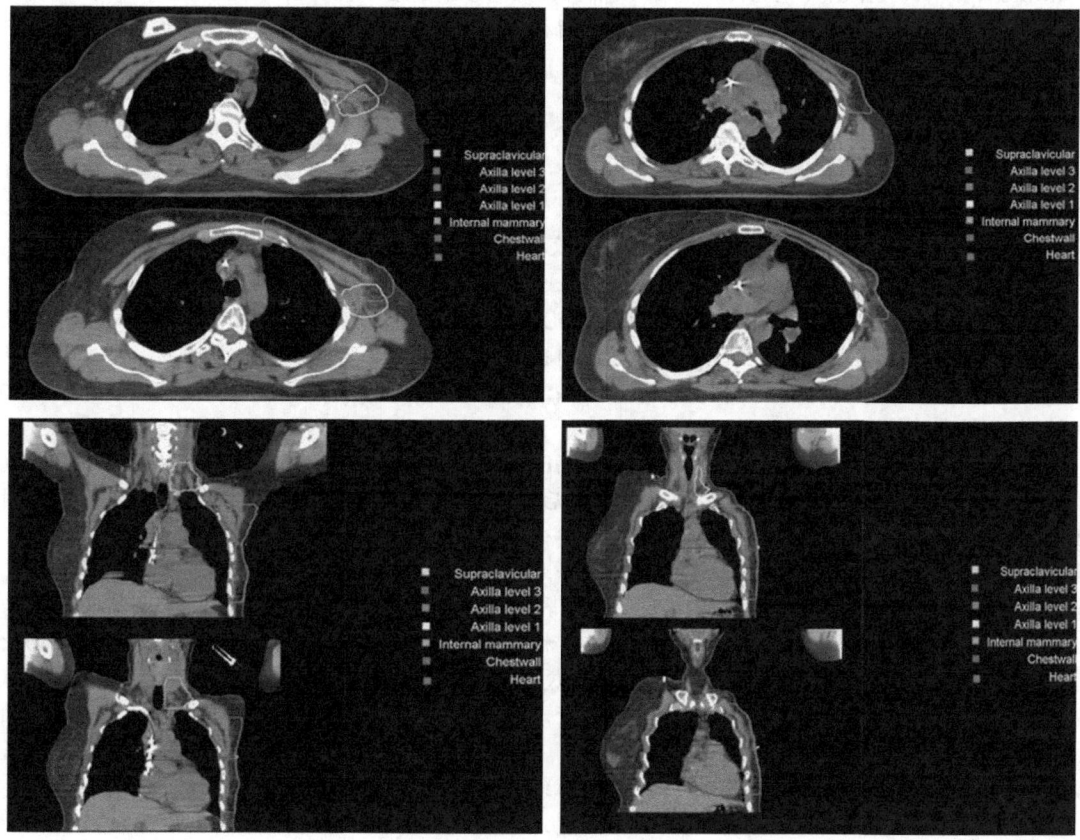

图 5-4-10　乳腺癌根治术后胸壁野靶区示意图

（3）腋窝淋巴结靶区的勾画：腋窝靶区Ⅰ区范围：上界，腋窝血管跨过胸小肌外缘（80%超出，1.78cm）；下界，胸大肌插入肋骨处；外界，背阔肌内缘（83%超出，1.27cm）。腋窝靶区Ⅱ区范围：上界，腋窝血管跨过胸小肌外缘（80%超出，1.78cm）；下界，腋窝血管跨过胸小肌外缘（80%超出，1.36cm）或胸小肌下缘。腋窝靶区Ⅲ区范围：下界，腋窝静脉跨过胸小肌内缘处；上界，胸小肌起始部/腋窝血管上缘。

（4）内乳淋巴结靶区勾画：乳腺癌根治术或改良根治术后放射治疗内乳淋巴结靶区勾画同保乳术后放射治疗靶区范围相同。

【案例 5-4-1】

　　患者于 2015 年 7 月无意发现右乳大小约 4cm×3cm 包块，质地较硬，活动度尚可，无疼痛感，患者未予重视，之后肿块逐渐增大。于 2016 年 2 月再次就诊时查体：右乳外上象限皮肤可见"酒窝征"，似有橘皮样变；包块大小约 5.1cm×4.4cm，形态欠规则，表面欠光滑，边界不清，质中偏硬，无压痛，活动度稍差，与皮肤有粘连。右侧腋窝可扪及一枚较大淋巴结，大小约 2.0cm×1.8cm，质韧，活动度一般，似相互融合。行穿刺活检确诊为右乳浸润性导管癌，免疫组化结果示：ER（约 80%+）、PR（约 60%+）、C-erbB-2（1+）、Ki-67（约 2%+）。患者分别于 2016 年 2 月 4 日、2 月 25 日、3 月 18 日、4 月 9 日行新辅助化疗四周期。化疗四周期后复查乳腺 MRI 示：右乳外上象限结节（大小约 17mm×9mm），考虑化疗有效。患者于 2016 年 4 月 23 日在全麻下行"前哨淋巴结活检，右乳癌保乳根治术"。术后病理诊断示：（右侧）乳腺浸润性导管癌，组织学评分：2+2+1=5 分，肿瘤大小约 1.5cm×1.2cm×1.2cm，（上、下、内、外、基底、中央切缘）未见癌。免疫组化：ER（约 70%+）、PR（约 60%弱-中等+）、

C-erbB-2（2+）、Ki-67（约2%+）。（右腋窝）找见淋巴结7/13枚，见癌转移。术后继续原方案化疗2周期顺利，有术后辅助放射治疗指征。

问题：
1. 乳腺癌常见的临床症状有哪些？
2. 此患者乳腺癌术后分期是什么？乳腺癌综合治疗的原则是什么？
3. 早期乳腺癌保乳术后放射治疗适应证是什么？乳腺癌IMRT放射治疗的靶区范围是什么？
4. 早期乳腺癌保乳术后放射治疗的常规放射治疗剂量及常见危及器官的限量是多少？

【案例5-4-1分析】

1. 乳腺癌的症状多种多样，常见的有：乳腺肿块、皮肤改变、乳头改变、乳头溢液、乳腺疼痛、腋窝淋巴结肿大等。乳腺癌从发生到出现临床症状需要2~3年的时间，大多数的乳腺原位癌、早期浸润癌以及一部分的浸润性癌没有任何症状和体征，而是通过乳腺X射线钼靶片或B超普查发现。

2. 该患者诊断分期为：右乳浸润性导管癌[cT3N2M0 ⅢA期 Luminal A（术前）ypT1N2M0 ⅢA期 Luminal A]（新辅助化疗后保乳根治术后）。乳腺癌的治疗的原则根据患者的年龄、月经状态、肿瘤临床分期、预后分期包括组织学分级、激素受体情况、细胞增生能力以及Ki-67及HER2等基因表达水平等情况来选择采用手术、放射治疗、化疗或内分泌治疗的综合治疗。Ⅰ期患者以手术治疗为主，目前趋向于采取保乳手术加放射治疗。对具有高危复发倾向的患者可以考虑术后辅助化疗。Ⅱ期患者可选择先手术治疗，术后再根据病理和临床情况进行辅助化疗。对肿块较大、有保乳倾向的患者，可以考虑行新辅助化疗（术前化疗）。对部分肿块较大、淋巴结转移数目多的病例可选择性做放射治疗。Ⅲ期患者可选择新辅助化疗后再做手术治疗，术后再根据临床和病理情况做放射治疗、化疗。Ⅳ期患者以内科治疗为主的综合治疗。以上各期患者，如果受体阳性，应该在化、放射治疗结束后给予内分泌治疗。

3. 保乳术后的放射治疗：原则上所有保乳手术后的患者均需要进行放射治疗，放射治疗常规采用两侧切线野加楔形板的照射技术，并且尽量采用三维适形或及调强放射治疗。乳腺癌保乳术后的放射治疗技术包括：①不加组织填充物和乳罩：皮肤不是照射靶区；②体部固定或填充会破坏高能X射线建成区，增加皮肤照射剂量，增加皮肤湿性反应和纤维化，影响美容效果。保乳术后放射治疗靶区包括全乳腺靶区、锁骨上、下淋巴结靶区、内乳淋巴结靶区、腋窝淋巴结靶区。全乳腺靶区：此类患者术后已无GTV，常以可见或手术中银夹标记的术腔作为主要参照物，并结合定位CT所显示的术腔和银夹显示的瘤床范围基础上外放15mm为CTV，但前界限于皮肤下0.5cm；PTV主要要考虑到呼吸运动造成的靶区位移及摆位误差，PTV在CTV基础上外放10mm即可前界限于皮肤下0.5cm。

4. 早期乳腺癌保乳术后整个乳腺常规接受的照射剂量是DT46Gy/4.5周。使用楔形板可使靶区内剂量分布均匀，否则胸壁与乳房顶点之间剂量会相差5%~10%。切线野照射结束后，对原发灶部位要给予DT10~16Gy的电子线补量或IMRT同步增量治疗。正常器官受累情况：左肺V_{20}=0%，右肺V_{20}=30%，心脏V_{30}=0%，V_{40}=0%。脊髓PORV_{max}=3524.3cGy。

（谭诗生）

第五节 直 肠 癌

一、直肠癌概述

直肠癌（rectal cancer）是指直肠齿状线以上至乙状结肠起始部之间的肿瘤。在欧美国家发病率很高，随着我国经济的发展，人们生活方式及膳食结构的变化，其发病率逐年增高。直肠癌的流行病学特点具有明显的地域分布差异，高发区为北美、西欧、澳大利亚和新西兰；中发地区为东欧、南欧和拉丁美洲；低发地区包括非洲、亚洲和南美。我国结直肠癌中直肠癌占 50% 以上，且 80% 以上的直肠癌位于直肠中下段；男女性别之比为 1.3：1，沿海东部地区比内陆西北地区高发，城市较农村发病率高。直肠癌的治疗是以手术为主的综合治疗，包括放射治疗、化疗和分子靶向治疗等方式。局部复发是直肠癌治疗失败的最常见原因。

（一）病因

病因目前尚未完全明确，流行病学调查提示该病主要与环境因素、胆汁酸增加、遗传、饮食习惯、大肠非癌性疾病（如溃疡性结肠炎、大肠息肉病、大肠腺瘤、Crohn 病、血吸虫病）和环境因素（肠道细菌、化学致癌物质、土壤中缺钼和硒）有关。

（二）直肠的应用解剖

直肠位于大肠的终末端，下界由齿状线与肛管分界，上端在相当于第三腰椎水平上与乙状结肠相连，长 10~15cm。通常直肠分为 3 段：齿状线上 5cm 为直肠下端，5~10cm 为中段，10~15cm 为上段。

直肠的血供主要来自直肠上动脉和直肠下动脉。直肠上动脉是由肠系膜下动脉延伸向下，在直肠上端的后方分为两支，沿直肠两侧向下形成，主要供应齿状线以上的直肠血液运行。直肠下动脉起自髂内动脉或会阴内动脉，沿直肠两侧韧带进入直肠，主要供应直肠下端血液运行。

直肠的淋巴引流方向通常沿同名血管走行，以齿状线为界，直肠的淋巴引流分为上下两组：齿状线以上的直肠淋巴为上组，以下为下组。上组的淋巴引流分为 3 个方向：①向上沿直肠上动脉引流至肠系膜下动脉和腹主动脉旁淋巴结；②向两侧经直肠下动脉延伸至骶前淋巴结；③向下可经肛提肌上淋巴结或穿过肛提肌至坐骨直肠窝淋巴结，然后沿肛内血管至髂内淋巴结。齿状线以下的下组淋巴结经会阴引流至双侧腹股沟淋巴结。

（三）临床表现

1. 肠道刺激症状和排便习惯改变　患者主要表现为直肠刺激症状，如便频、里急后重、肛门下坠、便不尽感、肛门痛、排便不成形、稀便、排便困难等。如果伴有排尿困难或会阴区疼痛，通常提示肿瘤已有明显外侵。

2. 血便　本病患者可出现大便表面带血和（或）黏液，严重时可有脓血便。血便的原因是肿瘤破溃出血，有时呈鲜红或暗红色，一般出血量不多，间歇性出现。

3. 肠梗阻　当肿瘤浸润肠壁引起直肠狭窄，可出现大便变形、变细（呈铅笔状，羊粪状），如病情继续发展，肿瘤持续增大则可出现肠梗阻。

4. 贫血、消瘦、发热、乏力等全身症状　由于肿瘤生长消耗体内营养，长期慢性出血可引起患者贫血；肿瘤继发感染，可引起发热和中毒症状。

（四）诊断

直肠癌的诊断需要综合患者的临床表现、体征和各种辅助检查结果。主要临床表现有：直肠刺激症状如便频、里急后重、肛门下坠、便不尽感、肛门痛等。大便表面带血和（或）黏液，严重时有脓血便等则需引起重视。直肠指诊简单易行，诊断价值非常高。我国 80% 以上的直肠癌通过做直肠指诊可以发现，如采取左侧卧位可以扪及更高部位肿瘤。凡疑似结直肠癌者必须常规做肛门直肠指检，以了解直肠肿瘤大小、质地、占肠壁周径的范围、基底部活动度、距肛缘的距离、肿瘤向肠外浸润状况、与周围脏器的关系、有无盆底种植等。

目前，内镜下活组织检查是本病的唯一确诊手段。结肠钡剂灌肠检查，特别是气钡双重造影检查是诊断结直肠癌的重要手段，但疑有肠梗阻的患者应当谨慎选择。腹部超声检查可了解患者有无复发转移，具有方便快捷的优点。CT 检查的作用在于明确病变侵犯肠壁的深度、向壁外蔓延的范围和远处转移的部位情况。推荐 MRI 作为直肠癌常规检查项目，MRI 检查可以进行直肠癌的术前局部分期；可以对直肠癌肝转移病灶，以及怀疑腹膜和肝包膜下病灶的评价。推荐直肠腔内超声或内镜超声检查为中低位直肠癌诊断及分期的常规检查。PET-CT 不推荐常规使用，但对于病情复杂、常规检查无法明确诊断的患者可作为有效的辅助检查手段。

（五）病理与临床分期

1. 病理组织分型 直肠癌以管状腺癌、黏液癌和未分化癌常见。

（1）腺癌：本型直肠癌中癌细胞排列呈腺管状或腺泡状。根据其分化程度，按 Broder 法可分为 Ⅰ～Ⅳ级，即低度恶性（高分化）、中等恶性（中分化）、高度恶性（低分化）和未分化癌。大多数直肠癌（95%）为腺癌。

（2）黏液癌：本型直肠癌的癌细胞分泌较多黏液，黏液可在细胞外基质中或集聚在细胞内将核挤向边缘，细胞内黏液多者预后差。

（3）未分化癌：本型癌细胞较小，呈圆形或不规则形，呈不整齐的片状排列，浸润明显，易侵入小血管及淋巴管，预后差。

2. 扩散途径

（1）直接蔓延：直接蔓延包括在黏膜、黏膜下层向周围扩散，或向深部浸润肠壁各层。癌肿蔓延环绕肠管的倾向较大，容易形成肠腔狭窄。当肿瘤穿透直肠壁后可侵犯邻近器官，如前列腺、膀胱、子宫和骶骨。

（2）淋巴道转移：淋巴转移是直肠癌主要的扩散途径，是影响直肠癌预后的重要因素。

（3）种植转移：直肠癌浸润生长浸透浆膜层后，部分肿瘤细胞可以从浆膜表面脱落种植于腹腔壁腹膜或盆壁。直肠癌的发生以低位直肠癌为主，肿瘤表面无腹膜覆盖，发生腹膜种植转移比较少见。

（4）血行转移：直肠癌组织侵入静脉后，癌栓可以通过直肠上静脉、肠系膜下静脉、门静脉转移至肝内；也可由髂静脉转移至肺、骨和脑等。

3. 临床分期

（1）Dukes 分期：由于 1932 年 Dukes 提出的直肠癌分期简单易行，具体如下：Dukes A 期，肿瘤局限于肠壁内；Dukes B 期，肿瘤侵犯至肠壁外；Dukes C 期，有区域淋巴结转移，无论侵犯深度如何。

（2）TNM 分期：国际抗癌联盟（UICC/AJCC）2017 年制定的 TNM（第八版）分期系统对直肠癌的预后有更好的指导意义（表 5-5-1、表 5-5-2）。

表 5-5-1 直肠癌 TNM 分期

原发肿瘤（T）	
Tx	原发肿瘤不能评估
T0	没有原发肿瘤的证据
Tis	原位癌：局限于上皮内或侵犯黏膜固有层
T1	肿瘤侵犯黏膜下层
T2	肿瘤侵犯固有肌层
T3	肿瘤穿透固有肌层到达浆膜下层，或侵犯无腹膜覆盖的结直肠组织旁组织
T4	T4a：肿瘤穿透腹膜脏层
	T4b：肿瘤直接侵犯或粘连于其他器官或结构
区域淋巴结（N）	
Nx	区域淋巴结无法评价
N0	无区域淋巴结转移
N1	有 1~3 枚区域淋巴结转移

续表

	N1a: 有 1 枚区域淋巴结转移	
	N1b: 有 2~3 枚区域淋巴结转移	
	N1c: 浆膜下、肠系膜、无腹膜覆盖结肠/直肠周围组织内有肿瘤沉积（tumor deposit, TD），无区域淋巴结转移	
N2	有 4 枚以上区域淋巴结转移	
	N2a: 4~6 枚区域淋巴结转移	
	N2b: 7 枚及更多区域淋巴结转移	
	M 分期	
	M1a: 远处转移局限于单个器官或部位（如肝、肺、卵巢、非区域淋巴结）	
	M1b: 远处转移至一个以上的器官/部位，但没有腹膜转移	
	M1c: 腹膜转移（无论是否合并其他器官部位的转移）	

表 5-5-2　直肠癌不同的临床分期（AJCC，2017 第八版）

分期组	T	N	M	分期组	T	N	M
0 期	Tis	N0	M0	ⅢB 期	T2~3	N2a	M0
Ⅰ 期	T1, T2	N0	M0	ⅢB 期	T1~2	N2b	M0
ⅡA 期	T3	N0	M0	ⅢC 期	T4a	N2a	M0
ⅡB 期	T4a	N0	M0	ⅢC 期	T3~4a	N2b	M0
ⅡC 期	T4b	N0	M0	ⅢC 期	T4b	N1-N2	M0
ⅢA 期	T1~2	N1/N1c	M0	ⅣA 期	任何 T	任何 N	M1a
ⅢA 期	T1	N2a	M0	ⅣB 期	任何 T	任何 N	M1b
ⅢB 期	T3~4a	N1/N1c	M0	ⅣC 期	任何 T	任何 N	M1c

（六）综合治疗原则

直肠癌的治疗方法主要有手术治疗、放射治疗、化疗及靶向治疗等，临床上根据患者全身状况和各个脏器功能状况、肿瘤位置、临床分期、病理类型及生物学行为等决定治疗措施。外科手术是直肠癌的主要治疗方式，对于局部进展期直肠癌，推荐采用手术、放射治疗、化疗等综合治疗模式。在全直肠系膜切除（total mesorectal excision, TME）手术时代，放射治疗在局部进展期直肠癌的治疗中起到至关重要的作用，术前放射治疗具有提高直肠癌 R0 切除率、保留器官功能、提高局部控制率等优势。因此，NCCN 指南推荐：对于临床分期为 T3~4、N+ 的患者，术前放化疗为标准治疗选择方案。

1. 手术治疗　直肠癌手术的方式包括：直肠癌低位前切除术、经腹会阴联合切除术、Hartmann 手术等。

手术治疗适应证：①患者全身状态和各脏器功能可耐受手术；②肿瘤局限于肠壁或侵犯周围脏器，但可整块切除，区域淋巴结能完整清扫；③肿瘤已有远处转移（如肝、卵巢、肺转移等），但可全部切除，酌情同期或分期切除转移灶；④肿瘤广泛侵袭或远处转移，但伴有梗阻、大出血、穿孔等症状应选择姑息性手术，为下一步治疗创造条件。

手术治疗禁忌证：①患者全身状态和各脏器功能不能耐受手术和麻醉；②肿瘤广泛远处转移和外侵，无法完整切除，无梗阻、穿孔、大出血等严重并发症。

2. 化疗

（1）术前同步放化疗：该治疗方法多用于局部晚期直肠癌（T3 或 T4 及淋巴结阳性的患者），通常与放射治疗联合应用。也可应用于潜在可切除的直肠癌肝转移患者。常用的药物包括 5-FU、卡培他滨。

（2）术后化疗：对Ⅲ期及以上的根治性切除术后患者应采用辅助性化疗。化疗方案有多种，常用的辅助化疗方案有：5-FU/CF；卡培他滨；奥沙利铂+5-FU/CF；奥沙利铂+卡培他滨；不推荐伊立替康作为直肠癌术后的辅助治疗，也不推荐分子靶向药物用于直肠癌术后辅助治疗。目前推荐直肠癌术后辅助化疗的时间为 6 个月。

（3）转移性直肠癌的姑息化疗：直肠癌化疗最常用的药物包括氟尿嘧啶类化合物（如 5-FU 和卡培他滨）、奥沙利铂和伊立替康。氟尿嘧啶类药物往往与奥沙利铂或伊立替康组成联合方案来应用。奥沙利铂和伊立替康治疗转移性直肠癌的疗效相近，与氟尿嘧啶联合的有效率达 30%～50%。但两者的不良反应不同，奥沙利铂的剂量限制性毒性是外周神经毒性，而伊立替康的剂量限制性毒性是迟发性腹泻和中性粒细胞减少。对于一般状况良好的患者，一线化疗可选择奥沙利铂或伊立替康联合氟尿嘧啶类药物。

（4）分子靶向及免疫治疗：常用的靶向药物包括以表皮生长因子受体（EGFR）信号传导通路为靶点和以血管内皮生长因子（vascular endothelial growth factor，VEGF）为靶点的两类药物。针对晚期直肠癌，靶向药物与化疗药物联合使用可增加临床疗效。靶向药物疗效与直肠癌基因分型相关（*Ras* 基因野生型患者使用西妥昔单抗有效，突变型患者则无效）。目前还有多靶点治疗药物如瑞戈非尼、呋喹替尼用于晚期肠癌三线治疗。

免疫检查点抑制剂 PD-1/PD-L1 抗体等新型药物可用于晚期 dMMR 直肠癌。

3. 放射治疗 放射治疗主要用于以下直肠癌患者：①Ⅰ期（T1～2N0M0）经肛切除术后，如果为 T1 存在高风险因素（如分化差、脉管淋巴管受侵、切缘阳性）或 T2 病例应给予术后同步放化疗。②Ⅱ、Ⅲ期（T3～4N0M0，T1～4N1～2M0）的标准治疗为术前同步放化疗或术后同步放化疗。③T4 或 N2 病例术前同步放化疗对提高手术切除率和局部控制率更有优势，低位直肠癌通过术前同步放化疗能提高保肛率。④Ⅳ期（T1～4N0～2M1）可手术切除的晚期直肠癌（局限于肝或肺的转移灶以及盆腔原发灶可手术切除），如果病理分期为 T1～4N1～2M1，建议术后辅助化疗后行盆腔同步放化疗。⑤术后局部复发可再次手术切除病例，如果再分期为Ⅱ、Ⅲ期（T3～4N0M0，T1～4N1～2M0），且既往未曾接受放射治疗，建议术后行同步放化疗。不能手术切除的、复发后无法手术切除的或高龄、合并严重并发症无法手术的直肠癌患者，建议进行同步放化疗，缓解症状，提高生存质量并延长生存时间，部分病例可转为手术切除。⑥如果术中发现肿瘤无法手术切除或无法手术切净时，可考虑术后同步放化疗。⑦骨或其他部位转移灶引起疼痛，严重影响患者生活质量时，如果患者身体状况允许，可考虑局部放射治疗以减轻患者症状，改善生活质量。

直肠癌术前放射治疗的剂量分割方式包括短程术前放射治疗（short-course preoperative radiotherapy，SCPRT）和长程放化疗（long-course chemoradiotherapy，LCRT）两种模式，这都被认为是直肠癌术前放射治疗的标准治疗方案。SCPRT 总剂量为 25Gy，5Gy/分割，1 周完成，放射治疗后 1 周内手术。LCRT 推荐剂量为 45～50.4Gy，分割成 25～28 次，5～5.5 周完成，联合 5-FU 或卡培他滨同步化疗，治疗完成后 4～12 周手术。NCCN 指南明确指出短程放射治疗不推荐应用于 cT4 的患者；ESMO 指南对于 cT4、切缘存在风险、MRF 受累或预测 CRM（+）的患者，建议行长程放化疗。

4. 常见放射治疗不良反应

（1）放射范围内的皮肤：①急性不良反应，皮肤可出现皮肤瘙痒、色素加深、滤泡样红斑、脱皮、水肿等表现。处理：瘙痒可用 3% 薄荷淀粉外敷；局部可外涂清地油；有破损者可使用生长因子促进其愈合，或遵医嘱进行处理。②晚期不良反应，有局部皮肤萎缩、皮下组织僵硬等。

（2）消化系统：放射性肠炎、直肠炎。①急性不良反应：腹痛、腹泻、黏液分泌增多，血性分泌物等。若病变位置低，照射野距离肛门近，还可出现肛门坠胀不适感。有以上症状的患者可在医师指导下进行止痛、止泻治疗，如温水坐浴改善局部血液循环促进黏膜恢复，严重者暂停放化疗。②晚期不良反应：腹泻、大便次数增多、便失禁、便血、大便变细、肠道梗阻、肠穿孔等。慢性腹泻或便失禁者可考虑予止泻药、硬化大便、调节饮食及成人尿布等，严重出血、肠梗阻或穿孔者应请外科就诊。

（3）骨髓系统：出现骨髓抑制，包括白细胞、红细胞、血小板数量低下等，患者放射治疗期间仍需保证营养供给，维持体重稳定，若发生骨髓抑制，遵医嘱予升白细胞等治疗。白细胞低者，注意预防感染。

（4）泌尿生殖系统：可出现排尿不适，疼痛、尿急、尿痛甚至血尿（非常少见）等，治疗期间建议多饮水，症状持续者应去泌尿外科咨询。绝经前女性盆腔放射治疗后可出现激素紊乱甚至提早绝经并出现相应的症状。放射治疗也可以影响患者的生育功能，有生育要求者建议疗前详细咨询放射治疗科医生评估风险、或至计划生育门诊咨询。建议疗后行性功能障碍、性交痛、阴道干燥、尿频、尿急、尿失禁等的筛查，症状持续者转至泌尿科或妇科治疗。

二、靶区勾画原则和计划设计

（一）放射治疗的适应证及禁忌证

适应证：对于可手术的直肠癌患者，放射治疗可降低直肠癌术后的局部复发风险，术前放射治疗效果优于术后放射治疗，放射治疗综合同步化疗可进一步提高局部控制率，即便全直肠系膜切除（TME）手术后，辅助放化疗仍可进一步降低局部复发风险。对于T3/T4和（或）淋巴结阳性患者，都应该进行盆腔放射治疗，以降低局部区域复发率。对于不可手术的局部晚期直肠癌患者，放射治疗可以改善局部症状、减缓局部肿瘤进展、并可使部分患者争取获得手术机会。对于老年合并症较多难以耐受大手术的病例，可选择放射治疗加局部手术切除。对于直肠癌术后盆腔复发患者，可再次手术切除者应先行手术治疗。直肠癌术后盆腔复发无法再次手术者，应先行同步化放射治疗后再评价是否可手术切除，如果能手术切除即行手术治疗，仍无法手术则局部继续加量放射治疗至66～70Gy。

禁忌证：一般情况差，伴有远处转移，肝肾功能不全等。

（二）放射治疗方法

1. 常规放射治疗

（1）定位方法：定位是指决定放射治疗时采取的姿势，其有利于计划设计及体位重复，减少不良反应。定位前在患者肛门处或会阴瘢痕处放置金属标记。患者俯卧位，身下垫有孔腹部定位板。

（2）照射范围：包括瘤床（吻合口）、直肠系膜区、骶前软组织区、髂内血管周围淋巴引流区和（或）坐骨直肠窝以及会阴手术瘢痕（Mile术后）。上界为：L_5/S_1椎体之间。下界为：肿瘤下缘下3cm（术前放射治疗）或闭孔下缘（Dixon手术后）或会阴瘢痕放置标记物下1～1.5cm（Mile术后）。外界为：小骨盆外1cm。两侧野后界为：包括骶骨外侧皮质。两侧野前界为：直肠前壁前2～3cm（术前放射治疗或Dixon术后），或根据术后盆腔CT片，包括膀胱后1/3处（Mile术后）。根据以上范围勾画治疗靶区，制作射野挡块。每周拍验证片校正。

（3）照射剂量：术前/术后放射治疗剂量为45～50.4Gy/25～28次。局部晚期或复发直肠癌剂量为小骨盆照射45～50.4Gy/25～28次后，缩小至肿瘤处补量16～20Gy。

2. 三维适形或调强放射治疗

（1）模拟定位：定位前1小时左右嘱患者排空膀胱，一次性口服500～800ml水，目的为充盈膀胱，避免小肠落入盆腔，减少小肠照射剂量。定位前在肛门处或会阴瘢痕处放置金属标记。患者俯卧位，垫腹部定位装置，体模固定。以0.5cm层厚行CT增强扫描采集CT图像。以获取治疗相关部位图像信息，确定放射治疗区域和需要保护的区域。

（2）肿瘤靶区（GTV）：包括直肠肿瘤及相应层面系膜，上下外扩0.5～1.0cm，转移淋巴结。

（3）临床靶区（CTV）：直肠癌最主要的局部区域失败部位依次为骶前、吻合口附近或会阴区、髂血管淋巴结以及小骨盆内其他部位。包括直肠系膜，直肠上动脉淋巴，骶前淋巴，髂内淋巴，部分闭孔淋巴，髂外淋巴（T4b时选择性照射），腹股沟淋巴（侵犯阴道下1/3、肛管时选择性照射）。

（4）计划靶区（PTV）：直肠癌摆位误差在腹背方向最大，头尾次之，左右方向最小。因此，一般在 CTV 基础上，至少在患者左右方向外放 0.5cm，腹背和头脚方向外放 1cm 作为 PTV。

（5）正常组织勾画：包括双侧股骨头、膀胱和照射范围内小肠。

（6）照射剂量：术前/术后放射治疗剂量为：95%PTV 接受的最小剂量为 45～50.4Gy/25～28 次。局部晚期或复发直肠癌：小骨盆照射，95%PTV 接受的最小剂量为 45～50.4Gy/25～28 次后，缩小至肿瘤区补量至 66～70Gy。

（7）危及器官定义及限量：从膀胱基底部到顶部，膀胱 $V_{50}<50\%$；近端股骨：从股骨头上缘到坐骨结节下缘，包括粗隆，股骨头 $V_{50}<5\%$；小肠：扫描前 30min 口服造影剂，勾画含有造影剂的小肠；或快速勾画包含小肠和结肠的肠袋；或勾画小肠和大肠所占据的空间。肠道勾画超出 PTV 1cm 范围即可，小肠 $V_{50}<5\%$。

【案例 5-5-1】

患者，女，51 岁，里急后重，腹胀，大便变细带血半年余。行电子肠镜见直肠距离肛门 5～8cm 处有不规则新生物。病理检查示：直肠腺癌。直肠增强 MRI 检查如图 5-5-1。

问题：患者的临床表现有和特点？图像所示直肠增强 MRI 改变有哪些？该患者的诊断和治疗原则是什么？

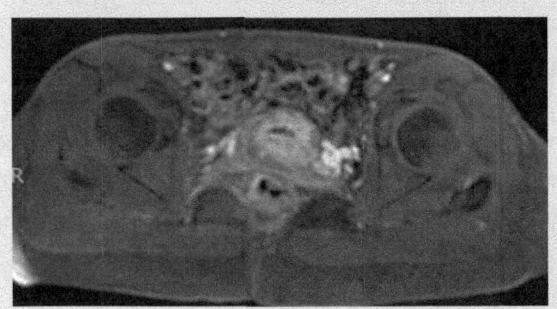

图 5-5-1　直肠增强 MRI 检查

【案例 5-5-1 分析】

临床特点：中年女性；里急后重，腹胀，大便变细带血半年余；电子肠镜显示中段直肠不规则新生物。病理检查示：直肠腺癌。

影像学改变：直肠中下段可见长约 3.6cm 段肠壁不规则增厚，黏膜面毛糙，病变下缘距肛缘约 4.0cm，病灶周围脂肪间隙尚清晰，病灶右后缘封层面与后侧肛提肌分界欠清，右侧肛提肌增强示病灶不均匀强化。系膜未见明显肿大淋巴结影。诊断：中段直肠腺癌（cT4bN0M0）。

治疗原则：新辅助放化疗后，观察 6～8 周后行根治性手术。

（刘红利）

第六节　前列腺癌

一、前列腺癌概述

前列腺癌是男性泌尿生殖系统最常见的恶性肿瘤之一，是指发生在前列腺的上皮性恶性肿瘤。前列腺癌发病率有明显的地理和种族差异，在世界范围内前列腺癌发病率在男性所有恶性肿瘤中位居第二。在美国前列腺癌的发病率为第一位，而亚洲前列腺癌的发病率远远低于欧美国家。在我国前列腺癌发病率为男性癌症的第六位，近年来发病率呈现上升趋势，并且随着年龄的增长而高发，发病年龄在 55 岁前处于较低水平，55 岁后逐渐升高，高峰年龄是 70～80 岁。家族遗传型前列腺癌患者发病年龄稍早，年龄≤55 岁的患者占 43%。前列腺癌应注意早期筛查和诊断。治疗方面根据患者功能状态和肿瘤生物学行为不同，可选择观察等待、激素治疗、根治性前列腺切除术、外照射、近距离放射治疗及联合治疗等方式。前列腺癌整体预后较好，在大多数病例中，前列腺癌在年龄较大的男性中发展缓慢，并不会导致死亡。

（一）病因

前列腺癌的发生与遗传因素、性活动和饮食习惯等有关。家族遗传史是前列腺癌发病的高危因素，如一级亲属患有前列腺癌的男性其发病概率是普通人的两倍；性活动较多者患前列腺癌的风险增加；高脂肪饮食与发病也有一定关系。此外，本病可能与种族、地区或宗教信仰有关。前列腺癌发病率最高的地区是北美和斯堪的纳维亚半岛，大部分亚洲国家都是低发病率地区。近年来，慢性炎症和前列腺癌的相关性成为关注热点，有性传播疾病或前列腺炎病史的男性前列腺癌发病风险增高，并且遗传流行病学提示前列腺癌高危基因是炎症反应的调控基因。

（二）应用解剖

前列腺是男性生殖系统的附属腺，为不成对的实质性腺体，由 30～50 个复管泡状腺组成，位于膀胱与尿生殖膈之间，包绕尿道根部，其形状特点为上端宽大，下端尖细，体的后面较平坦，可经直肠指诊触及。前列腺纵径长 3cm，横径长 4cm，前后径长 2cm，重约 20g。前列腺前方为耻骨联合，两者之间有前列腺静脉丛和疏松结缔组织，两侧为肛提肌，前列腺后面正中有纵行浅沟，称前列腺沟，与直肠壶腹部相对。前列腺的大小、功能很大程度上依赖于雄激素浓度水平（图 5-6-1）。

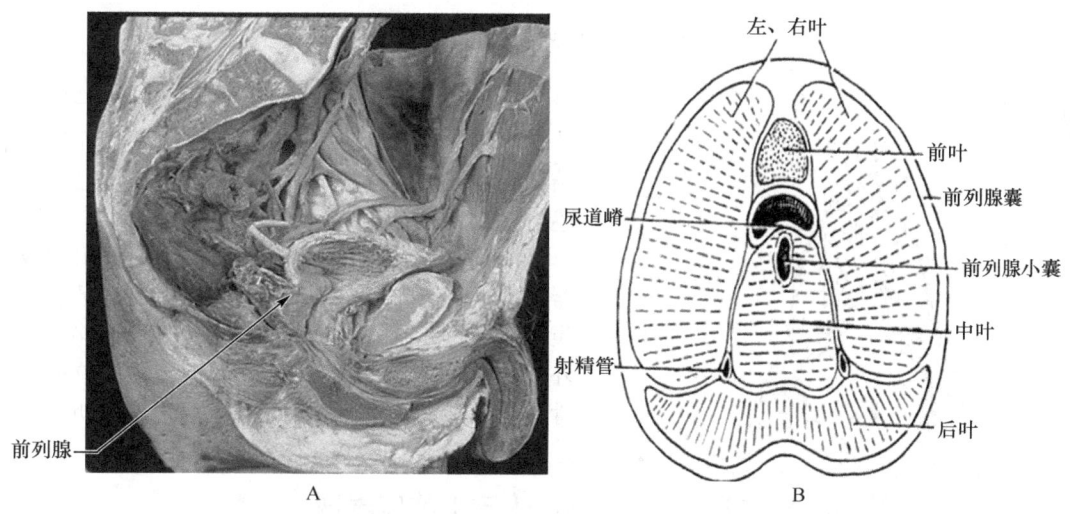

图 5-6-1　前列腺解剖及分叶

前列腺的血液供应主要来自 3 支动脉。它们分别是膀胱下动脉、阴部内动脉和直肠下动脉。其中，膀胱下动脉是前列腺的主要血液供应来源。前列腺的静脉丛汇入髂内静脉，前列腺静脉与骶骨、腰椎和髂翼的静脉相互交通，因此，前列腺癌有腰骶部和髂部浸润时，为早期转移表现。前列腺静脉还可通过直肠上静脉汇入肝门静脉，因此，前列腺癌可向肝内转移（图 5-6-2）。

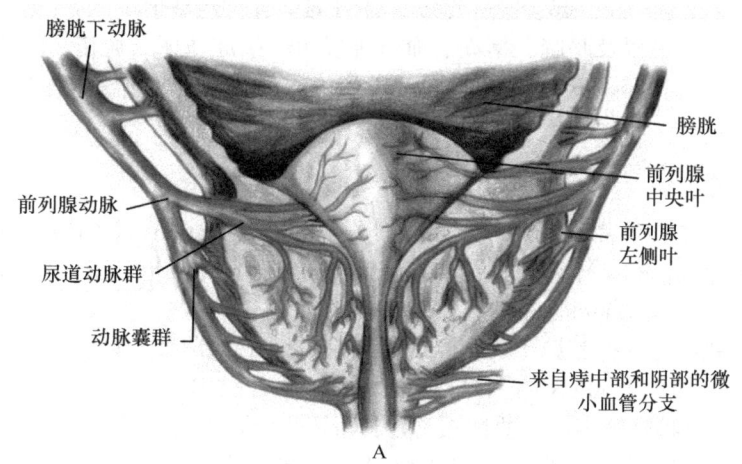

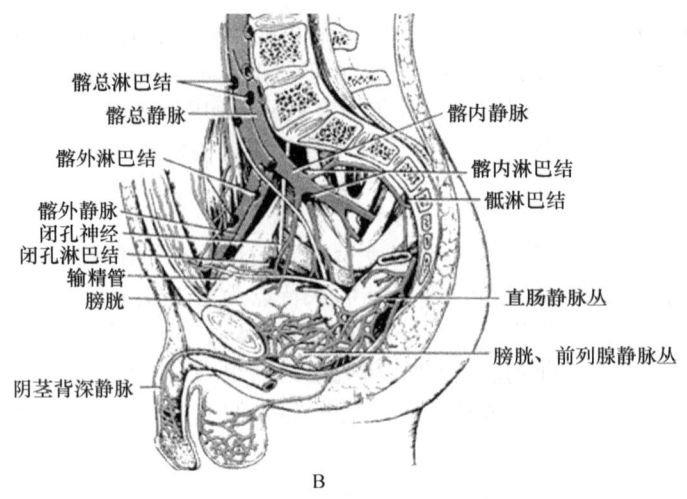

图 5-6-2 前列腺动脉和静脉

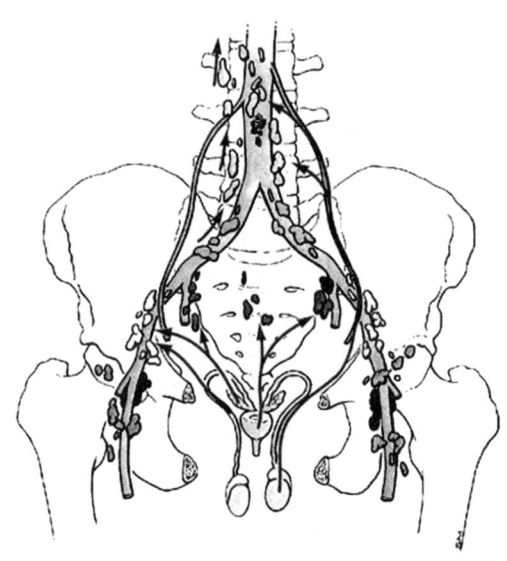

图 5-6-3 前列腺淋巴结引流分布

前列腺的淋巴管汇集形成淋巴管丛，一组注入髂外淋巴结，另一组注入髂内淋巴结，再流入髂总淋巴结和腹主动脉旁淋巴结。前列腺癌可经淋巴转移至上述淋巴结（图 5-6-3）。

前列腺癌转移途径有三种：①向附近组织或邻近器官浸润，首先侵及两侧叶，穿破被膜，至输精管壶腹、精囊、膀胱颈和后尿道；②淋巴道转移可至髂内外、腹主动脉旁淋巴结等；③血行转移部位最常见为骨盆、脊椎、股骨，患者可发生病理性骨折，也可转移至肝、肺、肾上腺、脑等内脏器官。

（三）临床表现

1. 患者早期常无症状，但肿瘤侵犯或阻塞尿道、膀胱颈时，则会发生类似下尿路梗阻或刺激症状，严重者可能出现急性尿潴留、血尿、尿失禁。

2. 压迫症状 压迫尿道可引起进行性排尿困难，压迫直肠可引起大便困难或肠梗阻，也可压迫输精管引起射精缺乏，压迫神经引起会阴部疼痛，并可向坐骨神经放射。

3. 转移症状 本病可侵及膀胱、精囊、血管神经束，引起血尿、血精、阳痿。盆腔淋巴结转移可引起双下肢水肿。骨转移临床常见，可引起骨痛或病理性骨折、截瘫。还可侵及骨髓引起贫血或全血细胞减少。

（四）诊断

本病的临床诊断主要依靠直肠指检（digital rectal examination，DRE）、前列腺特异性抗原（prostate specific antigen，PSA）、经直肠超声检查（transrectal ultrasonography，TRUS）和盆腔 CT、MRI 检查。确诊则需要通过前列腺穿刺病理活检。

1. DRE 大多数前列腺癌起源于前列腺的外周带，DRE 对前列腺癌的早期诊断和分期都有重要价值。考虑到 DRE 可能影响 PSA 值，应在 PSA 抽血后进行 DRE。

2. PSA PSA 具有较高的阳性诊断预测率，可提高局限性前列腺癌的诊断率和增加前列腺癌根治性治疗的机会。血清总 PSA（tPSA）>4.0ng/ml 为异常，对初次 PSA 异常者建议复查。当 tPSA

介于 4～10ng/ml 时，提示发生前列腺癌的可能性大于 25%。

3. TRUS 虽然 TRUS 的诊断特异性较低，但可帮助医生进行前列腺系统的穿刺活检。TRUS 引导下在前列腺以及周围组织结构寻找可疑病灶，并能初步判断肿瘤的体积大小。

4. 前列腺穿刺病理活检 穿刺活检是诊断前列腺癌最可靠的检查。

5. 影像学检查

（1）检查的目的主要是协助进行临床分期。对于肿瘤邻近组织和器官的侵犯及盆腔内转移性淋巴结肿大，CT 的诊断敏感性与 MRI 相似。

（2）MRI 检查可以显示前列腺包膜的完整性、是否侵犯前列腺周围组织及器官，还可显示盆腔淋巴结受体情况及骨转移情况。对临床分期有较重要的诊断作用。

（3）ECT 显像可比常规 X 射线片提前 3～6 个月发现骨转移灶，敏感性较高但特异性较差。一旦前列腺癌诊断成立，建议进行全身骨显像检查，这有助于判断前列腺癌准确的临床分期。

（五）病理诊断、临床分期及风险评估

1. 病理诊断与分级评分 目前最常使用 Gleason 分级评分系统：采用与预后密切相关的五级法。

（1）根据腺体分化程度，按 5 级评分（第 1 级 1 分，表示分化好；每递升 1 级增加 1 分；第 5 级 5 分，表示为未分化）（图 5-6-4 和表 5-6-1）。

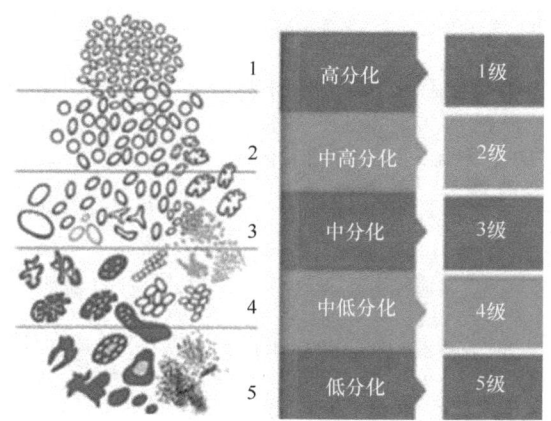

图 5-6-4　Gleason 分级评分系统

表 5-6-1　ISUP 2014 前列腺癌分级分组系统

级别组	Gleason 评分	Gleason 评分构成	预后
1	≤6	≤3+3	极好的预后，无淋巴结转移风险
2	7	3+4	预后很好，极少转移
3	7	4+3	较差的预后
4	8	4+4（3+5/5+3）	预后更差，但比 5 好
5	9 或 10	4+5，5+4 或 5+5	预后最差

（2）对于同一肿瘤不同区域腺癌结构的变异，按其主要和次要分化程度分别进行评分，以该两项评分相加的总分作为判断预后的标准（例如腺癌主要结构评为 2 分，次要结构评为 4 分，则积分为 2+4=6 分；若只有 1 个结构类型，评分为 3 分，则积分为 3+3=6 分；若穿刺活检见 3 个结构类型以上且最高级别结构数量少时，一般将最高级别作为次要结构类型）。

（3）积分为 2、3、4 分者相当于高分化腺癌；5、6、7 分者相当于中分化腺癌；8、9、10 分者相当于低、未分化癌。

（4）Gleason 分级适用于前列腺腺癌，不适用于腺鳞癌、尿路上皮癌。

2. 病理分级分组 2014 年，ISUP 专家共识会议对前列腺癌 Gleason 分级系统进行了进一步修订，不仅更为详细和明确地界定了前列腺癌 Gleason 各级别的形态学标准，同时还提出了一套以预后区别为基础的新的分组，称为前列腺癌分级分组（grading groups）系统。

3. 前列腺癌临床分期 本病可通过 DRE、PSA、穿刺活检阳性针数和部位、骨扫描、CT、MRI 以及淋巴结切除情况来明确分期，其目的是指导选择适当的治疗方法和评价预后。依据 2018 年 UICC 提出的 TNM 分期系统。T 分期表示原发肿瘤的局部情况，主要通过 DRE 和 MRI 来确定，前列腺穿刺阳性活检数目和部位、肿瘤病理分级和 PSA 可协助分期；N 分期表示淋巴结情况，只

有通过淋巴结切除才能准确的了解淋巴结转移情况。M 分期主要针对骨转移，骨扫描是最适合的检查。尤其对病理分化较差（Gleason 评分＞7）或 PSA＞20ng/ml 的患者，应常规行骨扫描检查（表 5-6-2、表 5-6-3）。

表 5-6-2 前列腺癌 TNM 分期表（AJCC，2017）

T 临床分期	病理（pT）*	淋巴结（N）*** 率分期	淋巴结（N）病理分期	M 分期
Tx 原发肿瘤不能评价		Nx 区域淋巴结不能评价	PNx 无区域淋巴结取材标本	Mx
T0 无原发肿瘤证据		N0 无区域淋巴结转移	pN0 无区域淋巴结转移	M0
T1 临床隐匿肿瘤，不能被触及，影像不能发现		N1 区域淋巴结转移	pN1 区域淋巴结转移	M1
T1a 肿瘤体积所切除组织体积的≤5%				M1a 有区域淋巴结以外的淋巴结转移
T1b 肿瘤体积＞所切除组织体积的 5%				M1b 骨转移
T1c 穿刺活检证实，如由于 PSA 升高）				M1c 其他器官组织转移
T2 局限于前列腺内的肿瘤	pT2* 局限于前列腺			
cT2a 肿瘤累及前列腺一叶的 1/2 以内				
cT2b 肿瘤累及范围大于前列腺一叶的 1/2，但仅累及前列腺一叶				
cT2c 肿瘤累及前列腺两叶				
T3 肿瘤突破前列腺包膜**	pT3 突破前列腺			
T3a 肿瘤侵犯包膜（单侧或双侧），包括显微镜下发现累及膀胱颈部	pT3a 突破前列腺			
T3b 肿瘤侵犯单侧或双侧精囊	pT3b 侵犯精囊			
T4 肿瘤固定或侵犯除精囊外的其他邻近组织结构，如膀胱颈、尿道外括约肌、直肠、盆壁	pT4 侵犯膀胱和直肠			

*穿刺活检发现的单叶或两叶肿瘤、但临床无法扪及或影像不能发现的定为 T1c。
**侵犯前列腺尖部或前列腺包膜但未突破包膜的定为 T3，非 T2。
***不超过 0.2cm 的转移定为 pN1mi。

表 5-6-3 根据 TNM 分期和 PSA 以及 GS 评分组成不同的临床分期（AJCC，2018）

临床分期	分组	T	N	M	PSA（ng/ml）	Gleason 分级分组
I	I	cT1a-c	N0	M0	＜10	1
		cT2a			＜10	1
		pT2			＜10	1
II	II_A	cT1a-c, cT2a	N0	M0	≥10, ＜20, ＜20	1
	II_B	T1-2			＜20	2
	II_C					3
						4

续表

临床分期	分组	T	N	M	PSA（ng/ml）	Gleason分级分组
Ⅲ	ⅢA	T1-2			≥20	1～4
	ⅢB	T3-4	N0	M0	Any	1～4
	ⅢC	Any			Any	5
Ⅳ	ⅣA	Any	N1	M0	Any	Any
	ⅣB		Any	M1		

4. 前列腺癌危险因素分析 前列腺癌的风险评估，根据危险因素分析：根据血清PSA、Gleason评分和临床分期可将其分为低、中、高危三类，以便指导治疗和判断预后（表5-6-4）。

表5-6-4 前列腺癌危险因素分析

	低危	中危	高危
PSA（ng/ml）	4～10	10.1～20	≥20
Gleason评分	≤6	7	≥8
临床分期	≤T2a	T2b	≥T2c

（六）治疗原则

前列腺癌的治疗根据肿瘤病理分级、PSA以及临床分期，遵循综合治疗原则进行精准的个体化治疗。对于局限期前列腺癌患者选择初始治疗方法时，除了考虑根治概率外，还应考虑患者的预期生存时间、合并症、可能的治疗副作用以及患者意愿等。而晚期前列腺癌的初始治疗，如属激素依赖型患者以内分泌治疗为主；如果是激素非依赖型患者，若无禁忌证则可予以化疗；姑息性放射治疗对于骨转移患者效果明显。

1. 手术治疗 根治性前列腺切除术是治疗局限性前列腺癌最有效的方法，手术切除范围包括完整的前列腺、双侧精囊腺、双侧输精管壶腹段、膀胱颈。手术方式主要有三种：经会阴、经耻骨后和腹腔镜前列腺癌根治术。其中前两者为开放式手术，腹腔镜前列腺癌根治术是近年发展起来的新技术，疗效与开放式手术相似，但具有损伤小、手术视野和解剖结构清晰、术中、术后并发症少等优点。

根治性前列腺切除术适用于可能治愈的局限性前列腺癌：①临床分期T1～2c N0 M0，即局限且无淋巴结和远处转移的患者；②预期寿命≥10年者；③健康状况良好，无严重心肺疾病者；④PSA≥20ng/ml或Gleason评分≥8的高危局限性前列腺癌符合上述条件者，术后应辅助其他治疗。

2. 内分泌治疗 绝大多数前列腺癌细胞的发生依赖于体内激素水平，主要是睾酮，而降低体内雄激素水平和抑制雄激素作用都可以使癌细胞凋亡、肿瘤缩小。通过降低体内雄激素水平和抑制雄激素作用的治疗方法均称为内分泌治疗。临床可供选择的治疗方案有：单纯去势疗法（手术和药物）、最大限度雄激素阻断疗法、间歇性内分泌治疗、辅助内分泌治疗、新辅助内分泌治疗等。医生通常采用两种方法相结合，可以达到最大限度阻断雄激素的目的。

临床上降低体内雄激素水平的方法包括手术和药物两种。手术切除睾丸的去势治疗过去被认为是治疗晚期前列腺癌的金标准，目前黄体生成素释放激素类似物去势治疗已成为雄激素去除的标准治疗方法之一。雌激素治疗、5α-还原酶抑制、抗肾上腺分泌药物等药物因毒副作用明显而较少应用。醋酸阿比特龙作为一种雄激素生物合成抑制剂，可用于治疗转移性去势抵抗性前列腺癌。

通过阻断雄激素与前列腺癌细胞表面雄激素受体的结合来发挥抗肿瘤效应的药物主要有

类固醇类和非类固醇药物两大类，类固醇类抗雄激素药物有醋酸环丙孕酮、醋酸甲地孕酮、醋酸甲羟孕酮、醋酸氯地孕酮等；非类固醇类抗雄激素药物有氟他胺、比卡鲁胺及尼鲁米特、恩杂鲁胺等等。

3. 化疗 晚期激素依赖性的前列腺癌在经过 18～24 个月的内分泌治疗后，几乎所有患者最终都会进展为转移性去势抵抗性前列腺癌（metastatic castration-resistant prostate cancer，mCRPC）或难治性前列腺癌。多西他赛联合泼尼松用于去势抵抗性前列腺癌的治疗，是首个被批准的已被证实能给 mCRPC 患者带来生存获益的方案。其他有效的化疗药物有多西他赛、卡巴他赛、米托蒽醌、雌二醇氮芥等。

4. 生物治疗 普列威（provenge）是 mCPRC 的细胞免疫治疗药物，是目前唯一获得 FDA 批准的针对晚期前列腺癌的自体活性细胞免疫产品，其作用抗制是利用患者自身的免疫系统对抗前列腺癌。它的主要效应细胞为激活抗原递呈功能的自体 DC。当活化的 DC 被重新回输入患者体内后，可以结合并激活抗原特异性细胞毒性 T 细胞，并通过活化的 T 细胞对前列腺癌细胞发起进攻，从而延长患者的生存期。

5. 放射治疗 是前列腺癌的重要治疗手段，放射治疗从局限期低、中、高危的前列腺癌到盆腔淋巴结转移或远处转移的前列腺癌都能发挥积极作用。应用放射线治疗前列腺癌已有 60 余年的历史，放射治疗主要有以下方法：①体外放射治疗；②组织内放射治疗，这种方式常与前列腺癌根治术或盆腔淋巴结清除术结合进行；③全身放射治疗，该治疗在一定程度上可缓解骨转移患者的局部疼痛和减轻病变的发展。对于局限期前列腺癌，放射治疗可取得与手术相当的疗效但治疗并发症发生率却比根治性前列腺切除术更低，近年来随着放射治疗技术的不断进步，三维适形放射治疗、调强放射治疗、立体定向放射治疗、以及图像引导放射治疗等新技术的出现和发展，使前列腺癌靶区照射越来越准确，而正常组织的保护则更为可靠，因而接受放射治疗的病例越来越多。

外照射放射治疗具有疗效好、适应证广和并发症少等优点。适用于各期患者。早期患者（T1～2 N0M0）行根治性放射治疗，其局部控制率和 10 年无病生存率与前列腺癌根治术相近。局部晚期前列腺癌（T3～4 N0M0）治疗原则以内分泌治疗为主，并给予辅助放射治疗。外照射也用于精囊受侵、切缘阳性或术后 PSA 持续升高患者的辅助性治疗，以及晚期或转移性前列腺癌患者的姑息性治疗。近年三维适形放射治疗（3D-CRT）和调强放射治疗（IMRT）等技术因其治疗增益比显著提高，而逐渐应用于前列腺癌治疗并成为放射治疗的主流技术。

近距离放射治疗包括后装治疗和永久性粒子植入治疗等，其操作是将放射源密封后直接放入被治疗的组织内或放入人体的天然腔内进行照射。其目的在于通过三维治疗计划系统的准确定位，将放射性粒子植入到前列腺内，提高前列腺的局部剂量，而减少直肠和膀胱的放射剂量。近距离放射治疗可作为单一的治疗手段应用于低危组的患者，也可与外照射联合用于中危组的患者，高危组患者不宜采用后装治疗。其具体适应证是临床分期 T1～2a、Gleason 评分＜6 以及 PSA＜10μg/L。高剂量率短暂插植治疗（HDR）常用 ^{192} 铱（^{192}Ir），永久粒子种植治疗常用 ^{125} 碘（^{125}I）和 ^{103} 钯（^{103}Pd），半衰期分别为 60 天和 17 天，后者临床较常用。

二、靶区勾画原则和计划设计

三维适形放射治疗、调强放射治疗、立体定向放射治疗、以及图像引导放射治疗等新技术的出现和发展，使前列腺癌靶区放射治疗越来越准确，而正常组织的保护则更为可靠，因而接受放射治疗的病例越来越多。中国医学科学院肿瘤医院参照 RTOG 关于前列腺癌放射治疗靶区勾画建议、美国国家癌症综合治疗指南（NCCN）、欧洲泌尿协会前列腺癌诊治指南、并结合其临床实践，对局限期前列腺癌根治性放射治疗的靶区勾画提出了参考性建议（表 5-6-5）。

表 5-6-5 中国医学科学院肿瘤医院对局限期前列腺癌放射治疗靶区及内分泌治疗建议

危险分组	低危组	中危组	高危组
危险评价指标	T1～2a PSA＜10ng/ml GS＜7	T2b-T2c PSA 10～20ng/ml GS 7	T3-T4 PSA ＞20ng/ml GS 8～10
放射治疗及内分泌治疗建议	3D-CRT/IMRT=75.6～79.2Gy	3D-CRT/IMRT=76～81Gy +新辅助及辅助内分泌治疗4～6个月	3D-CRT/IMRT≥81Gy +新辅助及辅助内分泌治疗2～3年
放射治疗靶区建议	前列腺	前列腺+2～2.5cm　SV	前列腺+2～2.5cm　SV+盆腔淋巴引流区（LNM＞15%）

注：PSA，前列腺特异性抗原；GS（Gleason score），格里森评分；3D-CRT，三维适形放射治疗；IMRT，调强放射治疗；Gy，戈瑞，放射治疗剂量单位；SV（seminal vesicle），精囊腺；LNM，淋巴结转移。

（一）局限期前列腺癌根治性放射治疗靶区勾画

局部前列腺癌根治性放射治疗靶区包括前列腺、精囊腺、盆腔淋巴结引流区。

前列腺癌常为多灶性且易侵犯两叶，GTV较难辨别，因而难以单独勾画。靶区勾画最好采用MRI和CT融合技术，单用CT图像由于组织辨别能力的不足将会导致前列腺的勾画体积偏大30%～40%。若肿瘤很大，可先进行新辅助内分泌治疗，待肿瘤体积缩小后再进行放射治疗。

勾画前列腺CTV时，并不必刻意外扩很大边界（图5-6-5、图5-6-6）。

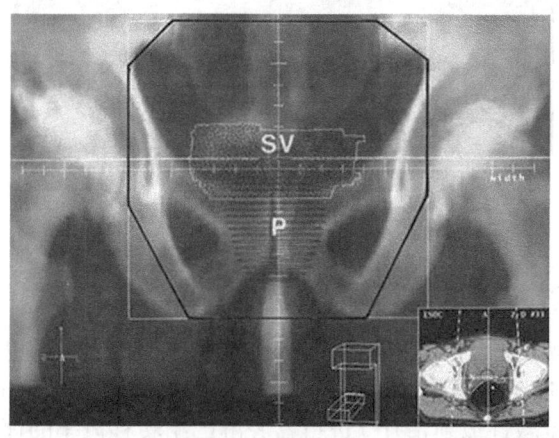

图5-6-5　前列腺（P）和精囊腺（SV）前后视野

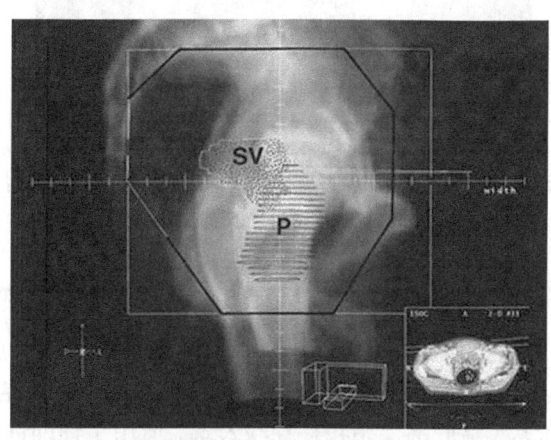

图5-6-6　前列腺（P）和精囊腺（SV）侧位视野

（1）低危局限期的CTV：同GTV（前列腺及包膜）。

（2）中危局限期的CTV：为前列腺及包膜+2～2.5cm精囊腺根部±盆腔淋巴结引流区。

（3）高危局限期的CTV：为前列腺及包膜+2～2.5cm精囊腺根部+盆腔淋巴结引流区。

（4）T3b期（精囊受侵）CTV：为前列腺及包膜+全部精囊腺+盆腔淋巴结引流区。

（5）盆腔淋巴结引流区CTV：包括远端髂总、S_1～S_3骶前、髂外、髂内、闭孔淋巴结，勾画时包括动静脉及其径向7mm距离，但不能勾画过多的小肠、膀胱、骨、肌肉，范围从L_5/S_1到耻骨上缘（图5-6-7～图5-6-11）。

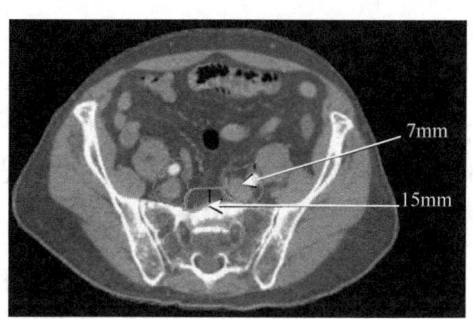

图5-6-7　L_5/S_1水平包全髂总骶前淋巴结

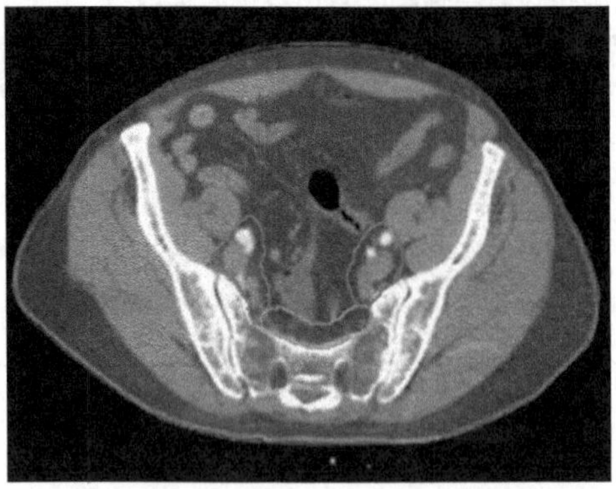

图 5-6-8　S_1~S_3 水平包全髂内外和骶前淋巴结撇开小肠、膀胱、肌肉和骨等

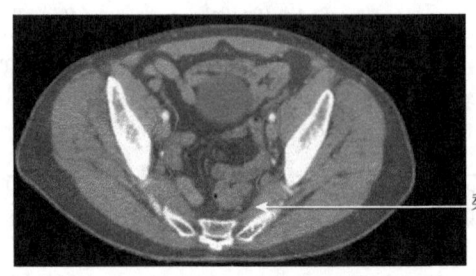

图 5-6-9　S_3 以下包全髂内外淋巴结骶前淋巴结终止于梨状肌出现层面

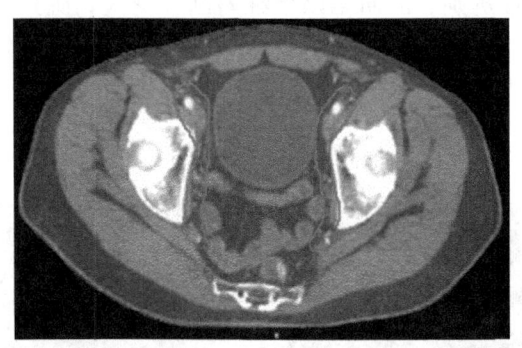

图 5-6-10　髂外淋巴结一直要勾画至股骨头顶端层面即腹股沟韧带处（髂外 A 与股 A 分界处）

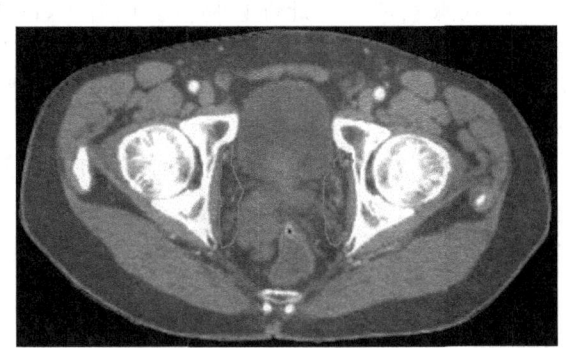

图 5-6-11　闭孔淋巴结应勾画至耻骨联合上缘层面

（二）局限期前列腺癌术后放射治疗靶区勾画

1. CTV　术后放射治疗范围包括前列腺术后瘤床±盆腔淋巴结。术后放射治疗是否照射淋巴结引流区目前仍然存在争议，应视具体情况灵活处理（切缘阳性、精囊残存），临床可应用 Roach 公式（盆腔淋巴结转移经验公式，适用于辅助性或抢救性放射治疗）进行盆腔淋巴结转移概率的评估，以此决定是否进行盆腔放射治疗：Roach 公式为 $LN^+=2/3\ PSA+(Gleason\ Score-6)\times 10$，若 LNM＞15%或高危，则建议照射盆腔。

2. PTV　CTV+1cm，向后方向仅外放 0.5cm 以减少直肠照射。

（三）危及器官的勾画

在治疗计划 CT 扫描图像上以下正常组织结构需要勾画：膀胱、直肠、双侧股骨头、阴茎球部、皮肤和小肠；直肠的勾画从坐骨结节至其上方 11cm 或至空虚状况下约乙状结肠弯曲处；膀胱的全部轮廓均需要勾画；建议膀胱的充盈状况为半充盈，这样可以显著降低膀胱的受量。

（四）正常组织的耐受剂量

膀胱限量：50%体积＜60Gy、25%体积＜70Gy；直肠限量：50%体积＜60Gy，25%体积＜70Gy；股骨头限量：10%体积＜50Gy；阴茎球部：平均剂量≤52.5Gy。

（五）预后

一般来说，早期前列腺癌患者 5 年生存率在 99%以上，10 年生存率可达 95%以上，而中晚期前列腺癌 5 年生存率仅有 28%，10 年生存率更低一些。所以早期诊断和早期治疗是前列腺癌的主要预后因素。

【案例 5-6-1】

患者，男，78 岁，2015 年体检发现前列腺特异性抗原升高至 8.84ng/ml，FPSA/TPSA 比值为 0.14，无尿频、尿急、尿痛、血尿，无恶心、呕吐，无畏寒、发热等不适。2016 年 9 月 9 日行前列腺波谱未见肿瘤征象，局部（Cr+Cho）/Ci 比值稍升高；考虑前列腺增生，DWI 未见弥散受限病灶，未行特殊治疗。近 3 年来定期监测前列腺特异性抗原呈进行性上升趋势，2018 年 11 月 30 日查前列腺特异抗原为 11.31ng/ml，进一步完善前列腺 MRI 平扫+增强+波谱+DWI 示：前列腺左侧外周带内低信号结节灶，考虑前列腺癌可能性大（PI-RADS 评分：4 分），建议行穿刺细胞学检查。前列腺右侧移行带异常信号结节，考虑钙化可能。全身骨扫描未见骨转移征象。于 2018 年 12 月 14 日行前列腺穿刺，穿刺病理示：① "左内侧"前列腺穿刺组织：前列腺腺泡腺癌，Gleason 评分：3+3=6 分，WHO 分级分组 1 组，肿瘤占穿刺组织约 10%。② "左外侧"前列腺穿刺组织：前列腺腺泡腺癌，Gleason 评分：4+3=7 分，WHO 分级分组 3 组，肿瘤占穿刺组织约 50%。③ "右内侧"前列腺穿刺组织：前列腺腺泡腺癌，Gleason 评分：3+3=6 分，WHO 分级分组 1 组，肿瘤占穿刺组织约 20%。④ "右外侧"前列腺穿刺组织：前列腺腺泡腺癌，Gleason 评分：3+4=7 分，WHO 分级分组 2 组，肿瘤占穿刺组织约 30%。该患者诊断明确，先予以比卡鲁胺 50mg，口服，QD，内分泌治疗，一周后予醋酸戈舍瑞林 3.6mg 去势治疗，予以前列腺癌术前新辅助雄激素阻断治疗，1 月后予以前列腺癌根治性放射治疗，采取 IGRT 方式行根治性放射治疗。放射治疗期间，患者出现轻度尿频、尿急、尿痛及轻度里急后重等症状，会阴部放射治疗区皮肤色素沉着、干性脱皮表现。放射治疗结束后上述症状逐渐缓解。

问题：

1. 前列腺癌的常见临床症状有哪些？重要诊断依据是什么？
2. 前列腺癌 Gleason 评分共分为几分？前列腺癌预后风险分组依据是什么？
3. 该患者的临床分期和预后风险分组是什么？早期前列腺癌的根治性治疗方法有几种？
4. 前列腺癌外放射治疗的靶区命名及定义是什么？前列腺癌常规放射治疗剂量及常见危及器官的限量是多少？
5. 试述该患者的放射治疗计划和建议处方剂量。

【案例 5-6-1 分析】

1. 前列腺癌早期常无症状，肿瘤侵犯或阻塞尿道、膀胱颈时，则会发生类似下尿路梗阻或刺激症状，严重者可能出现急性尿潴留、血尿、尿失禁、压迫直肠可引起大便困难或肠梗阻，也可压迫输精管引起射精缺乏，压迫神经引起会阴部疼痛，并可向坐骨神经放射。如果局部转移可侵及膀胱、精囊、血管神经束，引起血尿、血精、阳痿。盆腔淋巴结转移可引起双下肢水肿。骨转移临床常见，可引起骨痛或病理性骨折、截瘫。还可侵及骨髓引起贫血或全血细胞减少。前列腺癌的诊断依据临床表现、影像（前列腺 MRI 及波谱分析）、病理诊断（Gleason 评分）以及外周血 PSA 水平来判定。

2. 前列腺癌 Gleason 评分分为 5 分。前列腺癌的风险评估根据血清 PSA、Gleason 评分和临床分期将其分为低、中、高危三类：低危（PSA 4～10ng/ml，Gleason 评分≤6，临床分期≤T2a），中危（PSA 10.1～20ng/ml，Gleason 评分 7 分，临床分期 T2b），高危中危（PSA≥20ng/ml，Gleason 评分≥8 分，临床分期≥T2c）。

3. 该患者的临床分期是 T2bN0M0，风险评估为中危组。早期前列腺癌患者可采用的根治性治疗方法主要有放射性粒子植入、根治性前列腺切除术、根治性外放射治疗。

4. 局部前列腺癌根治性放射治疗靶区包括：前列腺、精囊腺、盆腔淋巴结引流区。
GTV：前列腺及包膜，前列腺癌常为多灶性且易侵犯两叶，GTV 较难辨别，因而难以单独勾画。CTV：根据不同预后风险分组分别勾画 CTV 范围，①低危 CTV：同 GTV（前列腺及包膜）；②中危 CTV：为前列腺及包膜+（2～2.5）cm 精囊腺根部±盆腔淋巴结引流区；

③高危CTV：为前列腺及包膜+（2～2.5）cm精囊腺根部+盆腔淋巴结引流区；④T3b期（精囊受侵）CTV：为前列腺及包膜+全部精囊腺+盆腔淋巴结引流区；⑤盆腔淋巴结引流区CTV：包括远端髂总、S_1～S_3骶前、髂外、髂内、闭孔淋巴结，勾画时包括动静脉及其径向7mm距离，但不能勾画过多的小肠、膀胱、骨、肌肉，范围从L_5/S_1到耻骨上缘。危及器官受量：结肠max=5030.2cGy、V_{50}=0%；小肠max=4939.7cGy、V_{50}=0%；直肠max=8042.9cGy、V_{70}=25%、V_{50}=15%；膀胱V_{70}=7%、V_{50}=39%；左侧股骨头V_{50}=2%；右侧股骨头V_{50}=1%。

5. 该患者的放射治疗计划。CTV1：髂内、髂外、骶前、闭孔淋巴引流区；CTV2：CT所见前列腺、精囊腺；PTV1：为CTV1各方向外扩0.7cm；PTV2：为CTV2前左右上下外扩0.7cm，后外扩0.5cm。IGRT技术放射治疗，6MV-X射线7野照射每周IGRT QOD；建议处方剂量：96%PTV1=4600cGy/200cGy/23次；%PTV2=7600cGy/200cGy/38次。

（谭诗生）

第七节 宫 颈 癌

一、宫颈癌概述

宫颈癌（cervical cancer）是常见的妇科恶性肿瘤之一。据世界范围内统计，每年约有50万左右的宫颈癌新发病例，占所有癌症新发病例的5%，其中的80%以上的病例发生在发展中国家。我国每年新发病例约有13万，发病率在我国女性恶性肿瘤中居第二位。我国宫颈癌发病率分布有地区差异，其中农村高于城市，山区高于平原。我国发病率最高的省份是甘肃、安徽、陕西等。宫颈癌患病的高峰年龄为40～60岁，近年来大量研究表明本病的发病年龄呈年轻化趋势。值得注意的是，宫颈癌的发生可通过癌前病变的检查和处理得以有效控制。西方国家的数据显示，宫颈癌的发生率在密切筛查的人群中减少了70%～90%。宫颈癌的治疗早期以手术为主，中晚期以放射治疗为主，或者是综合治疗。

（一）病因

持续的高危型人乳头瘤病毒（human papilloma virus，HPV）感染是宫颈癌发病及癌前病变的首要因素。引起宫颈癌的其他相关因素还包括早年分娩、多产、吸烟、长期服用口服避孕药、免疫缺陷与抑制、不良性行为及性传播疾病导致的炎症对宫颈的长期刺激等。

（二）应用解剖

子宫是有腔的纤维肌性器官，成人正常的子宫略似倒置的梨形，分为下段的子宫颈和上段的子宫体，二者之间由纤维肌肉连接。子宫颈是实质的圆柱状结构，直通子宫腔。可分为上下两部，上部在子宫体内，呈倒三角形，称子宫体腔。子宫腔的下部直径为2.5～3cm，长度为5cm，占子宫长度的1/3。子宫颈与子宫体连接的狭窄部分称为子宫峡部。子宫峡部在非孕期长约1cm，在妊娠中期以后逐渐拉长、变薄，在妊娠后期形成的子宫下段是剖宫产切口部位。

（三）临床表现

本病癌前病变及宫颈癌早期常无明显的临床症状和体征，部分患者是在普查时发现的。随着病变发展可出现以下症状和体征。

1. 阴道出血 本病最常见症状为接触性出血，出血发生在性生活后或妇科检查后。晚期则为不规则阴道流血或绝经后阴道出血。出血量与肿瘤侵及间质内血管情况有关；晚期若侵蚀大血管可引起大出血。部分患者也可表现为经期延长，经量增多。

2. 阴道排液 多数患者有阴道排液增多症状，可为白色或血性，稀薄如水样或米泔状，早期无异味。晚期因肿瘤组织表面坏死伴感染，可有大量米泔样或脓性恶臭白带。

3. 晚期症状 晚期宫颈癌，肿瘤侵犯邻近组织器官及神经受侵时，若侵及盆腔，压迫神经，表现为一侧骶髂部或大腿根部持续性剧烈剧痛；输尿管受侵时，可出现肾盂积水；侵犯膀胱和直肠时可出现尿频尿急、便秘、疼痛等症状，严重者可出现膀胱阴道瘘；晚期患者可有贫血，发热、少尿、恶病质等全身衰竭症状。

（四）诊断

宫颈癌的正确诊断依赖于详细了解患者病史、临床表现、必要而细致的检查。本病的确诊主要依据以下症状、体征、实验室和影像学检查：①早期可无症状和体征，也可出现阴道接触性出血或分泌物增多、异味等。②晚期可出现阴道大量出血，可导致贫血；肿瘤合并感染可出现发热症状；也可有肾衰竭及恶病质情况。③肿瘤侵犯膀胱可出现血尿，侵犯直肠可出现血便，肿瘤浸透膀胱、直肠可出现瘘。④实验室检查，肿瘤标志物 SCC 等异常增高。⑤影像学检查（超声、MRI、CT）提示宫颈癌，可有宫旁软组织侵犯、肾盂积水、腹膜后淋巴结转移等。阴道镜或直视下的宫颈活检病理检查是最终确诊的"金标准"。对于疑难或少见病理类型，应行免疫组化检查鉴别以确定肿瘤。

（五）病理与分期

1. 病理类型 宫颈癌的病理类型可分为鳞状细胞癌（占 90%以上，包括角化型癌、非角化型癌、乳头状鳞癌、基底样癌、疣状癌等）、腺癌（占宫颈癌 5%左右包括黏液性癌、绒毛管状腺癌、子宫内膜样癌、透明细胞癌、浆液性乳头状癌等）及腺鳞癌；神经内分泌肿瘤及其他罕见癌（包括混合性上皮-间叶肿瘤、生殖细胞肿瘤等）占 5%以下。

2. 扩散途径

（1）直接蔓延：因宫颈上皮缺乏淋巴管、血管，基底膜能阻止癌细胞的浸润，故原位癌不发生转移，当原位癌转变为浸润癌时，可向邻近组织扩散。向下可侵入阴道上皮与间质，阴道穹窿受侵，严重者可蔓延至阴道下端及外阴。癌灶向两侧侵犯穿破宫颈肌层波及宫颈周围结缔组织，蔓延至骶韧带及盆壁组织，整个盆腔可形成坚硬的癌灶，呈"冰冻骨盆"。膀胱三角区与宫颈及阴道前壁紧密相依，肿瘤向前蔓延可侵犯膀胱、向后侵犯直肠壁，甚至可造成膀胱阴道瘘及直肠阴道瘘。向上经宫颈管可蔓延至宫体。

（2）淋巴道转移：淋巴道转移是宫颈癌最重要、最常见的转移途径。肿瘤细胞通过原发病灶所侵犯的淋巴管向宫旁、闭孔、髂内、髂外淋巴结蔓延，而后顺行而上至髂总淋巴结，直至腹主动脉旁淋巴结。也可以经骶前淋巴结直接交通于腹主动脉旁淋巴结，发生转移。晚期甚至可以转移到锁骨上淋巴结区及全身其他淋巴结。

（3）血行转移：血行转移也是宫颈癌重要的转移途径之一。宫颈癌晚期或组织学分化程度低的患者，肿瘤细胞容易通过血行转移，扩散到肺、肝、骨、脑等部位。

3. 临床分期 目前采用的是国际妇产科联盟（International Federation of Gynecology and Obstetrics，FIGO）2009 年会议修改的宫颈癌临床分期标准。妇科检查是确定本病临床分期最重要的手段。临床分期需要 2 名副高以上职称妇科肿瘤专科医师决定，分期一旦确定，治疗后不能改变。

宫颈癌的国际妇产科联盟（FIGO 2009）分期如表 5-7-1 所示。

表 5-7-1 宫颈癌分期

I	肿瘤严格局限于宫颈（扩展至宫体可以被忽略）
I$_A$	镜下浸润癌，间质浸润深度≤5.0mm，水平浸润范围≤7.0mm
I$_{A1}$	间质浸润深度≤3.0mm，水平浸润范围≤7.0mm
I$_{A2}$	间质浸润深度>3.0mm，但不超过 5.0mm，水平浸润范围≤7.0mm

续表

I$_B$		临床肉眼可见病灶局限于宫颈，或是临床前病灶大于I$_A$期
	I$_{B1}$	临床肉眼可见病灶最大直径≤4.0cm
	I$_{B2}$	临床肉眼可见病灶最大直径＞4.0cm
II		肿瘤已经超出宫颈，但未达盆壁，或未达阴道下1/3
	II$_A$	无宫旁组织浸润
	II$_{A1}$	临床肉眼可见病灶最大直径≤4.0cm
	II$_{A2}$	临床肉眼可见病灶最大直径＞4.0cm
	II$_B$	有明显宫旁组织浸润
III		肿瘤侵及盆壁和（或）侵及阴道下1/3和（或）导致肾盂积水或无功能肾
	III$_A$	肿瘤侵及阴道下1/3，未侵及盆壁
	III$_B$	肿瘤侵及盆壁和（或）导致肾盂积水或无功能肾
IV		肿瘤超出小骨盆或（活检证实）侵及膀胱或直肠黏膜。泡状水肿不能分为IV期
	IV$_A$	肿瘤侵及邻近器官
	IV$_B$	肿瘤侵及远处器官

（六）治疗原则

1. 不同分期宫颈癌的治疗原则

（1）宫颈镜下浸润癌（微小浸润癌）I$_{A1}$期无生育要求者可行筋膜外全子宫切除术。如患者有生育要求，可行宫颈锥切术，切缘阴性则定期随访。I$_{A2}$期宫颈癌可行次广泛子宫切除术加盆腔淋巴结切除术。要求保留生育功能者，可选择宫颈锥切术或根治性宫颈切除术加盆腔淋巴结切除术。

（2）宫颈浸润癌

1）I$_{B1}$、II$_{A1}$期：采用手术或放射治疗，预后均良好。手术方式为III型根治性子宫切除术和盆腔淋巴结切除术±腹主动脉淋巴结取样术。术后有复发高危因素（如宫旁受侵、深间质浸润或淋巴结转移）需辅助同步放化疗，以减少盆腔复发、改善患者生存率。要求保留生育功能者，如宫颈肿瘤直径不超过2cm，可选择根治性宫颈切除术加盆腔淋巴结切除术±腹主动脉淋巴结取样术。

2）I$_{B2}$、II$_{A2}$（病灶＞4cm）期：可选择的治疗方法有，①同步放化疗；②根治性子宫切除及盆腔淋巴清扫、腹主动脉淋巴结取样、术后个体化辅助治疗；③同步放化疗后辅助子宫切除术。对部分早期初治宫颈癌患者选择治疗方法时，应考虑到有高危因素的患者可能选择放化疗更为有利。

3）II$_B$~IV$_A$期：同步放化疗目前已成为中晚期宫颈癌治疗的标准模式。其疗效获益在于以下几方面：①同步化疗可加强放射治疗杀灭原发肿瘤和消灭微小转移病灶的力度；②同步化疗可诱导肿瘤细胞周期的同步化，从而使之对放射线更敏感；③化疗还可抑制亚致死放射修复来增加放射剂量反应曲线的梯度，以达到增加肿瘤细胞死亡的目的。

4）IV$_B$期：此期患者以全身系统化疗为主，支持治疗相辅助，部分患者可联合局部手术或个体化放射治疗。

2. 宫颈癌的外科治疗原则 手术方式治疗主要应用于早期宫颈癌。手术方式包括子宫切除与淋巴结切除两部分。1974年提出的Piver 5型子宫切除手术分类系统至今仍广泛应用。Piver手术分型系统如下。I型：筋膜外子宫切除术。II型：改良根治性子宫切除术，切除范围还包括1/2骶骨、主韧带和上1/3阴道。III型：根治性子宫切除术，切除范围包括毗邻盆壁切除主韧带、从骶骨附着处切除骶韧带及切除上1/2阴道。为标准的宫颈癌根治手术，适用于I$_B$~II$_A$期患者。IV型：扩大根治性子宫切除术，适用于部分复发患者。V型：盆腔脏器廓清术，适用于部分IV$_A$期及复发患者。

3. 放射治疗原则 适用于各期宫颈癌。放射治疗包括体外照射和近距离放射治疗及二者联合应用。研究表明同步放化疗的疗效要优于单纯放射治疗，降低了复发风险。早期宫颈癌患者手术后如存有手术切缘不净、宫旁受侵、淋巴结转移等高危因素，需术后行放化疗。宫颈癌的放射治疗原则与其他治疗手段一样，要最大限度地杀灭癌细胞，尽最大可能保护正常组织和重要器官，即尽量提高治疗效果，降低并发症。因此，适当的治疗工具、适宜的照射范围、足够的照射剂量、均匀的剂量分布、合理的照射体积、个体化治疗方案是放射治疗的基本要求。放射治疗时间超过9周比少于7周的患者有更高的盆腔控制失败率，故推荐8周内完成所有的外照射和近距离放射治疗。

（七）疗效与预后

1. 疗效 宫颈癌与其他恶性肿瘤相比，预后较好，5年相对生存率为60%~70%，早期病例生存率大约为90%，而晚期病例则预后不佳。

2. 影响预后的因素 影响宫颈癌的预后因素，除临床分期外，与局部肿瘤大小、病理类型、分化程度、淋巴转移及治疗方法密切相关。除上述因素对疗效有明显的影响以外，还包括年龄、贫血、宫腔积脓、盆腔感染、输尿管梗阻。有淋巴结转移者预后差。宫颈腺癌放射治疗疗效不如鳞癌，早期易出现淋巴转移，预后差。晚期患者死亡的主要原因有尿毒症、出血、感染及全身恶病质。

二、靶区勾画原则和计划设计

（一）腔内照射与体外照射相组合

除少数早期宫颈癌只行腔内照射外，大部分宫颈癌均须行腔内及体外联合照射治疗，这种治疗模式的优势在于可使宫颈癌的靶区内剂量分布较均匀。常规腔内照射与体外照射交替进行，腔内照射以消除原发灶为主要目的，体外照射以宫旁组织及盆腔淋巴区预防性照射为目的。

（二）常规放射治疗

常规放射治疗即在模拟定位机定位下的放射治疗。

1. 靶区 一般应当包括子宫、宫颈、宫旁和上1/2阴道，盆腔淋巴引流区如髂内、闭孔、髂外、髂总淋巴结。III_A期患者应包括全部阴道。必要时应包括腹股沟区。采用四野箱式照射或等中心前后对穿照射。应用高能6~12MV X射线。

2. 界限 上界：L_5上缘水平；下界：闭孔下缘（III_A期患者除外），其端点与设野最宽处的连线约通过股骨内1/3；外界：在小骨盆外1.5~2.0cm；前界：耻骨联合前缘（据不同肿瘤而定）；后界：全部骶骨在照射野内（据不同肿瘤而定）。应用多叶光栅或不规则挡铅屏蔽保护正常组织。

3. 剂量 采用常规分割照射，1.8~2.0Gy/次，5次/周。I~II期：45Gy/1.8~2.0Gy/4.5~5周，III~IV期：45~50Gy/1.8~2.0Gy/5~6周。

（三）三维适形放射治疗及调强放射治疗

以CT或MRI为基础的计划设计和适形遮挡技术是目前的标准治疗方法。根据妇科检查以及影像学情况确定肿瘤靶区（GTV），以宫颈癌直接扩散和淋巴结转移途径确定临床靶区（CTV）。外照射的治疗靶区需要包括子宫体、宫颈、宫旁、阴道（下界距离肿瘤至少3cm）和相应的淋巴引流区。放射治疗剂量：45~50Gy/1.8~2.0Gy/5~6周，靶区内剂量均匀性在±5%范围内，同时评估危及器官，如直肠、乙状结肠、膀胱、小肠、髂骨、骶尾骨、耻骨、股骨头、股骨颈等。

（1）调强放射治疗靶区：未手术患者靶区包括宫颈、宫旁、部分阴道、盆腔淋巴结引流区；术后患者靶区包括阴道残端及阴道旁组织、盆腔淋巴结引流区。

（2）调强放射治疗靶区的勾画：未手术患者靶区勾画包括整个宫颈，宫体，阴道上段3cm、阴道旁组织、宫旁组织及邻近的宫骶韧带；术后患者靶区勾画包括阴道残端及阴道旁组织、盆腔淋巴结引流区。

（3）调强放射治疗盆腔淋巴结引流区：包括髂总、髂内、髂外、闭孔、骶前淋巴结引流区，部分患者需包括腹主动脉旁和/或腹股沟淋巴结引流区。如手术或影像学检查未发现阳性淋巴结，照射范围需包括髂外淋巴结、髂内淋巴结、闭孔淋巴结和骶前淋巴结引流区。如淋巴结转移的风险较大（如肿瘤体积≥4cm或ⅡB期以上或小骨盆内有可疑/确定淋巴结转移），照射范围还要包括髂总淋巴结区。如已发生髂总或腹主动脉旁淋巴结转移，则需进行盆腔延伸野及腹主动脉旁淋巴结照射，上界应达肾血管水平（或根据受累淋巴结的范围调整上界至更高水平）。如病变已侵犯阴道下1/3，双侧腹股沟淋巴结也应包括在照射范围内。以CTV外放一定距离（0.5～1.5cm）形成PTV。

（4）RTOG 0418宫颈癌术后IMRT放疗靶区共识：

1）髂总淋巴结靶区。上界：L_4下缘；下界：髂总血管分叉（L_5下缘）；前界：髂总血管前7mm；后界：椎体前缘；侧界：均匀外放7mm。

2）髂外淋巴结靶区。上界：髂总分叉；下界：股骨头上缘；侧界：均匀外放7mm。

3）髂内淋巴结靶区。上界：髂总分叉；下界：尾骨上缘、股骨头上缘；侧界：均匀外放7mm；不可见层面，以梨状肌为界。

4）骶前淋巴结（S_1～S_2椎前淋巴结）靶区。上界：S_1上缘/腹主动脉分叉下1.5～2cm；下界：梨状肌清晰可见水平/S_2下缘；前界：骶前1.5cm；后界：骶椎前缘。

5）闭孔淋巴结靶区。上界：骶髂关节的下界（接髂内区域）；下界：闭孔上缘；外侧界：闭孔内肌、髂肌、髂腰肌或髂骨；内侧界：膀胱、子宫或肠；前界：上、中部分连接到髂外，下部分至耻骨后缘；后界：上、中部分连接到髂内，下部分至闭孔内肌后缘。

6）阴道残端及阴道旁组织靶区。上界：阴道残端标记上0.5～2cm；下界：阴道残端标记下3cm或闭孔底上1cm；前界：膀胱后壁；后界：直肠系膜筋膜前缘。

以上均为CTV靶区。靶区勾画CTV时注意不包括椎体、骶孔、肌肉、小肠、直肠、膀胱，包括可疑淋巴结，术后患者还要包括淋巴囊肿、手术银夹。若髂总淋巴结或腹主动脉旁淋巴结受累，采用延伸野和腹主动脉旁照射，上界达肾静脉水平。ⅢA期宫颈癌或腹股沟淋巴结阳性患者要包腹股沟淋巴结引流区。常规不包骶前淋巴结，宫颈间质受累时才包括骶前淋巴结。淋巴结CTV建议外扩7～10mm成PTV；阴道残端CTV外扩1cm为ITV，不包括骨和肌肉，再外扩7～10mm成PTV。

（四）近距离照射

将密封的放射源直接放入人体的天然管腔内（如子宫腔、阴道等）为腔内照射。放射源直接放入肿瘤组织间进行照射为组织间照射，二者同属于近距离照射。宫颈癌的腔内放射治疗有其自然的有利条件，如宫颈、宫体及阴道对放射线耐受量高、放射源距肿瘤最近、以较小的照射体积可取得较大的放射治疗效果。

（1）腔内照射的常用近距离放射源包括镭-226、钴-60、铯-137和铱-192，其半衰期（以年为单位）分别是：1590、5.3、33和0.2。

（2）后装腔内放射治疗及剂量计算：腔内放射治疗是宫颈癌根治性放射治疗中的重要治疗手段。后装腔内放射治疗是先将空载的放射容器置于体腔内病变部位，然后在有防护屏蔽的条件下远距离地将放射源通过管道传输到容器内进行治疗。临床上宫腔管联合阴道施源器的腔内治疗方法最常用。医生可根据患者及肿瘤的解剖特点选择不同的阴道施源器与宫腔管联合使用。当联合外照射时，近距离放射治疗通常在放射治疗后期进行，这时肿瘤体积已明显缩小，使得施源器放置的部位能够达到近距离放射治疗的理想剂量几何形状分布。后装腔内治疗机根据放射剂量率的高低可分为3类：低剂量率（0.667～3.33cGy/min）、中剂量率（3.33～20cGy/min）、高剂量率（在20cGy/min以上）。

（3）后装腔内放射治疗的治疗计划系统多模拟经典的斯德哥尔摩法、巴黎法、北京法等。一般情况下每周1～2次，每周"A"点剂量在5～10Gy，"A"点总剂量在35～45Gy，整个疗程体外加腔内放射治疗剂量因临床分期、肿瘤大小的不同而异，一般总剂量在75～90Gy。直肠、膀胱ICRU参考点剂量限制在A点处方剂量的60%～70%以下，最高不能超过80%，超量者可考虑减少驻留点或降低处方剂量。NCCN指南中对A点的剂量推荐，是以传统的、经广泛验证的低剂量率（LDR）分割的近距离放射治疗为基础。在这个剂量系统里，体外照射采用每天 1.8～2.0Gy，近距离放射治疗采用以 LDR 为 40～70cGy/h 时 A 点剂量。如果使用高剂量率（HDR）进行近距离放射治疗，则需通过线性二次模型将 A 点 HDR 的剂量转换为具有相同生物学效应的 LDR 剂量，计算公式为 EQD2（等效生物剂量）=$D×（d+α/β）/（2+α/β）$，其中 D 为实际物理总剂量，d 为单次剂量，肿瘤组织 $α/β$=10Gy，正常组织评估其晚反应时 $α/β$=3Gy（直肠、膀胱、乙状结肠）。联合使用外照射时，近距离放射治疗的剂量分割方案有多种选择，最常用的 HDR 近距离放射治疗是进行 4 次或 5 次宫腔和阴道施源器的植入，每次 A 点剂量为 6Gy 或 7Gy，A 点总剂量达到 28Gy/4 次或 30Gy/5 次，转化为 LDR 等效生物学剂量为 A 点 40Gy。为了提高治疗效果，减少放射治疗并发症的危害，建议有条件的医疗机构对腔内后装放射治疗采用图像引导的三维近距离放射治疗技术。

（4）三维后装放射治疗：三维后装腔内放射治疗技术是近年来发展起来的新型后装治疗技术。该技术应用 CT 或 MRI 定位后，在计划系统上精细勾画靶区及危及器官，从而达到合理分布放射源，最大限度地提高肿瘤的照射剂量，减低危及器官的放射治疗风险，更加精准合理地发挥后装治疗的作用。在宫颈癌的后装治疗中，图像引导的近距离放射治疗（三维后装）越来越多地取代了基于 X 射线治疗计划（二维后装），施源器的几何形状从患者的三维图像中获得，并导入治疗计划系统中，这一过程称为施源器的重建。由于后装治疗的剂量梯度陡峭，重建误差可以导致靶区和危及器官的大剂量偏差，因此三维后装治疗中施源器的重建非常关键，减少重建误差可提高靶区的覆盖，减少危及器官的受照量。由于 MRI 具有良好的软组织分辨率，在精确靶区范围、保护危及器官以及改善患者临床结局等方面有着独特优势，欧洲妇科放射肿瘤学会建议体外和腔内放射是使用同一个 MRI 仪器，多平面（横、矢状面、冠状面和斜行向定位）获得与盆腔表面线圈 T_2 加权图像被认为是肿瘤和重要器官可视化的金标准，但是目前国内很多医疗机构，因客观条件的限制，以 CT 为基础的后装也得到了广泛的应用。

【案例 5-7-1】

患者，女，49 岁，间断性阴道排液 1 月余。妇科检查示：阴道畅通，见脓性分泌物流出，子宫颈部见巨大菜花样新生物，伴接触性出血，累及后穹窿及阴道后壁，右侧骶韧带缩短，近盆壁，左侧可。病理检查示：子宫颈鳞状细胞癌。盆腔增强 CT 检查见图 5-7-1。

问题：患者的临床表现和特点是什么？图像所示盆腔增强 CT 的改变有哪些？该患者的诊断和治疗原则是什么？

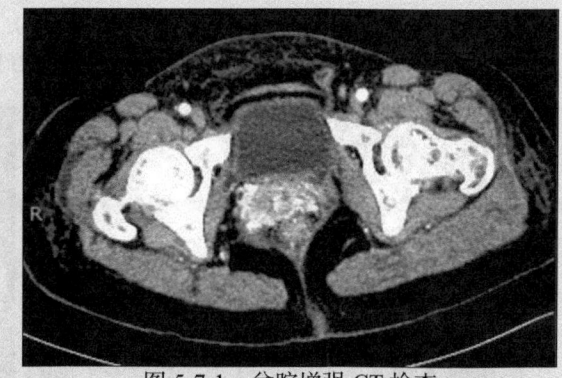

图 5-7-1　盆腔增强 CT 检查

【案例 5-7-1 分析】

1. 临床特点：中年女性；间断性阴道排液一月余；妇科检查示：阴道畅通，见脓性分泌物流出，子宫颈部见巨大菜花样新生物，伴接触性出血，累及后穹窿及阴道后壁，右侧骶韧带缩短，近盆壁。病理检查示：子宫颈鳞状细胞癌。

2. 影像学改变：子宫颈体积增大，见多发结节状低密度弱强化影，考虑子宫颈恶性肿瘤性病变。

3. 诊断：宫颈鳞状细胞癌。治疗原则：同步放化疗。

（刘红利）

第八节 中枢神经系统肿瘤

一、中枢神经系统肿瘤概述

中枢神经系统肿瘤是指发生在颅内和椎管内的肿瘤，包括原发性肿瘤与继发性肿瘤两大类。原发性颅内肿瘤指发生于颅内各种组织如脑膜、脑组织、脑神经等的肿瘤。原发性椎管内肿瘤指发生于椎管内组织如脊髓、神经根、硬脊膜等的肿瘤。继发性颅内、椎管内肿瘤指源于身体其他部位肿瘤转移至颅内、椎管内。本章仅简要介绍原发性肿瘤。

颅内肿瘤的年发病率为 7.8～12.5/10 万，占全身肿瘤的 2%。死亡率居 12 岁以下儿童的第 1 位，成人的第 10 位。颅内肿瘤可发生于任何年龄，以 20～50 岁为最多见，男性略多于女性。少儿以颅后窝及中线肿瘤较多见，主要为髓母细胞瘤、颅咽管瘤及室管膜瘤。成人以大脑半球胶质瘤为最多见，占脑瘤的 45%，如星形细胞瘤。老年人以胶质母细胞瘤、转移癌多见。

（一）病因

中枢神经系统肿瘤发生的病因不明，目前认为，诱发肿瘤发生的因素有：遗传因素、物理因素、化学因素和致瘤病毒。发病机制也不明确，目前存在胚胎残余学说、免疫抑制学说、遗传学说等多种学说。如颅咽管瘤、畸胎瘤、脊索瘤明显发生于残留于脑内的胚胎组织；如视网膜母细胞瘤、多发性神经纤维瘤等具有明显的家族遗传倾向性，均为常染色体显性遗传。

（二）应用解剖

脑位于颅腔内，由大脑、小脑、间脑、中脑、脑桥和延髓 6 个部分组成。通常把中脑、脑桥和延髓 3 部分合称为脑干。大脑为神经系统最高级部分，由左、右两个大脑半球组成，两半球间有横行的神经纤维相联系，主要包括大脑皮质、大脑髓质和基底核等三个部分。大脑皮质是被覆在端脑表面的灰质、主要由神经元的胞体构成。皮质的深部由神经纤维形成的髓质或白质构成。髓质中又有灰质团块即基底核，纹状体是其中的主要部分。半球内的白质有各种走向，如连合左、右两半球的纤维，连接同侧半球的纤维，联系大脑皮质和脑干。大脑半球内部的腔隙叫侧脑室，内容脑脊液（图 5-8-1）。

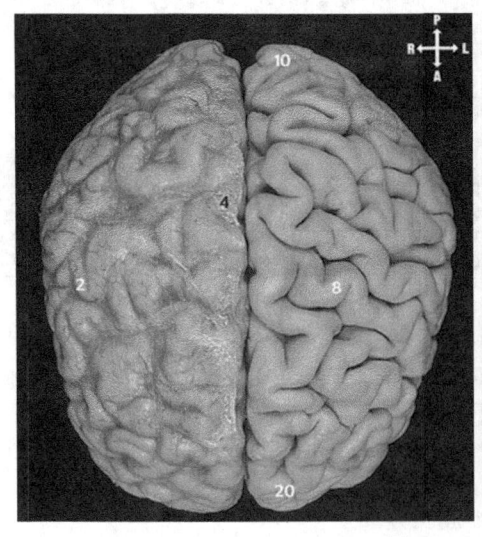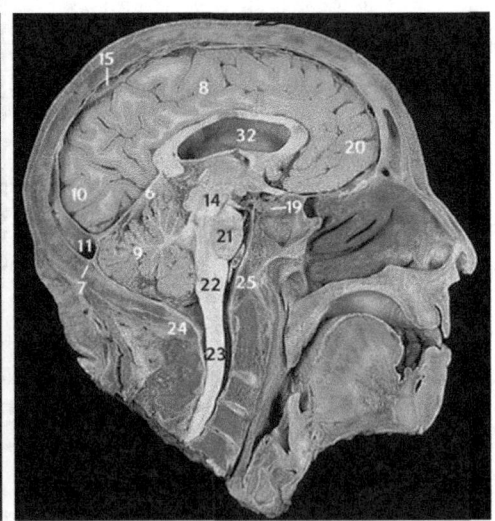

图 5-8-1 大脑半球

（三）自然病程

1. 中枢神经系统肿瘤有浸润性生长和非浸润性生长两种形式。浸润性生长的肿瘤多为恶性肿瘤，肿瘤与正常组织间无明显界线，肿瘤细胞通过周围水肿区可浸润到远处或经脑脊液播散至其他部位；非浸润性生长的肿瘤多为良性，肿瘤与正常组织间有明显界线。

2. 部分脑和脑膜高级别肿瘤可以通过种植方式进入蛛网膜下腔、脑室和椎管内，如胶质母细胞瘤、室管膜母细胞瘤、髓母细胞瘤、中枢神经系统淋巴瘤。

3. 原发肿瘤颅外转移少见，但高级别的胶质瘤、血管外皮细胞瘤、肉瘤、高级别星形细胞瘤可见颅外转移。血行转移多发生在肺。接受脑室腹腔分流以减少梗阻性脑积水的患者容易出现腹腔及腹膜转移。

（四）临床表现

1. 颅内压增高症状与体征

（1）临床表现：头痛、呕吐、视力障碍。绝大多数患者上述症状均可出现，一般呈进行性加重，其出现早晚主要取决于肿瘤的部位、肿瘤生长速度、脑水肿程度和患者全身功能状态等因素。

（2）脑疝形成：脑疝是脑肿瘤或脑损伤引起颅内压力不断加剧的结果，脑疝根据发生部位不同有小脑幕切迹疝、小脑蚓部疝、枕骨大孔疝等。脑疝由于发生部位和时间不同，患者可出现严重头痛、恶心呕吐、意识障碍、瞳孔散大等症状，严重者可出现呼吸、循环衰竭等。

2. 神经系统定位症状及体征

（1）幕上区域肿瘤：额叶肿瘤表现为癫痫发作等精神症状；中央区肿瘤表现为偏瘫、偏身感觉障碍；顶叶肿瘤多为感觉障碍，发作时可有肢体麻木等异常感觉；颞叶肿瘤多为视野缺损；鞍区肿瘤除视野缺损外，还可能伴有内分泌紊乱表现。

（2）幕下区域肿瘤：小脑肿瘤主要表现为患侧肢体共济失调，还可出现患侧肌张力减弱或无张力，膝腱反射迟钝，眼球水平震颤，有时也可出现垂直或旋转性震颤。脑干肿瘤表现为交叉性麻痹。小脑脑桥角肿瘤表现为同侧Ⅶ、Ⅷ、Ⅹ、Ⅺ、Ⅻ脑神经受损表现。

（五）诊断

1. 症状及体征 早期发现、早期诊断对改善中枢神经系统肿瘤的预后非常重要，但临床实践中常常是患者出现头痛、癫痫发作、晕厥等神经症状时才会就医。根据患者病史、颅内压增高相关症状、中枢神经系统局部定位体征，及影像学检查进行临床诊断，肿瘤组织病理检查是诊断的金标准。

2. 影像学特征 MRI或CT等被视为诊断中枢神经系统肿瘤的有效措施。脑肿瘤的影像学三大特征为水肿、增强效应、坏死。CT对于少突胶质瘤的诊断有特异性，90%的病例以钙化为特征。磁共振在中枢神经系统肿瘤的诊疗过程中非常重要，有助于临床分期的确定，指导治疗及评估预后，尤其对于肿瘤侵犯范围的确定明显优于CT。脑脊液细胞学检查对于判断脊髓内有无种植播散亦十分重要。PET-CT在中枢神经系统良恶性肿瘤鉴别诊断中有一定的临床价值。

3. 病理学分类 神经系统肿瘤分为三种，分别为：①神经系统实质细胞来源的原发性颅内肿瘤；②位于颅内，但非脑实质细胞由来的原发性颅内肿瘤；③转移性肿瘤。

2016年WHO发布的中枢神经系统肿瘤分类，首次在组织学基础上加入了分子学特征，从而构建了分子时代CNS肿瘤诊断的新理念，主要调整在弥漫胶质瘤、髓母细胞瘤和其他胚胎肿瘤。

（1）弥漫性星形细胞和少突胶质细胞肿瘤。

（2）其他星形细胞肿瘤：包括毛细胞型星形细胞瘤、室管膜肿瘤、室管膜下瘤、其他胶质瘤、脉络丛肿瘤、神经元和混合性神经元-胶质肿瘤、松果体区肿瘤、胚胎性肿瘤和其他胚胎肿瘤等。

（3）颅内和椎旁神经肿瘤。

（4）脑膜瘤。

（5）间质，非脑膜上皮性肿瘤。

（6）黑色素细胞肿瘤。

（7）淋巴瘤。

（8）组织细胞肿瘤。
（9）生殖细胞肿瘤。
（10）鞍区肿瘤。
（11）转移瘤。

（六）治疗

1. 手术 一旦确诊颅内肿瘤，无手术禁忌证者首选手术治疗。在保证安全的前提下尽可能完整切除肿瘤是中枢神经系统肿瘤的治疗原则，手术不但可以获得病理诊断，而且还可以直接减轻肿瘤负荷，缓解颅高压症状。立体定向活检术适用于因手术风险不宜手术者，可明确诊断，为下一步治疗提供依据。

2. 化疗 化疗很少单独作为治疗颅内恶性肿瘤的方法。其中替莫唑胺广泛用于高级别胶质瘤的同期放化疗及辅助治疗，其他如司莫司汀、硝基脲类、长春新碱等可联合手术及放射治疗使用。

3. 分子靶向药物治疗 贝伐珠单抗在复发性高级别肿瘤治疗中有一定疗效，靶向治疗加入标准治疗可提高胶质瘤的生存期。

4. 放射治疗 中枢神经系统肿瘤的放射治疗须根据肿瘤的病理类型、组织学分级、侵犯范围以及手术的彻底性来做出不同的处理。低级别组织学分级、包膜完整、手术切除彻底者可选择术后随访观察，而绝大多数患者须行术后辅助放射治疗或辅助放化疗。若不能手术或患者拒绝手术，也可做单纯放射治疗。放射治疗范围包括病灶区域扩大野照射、全脑放射治疗全脑全脊髓照射治疗。既往常用的传统二维照射技术已逐渐被弃用，三维适形放射治疗技术（3D-CRT）、调强放射治疗技术（IMRT）和立体定向放射治疗技术（SRT）是目前临床应用的主流。

全脑放射治疗的适应证有：①中枢神经系统恶性淋巴瘤；②多发脑转移瘤；③脑胶质瘤病；④多灶性恶性胶质瘤；⑤软脑膜恶性播散癌（全中枢照射）。

全脑全脊髓放射治疗的适应证有：某些经脑脊液播散的恶性肿瘤，如髓母细胞瘤、生殖细胞瘤、室管膜瘤、中枢神经系统恶性淋巴瘤、脉络丛乳头状瘤，以上除髓母细胞瘤外，后四种可根据情况选择地进行全脑全脊髓放射治疗。

（七）预后

原发性中枢神经系统肿瘤由于组织来源和分类较复杂，不同肿瘤的预后可完全不同。高度恶性的星形胶质细胞瘤多见于成人，肿瘤发展迅速，浸润范围广，预后极差，患者多在2年内死亡；多发生于儿童、青少年的毛发细胞型星形胶质细胞瘤，生长极为缓慢。有报道称患者在不完全切除肿瘤后有带瘤存活达40年者。又如大多数脑膜瘤为良性，瘤细胞浸润颅骨的骨质，但不引起广泛播散或转移，也不侵入邻近的神经组织。

二、靶区勾画原则和计划设计

（一）中枢神经系统肿瘤放射治疗概述

1. 现代放射治疗的特点 ①采用高能X射线；②采用固定装置的立体定向定位；③适形照射或IMRT；④常规剂量分割1.8~2.0Gy/次；⑤多叶光栅立体定向放射治疗；⑥最大限度缩小高剂量体积；⑦认可较大的但低剂量的体积；⑧避免平行对穿野照射；⑨健侧结构免受照射，保护其功能。

2. 脑组织及脊髓的放射耐受剂量

（1）脑组织：60Gy（全脑），70Gy（1/4脑）。
（2）脊髓：42Gy（全脊髓）45~50Gy（10cm）。
（3）晶状体：5Gy（白内障）。
（4）视网膜：50Gy（视力丧失）。

(5) 视神经：60Gy（视力丧失）。
(6) 周围神经：60Gy（神经炎）。

3. 病理类型和放射敏感性的关系
(1) 高度敏感肿瘤：生殖细胞瘤，髓母细胞瘤。
(2) 中度敏感肿瘤：垂体瘤，颅咽管瘤，室管瘤和松果体瘤。
(3) 低度敏感肿瘤：星形细胞瘤，胶质母细胞瘤。

（二）不同颅内肿瘤放射治疗靶区勾画与计划设计

1. 星形细胞瘤（astrocytoma）

(1) 星形细胞瘤概述：是最常见的胶质瘤，占胶质瘤的40%，可生长在脑或脊髓内的任何地方。成人星状细胞瘤大多位于大脑，儿童星形细胞瘤常位于小脑及脑干。就肿瘤恶性程度而言，可分为四级。具体分级为Ⅰ级：毛细胞型星形细胞瘤（pilocytic astrocytoma）；Ⅱ级：星形细胞瘤属低恶性肿瘤；Ⅲ级：间变性星形细胞瘤（anaplastic astrocytoma，AA）；Ⅳ级：多形性胶质母细胞瘤（glioblastoma multiforme，GBM）属高度恶性肿瘤。

(2) 星形细胞瘤放射治疗原则：对于完全切除的Ⅰ级星形细胞瘤可不作术后放射治疗，次全切除术患者也可密切随诊，活检术后应尽快开始放射治疗。高级别星形细胞瘤患者（Ⅲ~Ⅳ级）无论手术有无残留，术后均应辅以放射治疗；若不能手术或患者拒绝手术，也可做单纯放射治疗；放射治疗也可作为复发的挽救性治疗措施。有研究显示，高级别星形细胞瘤术后放射治疗比单纯手术患者中位生存期可延长20周。

(3) 星形细胞瘤放射治疗：该技术有常规外放射治疗、三维适形和调强放射治疗。若采用三维适形或调强放射治疗计划，可减轻晚期放射性脑损伤。

1）常规放射治疗：在不具备精确治疗条件的医院，常规放射治疗仍是首选。当病变广泛，累及两侧大脑时可选用左右平行对穿照射野，一般要保护另一侧正常脑组织；根据病变部位可采用一侧野+顶野、一侧野+后野或一侧野+前野，加用楔形板补偿技术治疗一侧脑部病变，而三野照射技术常用于中线部位肿瘤。常规剂量为60Gy/30次/6周。小于5岁儿童剂量应减到50Gy（图5-8-2）。

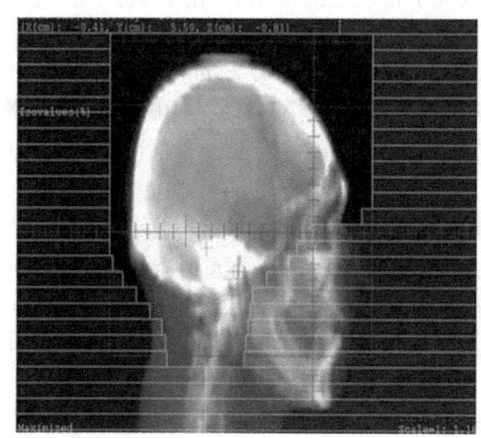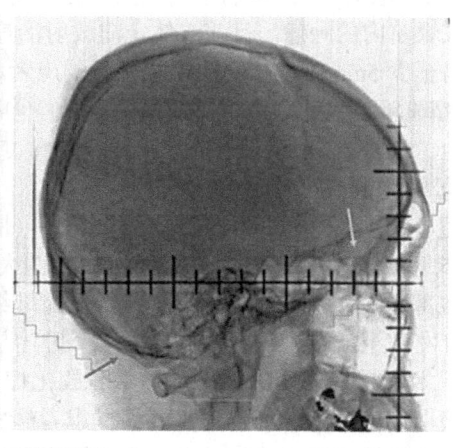

图 5-8-2 全脑照射野

放射野下缘边界在C_2椎骨的下缘。照射野上、前、后边界颅骨各外放10mm，包括颅前窝、颅中窝和颅后窝，但应注意将1/3的眼球和前额叶以及鼻咽-咽部进行遮挡保护

2）三维适形放射治疗和调强放射治疗：头模固定，CT或MRI扫描，CT和MRI（术前和术后的比较）帮助勾画靶区。3D-CRT提供了较好的剂量均一性，剂量热点更少；调强放射治疗逆向计划对正常组织的保护更好，热点集中在靶区（表5-8-1）。

表 5-8-1　美国和欧洲放射治疗组织推荐的靶区定义

研究机构	放射治疗疗程	CTV（第一程）	CTV（第二程）	PTV
美国成人脑肿瘤联盟（ABTC）	两程 46+14=60Gy	MRI T_2 增强区域+残余 T_1 异常增强区域+术后空腔+外扩 5mm	残余 T_1 异常增强区域+术后空腔+外扩 5mm	机构自定义但一般为 CTV 外扩 3～5mm
欧洲癌症研究与治疗组织	一程	术后空腔+MRI 残余 T_1 异常增强区域+外扩 2～3cm	—	机构自定义但一般为 CTV 外扩 5～7mm
梅奥与北中央癌症治疗学组	两程 50+10=60Gy	MRI T_2 增强区域+残余 T_1 异常增强区域+术后空腔+外扩 20mm 到挡块边缘	术后空腔+MRI 残余 T_1 异常增强区域+外扩 20mm 到挡块边缘	PTV 直接 CTV 外扩
放射治疗肿瘤学会	两程 46+14=60Gy	MRI T_2 增强区域+残余 T_1 异常增强区域+术后空腔+外扩 20mm	术后空腔+MRI 残余 T_1 异常增强区域+外扩 20mm	3～5mm

2. 垂体瘤

（1）垂体瘤概述：占中枢神经系统原发肿瘤的 10%～15%，男女发病比例为 1∶2.5。垂体瘤 90%以上为良性肿瘤，75%的垂体瘤具有分泌激素的功能。垂体瘤按肿瘤细胞内分泌功能可分为：泌乳素腺瘤、生长激素腺瘤、促肾上腺皮质激素腺瘤、促甲状腺腺素腺瘤、促性腺激素腺瘤、混合激素腺瘤和无内分泌功能腺瘤。按肿瘤大小可分为：肿瘤小于 1cm 为微腺瘤；肿瘤大于 1cm 为大腺瘤；大于 4cm 为巨大腺瘤。临床主要有肿瘤增大后引起的神经压迫症状和功能性腺瘤分泌过多激素所引起的内分泌功能紊乱的临床症状。主要可表现为视觉障碍、头痛及垂体功能低下等症状。

（2）垂体细胞瘤的放射治疗：本病的治疗方法首选手术，手术目的是全切或大部分切除肿瘤。术后放射治疗已成常规治疗手段，1.8～2.0Gy/次，总剂量 45～50.4Gy/5 周。

1）常规放射治疗：常用 15°斜架面罩固定，将头置于眉弓下缘至外耳孔连线与床面垂直的位置，经前额、两侧颞叶入射，常用一前加两侧野的三野等中心照射技术。两侧野加楔形板，使剂量分布更好。设野时参考术前和术后 MRI，一般设 5cm×5cm 野，较大的肿瘤在肿瘤边界外放 1cm。

2）三维适形或调强照射技术：对于体积较大的肿瘤，可采用多个固定野，每野使用整体适形挡块的技术照射，有条件者还可采用调强照射。95%剂量线定为参考线。

3）立体定向放射治疗：对残留或复发的肿瘤可采用 X 刀、γ 刀、赛博刀等治疗。由于 SRT 技术的优势-靶周剂量跌落快，从剂量曲线图来看，明显优于常规三野照射，尤其适合术后复发、术后残留海绵窦或蝶窦内的肿瘤。目前立体定向放射治疗适应证为：①垂体微腺瘤（有症状者），但肿瘤边缘距视通路至少 5mm；②拒绝或禁忌开颅的患者；③蝶窦内残留、复发的肿瘤。禁忌证：①在 CT、MRI 上肿瘤显示不清，瘤内出血或囊性变者；②浸润性大腺瘤周围骨质结构破坏；③肿瘤压迫视交叉发生视力、视野损伤；④肿瘤侵及海绵窦者；⑤肿瘤压迫三脑室后部，有下视丘功能障碍者。

3. 髓母细胞瘤

（1）髓母细胞瘤（medulloblastoma，MB）：是好发在小脑的原始神经外胚层肿瘤，发病原因不明。儿童多见，5～9 岁高发，男∶女发病比例大致为 1.3∶1，约占儿童肿瘤的 20%。本病好发于颅后窝中线部位，75%以上源于小脑蚓部。髓母细胞瘤自然病程短，临床表现为高度恶性，生长极其迅速，自发病至就诊平均在 4 个月左右。肿瘤呈浸润性生长，且肿瘤细胞有沿脑脊液播散性种植的倾向，手术不易全部切除，手术加术后放化疗是髓母细胞瘤治疗的重要手段。

（2）髓母细胞瘤的诊断与分期：根据患者病史、颅内压增高相关症状、中枢神经系统局部定位体征，及影像学检查进行临床诊断，髓母细胞瘤的临床表现主要为颅压增高、共济失调以及肿瘤转移引起的相关症状。脑部 MRI 检查是首选的影像学检查手段，对于髓母细胞瘤沿脑脊液发生播散性种植的检查，MRI 矢状位或冠状扫描更有价值。肿瘤组织病理检查是诊断的金标准。

国际上习惯把儿童髓母细胞瘤分为一般风险型和高风险型。一般风险型指：①年龄大于 3 岁；②脑和脊髓 MRI 及脑脊液均无肿瘤转移证据；③无肿瘤远处转移证据；④术后 MRI 示残留小于 1.5cm^2。高风险型：即不满足上述条件任何一项者或间变型者。年龄<3 岁属于高危，但应单独被

列出，不论 M 分期和手术切除情况如何。

髓母细胞瘤的分期通常采用的是 Chang 等的 TM 分期（表 5-8-2）。

表 5-8-2 髓母细胞瘤 TM 分期

大体肿瘤直径（T）	远处转移（M）
T1＜3cm	M0 无明确蛛网膜下或血行转移
T2≥3cm	M1 脑脊液中找到肿瘤细胞
T3a＞3cm	M2 颅内肿瘤超出蛛网膜下腔或进入第三、第四脑室，同时侵犯至脑水导管，或至第四脑室
T3b＞3cm，同时有脑干浸润	M3 大结节在蛛网膜下腔种植
T4＞3cm，向上侵犯超过脑水导管向下侵犯超过枕骨大孔	M4 中枢神经系统以外的转移

（3）治疗原则：髓母细胞瘤的治疗应该根据患者的临床分期和风险分型而酌情选择手术、放射治疗、化疗三种治疗手段综合治疗，以最大程度提高肿瘤治愈率和降低正常组织的损伤，尽可能减少对生长发育和智力的影响。

1）手术治疗：对于有显著颅内压增高的患者，应先解除颅内压增高症状，可作肿瘤切除或脑脊液分流手术，手术尽量切除肿瘤。

2）放射治疗：术后患者接受放射治疗可延长患者的生存期。有研究证明，所有未经术后放射治疗的髓母细胞瘤均可复发，且多在复发后 1 年内死亡。手术加放射治疗的 5 年生存率达 40%～60%，10 年生存率达 30%～40%。一般认为术后早期放射治疗对患者有益，放射治疗多在手术后 1～2 周内开始。基于髓母细胞瘤易转移的特点，应对全中枢神经系统进行放射治疗，并在此基础上对病灶局部增加放射治疗剂量。

（4）髓母细胞瘤靶区勾画及剂量：美国儿童肿瘤组髓母细胞瘤治疗协调委员会（MPCPOG）推荐的方案是分三部分：全脑、全脊髓及颅后窝。全脑放射治疗应包括筛板、颈髓，脊髓放射治疗下界达骶 2 水平。剂量为全脑 40Gy，颅后窝局部加 15Gy，脊髓为 35Gy，每次不超过 2Gy，最好在 1.5～1.8Gy。对于 3 岁以下幼儿的放射治疗，脊髓剂量为 24Gy，全脑为 35.2Gy，颅后窝局部加量至总量为 48Gy。

1）＞3 岁的一般危险组患者：全脑脊髓轴放射治疗剂量为 23.4Gy，颅后窝局部加量至 50Gy，5 年 OS 为 80% 左右。

2）＞3 岁的高危组患者：手术+术后同步放化疗（全脑脊髓轴剂量为 36Gy，颅后窝加量至 54～56Gy）+维持化疗。化疗药物推荐铂类、长春新碱、卡莫司汀、泼尼松、环磷酰胺等。

3）＜3 岁患儿：预后最差，挑战性最强。治疗手段包括全身化疗+清髓性大剂量化疗，或全身化疗+局部适形放射治疗，或全身化疗+脑室内化疗或术后诱导化疗后全脑脊髓轴剂量为 18～23.4Gy，瘤床剂量为 50.4～54Gy，但放射治疗的应用时间、剂量和范围尚无定论。

4. 儿童生殖细胞瘤 儿童生殖细胞瘤对放射治疗、药物化疗均高度敏感，如能明确诊断，可使其成为无须手术即可治愈的颅内恶性肿瘤之一。

对于高度怀疑生殖细胞瘤的患儿，首先应采取诊断性放射治疗。局部照射剂量为 10～20Gy 作为诊断性放射治疗的初始剂量，复查发现肿瘤体积进行性缩小的病例应继续照射至 35～40Gy。如肿瘤未见缩小，应选择手术治疗。

（1）单纯放射治疗：24Gy 全中枢放射治疗+瘤床追加 16Gy。

（2）化疗联合局部放射治疗：两疗程化疗，局部放射治疗 40Gy。

（3）转移性纯生殖细胞瘤患者则需要全中枢+局部放射治疗（瘤床和转移灶）。

5. 毛细胞型星形细胞瘤 本病的病理分级属胶质瘤 I 级。

治疗方法：手术加术后放射治疗是目前推荐的首选方法。对于瘤体直径小于 3cm 的实体瘤也可选择γ刀治疗。本病对放射线十分敏感，患儿预后良好。

GTV定义：采用CT和MRI的T_2WI图像融合的技术勾画靶区，GTV为T_2WI的高信号区。

CTV定义：GTV外放0.5～1.0cm。

放射治疗剂量：以1.6～2Gy/次，50～60Gy为宜，低于50Gy局部控制率低，而高于60Gy则发生放射性损伤的概率明显增高。

【案例5-8-1】

患者，男，41岁，2015年5月患者无明显诱因出现头晕、头痛，无放射性疼痛，无恶心、呕吐，无发热、畏寒及抽搐，无昏迷病史，自行口服"头痛粉"后上述症状缓解。2016年8月底患者头痛明显加重伴恶心，无呕吐，无抽搐。行头颅CT提示"额叶低密度影，肿瘤伴水肿可能"，未采取治疗。2016年9月行头颅MRI增强示：右额叶占位病变，头颅DTI+波谱提示：右侧额叶占位，考虑弥漫性星形细胞瘤可能。2016年9月12日行"开颅右额叶占位切除术"，术中见：硬膜张力稍高，脑沟回消失，颅内压高，额叶部分脑组织黄变，肿瘤呈灰白色，鱼肉样，边界不清，质韧，不易吸除，血供中等，取部分肿瘤送术中冷冻病理检查，镜下分块切除肿瘤约4.0cm×4.5cm×3.5cm大小。术后病理证实：(右额叶)弥漫型星形细胞瘤(WHO Ⅱ级)，少数区域瘤细胞密集且异型，核分裂象易见，Ki-67增殖指数约10%，呈间变性星形细胞瘤(WHOⅢ级)。放射治疗及时间(含剂量、靶区)：2016-11-24。

问题：

1. 神经系统肿瘤病理学分哪几类？
2. 中枢神经系统肿瘤有哪些临床症状？
3. 简述中枢神经系统肿瘤现代放射治疗常规的特点。
4. 该患者的临床诊断和建议术后的放射治疗靶区和计划是什么？

【案例5-8-1分析】

1. 神经系统肿瘤可分为三种：①神经系统实质细胞来源的原发性颅内肿瘤；②位于颅内，但非脑实质细胞由来的原发性颅内肿瘤；③转移性肿瘤。

2. 中枢神经系统肿瘤患者临床症状：主要表现为颅内压增高症状与相关体征和神经系统定位症状及相关体征。①颅内压增高症状与体征：头痛、呕吐、视力障，一般呈进行性加重。脑疝形成后患者可出现严重头痛、恶心呕吐、意识障碍、瞳孔散大等症状，严重者可出现呼吸、循环衰竭等。②神经系统定位症状及体征：幕上区域肿瘤可表现为癫痫发作、偏瘫、偏身感觉障碍、感觉障碍，或视野缺损，鞍区肿瘤除视野缺损外，还有内分泌功能紊乱表现等等。幕下区域肿瘤如小脑肿瘤主要表现为患侧肢体共济失调，还可出现患侧肌张力减弱或无张力，膝腱反射迟钝，眼球水平震颤，有时也可出现垂直或旋转性震颤。脑干肿瘤表现为交叉性麻痹。小脑脑桥角肿瘤可表现为同侧Ⅶ、Ⅷ、Ⅸ、Ⅹ、Ⅺ、Ⅻ脑神经受损表现。

3. ①采用高能X射线；②采用固定装置的立体定向定位；③适形照射或IMRT；④常规剂量分割1.8～2.0Gy/次；⑤多叶光栅立体定向放射治疗；⑥最大限度缩小高剂量体积；⑦认可较大的但低剂量的体积；⑧避免平行对穿野照射；⑨健侧结构免受照射，保护其功能。

4. 右额叶胶质瘤术后(R2切除，WHOⅢ级)。

建议术后放射治疗：IMRT或IGRT，6MV-X，每日7野同照，常规分割，每周5次。靶区定义：GTV=术后MRI的T_1增强图像显示的术后残留肿瘤和术腔；PTV1=GTV+1.0cm；PTV2=GTV+2.5cm。放射治疗剂量95%PTV1=6000cGy/200cGy/30次，95% PTV2=5400cGy/180cGy/30次；危及器官剂量：脑干限量低于5400cGy；视交叉限量低于5400cGy，垂体限量低于5000cGy。

化疗：替莫唑胺75mg/m², 口服，Qd，放射治疗期间服用。替莫唑胺150mg/m² d1-5(总量为750mg/m²)，每28天为一周期，建议6周期化疗。

(谭诗生)

本 章 小 结

1. 鼻咽癌 是指原发于鼻咽黏膜上皮组织的恶性肿瘤。全世界 80%的鼻咽癌病例发生在我国华南地区，其常见临床症状包括回缩性血涕、耳鸣或听力减退、鼻塞、头痛等。鼻咽癌的诊断大致可分为定性诊断和分期诊断，活组织检查是本病唯一确诊手段，非角化型癌是临床最常见病理类型。早期鼻咽癌的治疗首选放射治疗，局部晚期鼻咽癌则常采用以放射治疗为主的综合治疗模式。目前临床常用适形调强放射治疗技术治疗鼻咽癌。鼻咽癌预后相对较好，5 年生存率达 67%～75%。

2. 肺癌 是指原发于肺、气管和支气管的恶性肿瘤，是当今世界最常见的恶性肿瘤。肺癌临床表现较复杂，其症状与体征与原发灶所在部位、大小、病理类型、有无转移等因素相关，肺癌患者常见症状包括咳嗽、痰中带血或咯血、胸痛等。肺癌的诊断大致可分为定性诊断和分期诊断，活组织检查是本病唯一确诊手段。腺癌、鳞癌、小细胞未分化癌是其临床常见病理类型。肺癌治疗需要综合运用包括手术、放射治疗、化疗、靶向治疗和免疫治疗等多种治疗手段。放射治疗不仅可用于早期和局部晚期肺癌的根治性治疗，也可用于晚期肺癌的姑息减症治疗。对于早期肺癌现提倡采用 SBRT/SABR 技术，对于局部晚期肺癌常采用适形或调强放射治疗技术。肺癌的预后因病理类型、临床分期的不同而差异明显。

3. 食管癌 是指从下咽部至食管胃结合之间食管上皮来源的恶性肿瘤，其常见临床表现为进行性加重的吞咽食物时哽咽感，或胸骨后疼痛。内镜下取活组织检查是食管癌唯一确诊手段，我国食管癌组织学类型以鳞状细胞癌为主，占 90%以上。食管癌的治疗主要分为手术治疗、放射治疗和化疗。临床上应采取个体化综合治疗的原则，即根据患者的机体状况、肿瘤的病理类型、侵犯范围和发展趋势，有计划地、合理地应用现有的治疗手段，最大限度地控制肿瘤进展和提高治愈率，改善患者的生活质量。在早期阶段外科手术治疗可以达到根治的目的；在中晚期阶段，通过以放化疗为主的综合治疗可以使其中一部分患者达到根治。食道癌平均 5 年生存率为 18.1%～40.8%，总体预后来看鳞状细胞癌好于腺癌。

4. 乳腺癌 是发生在乳腺腺上皮组织的恶性肿瘤，我国乳腺癌发病率位居女性恶性肿瘤发病的首位。乳腺癌常见临床症状有：乳腺肿块、皮肤改变、乳头改变、乳头溢液、乳腺疼痛、腋窝淋巴结肿大等。本病的早期诊断是提高疗效的关键，应结合患者的临床表现及病史、体征、相关的辅助检查以及病理结果做出诊断，其中病理学检查是乳腺癌诊断金标准。乳腺癌的治疗原则是根据患者年龄、月经状态、临床分期、组织学分级、激素受体情况、细胞增生能力以及 Ki-67 及 HER-2 等基因表达水平等情况，采用以手术治疗为主，辅以放射治疗、化疗、靶向治疗或内分泌治疗等的综合治疗。保留乳腺的根治性手术已成为早期乳腺癌的主要治疗方式，但必须在术后进行放射治疗。放射治疗作为局部治疗手段，在不同疾病阶段分别起预防性、根治性和姑息性作用。对于激素受体阳性的乳腺癌患者，均应接受内分泌治疗。乳腺癌总体预后相对较好，影响预后的因素主要取决于肿瘤的生物学特性、临床分期以及合理的治疗方案。

5. 直肠癌 是指直肠齿状线以上至乙状结肠起始部之间的肿瘤。我国结直肠癌中直肠癌占 50%以上，且 80%以上的直肠癌位于直肠中下段。直肠癌主要临床表现包括：早期有肠道刺激症状和排便习惯改变、血便等；晚期肿瘤侵犯肠壁引起直肠狭窄，可出现大便变形、变细。内镜下活组织检查是直肠癌唯一确诊手段。病理类型以管状腺癌，黏液癌和未分化癌常见。外科手术是直肠癌的主要治疗方式，早期直肠癌单纯手术即可治愈；对于局部进展期直肠癌，推荐采用以手术为主，辅以放射治疗、化疗等的综合治疗模式。中低位局部进展期直肠癌，推荐新辅助放化疗后再行手术；对已行根治术的患者应根据术后病理检查结果决定行辅助性化疗或放化疗。转移性直肠癌的治疗以全身系统治疗为主，包括化疗、分子靶向治疗、免疫检查点抑制剂等，局部放射治疗可起到姑息减症作用。直肠癌预后相对较好，影响预后的因素主要取决于肿瘤的生物学特性、临床分期以及合理的治疗方案。

6. 前列腺癌 是当今世界上严重威胁老年男性健康的一个主要疾病，目前我国前列腺癌的发病率呈直线上升趋势。前列腺癌的临床症状取决于病期的早晚，早期前列腺癌常无症状，如肿瘤侵犯或阻塞尿道、膀胱颈或盆腔淋巴结转移时，则会出现下尿路梗阻或刺激症状，如排尿困难，或局部疼痛不适；若发生骨转移时还可引起相应部位的骨痛或病理性骨折。前列腺癌的确诊需要通过前列腺穿刺病理活检，根据血清 PSA、Gleason 评分和临床分期等危险因素将其分为低、中、高危三类，以指导治疗和判断预后。前列腺癌的治疗根据其危险分级而遵循原则进行个体化的综合治疗，治疗方法包括手术、放射治疗、冷冻治疗、内分泌治疗、化疗、免疫治疗等。放射治疗是治疗前列腺癌的重要治疗手段，从局限期低、中、高危的前列腺癌到盆腔淋巴结转移或远处转移的各期前列腺癌都能发挥积极作用。前列腺癌整体预后较好，病程常呈惰性发展。

7. 宫颈癌 是常见的妇科恶性肿瘤之一，我国宫颈癌发病率在女性恶性肿瘤中居第二位。持续的高危型人乳头瘤病毒感染是宫颈癌发病及癌前病变的首要因素。其临床表现主要包括：早期阴道出血、阴道排液等；晚期患者可能出现一侧骶髂部或大腿根部持续性剧烈剧痛，或尿频尿急、便秘等症状。阴道镜或直视下的宫颈活组织病理检查是确诊本病的"金标准"。妇科检查是确定本病临床分期最重要的手段，临床分期需要 2 名副高以上职称的妇科肿瘤专科医师决定。早期宫颈癌治疗以手术为主，中晚期宫颈癌治疗的标准模式是同步放化疗。放射治疗技术通常采用腔内后装放射治疗与体外照射联合，腔内后装放射治疗目前临床推荐应用高剂量率的图像引导的三维近距离照射技术。宫颈癌预后较好，5 年相对生存率为 60%～70%，早期病例生存率可达 90%。

8. 中枢神经系统肿瘤 是指发生在颅内和椎管内的肿瘤，包括原发性与继发性两大类。少儿以颅后窝及中线肿瘤较多见，主要为髓母细胞瘤、颅咽管瘤及室管膜瘤。成人以大脑半球胶质瘤为最多见，占脑瘤的 45%，如星形细胞瘤。老年人以胶质母细胞瘤、转移癌多见。颅内肿瘤的临床症状主要包括颅内压增高症状与体征、神经系统定位症状及体征两个方面表现。根据病史、颅内压增高相关症状、中枢神经系统局部定位体征，及影像学检查进行临床诊断，肿瘤组织病理检查是诊断本病的金标准。神经系统肿瘤病理学分类分为三种：①神经系统实质细胞来源的原发性颅内肿瘤；②位于颅内，但非脑实质细胞由来的原发性颅内肿瘤；③转移性肿瘤。患者一旦确诊为颅内肿瘤，若无手术禁忌证者首选手术治疗，放射治疗则须根据肿瘤的病理类型、组织学分级、侵犯范围以及手术的彻底性做出不同的处理。放射治疗范围包括病灶区域扩大野照射、全脑放射治疗全脑全脊髓照射，三维适形放射治疗技术（3D-CRT）、调强放射治疗技术（IMRT）和立体定向放射治疗技术（SRT）是目前临床应用的主流。中枢神经系统肿瘤预后差异极大，高级别胶质瘤和髓母细胞瘤预后差，而毛细胞型星形细胞瘤、生殖细胞瘤、脑膜瘤等预后很好。

思 考 题

1. 鼻咽癌的首选治疗方式是什么？
2. 鼻咽癌有哪些症状和体征？
3. 肺癌常见的病理类型有哪些？
4. 肺癌的治疗原则是什么？
5. 食管癌的放射治疗会有哪些不良反应？
6. 乳腺癌的靶区勾画原则是什么？
7. 直肠癌的照射剂量如何确定？
8. 前列腺癌外放射治疗的靶区命名及定义是什么？

第六章 肿瘤放射治疗体位固定技术

【学习目标】
1. **记忆** 体位固定在肿瘤放射治疗中的作用；标准化体位固定与个体化体位固定区别。
2. **理解** 常用体位固定材料原理及操作过程，常用体位固定架的原理及使用。
3. **运用** 体位固定方式的选择原则，可解决简单临床问题。

第一节 概　　述

一、体位固定在肿瘤放射治疗中的地位和作用

体位固定是在放射治疗中，为保证患者治疗体位的稳定而根据患者体型、肿瘤部位、照射方式等条件采取的真空袋、热塑膜等固定装置的制作及确定治疗体位的过程。体位固定是放射治疗流程的第一步，也是放射治疗精确性的重要基础之一。

放射治疗是一个复杂的系统工程，从临床医生接诊患者到实施治疗要经过很多环节，其中第一个环节就是给患者做体位固定。它是肿瘤放射治疗过程中最重要的环节之一，直接关系到靶区是否能得到精确照射、危及器官是否能得到有效保护，所以在制定放射治疗计划之前，要结合患者临床实际情况及医院自身的条件确定采取适当的体位固定方式。

体位固定的主要作用有以下几个方面：第一，要控制患者在治疗过程中的移动，保证患者在单次定位及放射治疗期间体位的稳定性，减少摆位误差，提高治疗精确度。在放射治疗定位期间，包括CT定位及MR定位时，患者体位的改变不仅会产生图像的伪影，还会造成靶区及正常器官位置的改变，定位的精确度会下降。更为严重的是，在放射治疗期间，患者体位的改变甚至会改变靶区及正常器官的位置，造成错照、漏照等严重后果。第二，保证患者在定位及不同放射治疗分次间体位的重复性。一般而言，根据放射生物学及放射治疗学的相关研究表明，肿瘤的放射治疗是分次进行的，整个放射治疗过程为几天甚至几周，这期间必须保证患者治疗体位一致，才能精准的实施整个放射治疗计划，达到肿瘤治疗所需的剂量。第三，体位固定装置还是标记线、标记点、源皮距等信息的载体，有助于提高体表标记与体内靶区相对位置的一致性。放射治疗过程中，为了标记肿瘤定位中心、治疗中心的位置以及照射野的范围、治疗深度等信息，需要在患者体表以及固定装置的表面画标记线及标记点，从而保证放射治疗的精确执行。第四，体位固定可减少每天治疗摆位时间，减少患者对治疗的顾虑，增加对治疗的信心。

在放射治疗的发展过程中，不同时期有不同固定方法，随着技术的进步，精确度也越来越高。固定方法从过去使用沙包、尼龙搭带及在头颅打固定钉的有创性固定过渡到现在使用真空袋、热塑膜、发泡胶、水活化材料、甚至采用3D打印技术以及各种体架的无创性体位固定。

在固定材料的选取方面，选材要遵循以下几个原则。①穿透性要好：材料对射线穿透时吸收较少；②固定效果明确：能够明显减少患者的位移，提高放射治疗部位的固定效果；③重复性（稳定性）：选用的固定器材使患者在整个治疗流程中能保证固定效果的稳定性，尽量减少分次间的误差；④舒适性：最舒适体位也是重复性最好的体位，尽可能保证患者在体位固定状态下的舒适性，可以使患者保持良好的治疗体验，也可避免由于患者处于强迫体位而带来的误差；⑤操作简单，经久耐用，价格合理，成本可控。

在临床实践中，常常有一些患者由于对放射治疗不了解而产生恐惧感。实施体位固定时常常呼吸急促、肌肉紧张，等到在机房接受治疗时由于慢慢适应环境，对治疗也有所了解，这时患者肌肉自然放松，造成定位与治疗时身体状态不一致。这种情况在接受放射治疗的鼻咽癌患者中尤为常见。所以在体位固定之前一定要给患者做好心理干预，消除恐惧感，可以让患者先观摩放射治疗的整个过程，了解整个放射治疗的每一个环节。有文献报道，有实施心理干预的患者治疗依从度明显优于没有干预的患者。有一些人文关怀做得特别到位的医院甚至在准备放射治疗之前让患者通过虚拟的VR体验整个放射治疗过程，使患者对后续的治疗有一个全面的了解，大大提高了患者的依从性。

二、标准化和个体化体位固定技术

体位固定在实际临床操作中分为标准化体位固定与个体化体位固定。标准化体位固定是指同类病种患者均采用标准化体架来实现体位固定需求的操作方式。标准化的体架一般为同种类型病种患者所共用，其体架可以根据患者的体型等调整相应的参数，如标准乳腺托架等。其优点主要有：①节约成本，多名患者共用一套体架，减少了耗材的费用。②省时省力，固定操作过程通过参数的调整与附加模块的拼接即可实现体位固定作用。缺点主要是固定效果受体架参数与附加模块的影响，且无法满足特殊体位要求。个体化的体位固定技术是指根据患者体型、照射部位、照射方式等条件确定照射体位并制作仅供当前患者使用的专一的定位模具的过程。个体化的体位固定通常采用真空袋、热塑膜、发泡胶等材料制作。优点：①固定效果更佳，固定装置与身体的贴合度更好。②可以根据治疗的条件及病情来调整体位，适用性广，可操作性强，能满足特殊体位要求。缺点是增加耗材的费用，另外由于其高度个性化，所以固定装置的丢失和损坏对治疗影响较大。在临床实践中，也可采取标准化体位固定加个体化体位固定的综合固定方式，如乳腺托架加热塑膜。

在体位固定的临床实践中，要注意处理好标准化流程和个体化操作的关系。对于常见的病种要形成标准的操作流程，在标准流程规范的指导下进行固定装置的制作，做到优质高效。而对于特殊部位的病种和特殊体型的患者，则以个体化原则为主，尽可能根据患者的实际状况选择个性化的固定方式，如年老体弱、儿童、畸形等患者。

三、体位固定申请书内容及格式

体位固定的操作由治疗师执行，体位固定的方式选择是医生及治疗师考虑的重要方面。医生应当根据患者病情选择合适的体位固定方式，包括体位固定装置、固定体位、特殊要求等。治疗师根据医生开具申请书并结合实际情况来执行。治疗师在实施固定之前要认真阅读申请单内容，如有疑问及时与医生沟通，然后再实施固定。

体位固定申请书的内容主要应包括：患者基本信息，如姓名、性别、病历号等，以及病种、肿瘤部位及分期、治疗方式（照射技术）、体位固定方式、补偿膜范围及种类、对误差范围的要求、单一固定还是综合固定等等，并备注其他特殊要求。

目前很多单位还是使用纸质的体位固定申请书，但信息化做得好的单位一般采用无纸化申请书，放射治疗医生在网络上填写相关信息，治疗师按要求完成体位固定后点击提交即可，这不但提高了效率，而且节约了成本（图6-1-1）。

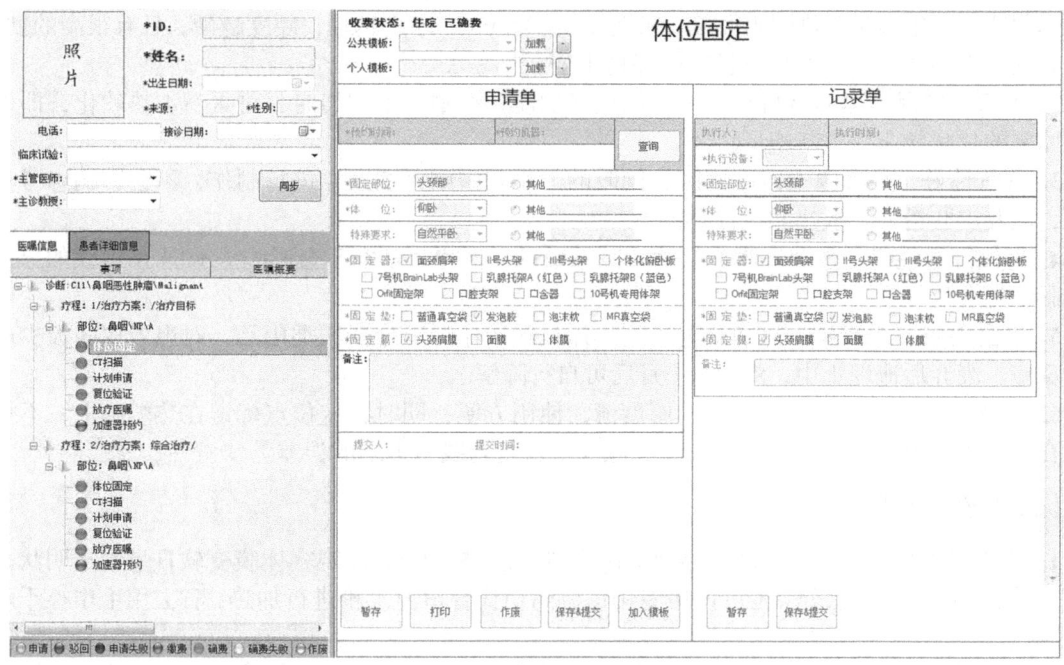

图 6-1-1 体位固定申请书格式

第二节 体位固定方式

在临床实践中，医师常常需要根据患者肿瘤病种、肿瘤部位及分期、治疗方式（照射技术）等条件选取合适的体位固定方式才能满足临床需要。体位固定的方式包括固定体位的选择与固定装置的选择两个方面。

固定体位选择上首先需要考虑患者的舒适性，治疗的体位在结合固定装置的使用下，应当保证患者治疗期间呈放松状态；其次要考虑射线布野的方便，如电子线照射瘢痕需要将瘢痕暴露且尽量平整；还需考虑体位是否符合 CT-Sim、MR-Sim、直线加速器执行的相关机械参数，否则会造成体位固定完成后无法执行的情况。常用的体位包括仰卧位、俯卧位、侧卧位等。

固定装置的选择包括固定材料、固定器材和辅助设备的选择，主要有热塑体膜、发泡胶、真空袋、热软化材料、水活化材料、头部固定架、体部固定架、乳腺托架、口腔支架、膀胱容量测量仪等。现将临床常用的固定装置、固定材料和辅助设备介绍如下。

一、热塑体膜固定

热塑体膜是由高分子材料组成的聚酯，常温下呈坚硬的片状，在 65～70℃ 条件下加热 5～10min 可变软，呈半透明状，可进行适当拉伸，覆盖在患者体表，根据体表轮廓进行塑形，常温下冷却 15～20min 后变硬成形。临床上加热热塑体膜的方式主要有恒温水箱和恒温烤箱等。热塑体膜根据其中添加成分不同可呈现出不同的颜色，如白色、绿色、黑色等，不同颜色的热塑体膜硬度有所不同，可根据需要进行选择。热塑体膜可按临床需要切割成各种形状，分为头部热塑膜、头颈肩型热塑膜、体部热塑膜，简称为头膜、头颈肩膜、体膜。生产时将热塑膜的边缘固定在塑料边框上，通过边框上的卡扣将热缩膜固定到与治疗床相匹配的碳纤维底板上。临床上可用于头部、头颈肩部、胸部、腹部、盆腔部体位固定。

（一）材料特性

1. 可塑性强 在 65～70℃ 条件下加热 5～10min 即可完全透明软化，可随意拉伸、塑形，达到个体化体位固定效果。热塑膜厚度一般为 2.0～4.0mm，厚度越厚，硬度越硬，且有很高的韧性，不易破损。冷却塑形后，形状可长时间保持不变。

2. 可重复使用 热塑材料具有一定的记忆功能，在塑形不理想时，可重新加热软化，即可恢复到原来的片状状态，重新塑形。

3. 透气性好 热塑膜上留有网眼，网眼的大小和密度可按需要进行制作，不会影响患者自由呼吸，以及皮肤透气、散热和排汗功能。

4. 射线穿透性好 热塑体膜的线性衰减系数低，治疗时基本不会影响或减弱 X 射线的穿透，不会影响拍片效果。

5. 安全性好、无污染 热塑膜是采用环保材料制作的医疗器械类用品，对患者皮肤极少产生过敏反应。废弃后掩埋土中，8～16 个月后可自行降解。

6. 方便、美观 热塑膜质量轻、厚度薄，使用方便；同时，定位点标记在热塑膜上，不需要标记在患者皮肤上，保证了患者的美观，减少了反复划线所带来的误差。

（二）操作步骤

1. 将热塑体膜置于 65～70℃恒温水箱中浸泡加热 5～10min，观察体膜变软且呈半透明状态后取出，用毛巾吸干表面水分。也可使用专用恒温烤箱代替恒温水箱进行加热，省去用毛巾擦干水分的步骤。

2. 将软化的热塑体膜进行适当的拉伸，然后置于患者需要固定的部位，并迅速将边框压到下方固定体架上，扣紧每个卡扣。

3. 根据患者体表轮廓，特别是与热塑体膜有较大空隙的部位，用手动按压塑形，塑形操作时间争取在 3～5min 内完成。

4. 塑形完成后，静置 15～20min 即可完全硬化成型。若室内温度过高，定型时间过长时，可用冷风机或冷湿毛巾擦拭令其强行冷却硬化定型。

（三）注意事项

1. 将热塑膜置于患者体表时要防止烫伤皮肤。
2. 热塑材料要加热至完全软化后才可取出塑形，否则会影响塑形效果。
3. 热塑膜在加热及塑形过程中，应当注意材料不能有折叠，否则会有粘连，影响使用。
4. 塑形时拉伸要均匀，以免冷却硬化时材料自身轻微的收缩，导致患者不适。且拉伸长度不宜过大，否则会拉断热塑膜，影响使用效果。
5. 热塑体膜冷却后会有轻微收缩，塑形过程不宜用力按压，以免造成患者不适。
6. 热塑材料成形后请放置在专用的存放架上，不可挤压，不可置于温度较高的地方，如果医院没有地方存放而需要患者带回保管者，一定要交代小心保管，不要存放在阳光照射到的地方。
7. 不同厂家的产品在浸泡软化时对温度和时间的要求略有不同，软化成型后冷却时间的长短也略有差异，需要区别对待。
8. 提早给患者介绍整个热塑膜固定的过程，特别是有一定温度的热塑膜突然披到患者体表很容易使患者紧张，肌肉收缩，而在机房实施治疗时患者已经适应这种情况，肌肉处于放松状态，这时戴热塑膜就会增大误差，影响治疗精度。

二、发泡胶塑形固定

发泡胶是一种发泡材料，通常由 A、B 两种材料混合发泡而成。A 料是棕色的异氰酸酯，B 料是透明的复合聚醚类多元醇，主要用于各类物体的发泡塑形和填充定位，在工业上广泛用于包装和建筑等行业。使用时按重量 1∶1 比例混合，机械搅拌 10～20s，搅拌均匀后立即浇注模具中熟化，发泡过程温度可达 35～45℃。由于发泡胶的特点，被引入临床使用，但临床使用对原料的要求比工业上严格得多，要除去原料中的小分子物质，减少使用时对人体的影响，目前发泡胶在临床的使用非常广泛。医用发泡胶纯度较高，流动性好，密度均匀，可以用于全身单一部位或多个部位不同病种的体位固定，可以作为固定材料单独使用，也可以联合碳纤维板及热塑膜一起使用。本材料临床上通常用于头部、头颈部、胸部、腹部、盆腔等部位的体位固定。在鼻咽癌、食管癌、肺癌、直肠癌的调强放射治疗，以及需要个体化体位固定、多发转移的多个治疗靶区的固定效果更加显著。

为了使用方便，市场上有一些半成品供临床使用，比如将A、B两种原料分别装在两个小塑料袋里，并排固定在一个能透气的特殊袋子里，使用前用力挤压里面两个装有A、B料的薄膜袋，使它们裂开，然后A、B料流出，使其充分混合，然后塑造成型。

（一）材料特性

1. 可塑性强 发泡胶材料可根据患者身体轮廓自动填充塑形，操作简单，适形度高，可以实现与身体轮廓的完美贴合。

2. 性质稳定 塑形后材料坚固，不易形变，不易氧化，抗压强度好。

3. 射线穿透性好 发泡胶的线性衰减系数低，治疗时基本不会影响或减弱X射线的穿透，不会影响拍片效果。

4. 发热性 发泡胶的A、B料混合发泡的过程中会产生一定热量。

5. 制作时间短 混合后的发泡时间为5~10min。

6. 安全性好、无污染 发泡胶是采用环保材料制作的医疗器械类用品，无毒，无刺激性气味，对患者皮肤极少产生过敏反应，使用后经填埋分解，对周围环境不构成污染。

7. 方便、美观 发泡胶质量轻、使用方便；同时，定位点标记在发泡胶上，不需要标记在患者皮肤上，保证了患者的美观，减少了反复划线带来的误差。

8. 质量轻，方便搬运。

（二）操作步骤

1. 将特制形状的透气袋放置于床面或者固定板上，将患者需要固定的部位置于透气袋上，适当调整好患者及透气袋的位置，可以让患者试躺一次，调整到合适位置，然后再让患者坐起来。

2. 将发泡胶的A、B两种材料混合并摇匀。

3. 均匀倒进铺好的透气袋中，将透气袋封口。

4. 将透气袋中的发泡剂整理均匀，身体两侧、颈部等空隙较大的部位，可多填充一些发泡剂，避免发泡不足导致制作失败。

5. 指导患者平躺在透气袋上，等待发泡剂反应。

6. 在发泡剂反应过程中，应当适当调整透气袋形状，使之与患者身体轮廓贴合并包裹患者需固定的部位。

7. 待发泡剂完全反应冷却后即表明制作完成。

（三）注意事项

1. 发泡胶的A、B两种液体应分别储存于干燥密封的塑料容器内，避免直接暴晒，储存温度以13~43℃为宜。

2. A组成分含有胺类助剂，避免接触眼睛或皮肤，B组成分虽然无毒性，也要避免接触皮肤及眼睛，操作时请戴手套及穿工作服，如不慎接触到眼睛，请用大量清水冲洗，并立即请医生处理。

3. 发泡剂反应过程中会发热，不可直接接触患者皮肤，防止烫伤。

4. A、B材料要完全混合均匀，否则会影响发泡胶塑形效果。

5. A、B材料混合摇匀1~2min即可，否则发泡反应开始后处于密闭容器中膨胀过度会有爆炸的危险。

6. 制作不同部位的发泡胶体位固定装置时，应当使用不同形状的透气袋，且要根据透气袋大小来调整发泡剂的用量。

7. 发泡材料未完全冷却时质地较软，应当提醒患者不要移动身体。

8. 发泡胶为一次成型，要求操作者技术熟练，否则容易产生原料浪费的情况。

9. 利用发泡胶制作的固定器成型后，应置于干燥的环境中，尽量避免阳光暴晒。

10. 装原料的瓶盖打开后，要及时使用，如果存放时间过长会吸收空气中的水分，用这样的原料制作后的固定器会慢慢地收缩、变形，影响治疗。

三、真空袋固定

真空袋也称真空负压垫或真空垫，是一种使用较广泛的体位固定方式。使用时可以根据患者身体轮廓手动塑形，可以很大程度上达到个体化体位固定的要求，患者的舒适度高，摆位的重复性好。临床上通常用于头部、头颈部、胸部、腹部、盆腔、四肢等部位的体位固定，同时也应用于与体架、热塑膜等结合的综合固定中。真空袋的规格一般为 120cm×80cm×4cm、150cm×80cm×4cm、180cm×80cm×4cm、200cm×80cm×4cm 等，也可根据临床需要制作其他形状和规格，如矩形、方形、靶形和半圆形等。

（一）材料特性

真空袋由具有隔水、耐磨、不透气等特点的特殊布料制作的密封囊状袋及内部的圆形塑料小颗粒组成，袋上连接有抽气嘴，具有充气变软，抽气变硬的特点。抽气嘴分金属弹簧类气嘴和塑料气嘴。使用过的真空袋经过清洗消毒后可以重复使用，以减少成本。

（二）操作步骤

1. 根据实际需要，选择合适形状和规格的真空袋。使用前检查真空袋生产日期、表面是否有破损及抽气嘴能否正常使用。

2. 在固定室床面上放置辅助底板，然后将真空袋放置在底板上。

3. 用气阀放气，使真空袋充分充气变软并保证袋内塑料颗粒分布均匀。

4. 指导患者躺（仰卧、俯卧或侧卧）在真空袋上，使需要固定部位置于真空袋上，并指导其摆好治疗体位，询问患者是否舒适、能否保持体位不变。

5. 将真空袋抽气到半软状态，手动塑形，使真空袋贴合患者身体，并包裹需要固定的部位。利用真空袋将患者的体部轮廓呈现出来，特别是头顶、颈部两侧、底胯、手臂等位置要尽量突出，以增强限位效果。

6. 将真空袋完全抽气塑形。

（三）注意事项

1. 真空袋使用前要检查是否有破损。

2. 塑形及使用过程中切忌用坚硬物品碰触真空袋表面，以免塑形过程中划破真空袋，注意小心轻放。

3. 患者不能佩戴戒指、手镯、项链等硬物。

4. 在治疗期间一定要设置专门的位置存放真空袋，并定期检查是否漏气，及时抽气，防止变形，以免影响固定效果。

5. 有些真空袋的气嘴里面装有金属弹簧，所以在实施 MR-Sim 定位时要留意这种真空固定垫是否安全，最好使用气嘴是塑料弹簧的专用真空袋。

四、热软化材料塑形固定

热软化材料是由特殊的热塑膜包裹，中间装满特制的小泡沫粒，外套一层柔软的布料。使用时先将它放在烤箱加热变软，再按患者形状进行塑形，冷却后成形。它的特点是操作简单，容易普及，一般适用于较小部位的固定或填充。

五、水活化材料塑形固定

本材料由一种特殊的化学物质组成，外套一层柔软的布料，用锡膜密封包装。使用时去除包装的锡膜，将水喷洒到表面让其渗透进去与里面的特殊物质相互作用，然后马上按照患者形状进行塑形，水被吸收后干燥成形。操作与热软化塑形垫相似。水活化塑形垫存放时要注意锡膜包装是否密封，如果不密封，潮湿空气进入与里面的特殊物质反应变成硬块，会影响后续的使用。

六、头部固定架

头部固定架包括头部固定架和头颈肩固定架。头部固定架用于单纯头部的体位固定，头颈肩固定架（图 6-2-1）用于头部、颈部、肩部、腋窝等部位的体位固定。头部固定架的材料通常为碳素纤维或玻璃纤维，玻璃纤维的固定架在患者行 MR-Sim 定位时使用。头部固定架通常配合标准头枕、头颈肩真空袋、发泡胶、热塑膜等综合使用，上面有固定用的凸起、孔、卡扣等。

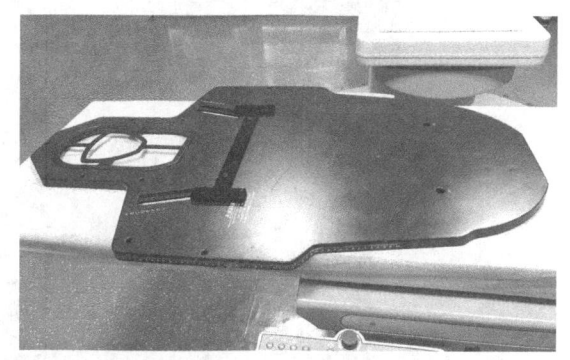

图 6-2-1 头颈肩固定架

七、体部固定架

体部固定架用于体部的放射治疗，包括胸部、腹部、盆腔、四肢等，分为仰卧位固定架与俯卧位固定架。体部固定架的材料通常为碳素纤维或高密度板等。与头部固定架相似，体部固定架通常配合体部真空袋、发泡胶、热塑膜等综合使用，上面同样有固定用的凸起、孔、卡扣等。

常用的体部固定架通常有体部固定板、翼板、俯卧腹板等（图 6-2-2）。

1. 体部固定板 配合热塑体膜使用，可以固定胸部、腹部、盆腔等部位，用途广泛，也可配合真空袋或发泡胶使用。

2. 翼板 配合真空袋或者发泡胶使用，目的是使胸部肿瘤患者放射治疗时双臂上举，双手握住手把，保持体位的固定。有研究报道使用翼板配合发泡胶的组合固定对食管癌、肺癌患者的固定效果优于单纯的真空袋固定。

3. 俯卧腹板 它的特点是采用俯卧位，在腹部相对应的位置有大小可调节的孔洞，可以使患者的腹部自然下垂，有效地减少小肠的受照剂量，最大限度地保护正常组织。这种固定方式主要用于直肠癌、宫颈癌患者的放射治疗。

八、乳腺托架固定

由于乳腺部位的特殊性，需要专用乳腺托架进行体位固定。标准乳腺托架材质为碳素纤维，由体架、臂托、腕托、臀部挡块组成，均可通过参数调节固定卡位，包括体架参数、臂托参数、腕托参数。对应乳腺部位有镂空的网格状小孔，可保证射线穿透性，对射线衰减影响小（图 6-2-3）。

体架参数有体架角度、头部参数、臀部参数。乳腺的放射治疗通常为三维适形放射治疗，射野为切线野。为了方便布野，减少肺部照射体积，需要调节体架角度，使患者肩背部抬高，胸壁保持水平。保乳术的患者乳腺可以保持在自然下垂相对稳定的位置,同时对于根治术后行电子线胸壁治疗时,剂量分布更加均匀。头部参数与臀部参数根据患者身高体型来确定。

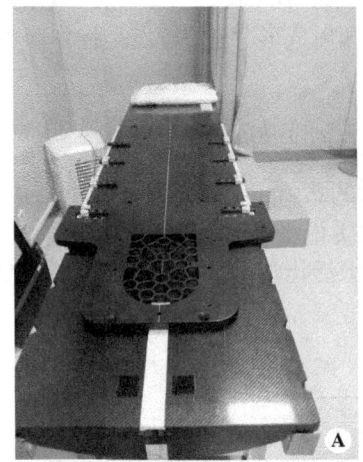
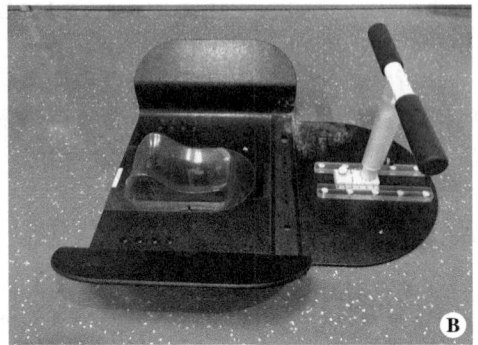
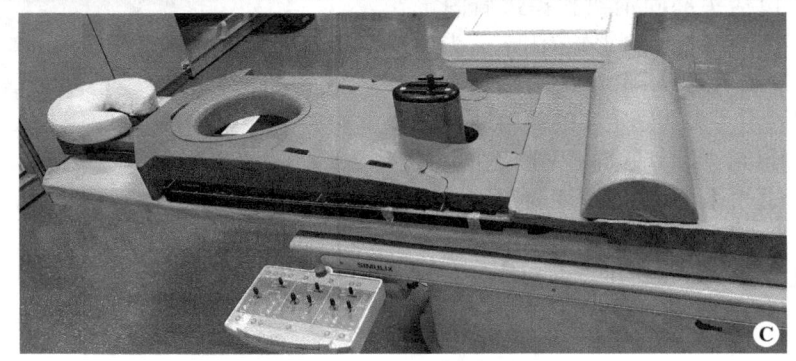

图 6-2-2　常用体部固定架
A. 体部固定板；B. 翼板；C. 俯卧腹板

臂托参数分为臂托高度、臂托角度和外展角度。乳腺癌的放射治疗采用完全暴露式的固定方式,由于手臂的高度和角度对乳腺及周围皮肤牵拉明显,手臂也需考虑固定。为防止手臂在切线野范围内受到照射,患者需将患侧手臂上举外展,外展角度须大于 90°。

腕托参数分腕托高度和腕托角度。

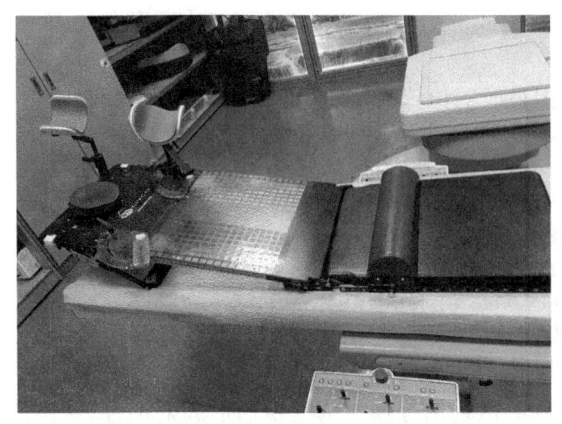

图 6-2-3　标准乳腺托架

除标准乳腺托架外,临床应用的还有高密度泡沫乳腺托架、俯卧位乳腺托架等。

高密度泡沫乳腺托架具有不同的斜度,可根据不同患者调整其头部及腰部的位置,患者手臂上举弯曲放于泡沫托架上,保持胸壁水平,靶区充分暴露,摆位简单,患者舒适度高(图 6-2-4)。

俯卧位乳腺托架为全身体位固定组合系统的一种,适用于乳腺较大的保乳术患者的放射治疗,乳腺受重力作用下垂,可扩大乳腺与胸壁及心脏的距离,从而减少心肺的受量。该托架对乳腺无压迫,乳腺呈自然下垂状态,能保证较好的重复性。摆位时将患侧整个乳腺置于镂空位置,调整头枕及腿部的位置至舒适状态,利用激光系统校对碳纤维底板两侧的刻度至同一数值，记录数据并利用激光线在患者身体进行划线标记。最后制作特殊形状的热塑体膜（图 6-2-5）。

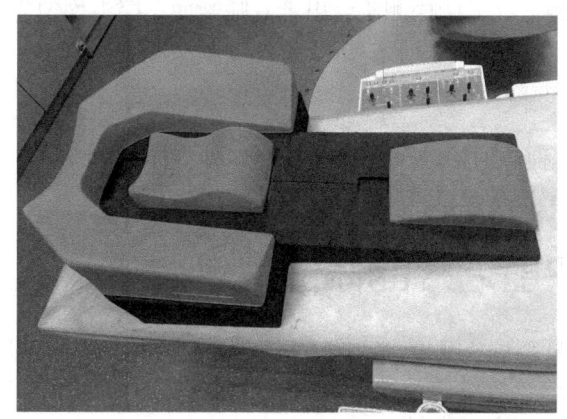

图 6-2-4　高密度泡沫乳腺托架

图 6-2-5　俯卧位乳腺托架示意图

九、辅　助　设　备

（一）口腔咬合器

对于头颈部肿瘤，放射治疗时使用口腔咬合器可以减少某些器官（如舌头、下颌骨、口底）的受照剂量，也可以增加体位固定的重复性，但由于使用及制作相对复杂，很多医院没有全面开展。目前市场上已经有很成熟的产品供临床使用，也有技术力量较强的医院结合患者实际情况自行研发、制作口腔咬合器，配合热塑膜一起使用在减少危及器官受照射体积的同时也提高了固定效果。

（二）膀胱容量测量仪

膀胱的充盈程度可以影响小肠、前列腺、子宫、直肠等盆腔器官的位置，会对放射治疗产生不良影响。因此，在盆腔肿瘤放射治疗中应保证膀胱充盈的一致性。但研究发现即使对患者进行详细的口头或书面形式膀胱充盈训练，从定位到整个放射治疗过程的每天治疗中，仍难以得到始终如一的、可重复的膀胱充盈体积。利用膀胱容量测量仪可以进行非侵入性的定量探测，直观地掌握患者尿量变化情况及膀胱充盈情况，临床应用中一般要求膀胱充盈量在 300~350ml。

膀胱容量测量仪是便携式非侵入性测量膀胱容量的专用设备，通过采用三维超声技术，配合旋转式探头，接收来自膀胱 12 个切面的反射，瞬间数字显示膀胱容量的大小，可在电脑上自动生成六幅不同切面的影像学膀胱图像及检测报告。把探头放于耻骨联合上 2cm 处，轻按扫描按钮，膀胱容量测定仪就会在 5s 内通过微处理器自动计算并在液晶屏上显示出膀胱容量数值。该设备具有重量轻、操作方便、结果准确的特点。

1. 操作步骤

（1）首先让患者将膀胱排空，然后用膀胱容量仪测定残余尿量。

（2）让患者饮水 500ml，主诉有尿意时测量尿量，如果未达到 300ml，则继续涨尿，直到 300ml 或以上时进行体位固定。记录患者涨尿至体位固定所用的时间及尿量，要求患者下次治疗也要保持相同的尿量。

2. 注意事项

（1）膀胱充盈是一个动态过程，排尿反射因人而异，受多种因素影响，如时间长短、饮食习惯、代谢功能、泌尿系统功能、手术、用药情况等等。所以针对每个患者至少进行多次检测，指导其形成较好的尿感。

（2）在放射治疗过程中，由于放射治疗引起的膀胱炎，导致患者的憋尿能力会有所下降，应用测量仪让患者的尿量接近体位固定时的尿量，但有时不一定能达到体位固定时的尿量。

（3）应用膀胱测量仪时，操作者应站在患者右侧，右手持探测头，患者双腿微曲，探头均匀完整地涂满耦合剂，在耻骨联合上2cm处斜向脚的方向探测，保证数据准确。

（三）其他

随着放射治疗精确度的提高以及材料的发展，各种放射治疗辅助定位器材多种多样，如腹压板、体部立体定向放射治疗固定系统、头部口咬式立体定位系统、3D打印系统等。

第三节 头颈部肿瘤放射治疗的体位固定

常见头颈部肿瘤需要放射治疗的有颅内肿瘤、鼻咽癌、喉癌、舌癌、颈段食管癌等，其中大部分肿瘤属于放射敏感类型，由于头颈部解剖结构复杂，故对危及器官剂量要求较严格，而且颈部、肩部活动度大，下颌可以随意上仰内收，所以对体位固定要求较高。

一、患者的准备

1. 头发要求 以短头发为宜，刘海不宜过眉，两侧不宜过耳，如寸头、小平头、光头。头颈部放射治疗精确度要求较高，且治疗疗程一般较长，为了防止患者头发厚度变化对治疗精度造成影响，体位固定时以短发为标准，且需保持治疗过程中一致。

2. 口腔要求 拔除蛀牙、摘除假牙。如患者有牙齿或牙龈问题，在接受放射治疗后，会加重疼痛，且拔牙后愈合较慢。所以在接受放射治疗前要洁牙，且拔牙后需待炎症完全消退后才能进行体位固定。另外，可摘除的假牙也要在体位固定时取出。

3. 衣着要求 患者需穿着无领且无金属饰品的薄上衣，以棉质材质为宜。不能穿戴带有金属类的物品，如项链、耳环、发饰等。

二、固定器材的准备

头颈部的体位固定通常选择头部固定架+标准头枕+头颈肩热塑膜/头部热塑膜或头部固定架+真空袋/发泡胶+头颈肩热塑膜/头部热塑膜的综合固定方式。体位固定前需准备好相应的器材，将水箱的温度调到70℃，或者准备好烤箱作为加热的工具。

三、固定的实施

头颈部肿瘤的固定体位一般选择仰卧位，双手下垂，面部朝向正上方，下颌稍上仰。特殊的喉癌与颈段食管癌患者下颌要抬高以充分暴露颈部。确定体位后，按照医嘱要求实施体位模具的制作。如果患者只照射头部，则选择头部固定架+头部热塑膜+标准头枕/真空袋/发泡胶固定即可，或者采用另外一种可以前后两片热塑膜固定的头架，用一片热塑膜代替头枕，将它软化后挂在头架上，患者仰卧（个别有需要的患者也可以俯卧），头部枕在软化后支撑起来的热塑膜上，慢慢往下坠，按压成型，然后再加一张正面的热塑膜进行塑形，两张膜前后夹住头部并按照头部形状塑造出个体化固定方式，如图6-3-1所示。对于颈肩部也需要照射的患者，选择头颈肩热塑膜固定肩部及胸廓上半部。发泡胶或真空袋与标准头枕相比，可以减少颈部的位移，提高适形度，有利于脊髓部位剂量的稳定分布，可以最大限度地解决患者的舒适性和重复性。缺点是价格较贵，操作较复杂。对于要求较严格的大剂量照射，可以采用头部仰度可调节的固定头枕加热塑膜，固定精确度和重复性会更加理想，如图6-3-2所示。

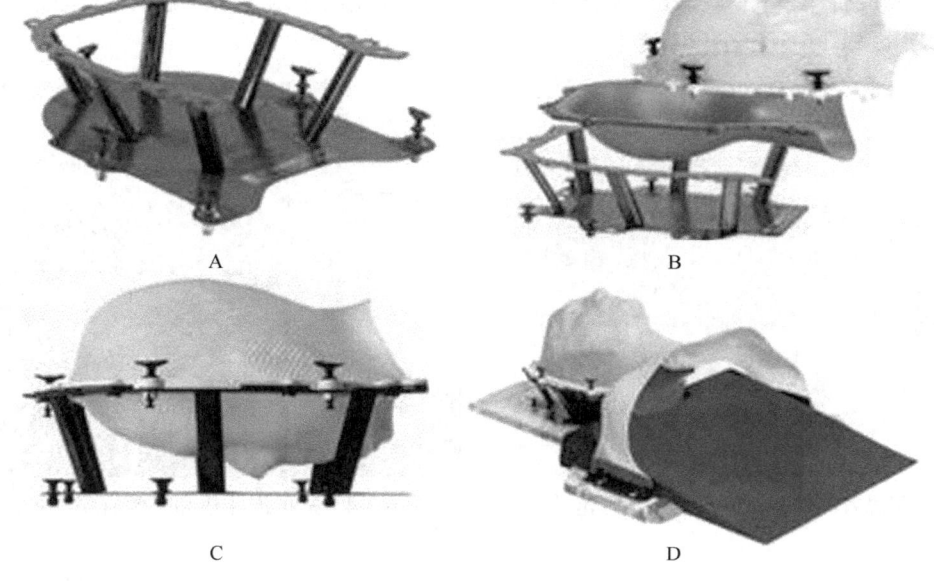

图 6-3-1 头颈部体位固定

下面以鼻咽癌放射治疗头部固定架+发泡胶+头颈肩热塑膜的固定方式为例，介绍具体实施步骤如下：

1. 阅读体位固定申请单，明确医嘱要求。与患者充分沟通，取得其配合。

2. 将发泡胶专用的头颈肩透气袋平铺于头颈肩固定架上，放好发泡胶限位的挡板。根据需要可在透气袋中对应头部、背部的位置放置适当厚度的泡沫，以防止由于患者身体重量原因，使发泡胶不足以支撑身体造成固定装置过薄的现象，影响使用。

3. 指导患者平躺于体位固定板上，调整患者体位，使体中线位于固定架正中，肩部放松。

4. 定好体位后，指导患者起身坐在固定架上。

5. 按照1∶1的比例混合发泡胶A、B料，并充分摇匀，注意拿捏好摇动的时间，如果摇动时间太长，在密闭的瓶里产生气体太多可能会造成危险。拉开透气袋，将混合好的A、B料倒入透气袋中，并用双手铺平使发泡剂在透气袋中均匀分布。

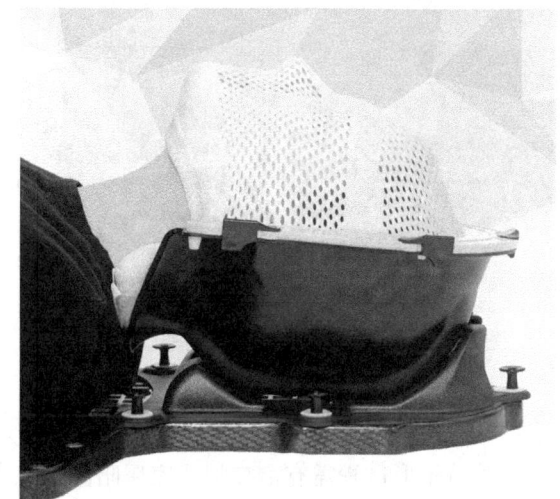

图 6-3-2 固定头枕加热塑膜

6. 指导患者保持步骤3中的体位躺下，并适当调整体位，等待发泡剂发泡。

7. 待发泡胶塑形后，取下发泡胶限位挡板，指导患者起身，检查发泡胶制作效果并切割多余部分。确认发泡胶没问题后，嘱患者躺下、摆好体位，准备制作头颈肩面膜。

8. 将头颈肩热塑膜放置于水箱或烤箱中加热备用。

9. 待头颈肩热塑膜充分透明变软后取出，如在水箱中加热则需用毛巾擦干热塑膜表面水分。

10. 将热塑膜适当拉伸放置于患者面部，再均匀地往下拉到底座，卡好每个卡扣。

11. 根据患者头面部、颈部、肩部轮廓，用手指轻轻按压热塑膜对准眉弓、鼻梁、下颌、头顶部、颈部、肩部等部位进行塑形，持续5~10s初步塑形。

12. 塑形完成后，等待 15~20min 热塑膜完全冷却后即完成头颈肩部固定架+发泡胶+头颈肩热塑膜的体位固定（图 6-3-3~图 6-3-5）。

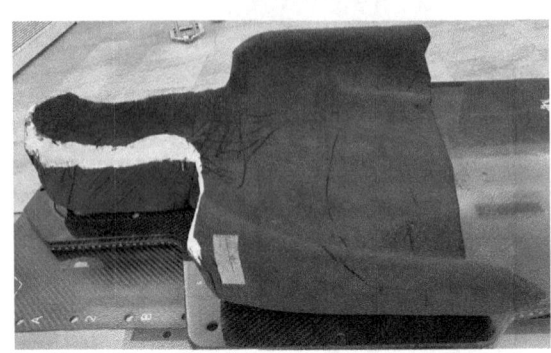

图 6-3-3　按照患者体型制作的个体化适形泡沫垫

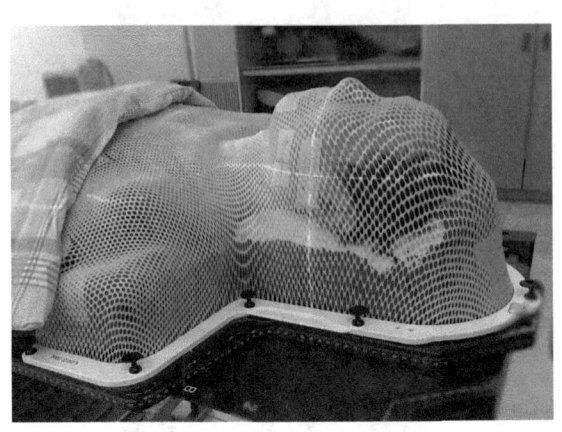

图 6-3-4　适形泡沫垫和头颈肩膜的组合固定

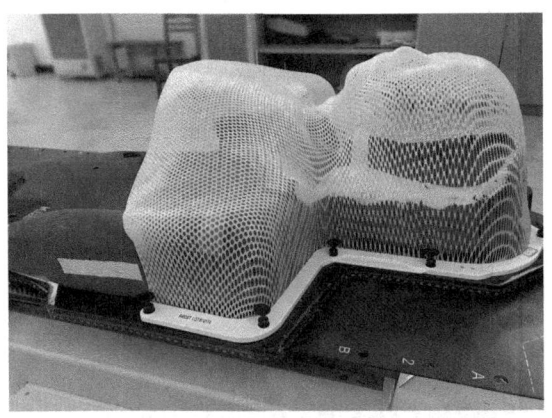

图 6-3-5　发泡胶联合头颈肩热塑膜示意图

四、注意事项

1. 发泡剂在反应过程中会产热，制作时需为患者做好保护，如铺薄层隔热垫或穿薄上衣等，防止烫伤。

2. 头颈部肿瘤固定时间长、步骤多，需提前与患者充分沟通，取得其配合，固定时保持颈部肩部呈放松状态，才能达到最好的效果。固定模具制作过程中要提醒患者一些注意事项，如将准备好的热塑膜置于患者面部时，由于面膜较热，需提醒患者热塑膜像热毛巾一样，不用紧张；热塑膜冷却过程中会有面部压迫感；发泡胶和热塑膜在未完全冷却塑形时材质较软，嘱患者不要移动身体等。

3. 头颈部固定一般都需热塑膜固定，正常情况下虽不阻碍患者呼吸，但是如遇患者呕吐、鼻塞等情况也会有窒息的可能。临床操作中应当给予重视，等待塑形过程需有治疗师或家属陪同，患者应当有报警装置，如报警铃等。

4. 对于鼻咽癌患者在固定时注意体位应接近自然状态，下颌稍微上仰即可，如果下颌上仰过度，则会增加小脑的照射量，也会使定位 CT 图像和影像科的诊断 MR 层面相差太大，不利于靶区的勾画。对于体型较胖，颈部较短的患者每次治疗时重复性较差，采用发泡胶个体化的体位固定效果会更好。对于喉癌患者，照射时需要充分暴露颈部，所以枕头不宜太高，下颌应充分上仰，使颈部充分暴露。对于口腔癌患者，如果加上牙托、压舌板等辅助固定，每次摆位时要注意咬合的重复性。

5. 固定完成后，需在体膜、真空袋/发泡胶等固定器材上标注患者姓名、病历号及体位固定条件，方便 CT 定位及放射治疗实施时参考。

【案例 6-3-1】
　　发生在左侧声带的早期喉癌患者接受根治性放射治疗，分析采用什么方式的体位固定较理想？

【案例 6-3-1 分析】
　　发生在声带的喉癌容易被早期发现，手术治疗可能会使患者失去发音功能，严重影响患者生活质量，而放射治疗能保留发音功能，容易被患者接受。但实施精准放射治疗容易受到器官移动的影响，喉处于人体自由度最大的颈部，每次治疗时体位的重复性难以保证，所以体位固定就尤其重要。目前有采用头部热塑膜、头颈肩膜配合标准头枕、靶形真空袋适形枕、个体化发泡胶适形垫等固定方式，较理想的固定方式可以采用仰卧体位，人体背面的头、颈、肩等部位采用发泡胶个体化适型垫，人体正面的头、颈、肩、上胸部采用个体化的热塑膜塑形，两者完美结合会取得较理想的固定效果。

第四节 胸部肿瘤放射治疗的体位固定

胸部肿瘤放射治疗主要包括食管癌、肺癌、纵隔肿瘤。胸部器官的运动主要有心脏跳动、肺的呼吸运动等。胸部体位固定的主要目的是限制人为胸廓移动。在精确度要求较高的情况下，可以采腹部加腹压板来限制膈肌的运动，从而降低肺的移动幅度。

一、患者的准备

1. 衣着要求 脱掉上身衣物和金属饰品，完全裸露上身，穿无金属装饰物的裤子（如有金属铭牌要去掉）并取出裤袋内金属物品，如钥匙、硬币等。

2. 训练呼吸 训练患者身心放松，使其保持呼吸平稳，均匀。

二、固定器材的准备

胸部固定的方法主要有：真空袋固定、发泡胶固定、胸部体架+热塑膜固定等。可采用单一材料固定，也可采用多种材料联合固定。按需要准备好热塑膜、发泡胶、真空袋、辅助框架等。如果是采用真空垫和热塑膜的综合固定，真空垫固定高度应接近腋中线、注意两者的匹配。为了减少头脚方向的位移，可以采用1.8~2.0m长的真空袋从头顶到脚跟进行固定。如需限制呼吸运动，则要准备腹压板或束缚带等。

三、固定的实施

胸部肿瘤的固定体位一般选择仰卧位，有时针对个别情况也可选取俯卧位。患者双臂可根据实际情况选取上举或下垂，如手臂会遮挡照射野则选取上举位，注意固定手臂位置，防止由于手臂移动牵拉胸部皮肤和肌肉造成治疗标记线的移动。而手臂下垂体位患者相对较为舒适，稳定性高，但有时手臂会在射线的射程里，对防护有一定的影响。

使用真空袋、发泡胶固定时应将患者背部及胸部两侧包裹，高度为人体厚度的1/2~2/3，目的为限制移动。同时固定头部、颈部、双肩、双臂。热塑膜固定时，需固定患者胸部及两侧，按压体膜使之与人体胸部外轮廓吻合。

对于精确度要求较高的治疗技术，可以采用体膜加真空袋或者体膜加发泡胶的方法。由真空袋或发泡胶固定人体的后半部，热塑膜固定人体的前半部，采用综合固定会提高身体腹背方向的吻合度。将大小合适的真空垫置于扣膜的固定架上塑形固定；或者采用发泡胶塑造成型并修剪，再加上热塑膜组合固定，这种阴阳配合的固定方式能确保治疗的重复性和精确度。

对于单次大剂量放射治疗，可以先将长度为2米的真空袋固定在床板上，从头顶到脚跟塑形固定，然后在人体上面披上一层特殊塑料薄膜，薄膜与人体之间放一根抽气管，接上抽气泵进行抽气，可以根据患者的耐受程度设置固定的压力。整个人体被真空垫和塑料薄膜包裹，并且有一定压力限制，即能达到很好的固定效果，也能限制患者的呼吸动度（图6-4-1）。对于肺癌也可以采用2米长的真空垫固定然后再加用腹压板的方式，加压的程度要结合患者呼吸情况、心肺功能来综合考虑

（图6-4-2）。

图6-4-1　真空垫加塑料薄膜抽真空固定

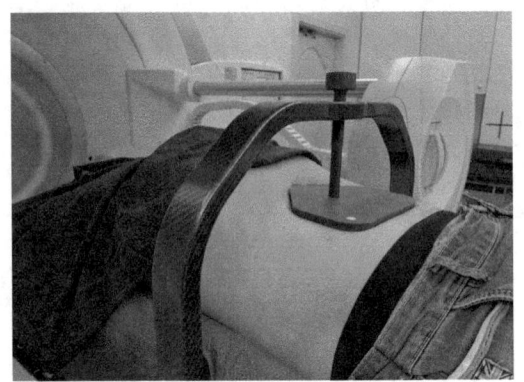

图6-4-2　真空垫加腹压板固定

以胸部肺癌为例，真空袋固定方法的具体实施流程如下。

1. 阅读体位固定申请单，明确医嘱要求。

2. 根据患者身高等选取合适规格的真空袋。真空袋长度能够包裹固定患者头部和胸部即可。对于精确度要求较高的治疗技术，也可以采用2m长的真空垫来固定，将头顶和脚跟都包括进去，髋部和双下肢部位都凹凸成型，以减少头脚方向的移动。

3. 将真空袋完全放气，使内部的塑料颗粒铺平并均匀分布，指导患者平躺于真空袋上，调整患者体位，使体中线位于真空袋正中。

4. 定好体位后，将真空袋抽气到半软状态，手动塑形，使真空袋贴紧患者身体轮廓且不留缝隙，两侧真空袋高度不超过患者体厚的一半，避免患者每次躺下和起来时造成不便。

5. 检查患者身体两侧是否水平，体中线是否居中，是否符合医嘱要求，是否可进入CT-Sim孔径，是否方便布野。

6. 检查无误后，将真空袋完全抽气变硬即完成体位固定。

对于胸部凹凸度不明显的患者，真空袋固定适形度不是很理想，有条件的科室可以采用发泡胶固定，具体方法步骤参考胸部发泡胶制作流程。

四、注意事项

1. 患者需裸露上半身进行体位固定，要注意保暖，且要注意保护患者隐私。对于年轻女性患者，最好有一位女性治疗师在场。

2. 真空袋塑形前要完全放气，否则患者躺上后塑形背部及腰部真空袋的贴合度不好。

3. 固定完成后，需在真空袋/发泡胶、体膜等固定器材上标注患者姓名、病历号及体位固定条件，方便CT定位及放射治疗实施时参考。

4. 由于人体胸部轮廓凹凸不明显，单用体膜塑形固定重复性不是很理想，有条件的医院可以采用综合固定。

5. 患者双手上举的目的是避免上肢受到照射，属于强迫体位，对于前后对穿照射的患者上肢可以置于身体两侧。

第五节　乳腺肿瘤放射治疗的体位固定

一、患者的准备

1. 衣着要求　脱掉上身衣物，完全裸露上身，穿无金属装饰物的裤子（如有金属铭牌要去掉）

并取出裤袋内金属物品,如钥匙、硬币等。

2. 训练呼吸 要求患者心情放松,保持呼吸平稳,均匀。

二、固定器材的准备

乳腺肿瘤常用的固定方式是标准乳腺托架的固定。其次还有高密度泡沫乳腺托架、真空袋、乳腺俯卧位固定架、标准乳腺托架+热塑膜综合固定、发泡胶等。体位固定前选取合适的器材并准备。

三、固定的实施

乳腺癌的体位固定不同于其他肿瘤的体位固定,主要是采用各种不同的固定体架。固定体位一般选择仰卧位,胸壁保持水平,乳房自然下垂,患侧手臂外展上举,头部偏向健侧。如双侧乳腺均需照射,可选头正位,照射时注意避开下颌。如有需要可以加上热塑体膜来固定乳房(图 6-5-1)。需要对锁骨上淋巴区域进行放射治疗的患者,一定要注意头颈部、手臂的固定。对于乳房较大的患者采用俯卧位体架,可以减少心脏和肺的受照剂量(图 6-5-2)。也可采用乳腺仰卧位组合固定(图 6-5-3)。由于乳腺在胸壁表面活动度较大,体位摆布后一定要划标记点和标记线。对于没有合适体架的情况,可以采用真空垫或发泡胶按患者体型来制作个体化固定装置。

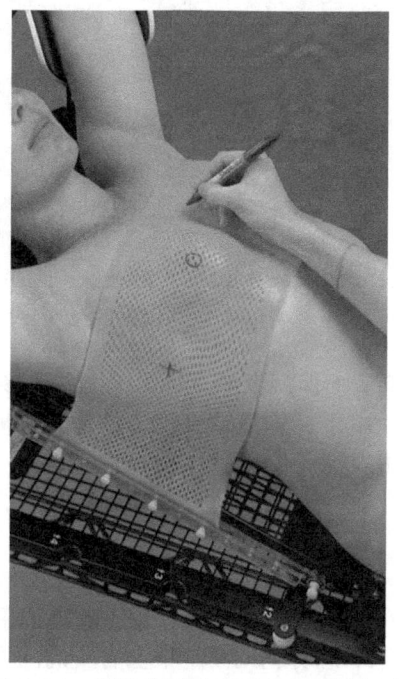

图 6-5-1 仰卧位乳腺托架加热塑膜固定

以标准乳腺托架为例,介绍乳腺固定方法的具体实施流程。

1. 阅读体位固定申请单,明确医嘱要求。

2. 根据患者胸廓角度,调节乳腺托架倾斜角度,使患者胸廓保持水平。

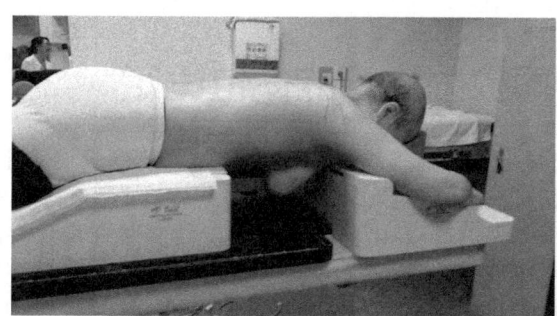
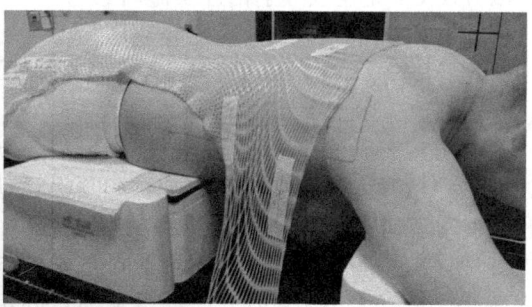

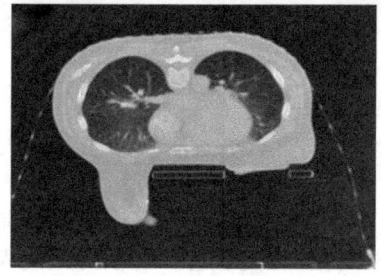

图 6-5-2 乳腺俯卧组合固定及 CT 扫描图像

3. 根据患者身高、体型等选取头部刻度与臀部卡条刻度。臀部卡条可起到限位作用,在患者身体倾斜的情况下，不会因重力影响而下滑。

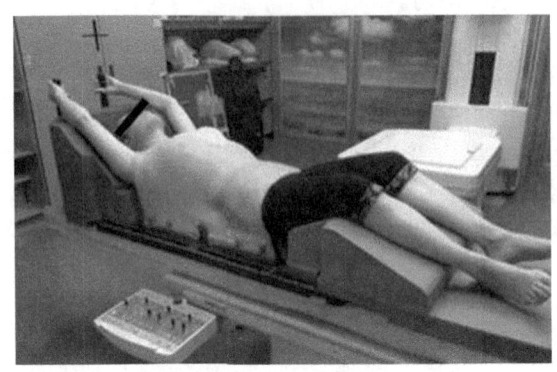

图 6-5-3　乳腺仰卧位组合固定

4. 乳腺托架一般选取患侧手臂上举或双侧手臂上举，根据实际情况调整手臂外展角度、底座托板角度、高度以及手托和腕托的角度及高度。确保患侧手臂上举且不会遮挡患侧切线野，如需照射锁骨上区淋巴结者，尽量保证皮肤平整无褶皱。

5. 患者头偏向健侧，避免遮挡锁骨上野，也可使射野避开喉头、气管等颈部重要器官，以方便布野。

对于乳腺癌患者的放射治疗也可以采用真空垫固定方法，可以在真空垫背侧嵌入一块楔形的泡沫垫，抬高患者胸廓上部使整个胸部表面保持水平，具体操作方法参考肺癌真空垫的固定。

由于乳腺活动度大，放射治疗时使用乳腺托架重复性不够理想，对于要求较高的治疗可以采用发泡胶固定技术。

四、注意事项

1. 患者手臂外展角度要大于 90°，避免遮挡照射野。
2. 定位时根据医嘱用铅丝标记手术瘢痕、射野上界、下界、内界、外界等。
3. 患者躺到固定架上后要询问患者舒适程度，观察患者身体是否倾斜，腰部是否放松且贴近固定架。有时患者由于紧张，身体未呈放松状态，这样的体位固定稳定性与重复性都较差。严重时要重新进行体位固定。
4. 乳腺癌标准托架的固定也可结合胸部热塑膜采用综合固定的方法，固定效果更好。
5. 固定完成后，需在体膜、真空袋/发泡胶等固定器材上标注患者姓名、病历号及体位固定条件，以方便 CT 定位及放射治疗实施时参考。

第六节　腹部及盆腔肿瘤放射治疗的体位固定

腹部及盆腔肿瘤放射治疗以胃癌、肝癌、胰腺癌、肾癌、宫颈癌、直肠癌、前列腺癌为主，其放射治疗精确度受很多因素影响，如呼吸运动、胃充盈、直肠充盈、膀胱充盈、小肠蠕动、仰卧和俯卧等。研究表明，盆腔肿瘤在靶区剂量相同情况下，采用俯卧体位及保持膀胱充盈状态时能更好地保护小肠。另外，膀胱的不同充盈状态会使子宫颈位置发生明显变化。所以对于盆腔肿瘤患者建议最好采用俯卧体位，而且从体位固定到 CT 扫描和每天实施治疗都要保持膀胱在相同的充盈状态。

一、患者的准备

1. 衣着要求　腹部肿瘤患者脱去上衣，盆腔肿瘤患者脱去长裤，穿宽松无金属装饰物的棉质内裤，取下身上金属装饰物。

2. 胃充盈状态管理　胃在充盈和排空状态下形状和大小有明显的差异，所以要求患者在体位固定、CT 定位、治疗实施时都保持在相同状态，每次的充盈程度不容易控制，一般采用空腹状态下行体位固定和定位及治疗，时间可以安排在早晨起床后空腹时进行。

3. 膀胱充盈状态管理　由于膀胱充盈程度会对直肠、宫颈、小肠等器官造成不同程度的位置影响，且会造成身体表面定位标记点的移动。为了达到治疗的精度并保护肠道等正常组织，盆腔肿瘤照射时要求定位及每次治疗前要求患者膀胱涨尿并要求尿量大致相同，以 300~350ml 为宜。一般可以先喝水 500~1000ml，憋尿 30~60min 可达到要求，但患者个体因素差异较大，凭主观判断很不准确，临床上可用 B 超测量仪对膀胱尿量进行实时测量和监控。

4. 直肠排空管理 对于前列腺癌放射治疗患者，如果直肠胀气或者有粪便，相对于直肠排空时，前列腺位置以及直肠壁位置变化很大，如果体位固定、CT 定位、治疗实施过程没有保持一致会造成脱靶或者肠壁进入高剂量区，造成不良后果。

5. 训练呼吸 让患者全身放松，呼吸保持平稳、均匀。

二、固定器材的准备

腹部及盆腔部位的体位固定方式主要有真空袋/发泡胶固定、体部固定架+热塑膜固定、盆腔专用俯卧板+热塑膜固定。如果对于精确度要求较高的或者患者体形较特殊的治疗，可采用盆腔专用俯卧板+热塑膜+真空袋/发泡胶固定等方式。根据实际情况准备相应器材。盆腔肿瘤患者需进行尿量监测，准备膀胱容量测量仪。

三、固定的实施

腹部肿瘤患者的固定体位一般选择仰卧位，双臂上举。使用真空袋/发泡胶固定方法与胸部肿瘤的固定方式相同，也可使用热塑膜固定，此处不再赘述。如需控制呼吸运动对腹部位置的影响，则可采用真空袋/发泡胶+腹压板的方式。

盆腔肿瘤的固定体位最好采用俯卧体位，在患者憋尿训练合格后实施固定，对于传统的二维照射技术，也可以采用真空垫仰卧体位进行固定，一般用 1.2m 长的真空袋，固定范围从胸部到膝关节，特别注意在会阴部位置应将真空袋凸起分开包裹大腿两侧。

以盆腔宫颈癌为例，具体介绍盆腔俯卧板+热塑膜综合固定的实施步骤。

1. 阅读体位固定申请单，明确医嘱要求。

2. 使用膀胱容量测量仪，检测患者尿量是否达到要求。

3. 根据患者腹部大小选取合适的腹孔、胯部泡沫，根据患者身高来调节头部固定枕位置和脚部固定垫位置。

4. 指导患者俯卧在盆腔俯卧板上，使腹部处于腹孔位置，使小肠上移远离靶区。

5. 摆正盆腔俯卧板位置，使之与模拟定位机床板平行，且固定架与机器中线重合，使患者体中线在固定架中央。

6. 将患者盆腔部移动到机器中心，透视观察骨盆位置及腰椎位置是否有倾斜（如坐骨结节是否水平、髂骨上缘是否水平、耻骨联合及腰椎是否在中线），如有倾斜则纠正后重复此步骤。

7. 用皮肤划线笔标记患者位置。

8. 将盆腔热塑膜放置于水箱或烤箱中加热备用。

9. 待盆腔热塑膜充分透明变软后取出，如在水箱中加热则需用毛巾擦干热塑膜表面水分。

10. 将热塑膜适当拉伸放置于患者盆腔部，范围从腰部到膝关节和髋关节中间，卡好每个卡扣。

11. 根据患者体部轮廓，用手指轻轻按压热塑膜塑形臀部、腰部，持续 5~10s 来初步塑形。

12. 塑形完成后，等待 15min 热塑膜完全冷却后即完成盆腔固定架+热塑膜的体位固定。

对于盆腔肿瘤放射治疗，双下肢也是影响固定效果的主要因素，对前列腺癌患者可以采取仰卧体位，将膝关节背面的腘窝置于双弧形的脚垫的顶点，两侧大腿和小腿分别落入双弧形脚垫的凹槽，这是一种最简单易行的固定方法，每次治疗之前可通过 B 超引导验证靶区准确性（图 6-6-1~图 6-6-4）。

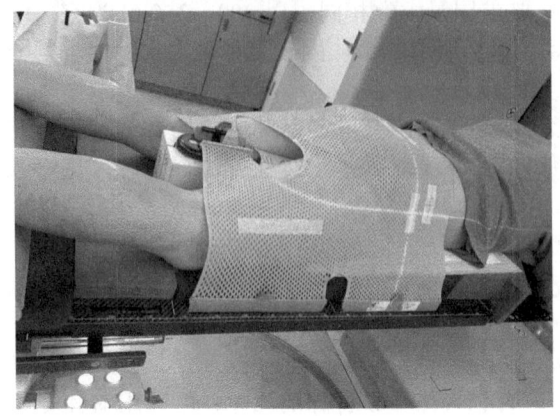
图 6-6-1　直肠癌俯卧位组合固定

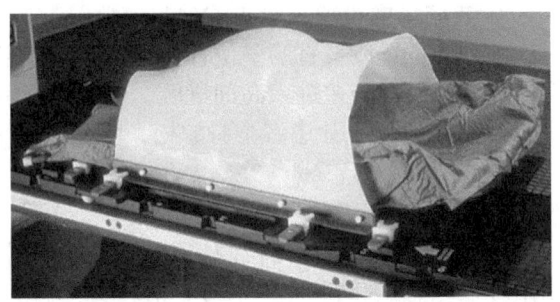
图 6-6-2　盆腔肿瘤俯卧位综合固定

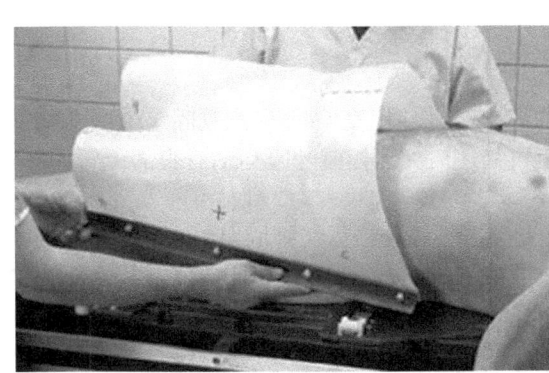
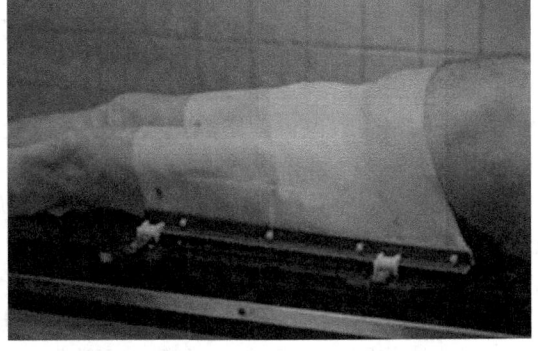
图 6-6-3　盆腔肿瘤仰卧位热塑膜固定

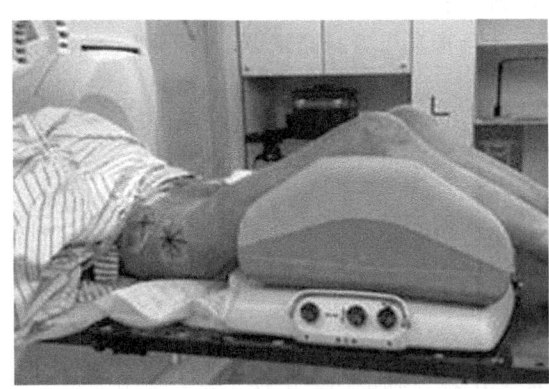
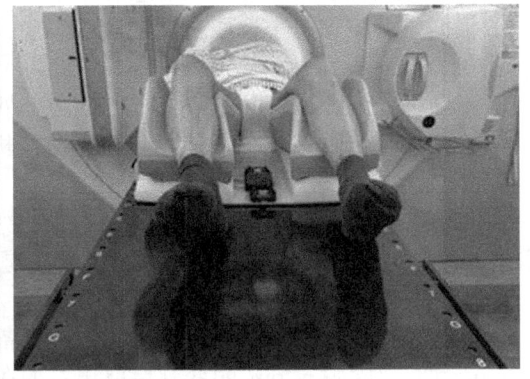
图 6-6-4　盆腔肿瘤仰卧位简易固定架

四、注意事项

1. 膀胱充盈是一个动态过程，排尿反射因人而异，受多种因素影响，如时间长短、饮食习惯、代谢功能、泌尿系统功能、手术、用药情况等等。所以针对每个患者应至少进行多次检测，指导其形成较好的尿感。

2. 在放射治疗过程中，由于放射治疗可引起膀胱炎，患者的憋尿能力会有所下降，故可应用测量仪让患者的尿量接近体位固定时的尿量，但有时不一定能达到体位固定时的尿量。

3. 应用膀胱测量仪时，应站在患者右侧，右手持探测头，患者双腿微曲，探头均匀完整地涂满耦合剂，在耻骨联合上两厘米处斜向脚的方向进行探查，保证数据准确。

4. 患者体位要根据实际情况确定，当患者由于身体原因无法摆正盆腔及腰部，应当优先考虑患者的舒适性，切忌使用强迫体位。

5. 将准备好的热塑膜置于患者体部时，由于体膜较热，需提醒患者热塑膜像热毛巾一样，不用紧张。提醒患者热塑膜冷却过程中会有压迫感。

6. 等待塑形过程需治疗师或家属陪同，患者应当有报警装置，如报警铃等。

7. 固定完成后，需在体膜、胯部泡沫、真空袋/发泡胶等固定器材上标注患者姓名、病历号及体位固定条件，方便 CT 定位及放射治疗实施时参考。

8. 一定要详细地告知患者为何要进行憋尿训练，患者配合才能取得良好效果。由于盆腔汗腺分泌多，标记点易模糊，要注意保护。应让患者穿着宽松的、薄的纸尿裤，预防交叉感染。

第七节　特殊情况肿瘤放射治疗的个体化体位固定

临床情况千差万别，有些特殊情况需要采用多种固定材料、多种固定技术进行综合固定，才能满足临床需要。

一、照射部位的特殊

1. 手部肿瘤体位固定方式　手部由于生理上结构较复杂，活动度大，对手部的固定也较为困难。通常情况下，采用个体化固定方式，如以热塑膜填充手部限位固定方式、手部主动抓真空袋或者发泡胶的固定方式，下面介绍三种特殊照射的固定方式。

第一种方式是手掌位置横纹肌肉瘤的患者术后进行电子线照射时，是使用真空负压垫进行固定（图 6-7-1），患者采用站立位，将手置于治疗床上进行照射。固定时要求患者的手掌背面手术切口位置尽量保持水平，保证电子线的垂直入射，整个手掌握住真空垫突出的部分，患者手掌握住后进行抽真空塑形，得到与患者手掌适形的固定把手。然后利用激光系统进行划线标记。

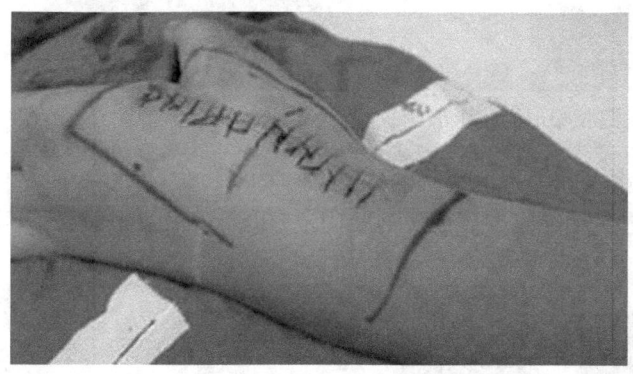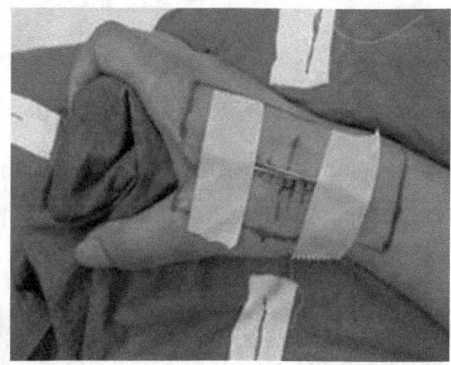

图 6-7-1　利用真空袋固定手臂

第二种是儿童手掌虎口部位肿瘤术后照射，固定方式是利用废旧的热塑膜制作手模（图 6-7-2）。患者采用站立位，将手置于治疗床上进行，利用热塑膜在 70℃水温条件下可以变软塑形的特性，将废旧的体膜进行利用，将患者的手掌进行塑形，手指间分别固定，利用电子线对靶区位置进行垂直照射。

第三种是上肢皮肤淋巴瘤，用发泡胶将上肢塑形包裹，发泡胶尚未定型时五个手指抓住外膜形成手印（图 6-7-3），可以确保治疗的重复性。

2. 脚部肿瘤体位固定方式　脚部活动度大，可填充空隙小，可采用头部固定架+热塑膜+真空袋/发泡胶方式固定。先将有机玻璃固定架包裹固定在真空袋上，再将泡沫枕头置于固定架上，接着将需要治疗的部位（脚）置于泡沫枕头上，最后用热塑膜依照脚的形状进行塑形固定（图 6-7-4）。

也可采用单纯真空袋固定,但固定效果不佳。

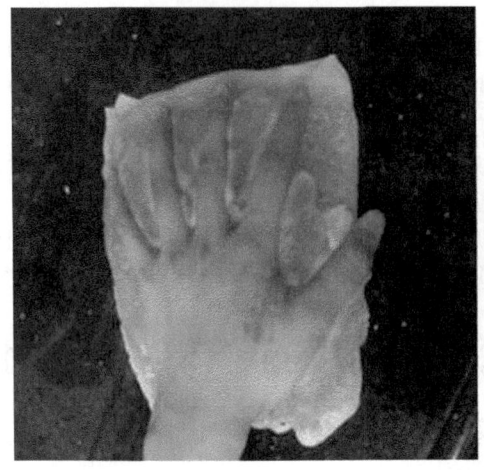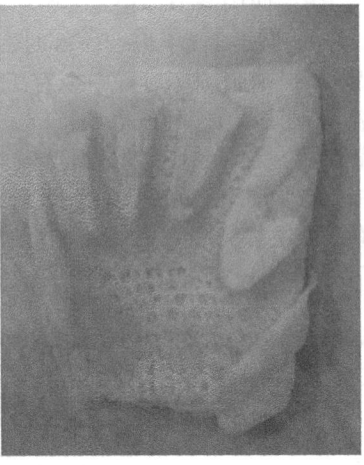

图 6-7-2　利用废弃的热塑膜对手部的固定

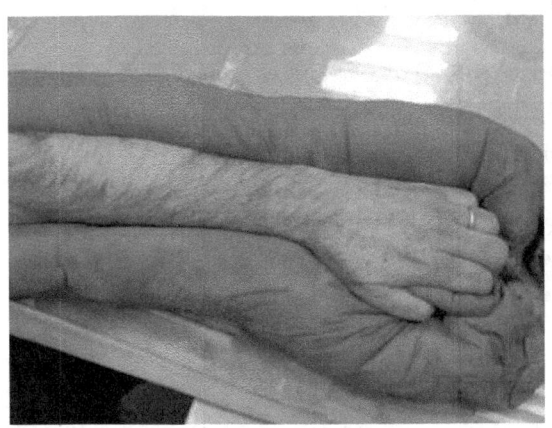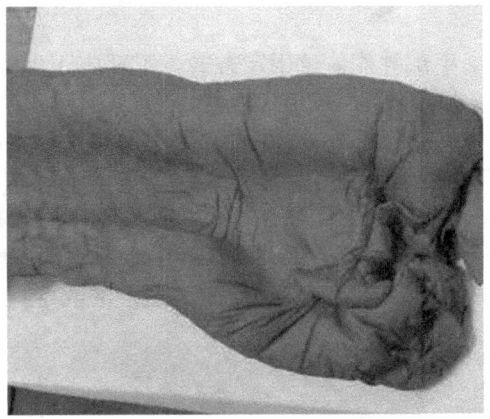

图 6-7-3　发泡胶塑形固定上肢示意图

3. 四肢肿瘤体位固定方式　四肢肿瘤患者固定可选取特殊体位,如手臂上举、手臂弯曲叉腰、患侧腿部弯曲或抬高体位等。固定方式可选择单纯真空袋或发泡胶固定,也可选取真空袋/发泡胶+热塑膜的综合固定方式(图 6-7-5)。

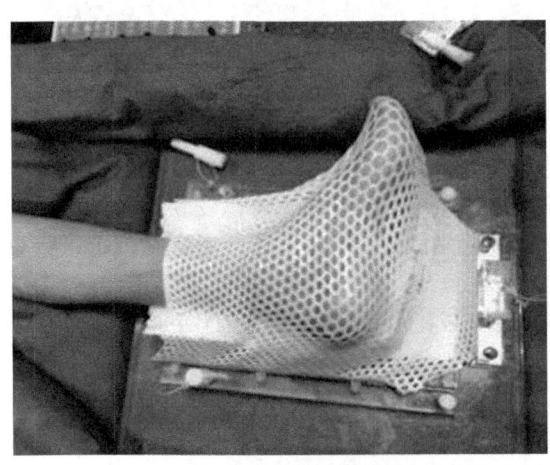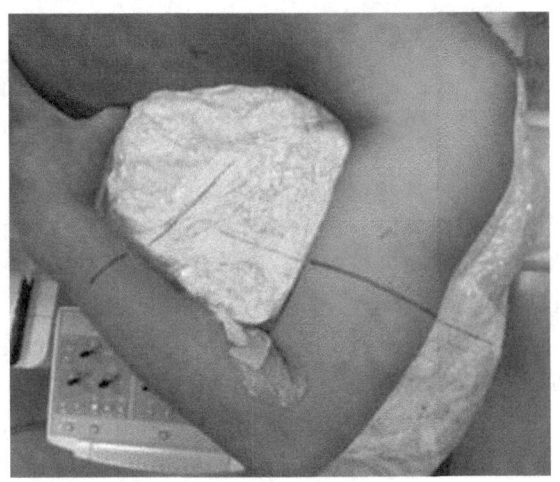

图 6-7-4　脚部肿瘤体位固定　　　　图 6-7-5　手臂肿瘤体位固定

4. 阴茎及睾丸肿瘤体位固定方式 阴茎肿瘤患者固定体位可选取俯卧位，固定方式选取中间带开孔的高密度泡沫固定，利用重力作用，在合适的位置裁出一个直径 5～8cm 的圆孔，使阴茎垂直向下，孔壁周围使用热塑膜包围，防止凹陷，并只在一定的范围内有移动空间（开孔位置限制），此种固定适用于常规照射技术，并要求患者阴茎长度在 7cm 以上（图 6-7-6）。必要时可结合热塑膜固定限制患者盆腔运动。

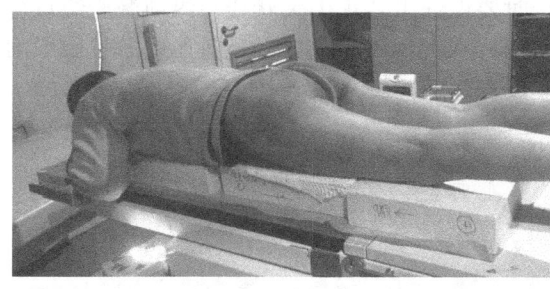 

图 6-7-6 俯卧位阴茎肿瘤体位固定

睾丸肿瘤患者可采取仰卧位，固定方式选取固定体架+真空垫+胯部泡沫垫+热塑膜的综合固定方式。固定时为了保护阴茎，需将其上提以避开照射野。胯部泡沫将睾丸抬起避免与会阴部贴紧，也可使用热塑材料或热软化材料填充（图 6-7-7）。其上方使用盆腔热塑膜固定患者的盆腔及腿部，并手动填充阴茎及睾丸周围空隙，注意切忌用力过大，塑形过紧，患者开始放射治疗后，会有局部水肿，塑形过紧会引起患者压痛。由于睾丸属于表浅部位，体位固定时需增加补偿膜。

阴茎肿瘤也可采取上述的固定方式，不同的是患者阴茎下垂，同时使用木勺或用热塑材料填充使睾丸避开照射范围，保护其功能。

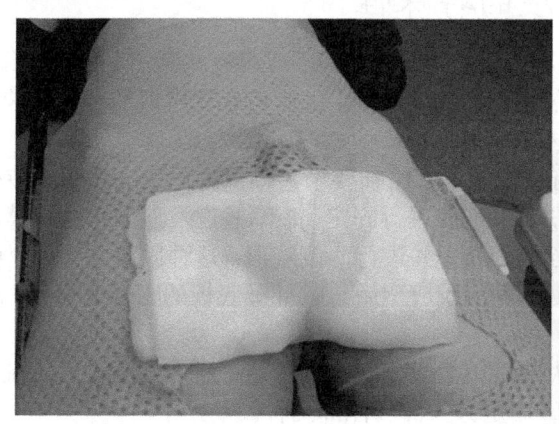 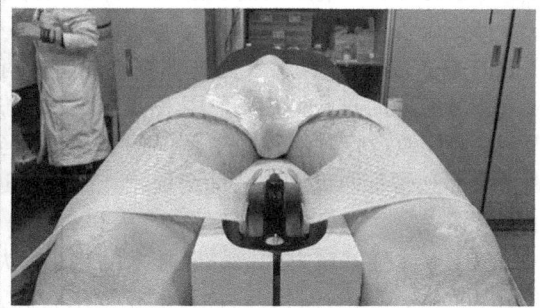

图 6-7-7 睾丸肿瘤体位固定

5. 全中枢体位固定方式 患者可采用俯卧位或仰卧位。

俯卧位时，体部用真空袋固定塑形，双手置于身体两侧，头部用头部固定架、俯卧枕联合热塑膜进行固定。固定时需在 X 射线模拟定位机下透视，摆正患者体位，使鼻中隔及胸椎、腰椎棘突连线在一条直线上。在布野方面，常规加速器布野方式为头部左右对穿照射野，胸段脊柱采用下半野技术，体表衔接左右对穿照射野下界，腰段转床、转臂架体表衔接半野下界。固定时患者头部应向后仰高 15°左右，方便头部照射野与胸椎照射野的衔接。为保证患者体位的重复性，需在固定装置及患者身体表面记录此时体中线位置，利用激光定位系统在患者身上、真空袋、固定面罩上进行划线标记，如图 6-7-8 所示。

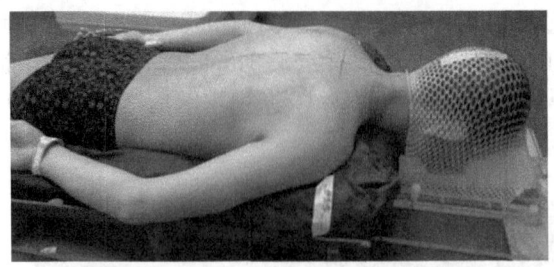

图 6-7-8　俯卧位全中枢照射体位固定

患者取仰卧位时，可使用一体板+头膜+体膜的方式固定（儿童全中枢放射治疗也可使用头颈肩固定架+真空袋/发泡胶+头颈肩膜），双手置于身体两侧，头部用标准头枕和头膜进行固定。胸部、腹部、盆腔使用体膜固定。固定时要保证患者正中矢状线与纵向激光线重合，两肩水平。体膜上要轻轻按压肚脐、腹股沟等位置，增加热塑膜适形度，如图 6-7-9 所示。

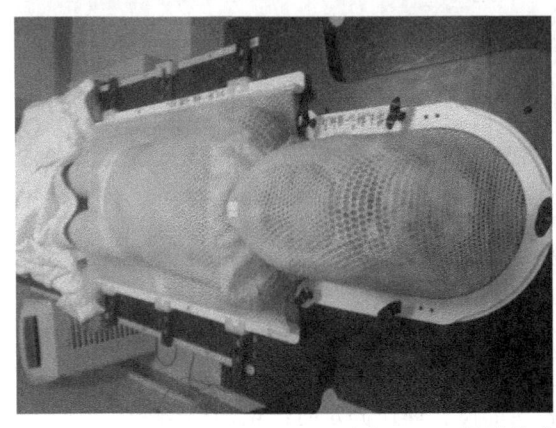 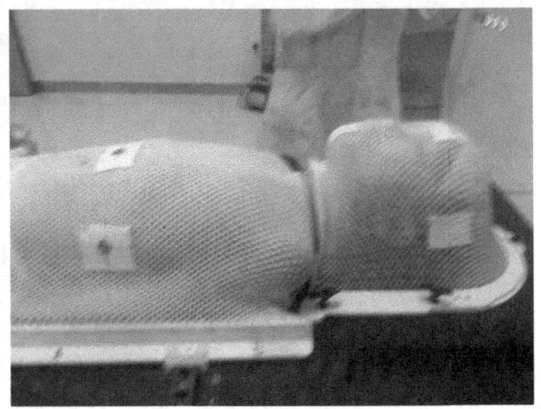

图 6-7-9　仰卧位全中枢照射体位固定

二、病情发展的特殊性

1. 多靶区体位固定方式　恶性肿瘤在治疗过程中可发生多处转移，或者有些肿瘤靶区不连续，需要多个治疗靶区，治疗时需要进行个体化的体位固定，应减少固定的次数和固定器的种类，尽量在一个体位条件下完成多靶点的治疗。

如图 6-7-10 所示，患者为鼻咽癌，同时伴有腰椎转移，医嘱要求头颈部的原发灶及腰椎转移灶两个靶区应同时进行照射。利用头颈肩碳纤板联合发泡胶进行固定，头部通过发泡胶和热塑膜进行固定，腰部通过将发泡胶固定范围从头部加长至腰骶部，并进行两侧塑形。这种固定方式可以同时满足头部和腰部两处靶点，且两处靶点距离较远。发泡胶成型后与碳纤维底板的吻合度很高，减少了系统误差。

2. SBRT 体位固定方式　随着技术的进步，大剂量单次或分次的治疗越来越多，由于靶区周边的剂量落差大，在治疗过程对体位固定要求较高，固定分头部和体部两种。

（1）头部 SBRT 固定：对于 γ 刀治疗，可通过在头部左右前后四个点打骨钉的方法，将头环固定在四个骨钉上面，头罩连接在头环上，如图 6-7-11 所示。而对于 X 刀治疗，早期采用有创性的头环固定，由于有创伤现在已经很少使用，目前采用专用的体位固定架+热塑膜固定或专用的体位固定架+口腔咬合器或专用的体位固定架+热塑膜+口腔咬合器固定，如图 6-7-12、图 6-7-13 所示。这样兼有舒适和稳定的特点，能满足高精度的立体定向放射治疗的需要，又不需要在患者头上打骨钉，不受单次分割的限制。另外，体位固定后还要放置定位框架，其上面有定位的金属点、金属线及定位坐标。

（2）体部 SBRT 固定：体部 SBRT 一般以治疗肺脏、肝脏、腹部转移瘤或早期的原发肿瘤为主，体位固定一般采用体部综合固定框架，目前市场有专用的体部 SBRT 固定系统，也可采用真空垫加特制的塑料薄膜抽气固定。通过适配框用气囊或者压板对腹部施压，减少膈肌上下移动幅度（图 6-7-14、图 6-7-15）。固定之前要对患者进行呼吸训练，减少腹式呼吸的幅度。

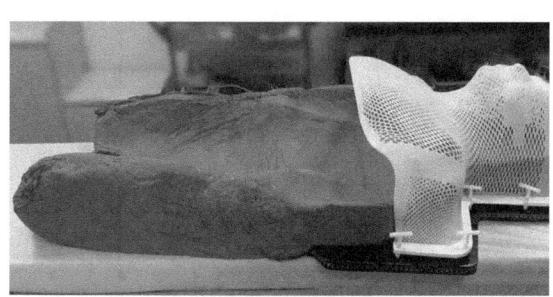

图 6-7-10　利用发泡胶及头颈肩热塑膜固定患者头部及腰部

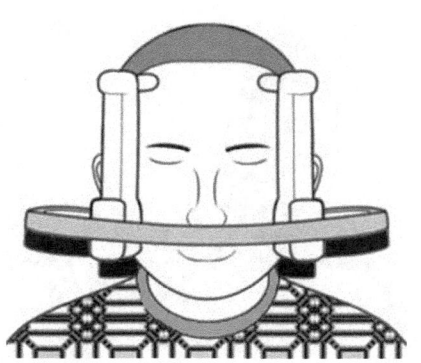

图 6-7-11　头部 SBRT 的有创固定头环

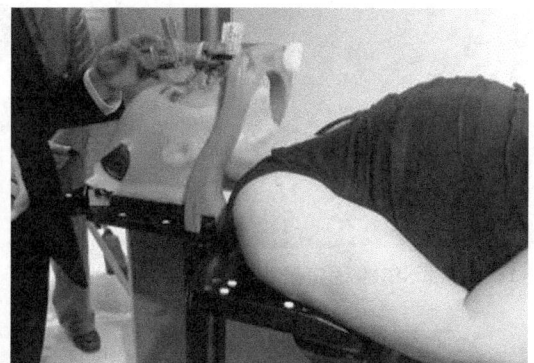
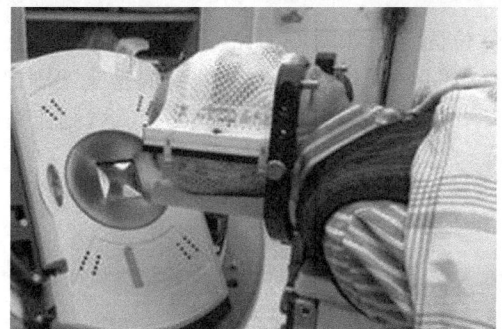

图 6-7-12　头部 SBRT 无创性面膜综合固定

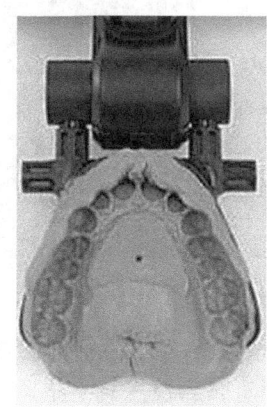
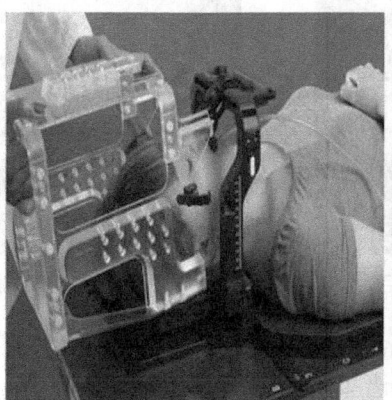
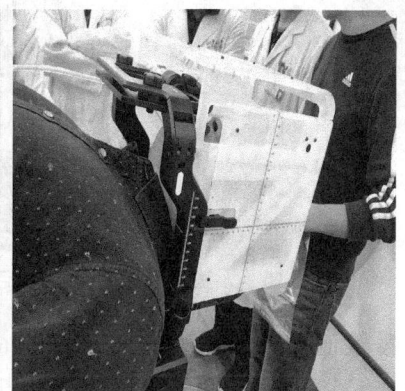

图 6-7-13　头部 SBRT 口咬式个体化牙托固定

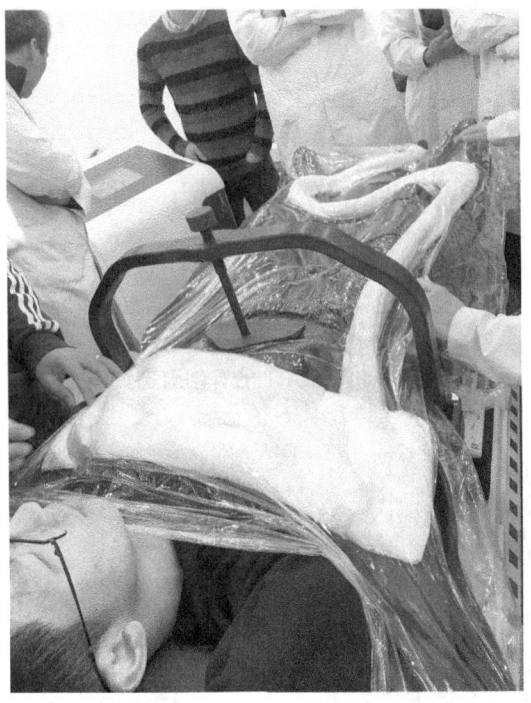

图 6-7-14 体部 SBRT 固定及腹部加压示意图

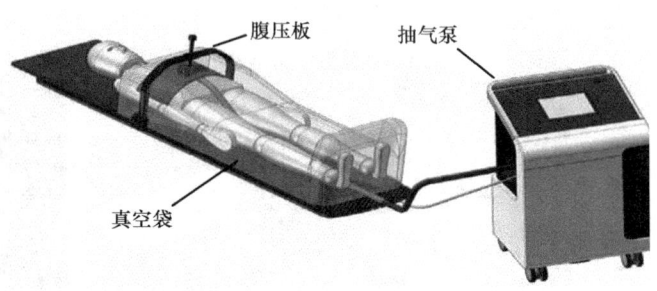

图 6-7-15 体部 SBRT bodyfix 固定示意图

三、患者体型的特殊

1. 驼背或无法平卧患者体位固定 如图 6-7-16 所示为颅内肿瘤患者，之前曾做过颈段食管癌手术，平时极易食管反流，无法平卧。用负压真空垫联合简易头架固定，患者采用仰卧位，将真空垫制成楔形垫并固定住简易头架，使患者背部抬高约 20°，然后制作头部热塑膜进行固定。此方法也适用于胸椎后凸畸形（驼背）患者的体位固定（图 6-7-17）。

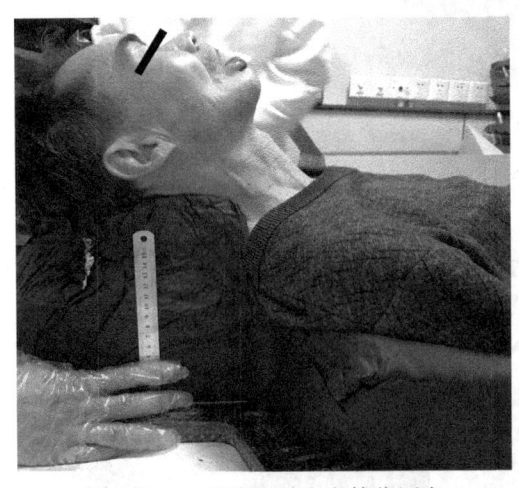

图 6-7-16 无法平卧患者体位固定

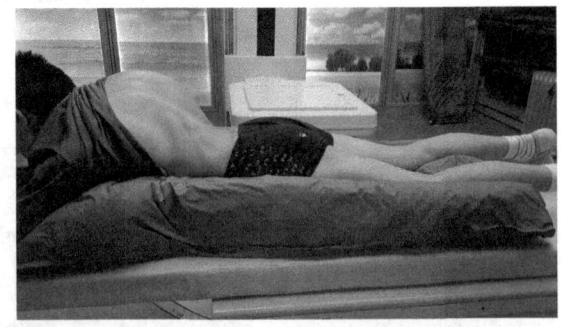

图 6-7-17 驼背患者体位固定

2. 其他特殊情况体位固定 如图 6-7-18 所示为鼻咽癌患者，患者自幼患有小儿麻痹症，仰卧时身体会不由自主地摆动，因此，该患者采用俯卧位，使用碳纤维底板、头颈肩负压真空垫、俯卧枕、头颈肩热塑膜进行体位固定。

四、医嘱要求的特殊

1. 如图 6-7-19 所示为淋巴瘤的患者,医嘱要求体位固定时需要暴露患者的腋窝及锁骨上部分,使用简易头架对头部进行局部固定,头部保持后仰,并将脸部稍微转向健侧,用热塑面膜进行固定。体部整体用发泡胶进行固定,患者患侧手臂弯曲叉腰,并将空余的空间使用发泡胶进行适形填充。然后利用激光定位系统在患者身上、发泡胶、固定面罩上进行划线标记。

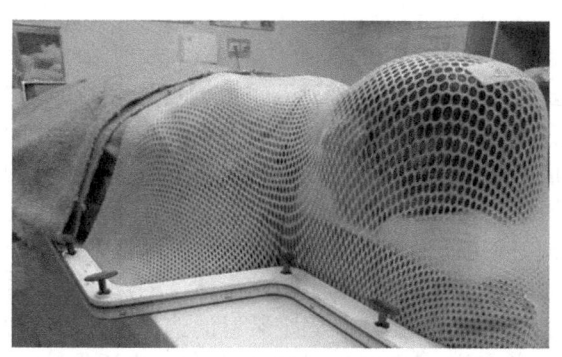

图 6-7-18　不能仰卧的患者采用俯卧体位

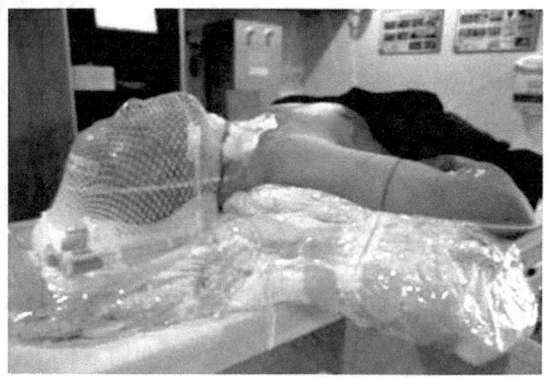

图 6-7-19　利用发泡胶及简易头架用于淋巴瘤患者体位固定

2. 表浅肿瘤的患者,医嘱要求加 1cm 或 2cm 的补偿膜,用于提高皮肤及浅层组织的剂量。图 6-7-20 所示的补偿膜为热塑材料,图 6-7-21 所示的补偿膜为石蜡。两种材料密度与人体密度相似,在 70℃的水箱中浸泡变软后,平整成 1cm 或 2cm 厚的长方形,可以根据患者体表轮廓及要求的补偿范围进行适形贴合。

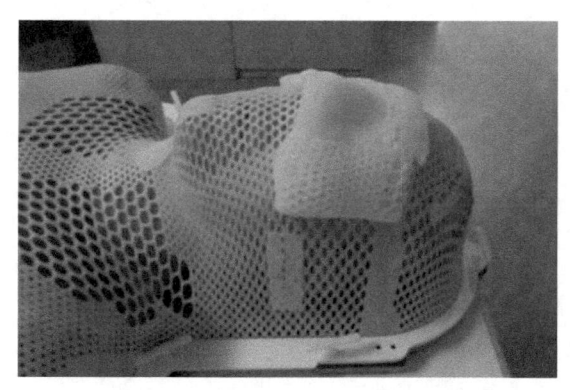

图 6-7-20　利用热塑材料制作的补偿膜

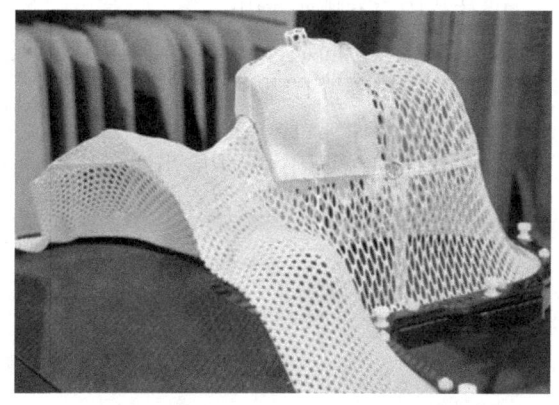

图 6-7-21　利用石蜡材料制作的补偿膜

五、儿童放射治疗的体位固定

对于儿童放射治疗的体位固定,由于其无法主动配合,又要保证体位固定效果及治疗中的安全性。儿童头颈部固定选取头部固定架+头颈肩真空袋+头颈肩热塑膜的方式。为保证患儿正常呼吸,需将热塑膜的口、鼻部位开孔。如需要也可将眼部开孔以减少患儿的紧张情绪。对胸部、腹部及盆腔部的患儿,多采用体部真空袋的固定方式,需要注意的是固定前需在患儿身下垫一张薄的垫单,方便定位及治疗时进行摆位。

在临床实践中,各种情况千差万别,会遇到各种复杂的体位固定情况,本书并未完全列举。实际操作中应当根据个体化体位固定的原则,依据患者的病情、身体条件、医嘱要求、照射技术等进行具体问题具体分析,选取合适的固定装置,治疗师要有创新意识,在符合临床规范的原则下实施体位固定,使达到放射治疗体位固定的要求。

(林承光 齐新宇)

本 章 小 结

体位固定是放射治疗的重要步骤之一,同时也是精确放射治疗的基础,直接影响放射治疗的摆位误差及治疗效果的优劣。实现精确体位固定,才会使临床上其他精确性要求成为可能。体位固定的作用主要有:控制患者治疗过程中的移动,保证治疗期间体位的稳定性;保证患者在分次治疗间体位的重复性;固定装置是放射治疗定位标记线等信息的载体;减少摆位时间,减少患者对治疗的忧虑,增加对治疗的信心。体位固定在临床操作中分为标准化体位固定与个体化体位固定,标准化体位固定主要是固定器材和体位的标准化,个体化体位固定需根据患者体型选取合适体位并制作个性化体位固定装置。体位固定方式主要分为体位的选择与固定装置的制作。其中体位的选择应当符合临床治疗的需求,以方便摆位、布野、标记,符合机器实际参数等。固定装置的选择包括固定材料、固定器材和辅助设备的选择,主要有热塑体膜、发泡胶、真空袋、热软化材料、水活化材料、头部固定架、体部固定架、乳腺托架、口腔支架、膀胱容量测量仪等。目前在 3D-CRT、IMRT、SBRT 等治疗方式下,大多选取个体化体位固定以保证治疗精度。个体化的固定并没有统一的标准化方案,通常有多种固定方式,应当具体问题具体分析。

思 考 题

1. 体位固定有哪些作用?
2. 标准化体位固定与个体化体位固定有何区别?
3. 体位固定装置有哪些?
4. 发泡胶有何优点?
5. 热塑体膜在使用过程中应当注意什么?
6. 乳腺癌的体位固定装置有哪几种?

第七章 肿瘤放射治疗模拟定位技术

【学习目标】
1. **记忆** X射线模拟定位机在2D、3D及调强放射治疗技术中的应用；CT模拟定位的基本概念及定位方法；头颈部、盆腔的MRI定位方法。
2. **理解** 头颈部、胸部、腹部及全中枢放射治疗X射线模拟定位的方法及步骤。
3. **运用** 使用CT模拟定位机为头颈部、胸部、腹部及全中枢放射治疗的患者做CT定位。

在放射治疗流程当中，模拟定位是一个非常重要的环节。目前的模拟定位设备大致分为三大类：第一类是传统的X射线模拟定位机；第二类是由诊断CT演变而来的放射治疗CT模拟定位系统及设备；第三类是近年来出现的放射治疗MRI模拟定位设备。MRI模拟定位技术基于MRI图像清晰的软组织分辨率，能够更精确地勾画靶区及危及器官，从而进一步提高剂量计算精度及治疗效果。

第一节 二维X射线模拟定位

对于常规X射线模拟定位机而言，所谓的"模拟"，简单地说就是能够模仿各种类型传统远距离放射治疗设备在治疗时的状态（图7-1-1）；除了放射源不同外，放射治疗设备使用的各种几何参数，如臂架角度（大机架角度）、准直器角度（小机头或光栏角度）、源轴距、射野大小、床高及床面角度等都可以模仿，工作原理类似于一台X射线诊断机，工作人员可以隔室遥控操作。

在过去几十年，这种模拟定位机主要用于二维放射治疗定位，而今随着精确放射治疗技术，特别是调强放射治疗技术的普及，常规X射线模拟定位机的主要功能向质控、质保及提高精确放射治疗技术转变。究其目前使用的功能，归纳

图7-1-1 常规X射线模拟定位机

起来主要有三个方面：一是X射线透视下的精确体位固定；二是辅助精确放射治疗计划验证及一些运动器官幅度的测量；三是个别情况下继续开展原有的二维放射治疗定位。

一、头颈部肿瘤的X射线模拟定位

随着新一代放射治疗设备的普及、精确放射治疗特别是调强放射治疗技术的推广使用，头颈部放射治疗已较少采用二维放射治疗技术，但全脑照射二维定位具有简单、迅速、短时间内能达到姑息性治疗的目的，目前仍有部分医院采用。全脑照射常规模拟定位机下两侧野水平对穿定位的步骤及方法如下：

1. 患者体位 患者仰卧于模室治疗床上，双手自然下垂掌面平贴于大腿两侧，满足舒适的同时通过激光指示线尽量使患者体位平直（意识不清或身体轮廓特殊者需另行方案）。

2. 热塑头膜固定 根据患者头颈部情况选择合适型号的头枕使其头颈部平直，尽量避免后仰，为患者头部进行热塑膜体位固定，注意头面部塑形时尽量使热塑膜贴紧患者面前部皮肤，在患者眼眶及鼻部操作时应避免用手过于深压，以免造成患者不适。

3. 调整模拟机床的位置 使纵轴激光线过患者头部正中矢状线，两侧"十"字形激光线置于

患者头部颅脑位置。

4. X 射线透视下校对患者头部正中矢状线 在模拟定位机控制室检查机架角度及准直器角度是否已归零，X 射线透视观察患者鼻中隔与模拟定位机"井"字形框野中的 Y 轴线是否重合，如果未重合左右平移床面进行调整。

5. 调整"井"字形框野 将模拟定位机机架角度转至 90°或 270°，X 射线透视，旋转准直器角度，调整"井"字形框野四边；分别将各边调整于额骨前缘外 1cm、颅顶骨上缘外 1cm、后枕骨外缘外 1cm 及第 1 颈椎下缘位置，注意下界前部是否避开眼眶，必要时须重新调整准直器角度（图 7-1-2），最后照射野对中操作。

6. 射野需要遮挡的定位 全脑照射如果需要用 MLC 或低熔点铅挡块遮挡正常组织和器官，操作时准直器角度设置为 0°，下界可开到第 2 颈椎水平，前界、上界及后界同样沿颅骨外放 1cm，勾画靶区时，下界沿着筛板下 0.5cm、同侧骨性外眦后 1.5cm 至中、颅后窝底下 0.5cm（图 7-1-3）。

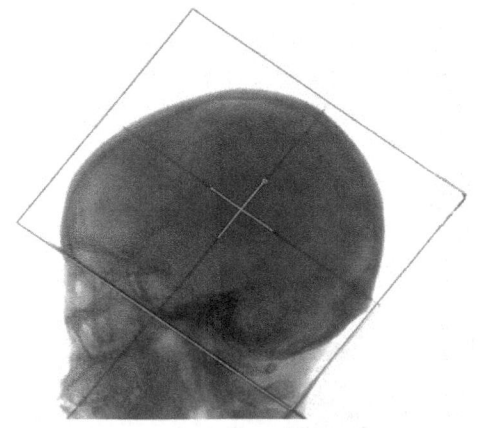

图 7-1-2 旋转准直器角度的全脑照射

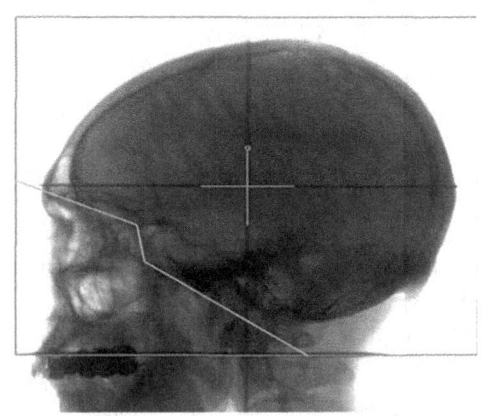

图 7-1-3 有遮挡保护的全脑照射

7. 拍定位片或定位影像截图。

8. 测量照射角度源皮距并用以下公式换算照射深度：

$$照射深度（d）=源轴距（SAD）-源皮距（SSD）$$

9. 患者头颈膜上画治疗摆位点 在患者头颈膜上分别标注机架 90°、0°及 270°十字线治疗摆位点，画水平对穿野下界颅底切缘线（用 MLC 或低熔点铅遮挡者可不画），测量零位源皮距（或升床高度）。

10. 记录治疗参数 在患者治疗计划单内，记录照射野大小、照射深度、机架角度、准直器角度及零位源皮距（或升床高度）等参数。

二、胸、腹部肿瘤的模拟定位

> **【案例 7-1-1】**
> 为乳腺癌患者右侧乳腺做二维切线野模拟定位时，在患者右侧腋中线处及胸前体中线旁开健侧 3cm 处沿纵轴线各放两条铅丝，将机架角度和准直器角度归零，对称移动 X1 和 X2 位置，并沿 X 轴方向平移床，使 X1 和 X2 与两条铅丝重合，将准直器 X2 关闭为 0，将机架角度旋转接近 55°时，X 射线透视观察两条铅丝是否并拢，当两条铅丝并拢时机架角度为 60°，通过调整床的高度使半束切线野中心线与两条铅丝重合，这时测量切入肺组织深度为 3.5cm。
> 问题：
> 　1. 这时需要改变切入肺组织深度使其小于 3cm，应移动哪一条切线缘铅丝？
> 　2. 切线缘铅丝应向哪一个方向移动？

（一）乳腺癌等中心切线野和相邻野 X 射线模拟定位技术

乳腺癌的 2D 治疗技术因具备有效性、方便性、经济性，至今仍在其适应证人群中大量使用。由于人体胸廓曲面射野复杂，乳腺癌的二维放射治疗技术的关键是处理好剂量分布、非共面野之间的衔接及提高摆位重复性等问题，故在此介绍乳腺癌二维切线照射中，具有一定代表性、能较好地与锁骨上区野、内乳区野衔接的等中心四分之一切线野照射及相邻野衔接的二维模拟定位技术。其定位步骤如下：

1. 体位固定 使用乳腺放射治疗辅助托架进行摆位（图 7-1-4）。

患者仰卧于托架上，患侧手臂上举放于臂托和腕托位。为了使患侧腋窝充分暴露及上肢放置舒适，可根据患者身体情况调整臂托和腕托固定的高度及位置。患者需要照射锁骨上区野时，头

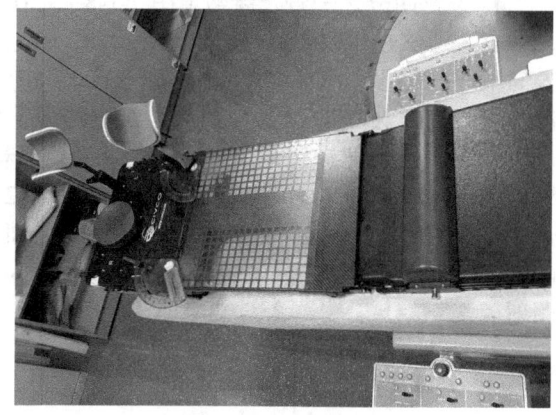

图 7-1-4　乳腺放射治疗辅助托架

部应偏向健侧。利用纵轴激光线调整患者体位；使患者体部正中矢状线与纵轴激光线重合。旋转机架至水平位（90°或 270°），透视观察后调整托架高度，使患者胸廓前缘与水平线（Y 轴）一致或近似平行（图 7-1-5）。

2. 确定胸壁切线野上缘与锁骨上区野下缘的衔接线（中心轴线）　通常该线定在第二前肋水平。胸壁切线野下缘在乳房皱襞下 2cm。在皮肤上用油性笔标出以上两线位置（图 7-1-6）。

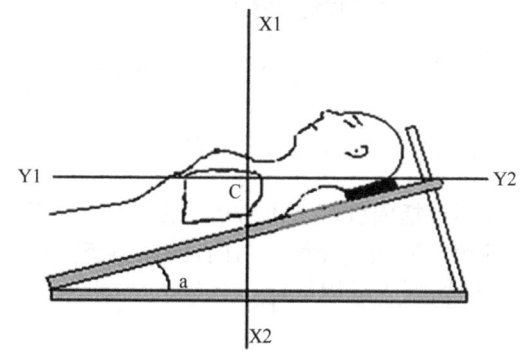

图 7-1-5　调整乳腺托架高度使胸廓前缘近似水平

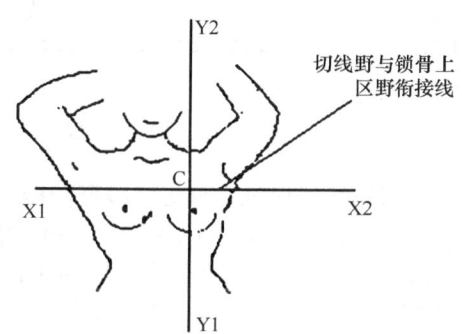

图 7-1-6　切线野与锁骨上区野衔接线

3. 确定切线野等中心点及切线缘位置　沿人体纵轴线（Y 轴）在腋中线和体中线健侧处各用胶布贴一条铅丝作标记。在机架 0°时，使模拟定位机"井"字形十字中点放在锁骨野与切线野衔接线上，沿横轴线（X 轴线）对称打开准直器 X1 和 X2，使两条铅线与 X1 和 X2 重合（图 7-1-7）。

在不旋转光栏角度（准直器角度）的情况下，向健侧旋转机架角并调整床高使透视下两侧铅丝逐渐并拢，并在十字线中点处重合。此时前胸廓线应与过十字点的 Y 轴线（切线缘）大致平行，测量前胸廓线与 Y 轴线的距离是否在 2~3cm，即切线缘切入胸壁内是否在 2~3cm，若切入超过 3cm，则两铅丝一边或两边须向患侧靠近，减小切入深度。若切入小于 2cm，则两铅丝一边或两边须离开患侧，增

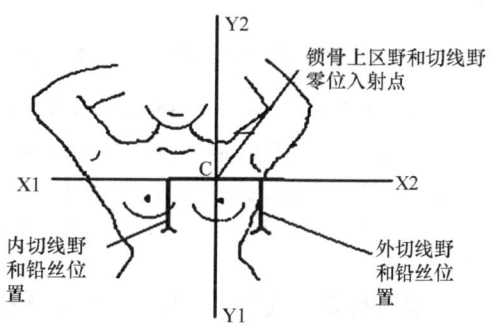

图 7-1-7　确定切线野等中心点及切线缘位置

大切入深度。此外在移动铅丝时应注意外切线野外界不应超过腋前线（通常外界应设在腋中线或腋后线）。内切线野内界向健侧方向应过体中线或与体中线重合。当调整了铅丝位置后，透视下旋转机架角使两铅丝再次通过十字线中点，观察切入胸壁深度是否控制在2～3cm。

4. 设置四分之一野及参数（图7-1-8）　在X轴上将切入胸壁内的一边X1（或X2）缩回十字线中点，即X1=0（或X2=0），另一边X2（或X1）开大超出乳腺轮廓（露空）。在Y轴上将锁骨方向上Y2缩回"十"字线中点，即Y2=0，Y1开大至乳腺皱襞下标记线处。将机架旋转180°至对侧，切线野内X1和X2数值对换，观察透视下切线野范围是否保持对称一致。

5. 锁骨上区半束野的设置（图7-1-9）　床位置不变，将机架转回零位，使切线野下缘线Y1缩回十字线中点（Y1=0），开大Y2、X1及X2。通常锁骨上区野上界应达到环状软骨水平，内界过体中线健侧1cm处，外界在肩关节内侧，锁骨野外界如果要包含腋窝应注意保护肩关节。机架向健侧偏转15°，以保护气管、食管和脊髓。为了使剂量更加均匀，锁骨野可设一个对穿野从后面照射。

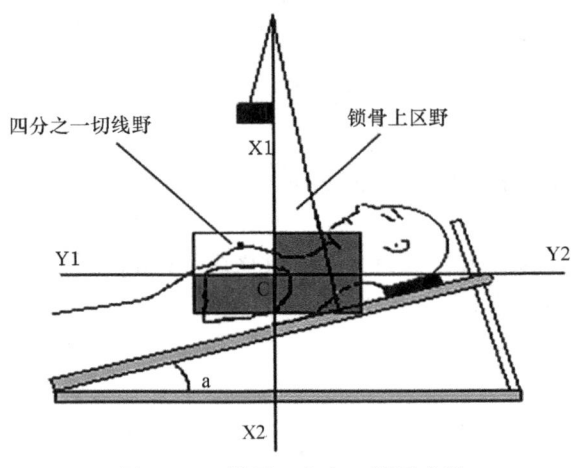

图7-1-8　设置四分之一野及参数

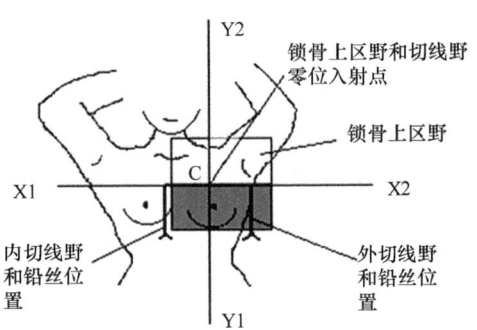

图7-1-9　锁骨上区野与切线野衔接示意图

6. 设置电子线内乳区野与切线野衔接　如果切线野不包括内乳区，可考虑另设一电子线野偏角照射。内乳区野以调整电子线束的50%等剂量线的倾角（外加限光筒）与内切线机架转角一致的方法相衔接。外界一般在体中线健侧3cm处，内界与内切野边缘相重合。上下界可包括第1～5肋间隙在内，但实际上下界由医生视肿瘤情况而定。

7. 传定位片　通过网络系统传出射野定位片或射野影像截图。

8. 体表标记和数据整理　在患者体表须标出两切线野和锁骨上区野的共同零位入射点C点、电子线入射点、各射野范围等。记录射野大小、机架角度和准直器角度（准直器角度始终不变）、零位源皮距（床高）等参数。记录乳腺托架的托架高度、头枕位、臀托位、腕托位及臂托位置等数据。

（二）宫颈癌四野外照射X射线模拟定位技术

宫颈癌四野外照射是二维放射治疗中比较常见的一种照射方法，这种方法主要是补充腔内照射范围内无法给到的根治剂量，照射野应包括宫旁组织、大部分髂总淋巴结及髂内、髂外、闭孔、腹股沟深组及骶前各淋巴结群。虽然目前大部分宫颈癌外照射采用调强或三维适形等方法治疗，但宫颈癌四野二维外照射以简单、有效及经济性好等特点在少部分医院仍然在被选用。其定位方法及步骤如下：

1. 体位固定及摆位　可选用真空袋或体膜体架等固定方法。以真空袋定位为例：患者仰卧于真空袋上，观察患者上身及盆腔部位是否存在体位扭曲、盆腔左右高低不一致等情况，必要时可通过真空袋重新塑形等方法进行纠正。升高模拟定位机床面，通过纵向激光及左右调整床面使患者体中线与纵向激光线一致，如果不一致可适当调整患者真空袋位置，调整床面进出方向，将模拟定位机"井"字形光野投照于患者盆腔部位，调整床面高度使模拟定位机两侧水平"十"字形激光交点与患者髂前上棘水平接近。

2. X 射线透视下确定前后对穿野大致范围 机架角度为 0°时，在 X 射线透视下调整床面左右方向使纵轴线与耻骨联合线重合，调整"井"字形上下两边观察患者盆腔髂前上棘和坐骨结节下缘是否左右一致，如果不一致可适当调整真空袋位置及患者体位，最后将"井"字形上界调整到第 5 腰椎上缘，下界在闭孔下缘，两侧在弓状缘外 2cm（图 7-1-10）。

3. 机架旋转至水平位置确定侧野范围 将机架角度旋转至 90°（或 270°），调整"井"字形野前界至耻骨联合前缘，后界于尾骨尖前 1.5cm，测量机架角度 180°野照射深度并记录参数（图 7-1-11）。

4. 确认前后对穿野范围 由于确定侧野时治疗床面高度可能有改变，将机架角度旋转至 0°，再次确认前后对穿野范围是否为"井"字形上界调整到第五腰椎上缘，下界在闭孔下缘，两侧在弓状缘外 2cm。

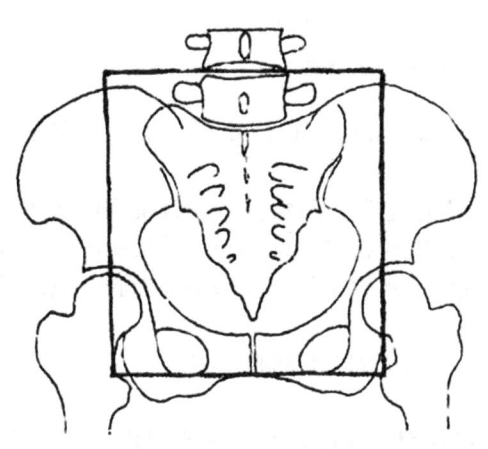

图 7-1-10　宫颈癌外照射前后对穿野

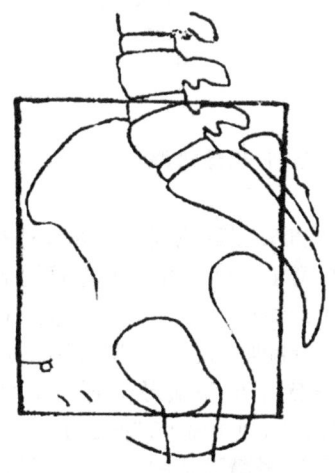

图 7-1-11　宫颈癌外照射侧野对穿野范围

5. 进机房内画入射点及标记线 通过射野灯画机架角度 0°时十字入射标记线，利用两侧激光十字线在患者皮肤或真空袋上画两侧野十字入射标记线，如果两侧野十字标记线在真空袋上，还须在患者两侧腰部另做水平标记点，以确定患者躯体两侧上下旋动的固定位置。

6. 量前野及两侧野照射深度 通过测量源皮距，测量机架角度 0°时照射深度，移动横轴床面位置，使纵线激光位于患者两侧野入射点位置，通过床面位置数据的改变，计算两侧野照射深度。

7. 传定位片 通过网络系统传出射野定位片或射野影像截图以便主管医生利用该图像勾画靶区。

8. 记录参数 记录四个外照射野大小、机架角度和准直器角度（准直器角度始终为 0°）、零位源皮距（床高）等参数。

（三）全脑全脊髓放射治疗 X 射线模拟定位技术

全脑全脊髓照射适用于髓母细胞瘤、松果体区生殖细胞瘤和分化差的室管膜瘤等易沿蛛网膜下腔间隙的脑脊液循环扩散和种植的疾病的患者。X 射线模拟定位的难点在于照射范围长、照射野间多为非共面野，定位设计时需要处理好非共面野间的衔接，避免出现照射遗漏和重叠（即"冷点"

和"热点")的问题。通常患者采用俯卧位，部分无法俯卧的患者及幼儿采用仰卧位，照射分为头部水平对穿野、脊髓野（分脊髓上部野和脊髓下部野）（图7-1-12）。

1. 体位固定 患者俯卧于全中枢体位固定架上，通过纵轴激光线使患者头部正中矢状线、颈部、脊柱尽量成一直线，必要时可通过X射线透视进行观察及纠正。如果体位正确，为患者做头颈部热塑膜固定。

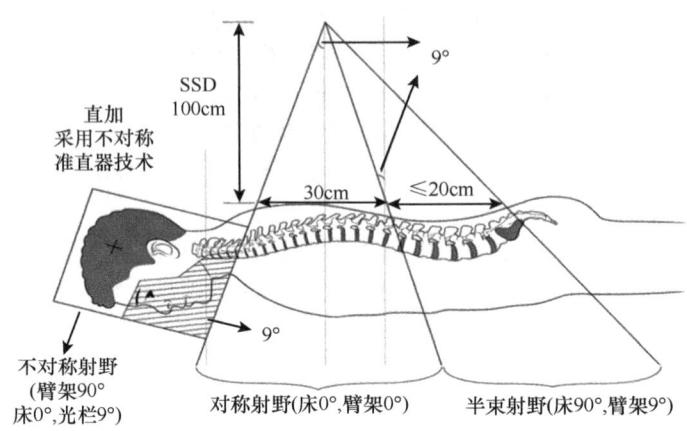

图7-1-12 俯卧位全脑全脊髓照射示意图

2. 移床定上部脊髓野 将床降低至等距离照射位置（如SSD：100cm），使光野中心移至患者胸背部。

3. 定上部脊髓野范围 X射线透视使上部脊髓野上界定在第5颈椎至第6颈椎椎体之间，下界尽量定在第1腰椎下缘（因脊髓的下端在腰1水平），野宽包椎弓根外1cm，进机房内为患者画射野体表线，注意观察SSD是不是100cm。在上部脊髓野下界放铅丝，在头颈部面膜左侧通过射野灯画上部脊髓野的前部发散投影线并放铅丝。

4. 移床定下部脊髓野 前移床面使光野中心点位于腰部脊髓上部野下界位置，使SSD为100cm并旋转床面角度90°或270°。

5. 定下部脊髓野范围 在X射线透视下通过半束将脊髓下部野上界准直器关闭为0，转机架角度θ（约9°）使中心轴线与脊髓上部野下界发散角一致，脊髓下部野下界定在第3骶椎水平（因椎管的终池止于第2骶椎）。

6. 移床定头部野 检查患者脊髓下部野SSD是否为100cm，在患者皮肤表面画脊髓下部野，机架角度和床面角度转回0°，后移床使光野中心回到患者头部位置。

7. 定头部照射野范围 在X射线透视下检查模拟定位机"井"字形中心点是否在患者头部正中矢状线位置，旋转机架角度至90°或270°，旋转准直器角度θ（约9°）使中心轴线与脊髓上部野上界发散角一致，调整床高及前后位置使射野中心点定于松果体区域范围，上界沿颅顶外扩1cm，下界定在第5~6颈椎体之间，前后界各露空1cm，测量照射深度。为了避免非共面野间的重叠或遗漏，放射治疗期间每照射10Gy，将颅颈野的下界向上缩小1cm，同时将脊髓上部野上界向上扩1cm；脊髓上部野下界向上缩小1cm，脊髓下部野上界向上扩1cm。

8. 传定位片 通过网络系统传出各定位片或定位影像截图。

9. 记录治疗参数 记录患者各照射野大小、照射深度、机架角度、准直器角度及零位源皮距等治疗参数。

以上仅对几种之前在2D技术中较常用的肿瘤定位技术作一些介绍，2D技术在3D技术出现以前，还曾经应用于一些其他的肿瘤，如头颈部的口腔癌、扁桃体癌、鼻咽癌、腮腺癌、颈部的转移癌及体部的淋巴瘤、膀胱癌、前列腺癌等疾病的放射治疗，其过程及方法多大同小异，在此不再赘述。

【案例 7-1-1 分析】
1. 乳腺癌切线野切线缘的位置主要根据每个患者的具体情况而定，同时还要考虑主管医生对该患者放射治疗技术的布野要求，如切线野是否需要包括内乳区，是否需要包括手术瘢痕或引流管口等；
2. 在具体技术操作时，两条铅丝越往患侧乳腺位置靠近，其切入肺组织越少，如果患者内切线野不需要包括内乳区，应将内切线缘铅丝往右患侧移动，机架在 0°时对称移动 X1 和 X2 并在 X 轴方向平移床，使 X1 和 X2 与两条铅丝重合，这时机架从 0°向健侧方向旋转，观察两条铅丝并拢后及调整床高后切入肺组织的深度，如果切入肺组织深度还不理想，可再次调整铅丝位置。

第二节　CT 模拟定位

CT 模拟定位机首先具有诊断机的功能，它是一台高速扫描的螺旋 CT 机，具备孔径大、扫描速度快、扫描层厚、重建的 CT 图像质量高等特点，CT 模拟定位机不仅能提供诊断级的清晰影像，而且能够提供组织密度剂量计算的 CT 值，随着放射治疗技术的发展，CT 模拟定位机（CT-Sim）已是现代放射治疗技术不可分割的一部分（图 7-2-1），从肿瘤定位、治疗计划设计到治疗计划模拟和实施，CT-Sim 的应用贯穿于整个放射治疗过程。

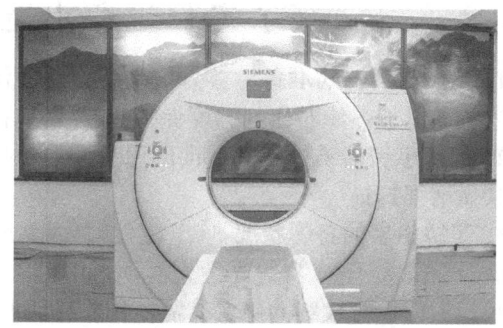

图 7-2-1　CT 模拟定位机

【视窗 7-2-1】
乳腺癌切线放射治疗，是乳腺癌放射治疗较常用的一项技术，由于治疗靶区是在患者胸壁，在治疗同时需要尽可能地保护肺组织，目前在模拟定位时一般选用 CT-Sim 定位，治疗技术主要分为三维适形放射治疗和调强放射治疗两种。
体位固定装置以专用的放射治疗乳腺托架为主，近年来乳腺癌放射治疗使用的真空袋及发泡胶体位固定也在逐渐增多，患者发泡胶体位固定具有个体化及适形度较好的优点，调强放射治疗技术对体位的重复性要求比较高，目前乳腺癌放射治疗真空袋体位固定是比较理想的一种固定方法。
乳腺癌二维放射治疗技术在早期应用比较广泛，目前已逐渐被三维适形放射治疗和调强放射治疗技术所取代，但二维放射治疗技术在个别基层医院还在使用。

一、CT 模拟定位机在放射治疗中的应用

1. 定义肿瘤靶区和重要器官　临床医师在 CT 横断面图像上，通过计算机软件系统，勾画出肿瘤的轮廓，从而定义肿瘤区（GTV），根据肿瘤侵袭的微观特点，临床医生在 GTV 的基础上，外扩得到临床靶区（CTV），CTV 包含了肿瘤细胞可能侵袭的亚临床灶，考虑到器官的运动和摆位误差的影响，在 CTV 的外侧还要进一步扩展适当的距离形成计划靶区 PTV。肿瘤靶区周围重要组织及器官的耐受剂量限制了处方剂量的提高，因此，定义周围重要组织与定义靶区具有同等重要的意义。与勾画肿瘤靶区的方法相同，临床医生在定义肿瘤靶区的同时，也相应地定义周围重要的组织、器官。通过对剂量分布的优化，在保持局部肿瘤控制率不变的情况下，减少正常组织的并发症率。

2. 设计照射野 根据临床医生定义的肿瘤靶区及周围重要器官的信息，治疗计划设计者可以合理地安排子野数目、入射方向、准直器多叶光栅的位置及出束时间等。借助于 BEV 功能，设计者可以从不同方向观察靶区及重要器官的覆盖情况，通过剂量体积直方图（DVH）定量评估危险器官一定体积内所吸收的剂量，结合剂量分布图，通过优化布野方案，保证肿瘤靶区的覆盖，尽量减少周围重要组织或危险器官的覆盖。

3. 组织密度不均匀计算 CT 模拟定位机重建影像的 CT 值反映了 X 射线在人体组织中的线性衰减关系。通过 CT 值可以得到组织横断面的电子密度的分布情况，计算机计划设计系统可以根据内建的校正公式，进行组织密度的不均匀校正计算，组织密度不均匀校正对提高剂量分布计算的精确度具有重要意义。

4. 治疗疗效观察 在放射治疗过程中或治疗结束后，通过对患者进行 CT 扫描，采集 CT 影像资料与治疗前的 CT 影像资料进行对比，评估肿瘤体积的变化情况和治疗摆位的误差情况，并根据需要决定是否调整或增加治疗计划，以获得最佳的治疗效果。

二、CT 定位过程中造影剂的使用及注意事项

1. 高压注射器的准备 首先应准备好高压注射针筒及连接管，提前将对比剂吸入高压注射器针筒内，通过加热使对比剂温度保持在 37℃ 左右。

2. 询问患者的碘过敏史 询问患者碘过敏史，如果患者对碘过敏或做碘过敏实验后有过敏迹象严禁做增强扫描。

3. 了解患者的身体状况 CT 定位时做增强扫描的患者中甲亢、肾功能损害、糖尿病、高血压、心脏病及年龄大于 70 岁等高危人群须慎用对比剂，增强扫描时须考虑降低对比剂的注入总量，对于年龄较大或血管较细的患者，需使用小针头并调低高压注射器注射速率。

4. 对比剂的类型 一般使用非离子型对比剂进行增强扫描。常用的对比剂有：碘帕醇（碘必乐）、碘海醇（碘本六醇、欧乃派克）、碘普胺（优维显）、碘佛醇（安射力）、碘必醇等。

5. 对比剂的注射方式、用量、注射速率及扫描延迟时间 对比剂的注入通常使用静脉团注法，通过手背静脉或肘静脉注射，CT 定位通常以 1.5～2.0ml/s 的注射速率注入对比剂 80～100ml，然后延迟 37～50s 开始扫描。对比剂用量一般按体重计算，1.5～2.0ml/kg，成年人注入总量一般在 100ml 左右，小孩不能超过 2.0ml/kg，注射速率须考虑肿瘤患者是否正在使用化疗药、年龄及以往对对比剂注射速率的反应，成人一般在 2ml/s 以下，婴幼儿或儿童一般在 0.4～1.5ml/s。开始注入对比剂之后的延迟扫描时间，须根据患者扫描的部位及医生或物理师对勾画靶区的要求而定，一般建议头颈部延迟 37～41s，胸腹延迟 42～45s，盆腔及下肢延迟 45～50s 开始扫描。

6. 患者增强扫描后的观察 患者增强扫描后须观察 30 分钟，没有不良反应才可以拔针离开。

三、CT 模拟定位前的准备

（一）运行环境及设备准备

1. 机房内的温度和湿度 检查定位机房内温度是否在 24℃ 左右，温度过高会影响机器的正常运转，温度过低不利于患者的定位扫描，湿度需控制在 50%～70% 之间，以保证机器的正常运作。

2. 开启 CT 机 按照设备的开机顺序，依次开启设备电源和计算机电源，对设备球管进行加热和空气校正，空气校正前应注意不要将定位床移入扫描机架内，开始加热或空气校正前，要确保机房内没有人员逗留。

3. 检查 CT 模拟定位机的磁盘存储空间是否足够 如果主计算机存储空间占用已超过 50%，须将旧资料导出至后台计算机或其他存储磁盘内，以便提高主计算机处理图像的能力和速度。

4. 开启高压注射器电源 开启高压注射器后检查高压注射器是否异常，检查机房内与控制室的显示器是否同步并处于正常显示状态。

5. CT 激光校准 使用 CT 模拟定位机激光检验模板，检查 CT 机内激光与扫描层面一致性，外部定位激光（水平方向、矢状方向和冠状方向）精度及外部定位激光横截面与 CT 机内激光横截面的距离精度。激光精度的目标和要求视治疗采用的技术有所不同，调强和三维适形治疗及立体定向治疗要求的定位误差应不超过 1mm，常规放射治疗的误差应控制在 2mm 以内。

6. CT 室内固定装置的检查 检查 CT 定位室各种常用体位固定装置是否齐全，同时检查每个体位固定装置是否有零件松脱和丢失，如果发现问题须及时请维修人员或厂家进行修理或更换。

7. 急救药品及器械的准备 为了防止患者对对比剂过敏或其他意外情况的发生，每天应检查 CT 室所配备的常规急救器械和药品是否配备齐全，同时检查药品是否过期，药品须定期更换并由护士专人负责管理。

（二）患者准备

1. 检查患者的定位申请单 核对患者姓名、年龄、定位扫描范围、是否有增强扫描、使用何种体位固定装置及核对患者电子病历档案中的照片等其他资料，同时为患者量血压和体温，如果患者舒张压高于 90mmHg，收缩压高于 140mmHg，体温高于 38℃，须征得患者的主管医生同意方可进行增强扫描，必要时须降低注射对比剂的总量和注射速率。

2. 不配合的患者 不配合的患者可采用药物镇静，婴幼儿可口服水合氯醛，等熟睡后再进行体位固定及定位扫描，不配合的幼童如要做增强扫描，其操作顺序是：患者置针头→口服镇静药（或经肛门灌肠给药）→熟睡→体位固定→CT 定位扫描。

3. 手术后未拆线的患者 如果患者扫描部位的手术切口还未拆线，一般情况下建议这部分患者等拆线后再进行定位扫描，以免做定位标记点及画定位标记线时造成伤口感染。

（三）操作者准备

1. 熟练掌握 CT 定位机的特点 能识别和排除简单的设备故障。
2. 熟悉 CT 定位的整个过程 熟练掌握不同病种、不同部位的定位扫描。
3. 熟练掌握不同体位固定装置的使用 包括头颈肩架、乳腺托架、体架及 SBRT 定位框架等的使用，能够使用真空袋、头颈膜、头颈肩膜、胸膜、体膜及恒温水箱等为患者做体位固定。
4. 具备一定的人体解剖学、放射影像学、放射肿瘤学及临床肿瘤学等知识。
5. 落实查对制度，预防差错事故的发生，增强服务意识，确保患者隐私安全。
6. 了解当今放射治疗前沿技术 能为患者进行呼吸门控和 4D CT 扫描，能够熟练应用 CT 图像处理软件，重建 4D 扫描后的衍生图像，以便为精确放射治疗计划设计，提供重要的图像资料。
7. 急救培训 定期进行患者急救培训，熟练掌握各种急救方法，了解患者过敏反应时的应急预案，以便患者在发生对比剂过敏或其他意外情况时能够得到及时抢救。

四、CT 定位参考标记点

（一）参考标记点的概念

1. CT 定位参考标记点 为了达到精确定位的目的，须通过 CT 外部激光系统，在患者体内建立一个虚拟的三维坐标系，通过该坐标点的横截面称为"零层面"，在 CT 两侧墙面和顶面所发出的激光十字线，投射到患者左、右、前部皮肤或体膜上形成的三个十字交叉点，称为 CT 定位参考标记点（marker）。

2. 设定参考标记点的步骤 患者体表的 CT 定位参考标记点，通过床的前后平移和升降或通过三维激光计算机控制器的移动是可以改变的，当确定了 CT 定位参考标记点后，在该参考标记点的皮肤或固定膜上画定位标记，该标记点将放置 CT 可成像标记物，对此连同靶区范围将进行 3~5mm 的薄层扫描。

3. 设定参考标记点位置的原则 为了保证 CT 定位参考标记点能较为有效地发挥定位作用，

除了主管医生的特别要求外，在选择 CT 定位参考标记点的位置时应注意：①尽量接近靶区；②尽量接近骨性位置；③尽量避开呼吸幅度较大的位置；④尽量避开较为明显的瘢痕位置。

4. 设定第四个定位参考点 如果患者 CT 定位时需平扫和增强扫描两套片，为了在做治疗计划时方便两套片准确融合，可在患者体表做第 4 个 CT 定位参考点，为了能够将这 4 个 CT 定位参考点都能扫到并显示出来，第 4 个定位参考点离前 3 个参考点所在的截面距离，应为扫描层厚的倍数，即如果扫描层厚为 3mm，那么第 4 个定位参考点的距离位置就要与前 3 个参考点所在的截面距离乘以 3 的倍数。CT 操作时可将前 3 个参考定位点的截面位置置零后再移动床前后位置来确定。最后在患者的 4 个 CT 定位参考点位置放置可成像标记物。

（二）CT 定位参考标记点的标记方法

患者皮肤表面所画的标记点和标准线非常重要，如果丢失会造成患者的治疗计划延误，同时也会增加医务人员的工作负担，浪费医务人员的时间和精力，为了保护患者的标记点和标记线，目前主要采取以下几种方法和措施：

1. 皮肤画线专用笔 虽然皮肤画线专用笔对于一般的油性笔而言，画在皮肤表面的印记不容易脱落，但经过沐浴液等水洗还是会逐渐淡化及脱落，而且皮肤表面分泌的油脂和汗水也会加速印迹的脱落，要保持几周甚至一个多月的时间并不可靠，所以对标记点或标记线印记要定时补画和加固。

2. 喷雾型液体敷料 虽然厂家宣传能起到很好的保护作用，但喷洒皮肤标记线表面经过水洗、油脂和汗水的冲洗保存清晰印记的时间也不可能达到几周或一个多月的时间，这种产品比较适合幼儿及儿童，但价格比较贵。

3. 输液针头保护透明敷料（保护膜） 部分保护膜确实具有透气、防水及隔菌的效果，而且保存印记的效果也比较好，通常天气凉爽、出汗少时可以保持一到两周，但对于出汗多、皮肤容易过敏的患者不大适合，另外对于用电子线照射及皮肤放射反应大的患者也不适合，该保护膜比较适合幼儿及儿童，为了避免标记线脱落最好每周换一次保护膜，更换时注意不要将旧膜和标记线连同撕掉。

4. 二氧化碳激光治疗枪 激光治疗枪本来主要用于某些皮肤病的治疗，由于激光枪出束比较细小、功率可调，打在皮肤上成点状，过后产生点状瘢痕，保留时间可达几周，而且使用比较方便，如果结合皮肤画线笔一起使用效果会更加理想，缺点是打激光时患者会感觉比较痛，个别患者特别是小孩不容易接受。

5. 纹身法 目前已开发出专为放射治疗使用的纹身液体及配套工具，纹身的方法优点是保留时间长，缺点是纹身前患者皮肤须消毒、标记时患者仍然有一定的刺痛感、对于皮肤有手术瘢痕及皮肤放射反应较严重的患者效果并不理想。

五、CT 扫描参数的设定及图像处理

在参数设置时首先应选择头先进还是脚先进的进床扫描方式，其次还应选择是仰卧位还是俯卧位，头颈部扫描层厚与层间距一般是 3mm，胸腹部扫描一般是 5mm，如果头颈扫描选择层厚及层距 3mm，上界起始扫描位置的参数就应是 3 的倍数，不然扫出的患者横截面图像就不会显示参考点上的可成像标记物。若采取平扫+增强的扫描方式应先设定平扫，增强扫描可作为另一个系列排在平扫之后，平扫之后须检查参考点上是否显示可成像标记物，只有能显示出 3 个点才可以继续做下一个序列增强扫描。

扫描参数为管电流 200～250mA，比较肥胖的患者可适当增加管电流量。管电压的设定须根据治疗计划的要求及是否是幼儿和儿童而有所不同，如果是调强放射治疗计划平扫+增强扫描的方式，平扫管电压 140kV，增强管电压 120kV，对于幼儿和儿童管电压大致在 50～120kV，同时必须在 CT 模拟定位申请书上注明，以便给做治疗计划者参考。开始增强扫描前，先启动高压注射器通过静脉针头注入对比剂，等待 37～50s 才可开始扫描。

扫描后的图像经电脑自动重建处理后，需要将患者的图像资料通过网络系统传到 CT-Sim 治疗计划设计工作站，4D-CT 扫描后，还需进一步重建十套呼吸图像及衍生图像后才能传出，不同的治疗技术可能需要传递到不同的工作站，如果传出前发现图像资料中的视野（FOV）不够大或者起始扫描位置设定错误，导致零层面可成像标记点没能扫到等时须及时通过后台再次重建后才能传出，以避免原始图像资料因堆积过满自动清除后而无法再重建。如果是平扫+增强的扫描，为了便于传出后做治疗计划时区分，可分别标注后再传出。

六、常见肿瘤放射治疗 CT 模拟定位技术

（一）头颈部肿瘤 CT 模拟定位技术

头颈部肿瘤定位扫描的主要病种有：鼻咽癌、颅内肿瘤、鼻腔和鼻窦恶性肿瘤、口腔肿瘤、口咽癌、喉咽癌、喉癌及唾液腺肿瘤等。

1. 体位固定装置的准备 根据患者头颈部放射治疗的部位和放射治疗技术的要求选择不同的体位固定装置；对于颅脑照射的患者，如果不考虑照射颈部，一般可选择头颈膜体位固定架，如果要求肩部能够得到较好的固定，可以选择头颈肩膜体位固定架。对于头部、颈部及锁骨上下区都需要照射的患者，应选择头颈肩膜体位固定器（图 7-2-2）。

2. 使用口含器和牙托 对于在放射治疗时需配合使用口含器、牙托的患者，面膜塑形时须

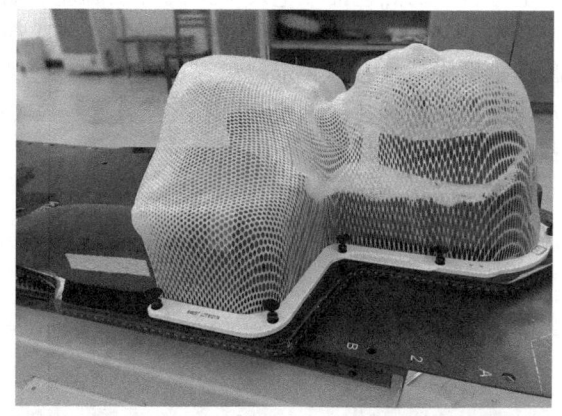

图 7-2-2　头颈肩膜及发泡胶垫体位固定器

同时佩戴，在 CT 定位扫描及放射治疗时也要和体位固定装置同时使用，为了提醒患者和放射治疗师，须在头膜标签纸上注明需使用口含器或牙托（图 7-2-3、图 7-2-4）。

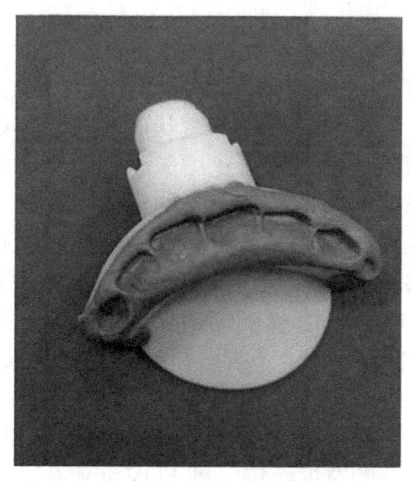

图 7-2-3　个体化口含器

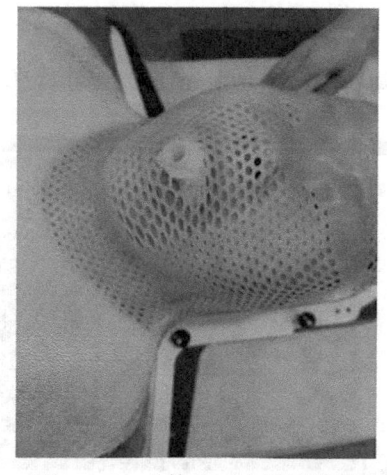

图 7-2-4　个体化口含器的使用

3. 头发和衣服的要求 在使用头颈肩膜固定器前，为了保证患者的体位固定效果，提高患者的体位重复一致性，建议女性患者尽量剪齐耳短发，患者尽可能穿单件较薄无领（如圆领或 V 领）的衣服，另外患者须去除身上所佩戴的耳环、项链及发夹等。

4. CT 定位前 向患者简单介绍 CT 定位扫描的过程，包括使用固定器时的体位要求、定位床移动的安全性等，做增强扫描的患者还须说明注入对比剂后身体发热的一些情况和不适。

5. 体位固定及摆位 首先以头先进的方式，将头颈部或头颈肩部固定装置底板放于 CT 定位床上，将患者使用的枕垫或头颈肩垫放于固定装置上，同时调整好放置位置，嘱患者背向定位装置端坐于定位床上，患者双眼前视，由放射治疗师扶住背部慢慢向后躺下，调整患者头颈部及肩部位置，使患者体位与制作固定膜时的体位一致。为患者戴固定模时须轻轻向下按压固定模，使固定模框边扣对准固定底板锁扣位置，嘱患者小幅度调整头部位置，检查患者头面部及肩锁部皮肤与固定模是否完全贴合，如果重合一致锁紧固定膜扣。

6. 设定参考标记点坐标 将激光系统复零后，调整固定器位置使 Y 轴激光线与患者正中矢状线尽量重合。调整定位床前后和上下位置，使两侧激光定位指示点尽量接近治疗靶区位置，同时要避免正中激光指示点在患者鼻孔或眼眶等面部凹陷位置，如果患者无法经鼻呼吸，应避免标记点定于嘴部开口位置。在激光定位指示点的左、右、前位置贴定位标签纸，用蓝色油性笔（区分常规模拟定位机室的黑色油性笔线）细部分别画左、右、前三个"十"字形标记点（图 7-2-5）。

7. 设定标记点零层面 将定位床移入 CT 机架内并打开 CT 内激光灯，前后调整床位置，使内激光指示线与患者体表定位参考标记点重合，观察可成像标记物在激光照射下是否反光，如果有反光说明位置正确，这时该 CT 床位置可置零位（图 7-2-6）。将床进一步推入使内激光指示线置于患者扫描下界体表位置。

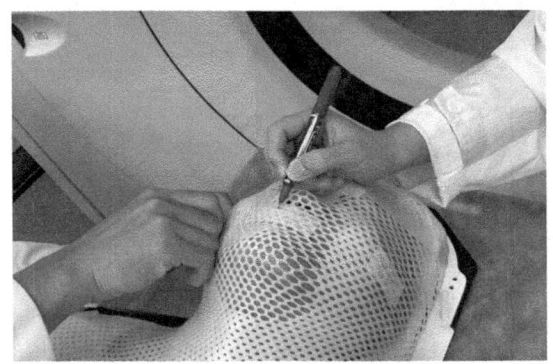

图 7-2-5 画 CT 参考标记点

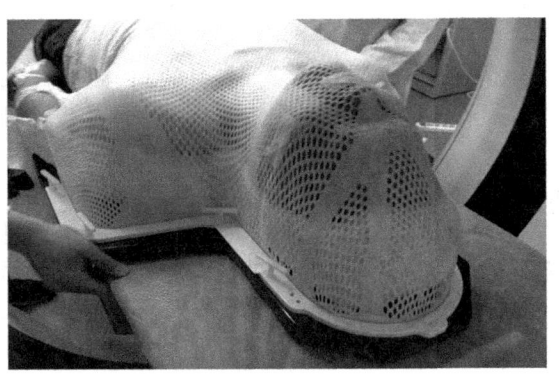

图 7-2-6 设定参考标记点零层面

8. 建档及扫描 首先在 CT 模拟定位机上建立患者的 CT 扫描定位资料档案。设定扫描头颈部方式，扫描患者头颈部冠状面定位图，如果从冠状面图上发现患者正中矢状线歪斜，可重新移动患者的固定装置给予纠正，但此时必须重新设定 CT 定位参考点位置。根据 CT 模拟定位申请书的要求设定扫描范围，即上界和下界的大致位置，例如，鼻咽癌调强计划 CT 定位扫描：上界：额窦上缘，下界：锁骨头下缘下 2cm（图 7-2-7）；脑瘤 3D 治疗计划 CT 定位扫描：上界：颅顶，下界：第 2 颈椎，在设定上下界时须保证有足够的宽度范围，即 FOV 足够大。扫描完成后仔细检查图像，如果没有问题将图像传至 CT-Sim 工作站。

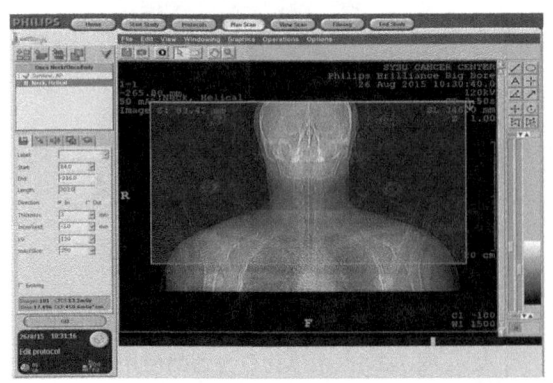

图 7-2-7 设定鼻咽癌 CT 定位常规扫描范围

（二）胸部肿瘤 CT 模拟定位技术

1. CT 定位前准备 胸部肿瘤放射治疗 CT 定位前须为患者做胸部体位固定，常用的体位固定装置有真空垫、发泡胶、体位固定架+体膜、头颈肩架+肩垫（或头枕）+头膜等。胸肺部肿瘤放射治疗常使用真空垫、发泡胶及体位固定架+体膜做体位固定。食管癌颈上段的患者常使用头颈肩架+头颈肩垫+膜。CT 定位前须向患者简单介绍 CT 定位扫描的过程，包括使用固定器时的体位要求、定位床移动的安全性等，做增强扫描的患者还须说明注入对比剂之后身体发热的一些情况和不适。

2. 体位固定及摆位　以真空垫为例，患者须脱去上衣充分暴露上身，以头先进的扫描方式躺在准备好的真空垫上，为患者调整体位，观察患者头部及上身是否与真空垫贴合，开启 CT 激光定位系统，观察纵线（Y 轴方向）激光是否与患者正中矢状线重合，如果不重合调整真空垫位置使之重合。

3. 设定参考标记点坐标　胸部肿瘤的 CT 扫描，其参考标记点坐标的选择，首先应尽量靠近胸部靶区位置，其次应尽量接近骨性标记的地方，两侧标记点坐标可选择患者两侧肋骨位置，另外由于胸部有呼吸运动，我们应选择呼气末或吸气末来做参考标记点坐标，胸前标记点坐标可选择在患者胸部正中矢状线偏上位置，最后在 3 个标记点上放置可成像标记物。

4. 设定标记点零层面　将定位床移入 CT 机架内并打开 CT 内激光灯，前后调整床位置，使内激光指示线与患者体表定位参考标记点重合，胸部照射患者须留意患者身体前部的 CT 定位参考点是否会随呼吸运动而漂移，为了避免漏扫应尽量将该参考点置于呼吸运动上下幅度中间。观察可成像标记物在激光照射下是否反光，如果有反光说明位置正确，这时该 CT 床位置可置零位，将床面进一步推入机架内使激光指示线置于患者扫描下界体表位置。

5. 建档和扫描　其步骤为：①在 CT 模拟定位机上建立患者的 CT 扫描定位资料档案，设定扫描胸部方式，扫描患者胸部冠状面定位图；②设定扫描范围：根据 CT 模拟定位申请单的要求，通过鼠标设定患者扫描的范围，即上界和下界的大致位置，为对正常肺组织进行剂量评估，扫描范围应包括全肺，考虑到患者的呼吸运动幅度，上下界可外放 1~2cm，同时扫描范围还必须把 3 个 CT 定位参考点包括在内；③设定扫描参数：胸部扫描层厚和层距一般选择 5mm，上界扫描的起始位参数是 5 的倍数，如果计划单要求平扫+增强扫描，增强扫描作为下一个序列排在平扫序列之后，上界起始位等其他参数设定不变，平扫 140kV，增强扫描 120kV，对于幼儿和儿童管电压大致在 50~120kV 之间，同时必须在 CT 模拟定位申请单上注明，平扫之后须检查参考点上是否显示可成像标记物，只有能显示出 3 个点才可继续做下一个序列的增强扫描。增强扫描在高压注射器启动 45s 后开始扫描。扫描完成后仔细检查图像，如果没有问题将图像传至 CT-Sim 工作站。

【案例 7-2-1】
　　患者，男，58 岁，肺癌，准备进行调强放射治疗，患者来 CT-Sim 准备做模拟定位扫描，之前已在模室做了真空袋体位固定装置，在操作时其程序为：体位固定及摆位→设定参考标记点坐标→设定标记点零层面→建档和扫描。
问题：
　1. 在患者身上设定 CT-Sim 参考标记点的原则有哪些？
　2. 对于该患者在什么位置做 CT-Sim 参考标记点比较合适？
　3. 保护 CT-Sim 参考标记点的方法有哪些？
　4. 如果该患者只是做增强扫描，操作时需要注意什么？

（三）乳腺肿瘤放射治疗 CT 模拟定位技术

1. CT 定位前准备　乳腺癌患者放射治疗通常使用乳腺托架，患者使用乳腺托架可直接在 CT 模拟定位机上进行体位固定及定位扫描，也有个别乳腺癌患者使用真空垫做体位固定，真空垫下也要加楔形泡沫垫垫高背部，使胸壁尽量保持水平（图 7-2-8）。

2. 体位固定及摆位　首先根据患者的身高及胖瘦设置乳腺托架的支架高度（或角度），患者脱去上衣充分暴露上身，以头先进的扫描方式躺在乳腺托架上，利用水平激光线观察患者前胸部是否接近水平，如果需要可调整乳腺托架支架高度（或角度），为患者调整乳腺托架的头枕位、臀部止顶位，使其上身不易下滑，患侧手臂上举，调整患侧手臂臂托位及腕托位，使其患侧胸部及腋窝位置能充分暴露，手臂对胸壁野无遮挡，如果患者需要做锁骨上区野照射，患者头部须偏向健侧，患者健侧手臂下垂，健侧手大拇指放肚脐。开启 CT 激光定位系统，观察纵线（Y 轴方向）激光线是否与患者正中矢状线重合，如果不重合调整患者体位或乳腺托架位置使之重合。

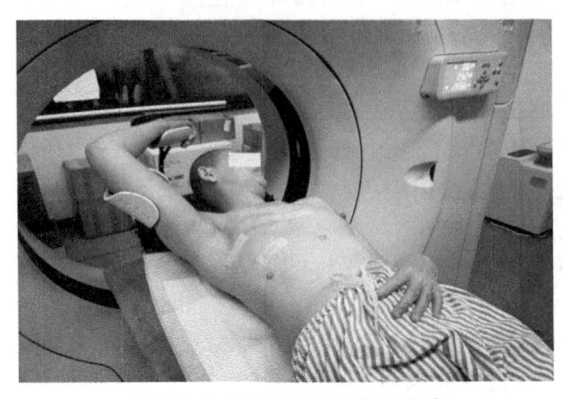

图 7-2-8　乳腺癌 CT 模拟定位

3. 设定参考标记点及坐标　调整定位床前后和上下位置，使两侧激光定位指示点尽量接近治疗靶区及胸部肋骨的位置，对于乳腺癌患者还须根据主管医生的要求在其患侧乳腺反折下或乳腺轮廓处、体中线一侧、锁骨头下缘、患侧腋中线、手术引流口及瘢痕等处画线并放"介入导管丝"（可减少影像伪影）作为成像标记线。在激光定位指示点的左、右、前用蓝色油性笔（区分常规模拟定位机室的黑色油性笔线）分别画左、右、前三个"十"字形定位参考标记点，在参考标记点上放可成像标记物。为了提高乳腺癌患者在使用乳腺托架时的体位重复性，还须利用纵轴激光线在胸骨柄上方及面颊部做激光定位标记点。

4. 设定标记点零层面　将定位床移入 CT 机架内并打开 CT 内激光灯，前后调整床位置，使内激光指示线与患者体表定位参考标记点重合，观察可成像标记物在激光照射下是否反光，如果有反光说明位置正确，这时该 CT 床位置可置零位。将床进一步推入使内激光指示线置于患者扫描下界体表位置，通常这一位置应在第 2 腰椎或第 3 腰椎处。

5. 建档及扫描　在 CT 模拟定位机上建立患者的 CT 扫描定位资料档案，设定扫描胸部方式，扫描患者胸部冠状面定位图。根据 CT 模拟定位申请书的要求，通过鼠标设定患者扫描的范围：通常上界平第 1 颈椎，下界在第 2 腰椎或第 3 腰椎位置，考虑到患者的呼吸运动幅度，上下界可外放 1~2cm，同时扫描范围还必须把 3 个 CT 定位参考点包括在内。由于扫描宽度需要包括患者上举手臂，所以 FOV 须尽可能放大至 600mm。胸部扫描层厚和层距一般选择 5mm，上界扫描的起始位参数是 5 的倍数。管电压为 140kV。目前乳腺癌的治疗计划以 3D-CRT 较多，部分是调强放射治疗计划，CT 定位扫描有单独平扫或单独增强扫描，一般情况下增强扫描在高压注射器启动 45s 后开始扫描。扫描完成后须仔细检查图像，如果没有问题将图像传至 CT-Sim 工作站。

（四）腹部肿瘤 CT 模拟定位技术

腹部及盆腔肿瘤的 CT 定位扫描病种有原发性肝癌、宫颈癌、直肠癌、前列腺癌及睾丸肿瘤等。

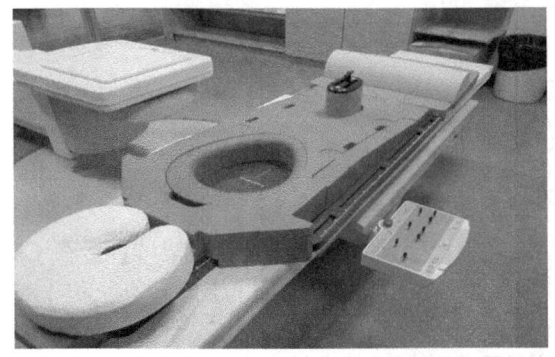

图 7-2-9　俯卧位盆腔肿瘤放射治疗体位固定架

1. 体位固定装置的准备　CT 定位前需要为患者准备体位固定装置或做体膜固定，腹部及盆腔肿瘤放射治疗使用的体位固定装置有：真空垫、体位固定架+膜（图 7-2-9）、腹板及发泡胶固定器等。放射治疗选用何种体位固定装置、采取何种体位需要结合放射治疗单位的具体情况，根据不同的病种及不同的放射治疗技术而定，例如，肝癌患者一般选仰卧位，用真空袋、发泡胶固定器及体位固定架+膜等，宫颈癌及前列腺患者一般选用仰卧或俯卧位，用真空袋、腹板及体位固定架+膜等。

2. 患者肠道准备 部分盆腔及消化系统部位的肿瘤患者，根据主管医生的要求，须提前按时、按量分 4 次喝入少量经稀释配置（1∶50）的对比剂，以便定位扫描时能够更好地显影消化道主要病灶及相关器官的位置，这部分患者在放射治疗定位预约时就要将药水提前交给患者及家属，并交代服用时间及间隔时间。

3. 患者膀胱尿量的充盈准备 对于前列腺癌、宫颈癌、直肠癌及使用体位固定架+体膜、俯卧位治疗的患者，每次放射治疗时膀胱尿量充盈度的改变都会直接影响到患者体位固定的效果、靶区器官位置的改变及放射治疗的疗效，为了保证患者的治疗疗效，从体位固定、CT 定位扫描、治疗前复位验证到每次放射治疗，患者膀胱尿量的基本一致是非常重要的，由于不同的患者对尿量忍耐程度有差别，一般要求患者尿量充盈度大致在 250~350ml，每次可允许患者有±50ml 尿量的差别。CT 定位前可采用专用 B 超膀胱容量监测仪来测量患者尿量。

4. CT 定位前与患者的沟通 向患者简单介绍 CT 定位扫描的过程，包括使用固定器时的体位要求、定位床移动的安全性等，对做增强扫描的患者还须说明注入对比剂之后会导致身体发热等一些情况和不适。

5. 真空垫固定及摆位 患者须脱去外套及长裤、上衣拉高，保证腹盆部除内裤外无其他衣物遮挡，使腹盆部位充分暴露，以头先进的扫描方式仰卧躺在准备好的真空垫上，为患者调整体位观察患者胸腹部及腿部是否与真空垫贴合，开启 CT 激光定位系统，观察纵轴（Y 轴方向）激光线是否与患者正中矢状线重合，如果不重合调整真空垫位置使之重合。

6. 带腹孔的体位固定架固定及摆位 嘱患者以头先进的扫描方式俯卧于体位固定架上，观察患者腹部位置是否放入固定架腹孔，确认盆腔肠道下垂于固定腹孔内，必要时调整患者前后位置。调整体位固定架的位置使激光垂直线对应固定架两边预设定的摆位刻度，升降定位床，调整患者体部使两侧"十"字形激光线与患者两侧体部摆位标记点重合，纵轴线激光线与患者正中矢状线或摆位点重合。将固定体模轻轻罩入体部，观察体模与患者皮肤的贴合度，如果体模与患者体部重合性较好，则将体模扣件锁紧于固定架上。

7. 设定参考标记点坐标 调整定位床前后和上下位置，使两侧激光定位指示点尽量接近治疗靶区位置，使用真空袋的患者，标记点可设在肋骨或髂前上棘部位，在激光定位指示点体膜的左、右、前位置贴定位标签纸，用蓝色油性笔细部分别画左、右、前三个"十"字形定位参考标记点。如果患者需要做平扫+增强扫描，患者须离开 CT 定位参考点截面位置，以扫描层厚的倍数距离设定第四个定位参考点位置。最后在标记点上贴可成像标记物。

8. 设定标记点零层面 将定位床移入 CT 机架内并打开 CT 内激光灯，前后调整床位置，使内激光垂直指示线与患者体表定位参考标记点重合，重合时该位置设定零位，将床进一步推入机架内，使激光指示线置于患者扫描下界体表位置，通常盆腔肿瘤扫描应在坐骨结节下缘位置，会阴部肿瘤需要扫到股骨中段位置。

9. 建档和扫描体位 在 CT 模拟定位机上建立患者的 CT 扫描定位资料档案。设定扫描腹部或盆腔部位方式，扫描患者腹部或盆腔部位冠状面定位图。

10. 设定扫描范围 根据 CT 模拟定位申请书上主管医生的要求，通过鼠标设定患者的扫描范围，即上界和下界的大致位置，例如，上腹部可设在第 10 胸椎下缘至第 5 腰椎下缘范围，盆腔可设定在第 2 腰椎或第 3 腰椎上缘至坐骨结节下缘下 2cm 范围等。设定扫描范围时注意要将 CT 定位参考点包括在扫描范围之内。

11. 设定扫描参数 腹部及盆腔部位扫描层厚和层距一般选择 5mm，如果是调强放射治疗，采用体位固定架+体膜的固定方式，扫描层厚和层距可以缩窄到 3mm，平扫+增强扫描的参数条件及扫描方法与胸部扫描方法基本一致，盆腔部位增强扫描一般情况下在高压注射器启动 45s 后开始扫描。扫描完成后须仔细检查图像，如果没有问题将图像传至 CT-Sim 工作站。

【案例 7-2-2】
患者，女，50 岁，直肠癌，准备进行调强放射治疗，之前在模拟定位室进行俯卧位 Orfit 架体膜体位固定，做体位固定前用 B 超膀胱测量仪测得膀胱尿量为 280ml，现准备到 CT-Sim 室进行 CT-Sim 扫描模拟定位。

问题：
1. 患者在做 CT-Sim 扫描定位前是否还需要涨尿扫描？如果需要涨尿扫描其膀胱尿量是否一定要保持在 280ml？
2. 膀胱涨尿对放射治疗疗效的影响是什么？
3. 患者俯卧于 Orfit 架上，下腹部放置于腹孔内，请问该俯卧架的腹孔在放射治疗时主要起什么作用？

【案例 7-2-2 分析】
1. 尿量一般保持在 250～350ml，有±50ml 尿量的差别是可以接受的，如果该患者之前做体位固定器前测得尿量为 280ml，那么患者尿量在 250～310ml 就可以做 CT-Sim 定位扫描。
2. 从体位固定→CT-Sim 定位→放射治疗，患者的膀胱尿量能够保持在一定的充盈水平，这对减少膀胱的照射剂量是有益的，另外除了保护患者的正常器官及减少患者的正常组织的照射剂量外，对提高患者肿瘤靶区的精确度，提高靶区剂量也是非常有益的。
3. 腹孔的作用主要有两个：第一，能够提高患者俯卧时体位的稳定性及舒适性，从而提高患者每次摆位的体位重复性，这对于腹部较大的患者尤为重要；第二，当位置正确时，腹孔的下缘能够使患者的小肠往上顶，这对于放射治疗时保护小肠，减少小肠的放射反应非常有利。

【视窗 7-2-2】
从体位固定→CT-Sim 定位→放射治疗，保持膀胱在一定的充盈度水平，对于盆腔部位的放射治疗是非常有益的，除了直肠癌放射治疗外，在宫颈癌和前列腺癌放射治疗时都可以使用该方法，但对于前列腺癌放射治疗除膀胱充盈外，直肠排空或直肠放置气囊等方法，也是精确放射治疗的手段之一。

（五）全脑全脊髓放射治疗 CT 模拟定位技术

全脑全脊髓的照射一般用于髓母细胞瘤、松果体区生殖细胞瘤和分化差的室管膜瘤等易沿蛛网膜下腔间隙的脑脊液循环扩散和种植等疾病的患者。

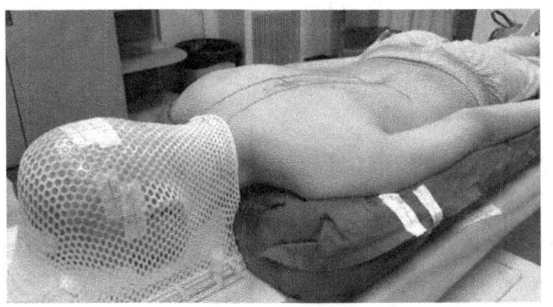

图 7-2-10　全脑全脊髓放射治疗俯卧位

1. 体位固定器的准备　全脑全脊髓放射治疗的患者，通常采用俯卧位（图 7-2-10），儿童及不能俯卧位的患者可采用仰卧体位。患者俯卧于特制的固定装置上，头部用俯卧枕+热塑头膜进行头颈部固定，躯干部可用负压真空袋进行体位固定，最好头颈部和躯干部选用同一体位固定架。患者双肩自然下垂，两臂放于体侧。做体位固定时须在 X 射线透视下观察患者头部鼻中隔与躯干部脊髓正中矢状线是否成一直线，只有体位达到要求才进行热塑膜头颈部固定和躯干部真空袋的体位固定，最后在患者的头颈部热塑膜上、患者背部皮肤及体部真空袋上标注摆位标记点及标记线。

2. CT 定位前向患者简单介绍 CT 定位扫描的过程　包括使用固定器时的体位要求、扫描过程定位床移动的安全性等，做增强扫描的患者还须说明注入对比剂后可能导致身体发热等一些情况和不适。

3. 头颈固定器+真空袋体位固定及摆位　以头先进的方式将体位固定器放于CT定位床上，患者按放射治疗时的体位俯卧位于头颈固定器和真空袋上，利用CT模拟定位机外激光线为患者摆位，使患者背部脊髓正中矢状线与激光纵线激光线重合，患者背部横截面线与激光垂直线及真空袋两侧垂直标记线重合，患者背部两侧水平标记点过两侧激光水平线，后移床位为患者戴头颈部固定膜，使固定膜定位垂直标记线与激光垂直线重合。

4. 设定CT定位参考标记点　调整定位床前后和上下位置，使两侧激光定位指示点尽量接近患者头部颅脑位置，在激光定位指示点体模的左、右、前位置贴定位标签纸，用蓝色油性笔细部分别画左、右、前三个十字定位参考标记点，在标记点上贴可成像标志物。

5. 在CT定位参考点上设定零层面位置　将定位床移入CT机架内并打开CT内激光灯，前后调整床位置，使内激光垂直指示线与患者头部定位参考标记点重合，重合时该CT床位置设定零位，将床进一步推入机架内，使激光指示线置于患者扫描下界尾椎下缘位置。

6. 建档和扫描体位　在CT模拟定位机上建立患者的CT扫描定位资料档案。设定患者俯卧位，设定扫描患者头颈、胸部、腹部及盆腔部位，扫描患者以上部位冠状面定位图。

7. 设定扫描范围　根据CT定位申请书上主管医生的要求，通过鼠标设定患者的扫描范围：上界过头顶，下界在尾骨下缘位置。设定扫描范围时注意患者真空袋两侧位置要包括在扫描范围内。

8. 设定扫描参数　全脑全脊髓部位扫描层厚和层距一般选择5mm，在进床扫描方式下，设定上界参数时注意必须是5的倍数。平扫+增强扫描的参数条件及扫描方法与胸部扫描方法基本一致（请参阅胸部肿瘤CT模拟定位技术设定扫描参数一节），增强扫描在高压注射器启动45s后开始扫描。

9. 图像处理　扫描后的图像经电脑自动重建处理后，将患者的图像资料传到CT-Sim治疗计划设计工作站，如果传出前发现图像资料中FOV不够大或者起始扫描位置设定错误，须及时重建后再传出。

第三节　MRI 模拟定位

磁共振成像（MRI）模拟定位机（图 7-3-1）引入放射治疗，主要因磁共振图像对软组织较好的分辨率及较丰富的功能影像而受到重视，磁共振模拟定位机（MRI-simulator，MRI-Sim）严格意义上说与影像诊断室使用的 MRI 设备是有区别的，除了机器主要结构大致一样外，验证体模、治疗床、扫描线圈、线圈桥架、应用软件、扫描卡片及扫描序列等都是按放射治疗的特殊要求设计的，由于患者在进行 MRI-Sim 扫描时是戴着体位固定装置进行扫描，加上床面与治疗机器床面同为平板床面，以及较大的扫描孔径（物理孔径 70cm，FOV 为 55cm），扫描完成后的图像通过网络传送至治疗计划室，然后与 CT-Sim 图像进行配准融合及勾画靶区，再利用 CT 值进行

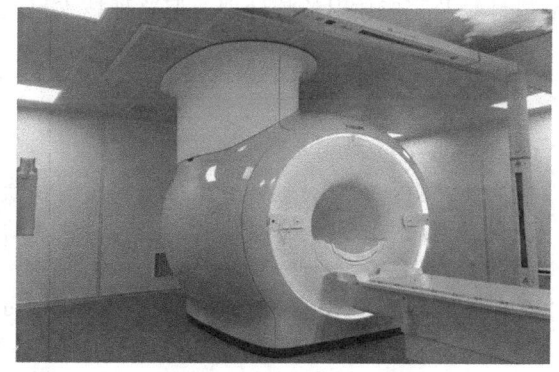

图 7-3-1　MRI 模拟定位机

计量计算最后做出治疗计划，MRI-Sim 在整个放射治疗流程中能够做到无缝衔接，并支持现有的精确放射治疗。

一、MRI 模拟定位机在放射治疗中的应用

1. 对肿瘤、重要器官及正常组织进行精确定位　一方面，由于MRI图像对软组织有较好的分辨率，特别是对头颈部肿瘤、宫颈癌、前列腺癌、神经肿瘤、软组织肉瘤及淋巴瘤等肿瘤靶区的勾

画比较精准，放射治疗计划设计时，MRI-Sim 图像与 CT-Sim 图像配准融合后进行治疗靶区勾画，不仅弥补了 CT 图像的不足，而且能够提高剂量计算的精度；从而提高了患者放射治疗的精准度；另一方面，由于勾画肿瘤靶区更加精准，从而避免危及邻近的正常组织及器官，最终提高了患者的肿瘤局控率（图 7-3-2）。

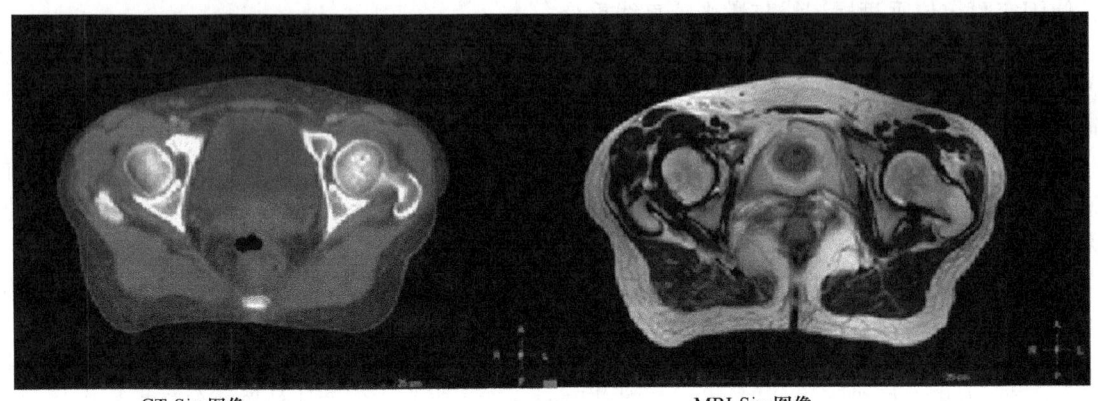

CT-Sim 图像　　　　　　　　　　　　　　MRI-Sim 图像

图 7-3-2　MRI 图像具有较高的软组织分辨率

2. 疗效评估　一方面，与 CT 相比，MRI 没有电离辐射，患者身体能够得到更好的保护，另一方面，MRI 影像能够区分肿瘤活体组织和放射治疗后的水肿组织，对再程放射治疗及疗效评估等能提供更加安全及准确的信息。

3. 能够提供丰富的功能影像　与诊断室 MRI 影像类似，MRI-Sim 定位也能够提供弥散、动态增强、波谱等功能影像，并能明确肿瘤侵入范围，对治疗计划设计及疗效评估等能提供更加丰富的影像及数字化信息；

4. 具备初步的 MRI 独立设计模块　MRI 独立设计模块（MRI-ONLY Sim），相比于 CT-Sim 扫描加 MRI-Sim 扫描的多模态成像工作流程，MRI-ONLY Sim 更加简便，它只需要对 MRI 相关影像赋予一定的 HU 值（hounsfield unit，HU，CT 值单位），而不需要做 CT 扫描就可以完成靶区勾画，剂量计算及完成放射治疗计划，但这种技术目前只有国外前列腺癌放射治疗能够临床应用。

二、MRI 模拟定位的禁忌证及安全事项

> 【案例 7-3-1】
> 　　某放射治疗单位新购置了一台后装转运床，该转运床自称为 MRI 专用转运床，可通过气泵使转运床垫升起，方便工作人员将后装患者从转运床移到 MRI-Sim 扫描床上进行扫描。
> 问题：
> 　　1. 从安全角度考虑，该转运床在 MRI-Sim 扫描间转运患者需要注意什么？
> 　　2. 后装患者进入 MRI-Sim 扫描前需要注意哪些安全事项？

　　MRI-Sim 定位与 CT-Sim 定位的安全要求是不同的，CT 和 X 射线在工作的时候会产生电离辐射，但关机之后会自动消失，而磁共振无论工作与否其磁场总是存在的，虽然我们看不见磁场，但是可以通过测量手段感知磁场，磁场在扫描间的任何地方都会存在，越靠近磁体中心磁场吸引力越大，所产生的抛射力越大，对于任何磁共振强度的磁体，我们都需要注意磁共振工作安全规范，在做任何 MRI 定位操作前，一定要重视磁共振扫描的安全性。首先，要向患者交代安全注意事项，患者进入扫描间进行 MRI-Sim 定位前须填写磁共振定位知情同意书并签名确认。其次，患者家属及相关工作人员进入磁场扫描间前，都应告知磁场安全相关注意事项。另外，机房入口处和门上，须张贴或悬挂明显的磁共振安全警示标语（图 7-3-3）。

（一）禁忌证

1. 心脏起搏器 心脏起搏器的功能会受到磁场的干扰，并在电极中产生感生电流。剩余磁力线为 0.5mT，对于心脏起搏器的携带者来说不容忽视，所以磁力线应该严格屏蔽，在检查室门外须张贴该项安全告知。

2. 体内存在动脉瘤夹 动脉瘤夹一般是金属材料，在磁场的影响下即使有微小的移位，也会造成夹闭不稳、动脉瘤破裂等危险情况，除非该金属植入物经手术医生证实不受 MRI 影响方可进行 MRI-Sim 定位扫描。

3. 眼球内金属异物 眼球内都是软组织和房水，如果有金属异物，其在磁场影响下会移位，造成眼球损伤，影响视力。

4. 高热患者 在扫描过程中，患者会接收 RF 脉冲，对人体可能产生一些热量。

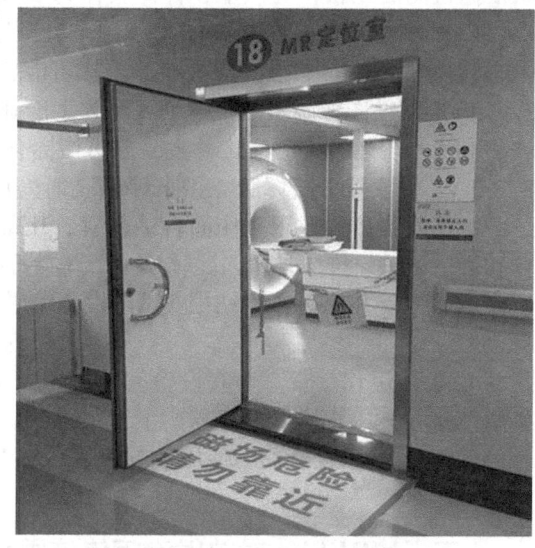

图 7-3-3　磁共振安全警示标语

5. 幽闭恐惧症患者 人群中真正的幽闭恐惧症并不多，大概占 2%，如果遇到真正的幽闭恐惧症，患者是无法配合完成 MRI 定位的。

（二）相对禁忌证

1. 体内的金属异物 如假牙、节育环、金属植入物及手术夹等，尽量避免扫描，能够摘掉的一定要摘掉，这些金属异物会导致磁场的局部不均匀，在成像组织周围形成大量伪影影响肿瘤靶区及危及器官的精确定位。

2. 昏迷、神志不清、意识模糊患者 尽量避免对这类患者进行 MRI 定位扫描。

3. 孕妇及婴儿 一定要征得医生同意，小儿做 MRI 定位，一定要让家属在检查室监视。

（三）严禁带入磁场扫描间的其他物品

严禁无关人员随便进入磁场扫描间，患者、家属及相关工作人员进入磁场扫描间勿将严禁带入的物品随便带入，严禁带入的物品包括：

1. 患者携带的随身物品，如钥匙、手机、手表、银行卡、信用卡、存折及交通卡等。
2. 患者能去除的体外物品，如眼镜、眼线、假睫毛、睫毛线、活动假牙、牙托、牙套、牙箍、胸罩、发夹、耳环、耳坠及项链等。
3. 患者衣服上的其他物品，如皮带金属扣、带金属拉链的衣服和裤子、金属纽扣等。
4. 患者携带的其他物品，如硬币、打火机、别针、回形针及雨伞等物品。
5. 医用金属铁磁物体，如车床、轮椅、氧气罐、输液架、剪刀等。

永远不要忘记操作者是患者进入机器前的最后一道安全长城。

三、MRI 模拟定位前的准备

（一）MRI-Sim 的 QA 及日常检查

MRI-Sim 的 QA（quality assurance，QA）分日检和周检两部分，日检包括检测外激光准确度、患者呼叫装置是否有效、紧急按钮是否出现异常、治疗床是否工作正常、线圈及线圈外罩是否破损、连接器是否完好无损、操作控制台电脑是否工作正常及通话装置是否有效等。周检包括磁体运作检查、图像质量测试、床面水平度检测及几何形变检测等。以 PHILIPS Ingenia 3T MR-Sim 为例，厂家根据检测的项目，提供了 3 种体膜作为 MRI-Sim QA 主要检测项目使用。

1. 外激光定位系统检测体膜　用来验证通过使用外部激光定位系统，靶区是否准确地从激光中心转换到 MR 的中心，若有外部干扰可能会导致不正确的患者定位。

2. 周期性图像质量测试体膜　是为了准确地设置成像中心频率和其他基准系统参数，同时用于观察 MR 系统运行中的变化。主要分析指标有：空间均匀性、空间线性、层厚分析及空间分辨率。

3. 几何质保分析体膜　用来评估几何失真，因为几何保真度对放射治疗计划来说尤为重要。

操作时将体膜放置于床面合适位置，升高床面，利用三维激光定位系统进行体膜对位，按床面自动运行开关，将体膜送入磁体中心，在计算机系统中调出对应检测项目测试软件并开机扫描，测试完成后检查并分析检测结果。如果检测结果有异常须重检一次，必要时须通知厂家到场对机器进行检修。

4. 磁体运作检查　检查设备间液氦水冷水压，检查是否有错误报警灯亮，在计算机内运行设备磁体检查，检查磁体低温器中液氦的液位。

5. 床面水平度检测　使用塑料水平仪，分别在床头、床中及床脚位置，检测头、脚及左右方向床面是否水平。

（二）MRI-Sim 对放射治疗体位固定装置的特定要求

MRI 定位患者须佩戴放射治疗固定装置进行扫描，目前放射治疗中使用的很多体位固定器都是采用碳纤维材料制成，碳纤维板材具有重量轻、刚性好及对射线衰减小等特点，但碳纤维板材并不适合在 MRI-Sim 定位使用，原因是碳材料相当于一个导体，扫描时会产热影响射频的发生和信号的接收，另外碳纤维材料的传导性屏蔽射频脉冲，可导致靠近体板部分产生阴影影响图像质量，目前可替代的材料为用凯夫拉纤维或玻璃纤维等制成的体位固定器。对于大部分普通负压真空袋而言，由于气嘴没有经过高磁场环境条件下的使用设计，内含金属元件如果飞出易造成安全隐患，气嘴内含有金属也会影响磁场局部均匀度，目前厂家已制造出 MRI-Sim 专用的负压真空袋供患者使用。由于 MRI-Sim 的物理孔径相对于 CT-Sim 较小（目前 MRI-Sim 厂家最大只有 70cm），部分固定装置如果较高、较宽，使用时会受到一定的限制。

（三）MRI-Sim 对比剂的应用及不良反应

对比剂是指能通过某种途径引入机体后，使组织的图像与周围结构或组织的图像产生差别的显影剂。磁共振成像对病变较为敏感，但因正常组织与病变组织的弛豫时间有较大重叠，常规 MRI 平扫提供的疾病信号有限，对比剂的应用因能特异或非特异地改变组织的弛豫时间和组织的信号强度，有助于病变的早期诊断、小病灶的检出和对疾病的定性诊断。磁共振对比剂在发现平扫未显示的病变、肿瘤的鉴别、明确病灶范围、术后患者的检测及血管病变的显示等方面发挥着不可或缺的作用。根据作用不同和磁化率的强弱可将对比剂分为顺磁性对比剂、超顺磁性及铁磁性对比剂三类。也可根据对比剂在体内的分布分为细胞内、外对比剂和组织特异对比剂。组织特异性对比剂又分为非选择特异性对比剂和选择特异性对比剂。

目前临床使用最多的对比剂 Gd-DTPA（gadoppentetate dieglumine magnevist，磁显葡胺，马根维显），主要成分为顺磁性很强的金属离子钆，能有效缩短周围组织弛豫时间，有助于小病灶及弱强化病灶的检出。与其他对比剂一样，理想的 MRI 对比剂具有造影效果好、对人体无害、使用方便等特点。

以常用的钆双胺注射液（欧乃影）为例，其属于非离子型（Gd-DTPA-BMA）对比剂，按磁化强度来分属于顺磁性对比剂，常规静脉注射计量为 0.1mmol/kg（0.2ml/kg）。注射对比剂后头颈部扫描一般延迟 1 分钟后开始，盆腔部位扫描一般延迟 90 秒左右开始，注射速率成人一般用 1ml/s，儿童、幼儿及血管较差的患者可适当降低注射速率。注射对比剂时应密切关注患者的反应，如果出现异常应暂停注射。

【案例 7-3-1 分析】
1. 首先，转运床在进入 MRI-Sim 扫描前，须对相关工作人员，包括医师、护士及 MRI-Sim 操作技术人员进行转运床的使用操作培训，使其了解转运床的工作原理及操作方法，其次须了解清楚转运床哪些部件是可以进入 MRI-Sim 扫描间的，哪些部件是严禁带入 MRI-Sim 扫描间的，如供气泵及患者脚托架等含铁磁性物质的部件严禁进入 MRI-Sim 扫描间。另外，转运床第一次使用前，须空床进入 MRI-Sim 扫描间操作一次，主要是为了了解转运床转运患者时的操作程序及方法。

2. 患者进入 MRI-Sim 扫描间前须填写一份知情同意书并签名确认，主要目的是确认患者体内没有 MRI 绝对禁止的金属物体，包括心脏起搏器、动脉夹及房间隔缺损封堵器等金属物体，以防患者扫描时出现意外。

3. 施源器导管等尽量勿使用金属材料，可使用塑料材料替代品，以避免扫描时产生金属伪影。

全部不良反应均短暂，大多数轻微。偶于注射部位有不适伴热感或冷感，或有局部压力感及痛感。头晕、恶心、头痛和嗅觉、味觉的减退则更少报道，罕见的反应有呕吐、瞌睡、感觉异常、视觉障碍、腹泻、焦虑、呼吸困难、胸痛、心动过速、震颤、关节痛或过敏样症状，如荨麻疹、皮肤瘙痒或喉部刺激等，过敏反应也可能发生。

相对而言 MRI 对比剂不良反应发生率比较低：血管内离子型不良反应发生率约为 1.31%，非离子型约为 0.80%，低于 X 射线用非离子型碘对比剂，即便如此，使用时 MRI 对比剂的不良反应也应引起足够重视。

四、MRI 模拟定位技术

MRI 模拟定位主要以颅脑、头颈部、盆腔定位为主，其次也包括食管、肝脏、脊椎及四肢等。

（一）头颈部肿瘤 MRI 模拟定位技术

1. 线圈 由于放射治疗患者需要佩戴固定装置进行 MRI 定位扫描，线圈设计需符合放射治疗定位扫描要求，同时为了提高 MRI 定位的成像质量，头颈部 MRI 模拟定位常用头部柔性线圈、放射治疗专用前片线圈及前后可调高低的线圈桥架等。

2. 体位 仰卧位、头先进，但全脑全中枢的全脑放射治疗一般采用俯卧位。

3. 体位固定及摆位 患者仰卧于固定垫板上，通过三维激光定位系统检查患者体位是否与做体位固定时一致，必要时给予适当纠正，嘱患者握住紧急按钮球，并交代使用注意事项，为患者戴固定面罩，检查患者头面部、颈部、肩部及锁骨等部位是否与面膜贴紧，必要时患者坐起再躺下，再重新佩戴面罩一次。患者做定位时，一般流程是先做 CT-Sim 定位再做 MRI-Sim 定位，如果患者在做 MRI 定位前已做 CT-Sim 定位扫描，在摆位时则利用激光定位十字线对面罩三个 CT 定位十字点，如果患者是先做 MRI-Sim 定位扫描，则须利用激光定位十字线在患者头面部面罩上做左、右及前部三个 MRI 十字标记点，最后为患者佩戴防噪声耳机（或者在戴固定面罩前佩戴专用耳塞）、放置线圈桥架、线圈、为患者连接注射器并开机扫描（图 7-3-4）。

4. 定位扫描

（1）头颈部扫描序列包括：①T_1W3D；②T_2W_TSE；③$T_1W\ 3D+C$；④$T_1W\_mDIXON+C$。

扫描范围：不同病种、不同部位扫描范围可能不一致，如鼻咽癌其扫描范围上界在额窦上缘，下界在锁骨头下缘下 2cm。

（2）颅脑扫描序列包括：①T_2W_TSE；②T_2W_FLAIR；③$T_1W\ 3D$；④$T_1W\ 3D+C$。

扫描范围：上界在颅顶，下界在第 2 颈椎下缘（图 7-3-5）。

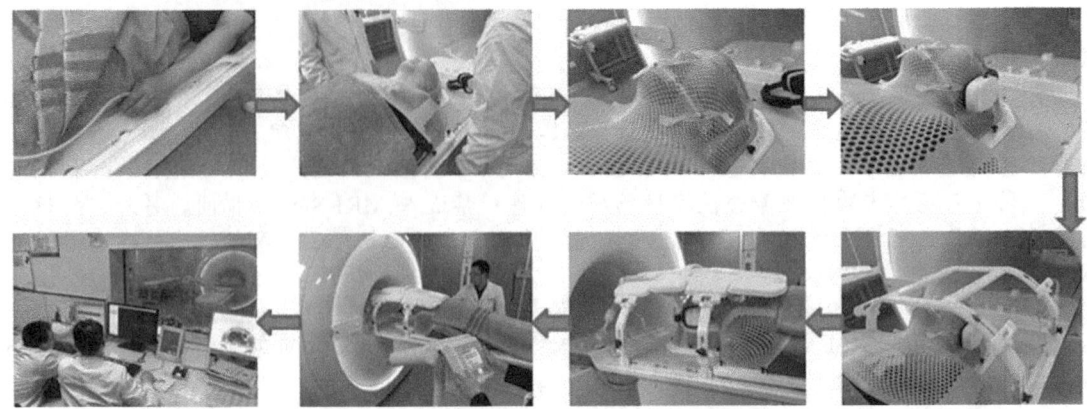

图 7-3-4 MRI-Sim 头颈部定位操作程序

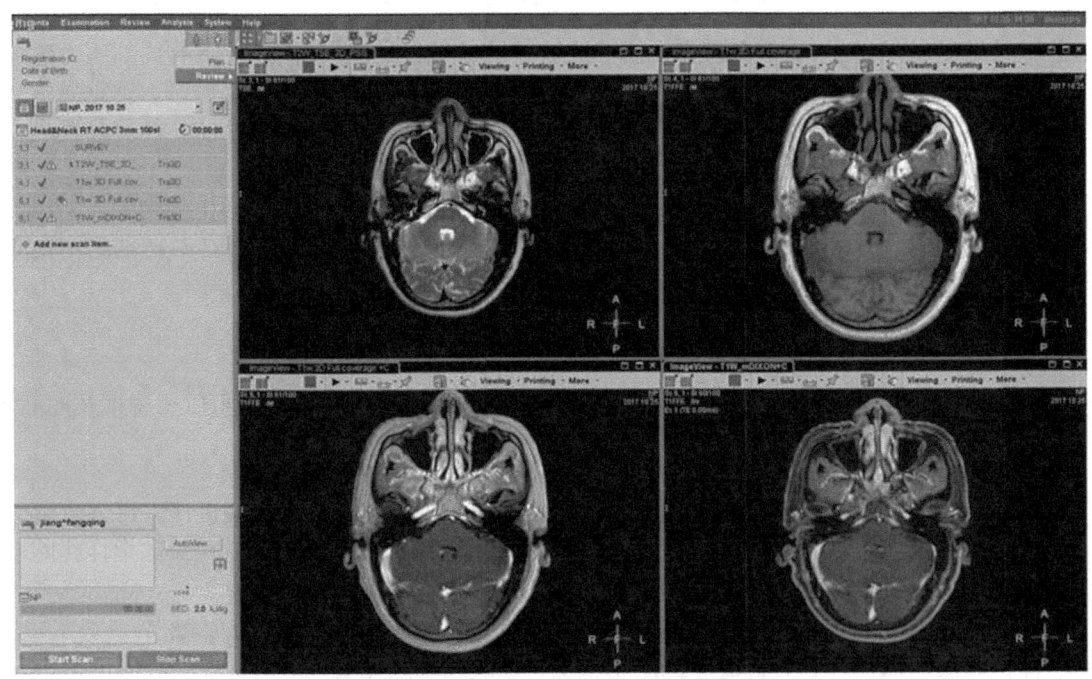

图 7-3-5 鼻咽癌 MRI-Sim 扫描序列及图像

(二)盆腔部位肿瘤 MRI 模拟定位技术

1. 线圈 适合于放射治疗使用的前片线圈及前后可调高低的线圈桥架。

2. 体位 仰卧位或俯卧位,头先进。

3. 体位固定及摆位 由于目前 MRI-Sim 的扫描孔径最大只有 70cm,对盆腔部位放射治疗体位固定装置有一定的限制,目前盆腔部位肿瘤放射治疗 MRI 定位,常用的体位固定器为 MRI 真空袋。定位时患者仰卧或俯卧于真空袋上,通过激光定位系统的两侧水平"十"字形激光线和纵轴线激光为患者进行摆位,必要时调整患者真空袋位置或患者体位,使激光"十"字形标记线与患者真空袋或身体上的 CT 定位标记点重合。建议盆腔部位患者定位先做 CT-Sim 定位再做 MRI-Sim 定位,在保证患者定位精度的前提下方便 MRI-Sim 定位。

4. 定位扫描 盆腔部位的扫描序列包括:①T_2W_TSE;②T_1W_TSE;③$mDIXON\_W\_dyn$;④$T_1 mDIXON\_W+C$。其中扫描③和④序列时需要患者憋气配合扫描,以避免图像产生运动伪影。

扫描范围:通常上界在腰 5 上缘,下界在坐骨结节下缘。

MRI 扫描完成之后应检查各个序列的图像质量是否符合放射治疗定位的要求，扫描范围是否已按医嘱要求扫描到位，如果经检查后没有问题即可将图像传至治疗计划室工作站。

（伍建华）

本 章 小 结

放射治疗模拟定位，是精确放射治疗流程当中不可缺少的组成部分，它主要分为 CT 模拟定位和 MRI 模拟定位两个部分，至于常规二维模拟定位及设备，目前已逐渐被前者所取代，虽然常规模拟定位机在大的放射治疗中心已不用作常规二维模拟定位，但在治疗计划等中心位置验证（复位）及 X 射线透视下的体位固定等方面仍具有不可缺少的作用。

CT 模拟定位机具有诊断机的功能：它是一台高速扫描的螺旋 CT 机，具备孔径大、扫描速度快、扫描层薄、重建的 CT 图像质量高等特点，CT 模拟定位机不单能提供诊断级的清晰影像，而且能够提供组织密度剂量计算的 CT 值，CT-Sim 在定义肿瘤靶区和重要器官、设计照射野、组织不均匀计算等方面是目前精确放射治疗不可缺少的设备之一。随着放射治疗技术的发展，CT-Sim 已是现代放射治疗技术不可分割的一部分：从肿瘤定位、治疗计划设计到治疗计划模拟和实施，CT-Sim 的应用贯穿整个放射治疗过程。

MRI-Sim 影像具有优秀的软组织分辨率，特别是对头颈部肿瘤、盆腔部位肿瘤、神经肿瘤、软组织肉瘤及淋巴瘤等肿瘤靶区的勾画比较精准，在放射治疗计划设计时，将 MRI-Sim 图像与 CT-Sim 图像配准融合后进行治疗靶区勾画，一方面，不仅弥补了 CT 图像的不足，而且能够提高剂量计算的精度，从而提高患者放射治疗的精准度；另一方面，由于勾画肿瘤靶区更加精准，从而避免危及邻近正常组织及器官，最终提高患者的肿瘤局控率。MRI-Sim 除了对软组织有较好的分辨率外，还有较丰富的影像功能，这能为患者的疗效评估提供客观有效的信息。但 MRI-Sim 也有其不足之处：第一，存在几何形变的可能；第二，目前 MRI-Sim 扫描不能获取组织密度电子信息；第三，MRI-Sim 定位扫描成像速度慢，对某些患者仍具有一定的禁忌证。

思 考 题

1. 放射治疗的"三精"指的是什么？实施"三精"的意义何在？
2. 简单叙述 MR-Sim 定位和 CT-Sim 定位的目的有什么不同。
3. 放射治疗前的准备工作分几个步骤？每一个步骤的顺序如何？
4. 简单叙述 CT-Sim 定位在精确放射治疗中的作用。
5. 为什么盆腔部位放射治疗要求膀胱尿量尽量保持一定的充盈度？

第八章　肿瘤放射治疗技术

【学习目标】
1. **记忆**　肿瘤放射治疗常用体位固定方式，放射治疗实施的基本流程。
2. **理解**　肿瘤放射治疗前患者准备流程、计划审核的流程、放射治疗中的常见注意事项。了解肺癌的呼吸干预措施，前列腺癌的电磁追踪技术、超声引导技术，直肠癌、前列腺癌及宫颈癌的膀胱容量监测技术、照射过程中的体表光学监测技术。
3. **运用**　肿瘤放射治疗实施的具体步骤，影像验证的基本方式和方法。

肿瘤放射治疗实施的基本流程包括计划文书审核、放射治疗前准备（包括患者的准备、固定装置准备及放射治疗摆位等）、治疗位置验证及照射实施（包括照射实施过程中的位置监测与意外情况监测等）（图 8-0-1）。不同肿瘤的放射治疗前准备、治疗位置验证、照射实施、患者的不良反应及注意事项均有所差异，而不同肿瘤放射治疗计划审核的内容大致相同，一般包括基本信息的确认、放射治疗计划的审核等。

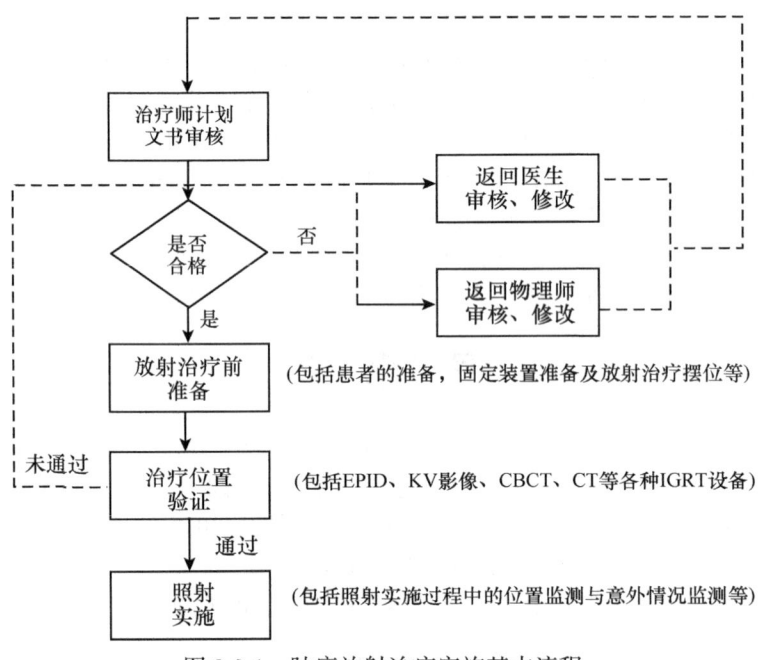

图 8-0-1　肿瘤放射治疗实施基本流程

基本信息的确认包括：患者名称、患者 ID 号、ID 条码、患者照片、年龄、住院号、门诊号、放射治疗序号、诊断、分期等；主管医师、医疗组长、物理师、上级物理师的签名等；影像号、医院名称、医生编码、计划系统名称与编码、打印时间、治疗计划名称、工作站 ID 号等。核实患者身份应至少通过两种方式，放射治疗前由放射治疗师询问患者的姓名，让患者自己回答，通过"一问一答"构成了"双向核对"，确认患者身份信息；对那些不能进行有效沟通的患者，可对患者陪同人员进行"一问一答"式身份信息核对。

放射治疗计划的审核包括：计划 ID 号、放射治疗部位、范围、放射治疗靶区名称、靶体积、处方剂量、分次分割方式、危及器官及剂量、机器型号、治疗机序号、射野名称、射线种类与能量、机架角度、准直器角度、机器跳数（机器跳数 MU 对应于治疗剂量 Gy）、权重、射野大小、子野数目、治疗床角度、射野形成的方式、二级准直器、补偿物、验证图像名称与 ID 号、治疗体位、采用的固定方式、固定装置附件的位置、固定装置附件的参数、治疗等中心坐标值、等中心是否移动、组织补偿物、楔形板角度等；使用放射治疗网络系统的还需要审核患者放射治疗预约时间、计划排程、射野排程、验证影像排程等；对于多靶区、多等中心、多疗程的计划审核需要至少两位治疗师进行独立审核。

第一节 鼻咽癌的放射治疗技术

【案例 8-1-1】
患者，男，36 岁，广东人，因"回吸性涕血 3 个月"来就诊。行鼻咽镜检查发现鼻咽部肿物，经影像学检查和病理活检确诊为鼻咽部鳞状细胞癌，T3N2M0，Ⅲ期。确定治疗方案为三维调强放射治疗（IMRT）并同步化疗。

放射治疗采用头颈肩热塑面罩配合发泡胶塑型头枕做体位固定。首次治疗前与患者充分沟通，告知患者放射治疗中的注意事项和基本流程。确认患者身份和计划信息后，由放射治疗师引患者进入机房，开始摆位和体位固定。

嘱患者仰卧于头颈肩体架上，双手自然下垂于身体两侧。借助激光灯调整患者身体，使其体中线与纵向激光灯重合，头部略上仰，背部与发泡胶保持贴合，扣上 S 型头颈肩热塑膜。扣膜时注意观察热塑膜与患者皮肤的接触程度，既要保证面罩与皮肤贴合，又不至于勒得过紧。

摆位完成后做 CBCT 扫描，与参考 CT 图像配准并做在线修正。

调入患者的治疗计划，再次核对计划信息，确认无误后实施治疗。治疗完成后进入机房解除患者的体位固定，协助患者起身离开。保存治疗记录。

问题：鼻咽癌图像引导放射治疗中，在线修正的摆位误差阈值是多少？图像配准中，须重点关注哪些区域的位置重合情况？

【案例 8-1-1 分析】
修正阈值通常为 2mm。图像配准过程中重点关注计划靶区（PTV）、脑干、颈椎、脊髓、鼻咽腔等感兴趣区的位置重合情况。

鼻咽癌是头颈部的常见肿瘤，多发生于我国南方地区，放射治疗是鼻咽癌的首选治疗手段。

一、计划审核

计划审核如前述。

二、放射治疗前准备

1. 患者准备 鼻咽癌治疗时，多采用固定上半身的方式，因此通常需要裸露上半身。建议着棉质、圆领、开襟的衣物，便于治疗时脱下，同时可以减少衣物对颈部的摩擦，减轻颈部的皮肤反应。

女性患者一般建议不要留太长的头发，治疗前取下发卡、项链等饰品，束缚的头发松开，与模拟定位时保持一致。如果患者有金属假牙，询问模拟定位时是否取出，通常建议在做模拟定位时取出金属假牙，避免高密度伪影。有牙齿疾病的患者，根据医生建议在放射治疗前先行口腔治疗。

鼻咽癌放射治疗对位置精度要求很高，治疗过程中需要患者积极配合，保持身体固定。同时鼻咽癌的放射治疗计划通常执行时间较长，且多采用面罩做头颈部固定，患者容易产生幽闭感，因此治疗前要让患者做好充分的心理准备，提前做好宣教工作。

鼻咽癌放射治疗体位固定多采用束缚式的头颈肩面罩，患者几乎无法说话或呼喊，因此治疗前要告知患者遇到不适或特殊状况采取正确的方式示警，如挥手、抬腿、触发手持报警器等。

2. 固定装置及辅助设备的准备 鼻咽癌的三维放射治疗多采用个体化的体位固定，治疗前要准备患者所使用的体位固定装置,如面罩、头枕、发泡胶、真空垫等,核对相关装置的参数,如有组织补偿物,应提前准备。放射治疗摆位：鼻咽癌的放射治疗体位多取仰卧位,患者平躺在专用固定架上,采用头颈肩热塑膜（图 8-1-1）做个体化体位固定。根据不同的体位固定装置,可以采用标准型号（A、B、C、D、E 等）头枕或个体化定制头枕。相关文献报道,采用发泡胶等个体化定制头枕能有效增加体位重复性,减少摆位误差。

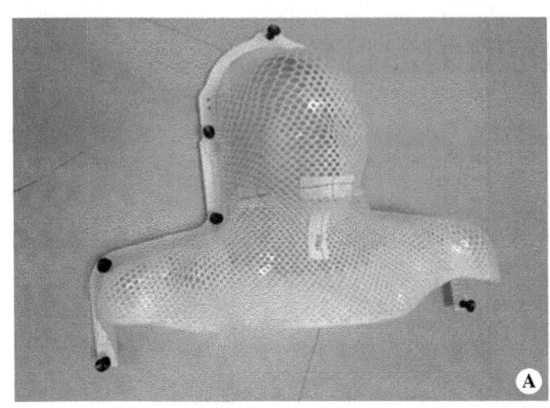
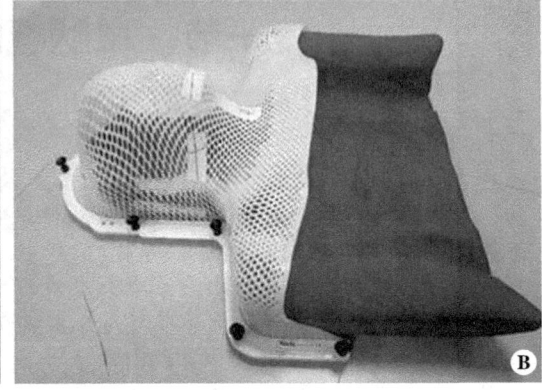

图 8-1-1　头颈肩热塑膜

摆位时注意保持患者体中线与激光灯一致,两侧肩部在同一水平,颈部自然放松。扣面罩时按照一定顺序,通常由上至下,两侧同时扣紧,避免两侧用力不均对患者的面部或颈部产生牵拉而影响体位。

三、影像验证

摆位完成后做影像验证。目前鼻咽癌放射治疗最常用的影像验证方式有电子射野影像（EPID）和机载 CT（CBCT、MVCT 等）两种。两种验证方式的实施都可分为影像采集、图像配准和误差修正 3 个步骤。

1. 影像采集　摆位完成后,将机载影像模块打开,准备采集影像。

（1）EPID　如果只是验证治疗中心的位置,可采用单曝光或双曝光的方式,照射野应该包含颌面部、部分颅骨和上部颈椎（图 8-1-2）。

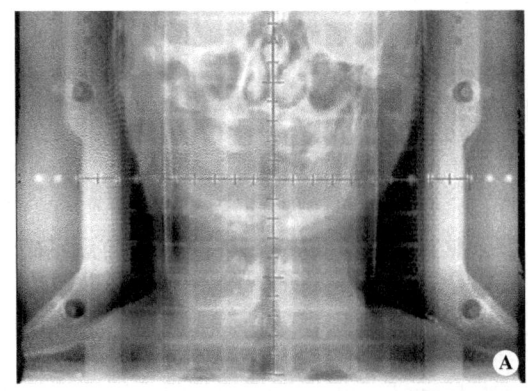
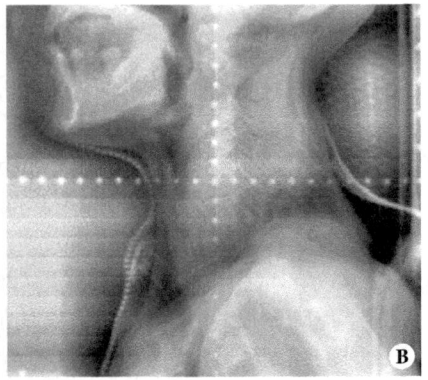

图 8-1-2　EPID 影像验证

（2）机载 CT 扫描通常选用头颈部专用的扫描程序,一般设置较小的 FOV 和薄层重建。CT 扫描的上界为靶区上缘外放 2～3cm,下界可到达第 4～5 颈椎,扫描范围应包括大部分颅骨和颈椎。采用较高的分辨率重建,以获得尽可能清晰的影像。

2. 图像配准　采集到的患者影像与做计划的参考影像做图像匹配。头颈部骨性组织较多，在配准方式上多采用骨性配准或骨+软组织配准。根据配准软件不同，可选用自动配准或人工配准。自动配准完成后，要对配准结果进行人工审核确认。重点观察靶区、脑干、脊髓等重要器官的重合情况（图 8-1-3）。

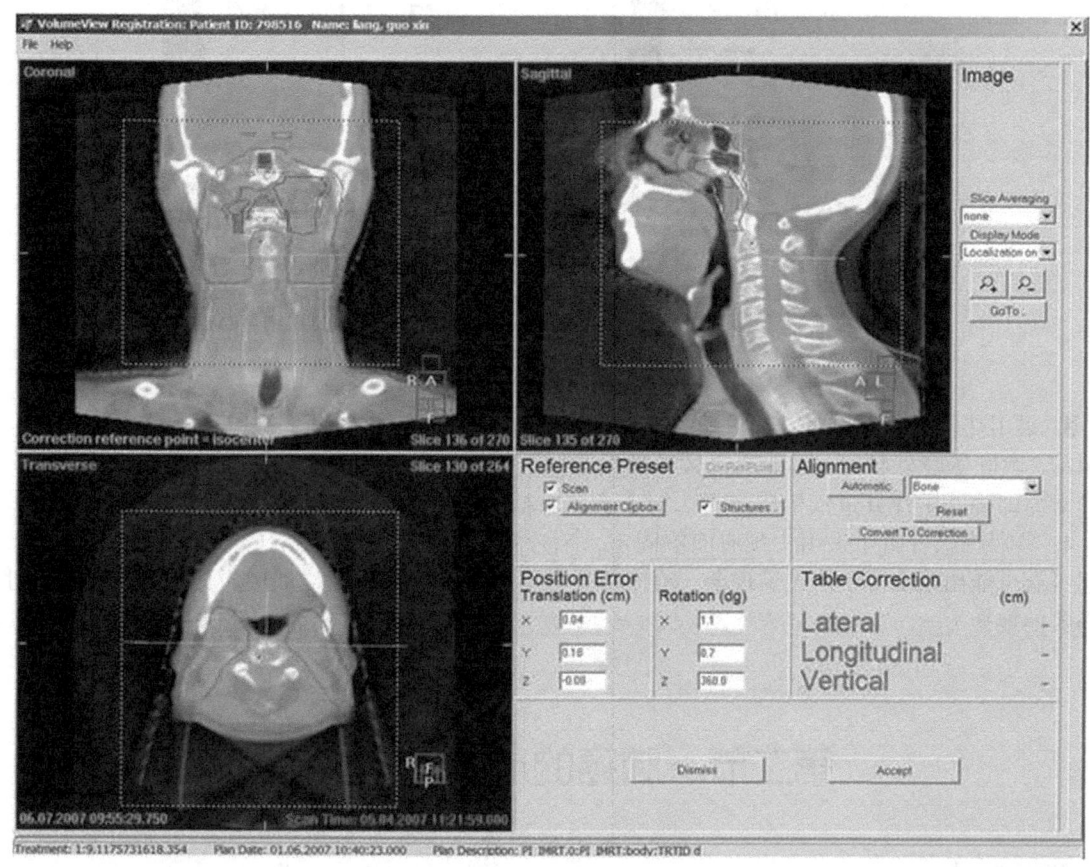

图 8-1-3　CBCT 图像配准

3. 误差修正　图像配准完成后，计算出两幅图像的位置偏移量，为此次摆位的误差。通常鼻咽癌的摆位误差修正阈值为 2mm，超出阈值时，需要进行移床修正。当摆位误差过大或有明显的旋转偏差时，如平移误差超过 5mm，旋转误差超过 3°，提示此次摆位有较大的不确定性，建议重新摆位。

四、放射治疗计划的执行

在执行治疗计划时须再次核对患者的身份信息和计划信息，确认无误后，载入治疗计划，实施放射治疗。治疗过程中，一方面要核对各项主要的治疗参数，确保设备正常运行，另一方面密切观察患者的身体状态（图 8-1-4），及时发现治疗过程中的异常。

治疗结束，保存记录。治疗结束后，解除体位固定，协助患者安全下床离开。

五、注意事项

1. 采用发泡胶、真空袋等装置配合热塑面罩做体位固定时，要注意保持发泡胶、真空袋等与头颈肩体架的相对固定，避免患者躺下时背部支撑物的滑动。

2. 真空袋、发泡胶等装置需要定期检查是否有漏气、变形。发泡胶应放置在干燥区域，湿度过大可能会致其变软变形。

图 8-1-4　治疗计划的执行

3. 采用热塑面罩固定的患者在做放射治疗时，由于患者面部、颈部被完全束缚，如果发生呼吸困难、呕吐等意外状况，可能会导致严重后果。治疗师须在治疗时密切监视患者的身体状态，发现异常立即中断治疗并进入机房查看。对于有气管插管、痰多、有呕吐倾向的患者要尤为注意。

4. 鼻咽癌患者由于采用头颈肩面罩固定，治疗中对眼睛、面部有挤压，取下固定装置后，患者起身有可能出现头晕、怕光等现象，治疗师务必要确保治疗床降到最低后再让患者起身，同时给予必要的搀扶。

（张　寅）

第二节　肺癌的放射治疗技术

【案例 8-2-1】

患者，男，70 岁，咯血 1 个月后来院就诊。经影像学检查和穿刺活检，确诊为肺中央型鳞状细胞癌，会诊治疗方案为三维调强放射治疗（IMRT），每次 2Gy，共 30 次，总剂量 60Gy。

放射治疗体位固定：采用仰卧位，双手上举置于头顶，平躺在专用体板上，配合体部热塑膜做固定。治疗前行 CBCT 扫描，采用软组织配准，重点关注肿瘤靶区及脊髓等感兴趣区，确保靶区在 PTV 框范围内（图 8-2-1）。

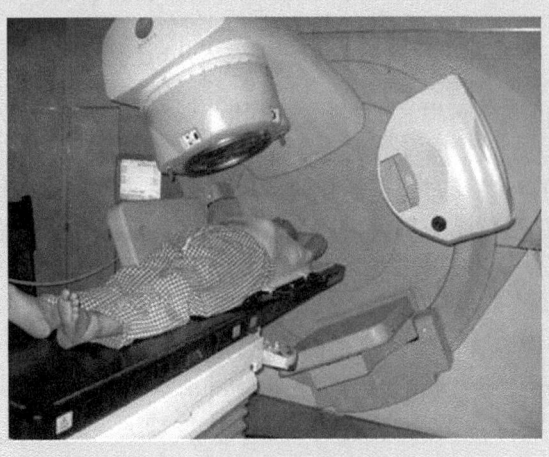

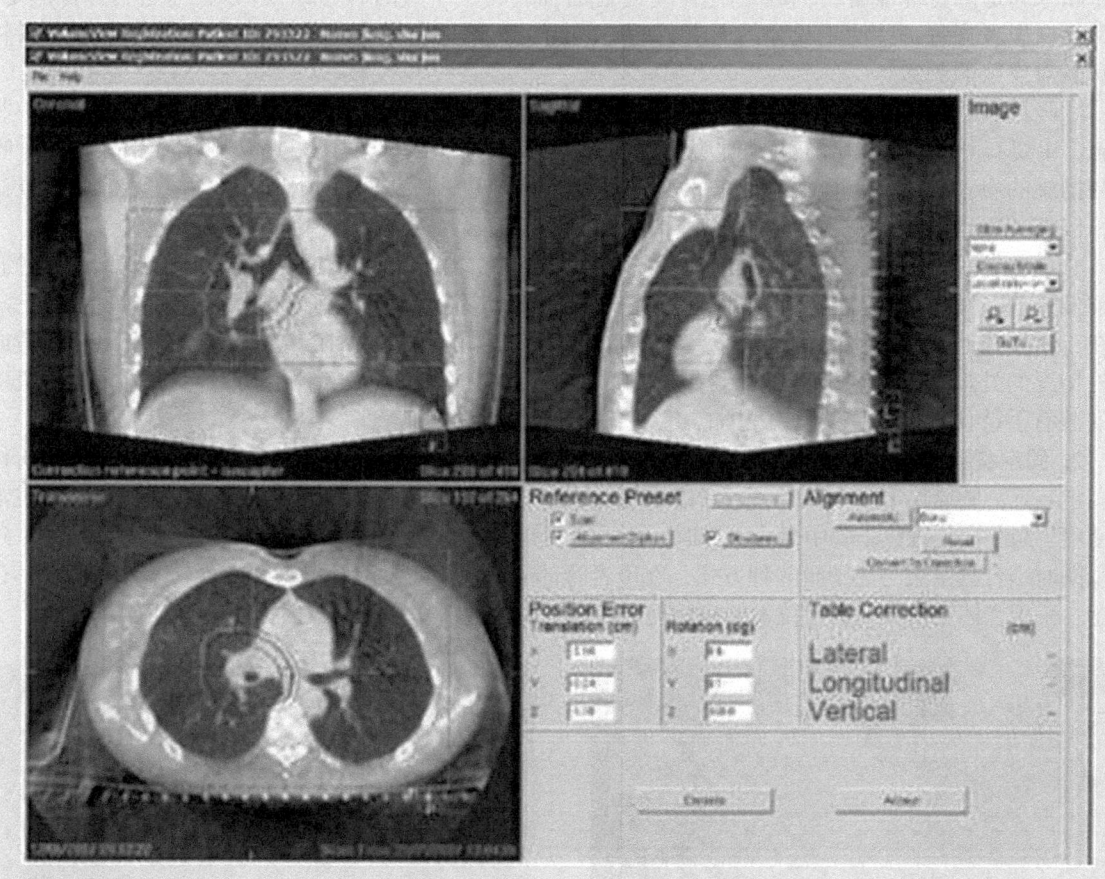

图 8-2-1 三维调强放射治疗

根据计算出的摆位误差在线移床修正，采用 IMRT 技术实施治疗。

问题：
1. 肺癌三维放射治疗中常用的体位固定方式有哪些？
2. 肺癌放射治疗中，如何减少呼吸运动对靶区的影响？

【案例 8-2-1 分析】
1. 肺癌三维放射治疗中常用的体位固定方式有真空袋或发泡胶固定、体部热塑膜固定等。对于肺部立体定向放射治疗，还可以使用专用的体部立体定向固定架。
2. 为了减少呼吸运动的影响，常用的方式有主动呼吸控制技术、被动呼吸门控技术、腹部加压限制呼吸幅度等。

肺癌是胸部常见的恶性肿瘤，全球范围内肺癌居新发病例及癌症死因第一位。目前临床上多采用三维放射治疗技术，如三维适形放射治疗、调强放射治疗、容积旋转调强放射治疗及立体定向放射治疗等。

一、计 划 审 核

计划审核如前述。

二、放射治疗前准备

1. 患者准备 肺癌放射治疗通常在疗前没有太多特殊要求，一般不需要禁食禁水等，也不需要尿路或肠道的特殊准备。通常放射治疗时，患者需要将上半身的衣物除去，以便于进行体位固定，因此建议患者穿着一些便于脱掉的上衣，如开襟的衣物。贴身衣物建议纯棉材质或柔软亲肤的布料，以减少对皮肤的刺激。

呼吸控制。肺癌放射治疗为了减少呼吸运动对放射治疗靶区的影响，部分病例会采用呼吸控制措施，主要有呼吸门控技术、主动呼吸控制技术、深吸气屏气等几种方式。放射治疗中须采用呼吸控制措施的患者，在治疗前要做好充分的培训，熟悉呼吸控制装置的使用方法，并在治疗前反复试验，以保证患者能正确配合使用。

心理准备。肺癌患者的整体年龄偏大，老年人居多。在与患者沟通时，经常会出现交流不畅、理解偏差等，因此在放射治疗前要做充分的宣教工作，减轻患者的紧张和焦虑情绪。同时放射治疗师在首次治疗时要多与患者沟通，让患者了解治疗的大体流程，减少陌生感。告知患者出现不适或意外情况的处理方式。治疗前嘱咐患者，如感觉身体不适或出现意外情况，可挥手示意。如在机房内安装有手持便携式报警装置，告知患者正确的使用方法。

2. 固定装置及辅助设备的准备　肺癌放射治疗的体位通常为仰卧位，多采用热塑膜或真空袋等体位固定装置。肿瘤位于胸上部时，可考虑采用头颈肩热塑膜（图 8-2-2），必要时可配合真空袋或发泡胶使用。当肿瘤位置位于胸中部或下部时，多采用真空袋或胸部热塑体膜（图 8-2-3）做体位固定。还可以同时结合真空袋与热塑膜两种方式，在患者背部垫真空袋或发泡胶塑型，上面覆盖热塑膜做体位固定。采用立体定向放射治疗技术的病例可以使用专用的体部立体定向放射治疗固定装置。

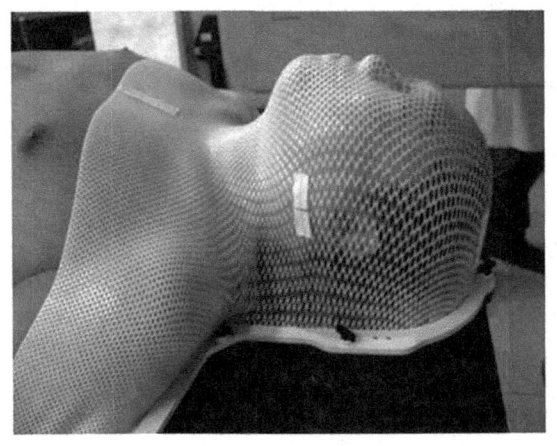

图 8-2-2　头颈肩热塑膜

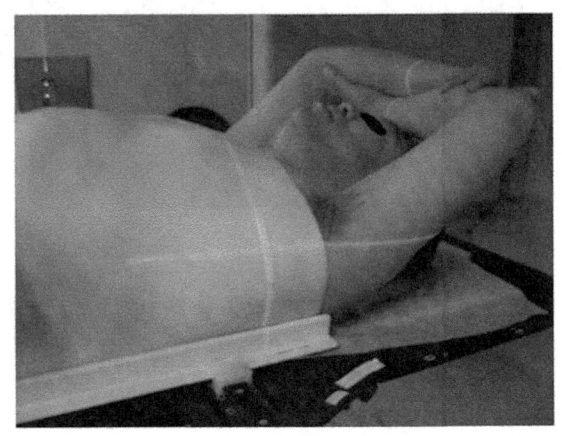

图 8-2-3　胸部热塑体膜

3. 放射治疗摆位　肺癌放射治疗摆位的具体步骤如下：

（1）治疗师引患者进入放射治疗机房，如果患者行动不便，建议一名家属陪同进入。

（2）摆位前确保治疗机架、准直器、治疗床位置回到零位。开启激光定位灯。

（3）正确摆放体位固定装置，核对体位固定装置的各项参数设置是否正确。采用 lock-bar 等小工具将体位固定装置与治疗床保持固定，并确认每次摆放的位置是否保持一致。

（4）嘱患者脱掉治疗区域的衣物。

（5）引患者坐上治疗床，嘱患者平静呼吸，身体自然放松。协助患者平躺入体位固定装置。借助激光定位灯，调整患者身体，使其身体正中轴线与治疗床的纵向中线一致。

（6）根据使用的固定装置不同，按照正确的规程放置体位固定装置。肺部肿瘤采用体部热塑膜或真空袋时，通常采用仰卧位、双手上举的姿势。手臂的位置可借助翼型板，双手上举抓住握杆。如没有手臂专用固定装置，常采用双手上举抱胳膊肘、上举至额头的姿势，以保证每次治疗时手臂的位置一致。胸上部的肺癌可采用头颈肩热塑膜固定，摆位方式与头颈部肿瘤摆位相同。

（7）调整治疗床的位置，将激光定位灯对准治疗中心标记线。采用屏气做呼吸控制的患者，如采用主动呼吸控制（active breathing control，ABC）、深吸气屏气（deep inspiratory breath holding，DIBH）等，先在自由呼吸状态下将患者体表摆位线移至激光灯附近，然后在屏气状态下调整患者位置直至体表摆位线与激光灯吻合。

（8）检查是否需要放置其他辅助物品，如组织补偿物、呼吸辅助装置等。患者治疗区域外的部位可覆盖毛毯或衣物，以便保暖。

（9）检查治疗机器周围有无障碍物。首次治疗或治疗中心偏向身体一侧的患者，需要在机房内预旋转机架，以避免发生碰撞。如果需要做影像验证，预旋转时要将影像探测板和 X 射线球管打开。

（10）最后告知患者配合治疗，保持身体勿动，工作人员离开治疗机房。确认机房内除患者外无其他人员后，关闭机房屏蔽门。

三、影 像 验 证

肺部肿瘤由于体位固定方式和呼吸运动的影响，摆位误差较之头颈部肿瘤偏大，位置验证对于保障放射治疗的精确度是非常有必要的。治疗前多采用影像验证的方式进行位置验证。

目前肺癌放射治疗中最常用的影像验证方式有电子射野影像（EPID）和锥形束 CT（CBCT）两种。此外还有正交投影成像（如 brainlab 的 exac trac 等）、光学表面成像（C-Rad 的 catalyst、Varian 的 OSMS 等）、电磁追踪（Varian 的 Calypso）等影像验证方式。

影像验证根据影像采集的时机又分为治疗前的影像验证、治疗中的实时影像验证和治疗后的影像验证三种。目前临床上使用最多的是治疗前的影像验证。近年来随着技术的发展，光学表面成像、治疗中的实时 X 射线成像也越来越多地应用于临床。对于受呼吸运动影响较大的肺部肿瘤来说，治疗中的实时影像验证能够提供更好的位置验证。

以常见的 EPID/CBCT 影像验证方式为例，实施步骤如下：

1. 确定参考影像，如 DRR 图像或 CT 定位图像。设置影像采集范围、影像采集参数和重建参数。

2. 摆位完成后，将影像探测器和 X 射线发生装置打开到位，机架旋转至预设角度。

3. 采集影像。EPID 通常采集正、侧位两幅图像；CBCT 通常旋转一周或半周，重建出三维 CT 影像（图 8-2-4）。

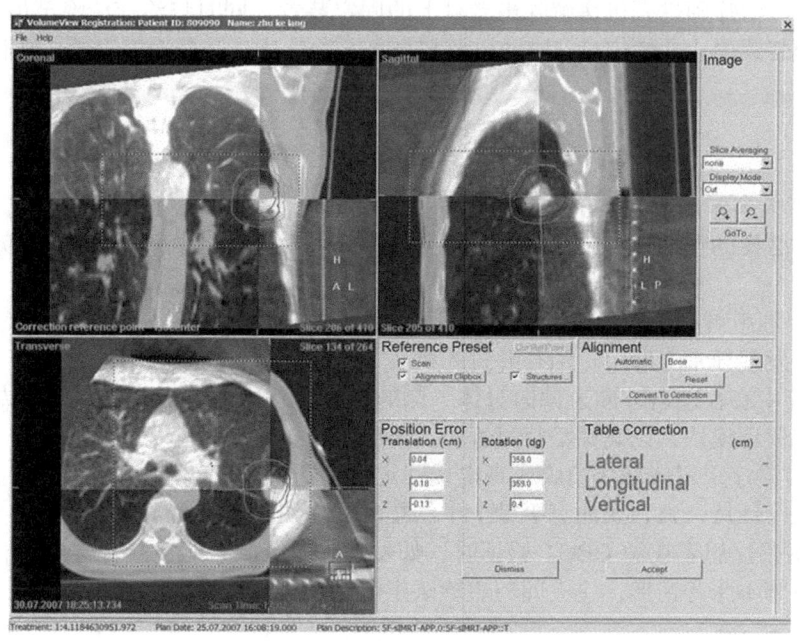

图 8-2-4　CBCT 图像软件界面

4. 影像配准。 将采集的影像与参考图像做比对，采用软件自动配准或手动的方式实现两幅图像的重合。肺癌的靶区位置个体差异较大，不同位置的肿瘤配准方式有所不同。肺部肿瘤由于肺组织的天然密度差别，靶区轮廓能够比较清晰地显示，因此配准时应尽可能保证治疗影像上的肿瘤在计划靶区（PTV）范围内（图 8-2-5）。

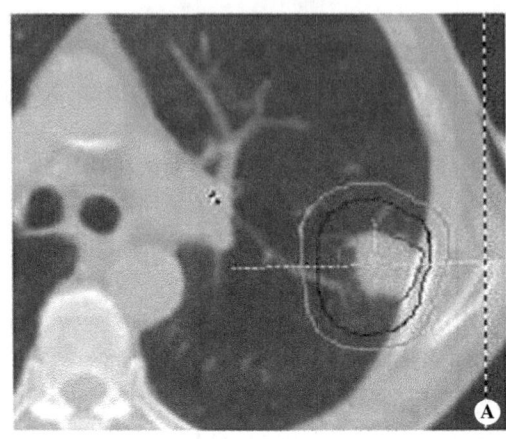 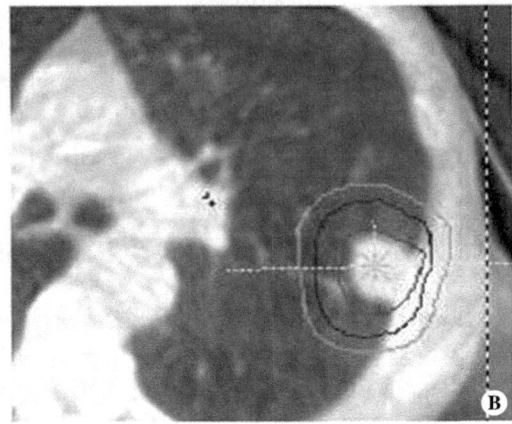

图 8-2-5　影像配准
A. 参考 CT 图像；B. CBCT 图像

5. 对配准的结果进行审核确认，如果摆位误差超出了阈值（通常为 2～3mm）根据计算出的误差数值进行移床修正。

四、放射治疗计划的执行

位置验证确认无误后，再次核对放射治疗计划主要内容，将治疗计划加载入治疗主机，启动治疗程序，出束治疗。

治疗过程中，须密切监控患者的身体状态，如发现异常，应立即中断治疗。治疗师还要关注治疗机显示屏上的照射参数信息，保证治疗过程中设备的各项参数正常。

治疗完成后，治疗师进入机房解除患者身上的固定装置，同时将治疗床降至最低、机架回零，在确保各项运动装置静止并锁定后，协助患者起身离开治疗床。保存治疗记录，包括纸质的记录和电子治疗记录。

五、注意事项

1. 肺癌患者大多年龄偏大，在进入治疗室和治疗完成后离开时，建议安排一名患者家属陪同。治疗师也要给予必要的帮助，如上、下床时搀扶，躺下时托住患者后背和肩部，避免摆位治疗时发生意外。

2. 治疗前要和患者详细交代治疗中出现意外或身体不适的处置方式，并在治疗过程中密切关注患者的状态，发现异常立即中止治疗并进入机房内查看状况。

3. 对于治疗中心在左右方向上偏向身体一侧的患者，首次治疗时，应在机房内将机架旋转一周，并打开影像验证模块，以确保治疗过程中，不会因机架旋转发生意外碰撞。

4. 肺癌放射治疗采用体部热塑膜或真空袋固定时，通常要求双手上举。在摆位时，要确保手臂的位置与定位时保持一致，要注意手臂上举的幅度和左右手的位置。

5. 肺癌放射治疗患者在做 CBCT 验证时，如发现肿瘤区域有明显变化，如肿瘤进展或缩小、肺部出现积水或肺不张等情形，应立即与主管医生联系，遵照医生的后续处理方案予以处理。

（张　寅）

第三节 食管癌的放射治疗技术

【案例 8-3-1】
患者，男，65 岁，因"进食时吞咽困难 1 个月"就诊。经影像学检查和电子胃镜取活检，确诊为食管胸上段鳞状细胞癌，分期为 T3N1M0。经会诊，确定治疗方案为根治性调强放射治疗加同期化疗。

放射治疗体位固定：采用头颈肩热塑面罩做体位固定。患者取仰卧位，双手下垂放于身体两侧，行 CT 模拟定位。

放射治疗实施：治疗前向患者介绍基本流程和注意事项，两名放射治疗师为患者摆位并做体位固定。治疗前行 CBCT 扫描，采用骨性配准，配准中重点关注靶区、胸椎、脊髓等感兴趣区，计算出摆位误差并移床修正。修正误差后实施放射治疗。

问题：
1. 本案例中，食管癌的放射治疗体位固定为何要采用头颈肩热塑面罩？
2. 食管癌放射治疗做 CBCT 验证时，为何采用骨性配准？

【案例 8-3-1 分析】
1. 本案例中，考虑患者的靶区位于胸上部，优先考虑采用头颈肩热塑面罩做体位固定。此外，也可以采用体部热塑膜或真空袋的固定方式，但就位置的重复性和固定效果而言，头颈肩热塑面罩更好。
2. 由于食管与胸椎距离较近，且相对位置比较固定，因此配准方式多采用骨性配准。

食管癌是我国常见的消化道恶性肿瘤之一。目前食管癌的放射治疗多采用三维放射治疗技术，传统的二维放射治疗目前正逐渐被三维调强、适形放射治疗所取代。

一、计 划 审 核

计划审核如前述。

二、放射治疗前准备

食管癌放射治疗前的准备与肺癌相似，一般没有特殊要求。患者通常需要裸露上半身，建议治疗前穿着宽松的棉质衣物，颈部摘下项链、挂坠等首饰。胸部有外置心脏起搏器的患者在放置热塑膜前要盖上一层薄的纸巾或塑料布，避免热塑膜牵拉。

嘱患者保持情绪放松，平静呼吸，告知患者治疗过程中的基本流程和注意事项。

食管癌的体位固定及放射治疗摆位与肺癌相似，胸上部多采用头颈肩热塑膜，胸中下部多采用真空袋或体部热塑膜固定。对于同时包含了颈段食管和胸段食管的患者，可以考虑颈胸一体式热塑膜（图 8-3-1），它能够覆盖从颈部到胸部的全部靶区。

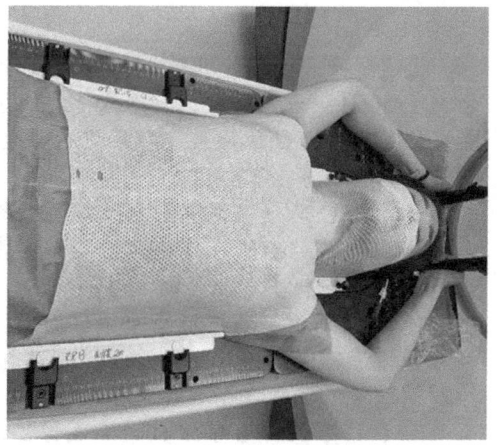

图 8-3-1 颈胸一体式热塑膜

三、影 像 验 证

食管的解剖位置靠近胸椎，因此在做影像验证时，常将胸椎作为参考标记。常用的影像验证方式有 EPID 和 CBCT。EPID 由于采用兆伏级 X 射线成像，对软组织分辨力较差，难以清晰分辨肿瘤区域。技术条件允许的情况下，建议优先采用 CBCT 做影像验证。

食管癌的影像验证方式与肺癌相似。扫描范围应尽可能包含全部靶区，但某些情况如全段食管放射治疗，靶区的长度已超过 CBCT 的轴向扫描范围，如果技术条件允许，可考虑分段式扫描。在图像配准过程中，由于食管与胸椎相对位置比较固定，因此配准方式多采用骨性配准，可将胸椎作为参考点。考虑到食管癌靶区通常距离脊髓较近，在做配准评估时，须重点关注脊椎的位置重合情况，避免脊髓剂量超量。

配准完成后在线修正摆位误差，误差修正阈值通常为 3mm。当摆位误差过大或身体出现较大旋转时，应考虑重新摆位。

四、放射治疗计划的执行

影像验证完成后，载入放射治疗计划，开始实施治疗。治疗过程中要时刻关注患者的身体状态，遇到异常状况应立即中断治疗并进入机房查看。

五、注 意 事 项

1. 随着治疗次数增加，食管癌放射治疗患者放射治疗副作用也会逐渐显现，患者在放射治疗的中后期有时会出现显著的消瘦，此时放射治疗师须关注患者的体位固定情况和影像验证反馈的信息。如发现体位固定装置明显变松，须及时进行影像验证，看是否有摆位误差增大的情况，同时在 CBCT 影像上观察靶区和靶区周围组织是否有显著变化，如发现异常应立即通知主管医生采取应对措施。

2. 食管癌放射治疗患者在做影像验证时，食管中植入支架或插胃部营养管的患者会产生高密度伪影，做图像配准时须注意由此带来的干扰。

3. 食管癌放射治疗疗程中，可能会出现血象下降、放射性食管炎等并发症，治疗前如发现患者有咳嗽、痰多、咽痛、发热等症状，应联系主管医生，征求医生的处理意见。

（张　寅）

第四节　乳腺癌的放射治疗技术

【案例 8-4-1】

患者，女，49 岁，乳腺癌保乳术后行三维调强放射治疗。常规分割，每次 2Gy，共 25 次，总剂量 50Gy。采用仰卧位，双手上举，真空垫固定。治疗实施前行 CBCT 扫描，根据配准偏差在线移床修正摆位误差，然后进行放射治疗。

问题：

1. 乳腺癌治疗实施前需要做哪些准备工作？
2. 乳腺癌放射治疗行 CBCT 验证时常采用什么配准方式？

【案例 8-4-1 分析】

1. 乳腺癌放射治疗须经过体位固定、模拟定位、计划设计、计划验证、体位复核、治疗实施等环节。通常治疗实施前还须经过计划审核、身份信息核对、患者情况评估、着装准备、治疗摆位与体位验证等准备工作。

2. 乳腺癌放射治疗行 CBCT 图像匹配验证是乳腺癌体位验证最常用的方式之一，其配准方式一般采用灰度配准法，详细配准请参照本节相关内容。

放射治疗是乳腺癌综合治疗的重要组成部分，随着放射治疗技术的发展，乳腺癌放射治疗越来越多地采用三维放射治疗技术，但由于二维常规放射治疗具有一定的独特优势，因而在现代临床中仍在使用。本节对乳腺癌二维和三维放射治疗的实施过程及相关技术进行了介绍。

一、计 划 审 核

计划审核如前述。

二、放射治疗前准备

患者首次进行放射治疗前,应对患者或家属进行本次放射治疗相关注意事项的宣讲,包括放射治疗过程、放射治疗相关的注意事项、辐射安全等。通过宣教可使患者进一步了解将接受的治疗,使其更容易理解放射治疗过程中的各种治疗相关要求,从而使放射治疗顺利进行。此外,每次放射治疗前,放射治疗师都应常规对患者身份予以核对,并对患者进行必要的评估,患者准备完成后再行放射治疗摆位。

1. 患者准备 对患者情况评估主要是指通过与患者沟通,对患者的一般状况进行评估,从而判断患者病情、意识状况、自理能力、活动情况、心理状态等。此外还包括对照射部位的评估,如治疗的特殊性或复杂性等的评估。这样可使放射治疗师对治疗可能存在的困难有足够的准备。在完成评估后,确认患者可以治疗,方可进行放射治疗。

治疗着装对于乳腺癌患者放射治疗来说十分重要。患者所受照射靶区最浅部位在体表,贴身内衣的质地、材料、松紧度日后都可能对患者照射区域皮肤产生影响,化纤衣服、过紧内衣都有可能使受照皮肤更容易破损。因此推荐宽松、柔软棉质衣服作为内衣,考虑到每日放射治疗,衣服还应该易脱穿;对于有假发的患者,假发应该脱掉或保持定位时的状态。

【案例 8-4-2】
患者,女,33 岁,右乳根治术后行放射治疗。放射治疗第 2 次,放射治疗师呼叫患者进行准备,发现患者穿戴塑身衣和蕾丝文胸并往照射部位涂抹医用射线防护剂,治疗师对患者进行了阻止,同时对其进行宣教。
问题:如果你是放射治疗师,你将如何对患者进行宣教?
【案例 8-4-2 分析】
宣教内容:
1. 乳腺癌放射治疗患者不可以穿戴塑身衣和化纤蕾丝文胸,应着柔软棉质开衫。
2. 放射治疗前应保持照射部位皮肤干燥,避免增加皮肤表面照射剂量,医用射线防护剂涂抹过厚会形成建成效应,增加皮肤剂量,不建议在治疗前涂抹。
3. 照射部位皮肤不可以用过热的水或刺激性强的洗涤用品擦洗。

2. 放射治疗摆位 是指将患者的体位调整至与模拟定位体位一致的过程,它是投照的最基本要求。放射治疗实施是指放射治疗的操作及患者接受射线治疗的过程。一般在进行这个过程前还应再次对患者基本信息进行核对,包括患者姓名、年龄等,然后再通过扫描患者治疗单上的条形码或输入患者姓名、影像号对放射治疗计划信息进行核对。进机房摆位前,一定要双人仔细阅读并理解医嘱,对涉及的治疗附件或用具及其参数,如是否有托架、托架参数,是否放置补偿物,是否有滤板及滤板方向等应一一查看;此外,患者头部摆放或朝向位置等也应了解,做到心中有数,无误后由放射治疗师带领患者进入机房。

进入机房后:①治疗设备复位归零,即放射治疗师进入机房后将机架、光栏、六维床、床底座回零归位,治疗床降至适当高度,做到每个患者上治疗床前,治疗设备都处在复位归零状态。②模具及治疗附件的准备,每个患者都有自己的一套治疗相关用具,因此取用时,放射治疗师必须核对模具姓名或附件的标识与治疗单是否一致,确保所用模具及各种附件的准确性。对于使用真空垫者,还应检查其是否漏气(图 8-4-1A),乳腺托架使用者应检查其各项参数(图 8-4-1B)。"关节"所处的不同位置即为托架的不同参数。

上述工作完成后即进入患者治疗摆位环节,推荐进行"双人摆位"。这主要是因为摆位时,左右会相互影响。单侧的调整,会给对侧位置带来变化,一人操作,很容易顾此失彼。

 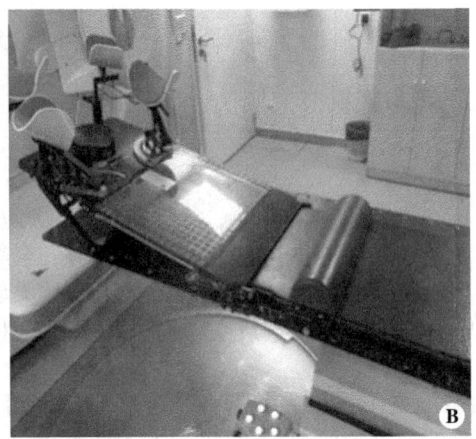

图 8-4-1　A 示真空垫完好无漏气；B 示乳腺托架上有许多可活动的"关节"

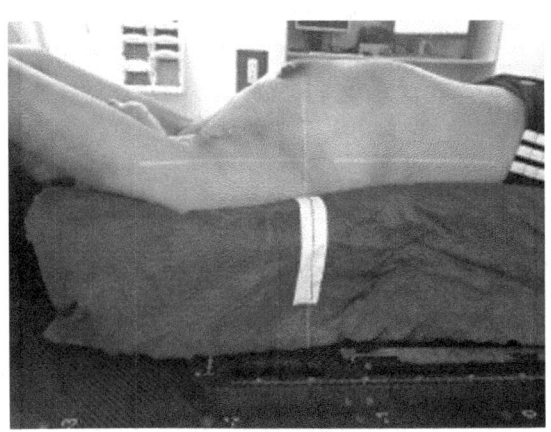

图 8-4-2　调强患者激光线与体表标记线、模具标记线完全吻合

摆位前放射治疗师搀扶患者上治疗床。之后，应指导患者采取与模拟定位时一致的体位，这点在三维治疗时尤为重要。摆位时要确保激光线与患者体表标记线、模具标记线完全吻合（图 8-4-2）。对部分使用特殊模具患者，在按摆位线完成摆位后，还须通过升床使体表治疗线与激光线重合。

二维放射治疗计划患者摆位中，除须确保激光线与体表标记线完全吻合外，还须打开照射野灯观察内外切线野是否与体表照射范围完全吻合（图 8-4-3）、锁骨上野与胸壁照射野有无重叠或遗漏。而对于电子线照射，则是观察源皮距为 100cm 时，过铅挡灯光野射野范围与体表勾画范围是否一致，以上即光子或电子线照射野的验证（图 8-4-4）。完成后，放射治疗师给患者照射野外盖上薄被或衣物，注意保暖及保护患者隐私。

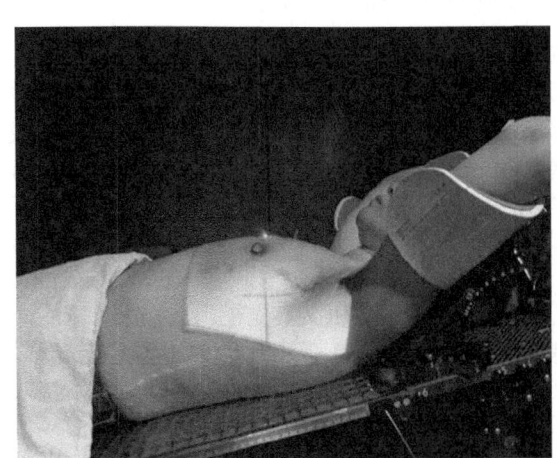 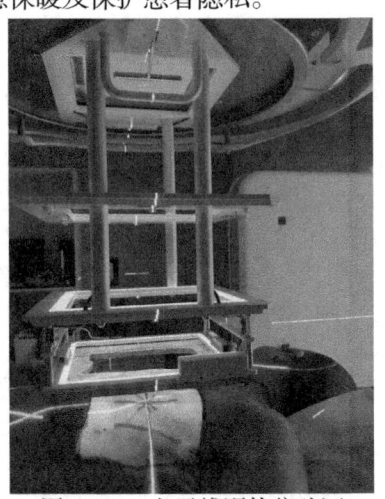

图 8-4-3　二维放射治疗患者体位验证　　　　图 8-4-4　电子线野体位验证

【案例 8-4-3】
患者，女，55 岁，左乳改良根治术后行二维放射治疗。放射治疗师给患者摆位完成后，转动机架至内切野角度确认了内切野灯光投影与体表范围一致，出机房对患者进行治疗。再次转动机架至外切野角度时机架触碰到了患者的手臂，患者与治疗师发生了争执。
问题：请从以上案例中分析放射治疗师犯了哪些错误？
【案例 8-4-3 分析】
1. 放射治疗师在摆位完成后只转动机架角度至内切野角度，没有预转机架至其他角度，查看机架是否会触碰到患者或者治疗床。
2. 只验证了内切野灯光投影与患者体表一致，没有转动机架角度至外切野角度，验证外切野与患者的体表范围是否一致。
3. 触碰到患者后，治疗师应积极安慰患者情绪，告知患者重新摆位后不会影响治疗效果。

摆位完成后，放射治疗师须在机房内预旋转机架大于各治疗野范围。预转机架操作时，放射治疗师必须站在与机头同一侧的治疗床边，一边旋转机架一边观察，看整个过程机架是否会碰触患者或治疗床，确保放射治疗的安全实施。在摆位期间，放射治疗师可以与患者进行交流。这种一边摆位一边交流的方式，可以使患者缓解紧张情绪，从而更容易配合摆位。

三、放射治疗体位验证技术

乳腺癌放射治疗的照射范围较大，且治疗体位易偏离，所以治疗前的体位验证显得十分重要。临床工作中，采用不同照射技术，便会有不同的体位验证方法，这些验证方法可以在治疗机房中进行，也可以在治疗机房外进行，还可以在治疗操作台上实施。乳腺癌的放射治疗体位验证常用以下几种方式。

1. 灯光野与体表勾画范围相符性验证 主要用于二维治疗，在治疗机房内，摆位时完成验证，详见前文。

2. 拍摄电子射野影像（EPID）验证 患者体位摆位完成后，躺在治疗床上，在放射治疗设备上拍片，通常拍摄正位和侧位片。然后将 EPI 图像与定位 CT 的数字重建图像（DRR）进行对比、配准、验证。

3. 通过模拟定位机进行透视验证 患者按治疗体位躺在模拟定位床上，将模拟定位机得到的透视影像与匹配的计划系统数字重建图像进行比较，判断是否有偏差。这种透视验证可通过多角度实现，验证的灵活性大（图 8-4-5）。

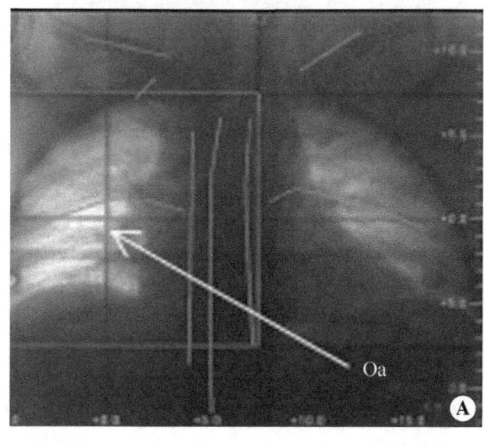 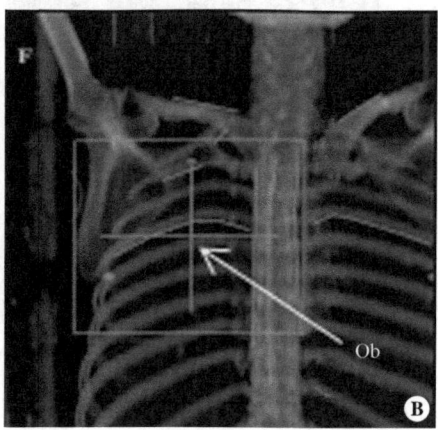

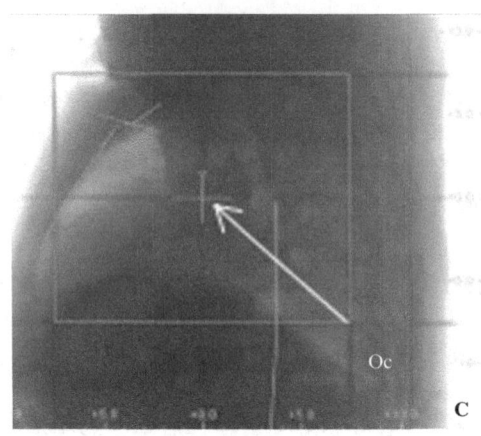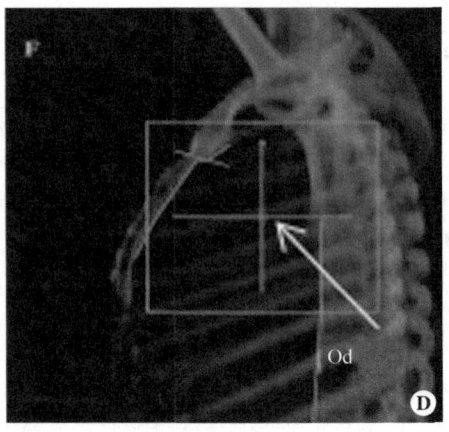

图 8-4-5 模拟定位机 0°和 90°患者透视图像与 DRR 图像比较

A，B 为 0°时采集的图像，A 为模拟定位机采集的实时图像，B 为计算机重建图像；C，D 为 90°时采集的图像，C 为模拟定位机实施采集图像，D 为计算机重建图像。两组图像中心位置 Oa 和 Ob，Oc 和 Od 基本无偏差

4. 通过扫描实时 CBCT 影像验证 患者摆位完成后，用治疗设备自带 CBCT 扫描获取断层影像。将 CBCT 扫描获取的影像与定位 CT 影像进行对比配准。乳腺癌的 CBCT 图像配准通常采用灰度配准法，即以患者靶区内的组织结构为参考，结合肋骨的骨性标记和乳腺内的金属标记物进行配准（图 8-4-6）。

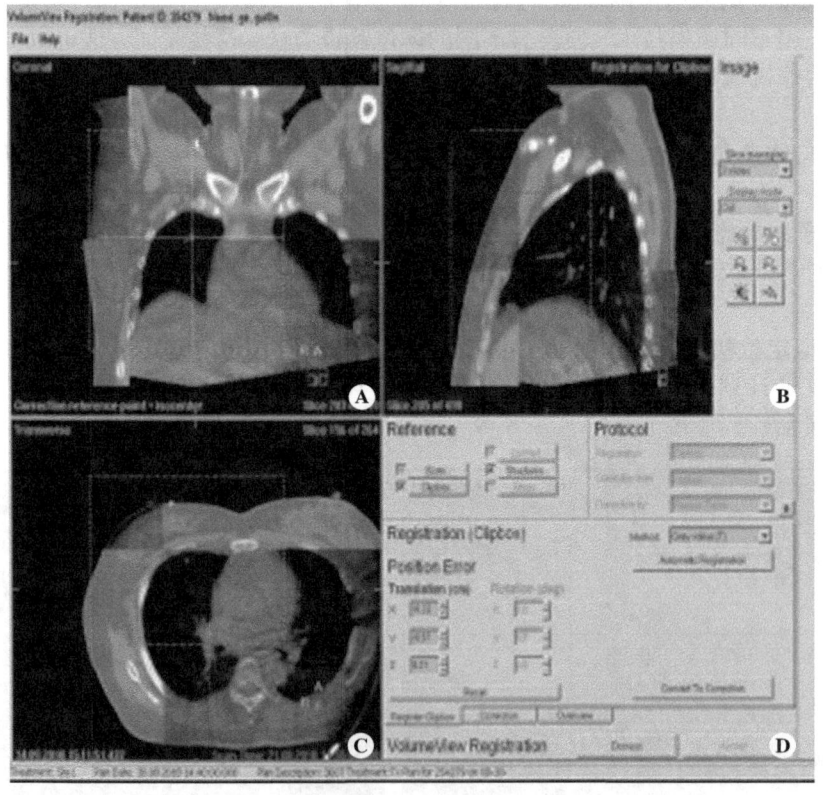

图 8-4-6 CBCT 图像配准：轴位、冠状位和矢状位断层图

左上右下深色部分为 CBCT 图像，右上左下浅色部分为定位 CT 图像，图中可见两者重合较好。

引起乳腺癌患者配准误差的原因有很多，常见的如患者体型变化、不当的配准方法、患者呼吸运动、患者体表标记线不清晰、放射治疗师的摆位、设备的机械精度等。放射治疗师应在医师的指导下结合大量临床放射治疗经验进行配准矫正，寻找误差原因并及时进行矫正。

【案例 8-4-4】
　　患者，女，52 岁，体重 80kg，左乳保乳术后行放射治疗。放射治疗第 10 次后，患者手臂上举幅度加大，医生查看患者 CBCT 图像，发现患者每次体位移动误差均大于 6mm，乳腺内金属标记物位置与定位 CT 相差较大，放射治疗师小徐说患者体型较胖，呼吸幅度大，摆位难度较大，便根据患者的椎体进行匹配，所以每次移动度都较大。
问题：请对此案例中图像匹配进行简单的分析。
【案例 8-4-4 分析】
　　1. 乳腺癌患者治疗前体位验证应以治疗靶区为主要参考依据，须将乳腺内的金属标记物控制在靶区内，同时根据就近原则使用靶区内及周围的骨性结构（如肋骨）作为辅助参考，不应当使用离靶区较远的椎体进行配准。
　　2. 在治疗过程中，患者的手臂上举幅度会逐渐增加，其胸壁照射范围也会变化，应评估并决定是否需要重新校准治疗中心。
　　3. 患者每次体位移动较大时，放射治疗师应及时与医生联系，告知医生放射治疗前体位验证情况，并做相关记录与处理。
　　4. 该患者呼吸幅度大，可考虑使用呼吸门控技术辅助治疗。

四、放射治疗计划的执行

　　放射治疗师出机房前应叮嘱患者治疗期间保持体位不移动，若有不适或特殊情况可以按指导用报警铃或举手示意。离开机房时，放射治疗师应走在最后，确保所有人员都已离开机房后再关闭治疗机房的屏蔽门。放射治疗计划执行前应再做最后一次核对，核对患者信息与放射治疗计划的一致性，无误后方可进入位置验证和放射治疗计划执行阶段。治疗过程中放射治疗师须全程密切观察患者状况及机器运转情况，如患者是否呼吸运动幅度过大、补偿物是否在放射治疗中滑落等，如有意外，应立即停止治疗并予以及时处理。

【案例 8-4-5】
　　患者，女，40 岁，左乳根治术后行放射治疗。放射治疗第 3 次，放射治疗师完成摆位后出机房进行治疗，照射中患者发现补偿物滑落，便自行跳下治疗床，捡起补偿物，走到屏蔽门处敲门呼叫放射治疗师。治疗师听到声音后，立即停止治疗，打开屏蔽门，询问患者情况。
问题：从以上案例中，放射治疗师在治疗过程中犯了哪些错误？
【案例 8-4-5 分析】
　　1. 摆位过程中未按照要求摆放好补偿物，造成补偿物滑落。
　　2. 在患者治疗前准备阶段没有做好充分的宣教工作，造成患者遇到突发状况时自行下床。
　　3. 放射治疗中治疗师没有通过监视器密切关注患者状况。
　　4. 未按要求给患者紧急呼叫铃。

　　治疗完成后，放射治疗师重新进入机房，将治疗床再次降至合适位置，搀扶患者下治疗床，放置好模具。等患者穿好衣物后，方可呼叫下一位患者进机房，嘱咐患者在休息室休息片刻，没有特别不适方可离开。

五、注意事项

　　1. 放射治疗宣教应贯穿整个放射治疗过程，同时要重视患者的心理治疗，鼓励患者多与亲友交流，保持积极乐观的心态，配合治疗。
　　2. 二维放射治疗患者摆位时应将乳腺托架放于偏患侧边的治疗床上，以便通过灯光野验证患者体位。三维调强放射治疗患者的模具则应放于偏健侧边的治疗床上，防止机架旋转触碰到患者或治疗床。

3. 治疗过程中，二维放射治疗患者照射野切换时，应将机架回零再次核对激光线与体表标记线是否一致，确保患者体位没有移动。如果体位移动，需要再次进行摆位。

4. 放射治疗师应告知患者体表标记线的重要性，若标记线不清楚不可以自己随意描画，应找医生或者放射治疗师在治疗体位时进行重新描画。

5. 放射治疗期间保持放射治疗侧胸壁乳腺皮肤干燥洁净，禁止抓挠、揉搓，忌使用香皂、爽身粉、护肤品等。

（孙　丽）

第五节　直肠癌的放射治疗技术

【案例 8-5-1】

患者，男，63 岁，全麻下行"腹腔镜辅助下直肠癌根治性切除术"。术后病检为：（直肠）中分化腺癌侵及肠壁全层至浆膜下，伴淋巴结（2/15 枚）转移。术后恢复良好，现要求进一步治疗。

放射治疗前与患者及家属谈话，签放射治疗知情同意书并告知放射治疗不良反应及放射治疗风险。告知患者先排空膀胱再饮水 500ml，憋尿 1 小时后，用膀胱容量测量仪测量膀胱容量（270±10）ml。采用真空负压垫固定，俯卧位；CT 扫描方式平扫加增强，范围 L_2 至股骨上段，CT 图像采集后传至 Monaco 计划系统进行靶区勾画与计划设计。在 Elekta Synergy 直线加速器上摆位与位置验证。启动加速器机载 CBCT 验证系统，选择盆腔扫描条件，扫描后进行骨配准，然后多模式观察配准图像，确认配准结果并记录。在线行位置校正。位置误差容许标准：盆腔部位线性小于 0.2cm，旋转小于 2°，在线校正见图 8-5-1。

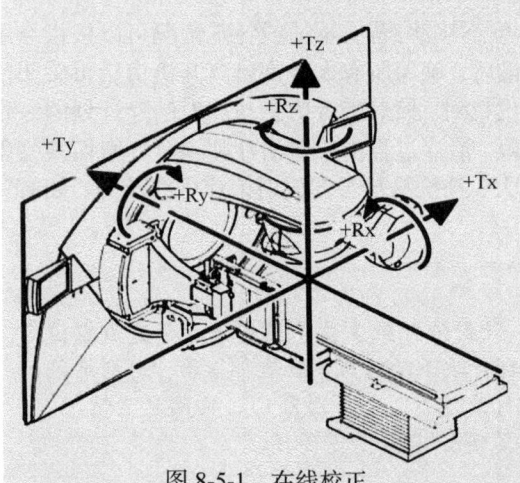

图 8-5-1　在线校正

位置校正后，启动加速器系统，按照治疗计划进行出束治疗，治疗过程中密切监视治疗室内患者和机器情况。前三次治疗验证各方向旋转均可，X 轴线性左移 0.2cm，Y 轴按照标记线需注意摆位；第二周验证结果均可；第三周床值即 Z 轴线性修改 0.1cm，直至 25 次治疗顺利结束。

问题：

1. 直肠癌放射治疗体位固定遵循的原则是什么？
2. 直肠癌放射治疗照射过程中需要注意哪些事项？

【案例 8-5-1 分析】

1. 直肠癌放射治疗体位固定遵循的原则是满足治疗要求、最大限度减少危及器官的受照剂量、体位舒适、重复性好。
2. 直肠癌放射治疗照射过程中需要注意的事项参见本节相关内容。

一、计　划　审　核

除按照前述准备外，须确认憋尿所需的膀胱容量。

二、放射治疗前准备

1. 患者准备 患者充分的准备有助于患者配合治疗。患者相对于治疗师而言，对治疗信息了解是不对称的，故有必要向患者介绍治疗方法、过程和目的，让患者具有充分的心理准备。

（1）介绍治疗方法、过程和目的：带患者熟悉治疗环境，包括治疗室和控制室；向患者介绍治疗过程，患者治疗时需要用到定位时制作的固定装置、治疗时所躺的位置；治疗时会产生一些响声、加速器会旋转、治疗床也会转动，治疗时不要紧张、不能移动，整个治疗过程有视频监控和声音监听；治疗所需大致时间；患者在治疗过程中如遇不舒服时可以挥手示意，告知治疗师以求帮助。

（2）心理准备：患者对自己的病情及治疗有充分的认识和了解，知晓治疗方案和治疗过程，对治疗充满信心，放松心情，放下精神负担，轻松面对治疗，同时取得患者家属的支持和帮助。在工作人员引导下办理治疗相关手续。按照治疗排程的时间，安排好行程。

（3）衣物准备：准备治疗前的贴身衣物，须穿戴宽松、棉质、吸水性好的衣裤，吸汗舒适，避免化纤衣物对皮肤的刺激。因治疗时体位固定装置的原因而不能穿衣服的，可以准备浴巾以覆盖保暖，有条件的单位可以设置患者治疗准备房间以便患者治疗前衣物准备。如遇直肠手术改道、有人造肛门及粪便袋，治疗前须进行清理、清洁和消毒。

（4）辅助用品准备：检查患者的体位固定装置，包括真空袋的真空状态，即检查硬度是否变化、有无漏气，发泡胶固定垫和体部网罩有无变形，固定装置上的标记是否缺如或损坏、脱落，补偿物是否符合要求或有无异常，如有必要对补偿物加热到人体温度（37℃）以避免刺激患者。

（5）体表标记：治疗前，须检查体表标记线是否清晰。

（6）膀胱容量监测：需要进行膀胱容量监测的患者，按照定位时的饮水量和憋尿时间进行准备，用膀胱容量测量仪测量膀胱容量，直至符合治疗需要值并做记录。

2. 放射治疗摆位

（1）将患者领入治疗室。

（2）正确放置（一般头先进）体位固定装置。

（3）患者脱衣，然后端正坐在体位固定装置的臀部位置，帮扶患者平躺入体位固定装置中，平行调整其身体各部位，使其身体放松，紧贴体位固定装置无缝隙，身体两侧标记线与体位固定装置的对应标记线对齐。

（4）调整治疗床体位固定装置的头脚方向标记线与激光线一致，再调整患者身体使得身体两侧标记线与水平激光线一致，调整治疗床使得患者身体前面的标记线与激光线一致，最后检查各方向标记线与激光线是否一致；有热塑体罩配合固定的，安放热塑体罩，调整治疗床，使热塑体罩上的标记线与激光线一致。

（5）安放辅助用品，如补偿物等。

（6）身体盖以薄层浴巾以保暖，同时避开射野经过的部位。

（7）机架预旋转，检查机架旋转过程中是否与患者身体或治疗床及其他物体发生碰撞，保证安全。

（8）嘱咐患者平静呼吸，保持身体各部位静止不动。

三、影像验证

1. CBCT 验证

（1）打开验证探测板，确认到位。

（2）打开 CBCT 机头，确认到位。

（3）机架预旋转，检查机架、CBCT 机头和影像探测板在旋转过程中是否与患者身体或治疗床及其他物体发生碰撞，保证安全。

（4）调入 CBCT 参考影像，选择设置配准范围。

（5）选择设置盆腔扫描条件。

（6）启动扫描程序，监视各部件运行和观察患者的状态，直至扫描结束。

（7）确认接收扫描，重建扫描影像。

（8）选择配准方法，进行自动配准；选择不同影像审核方法观察影像，如颜色重叠法、双窗观察法。

（9）确定配准结果，保存并记录，如有问题，可以进行手动配准修正。

（10）误差在容许范围内，行在线校正；误差超出容许范围，依据调整规则，重新摆位，重复验证操作，直至误差在容许范围内。

2. EPID 验证

（1）打开验证探测板，确认到位。

（2）机架预旋转，检查机架和影像探测板在旋转过程中是否与患者身体或治疗床及其他物体发生碰撞，保证安全。

（3）调入 EPID 参考影像，关联射野信息。

（4）设置盆腔验证射野参数。

（5）启动照射程序。

（6）传输验证射野，关联至参考射野。

（7）调整验证射野影像参数至最佳视觉状态。

（8）选择配准方法，如点、曲线或人工等方法进行配准；选择不同影像审核方法观察影像，如颜色重叠法、双窗观察法。

（9）确定配准结果，保存并记录。

（10）误差在容许范围内，依据规则校正；误差超出容许范围，依据调整规则，重新摆位，重复验证操作，直至误差在容许范围内。

3. 体表光学监测　如需进行体表光学检测，则在 CBCT 或 EPID 验证通过后，启动体表光学监测：

（1）开启体表光学监测系统，导入患者资料。

（2）选择患者治疗部位，导入治疗计划的表面结构作为参考影像或采集实时影像作为参考影像。

（3）勾画监测范围，即兴趣区域（region of interest，ROI）。

（4）设置实时影像与参考影像之间的容许误差值，连接加速器至出束系统。

（5）启动监测系统进行监测影像采集，系统自动识别并计算实时影像与参考影像之间的误差，显示报告；若误差超出容许范围，立即切断加速器，否则继续治疗，直至治疗结束。

四、放射治疗计划的执行

1. 调入患者治疗资料，再次核对患者信息和治疗信息。

2. 启动治疗程序出束治疗。

3. 特殊射野按照各自要求进行操作。

4. 治疗监控　治疗全过程需要通过视频监控系统密切观察治疗室内患者情况和机器运行状况，监听治疗机运行声响和患者有无异常声音，如遇异常情况，立即停机，进行相应处置。

五、注意事项

1. 治疗安全是治疗实施环节中最重要的，患者体位固定后需要进行机架预旋转，以防止机架、探测板和 CBCT 球管与患者或治疗床发生接触、碰撞。

2. 治疗实施过程中需要患者的配合，告知患者保持身体放松且静止不动，如感到身体不适，通过举手示意告诉工作人员，切记不可在没有工作人员的帮助下，自己移动身体甚至下床。遇到不能很好配合治疗的患者，须密切观察患者状态，防止患者无意中移动身体与四肢，必要时采取辅助固定措施和镇静剂。

3. 直肠癌放射治疗的副作用是膀胱刺激征和直肠刺激征，应在放射治疗前嘱患者注意饮食卫生，多吃清淡、易消化的食物。

4. 直肠癌放射治疗的血液毒性反应较常见，放射治疗容易引起白细胞下降，应定期检查血象，并保证充足营养，补充蛋白质、糖类及维生素等。

5. 膀胱容积变化易导致周围放射治疗靶区形变，治疗前准备工作中的患者饮水量、憋尿时间和膀胱容量要与定位时一致，可使用膀胱容量测量仪测量容量，待测容量与定位容量一致后方可进行治疗。

（郑祖安）

第六节　前列腺癌的放射治疗技术

【案例 8-6-1】

患者，男，66 岁， 3 年前行前列腺癌根治术，术后 PSA 缓慢上升，行 PET/CT 检查。现要求进一步治疗。

放射治疗前与患者及家属谈话，签放射治疗知情同意书，告知放射治疗不良反应及放射治疗风险。告知患者先排空膀胱再饮水 500ml 并憋尿 1 小时后，用膀胱容量测量仪测量膀胱容量（300±10）ml。

采用真空负压垫固定，俯卧位；CT 扫描方式平扫加增强，范围为 L_2 至股骨上段，CT 图像采集后传至 Monaco 计划系统进行靶区勾画与计划设计（图 8-6-1）。

Rx A: Plan Report

Hospital/Clinic:
Patient Name:
Patient ID: C1004008142
Plan Name: CT1:SS_CT1:1st35F
Description
Comment

Doc Number: Rx A: 01020180503.105327.000　Monaco 5.11.01
Save Plan Date/Time: May 03. 2018 11:35:55
Print Date/Time: Aug 24. 2018 10:58:43
Workstation ID: CTXMONACOSVR1 10.64.188.34

StudySet Information

Studyset ID: CT1　# of Slices: 143　Pixel Size: 0.12　Scan Orientation: Head First Supine

Plan Information

Treatment Orientation: Head First Supine
Max Dose in Plan (cGy): 7569.6
Max Dose Location (cm): X = -0.12　Y = -2.90　Z = -8.80

Grid Information

Grid Spacing (cm): 0.30　Assigned CTtoED File: DICOM3.philipbigbore
Calculate Dose Deposition to: Medium　# of Calculation Points: 2069496
Force entire volume to be treated as water: No

Prescription Information: [A]

Rx Site	Prescribe To:	Rx Dose (cGy)	Fractional Dose (cGy)	Number of Fractions
1	Plan Isocenter	7000.0	200.0	35

Actual Dose(cGy): 6817.5
Rescale: Initial Prescription (cGy): 7600.0　# of Fractions: 38 (200.00 cGy/fx)
Dose rescaled by a ratio of 0.921

Algorithm: Monte Carlo Photon
Statistical Uncertainty (%) per Calculation: 1.00
Delivery Mode: VMAT

Beam Information

Scan Reference Coordinates (cm): X = 0.58　Y = 0.30　Z = -6.00

Seq.	Description	Treatment Unit	Modality	Energy	Gantry (deg)	Coll. (deg)	Couch (deg)	Isocenter X(cm)	Isocenter Y(cm)	Isocenter Z(cm)	# of Segs	MU/Fx
1	BA180	VersaHD	Photon	6.0 MV	188.0/352.0	5.0	0.0	2.58	-1.70	-10.00	170	815.00
										Total:	170	815.00

Approved by
Name: Administrator　Status: Approved　Date: Thu May 03 00:52:06 2018

Page 1 of 1

图 8-6-1　计划单

> 在 Elekta VersaHD 直线加速器上摆位与位置验证。
> 启动加速器机载 CBCT 验证系统，选择盆腔扫描条件，扫描后行骨配准，再多模式观察配准图像，确认配准结果并记录。
> 在线行位置校正。位置误差容许标准：盆腔部位线性小于 0.2cm，旋转小于 2°。
> 位置校正后，启动加速器系统，按照治疗计划进行出束治疗，治疗过程中密切监视治疗室内患者与机器情况。
> 前三次治疗验证各方向旋转均可，X 轴线性右移 0.4cm，Y 轴退床 0.4cm，提示以后摆位直至患者顺利接受 35 次治疗。
>
> 问题：
> 1. 前列腺癌放射治疗位置精度的影响因素有哪些？
> 2. 有哪些技术验证位置精度？
>
> 【案例 8-6-1 分析】
> 1. 前列腺癌放射治疗位置精度的影响因素有患者体位的舒适度、患者的配合程度、固定装置与身体的符合度、相邻部位如下肢的位置固定。
> 2. 验证前列腺癌放射治疗位置精度的技术有 CBCT、EPID、膀胱容量监测技术、电磁追踪技术、超声引导技术、体表光学监测技术。

一、计 划 审 核

除按照前述准备外，须确认憋尿所需的膀胱容量和是否进行电磁追踪。

二、放射治疗前准备

1. 患者准备 同前文直肠癌放射治疗前患者准备。如需进行电磁追踪，准备相关设备及其部件。

2. 放射治疗摆位 同前文直肠癌放射治疗摆位。

三、影 像 验 证

1. CBCT 验证 同前文直肠癌 CBCT 验证（图 8-6-2）。

2. EPID 验证 同前文直肠癌 EPID 验证。

3. 电磁追踪 如需采用电磁追踪技术，则在 CBCT 或 EPID 验证通过后，启动电磁追踪：

（1）开启电磁追踪系统，导入患者资料。

（2）导入电磁追踪参考影像。

（3）治疗室放置电磁追踪探测板至合适位置。

（4）探测采集实时电磁位置信息，并与参考位置信息比对，配准误差在容许范围内，启动加速器治疗出束系统照射。

4. 体表光学监测 同前文直肠癌体表光学监测。

5. 超声引导 如需采用图像引导技术，则在 CBCT 或 EPID 验证通过后，启动图像引导：

（1）开启超声引导系统，导入患者资料。

（2）导入超声引导参考影像。

（3）治疗室放置超声探头至合适位置。

（4）探测采集实时超声影像，并与参考影像比对，两影像一致时，启动加速器治疗出束系统照射。

四、放射治疗计划的执行

同前文直肠癌放射治疗计划的执行。

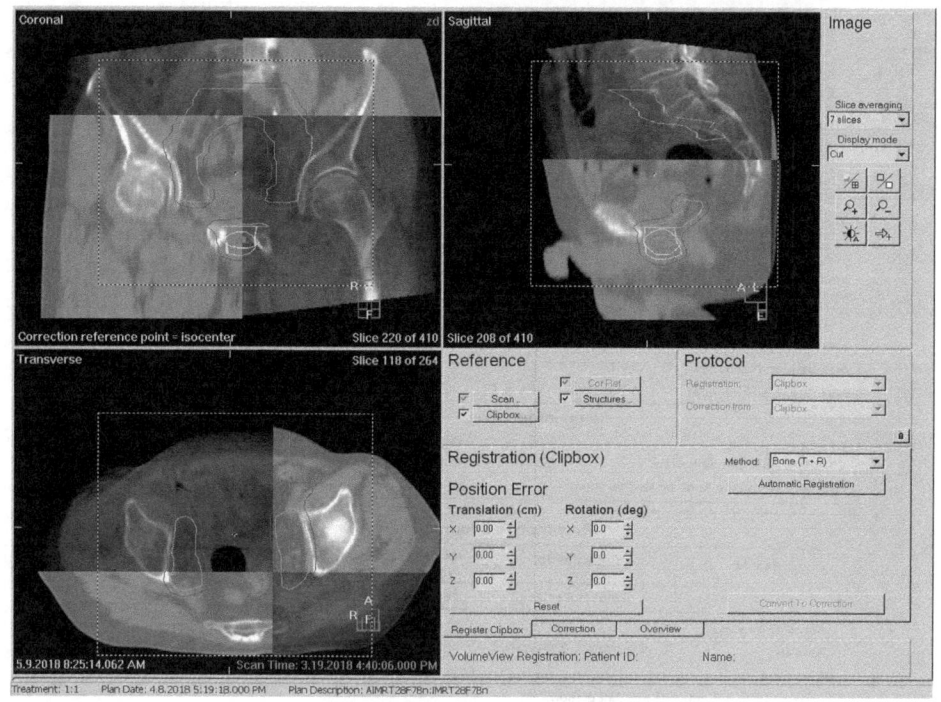

图 8-6-2 CBCT 位置验证

五、注意事项

同前文直肠癌放射治疗注意事项。前列腺癌放射治疗的副作用是膀胱刺激征，应在放射治疗前嘱患者注意饮食卫生，多吃清淡、易消化的食物。

（郑祖安）

第七节 宫颈癌的放射治疗技术

【案例 8-7-1】

患者，女，62 岁，因子宫颈鳞状细胞癌行 TPI 化疗，MRI 检查结果：宫颈及阴道上段异常信号，考虑肿瘤及治疗后改变，膀胱后壁受侵可能，双侧盆壁及腹股沟小淋巴结显示，现拟放射治疗。

放射治疗前与患者及家属谈话，签放射治疗知情同意书，告知放射治疗不良反应及放射治疗风险。告知患者先排空膀胱再饮水 500ml 并憋尿 1 小时后，用膀胱容量测量仪测量膀胱容量（300±10）ml。

采用发泡胶固定垫行体位固定，患者仰卧位，双手十指交叉置于头顶；CT 扫描方式平扫加增强，范围 L_1 至股骨上段，CT 图像采集后传至 Monaco 计划系统进行靶区勾画与计划设计。计划单如图 8-7-1。

在 Elekta Synergy 直线加速器上摆位与位置验证。

启动加速器机载 CBCT 验证系统，选择盆腔扫描条件，扫描后行骨配准，再多模式观察配准图像，确认配准结果并记录（表 8-7-1）。

在线行位置校正。位置误差容许标准：盆腔部位线性小于 0.2cm，旋转小于 2°。首次验证 X 轴旋转 3°，Y 轴线性 0.34cm，Z 轴线性 −0.31cm 均须予以校正，前三次治疗前验证后，给出摆位小结，以指导后续的摆位操作。

位置校正后，启动加速器系统，按照治疗计划进行出束治疗，治疗过程监视治疗室内全部情况直至患者顺利接受 25 次治疗。

Rx A: Plan Report

Hospital Clinic		Doc Number	Rx A 01020180424 090752 000 Monaco 5 11 00
Patient Name		Save Plan Date/Time	Apr 24 2018 09 10 35
Patient ID		Print Date/Time	Apr 26 2018 17 59 51
Plan Name	CT1 SS_CT1 IMRT27F7B	Workstation ID	CTXMONACOSVR2 10 64 188 35
Description			
Comment			

StudySet Information

Studyset ID: CT1 **# of Slices:** 104 **Pixel Size:** 0 10 **Scan Orientation:** Head First Supine

Plan Information

Treatment Orientation: Head First Supine

Max Dose in Plan (cGy): 5416 8

Max Dose Location (cm): X = 6 21 Y = -5 70 Z = 23 20

Grid Information

Grid Spacing (cm): 0 30 **Assigned CTtoED File:** DICOM3 siemen20170808

Calculate Dose Deposition to: Medium **# of Calculation Points:** 1784328

Force entire volume to be treated as water: No

Prescription Information: [A]

Rx Site	Prescribe To:	Rx Dose (cGy)	Fractional Dose (cGy)	Number of Fractions
1	Plan Isocenter	4860 0	180 0	27

Actual Dose(cGy): 4947 5

Rescale: No user normalization applied

Algorithm: Monte Carlo Photon

Statistical Uncertainty (%) per Calculation: 1 00

Delivery Mode: dMLC

Beam Information

Scan Reference Coordinates (cm): X = -0 09 Y = 0 30 Z = 19 30

Beam #	Description	Treatment Unit	Modality	Energy	Gantry (deg)	Coll. (deg)	Couch (deg)	Isocenter X(cm)	Isocenter Y(cm)	Isocenter Z(cm)	# of Segs	MU/Fx
1	AA0	T3	Photon	6 0 MV	0 0	0 0	0 0	-0 09	0 30	19 30	9	[illegible]
2	AA050	T3	Photon	6 0 MV	50 0	0 0	0 0	-0 09	0 30	19 30	9	[illegible]
3	AA100	T3	Photon	6 0 MV	100 0	0 0	0 0	-0 09	0 30	19 30	9	[illegible]
4	AA150	T3	Photon	6 0 MV	150 0	0 0	0 0	-0 09	0 30	19 30	9	[illegible]
5	AA210	T3	Photon	6 0 MV	210 0	0 0	0 0	-0 09	0 30	19 30	9	[illegible]
6	AA260	T3	Photon	6 0 MV	260 0	0 0	0 0	-0 09	0 30	19 30	9	[illegible]
7	AA310	T3	Photon	6 0 MV	310 0	0 0	0 0	-0 09	0 30	19 30	9	[illegible]
										Total:	63	[illegible]

Approved by

Name Administrator Status Approved Date Tue Apr 24 17 05 56 2018

Page 1 of 1

图 8-7-1 计划单

表 8-7-1 验证记录单

姓名	×××	治疗号	T-1007535×××	诊断	宫颈癌		固定方式	发泡胶
日期	X		Y		Z		摆位方式	摆位床值	备注
	线性	旋转	线性	旋转	线性	旋转			
××-××	0.29	-3.0	0.34	0.8	-0.31	1.3	原线	-12.7	→-12.4
××-××	0.24	-0.8	-0.13	0.7	0.11	0.1	X 轴校正	-12.4	
××-××	0.17	-0.8	-0.03	1.1	0.10	-0.1	X 轴校正	-12.4	
小结	右移 0.2cm，注意 X 轴负旋转								
××-××	0.07	-1.1	0.14	-0.1	-0.13	1.1	按小结		
××-××	0.17	01	0.13	-0.8	-0.11	1.4	按小结		
××-××	-0.12	-0，9	0.16	0.1	0.09	-0.9	按小结		

问题：
1. 患者治疗前准备工作如何影响宫颈癌放射治疗精度？
2. 如何校正 CBCT 验证后的位置误差？

【案例 8-7-1 分析】
1. 患者治疗前准备工作很重要，准备不充分会影响治疗精度。①了解治疗方法、过程和目的；②心理准备；③衣物准备；④体表标记；⑤膀胱容量监测。
2. 摆位后位置验证误差，按照各轴反方向调整即可达到目的。

【视窗 8-7-1】 近距离放射治疗——后装治疗技术

近距离放射治疗是恶性肿瘤治疗的一种有效手段，其治疗主要包括两种形式，即短暂性植入（放射源经施源管植入肿瘤部位，治疗后拔出）与永久性植入（放射性粒子植入肿瘤部位，在体内自然衰减）。在技术方面最重要的进展包括后装技术和计算机辅助治疗计划系统的应用。当今的现代近距离放射治疗技术以高剂量率治疗为主（图 8-7-2）。

后装治疗技术主要步骤是先将施源管植入所需部位，拍摄定位片，计算机辅助治疗计划系统进行剂量优化并将放射源的驻留位置及时间进行编程，使步进马达将微型放射源驱动到设计好的驻留位置进行照射，使照射更加安全、准确、可靠、简便，适用范围也更加广泛。

现代高剂量率后装近距离放射治疗主要应用于恶性肿瘤的腔内治疗（如宫颈癌、鼻咽癌）、管内治疗（如食管癌、支气管肺癌）、组织间插植治疗（如前列腺癌、舌癌）、术中置管术后治疗、敷贴治疗（如皮肤癌）等多种形式。

目前先进的计划系统可以实现适形后装放射治疗。

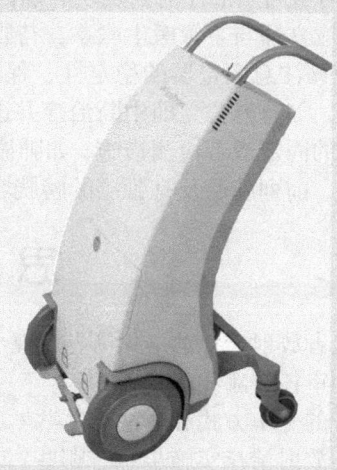

图 8-7-2 后装放射治疗机

一、计划审核

除按照前述准备外，须确认憋尿所需的膀胱容量。

二、放射治疗前准备

1. 患者准备 同前文直肠癌放射治疗前准备。
2. 放射治疗摆位 同前文直肠癌放射治疗摆位。

三、影 像 验 证

1. CBCT 验证 同前文直肠癌 CBCT 验证。
2. EPID 验证 同前文直肠癌 EPID 验证。
3. 体表光学监测 同前文直肠癌体表光学监测。

四、放射治疗计划的执行

同前文直肠癌放射治疗计划的执行。

五、注 意 事 项

同前文直肠癌放射治疗注意事项。

(郑祖安)

本 章 小 结

1. 放射治疗前的准备工作包括计划审核、患者准备。计划审核包括患者身份的确认、治疗计划的审核、体位固定装置的确认等。患者的准备包括物质准备与思想准备。治疗实施包括体位固定、摆位、影像验证和治疗实施。

2. 影像验证的常用方式有电子射野影像（EPID）和机载 CT（CBCT、MVCT 等）。影像验证又分为治疗前的影像验证、治疗中的实时影像验证和治疗后的影像验证 3 种。目前临床上使用最多的是治疗前的影像验证。治疗前如发现肿瘤区域有明显变化，如肿瘤进展或缩小、肺部出现积水或肺不张等情形，应立即与主管医生联系，待得到医生的确认后再继续治疗。

3. 治疗中应该注意固定器的稳定性、保证摆位精度、检查固定器是否变形、患者治疗时是否有移动及呼救等，如有异常立即中断治疗并进入机房查看。某些器官由于运动性大或固定不理想，通常会采用辅助的固定或者检测措施，如肺癌的呼吸干预措施、前列腺癌的电磁追踪技术、超声引导技术，直肠癌、前列腺癌及宫颈癌的膀胱容量监测技术、照射过程中的体表光学监测技术等。

思 考 题

1. 鼻咽癌患者放射治疗前应做哪些准备？
2. 肺癌计划审核有哪些步骤？
3. 影像验证的基本方式和方法有哪些？
4. 食管癌的放射治疗实施步骤有哪些？
5. 直肠癌、前列腺癌、宫颈癌放射治疗时充盈膀胱的作用是什么？
6. 乳腺癌调强患者有哪几种体位验证方式？具体怎样匹配？
7. 采用 CBCT 图像匹配数据较大时，放射治疗师应该怎样做？
8. 放射治疗实施时，放射治疗师应该怎样做？治疗完成后，放射治疗师该怎样做？

第九章 放射治疗的质量控制和质量保证

【学习目标】
1. 记忆 放射治疗流程及治疗设备的质量控制和质量保证；每种图像引导措施的特点；腹压及追踪技术。
2. 理解 模拟定位设备的质量控制和质量保证；IMRT下为什么需要图像引导；图像引导放射治疗中的额外辐射问题；放射治疗安全问题；前门控及后门控的区别。
3. 运用 质量保证的具体方法及标准；图像引导放射治疗的概念；常见图像引导放射治疗设备的类型；PTV边界计算公式；图像引导放射治疗的流程；呼吸运动对放射治疗的影响；深吸气屏气的优缺点；获取呼吸信号的方法。4D CT的原理。

【案例9-0-1】
随着放射治疗技术的进步和发展，临床上对放射治疗的质量控制和质量保证也更加重视。从验收、临床测试、到每日、每周、每月、每年的质控检测都是必不可少的环节，学习、了解并掌握一些重点环节是每个从事放射治疗技术人员的必修之课。
问题：
1. 目前常见的放射治疗设备有哪些，其质量保证有何区别？
2. 目前最主要的模拟定位设备是什么？简单描述它的质量控制与保证。
3. 放射治疗的基本流程是什么？其过程的质量保证有何特殊之处？

【案例9-0-1分析】
1. 目前常见的有常规电子直线加速器、γ刀、螺旋断层、射波刀立体定向放射及质子、重离子等治疗设备。每种设备都有其独特的地方，其检测项目也不尽相同，具体可参照本章第二节《放射治疗设备的质量控制和质量保证》进行深入的学习。
2. 目前最主要的模拟定位设备为CT模拟定位机，其质量保证除日常CT必需的检测外，图像质量检测也是其主要内容。模拟定位的图像质量，是放射治疗计划的设计与实施能否精确进行的前提。
3. 放射治疗的基本流程中比较重要的有模拟定位、靶区勾画、计划设计及治疗实施过程，这些过程看似独立，实则紧密相关。放射治疗流程的质量保证就是要严格控制每一个流程，确保每一个环节按相关标准执行，具体每个流程的检测方法与指标可参照本章相关内容。

随着肿瘤放射治疗技术的不断发展，放射治疗的质量保证（quality assurance，QA）也日益受到肿瘤放射治疗学界专家的重视。放射治疗质量保证是指经过周密计划而采取的一系列必要的措施以保证放射治疗整个过程中的各个环节按国际标准准确和安全地执行。放射治疗的根本目标是准确、精确地将足够的治疗剂量给到肿瘤区，保护周围正常组织和器官，提高肿瘤的局部控制率，减少正常组织并发症。QA的目的是减少治疗计划、仪器性能、治疗验证的不确定度和错误，保证治疗的准确和设备精度，提高疗效。

质量控制（quality control，QC），即采取必要措施以保证QA的顺利执行并不断修改其执行过程中某些环节，以达到新的QA水平。放射治疗设备的质量保证和质量控制包括治疗机和模拟定位机的机械参数、几何参数的检测与调整、治疗机剂量监测系统检测与校对。放射治疗设备的质量保证目的是使设备维持初装验收时的机械性能特征，定期和常规检查的所有数据必须记录留档，并检测观察其运行状态的变化情况，及时分析比较。

第一节 概　　述

一、机器机械精确度的保证

> 【案例 9-1-1】
> 　　直线加速器作为目前放射治疗常用的设备之一,结构复杂,容易出现故障,并且随着其使用年限的增长,各部件容易老化或磨损。
> 问题:
> 　　1.加速器部件老化会导致什么问题?
> 　　2.该做些什么以保证设备的正常使用?
> 【案例 9-1-1 分析】
> 　　1. 设备部件出现老化或磨损,容易导致其机械和几何性能改变,影响设备的正常运行。
> 　　2. 设备使用过程中必须对其机械和几何参数进行定期检查和调整,确保所使用的加速器机械精度在正常范围之内,从而保证放射治疗的实施精度。机械精度质量控制项目主要包括:小机头、机架、铅门、治疗床、光距尺、激光灯及附件,每个项目又可以分为小项目,每个小项目的质量控制频度有每日、每周、每月和每年。

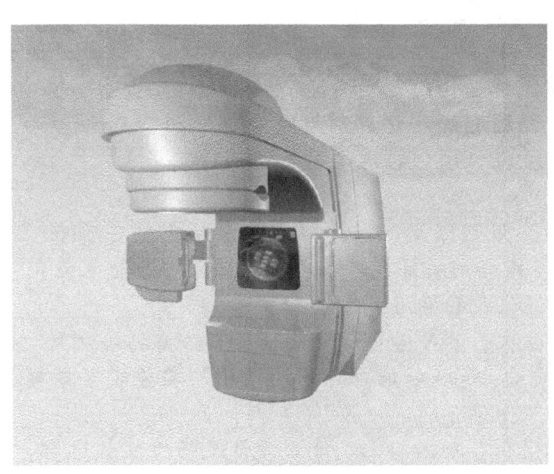

图 9-1-1　直线加速器

由于直线加速器(图 9-1-1)结构复杂,易出现故障,加上随着其使用年限的增长,各部件容易出现老化或磨损,其机械和几何性能易发生变化,使用过程必须对其机械和几何参数进行定期检查和调整,确保所使用的加速器机械精度在正常范围之内,从而保证放射治疗的实施精度。

虽然目前各品牌加速器机械设计上会有略微不同,但机械性能 QA 方法总的来说是可以相互通用,相互套用的。根据加速器的结构组成,机械精度质量控制项目主要包括:小机头、机架、铅门、治疗床、光距尺、激光灯及附件,每个项目可细分为若干小项目,每小项目的质量控制频度有每日、每周、每月和每年(表 9-1-1),且每个项目对应的容差值也不相同。

表 9-1-1　直线加速器机械性能质量控制基本内容

检测项目	频度
机头	
小机头角度指示	每月
小机头等中心	每年
机架	
机架角度指示	每月
机架等中心	每年
铅门	
铅门光野位置指示	每月
铅门光野位置指示(非对称)	每月

续表

检测项目	频度
光射野一致性	每月
十字线与铅门的平行度	每月
治疗床	
治疗床旋转角度指示	每年
治疗床旋转中心	每年
治疗床垂直方向位置指示	每月
治疗床径向	每月
治疗床横向	每月
治疗床运动垂直度/水平度	每年
治疗床全方位最大自由移动度	每月
光距尺	
光距尺指示	每周
激光灯	
左右水平激光灯	每周
左右冠状位激光灯	每周
天花板矢状位激光灯	每周
附件	
固定楔形板	每月
电子限光筒	每月
挡块及其他补偿器插板	每月
摆位辅助装置及固定器	每月

二、机器输出量的均匀性和稳定性的质量保证

三维适形放射治疗（3D-CRT）及常规放射治疗计划简单，其照射野内的剂量计算分布比较可靠，只要对直线加速器及其附属放射治疗设备做日常的质量保证就足以保证放射治疗物理剂量的准确性。然而调强放射治疗（IMRT）或容积旋转调强放射治疗（VMAT）计划中射野的执行是一个复杂的过程，为了保证治疗的有效性及准确性，实施调强计划必须有完善的质量控制与质量保证，其中涉及多叶准直器的位置精度，直线加速器的输出剂量稳定性、准确性及其机械精度等。其中，机器输出剂量的均匀性及稳定性的质量保证十分重要，本节主要对这两方面内容进行介绍。

（一）均匀性

1. X 射线辐射野的均匀性 在标准测试条件下以方形 X 射线辐射野和所用的吸收剂量率对每档标称能量，在机架位于 0°或 90°时，随机文件应给出最大吸收剂量（辐射野内任何不大于 1cm^2 面积内的平均值）和最小吸收剂量（均整区域内任何不大于 1cm^2 面积内的平均值）的比值。对于面积 5cm×5cm～30cm×30cm 的方形辐射野，不应超过 106%；对于面积大于 30cm×30cm 的方形辐射野，不应超过 110%。

2. 电子辐射野的均匀性 在标准试验条件下，对所有的标称能量和短边不小于 5cm 的电子辐射野，随机文件中应给出：在标准测试深度处，两主轴上 90%等剂量线与几何野投影边界的最大距离 A 不应超过 10mm；两主轴上 80%等剂量线与几何野投影边界的最大距离 B 不应超过 15mm；在两个对角线上 90%等剂量线与几何野投影边界的最大距离 C 不应超过 20mm（图 9-1-2）。

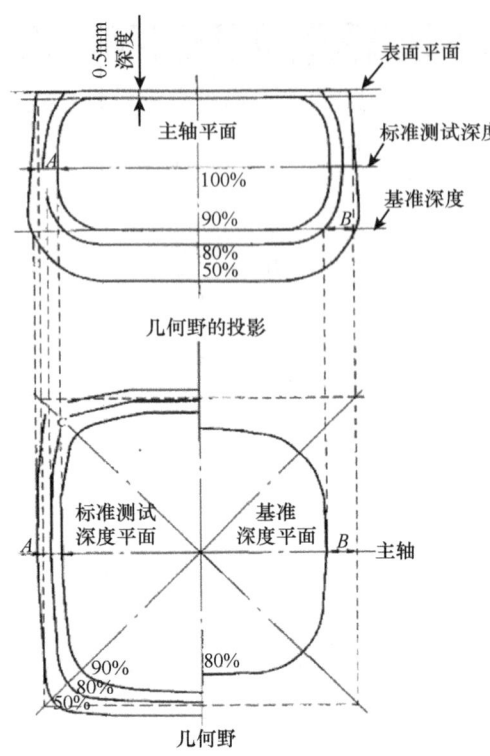

图 9-1-2 电子线辐射野均匀性

(二) 稳定性

1. 高剂量辐照后的稳定性(剂量检测 VR 图示,图 9-1-3) 对 X 辐射和电子辐射,电子直线加速器由待机状态达到准备状态后立即测量确定的剂量检测计数与吸收剂量之比 R_1 和经在标准试验条件下产生 100Gy 的吸收剂量或以最大吸收剂量率辐照 30min 后立即测量确定的剂量检测计数与吸收剂量之比 R_2,计算出 (R_2-R_1) 与 R_1 之比。该比值用百分数表示,其比值不应超过 ±2%。

2. 日稳定性 对于 X 射线和电子辐射,电子直线加速器由待机状态立即测量确定的剂量监测计数与吸收剂量之比 R_1,和在典型吸收剂量率下,连续地产生大约 4Gy 的辐照,随后停止辐照 10min 构成周期,以这样的周期连续运行 8h 后立即测量确定的剂量监测计数与吸收剂量之比 R_2,计算出 (R_2-R_1) 与 R_1 之比。该比值用百分数表示,其比值不应超过 ±2%。

3. 周稳定性 对于 X 辐射和电子辐射,电子直线加速器连续 5 天由待机状态达到准备状态后立即测量确定的剂量监测计数与吸收剂量之比 R,随机文件中应给出 R 的最大值和最小值之差和全部 R 的平均值之比。该比值用百分数表示,其比值不应超过 ±2%。

4. 移动束治疗的稳定性 在 X 射线辐射和电子辐射时,当移动束由机架旋转产生,其中单位角度剂量监测计数是常数,如果由机架的旋转角度终止辐照,随机文件中应给出剂量监测计数读数与单位角度剂量监测计数乘以机架旋转角度值之间的最大偏差,最大偏差用百分数表示,其值不超过 ±5%。如果由剂量监测系统终止辐射,机架旋转的角度和预置剂量监测计数除以单位角度剂量监测计数之间的最大偏差不应超过 ±3°(图 9-1-3)。

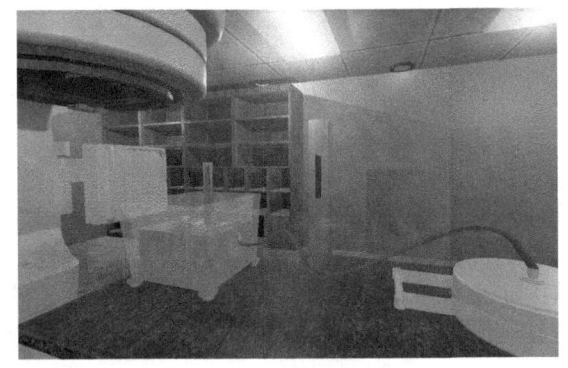

图 9-1-3 剂量监测

三、激光系统精确度的质量保证

【案例 9-1-2】
放射治疗模拟定位系统中常涉及许多保证定位准确的项目,激光系统就是其中必不可少的重要组成部分,其精确性严重影响治疗的精度。
问题:
1. 简要说明激光灯系统的作用。
2. 激光灯系统的质量保证涉及哪些内容?
【案例 9-1-2 分析】
1. 放射治疗系统中加速器机房内的定位激光系统用于患者摆位,通过引导患者位置的调

> 整，从而确保患者在治疗期间保持体位的一致性。侧激光灯安装在机架左、右两侧的墙壁上，目的是在垂直和水平面上分别产生一道扇形束，后者的中心还有一个点指向等中心。
> 2. 激光灯系统的质量保证涉及激光灯重合性检查、激光灯线宽检查、激光灯偏离等中心点检查、水平度平移检查、垂直度平移检查等。

激光系统是放射治疗模拟定位和治疗实施流程中的重要组成部分，其精确性严重影响治疗的精度，其质量保证也是日常质量控制与保证的重要内容。

1. 激光系统 QA 的工具　水平仪、前指针、直尺、白纸、铅垂线。

2. 日检　激光灯重合性检查。具体操作如下：

（1）Gantry=0°、Collimator=0°。

（2）用一张白纸，面向激光灯，在横向（X方向）离等中心±25cm范围内移动白纸，左右水平线和垂直线均应分别重合。

（3）在 Gantry 为 90°和 270°时分别检查激光灯与射野中心符合度。

3. 月检

（1）激光灯线宽检查：如果线宽＞1mm，可调整聚焦旋钮，使其线宽≤1mm。

（2）激光线偏离等中心点检查：用校准过的前指针，将其刻度移动对准100cm，左右激光十字线交点应与针尖中心重合，矢状位激光线过针尖中心。若激光线偏离针尖中心，需要调节相应的位移螺丝使其在容差范围之内（图9-1-4）。

（3）水平度平移检查：在床面上放一水平仪，调整水平仪使之处于水平状态，升床到一定高度，水平仪上端面与左右激光灯的水平激光线应完全重合，如果存在一定角度就需要调整水平激光灯的旋转。

（4）垂直度平移检查：机架0°位置，用铅垂线分别对3个激光灯垂直线水平移动，3条垂直线与铅垂线应该能完全重合，如果存在一定角度就需要调整垂直激光灯的旋转。

（5）重合性检查：用一张白纸面向激光灯，在横向（X方向）离等中心±25cm范围内移动白纸，左右水平线和垂直线均应分别重合，如果仅等中心重合，需要微调相应激光灯的倾角。

4. 激光系统 QA 的其他方法　现在市面上出现了一些激光灯 QA 的专用设备，如自适应水平激光仪等，可根据使用说明书进行操作。激光灯 QA 检测方法很多，可根据各单位实际拥有设备进行具体操作和分析（图9-1-5）。

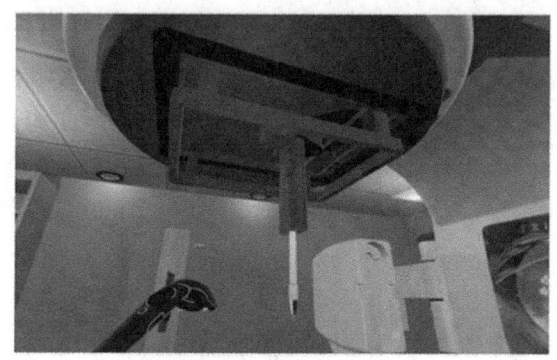

图 9-1-4　前指针校对

图 9-1-5　激光灯质控

四、激光系统、治疗系统、验证系统一致性的质量保证

放射治疗中激光系统、治疗系统及验证系统的一致性是每日检测的一项重要内容，须严格按照有关标准执行。

加速器机房内定位激光系统用于患者摆位,引导患者位置的调整,从而确保患者在治疗期间保持体位的一致性。侧激光灯安装在机架左右两侧的墙壁上,目的是在垂直和水平面上分别产生一道扇形束,后者的中心还有一个点指向等中心。侧激光用来保证在治疗开始前患者的水平位置恰当。治疗床必须调整到适当高度、患者平躺,在前后和左右方向上没有旋转。与机架底座相对的墙面上还装有矢状激光灯,可在垂直方向产生扇形激光束,用来保证患者在纵轴方向上位置正确。顶部激光灯安装在天花板上,垂直朝下指向等中心点所在的位置。大部分定位激光灯产生十字激光线。

激光线每日都应进行检查,激光线须指向等中心点且必须共线。激光线定位的允许误差是±2mm。加速器光野中通常带有一个参考线,为十字线。十字线的中心表示准直器的旋转中心。矢状激光可以通过查看扇形束是否穿过射野十字线的中心来检查,而天花板激光线的检查可以通过以下方法:机架处于垂直位置时,在床面上粘贴一个胶带并标记十字线的位置,后旋转机架至其他位置,检查激光线与胶带上的标记线是否重合。

质量验证时须保证激光系统、治疗系统及验证系统的一致性,以保证治疗的准确性。

五、验证频度和验证规程

随着放射治疗技术和治疗计划的复杂性增加。质量控制检测项目迅速增加。放射治疗需要使用科学有效的质量控制方法检查放射治疗过程中各个环节可能的错误和潜在的临床影响,以采取相应的控制措施。放射治疗全面质量控制是指以全员参与为基础的长期质控,包括质控制度和质控规划阶段、培训教育阶段、执行阶段、检查评估分析阶段和改进预防阶段。

加速器的验证频度和验证方法(表 9-1-2),主要遵照国家相关标准及参照国外相关机构的标准实施。验证频率一般有日检、周检、月检、年检及验收检测和维修后的检测(具体检测内容与标准见各节内容)。

表 9-1-2　直线加速器安全性能质量控制基本内容

检测项目	频度
运动与碰撞	
防碰撞装置(机器准直器、影像系统)	每周、每月、每年
急停按钮(台、治疗床、墙面、机架、稳压调制柜子)	每周、每月、每年
高能射线电离辐射	
放射治疗区域内控制区与公共区域的辐射控制水平	每日、每月、每年
辐射监测设备记录与门机、门灯联锁	每日、每月、每年
通风系统和气体	
通风系统	每周、每月、每年
高压空气(动力)	每月、每年
绝缘气体(SF6)	每周、每月、每年
水循环系统	
水循环冷却	每周、每月、每年
内循环恒温	每月、每年
外循环水系统(恒温)	每月、每年
消防系统	每月、每年
整机运行状态检测(晨检)	每天

1. 建立 QA 程序　整个治疗环节包括临床治疗方案、物理计划、治疗病历及各种治疗记录文件,确定检测参数、频率、方法及评价标准和评价制度。质量保证程序执行过程中发现的问题及反馈制度。

2. 质量控制检测　质量控制检测分为设备验收,临床测试,常规检测,设备稳定性检测,治疗设备和模拟定位设备的质量保证,治疗计划系统的质量保证,后装近距离放射治疗机的质量保证,网络传输系统的质量保证等。

3. 检测结果评价及处理 评价各检测结果应与相应的标准对比分析，验收检测结果应用国家标准进行评价，稳定性和状态检测结果应根据设备基准值评价。任何检测结果不符合相应标准时，应立即重复该项检测，重复检测结果仍不符合相应标准时，应认真检查检测设备及检测方法的可靠性，经验证确实不符合相应标准时，应立即采取校正措施。

4. 质量保证记录和资料 对于设备检测结果、发现的问题、采取的措施及其效果的记录，必须在设备使用期间长期保存。

5. 质量保证核查 应定期对质量保证程序的执行情况及其效果进行检查，包括各项技术措施是否按要求实施，各项工作制度、规范是否执行，各种记录是否完整等，质控检查周期及检查结果分析，纠正错误的措施等。

（李小波）

第二节 放射治疗设备的质量控制和质量保证

一、加速器的质量控制和质量保证

【案例 9-2-1】
放射治疗设备种类繁多，结构不一样，使用方法和性能也不一样，其质量保证内容也不同。
问题：
1. 举例说明加速器的质量保证和质量控制内容。
2. 举例说明断层放射治疗设备质量控制和质量保证内容。

【案例 9-2-1 分析】
1. 医用电子直线加速器的质量控制和质量保证主要遵照国家相关标准及国际相关机构的标准实施。其检测包括日检、月检、年检，其中每个时间间隔的检查都有其相应的项目内容（具体可参照文中介绍）。
2. 螺旋断层放射治疗设备（TOMO）是应用逆向 CT 成像原理将直线加速器安装在滑环机架上，采用调强扇形束，以螺旋旋转的方式进行放射的治疗设备。其质量保证内容包括剂量准确和位置准确。

【案例 9-2-2】
射波刀（cyber knife），是全身立体定位放射外科治疗设备，作为一种新型的放射外科系统，其核心技术在于将"图像导航技术"和"交互式智能机器人"引入肿瘤放射治疗领域。治疗时，采用与卫星实时定位导航相似的"图像导航技术"，几近实时接收患者呼吸运动、体内肿瘤位置、正常器官位置等数据信息，并同步反馈给"交互式智能机器人"，后者驱动微型化直线加速器，动态追踪肿瘤运动的轨迹，将高剂量的 X 射线精准聚焦投射到肿瘤病灶，误差范围控制在 1mm 以内。射波刀治疗肿瘤疗程短，大约 1 周完成治疗。
问题：
1. 基于射波刀的各项特点，如何更好地保证治疗准确性？
2. 举例说明质量保证的具体项目及检测标准。

【案例 9-2-2 分析】
1. 基于射波刀治疗的特点，其治疗系统的质量保证与质量控制显得尤为重要，需要制定合理的射波刀 QA 流程。美国医学物理师协会 AAPM TG-135 报告及厂家建议采用季度和年度辐射安全报告的形式呈现每日、每月、每季度和每年的测试结果，以便管理人员对测量结果进行监督和质量控制（具体项目见文中内容）。

2. 由于射波刀亚毫米级的治疗精度，除了常规的机器质量保证外（类似常规加速器），还必须对其进行一些特定的质量保证，如自动质量保证（automatic quality assurance，AQA）测试和端到端（end to end，E2E）测试，这些测试由厂家提供使用说明及特定软件，具体内容可见文中。

医用电子直线加速器是实施放射治疗的主要设备，各项参数的准确性与整个放射治疗的精度和疗效息息相关，任何一个参数的偏差都有可能对患者造成无法弥补的损失，严重者可导致肿瘤未控、复发或周围组织剂量超出耐受范围、引起放射性损伤。因此医用电子直线加速器的质量控制与质量保证是加速器使用过程中必不可少的一项内容。

（一）医用电子直线加速器的质量控制与质量保证

医用电子直线加速器的质量控制与质量保证，主要遵照国家相关标准及国际相关机构的标准实施。相关标准主要有《GB 15213—2016 医用电子加速器 性能和试验方法》《GB/T 19046—2003 医用电子加速器验收试验和周期检验规程》《JJG 589—2008 医用电子加速器辐射源》，美国医学物理师协会（AAPM）TG 142 号报告及国际原子能机构（IAEA）第 277 号报告等。表 9-2-1 为一些常用检测项目的频次及允许误差，其中检测项目综合了多个国内外标准，允许误差以国家标准为主，国家标准没有的以 AAPM 报告为主。

表 9-2-1 加速器常用的检测项目、频次及标准

检测项目	允许误差
日检	
防护门联锁及防碰功能	功能正常
视听监视系统	功能正常
辐射监测系统	功能正常
辐射指示灯	功能正常
激光灯	1mm
光学距离指示器指示偏差	1mm
辐射野数字指示	照射野 5～20cm：3mm 或 1.5% 照射野 >20cm：5mm 或 1.5%
X 射线、电子线输出稳定性	3%
月检	
X 射线、电子线离轴曲线稳定性	深度等剂量曲线图与验收时变化≤1%
光野射野一致性	照射野 5cm×5cm～20cm×20cm：±2mm 或 1% 照射野 >20cm×20cm：±3mm 或 1%
机架角度数字指示	±0.5°
准直器角度数字指示	±0.5°
十字线旋转等中心	1mm
床运动数字指示	IMRT：±2mm；SRS/SBRT：±1mm
床旋转数字指示	±0.5°
床面的垂直运动精度	135kg 负载重心通过等中心，升降床 20cm 时，床面最大水平位移≤±2mm
年检	
X 射线平坦度偏差	照射野 5cm×5cm～30cm×30cm：106% 照射野 >30×30cm：110%
X 射线射野对称性偏差	103%

续表

检测项目	允许误差
电子线平坦度偏差	①标准测试深度处，80%等剂量线与几何辐射野投影边的距离应不大于15mm；②沿主轴方向90%等剂量线与几何野投影边的距离应不大于10mm；③沿角平分线方向上90%等剂量线与几何野投影边的距离应不大于20mm
电子线对称性偏差	90%等剂量线内推1cm处的均整区域内105%
SRS旋转模式	MU设定值与传输值偏差≤1.0MU或2% 机架角度与传输值偏差≤1.0°或2%
X射线输出校准	±1%
电子线输出校准	±1%
X射线射线质（D_{20}/D_{10}）	±3%或±3mm
电子线射线质（R_{50}）	±3%或±2mm
X射线剂量率输出线性	±2%（较基准值）
不同剂量率时X射线输出稳定性	±1%
不同机架角时X射线输出稳定性	±2%
不同机架角时电子线输出稳定性	±3%
X射线、电子线剂量输出线性	±2%
准直器旋转等中心	IMRT：±2mm；SRS/SBRT：±1mm
机架旋转等中心	±1mm
床旋转等中心	±2mm
射野等中心和机械等中心一致性	IMRT：±2mm；SRS/SBRT：±1mm

（二）MLC的QA

1. MLC质量控制目的 MLC是医用直线加速器重要的部件之一，是现代肿瘤放射治疗技术必不可少的设备，MLC的错误和（或）偏差直接影响3D-CRT、IMRT、VMAT等现代放射治疗技术的执行精度。因此，在保证肿瘤患者得到安全有效的治疗原则下，MLC的质量控制尤为重要。

2. MLC质量控制基本路线及内容 MLC的质控针对以下三类医用直线加速器，即Varian、Elekta和第三方（国产）加速器，射波刀配备的MLC质控不在此列。质量控制内容区分：到位精度和漏射透射。质量控制的频度以按照AAPM推荐的要求进行。MLC质量控制基本内容见表9-2-2。

表9-2-2 MLC质量控制基本内容

检测项目	频度	允许误差
穿透因子	每年	相对基准值偏差±0.5%（通常叶片穿透率及相邻叶片间漏射率＜3%，相对间叶片端漏射＜25%[*]）
叶片重复度	每月	±1mm
灯光野和辐射野的重合性	每月	±1mm
叶片到位精度测试	每月	±1mm
等中心精度	每月	±1mm

*AAPM REPORT NO.72 BASIC APPLICATIONS OF MULTILEAF COLLIMATORS。

3. MLC质量控制实施方法 见表9-2-3。

表9-2-3 MLC质量控制实施方法举例

检测项目	实施方法	所需工具
穿透因子	电离室法、胶片法	剂量仪、指形电离室、固体水、EPID（或胶片）及相关分析软件
叶片重复度	坐标纸观察法	坐标纸
灯光野和辐射野的重合性	EPID法、胶片法	EPID（或胶片）、分析软件

续表

检测项目	实施方法	所需工具
叶片到位精度测试	EPID 法、胶片法	EPID（或胶片）、分析软件
等中心精度	EPID 法、胶片法	EPID（或胶片）、分析软件
传输准确性	胶片法	胶片、分析软件

（三）CBCT 的 QA

1. CBCT 质量控制目的 图像引导是目前三维乃至四维调强治疗、立体定向放射治疗的位置精度保证的重要手段，而实施 IGRT 的主要工具是 CBCT，因此 CBCT 的质量控制尤为重要，需要制定一系列的质量保证的规程。CBCT 的质量控制主要是以下几个方面：CBCT 等中心精度，CBCT 中心与 MV 等中心一致性，CBCT 图像质量，CBCT 的机械精度及其安全性。

2. CBCT 质量控制基本路线及内容 CBCT 质量控制基本路线是实用、简化、适用于临床操作。质量控制内容区分：机械精度和影像质量（物理几何精度、图像质量、图像的剂量学、系统操作安全性）。

CBCT 质量控制基本内容主要包括日常项目、2D 影像系统测试、kV 与 MV 影像中心一致性、3D 影像系统测试、机械部分测试等（表 9-2-4）。

表 9-2-4　CBCT 质量控制基本内容

检测项目	频度	检测项目	频度
2D、3D registration accuracy	每月	Blade 位置精度（Varian）	每月、每年
2D、3D 空间分辨率	每月、每年	MV 与 RV 中心一致性	每月、每年
2D、3D 低对比度分辨率	每月、每年	2D、3D 成像剂量	每年
3D 图像均匀性	每月、每年	kV、mA、time	每月、每年
3D 图像噪声	每月、每年	球管安全联锁	每日
2D、3D 几何精度	每月、每年	平板安全联锁	每日
CBCT HU 值与线性	每月、每年	平板 Vert 方向、运动精度	每季度
3D 图像重建层厚	每月、每年	平板平移运动精度	每季度

（四）EPID 的 QA

1. EPID 质量控制目的 在以 EPID 为主要设备、实施简单 IGRT 的单位，使用射野影像与治疗计划 DRR 影像的图像配准是该类技术的基础。EPID 机械精度和图像质量是正确实施图像配准的必要条件。

EPID 机械误差将会直接代入患者治疗中心位置的调整，EPID 图像质量特别是低对比度分辨率将会直接影响图像配准的效果。

2. EPID 质量控制基本路线及内容 加速器分为三类，即 Varian、Elekta、第三方加速器。质量控制内容区分：机械精度和影像质量。质量控制的频度以稍低于美标的要求进行。EPID 质量控制基本内容见表 9-2-5。

表 9-2-5　EPID 质量控制基本内容

检测项目	频度	检测项目	频度
安全联锁	每月	垂直运动	每季度
机械精度		等中心精度	
源 EPID 距离	每季度	低对比度分辨率	每年

（五）立体平面成像设备的QA

1. 立体平面成像设备质量控制目的 立体平面成像技术是目前X射线图像引导的常用方式之一。纵观主流的立体平面成像设备，主要采用包括X射线管和平板探测器在内的两组交叉成像单元，硬件结构为与治疗设备相对独立、固定安装的方式。

受成像单元位置变化，成像单元电气特性的状态变化及组合使用放射治疗设备等中心位置变化等因素的影响，立体平面成像设备的临床使用精度可能发生改变。故立体平面成像设备的质量控制集中在以下几个方面：定位中心点机械精度，图像质量，X射线发生装置调试校准，集成系统精度校验。

2. 立体平面成像设备质量控制内容 为保证立体平面成像设备的正常运行和精度，质量控制主要包括日常检查和保养、周期校验和校准（表9-2-6）。

表9-2-6 立体平面成像设备质量控制

检测项目	频度	检测项目	频度
日常设备状态检查	每日	影像均匀性	季度
日常设备清洁保养	每日	X射线发生装置调试校准	季度
定位中心点机械精度校验	每周	集成系统精度校验	季度
低对比度分辨率	季度		

二、γ刀的质量控制和质量保证

立体定向γ射线放射治疗系统，是将现代计算机技术、立体定向技术和外科技术融合于一体的放射治疗设备，其原理是将球冠状或呈扇形排列的钴-60发出的较大剂量γ射线经几何聚焦集中照射在靶区，靶区外剂量快速跌落，治疗照射范围与正常组织界限非常明显，达到"刀"样的效果。因其特殊的剂量学分布特点，为保证γ刀治疗的准确性和安全性，必须做好机器的质量保证，检测内容主要包括：

1. 焦点剂量率 检测时使用专用模体，将其安装在定位支架上，插入电离室，使其有效测量部位的几何中心与模体中心重合，读取并计算出焦点处相应于水中的吸收剂量率，其不确定度<5%，该项检测应在装源和换源后或每月进行。

2. 照射野尺寸与标称值最大偏差 准直器直径<6mm，照射野测量尺寸与标称尺寸的偏差<1mm；准直器直径>6mm且<10mm，照射野与标称尺寸的偏差<1.5mm；对于准直器直径≥10mm且<20mm，照射野尺寸与标称尺寸的偏差应<2mm；直径≥20mm准直器，照射野与标称尺寸的偏差应<2.5mm。

3. 照射野半影宽度 准直器≤10mm的照射野，照射野剂量梯度半影应<6mm；准直器直径>10mm且<20mm，照射野剂量梯度半影应<8mm；对于准直器直径>20mm，照射野剂量梯度半影应<10mm。

4. 机械中心与照射野中心的距离 偏差应≤0.5mm。

5. 焦点计划剂量与实测剂量的相对偏差 治疗计划计算的吸收剂量值与实际测量的吸收剂量值误差应小于±5%。

6. 检测频率及内容 每月检测参考定位点、等中心处剂量率输出稳定性、机械等中心精度检测、治疗床变形检测、坐标轴精度检测等。每半年检测剂量计算误差、CT或MRI线性检测、定位框架坐标精度检测、定位图像质量检测等。每年应对各种操作控制开关的可靠性检测、报警检测和自动摆位系统的开机检测、泄漏污染检测。

三、螺旋断层放射治疗设备（TOMO）的质量控制和质量保证

TOMO（图9-2-1）是应用逆向CT成像原理，将直线加速器安装在滑环机架上，采用调强的

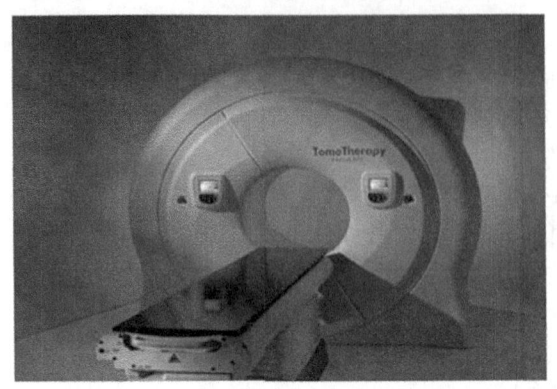

图 9-2-1 螺旋断层放射治疗设备

扇形射线束,以螺旋旋转的方式进行放射治疗的装置。与常规加速器不同,TOMO 的出束方式为切片式,可在 360°范围内实施照射。照射过程中,机架的旋转、床的运动、加速器脉冲和多叶准直器(MLC)的开闭保持同步。TOMO 作为精确放射治疗的代表之一,位置精确和剂量准确二者缺一不可,建立规范的调强放射治疗质量保证(QA)体系,保证设备运行的安全性可靠性尤显重要。

TOMO 质量控制检测项目的检测方法与评价要求:

1. 静态输出剂量 设置治疗机架角度为 0°、照射野为 40cm×5cm 或 10cm×5cm 的出束条件。剂量检测模体放置于治疗床,源皮距(SSD)为 85cm,对准模体中剂量测量点中心与虚拟等中心。将剂量仪测量探头插入模体,剂量测量参考点位于模体表面下 1.5cm 处,连接探头与静电计,预热并校正温度和气压,保证仪器功能正常。治疗装置按照计划设定的时间出束,记录静电计的测量读数,结合仪器检定或校准因子等参数计算出模体参考点的吸收剂量。模拟参考点处吸收剂量的测量值与标称值的偏差应在±2.0%内。

2. 旋转输出剂量 在调强验证模体上设计螺旋断层适形调强放射治疗计划,按照治疗计划的条件在治疗床上对调强验证模体摆位,在模体内拟测量位置插入剂量仪。调取治疗时设置的治疗计划,控制机架旋转进行模体模拟治疗照射。照上面所述方法记录静电计的测量读数并计算出模体参考点的吸收剂量。模拟参考点处吸收剂量的测量值与标称值的偏差应在±4.0%内。

3. 射线质(百分深度剂量,PDD) 将 TOMO 机架角度设置为 0°,照射野为 40cm×5cm 或 10cm×5cm,将剂量检测模体放置于治疗床,源皮距为 85cm。测量并获取照射野的百分深度剂量曲线,按模体表面下 1.5cm 深度处的剂量进行归一,模体表面下 10cm 的百分深度剂量(PDD_{10})和模体表面下 20cm 的百分深度剂量(PDD_{20})分别与计划系统的 PDD 进行比较,两者的偏差均应在±3.0%内,同时模体中测量的 PDD_{20}/PDD_{10} 两者偏差也应在±3.0%内。

4. 射野纵向截面剂量分布 射野条件同横向截面剂量测量方法。分析并确定剂量分布曲线的半高宽,同时与计划的 Y 轴方向照射宽度进行对比,偏差应在±1.0mm 内。

5. 射野横向截面剂量分布 使用水箱或其他等效模体进行测量,TOMO 机架和照射野设置同上。在统一照射野条件下测量出距模体表面 1.5cm 深度处的横向截面剂量分布曲线,分析并确定剂量分布曲线的对称性。横向截面剂量分布曲线的对称性偏差应在±3.0%内。

6. 多叶准直器(MLC)横向偏移 使用免洗胶片测量法,将胶片放置于机架等中心平面,原轴距(SAD)为 85cm,在机架角度为 0°,MLC 第 32~33 和第 27~28 叶片打开时照射一次;在机架角度为 180°,只打开第 27~28MLC 叶片时再照射一次。分析辐射后的免洗胶片图像,确定中间照射野的中心点和两侧照射野的中心点,两侧照射野中心点与中间照射野中心点的距离偏差应在±1.5mm 内。

7. 绿激光灯指示虚拟等中心的准确性 主要有模体法测量和胶片法测量,模体法测量时先对齐模体中心与绿激光灯,扫描图像后进行配准,确定绿激光灯在 Z 轴和 X 轴方向的偏移,偏移距离应在±1.0mm 内;胶片法测量时先在胶片上标记绿激光灯位置,进床 70cm 后实施照射,照射时 Y 轴照射野宽度为 1.0cm,测量绿激光灯在 Y 轴上的偏移,偏移范围也应在±1.0mm 内。

8. 红激光灯指示准确性 当红激光灯处于初始位置时,检查其与绿激光灯的重合度,在等中心±20cm 范围内,红激光灯与绿激光灯的重合偏差应在±1.0mm 内。

9. 治疗床的移位准确性 治疗床在 70kg 均匀负重条件下,在治疗床上确认虚拟等中心位置并标识出该标记点,通过摆位控制面板控制治疗床的运动,将治疗床进出 20cm 和升降 20cm,观察并用直尺分别测量标记点偏离绿激光灯的距离，偏移距离应在±1.0mm内。

10. 床移动和机架旋转同步性　平铺一张胶片在治疗床上，将激光灯位置标记在胶片上。在Y轴方向照射野宽度为1cm时对胶片旋转进行照射，机架旋转周期为20s/圈，共旋转13圈，床速0.5mm/s，在第2、7和12圈中机架为270°、90°时打开所有叶片。胶片照射后分析所成图像相邻照射野中心之间的距离，该距离与设定的床移动距离的偏差应在±1.0mm内。

四、射波刀立体定向放射治疗设备的质量控制和质量保证

射波刀治疗系统在治疗过程中采用多种不同的追踪技术及实时图像引导技术，在确保治疗精度与体位重复性的条件下，对病灶进行分次大剂量照射，因而治疗系统的质量保证与质量控制显得尤为重要，制定合理的射波刀QA流程也应纳入辐射安全和质量管理计划中。美国医学物理师协会AAPM TG-135报告及厂家建议采用季度和年度辐射安全报告的形式呈现每日、每月、每季度和每年的测试结果（表9-2-7～表9-2-9），以便管理人员对测量结果进行监督和质量控制。

表9-2-7　射波刀系统QA日检表

检测项目	允许误差
安全联锁（防护门、紧急移动开关、钥匙）	功能正常
视听监视系统	功能正常
准直器防碰撞指示灯	功能正常
加速器预热：6000MU（开放式电离室）；3000MU（封闭式电离室）	NA
加速器剂量输出	2%
二级准直器检查	功能正常
射野激光与地面标志偏差	1mm
AQA测试	1mm（跟初始值比较）

表9-2-8　射波刀系统QA月检表

安全联锁	功能正常
能量稳定性	2%
射野对称性	3%
射野重复性	2mm
加速器剂量输出	2%
影像系统	中心2pixel或1mm
影像探测器质量	
CT QA	参考AAPM TG66
射野激光灯与射束中心轴一致性	0.5mm
射野激光灯与计划等中心一致性	每一节点检查
E2E	<0.95mm或者动态<1.5mm
非等中心QA或DQA	DTA 2mm/2%；DTA 3mm/3%
动态观察定位、治疗等异常情况	没有信号改变

表9-2-9　射波刀系统QA年检表

紧急电源按钮	功能正常
加速器剂量校准	1%
至少检查三个准直器（包括最大及最小）的射野数据（包括TPR/PDD/OCR/输出因子）	用户决定
常用射野最小MU线性检查	1%
影像系统	AAPM14和74号

紧急电源按钮	功能正常
影像探测器质量	与之前基础比较
CT QA	参考 AAPM TG66
数据安全与确认	功能正常
厂家参与下进行二级路径校准	每个节点 0.5mm，均方根 0.3mm
检查光标志的噪声水平	0.2mm
20°以上相移动态 E2E 测试；分析半影	用户决定
月检 QA	汇总
日检 QA	汇总

由于射波刀亚毫米级的治疗精度，除了常规的机器质量保证外，还必须对其进行一些特定的质量保证，如自动质量保证（AQA）测试和端到端（E2E）测试，这些测试由厂家提供使用说明及特定软件。

（一）自动质量保证测试

自动质量保证测试（图 9-2-2）是一种定向可重复性测试，是检查射波刀系统中心精度的一种方法。整个测试过程包括模体影像获取，AQA 计划设计，计划实施投照，胶片扫描，AQA 分析软件分析测试结果，结果记录。测试时将两张特定大小的免洗胶片放入 AQA 模体中，用金标追踪方法，在垂直和水平方向对模体进行一定剂量的照射。根据胶片分析结果，可以确定和分析射波刀的靶区定位和成像系统稳定性。AQA 一般推荐为日检项目，误差应不超过 1mm。

（二）端到端（E2E）测试

端到端测试（图 9-2-3）是一项打靶测试，旨在验证射波刀系统在治疗计划和治疗执行的所有过程内几何打靶精度。测试过程包括模体 CT 影像获取，E2E 计划设计，E2E 计划投照，胶片扫描，E2E 胶片分析，结果记录。此测试集成了 CT（计算机断层扫描）数据获取、治疗计划、治疗机械手臂定位、影像处理、加速器功能及射束投照靶区定位准确性的综合精度。端到端测试推荐为月检项目，误差一般为静态 0.95mm，动态 1.5mm。

图 9-2-2　AQA 模体

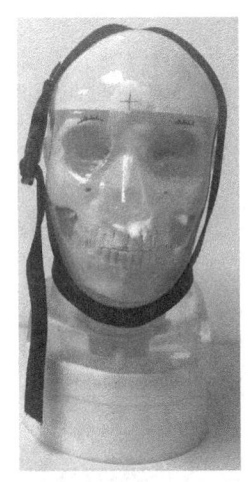

图 9-2-3　E2E 模体

五、质子、重离子治疗设备的质量控制和质量保证

目前放射治疗已成为治疗癌症的重要手段之一，目前放射治疗领域的主流设备为光子束放射治

疗设备，但由于光子束的剂量指数衰减存在缺陷，即使采用三维适形放射治疗（3D-CRT）或调强放射治疗（IMRT）技术，在杀死癌细胞的同时，周围正常组织也会受到不同程度的伤害。质子和重离子束与光子射线不同，它们都是带电粒子，具有一定能量，其射线穿过物质时有"确定的射程"，而且在射程末端的能量损失最大，即出现 Bragg 峰。利用质子或重离子能量集中损失于射程末端的特性，在肿瘤治疗时，可以通过调节它们的能量使离子（质子和重离子）停止在肿瘤部位，达到对肿瘤的最大杀伤力，而在肿瘤前面离子穿过的正常组织，受到的损伤较小，至于肿瘤后面的正常组织，因为离子已经停在肿瘤部位，所以基本是不受影响的。

在生物学基础上，质子属于低 LET 射线，质子的生物学效应和其他常规放射治疗（光子、电子）射线的生物学效应差别不大，一般认为用于医学目的的质子束其相对生物效能（RBE）为 1.00～1.25，但重离子束（如碳离子）为高 LET 射线，具有较高的 RBE，有更大的杀伤缺氧细胞的能力，且能有效地杀灭肿瘤干细胞。

基于 AAPM TG224 号报告，质子加速器 QA 程序分成日检、周检、月检和年检，主要内容包括剂量和束流传输方面、机器方面和安全方面等。

1. 剂量和束流传输、射程验证方面的检查内容　特定操作条件下质子束输出剂量校准；随机架角度变换 Bragg 峰的宽度和平坦度、对称性检测；调制器、射程调节器或能量选择系统检查；束斑位置、束斑尺寸等。

2. 机器方面的主要内容　定位激光灯，测距尺，光野射野一致性，照射野指示器，十字线中线位置，机架等中心点误差，准直器、机架和治疗床轴等中心同心度，机架/准直器角度指示器，X 射线影像设备束流轴和等中心校准及影像质量检查等。

3. 安全方面的主要内容　门联锁，患者视听监测器，所有运动系统的紧急关闭按钮，治疗区域放射监测器等。

（李小波）

第三节　模拟定位设备的质量控制和质量保证

一、X 射线模拟定位机的质量控制和质量保证

【案例 9-3-1】

　　模拟定位机是用来模拟加速器等治疗机治疗条件专用的 X 射线成像系统，起源于 20 世纪 60 年代，用于放射治疗。当患者被诊断患有肿瘤并决定施行放射治疗时，在放射治疗前要制订周密的放射治疗计划，然后在定位机上定出要照射的部位并做好标记后才能到医用加速器或其他治疗机上去执行放射治疗。

问题：

1. 目前的主流模拟定位机是哪种，有什么作用？
2. 除了常用的 CT 模拟定位机，临床上还有什么类型的模拟定位机？
3. 模拟定位机的质控有哪些内容？

【案例 9-3-1 分析】

1. 目前常用的模拟定位机为 CT 模拟定位机，随着计算机技术和医学影像技术的发展，肿瘤的放射治疗进入了三维时代，三维适形和调强放射治疗逐渐成为放射治疗的主流技术。CT 模拟定位机能够较好地帮助医生全面了解肿瘤的位置、形状、大小及与危及器官的关系。

2. 除了常用的 CT 模拟定位机，现还常用 MR 模拟定位机，它相比于 CT 模拟定位机，可以克服在 CT 定位扫描中软组织分辨率低和病变范围显示不清晰的缺点，拥有良好的软组织分辨率。

3. 针对不同类型的模拟定位机的质量控制内容不同，但主要都包括两大块，一个是设备方面、一个是图像质量方面，这两部分内容具体可参照本书相关章节。

X射线模拟定位机是用来模拟加速器等治疗机治疗条件的专用X射线成像系统，X射线模拟定位机起源于20世纪60年代，用于放射治疗，在此之前肿瘤定位一直采用普通诊断X射线机摄影成像。但由于普通X射线机摄影参数与治疗时射线源到照射部位的距离等相关参数差别较大，且普通X射线机在模拟放射治疗机的机架转动上存在缺陷，因此二维肿瘤放射治疗前的模拟定位必须在X射线模拟定位机上完成。

X射线模拟定位机的检测项目、频次、及标准主要遵从《GB/T 17856—1999 放射治疗模拟机性能和试验方法》《JJG 1028—2007 放射治疗模拟定位X射线辐射源检定规程》《WS 76—2011 医用常规X射线诊断设备影像质量控制检测规范》等，主要参数、检测频次和方法如下：

（一）日检项目及方法

1. 测试急停开关、门联锁、碰撞联锁，确保其均可正常工作。

2. 光学距离指示器（图9-3-1）机架设为0°，将坐标纸贴于治疗床面，利用前指针将治疗床面置于等中心位置，拆除前指针，打开光野灯、标尺灯，标尺灯100cm刻度线应与十字线重合，误差应小于±2mm。应在源皮距90cm、120cm处分别测试并记录分析结果。

图9-3-1 光距尺测试

（二）月检项目及方法

1. 辐射野的数字指示器 分别在最小、80cm、100cm和最大源轴距处，观察辐射野的数字指示与沿主轴辐射野相对两边距离之间的最大偏差，其中不大于20cm×20cm的辐射野，误差范围不得超过±2mm；大于20cm×20cm的辐射野，误差范围不得超过辐射野尺寸的±1%。

2. 辐射野的光野指示器（井字线） 辐射野的光野指示器必须以可见光的方式在入射面上指示辐射野，且在源轴距等于100cm处，沿每一主轴，任一光野的边缘与对应的辐射野的边缘之间的最大距离检测标准为：小于或等于20cm×20cm的辐射野不得大于1mm；大于20cm×20cm的辐射野，不得大于辐射野尺寸的0.5%。

3. 准直器旋转角度指示 将机架置于水平位置，旋转机头，使"#"字线的X轴与地面水平，此时准直器角度指示应为0°。旋转准直器分别在90°、270°出检查读数，数字读数偏差不得大于0.5°，机械读数偏差不应大于1°。

4. 机架旋转角度指示 分别将机架置于0°、90°、270°、180°，用水平尺观察机架角度是否正确，数字读数偏差不得大于0.5°，机械读数偏差不应大于1°。

5. 床旋转角度指示 机架、准直器置于0°，将床前缘与"#"字线的Y轴重合，此时床角度应为0°，左右各旋转90°，读数应分别为270°、90°，数字读数误差应≤±0.5°，机械读数误差应≤±1°。

6. 空间分辨力 又称作高对比度分辨力或几何分辨力，它是指在高对比度的情况下鉴别细微结构的能力，即显示最小体积病灶或结构的能力，用每厘米内能分辨的线对数（LP/cm）表示。空间分辨力的检测可使用TOR 18FG模体，其结果应≥14 LP/cm，即可以分辨至第10组线对。

7. 低对比分辨力 又称密度分辨力，是指从均一背景中分辨出特定形状面积的微小目标的能力，即反映人体组织结构的细微变化的能力。其也可使用TOR 18FG模体检测，应至少可分辨至第12个圆圈。

8. 光野、射野一致性 界定辐射野的光野指示器必须以可见光的方式在入射面上指示界定辐射野，在源轴距等于100cm处，界定光野中心与界定辐射束轴之间的最大距离不得大于1mm。

9. 十字线中心精度 机架置于 0°，使得 SSD=100cm，将坐标纸贴于治疗床面，打开光野灯，将十字线与坐标纸上的一个点重合，旋转准直器，十字线在坐标纸上的轨迹为一个圆圈，此圆圈的半径应≤1mm。

10. 影像测量精度 在显示屏上测量已知大小的物体，误差应≤±2mm 或 1%。

（三）年检项目及方法

1. 准直器旋转中心精度 机架 0°，将坐标纸贴于治疗床面，安装好前指针，使 SSD=100cm，旋转准直器，前指针针尖在坐标纸上的轨迹为一个圆圈，此圆圈的半径应小于等于 1mm。

2. 机架旋转等中心精度 在治疗床面上水平放置一针状棒，使针尖伸出床面，妥善固定，在机头上装好前指针，移动治疗床，使治疗床上的针尖与前指针的针尖尽量接近，360°范围旋转机架，观察两针尖之间的距离，变化范围应始终小于 1mm。

3. 治疗床旋转等中心精度 机架 0°，SSD=100cm，将坐标纸贴于治疗床面，打开光野灯，将十字线与坐标纸上的一个点重合，旋转治疗床，十字线在坐标纸上的轨迹为一个圆圈，此圆圈的半径应≤1mm。

4. 治疗床纵向和横向刚度 在床面负载 135kg 情况下，床面高度差不得大于 5mm，床面与水平面之间的最大夹角不得大于 0.5°。

5. 治疗床垂直运动精度 床面加载情况下，垂直运动时床面最大水平偏移不得大于 2mm。

二、CT 模拟定位机的质量控制和质量保证

随着计算机技术和医学影像技术的发展，肿瘤的放射治疗也进入了三维时代，三维适形放射治疗（3D-CRT）及调强放射治疗（IMRT）逐渐成为放射治疗的主流技术。进行 3D-CRT 治疗时，放射治疗医生须全面了解肿瘤的位置、形状、大小、与周围危及器官的关系等，X 射线模拟定位机只能提供二维影像，绝大多数的肿瘤、淋巴结及正常器官等无法显像，这远远不能满足医生对定位影像的要求。因此，CT 模拟定位机也就成为了现代医学最常用的放射治疗定位设备之一。

CT 模拟定位机的 QA 标准主要参照 AAPM TG66 号报告，其检测项目、频次和方法如下所述。

（一）日检项目及方法

1. 检测急停开关、出束指示灯，确保可正常工作。
2. 移动激光灯，误差≤±1mm（CT 模拟定位机激光定位系统 QA 检测，图 9-3-2）。
3. 空气 CT 值，（-1000±30）HU。

（二）月检项目及方法

月检项目均为图像质量检测，使用标准水模体或 Catphan 504 模体（图 9-3-3）检测。将模体置于 CT 扫描床床头并伸出床板外，将模体调整水平，调整模体位置使激光灯对准模体中心。

1. 对比度分辨率 在对比度相差 1%的一组圆圈中，检测结果应可分辨到直径 3mm 的圆圈。使用头部条件扫描，选取模体中 CTP 515 模块图像，调整窗宽、窗位，目测各组圆圈，要求能看到最清楚一组顺时针的第 8 个圆圈。

2. 空间分辨率 可分辨线对数应不少于 5LP/cm。使用头部条件扫描，选取模体中 CTP 528 模块图像，调整窗宽、窗位，使得能够分辨的线对数最多为止，目测能够分辨的线对数不应低于 5LP/cm。

3. 空间一致性（几何失真） 测量模体中 CTP 404 模块内最内侧四个点的距离（模体最内侧的四个小圆点，右上为白色，其他三点为黑色），四点之间两两相距 50mm，测量出的每两点之间距离误差应≤1mm。

图 9-3-2　CT 模拟定位机激光定位系统的 QA 检测

图 9-3-3　Catphan 504 模体

4. CT 值线性　选取专用的 CT 电子密度模体（图 9-3-4）或者模体中 CTP 404 模块图像，使用直方图测量工具，测量特定物质 6mm×6mm 范围内的 CT 值，模体 CTP 404 模块内共有七种物质：空气、多聚甲基戊烯、低密度聚乙烯、聚苯乙烯、丙烯酸树脂、聚甲醛树脂、聚四氟乙烯树脂等，测量值与标称值误差应≤±40HU。

5. CT 值一致性　选取模体中 CTP 486 模块图像，分别测量模块上左右和中央共五个区域的 CT 值，测量 2cm 直径内的 CT 平均值，测得的 5 个区域 CT 值之间的最大差值应≤±5HU。

图 9-3-4　CT 电子密度模体

（三）年检项目和方法

年检项目主要为图像剂量检测，使用带有 5 个电离室插孔的圆柱形头模或体模，将电离室分别插入模体中心及四周 4 个插孔，并将其余插孔分别用相同材料填充，使用标准剂量头部扫描模式和盆腔扫描模式分别扫描模体 5 次，测出中心点及四周 4 个点的吸收剂量，使用如下公式计算加权 CT 剂量指数（weighted CT dose index，$CTDI_w$）：

$$CTDI_w = 1/3 D_{center} + 2/3 D_{periphery}$$

式中，D_{center} 为体模中心处的 CT 剂量指数，$D_{periphery}$ 为体模四周 4 个点处的平均 CT 剂量指数。头模测量的 $CTDI_w$ 应＜50mGy，体模测量 $CTDI_w$ 应＜30mGy。

三、MR 模拟定位机的质量控制和质量保证

CT 模拟定位机的局限性也非常明显，主要表现为 X 射线图像对软组织的分辨力较差。MR 成像原理与 CT 不同，它可以获得 CT 无法达到的软组织对比度和解剖成像精度，结合 MR 扫描可以克服 CT 定位扫描中软组织分辨率低、病变范围显示不清晰的缺点。

随着 MR 模拟定位机在临床放射治疗定位中的应用越来越多，其质量控制和质量保证也日益受到重视。不同厂家的机型，其 QA 内容有所不同，但是大同小异。下面其主要以 AAPM TG 66 报告和 AAPM No.100 报告为依据，简单介绍 MR 模拟定位机的 QA，主要项目包括激光灯、扫描床、MR 主机、大孔径几何失真测试和扫描序列设计与测试。

（一）激光灯和扫描床

1. **激光灯**　机械精度、扫描定位精度、坐标一致性。
2. 外置、内置激光系统和扫描平面的一致性。
3. **扫描床及平面床板**　移位精确度、水平精度。

（二）MR Sim 主机

1. **通用系统检测**　如机械系统、应急系统及患者监控系统等。
2. **MR 扫描系统**

（1）主磁场、射频系统和梯度系统的校准及采集数据。

（2）图像质量保证。主要利用 ACR 模体，选择线圈、序列、参数完成测试。图像指标主要包括：高对比空间分辨率、低对比分辨率、几何精度、信噪比、图像均匀性、百分信号伪影、层厚和选层位置等。其中几何精度标准为≤2mm；层厚测试标准≤±10%（真实层厚）；图像均匀性≥90%；百分信号伪影≤2.5%。

（李小波）

第四节　放射治疗流程中的质量保证

放射治疗质量管理主要包括质量保证和质量控制两大内容。质量保证是指利用各种管理手段确保放射治疗的质量，而质量控制是利用具体的措施以达到提高放射治疗质量的目的。在放射治疗的每一个流程中，包括放射治疗前讨论、体位固定、模拟定位、靶区勾画、放射治疗处方、剂量计算、剂量实施、放射治疗随访等均会对治疗质量产生影响。因此，应重视放射治疗全流程的质量保证和质量管理，更好实现放射治疗的精确实施。本节主要介绍靶区勾画过程的质量保证、计划设计过程及治疗实施过程中的质量保证内容。

一、靶区勾画过程的质量保证

【案例 9-4-1】

放射治疗作为三大肿瘤治疗方式之一，随着计算机技术和设备的不断更新而日益发展并被大家采用，而一个完整的放射治疗流程包括很多步骤，每一个步骤都会影响放射治疗最后的效果，因此放射治疗流程中的质量保证十分重要。

问题：

1. 放射治疗流程有哪些？
2. 试举例说明放射治疗流程中的质量保证内容有哪些？

【案例 9-4-1 分析】

1. 放射治疗的流程包括放射治疗前讨论、体位固定、模拟定位、靶区勾画、放射治疗处方、剂量计算、剂量实施、放射治疗随访等，每一个流程都会对放射治疗质量产生影响。因此要重视放射治疗流程的质量保证和质量管理，更好地保障放射治疗的精确实施。
2. 计划设计过程是放射治疗流程中的一个重要环节，随着放射技术的快速发展，放射治疗计划设计过程向复杂化和多样化发展。在使用治疗计划系统过程中为了更好地反应患者的实际情况，必须对计划的全过程进行质量控制，其具体内容见本章相关内容。

靶区勾画主要有两种方式，一种是经模拟定位机二维定位后在患者体表进行的射野勾画，另一种，也是目前常用的一种是经 CT 定位后在生成的患者影像资料上进行的三维（3D）靶区勾画。其勾画内容因不同医师、不同患者会存在一些差异，但勾画的内容大致上都为肿瘤区（GTV）、临床靶区（CTV）、计划靶区（PTV）、危及器官（OAR）及计划危及器官区（PORV）等。放射治疗医师必须接受过靶区勾画的专业培训才能从事靶区勾画相关工作，在遵循靶区勾画指南的前提下，结合各种影像手段进行综合分析以保证靶区勾画的正确性与准确性。

近年来，随着医学影像技术的发展，靶区勾画平台及相关研究产品日新月异，靶区定位的精确度也日益提高。除了常用的 CT 成像，还有一些功能成像与生物成像，如 MRI、正电子发射断层成像（PET）及 PET-CT 等。下面主要对 CT 模拟定位图像、MR 图像及 PET-CT 图像进行简要介绍。

（一）CT 模拟定位图像

作为目前最主要也是最常用的放射治疗定位影像手段，CT 具有良好的密度分辨力，CT 图像可为放射治疗提供基准位置，建立三维空间坐标信息，清楚地显示患者的解剖位置。同时，扫描前可通过调整管电压、管电流、曝光时间及设置合适的扫描层厚、层间距等获得最佳的影像资料；扫描后，也可通过 CT 强大的后处理功能及可调整窗宽、窗位至最佳的观察窗口的功能，更好地辨认解剖结构，提高治疗靶区的识别能力。CT 模拟定位图像相比于其他图像，还可利用 CT 值的显示，提供不同组织的电子密度，为剂量计算提供基础。

虽然 CT 影像的优点甚多，但也有不足之处，其软组织分辨力较低，对小的肿瘤识别能力差，而且为提高对靶区定位的准确性及肿瘤的识别能力，常需要用对比剂，但高原子序数材料的对比剂常引起较明显的伪影，影响剂量的验证，必须进行校正。总的来说，CT 模拟定位图像在放射治疗流程中的应用广泛，因此对设备及影像资料的质量保证和质量控制十分重要。

（二）MR 图像

MR 设备相对于传统 X 射线设备，具有无辐射、多参数成像、软组织对比度分辨率高的特点，同时随着近年 MR 设备和计算机技术的发展，MR 设备还能提供功能成像，对靶区的辨别有了更大的帮助。作为配合放射治疗定位使用的 MR 还有具备能够与患者的固定装置相连接的平板床面、能够与患者的固定装置适配的扫描线圈，以及大孔径及良好的磁场均匀性等优点。虽然 MR 图像软组织分辨率较高，但相比于 CT，不能提供组织的电子密度，同时存在一定的几何形变和伪影。因此，目前 MR 图像主要用于靶区勾画的辅助，一般不直接用于计划设计。实际使用时常将患者的 MR 图像与定位 CT 影像相融合，提高靶区勾画的准确性。理想的融合效果是 MR 影像与 CT 影像体位完全一致，解剖位置能完全对应上。若在融合过程中，患者的体位不一致，影像的融合性差，会对靶区的勾画产生不良影响。

MR 图像常会由于设备或人为因素产生各种各样的伪影，如运动伪影、条纹伪影、拉链伪影等。为了对 MR 图像进行质量保证和质量控制，必须利用相应的模体及软件等定期进行测量及校正，以保证图像的清晰及对人体组织的真实反映。

（三）PET-CT 图像

PET 能够反馈组织的代谢信号，分辨肿瘤组织内侵袭性的高低，为肿瘤的分期提供丰富的信息。但其本身的空间分辨率低，为了提高对病理状态下的解剖定位的精确性，须将 PET 与 CT 结合（PET-CT），即在不改变患者检查位置的前提下同时获取 PET 与 CT 图像，同时可以利用 CT 影像对 PET 进行衰减校正。PET 常用的标记物是氟代脱氧葡萄糖（^{18}FDG），^{18}FDG 会在肿瘤处浓聚。获取 PET 影像需要几分钟，而 CT 图像是一个瞬时影像，因此器官的生理运动如呼吸运动、心脏搏动、胃肠蠕动等会对 PET-CT 影像造成伪影，这种伪影可以导致病变定位偏差，也会掩盖某些病理现象，这须在对 PET-CT 图像质量保证过程中引起重视。

另外，在临床运用中，标准摄取值（standard uptake value，SUV）常被作为肿瘤摄取氟代脱氧葡萄糖的半定量。但是，该值受到许多技术手段及生物因素的影响，因此，不同单位之间进行 SUV 值比较前必须进行数据标准化。鉴于 PET-CT 的各种优势及其在患者肺不张情况下可辅助确定靶区，以及确定肿瘤的缺氧区域等方面还有独特的优越性。PET-CT 被临床医师广泛应用在辅助靶区勾画中，因此 PET-CT 图像的质量保证也是放射治疗流程中质量保证中很重要的一部分。

对比几种不同的影像具有的不同优点和局限性，在放射治疗靶区勾画过程中常须根据需要选择一种或几种影像相结合，使用时要注意靶区勾画时的质量保证，确保肿瘤靶区勾画的准确性。

二、计划设计过程的质量保证

放射治疗计划设计是放射治疗流程中的一个重要环节，随着放射治疗技术的快速发展，放射治疗计划设计过程也向复杂化和多样化发展。在使用治疗计划系统过程中为了更好地反映患者的实际情况，必须对计划的全过程，包括从 CT 数据采集、数据传输、靶区及重要器官勾画、机器参数设置、剂量计算、计划的输出及执行进行质量控制。在放射治疗流程质量保证过程中对计划设计过程采取适当的质量保证措施尤为重要，尤其是在避免错误与医疗事故及保证患者治疗剂量的准确性方面。

放射治疗计划设计过程的质量保证可分为计划系统本身的质量保证和每个患者治疗计划前后的质量保证两个方面。这些质量保证过程的实施不仅需要有健全的质量保证组织结构框架和质量保证流程，还应有健全的计算机网络完全管理机制和相应的文档管理等。

（一）治疗计划系统的质量保证

治疗计划系统（TPS）的质量保证主要是对其精确度进行质量保证，这不仅是放射治疗精确实施的前提与保障，更是整个放射治疗流程中关键的一步。TPS 的质量保证包括临床使用前对购买治疗计划系统的验收检测和临床检测及临床使用过程中定期的质量保证工作。

1. 验收检测　主要包括计划系统的硬件配置和软件功能，是参照用户与厂家签订的合同中描述的内容或厂家提交的文档内容检测其与实际情况是否一致。验收测试的内容一共有五个方面，包括硬件配置、网络配置、数据传输、软件功能及帮助文档。其中系统硬件的验收检测主要检查硬件设备的规格、型号、数量和说明书及检查硬件设备是否能正常工作。系统软件验收检测主要是检测操作系统是否满足系统规格要求中所要求的版本或升级版、随机的第三方软件是否完整及相应的说明书是否齐全等。整个测试过程必须由用户和厂家一起完成并将结果清晰地记录在文档中。

2. 临床检测　其目的是提高治疗计划系统和计划过程的质量保证，该测试是整个治疗计划系统质量保证工作中最重要的部分之一。其内容主要包括非剂量信息的系统功能的测试和剂量信息测试相关的剂量计算算法性能的验证。

（1）非剂量信息测试主要包括：显示解剖信息测试、加速器参数验证及计划输出和数据传输检测。其中显示患者解剖信息测试主要包括 CT 图像数据信息测试及 CT 值-密度值校准、数字化仪校准及 MRI、PET、SPE-CT、超声等其他影像形式导入功能及准确性测试等。而加速器参数验证方面主要有射束控制要求、加速器读出信息及刻度、加速器参数限制，准直器设置、非对称射野、挡铅定义及形状、MLC 适形等参数的检查。

（2）剂量信息测试主要包括：六大块内容，分别是射野输出因子测试、光子束剂量测试、电子束剂量测试、剂量计算检测、绝对点剂量测试、计划评估工具检测。每一项测试内容中又有特定的条件及检测标准，测试时应严格按照相关标准进行检测，并对检测结果进行分析校正，确保剂量信息的准确。

3. 计划系统的定期质量保证　治疗计划系统在经过验收检测和临床测试投入使用后，在使用过程，同样需要定期进行质量保证工作。根据检测内容的种类、复杂程度及稳定性，可按不同的周期对计划系统进行周检、月检、季检和年检。其检测内容也包括从硬件、软件到数据传输，从人员培训、系统管理到系统安全方面。

具体来说，在周检、月检、季检、年检中，周检主要对敏感性较高的数字化仪器进行检测；月检主要对计算机 CPU、内存、文件系统和操作系统的正常运行进行检测，保证计划信息的准确和计划数据传输的正常；季检主要是确保备份数据可以正常恢复及检查绘图和缩放比例正常。同时，CT 值-密度值表和 CT 影像的几何信息是否正常也是季检的一大主要内容；年检主要是对剂量计算和计划传输的稳定性进行检测（表 9-4-1）。

另外，需要特别注意的是，每当计划系统配件或硬件升级或者报错维修后，必须执行上述所有定期质量保证内容，以保证治疗计划系统准确安全地运行。

表 9-4-1　直线加速器安全性能质量控制基本内容

检查频度	内容	允许精度	方法
每天	输入输出设备	1mm	放射治疗计划质控体膜
每月			
	检验求和	无改变	放射治疗质量控制软件
	数据的参考子集	2%或 2mm	放射治疗质量控制软件
	参考预测子集	2%或 2mm	
	处理器测试	通过	
	CT 传输	1mm	CT 质控体膜
每年			
	MU 计算	2%	指形电离放射剂量仪
	参考质量保证测试	2%或 2mm	三维水箱

（二）患者计划的质量保证

患者在实施治疗前关键的一步就是患者的治疗计划设计，患者治疗计划的质量保证包括在计划设计及完成过程中和治疗计划完成到治疗前检查和剂量验证。

1. 计划设计及完成过程中的质量保证　主要包括计划设计的一致性检查、治疗计划的独立核对、机器跳数验证。

（1）计划设计的一致性检查：主要是计划设计中各参数设置的常规检查，如影像结构、射野几何参数、等中心位置等。物理师在计划设计过程中需要对治疗计划做自我一致性检查，对于解剖部位和处方剂量要求相同的计划，这些计划参数设置应该也近似。

（2）治疗计划的独立核对：核对的内容包括导入的影像和轮廓信息、靶区和危及器官轮廓、处方剂量、治疗计划合理性、参考标记点和等中心点、射野参数、计划剂量归一点、靶区和危及器官的处方剂量限制、挡铅或多叶准直器参数、楔形野参数、治疗计划单、记录验证系统中计划参数等。治疗计划独立核对即非计划设计人员采用尽可能独立的方式检查患者计划参数的正确性，独立核对必须由高年资物理师完成。在独立核对过程中，应格外仔细地检查采用非标准技术的治疗计划。

（3）机器跳数验证：主要针对一些复杂的治疗计划，尤其是调强放射治疗等，需要对每例计划单独进行机器跳数验证。其目的主要是检测计划中每个射野的机器跳数是否在合理的范围内，以避免严重的错误发生。可以采用相对简单的计算方法，验证方法可以是使用第三方软件或手工独立计算每个射野的机器跳数，并与治疗计划系统计算的机器跳数进行比较。

2. 实施治疗计划前的检查和剂量验证　在患者第一次治疗前，物理师需要对治疗计划进行质量保证，确认治疗与射野数量及检查计划的所有治疗参数是否正常并且需要仔细核对所有参数是否与治疗计划单中的一致。另外，对于每个治疗计划，在实施前应进行剂量验证，以保证在整个疗程中治疗计划得到准确的执行。

三、治疗实施过程的质量保证

整个放射治疗流程从开始的对患者实施放射治疗前的讨论、放射治疗方案选择、体位固定、CT 模拟、靶区勾画、放射治疗的处方剂量、计划设计、放射治疗计划 QA、复位，到最后放射治疗的实施。整个放射治疗流程中涉及放射治疗医师、物理师及治疗师，而联系所有工作人员的是患者的放射治疗计划相关文件和相关的影像资料。因此，要做好治疗实施过程的质量保证，就有必要建立审查放射治疗计划相关文件和相关影像资料的临床流程，以及做好放射治疗过程中密切观察患者的情况。

1. 审查放射治疗计划相关文件　该流程应包括审查的具体项目、参与审查的人员、审查的时间和频率及审查的评判标准和发现问题后应采取的措施等。

审查的项目主要有患者姓名、ID、照片、诊断、病理报告、分期、医嘱、体位固定时照片及参数、模拟定位参数、放射治疗处方、治疗射野、正侧位及射野 DRR 影像、计划 QA 记录、医生、物理师、剂量师、治疗师签名、复位记录、医师复诊时间安排等。参与人员主要是医师、物理师及治疗师，审查时间和频率应依据具体情况而定，审查标准可参照相关指南和共识进行评估，对不符合标准的项目应采取及时的解决措施。

2. 审查放射治疗计划相关影像资料　影像资料包括从患者定位、各类影像资料融合勾画靶区到计划的设计，影像资料若不符合要求会对放射治疗的精确性产生很大影响。

患者首次治疗需要医师、物理师、治疗师共同参与，获取的验证片与定位影像生成的 DR 片对比，经大家讨论后决定是否实施放射治疗。在治疗过程中医师和物理师会根据患者情况在计划中安排患者的影像信息的定期审查，由治疗师实施并校对，分析治疗过程中的分次间误差、分次内误差及放射治疗后肿瘤的退缩、正常组织的变化和患者外轮廓的变化等，并根据实际情况及时向医师和物理师反馈，共同对出现的问题采取相应解决措施，及时调整治疗计划，做好治疗实施过程中影像资料的质量保证。

3. 密切观察患者治疗过程中的反应　除了建立放射治疗计划相关文件和相关的影像资料的审查程序外，在治疗过程中密切观察患者的反应也是质量保证的重要内容。

放射治疗医师是最早接触患者并制订患者治疗方案的人，在整个流程中，应根据标准明确注明患者的门诊随访时间及针对患者治疗过程中可能出现的反应进行提前说明，对实际变化的情况及时给予处理，评估是否继续按原计划放射治疗。对于部分反应大、身体耐受性差的患者暂停放射治疗，待情况转好再评估是否按原计划继续放射治疗，及时对放射治疗计划进行调整和完善。在放射治疗过程中，虽然首次治疗的摆位由医生、物理师、治疗师共同参与，但放射治疗师处于放射治疗流程的最终实施环节，与患者接触时间最长，是放射治疗质量终端的保证者，更是放射治疗患者治疗情况的密切观察者，故放射治疗师在每次实施放射治疗前仍须对患者的所有相关资料进行独立审查。放射治疗师不仅负责实施放射治疗，还应能够在第一时间观察患者放射治疗的情况，特别是注意患者的治疗效果、治疗的副作用及患者的心理变化，发现问题应及时与放射治疗医师联系。因此，放射治疗师不仅是放射治疗的实施者，还在放射治疗质量的监督、技术操作、信息支持、患者心理干预等方面起着提高治疗质量的作用。

放射治疗的整个流程复杂，涉及的人员与资料众多，对整个流程的质量保证和质量控制是保证整个治疗流程顺利进行并使患者得到良好的治疗效果的重要前提。整个过程需要医师、物理师、治疗师的共同参与，除此之外，还应定期请其他人员进行审查，及时更新标准，共同做好放射治疗流程的质量保证，为患者提供更加精确的放射治疗。

（李小波）

第五节 图像引导放射治疗（IGRT）技术

【案例 9-5-1】

患者，男，49 岁，鼻咽癌放射治疗、化疗后 5 年，椎体转移（图 9-5-1），行介入骨水泥治疗。转至放射治疗科拟行根治性放射治疗，靶区总剂量 6000cGy，30 分次，采用 IMRT 放射治疗技术；由于靶区完全包裹脊髓，脊髓限量 4000cGy，脊髓 PORV 剂量不超过 4500 cGy。

问题：
1. 该患者应采用何种固定方式？
2. 靶区 PTV 边界设置为多少合适？
3. 该计划如何设计才能达到或者接近剂量要求？
4. 如何保证放射治疗过程中的精度？

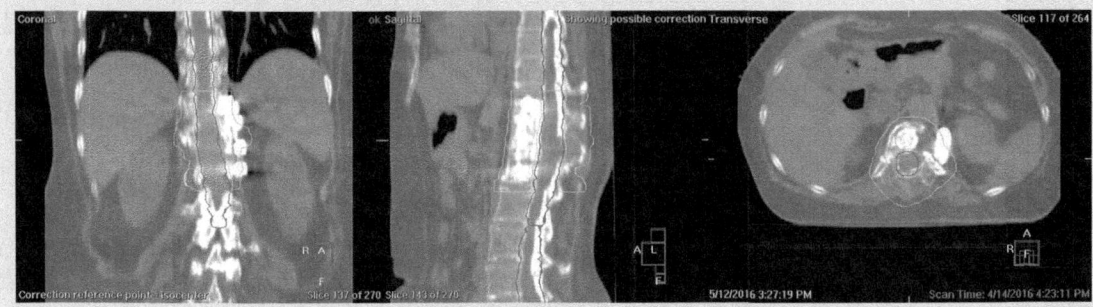

图 9-5-1 椎体转移肿瘤靶区与 OAR 脊髓示意

一、图像引导放射治疗（IGRT）技术概述

利用 IMRT、VMAT 等技术能够得到与靶区适形的剂量分布，在肿瘤区得到高剂量的同时正常组织的照射剂量很低，要求靶区周围剂量跌落梯度较大。但是，该技术需要对不同方向入射的照射野强度进行调整，以非均匀的射野对靶区进行照射，所有射野合成后得到期望的不均匀的剂量分布。因此，IMRT 技术对放射治疗实施过程中的位置偏移比 3D CRT 放射治疗技术更为敏感，尤其对于靶区内有同步加量照射（SIB）的情形更为明显（图 9-5-2）。而放射治疗过程中存在许多的误差因素，包括靶区勾画、器官生理运动（如呼吸运动、胃肠蠕动、器官充盈等）、治疗中器官位置和形状改变、传输过程误差、TPS 误差、加速器几何精度、射野半影宽度、摆位误差等。为保证靶区得到足量的照射，ICRU 提出了肿瘤区（GTV）、临床靶区（CTV）、计划靶区（PTV）、危及器官（OAR）、计划危及器官区（PORV）、内边界（IM）、摆位边界（SM）等概念。放射治疗医师借助 CT、MRI、PET-CT 等成像融合，并接受靶区勾画的专业培训，遵循靶区勾画指南，可以提高 GTV、CTV 勾画的正确性与准确性；随着技术的进步及严格的 QA 检查，传输过程误差、TPS 误差、加速器几何精度、射野半影宽度等可以控制在很小的范围；同时，许多呼吸运动管理措施也有效地减少了呼吸运动带来的误差（IM）。但是，不同的固定装置，不同的放射治疗相关设备，不同的患者人群及不同的放射治疗师群体等因素影响了最终的 PTV 大小。PTV 过大使正常组织的照射剂量增加，PTV 过小使得靶区得不到足量照射。因此，必须采用一种措施来验证放射治疗实施过程中靶区位置与计划时位置的一致性，使 PTV 控制在可以接受的范围，保证计划设计的剂量分布在患者身上精准地实施。

图像引导放射治疗（IGRT）技术的目的就是使治疗实施时靶区位置与计划时位置一致，IGRT 可以定义为：在患者进行治疗前、治疗中或治疗后利用各种影像设备获取患者相关影像资料，对肿瘤、正常组织器官或患者体表轮廓等进行定位，并能根据其位置变化进行调整，以达到靶区精确放射治疗和减少正常组织受照剂量的放射治疗技术总称。因此，IGRT 技术主要指治疗室内的相关影像设备。IGRT 技术使用的频率有每天一次、每周一次、放射治疗前几个分次使用等几种方式。目前大多采用在线引导的方式，即在放射治疗前获取患者的影像并与参考影像进行配准得到误差值，根据配准结果对误差进行修正，使误差结果在可接受范围后再进行放射治疗。离线引导方式一般是对放射治疗前几个治疗分次中获取的影像资料进行分析，后续的治疗分次在对其系统误差进行纠正后的基础上实施，采用离线引导的缺点是不能纠正随机误差及发现患者治疗过程中的变化。

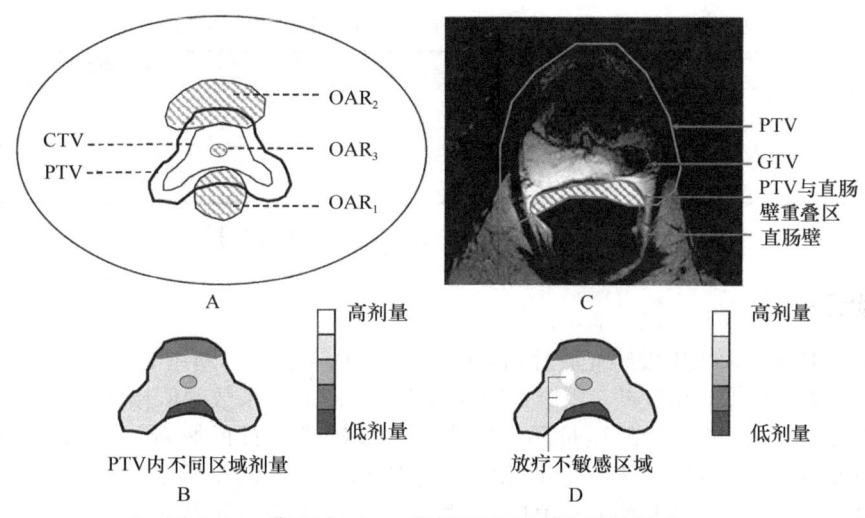

图 9-5-2　靶区与 OAR 的关系及不同的剂量影响。

A. PTV 包含 OAR$_3$，同时与 OAR$_1$、OAR$_2$ 部分重叠；B. 按放射治疗的敏感性排序，OAR$_1$＞OAR$_2$＞OAR$_3$，故 OAR$_1$ 的剂量要求最低；C. GTV 靠近 PTV 与直肠壁的重叠区，如果考虑 OAR 直肠壁的受量，GTV 的剂量将很难提高；D. 我们期望通过生物影像显示对放射治疗不敏感的区域，对该区域给予更高的照射剂量

　　理想的图像引导设备有以下特点：容积成像；高空间分辨率；高时间分辨率；高保真；治疗轮廓和剂量信息能够在计划图像系统和治疗图像系统之间进行传输；响应及时；与治疗系统之间无干扰；非侵入性；无辐射；可重新计划和适时评估；减少治疗时间；成本投入低等。然而，这种理想化的 IGRT 设备很难实现，目前常见的 IGRT 措施包括：验证胶片、电子射野影像设备（EPID）、锥形束 CT（CBCT）、KV 级螺旋 CT、MV 级螺旋 CT、数字化 X 射线透视、平片系统，超声引导放射治疗系统、激光表面成像系统、电磁感应追踪系统、视频定位系统、红外线定位系统、MRI 引导放射治疗系统等，这些设备各有其优缺点。

　　各放射治疗单位可以根据不同 IGRT 设施的优缺点进行整合，同时配合患者的呼吸运动管理及其他器官生理运动管理措施，形成各自特色的 IGRT 综合管理策略，提高放射治疗的精度，计算本单位的不同部位肿瘤的误差边界（M_{PTV}），目的是在肿瘤局部失控风险与放射治疗并发症风险之间得到很好的权衡。摆位误差边界（M_{PTV}）有不同的计算公式，常用 van Herk 公式计算：$M_{PTV}=2.5\Sigma+0.7\sigma$，其中 Σ 为系统误差，常用个体误差均值的标准差表示；σ 为随机误差，常用个体误差标准差的均方根表示，其目的是保证患者 90% 的靶区体积至少接受 95% 的处方剂量。该公式同时考虑了置信水平和剂量水平，不同置信水平下根据系统误差计算所需要的 PTV 边界见表 9-5-1，不同剂量水平下根据随机误差计算所需要的 PTV 边界见表 9-5-2。使用该公式有一定的前提条件，一是考虑的半影宽度为 3.2mm，二是没有考虑旋转误差和变形的问题。因此，应该根据具体的情况选择该公式进行边界的计算。系统误差导致累积剂量分布整体偏移，而随机误差导致累积剂量变得模糊。系统误差的产生与误差的概率分布有关，可以根据误差的概率分布确定相应的置信区间。

表 9-5-1　不同置信水平下根据系统误差计算所需要的 PTV 边界

置信水平（%）	点剂量	二维剂量	三维剂量
80	1.28Σ	1.79Σ	2.16Σ
85	1.44Σ	1.95Σ	2.31Σ
90	1.64Σ	2.15Σ	2.50Σ
95	1.96Σ	2.45Σ	2.79Σ
99	2.60Σ	3.04Σ	3.36Σ

表 9-5-2　不同剂量水平下根据随机误差计算所需要的 PTV 边界

剂量水平（%）	线性相似边界	剂量水平（%）	线性相似边界
80	0.4σ	95	0.7σ
85	0.5σ	99	0.95σ
90	0.6σ		

二、常见图像引导放射治疗技术

（一）验证胶片

治疗验证用的胶片须采用慢感光胶片，由于能量是 MV 级，与诊断用 kV 级影像相比质量较差。主要与以下原因有关：①对比度差，以康普顿效应为主，对原子系数的依赖性弱；②散射光子和次级电子；③半影大。验证胶片的质量还受曝光条件及冲洗条件的影响，不像电子射野验证片（electronic portal image，EPI）那样可以调节亮度与对比度。3D CRT 验证时采用射野双曝光验证，即曝光一个射野和一个大的矩形野；IMRT 验证则采用等拍正侧位等中心验证片，可以单曝光一个大的矩形野，也可以双曝光一个小矩形野和一个大矩形野。双曝光的优势在于，如果摆放验证胶片中心与照射野中心偏离位置较大，大矩形射野的某一个边未能在胶片上成像，小的矩形野的四条边能全部成像，就能够对胶片上的射野中心定义。也可以在患者体表等中心处放置金属标记定义射野中心位置。虽然验证胶片有许多的缺点，但是如果没有其他验证设备时，验证胶片仍然是对放射治疗实施进行验证的可靠手段。

（二）kV 级 X 射线平面成像

治疗室内 kV 级 X 射线成像引导放射治疗的历史悠久，早期的 kV 级 X 射线源安装在 ^{60}Co 源出束位置上方的机器头部，可获取的 BEV 影像对位置进行验证。现在的 kV 级 X 射线成像引导放射治疗设备较多，如 BrainLAB Novalis（图 9-5-3）、Accuray cyberknife（射波刀）、OBI 系统、XVI 系统等都可以获取。这些系统获取的 kV 级影像都不是与治疗射线束同一源点，而是与治疗射束呈一定角度，如 OBI 系统、XVI 系统与加速器治疗束正交（+90° 或-90°）；射波刀有两组 X 射线，两组相互垂直，与水平面成 45°；BrainLAB Novalis 两组 X 射线也相互垂直，X 射线球管埋在地板中，非晶硅探测板固定在天花板上。被摄影影像的大小与探测器尺寸、探测器与摄影目标的距离相关。kV 级 X 射线平面成像系统除获取单幅平面图像外，还可以连续获取平面图像，形成动态的透视影像，对治疗提供实时监控，为位置验证提供更多的器官运动信息。kV 级 X 射线平面成像系统与计划系统生成的 DRR 图像进行配准，得出误差后通过移动治疗床进行纠正。DRR 图像可包含等中心信息，勾画的组织轮廓，预先植入肿瘤内或附近的标记物。配准时可以参考组织轮廓或是植入肿瘤内或附近的标记物。与 EPID 相比，kV 级 X 射线平面成像系统的影像质量高，所需要的成像剂量大大减少。

射波刀（图 9-5-4）是常用的 kV 级 X 射线平面成像引导放射治疗系统，6D 颅骨追踪系统与脊柱追踪系统可在不需要植入任何标记物的前提下对颅骨、脊柱、股骨、髂骨等骨性位置进行追踪定位。由于软组织没有可追踪的骨性结构，X 射线平面成像时不能很好地显影或是缺乏良好的组织对比，需要在肿瘤内或是附近植入金属标记物，以金属标记物为参考观察肿瘤位置及运动，建立肿瘤与治疗系统之间的空间坐标。肿瘤的运动是 6D 的运动,为计算肿瘤的 6D 偏差,至少需要植入 3 颗金属标记物。植入的原则:①植入肿瘤内或是靠近肿瘤位置,一般距离肿瘤≤5cm;②标记物之间有一定的距离,一般≥2cm;③避免 X 平面成像时重叠,即避免在 45° 上重叠;④标记物两两连线有一定的角度,一般≥15°。需要注意的是:植入标记物是一种有创的操作,增加了临床流程的复杂程度和风险;同时,植入的标记物可发生迁移,需要在引导时予以辨别。

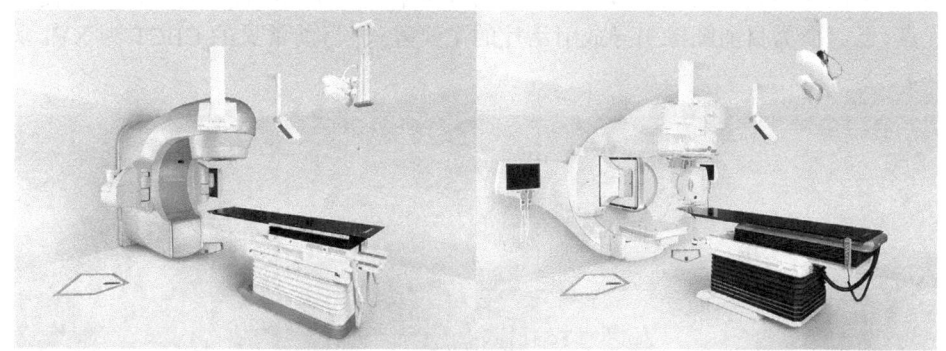

图 9-5-3　BrainLAB Novalis 系统

图 9-5-4　射波刀系统

(三)电子射野验证设备

采用 EPID 获取电子射野验证片(EPI)是利用治疗用 MV 级射束成像,因此是治疗实施过程中最为直接的验证方式。该方式为二维成像,成像质量比 kV 级 X 射线平面成像质量差。EPID 设备获取的是治疗体位照射野的电子图像,与验证胶片类似,但验证胶片对总体累积剂量较敏感,EPID 对剂量率敏感。EPID 具有方便、快捷、图像可调节、存储方便等优点。EPI 曝光方式可分为单曝光、双曝光与连续曝光。单曝光可分为射野单曝光和矩形野单曝光。射野单曝光时照射野外的解剖结构少,在判断位置时存在困难,现已较少使用。矩形野单曝光主要用于 IMRT 计划的等中心点进行验证,拍正侧位两张 EPI,与 DRR 图像进行配准,得出 3D 平移误差(前后、左右与头脚方向),有些 EPID 系统也能对旋转误差进行配准。双曝光采用治疗射野+大矩形野曝光,此种方法主要应用于 3D CRT 治疗计划,优点是可以直观地比较照射野与周围器官、组织的相互关系,利于与计划系统生成的 DRR 图像进行配准比较。EPI 还可以进行连续曝光,对整个治疗射野进行照射曝光,主要作用是对治疗的相对剂量进行验证,而非治疗等中心的验证。另外也可以直接利用 EPID 来获取 CBCT 影像,与 kV 级 X 射线 CBCT 相比,该方法获取的影像对比度低,但是 MV 级影像可以降低高密度物质导致的伪影,对牙齿、致密骨和假体等显影有帮助。

由于 EPI 获取中会产生一定的剂量,多次使用时应将其额外剂量考虑到照射总剂量中。同时,常规分割治疗方式下很难每次治疗前都拍摄 EPI 与 DRR 影像配准进行在线校正。因此,采用 EPI 引导放射治疗的策略常采用离线校正方式,即放射治疗最初阶段获取一定数量(3~5 次)的 EPI 影像与 DRR 配准分析,对其系统摆位误差进行纠正后进行后续的治疗。后续的治疗分次中可以不再获取 EPI 或每星期获取一次 EPI。利用 EPI 可以较好地分析患者分次间误差，但是很难对分次内误差进行分析，原因如下：连续曝光的 EPI 影像重叠，获取的射野面积相对较小，缺乏周边的解剖结构信息，影像的对比度差等。

（四）锥形束 CT

kV 级 CBCT 图像因其软组织分辨率高、空间分辨率高、获取时间快速、配准方便、额外辐射剂量低等优点，已经成为目前图像引导放射治疗的主要方式。目前常见的 CBCT 为 XVI 系统及 OBI 系统（图 9-5-5）。

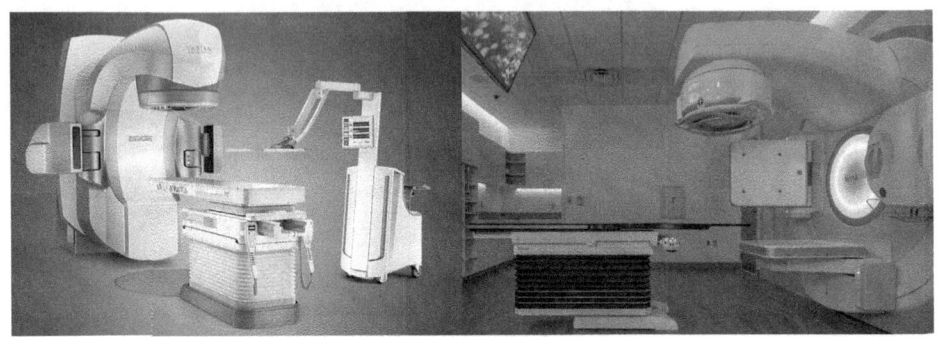

图 9-5-5 带 CBCT 功能的加速器

XVI 系统的球管与非晶硅探测板与加速器机射束垂直，球管位于机头顺时针方向 90°，非晶硅探测板位于机头逆时针方向 90°。XVI 系统可 X 平面成像，透视和扫描 CBCT。CBCT 扫描时，为适应不同的患者及部位，用户可以选择 kV、mA/帧、mS/帧、扫描范围、获取的 2D 图像投影帧数（frames）、机架旋转起始角度、机架旋转度数、图像重建的分辨率等。kV 的选择范围为 70kV～140kV；mS/帧可选择 10、12、16、20、25、32、40、160；mA/帧可选择 10、12、16、20、25、32、40、50、64、80、100、125、160、200、250、320、400、500；但是，mA/帧×mS/帧×帧数不得大于 800kJ。FOV 有 S、M、L 三种，非晶硅探测板也有相应的 S、M、L 位置，扫描重建的图像大小分别为 27cm、41cm、50cm。G-T 方向影像像素可以设置为 128、256、512 或 1024，临床上常用 512。滤线器可以选择普通滤线器或者蝶形滤线器。影像配准可以选择骨（平移误差+旋转误差）、灰度（平移误差+旋转误差）、灰度（平移误差）、粒子、手动、双配准等方式。

OBI 系统球管位于机头逆时针方向 90°，非晶硅探测板位于机头顺时针方向 90°。球管与探测板均采用机械臂，有停靠、部分展开和全部展开三种位置，可在控制室远程展开和收回。探测板通常位于等中心下 50cm，可沿 kV 射束轴方向射束靠拢可远离。常用可选择设置选项包括：80kV、100kV、125kV、140kV；10～100ms；10～600mA；3 帧/秒、7 帧/秒、11 帧/秒、15 帧/秒；机架旋转速度 1°～6°/秒；半弧扫描（200°）或全弧扫描（360°），半弧扫描时可选择扫描机架的起始角度。扫描的 CBCT 可手动或自动与计划 CT 进行配准。自动配准时可定义感兴趣区域，选择特定的勾画器官，设置 HU 范围或选择骨、灰度进行配准。

目前的 CBCT 系统均采用在线校正的方式引导治疗，可以使患者的分次间误差明显减少，即在根据患者定位标记（如患者体表激光线、固定模具上激光线、定位框架指示等）摆位后扫描 CBCT，获取的 CBCT 与计划 CT 进行配准，根据配准结果移动治疗床。分次内误差可以通过治疗结束后扫描 CBCT 进行估计，也可以直接通过扫描分次内 CBCT 进行分析。分次内 CBCT 受 MV 治疗射束散射线、扫描帧数、扫描患者的角度等因素影响，其影像质量比常规 CBCT 质量差。CBCT 除可以发现分次间及分次内误差外，还可以观察靶区的呼吸运动、肿瘤及邻近器官变化、患者外轮廓的变化、肺癌放射治疗中出现肺不张、不张的肺复张、胸腔积液（图 9-5-6）、炎症、膀胱直肠的充盈等治疗过程中的变化，实现患者治疗过程中的质量控制，为治疗计划的修改提供依据。

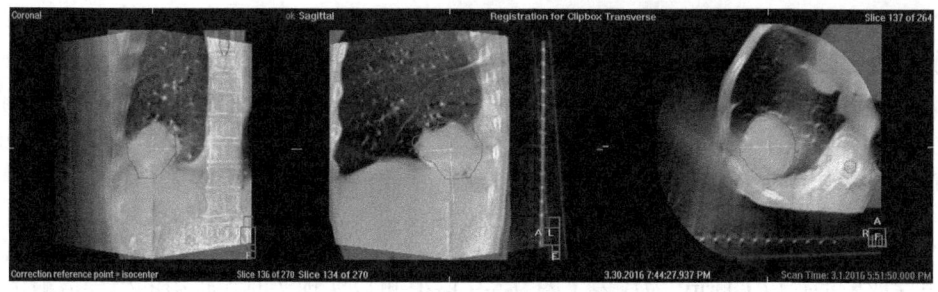

图 9-5-6　CBCT 发现患者出现胸腔积液

（五）MV CT

Tomo Therapy（图 9-5-7）是 MV CT 引导放射治疗的典型代表，是计划系统、图像引导系统与治疗系统的集合，实现螺旋照射。该系统采用与诊断 CT 一样的滑环技术，将加速器机头和探测器相对安装于滑环上，在患者随治疗床移动的过程中，围绕患者旋转治疗。扇形野的最大开度为 40cm，钨门有 1.0cm、2.5cm、5.0cm 的宽度。连续的螺旋治疗方式，可以很好地避免层与层衔接之间出现剂量热点或是冷点。由于是螺旋扫描式的治疗，治疗床的移动范围决定了治疗的范围。目前该系统床的移动范围为 160cm，因此，治疗范围在长轴上可达 160cm，可以对体积大，形状复杂的靶区进行高度适形的治疗（如全中枢放射治疗及全身放射治疗）。采用成像源与治疗束源同一坐标系同源双束的设计，治疗用 6MV 射线，CT 扫描时采用 3.5MV 射线，扫描的时间 1~5 分钟，扫描剂量相比 CBCT 稍大（1.5~3.0cGy）。MV 级 CT 相对于 kV 级 CT 的对比度较低，但是可以减少高原子系数物质的伪影，如牙齿、假体或骨组织等造成的伪影。该系统的最大特点是扫描的 MV CT 直接用于计划设计，实现真正的自适应放射治疗。因此，在使用过程中 MV CT 的 CT 电子密度要定期进行 QA。

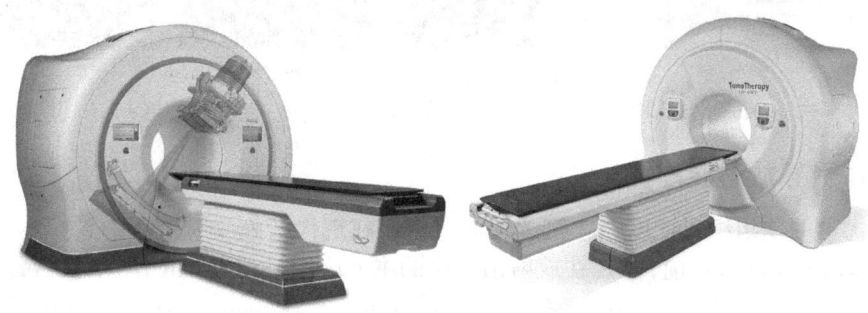

图 9-5-7　Tomo Therapy

（六）光学表面成像

由于 EPID、CBCT、MV CT、kV 平面成像等系统均会给患者造成额外的辐射，对患者造成不利影响。因此有必要在临床中研发一种实时、无辐射的图像引导方式。光学表面成像系统采用不同波长的可见光投射至患者体表进行轮廓扫描、位置提示，并由摄像头对患者体表轮廓进行摄像、位置分析。这类系统可以实现零辐射情况下的引导摆位、分次内误差监测、患者呼吸信号获取、呼吸门控治疗、意外情况监控等功能。当前最具代表性的光学表面成像系统有 AlignRT、Catalyst/Sentinel（图 9-5-8）及 OSMS 系统，其参考图像

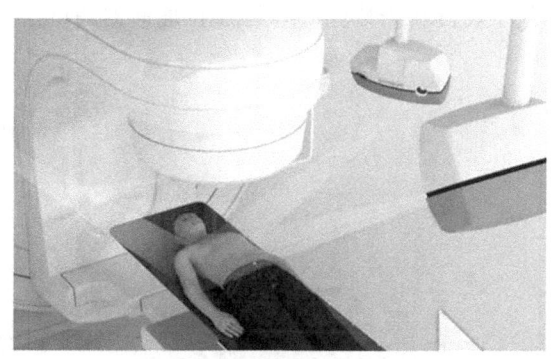

图 9-5-8　Catalyst 系统

可以由光学表面成像系统本身获取，也可以由定位 CT 重建产生。常用的 3D 体部成像测量方法包括三类：散斑投影测量法、时间飞跃测量法和激光三角测量法。光学表面成像系统在模体上的精度达到三个方向平移误差均<1mm，三个方向旋转误差均<1°，其精度受到扫描物体表面颜色、形状、扫描范围等影响。值得注意的是，该技术只能反映体表运动或变化情况，对位于体表深处的靶区存在不确定性，其运用须更多的临床数据予以验证。

（七）超声引导放射治疗

超声引导放射治疗以 Clarity 为代表（图 9-5-9），它可以实现实时无辐射的引导放射治疗，监测患者分次内误差。目前该设备主要用于前列腺及乳腺的放射治疗。超声引导放射治疗的主要技术基础是建立 B 超图像坐标和加速器空间坐标的对应关系。坐标转换一般采用跟踪立体定位框架的位置或用红外线成像方法探测 B 超探头的位置。但是，超声引导放射治疗中的超声影像质量相对较低，可能会对靶区定位精确性产生影响；其次，超声引导放射治疗对操作者的依赖性较大，不同操作者之间的误差较大；再次，超声引导放射治疗中超声探头是接触式，不同的接触压力也会对靶区定位产生影响。这些问题应在临床使用中引起重视，并通过大量临床试验建立操作规范以减少误差。

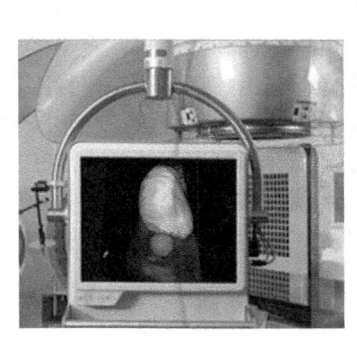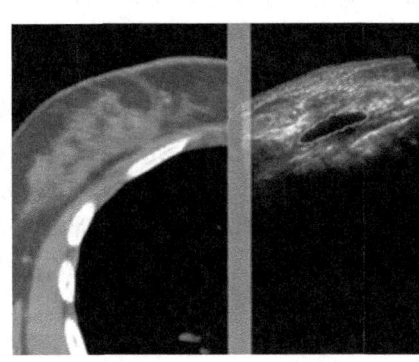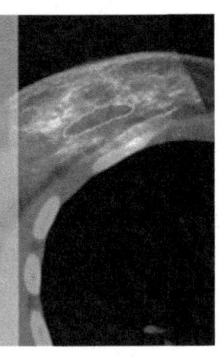

图 9-5-9　超声引导放射治疗示意

从左至右依次为：超声引导放射治疗系统、CT 定位图像、超声引导图像、超声引导与 CT 定位图像融合

（八）MR 引导放射治疗

MR 因其优越的软组织对比度，丰富的功能成像而在现代精确放射治疗中具有不可替代的作用。在加速器机载 MR 问世之前，MR 在放射治疗中的主要应用是利用 MR 模拟定位帮助靶区的精确勾画，而 MR 加速器的出现使得 IGRT 技术的发展达到一个新的高度，其优点如下：①更高的软组织分辨率，可以对放射治疗肿瘤、靶区、邻近组织进行精确定位；②无辐射，可以在放射治疗全程监测，分析其分次内误差；③可以结合功能成像对肿瘤对放射治疗的反应、邻近组织的反应进行观察，以便及时修改放射治疗计划；④可以结合功能成像对放射治疗疗效及预后进行评估，建立患者疗效、预后的模型。但是，MR 加速器的价格及时间成本较高，使其广泛运用受到限制（图 9-5-10）。

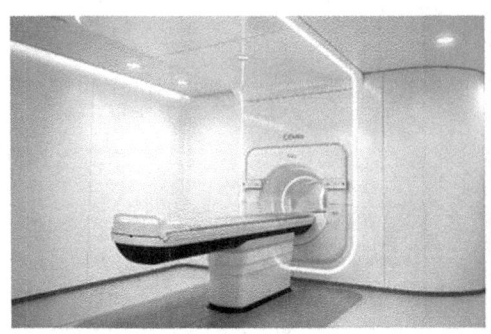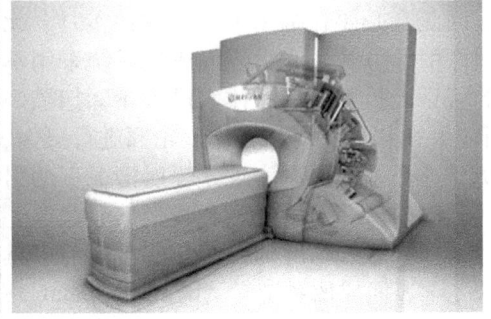

图 9-5-10　MR 加速器与 VIEWRAY MR 治疗系统

三、图像引导放射治疗技术的流程

【案例 9-5-2】
某肺癌专科医院购置射波刀一台,请问:
1. 该设备安装后如何开展肺部肿瘤的 IGRT 治疗(GRT 需要的流程)?
2. 该设备放射治疗的适应证主要有哪些?
3. 放射治疗医生、物理师、剂量师、治疗师各自的职责有哪些?

IGRT 技术的出现改变了我们传统的放射治疗流程,对放射治疗相关工作人员(医生、物理师、剂量师及治疗师),尤其是治疗师提出了更高的要求。同时治疗师的职责也相应地发生了改变,具体包括:①掌握患者体位固定、CT 模拟体位、复位、IGRT 操作,编写适合本单位流程的 IGRT 策略及使用方法;②与放射治疗医生、物理师协商,执行初始的患者模拟,生成合适的计划图像(模拟定位);③在放射治疗医生和物理师的共同参与下实施 IGRT 治疗计划;④周期性地获取验证图像,供放射治疗医生审查;⑤周期性地验证固定、复位及 IGRT 系统的稳定性和重复性。

IGRT 的最终目的是提高放射治疗的精度,实施该技术必须遵循相应的技术规范,通常说的 IGRT 流程是指在放射治疗机房实际治疗时的操作流程。以 CBCT 引导放射治疗为例,常用的流程如下(图 9-5-11)。

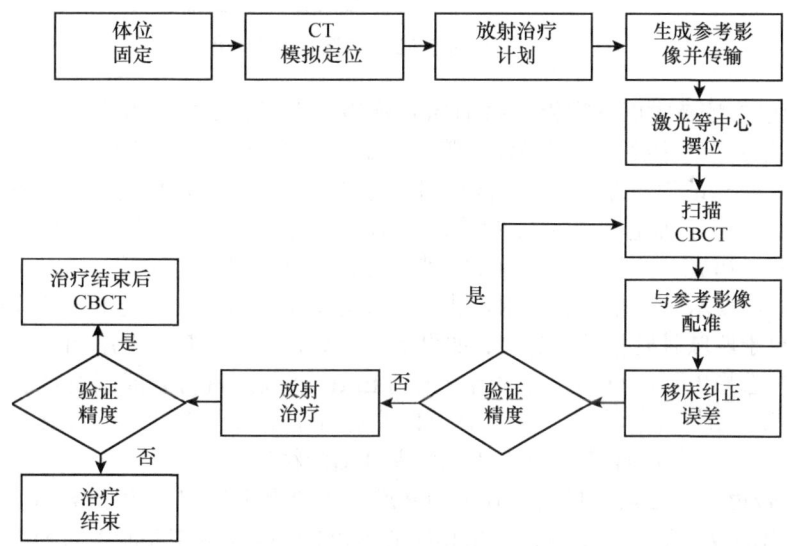

图 9-5-11 CBCT 引导常用流程

流程中纠正误差后 CBCT 与治疗后 CBCT 不是常规使用,纠正误差后 CBCT 的目的是验证纠正误差后的位置精度,治疗后 CBCT 的目的是了解治疗过程中患者是否移动,间接分析分次内误差,为下一次治疗提供参考。

但是,完整的 IGRT 流程应该包括从安装调试到最后的数据管理整个流程,涉及放射治疗医师、物理师、剂量师、治疗师、网络工程师等不同人员,完整的 IGRT 流程中通常包含以下几个组成部分(图 9-5-12)。

1. IGRT 系统安装后的验收 IGRT 系统安装完成后,放射治疗单位工作人员(物理师、剂量师及治疗师)与设备厂家工程师一起完成对该系统的验收。验收检查的内容包括硬件的连接、硬件与软件的精确度与准确性。具体有:IGRT 系统中心与治疗设备等中心一致性;IGRT 系统与计划系统的连接、与治疗系统的连接；IGRT 系统与治疗系统、患者坐标的转换；IGRT 系统的碰撞联锁；IGRT 系统扫描模体的机械精度；IGRT 系统图像质量；IGRT 图像与参考图像的配准精度、患者数据的存储和检索等。

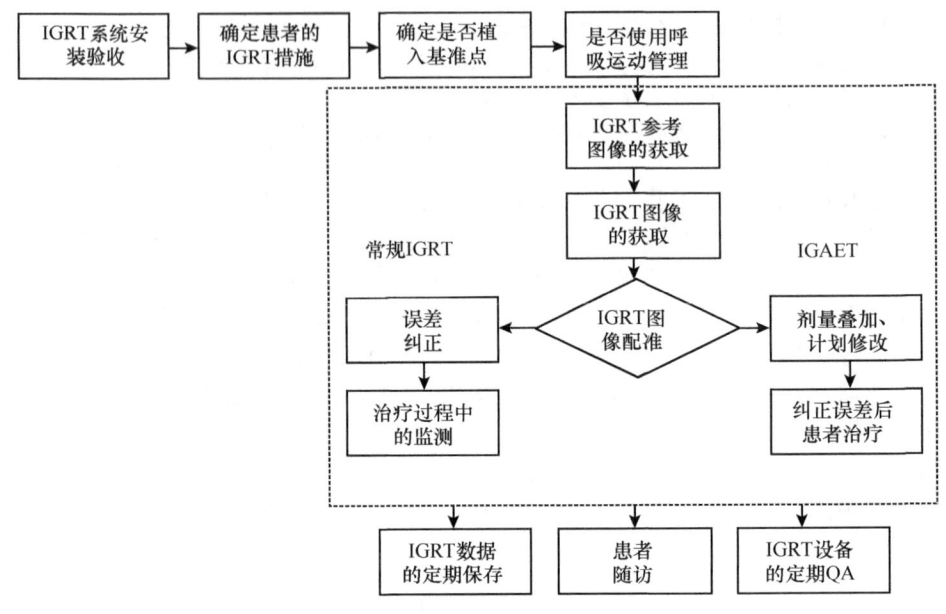

图 9-5-12 完整 IGRT 流程

2. 选择放射治疗技术以确定相应的 IGRT 措施 不同的 IGRT 措施的侧重点不同，如目前的超声引导放射治疗系统主要用于引导前列腺和乳腺放射治疗；kV 平面成像与 EPI 对软组织的显影较差，主要以骨性标记为参考；加之不同放射治疗技术对放射治疗精度的要求不同，因此，应该根据不同的放射治疗技术确定相应的 IGRT 措施。通常对于 2D、3D 的放射治疗技术，可以选择精度相对较低的 IGRT 措施，同时，实施 IGRT 措施的频率也可以相对较低；而对于 IMRT、VMAT 及 SBRT 等放射治疗技术，其相应的 IGRT 措施要求精度高，同时，实施 IGRT 措施的频率也应相应提高。例如，对于四肢骨转移肿瘤患者，如果治疗策略是姑息止痛，采用 2D 或 3D 放射治疗计划，在 IGRT 措施的选择上可以只选择初次治疗采用 EPID 或胶片进行验证。而对于椎体骨转移肿瘤患者，治疗策略为根治性放射治疗，采用 IMRT 放射治疗技术，其相应的 IGRT 措施要求治疗精度 ≤2mm，在治疗全疗程都应使用 IGRT 措施以保证治疗精度。

3. 确定是否植入基准点 目前可利用的基准点主要有金标记、钛合金、电磁粒子等。当选择高治疗精度要求的放射治疗技术时，使用相应的 IGRT 措施通常需要能够对靶区进行很好的定位，当靶区不是很清晰或者骨性结构不能很好代表靶区位置时，植入基准点就显得十分重要。在小的肺、肝脏及前列腺肿瘤放射治疗中，用 kV 级 X 平片或者 EPI 很难对肿瘤进行良好地定位。若外科介入植入金属粒子作为基准标记点，利用基准标记点可以实现对肿瘤的实时跟踪定位，提高放射治疗的准确性（在 SBRT 技术中显得尤其重要）。对于电磁跟踪技术，植入基准点的目的不仅是获取靶区的图像，同时还可获取靶区的运动信号引导实现门控技术或是追踪技术。植入基准点一般是 3~5 个，不同的引导措施对植入基准点有一定的空间关系要求（详见 kV 级 X 射线平面成像）。植入标记点后，植入部位局部可能会发生出血、肿胀等，造成标记点的位移。因此，通常在植入标记点后一个星期再行 CT 模拟定位。对于 3D IGRT 设备，能较好地显示软组织影，通常不需要植入基准点（图 9-5-13）。

4. IGRT 参考图像的获取 模拟定位 CT 是放射治疗的基础信息，可以直接作为参考图像与相应的 IGRT 措施进行影像配准，如 CBCT、kV CT 及 MV CT 等，而 X 射线片、胶片及 EPI 验证的参考图像是计划系统根据定位 CT 生成的包含治疗等中心位置信息的放大比率的 DRR 图像。DRR 参考图像应该是两幅，两幅图像的角度相互垂直，可以是治疗等中心下 0° 和 270°，也可以是其他任意射野角度。超声引导放射治疗系统、激光表面成像系统、电磁感应追踪系统、视频定位系统、红外线定位系统、MRI 引导放射治疗系统等则应获取治疗位置的相应影像作为参考图像。获取的参考图像是以后治疗过程的参照，患者的状态应该尽量与获取图像时患者的状态一致，如肺部及肝脏肿瘤的放射治疗应保持呼吸时相的一致；胃部肿瘤放射治疗应保持呼吸时相、胃的充盈度一致；盆腔肿瘤的放射治疗应保持直肠、膀胱的充盈度一致。

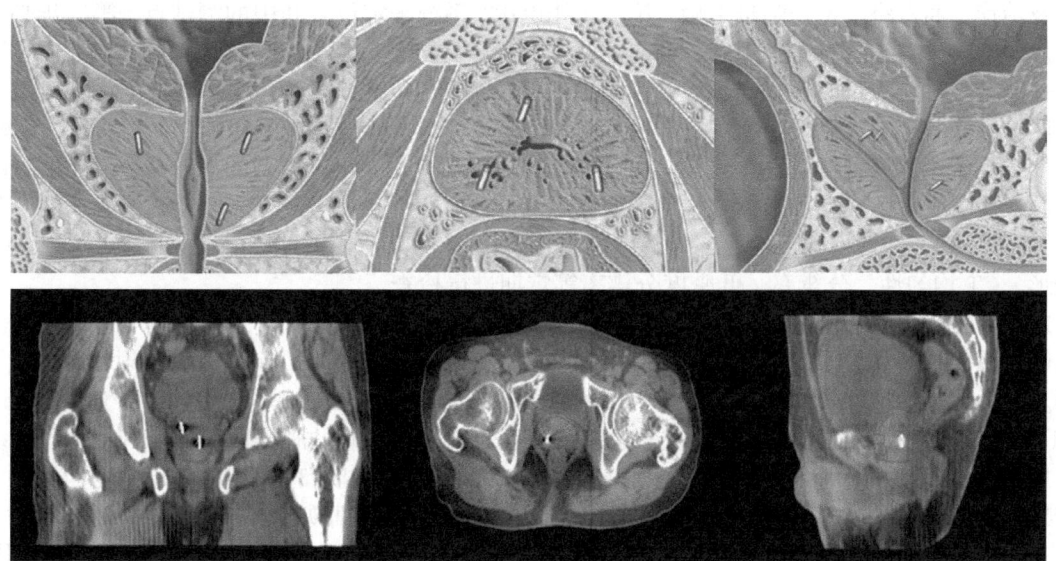

图 9-5-13　Calypso System 电磁粒子植入示意及扫描 CBCT 影像

5. IGRT 图像的获取　　IGRT 图像的获取应尽量与 IGRT 参考图像获取时患者的状态一致。如肺部、肝脏等受呼吸运动影响的位置，获取 IGRT 图像的呼吸状态应尽量一致，避免由于呼吸时相的不一致造成影像配准问题。IGRT 图像的获取可以根据不同的需要在放射治疗前、放射治疗中或放射治疗后获取。一般而言，放射治疗前获取 IGRT 图像是为了了解患者的分次间误差并进行在线的治疗床位置校正。放射治疗中获取 IGRT 图像是为了了解患者的分次内误差。而放射治疗后获取 IGRT 图像则可以了解患者治疗过程中的残余误差。对于无辐射的 IGRT 设备，如超声引导放射治疗系统、激光表面成像系统、电磁感应追踪系统、视频定位系统、红外线定位系统、MRI 引导放射治疗系统等，从治疗精度的角度考虑，可以在放射治疗过程中进行全程监控，以精确量化分次内误差。

6. IGRT 图像与参考图像的配准　　自动配准时，选择的配准范围、配准方式、配准算法等均会影响配准结果，而图像显示的方式（如 CT 图像的窗宽、窗位；MR 图像的灰度；DRR 图像的角度、超声探头的角度等）对手动配准的结果也会产生影响。

7. 配准结果的确认　　配准结果应由放射治疗医师、物理师、剂量师与治疗师共同讨论确认。第一，应对自动配准结果的有效性进行判断，因为在某些自动配准状态下配准的结果可能是错误的，如在摆位误差大于 2cm 的情况下采用自动骨配准椎体，可能会产生椎体骨错配。第二，应对自动配准结果的合理性进行判断，因为选择不同的自动配准方式的配准结果不同，应根据临床实际进行合理选择，如对于靠近椎体的肺癌采用自动骨进行配准的结果更可靠，而对于距离骨较远的外周型肺癌采用自动灰度配准的结果更可靠。第三，以手动配准的方式对自动配准结果进行修正，修正的内容包括：是否保留旋转误差（如治疗床无法对旋转误差进行纠正，应将旋转误差重置归零），是否对邻近危及器官进行避让，是否对大配准范围内各部分进行综合考虑等。第四，根据配准结果确定是否需要再次摆位获取相关影像及后续的影像获取频率。

8. 根据配准结果确定合适的纠正误差范围（根据配准结果移动治疗床） 目前的许多 IGRT 系统均支持平移误差的自动在线移床校正，部分系统还支持在线自动平移和旋转误差校正。如果没有自动在线校正功能，应根据本单位设置的容许误差确定合适的移动治疗床长度（推荐对误差大于 2mm 的所有方向的误差进行纠正）。如采用离线图像引导方式，应对一定数量的影像配准结果进行统计分析，根据分析结果确定合适的移动治疗床长度。

9. IGRT 系统定期 QA 常见的 IGRT 设备均自带 QA 软件及 QA 模体，需要定期对其进行 QA。完整的 QA 程序应贯穿放射治疗的全流程，包括 CT 的模拟程序、治疗计划设计、IGRT 图像获取配准及治疗。通常将 QA 分两步来做，第一步用 IGRT 系统来定位空间中的测试点，第二步必须是用治疗照射野来对这些标记点成像，两步的联系是治疗计划设计系统。一种简单的方法是：①用嵌入有一些基准标记点的塑料插条模型，在模拟 CT 时精确定位这些标记点；②在计划设计时设定一个小区域，使其至少从两个正交方向包含每个标记点，且生成的 DDR 图像能在照射野中显示标记点的期望位置；③设置摆位误差将模型置于治疗床，使用 IGRT 纠正模型的误差后，以照射野的射束投照，并生成带标记点的影像。监测到的标记点的位置误差就是量化了的该 IGRT 系统的全部误差。除了对 IGRT 位置精确性的 QA 外，还应对 IGRT 设备的其他相关性能 QA，如 CBCT 与 MV CT 的变形、CT 均匀性、分辨率、低密度分辨率等定期进行检查。

10. IGRT 相关数据的存储管理 理想化的 IGRT 相关数据的存储模式是将其与肿瘤放射治疗网络管理系统进行整合，使得其在任何一个网络管理系统端口都可以访问，方便放射治疗医生、物理师、剂量师及治疗师及时查看。目前常用的放射治疗网络系统 Elekta 的 IMPAC 系统和 Varian 的 Arial 系统，均能对相应的 CBCT 系统影像进行管理。但是，现有的肿瘤放射治疗网络管理系统很难将所有的 IGRT 数据进行整合。因此，必须建立 IGRT 数据存储管理的相应规章制度，由专人负责定期对 IGRT 数据进行维护，并进行分类备份以方便以后的数据恢复。

一旦 IGRT 设备经过验收程序测试，确定其机械和软件的精确度和准确性可以进入临床运用后，必须建立相应的操作流程和定期的 QA 规范。不同图像引导放射治疗技术各有其优缺点，各单位应在临床运用过程中根据自身的实践情况（如体位固定的效果、临床 PTV 边界、采用的放射治疗技术、治疗师水平高低等）建立自己的临床规范。图像引导放射治疗不仅可以纠正摆位误差与分次间的器官位移，还可以发现器官位移、变形、肿瘤治疗后反应、邻近器官的变化、体表轮廓变化等，为修改计划自适应放射治疗（ART）提供了可靠的依据。

【案例 9-5-3】

患者，男，28 岁，眼眶肿瘤，靶区主要邻近危及器官为晶体（图 9-5-14）。

问题：

1. 该患者在治疗前几个分次中优先考虑采用何种 IGRT 措施进行位置验证？IGRT 使用的频率是多少？

2. 后续治疗过程中是否可以改变验证措施或者使用频率？为什么？

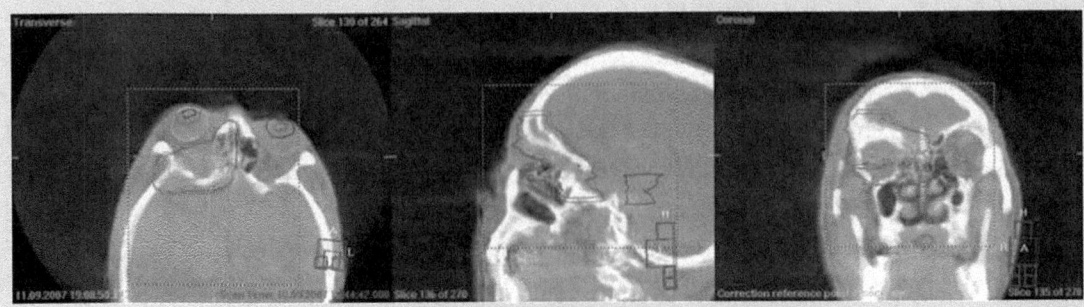

图 9-5-14 眼眶肿瘤患者示意图

四、图像引导放射治疗技术中的剂量问题

随着 IGRT 技术的广泛使用，放射治疗精度得到了很大的提高。但是，由于目前常用的 IGRT 设备以 X 射线获取的图像为主，常用的 CBCT、MV CT、MV-CBCT、EPI、kV DR 等都会给患者带来额外的辐射，尤其是那些常规分割中每次使用 CBCT、MV CT、MV-CBCT、EPI 的患者更应引起重视。辐射防护中采用合理降低的（as low as reasonably achievable，ALARA）原则。然而，如果减少使用这些有效的 IGRT 措施势必会对患者的靶区精度定位产生影响。因此，有必要在使用这些措施中对风险与患者的获益进行说明。

通常情况下 MV 成像比 kV 成像的剂量要高，即使不是采用 MV 容积成像，不同的 MV 成像引导放射治疗每次额外剂量有 0.1~5.0cGy。采用 kV CBCT 在盆腔放射治疗过程中进行引导，其额外剂量也可达患者治疗处方剂量的 1%~3%。kV 成像中以光电效应为主，患者骨组织的剂量是软组织剂量的 2~4 倍。在 MV CBCT 引导中，其每次额外剂量可以超过 10cGy。应该意识到这些所有的 X 射线成像扫描的范围均大于实际放射治疗的靶区，要对包含的这些组织器官的风险进行适当评估，尤其是对于儿童患者更应重视。文献推荐将患者处方剂量的精确性控制在 5%，因此，一旦患者采用 IGRT 产生的剂量超过 5%，应在计划时将这些剂量与患者处方剂量一起考虑。

目前可用于减少 IGRT 额外辐射剂量的措施有以下几种：①减少扫描的体积：如减少 CBCT 的扫描范围，减少 EPI 射野面积，减少 kV DR 的面积；②减少额外曝光：在 EPI 射野摄影时避免单独摄影，可在治疗野照射过程中获取或者减少 EPI 摄影时的曝光剂量；③MV CT 中选择合适的 pitch 减少扫描剂量；④MV CBCT 中可以选择剂量少的扫描序列或者减少 FOV；⑤在一些可以采用 2D kV 定位的情况下减少 3D kV（CBCT）扫描次数；⑥在 kV CBCT 扫描中采用 bowtie 滤线器，减少扫描频率、扫描 kV、毫安秒、扫描范围、扫描角度、扫描帧数，优化算法等方法；⑦采用无额外辐射剂量的 IGRT 措施，或无辐射与有辐射 IGRT 措施相结合等。

（钟仁明）

第六节　放射治疗中的器官运动管理

【案例 9-6-1】

患者，女，48 岁，左侧肺腺癌，左肺手术切除、化疗、放射治疗后 3 年，现右下肺转移，肿瘤直径 2cm，呼吸运动 2.5cm，拟行 SBRT 放射治疗，总量 4800cGy，4 个分次（图 9-6-1）。

问题：
1. 该患者采用什么体位固定？
2. 采用什么技术进行 CT 模拟定位？
3. 放射治疗时采用什么技术既能保证放射治疗的精度又能对正常肺组织进行保护？
4. 该患者治疗实施过程中采用什么方法进行验证？

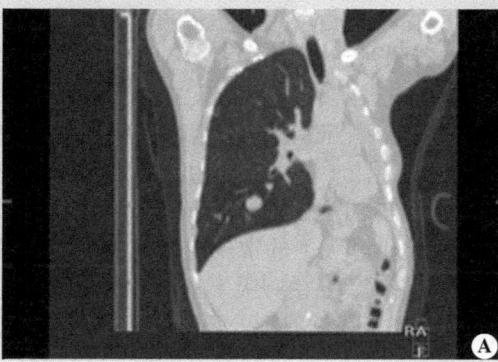

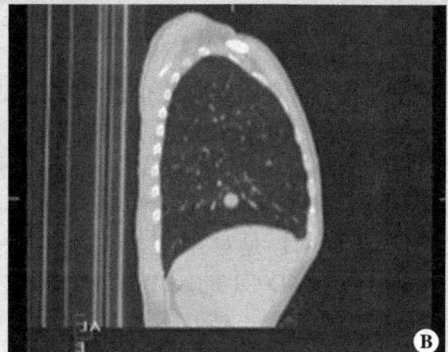

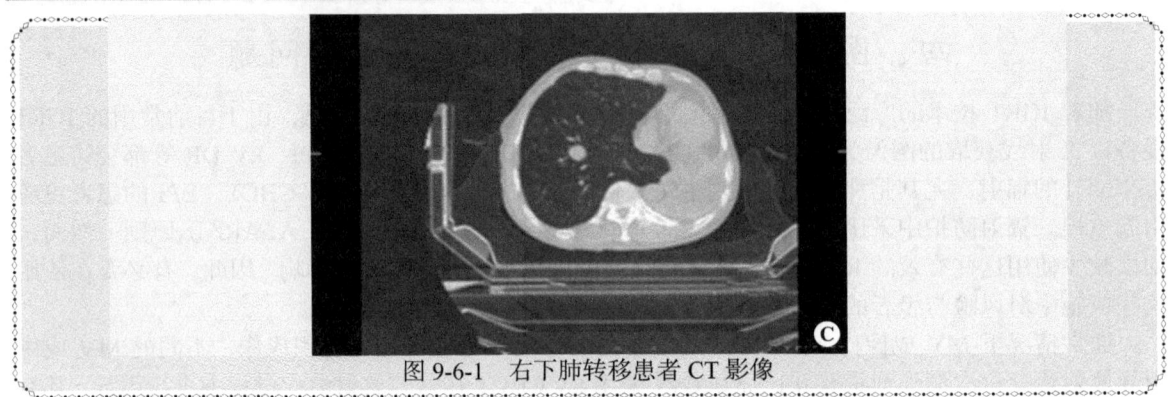

图 9-6-1 右下肺转移患者 CT 影像

一、呼吸运动对放射治疗的影响

1. 对扫描影像的影响 自由呼吸下常规 CT 模拟是对整个肿瘤进行快照，快照的瞬间有可能不是在肿瘤的平均位置，甚至有可能是远离平均位置的极端位置。呼吸运动可能导致扫描物体变形、体积变化、几何等中心错位等（图 9-6-2）。呼吸运动导致的伪影，改变患者解剖结构的形状、大小、密度及位置，且这种体积和空间位置的变形无法进行预测，对靶区的确定产生严重的负面影响。

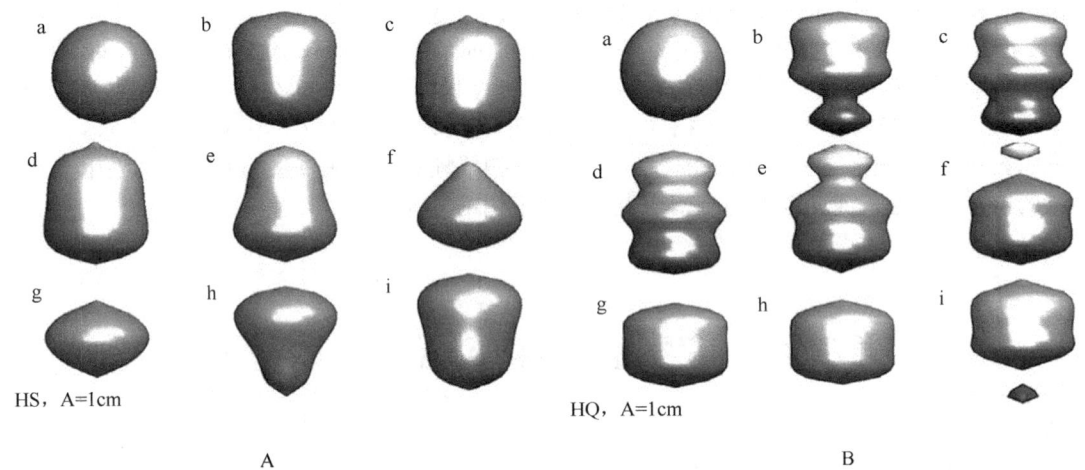

图 9-6-2 呼吸运动对 CT 扫描的影响

图中半径 3cm 小球，振幅 1cm 进行 CT 扫描；A 为快速扫描，B 为高质量扫描；a 为静态下扫描，b-i 为运动状态下扫描重建

2. 对放射治疗计划设计的影响 在自由呼吸而没有采用任何呼吸运动管理的情况下，常规 CT 模拟定位时被摄影的肿瘤位置、肿瘤大小、运动幅度的不一致，导致计划设计时可能会出现 GTV 靶区勾画不足或过大，ITV（考虑运动范围的内靶区）外放边界不足或过大，ITV 外放边界合适但是肿瘤运动基线位置错误或者是肿瘤运动基线位置正确但是 ITV 边界不合适等多种情况。即使采用 4D CT，患者的呼吸模式也会在治疗中发生变化，最初设定的 ITV 边界可能对患者的呼吸运动估计不足或者过大，造成部分漏靶或正常组织受到过多照射。

3. 对治疗验证的影响 在治疗前的验证过程中，EPI、透视或者 kV 片等二维影像通常很难清楚显示肿瘤，只能通过邻近的骨性标记、植入的金属标记物等进行配准。由于自由呼吸下 CT 模拟时肿瘤可能处于呼吸周期中的任何时相，加上射野肿瘤影像的变形和错位、植入标记物的位移及 CT 模拟与治疗时肿瘤运动的不一致，造成这些二维影像配准存在误差。CBCT 被认为是目前最好的三维成像验证方式，但是常规的 CBCT 是对肿瘤运动的平均图像，与自由呼吸下的常规定位 CT 的时相很难一致（图 9-6-3）。即使采用 4D CT 的 MIP 或 AIP 图像作为参考影像，自由呼吸下常规 CBCT 或者 4D CBCT 扫描的影像质量仍然较差，对于直径小、运动度大的肿瘤可能无法显影，因此配准存在不确定性。

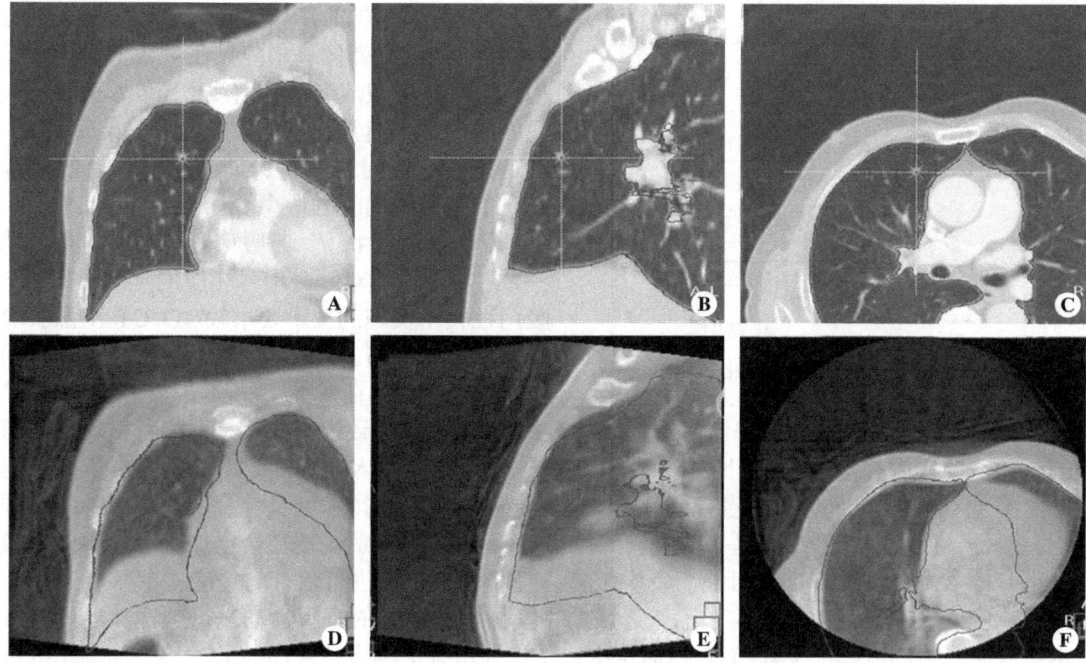

图 9-6-3 CT 模拟定位与治疗 CBCT 呼吸时相不一致
A、B、C 为定位 CT，D、E、F 为 CBCT

4. 照射时对剂量的影响 照射时由于呼吸运动引起靶区运动，同时 MLC 也在运动，这种交互影响对最终的剂量产生影响，尤其是在 IMRT、VMAT、FFF 等技术下较为明显。随着呼吸运动度的增加，这种由呼吸运动引起的剂量实施交互作用对剂量的影响最大可以达到 50%。由于质子治疗采用扫描式，这种交互作用对剂量的影响更是无法避免，应得到足够的重视。

二、常见呼吸运动管理方式

1. 4D CT 4D CT 技术的核心是将患者的 CT 图像与对应的呼吸运动周期相关联（图 9-6-4），目的是减少或消除靶区勾画的误差，同时设置合理的内边界（IM）。目前获取患者呼吸运动信号的方式有以下几种：①利用外置的腹压袋中接触式压力感受器获取患者的呼吸信号；②利用外置的伸缩式腹压袋压力感受器获取呼吸信号；③利用外置的红外反射球获取呼吸信号；④利用激光表面成像获取呼吸信号；⑤根据患者的呼吸空气流量变化获取呼吸信号；⑥根据胸腹体积/肺体积变化划分呼吸运动周期；⑦根据膈肌位置变化划分呼吸运动周期等。

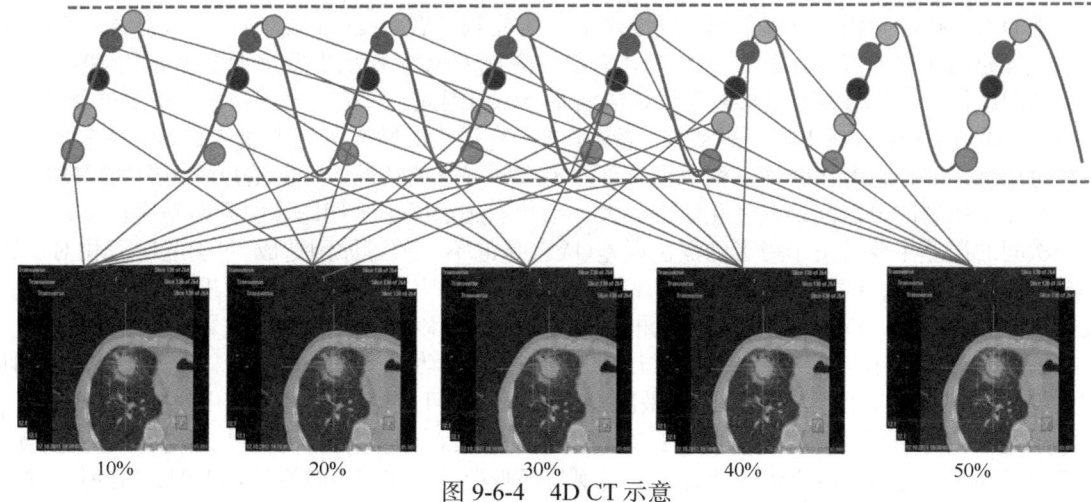

图 9-6-4　4D CT 示意

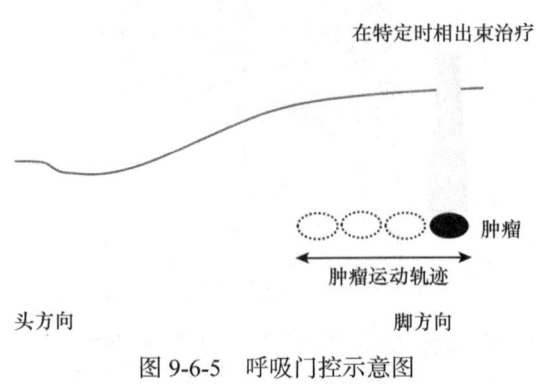

图 9-6-5 呼吸门控示意图

2. 呼吸门控技术 门控是指 CT 扫描或者放射治疗出束时,就像一扇门只在患者特定的呼吸时相出束扫描射线或者治疗射线(图 9-6-5)。临床所说的门控技术通常是指在放射治疗出束时,只在患者特定的呼吸时相进行;而前门控和后门控特指 4D CT 图像扫描时的概念。由于在治疗实施时,患者的体位、呼吸状况、呼吸信号与肿瘤内在运动的一致性,加速器对呼吸信号相应的延迟等原因,呼吸门控技术实施的技术要求较 4D CT 图像获取的技术要求更严格。具体可以分为使用外部信号的门控技术、使用内在基准点的门控技术、调强门控技术等。外部信号的门控技术获取患者呼吸信号的方式与 4D CT 一致,其缺点是不能直接观察肿瘤随呼吸的运动。使用内在基准点的门控技术是在肿瘤位置或附近植入金属标记点,通过对金属标记点位置的监测(X 射线透视或电磁感应)引导加速器出束治疗,该技术可以较直观地观察肿瘤随呼吸的运动。但是,使用内在基准点是一项有创的技术,而且采用 X 射线透视会增加患者的辐射剂量,同时,部分植入到体内的基准点可能会发生位移。呼吸门控技术进行治疗时还应考虑呼吸运动信号与加速器响应的时间延迟效应,应在临床运用前用模体模拟患者的呼吸运动进行验证。运用呼吸门控技术应遵循严格的流程:①4D CT 扫描定位;②计划系统下确定呼吸门控的时相并勾画靶区进行放射治疗计划;③治疗前运用 IGRT 技术进行位置验证;④治疗过程中的监控。

3. 屏气技术 包括吸气屏气和呼气屏气,目前常用深吸气屏气(DIBH)。DIBH 技术是属于广义呼吸门控概念的一种特殊类型,通过患者深吸气屏气达到减少甚至消除呼吸运动的目的,以提高放射治疗的精度。该技术可通过许多辅助设备实现,如 Active Breathing Control(ABC)(Elekta)、SpiroDynXSDX System(SpiroDynr'X; France)、RPM(Varian, Palo Alto, CA)、Exac-Trac(Brainlab, Feldkirchen, Germany)、Synchrony(Accuray, Morges, Switzerland)、AlignRT(VisionRT, London, UK)、Catalyst(C-RAD, Uppsala, Sweden)等;也可以不用辅助设备,由患者自主控制。患者自主控制时吸入的气量无法量化,缺乏相应的监测,不同屏气间存在较大的不确定性,使用时需要慎重。辅助设备可以分为两大类,一类是监测患者呼吸时的空气流量,如 ABC、SpiroDynX 等;另一类是监测患者呼吸时的体表轮廓变化,如 RPM、AlignRT、Catalyst 等。

DIBH 技术有以下优点:①可消除 CT 模拟定位时的伪影,利于靶区勾画;②利于设置准确合理的 ITV;③方便治疗时的 CBCT 验证;④增加肺的体积,减少正常肺组织的照射剂量;⑤增加靶区与心脏、大血管的距离,减少心脏、大血管的照射剂量;⑥消除治疗时呼吸运动带来的交互影响,使照射剂量更准确。

采用 DIBH 技术时仍然有以下问题需要考虑:①受到患者耐受性的影响,许多患者由于咳嗽、身体虚弱等原因无法屏气。在没有多次 CBCT 前,完成 CBCT 扫描需要患者至少屏气 40s 才能获取较清晰的影像,部分患者通过加氧训练才能满足要求。因此,对拟采用该技术的患者必须进行严格的筛查、评估和训练。对于呼吸运动大、靠近膈肌、直径小的肿瘤可能更能从 DIBH 技术中获益。即使经过训练,部分患者在屏气过程中也有可能出现假屏气的情况,降低治疗的精度。②DIBH 的另一个缺点是患者的分次间误差变化范围很大,治疗实施前必须采用图像引导措施进行位置验证。这种分次间的误差主要是由于患者的摆位误差、吸气量的不一致等原因造成,可引起肿瘤相对位置、患者胸部轮廓的改变,对实施时的剂量产生影响,这些影响应在以后的工作中进一步研究。③在左侧乳腺癌放射治疗中,DIBH 增加了腋窝淋巴结的误差,对该区域的剂量产生影响。

4. 追踪技术 是在治疗时治疗射野与预照射靶区的运动同步(图 9-6-6)。其实施要点是对肿瘤定位追踪并根据外部信号对肿瘤位置做出准确的预测。目前可以通过以下几种方式实现追踪技术:①加速器治疗机架与呼吸运动同步;②利用加速器动态多叶准直器(MLC)的动态运动实现与呼吸运动同步;③利用治疗床的动态运动实现与呼吸运动同步。与门控技术类似,追踪技术受患者的体位、呼吸状况、呼吸信号与肿瘤内在运动的一致性及加速器、MLC、治疗床对呼吸信号相应的延迟等原因的影响。

三、其他器官位移及管理

1. 食管 其自身有蠕动，同时呼吸运动也对食管位置产生影响。许多文献中都表明食管有较大的分次间及分次内位移。Cohen RJ 在文献中报道，食管分次间位移≥5mm 的有 24%，位移≥10mm 的有 3%；分次内位移≥5mm 的有 13%，位移≥10mm 的有 4%；推荐使用左侧 12mm，右侧 8mm，前侧 9mm，后侧 10mm 的 ITV 边界。

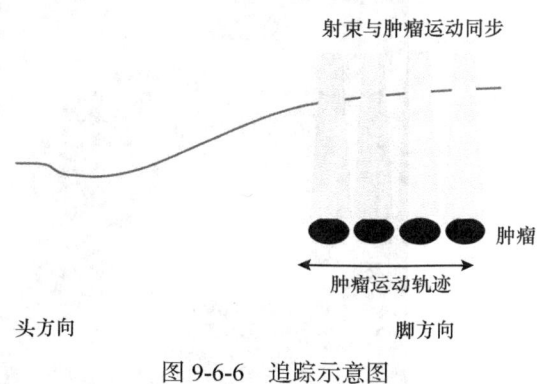

图 9-6-6 追踪示意图

部分患者手术切除后改变了胃的位置，胃的充盈度对靶区造成明显的变形，对这类患者必须进行胃的管理。目前为止，没有有效的方法对食管位移进行干预，为对食管运动进行合理的评估，许多研究者采用 4D CT 扫描，设置合理的 ITV。在治疗验证时，由于食管在透视、DR 平片、EPI 等验证方式下不能很好地显示，推荐使用 CBCT 进行验证。

2. 胃 胃部的放射治疗精度目前仍然受到很大的挑战，第一，胃及邻近的靶区位置受呼吸运动影响，可随呼吸运动一起运动，其振幅、频率与呼吸运动一致。第二，胃及邻近的靶区位置受胃本身蠕动的影响，这种蠕动主要发生于胃本身体积完整或只有小部分被切除的患者，一旦胃大部分被切除，这种蠕动就很少能见到。第三，胃的充盈也对胃及邻近的靶区位置产生影响。以上三种误差因素造成胃及邻近的靶区位置差异均是厘米级的影响，其中充盈和排空时的胃对靶区位置影响可达 10cm 以上。因此，对胃的精确放射治疗应先评估胃的运动度，并对以上三种原因进行分析。例如，要对胃大部切除的患者胃部进行放射治疗，需要对患者的呼吸运动度进行测量，如果呼吸运动度较大，应该考虑使用呼吸运动管理措施并在使用呼吸运动管理措施的基础上保持胃的充盈度一致，比较常见的做法是禁食 2 小时以上，放射治疗前饮水 200～500ml。如果不饮水而是在胃排空的状态下进行放射治疗，胃的位置重复性较好，但是正常胃组织的照射剂量将会明显增加，增加了患者的胃肠反应。

3. 直肠 直肠本身的运动相对较小，但是直肠的充盈度对直肠本身和邻近器官会产生明显影响。报道显示，直肠本身的运动主要集中在直肠前壁和侧壁，其他部分的运动相对较小。大部分患者排空直肠后可以使直肠位置、大小基本保持一致，保证直肠放射治疗的精确性。但是，随着患者饮食习惯、放射治疗后肠道反应的发生，直肠位置、大小可以发生改变。因此，让患者保持良好的饮食、排便习惯对保证直肠的位置非常重要。另外，也可以通过插入直肠球囊人为干预使患者直肠充盈一致。直肠球囊注入之前应对患者使用通便剂，患者排空直肠后将直肠球囊插入直肠，插入直肠的深度有刻度记录并且注入定量的空气或水（一般注入量为 20～100ml）。通过直肠球囊干预的方式，可以使直肠充盈度保持基本一致，减少直肠本身及其对前列腺位置的影响。

4. 膀胱 膀胱的充盈度对膀胱自身及邻近的器官（男性：前列腺、直肠、精囊腺等；女性：直肠、阴道、子宫等）位置产生影响（图 9-6-7）。膀胱的充盈变化较大，充盈度的不一致主要影响膀胱的头-前侧，对背侧和脚侧的影响相对较小。放射治疗过程中，由于放射性的膀胱炎性反应，患者的膀胱容量进行性下降（文献报道，每星期降低 38%或是 161ml）。有研究者认为宫颈癌放射治疗 CT 模拟定位时膀胱容量在 150～300ml 范围时膀胱的重复性较好，对剂量影响较小。如果膀胱容量相比 CT 模拟时容量减少超过 50ml 或是容量增加超过 150ml，将会对靶区剂量产生影响。为保证膀胱容量在放射治疗过程中的一致性，许多研究者推荐对患者进行膀胱容量管理，较常用的做法是 CT 模拟定位及每次放射治疗前排空膀胱，排空后饮水 500ml，饮水后 0.5～1.5h 间每 30min 使用膀胱容量测量仪测量膀胱容量，容量达到 CT 模拟定位时的体积即可行放射治疗。由于患者尿液产生的速度、主观尿意的感受受到许多因素的影响，放射治疗过程中膀胱容量的重复性应在临床运用中进一步研究。

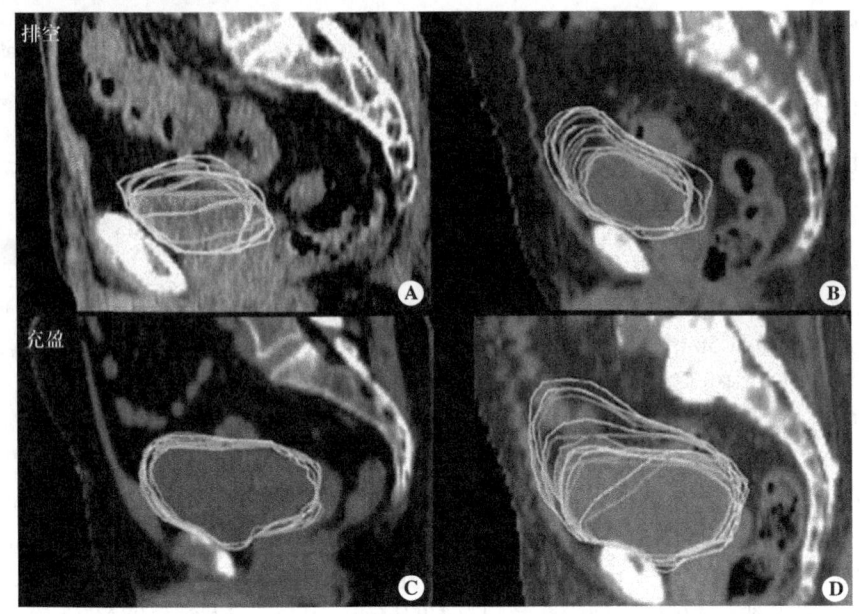

图 9-6-7　排空及充盈的膀胱在放射治疗中的变化

A 为小膀胱体积，小 SD；B 为小膀胱体积，大 SD；C 为膀胱充盈，小 SD；D 为膀胱充盈，大 SD

5. 前列腺　前列腺放射治疗由传统的常规分割方式向 SBRT 治疗方式转变，因此对前列腺放射治疗的精度控制受到越来越多的重视。为分析前列腺的位移，许多研究采用在前列腺植入金属粒子进行图像引导放射治疗的方式，也有研究采用在前列腺植入电磁粒子的方式进行追踪分析。植入的方式可以经直肠，也可以经会阴部。Crook 等报道，相对骨性标记，前列腺在后、下两个方向的平均位移超过 6mm，其中 30% 以上的位移超过 10mm。Kotte 等报道分次内误差也有 66% 的患者超过 2mm。植入粒子的相对位置可发生变化，主要受植入后局部出血，去势治疗引起前列腺缩小或是邻近的膀胱、直肠变形等引起。因此，保持膀胱容量、直肠充盈度的一致性可以提高前列腺的位置重复性。相比前列腺而言，精囊的位置变化受膀胱、直肠充盈度的影响更大，应采取更严格的膀胱、直肠管理措施，同时在设置 PTV 边界时与前列腺本身区别考虑（图 9-6-8）。

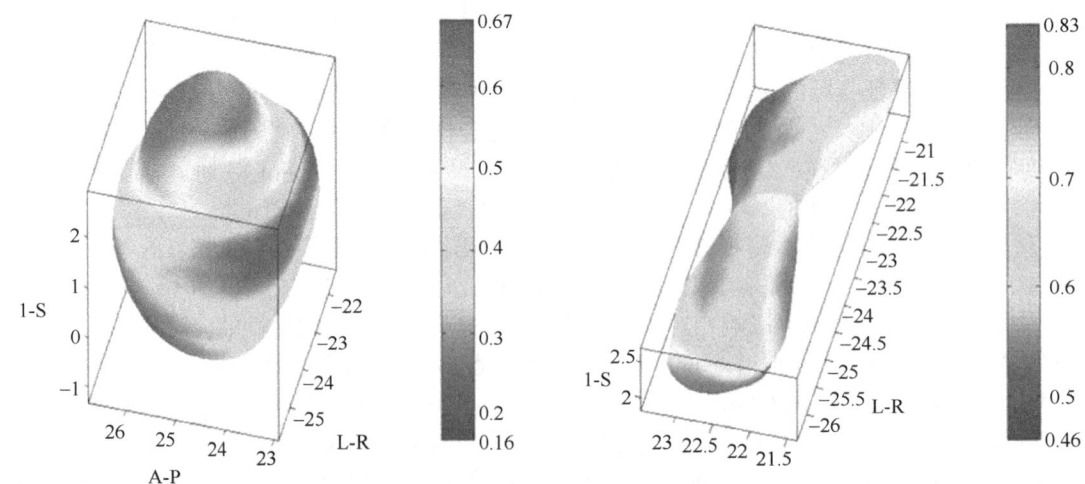

图 9-6-8　前列腺与精囊的误差（单位：cm）

左侧为前列腺的误差，右侧为精囊的误差，误差以 SD 表示

（钟仁明）

第七节 放射治疗安全问题

【案例 9-7-1】
患者，男，73岁，低位直肠癌，消瘦体弱，治疗方案：术前先给予化疗及放射治疗，再争取保肛手术。做了四个疗程化疗，现准备开始放射治疗，患者今天来做真空负压袋固定，然后做CT模拟定位，治疗师按流程操作给予摆位、负压袋固定、平扫、注射造影剂、增强扫描、图像重建及传输，完成整个操作后进入机房协助患者下床，这时患者双腿刚着地就晕倒，治疗师马上……

问题：请问该如何进行应急处理，分析发生的原因，要吸取什么教训。

【案例 9-7-1 分析】
应急处理：作为治疗师要懂一点急救常识，在医生护士到来之前先做一些力所能及的事情，治疗师应马上将患者摆放仰卧位，另一同事马上通知医生护士到场，先判断患者是否有意识，如无意识检查是否有呼吸及脉搏，如果没有呼吸及脉搏马上启动心肺复苏术。如果有呼吸及脉搏，要把头倾向一侧防止呕吐物阻塞气管，检查手脚是否冰冷，注意保暖，另一同事推来转运床备用。

分析原因：由于患者年老体弱，做了四个疗程的化疗，呕吐、纳差，早上做体位固定后又做CT定位，加上机房室温较低，患者又须脱去下半身衣服，且患者打了造影剂，俯卧时间也比较长，CT定位结束后从卧位到坐位因不适应而晕倒。

吸取教训：对于年老体弱患者，CT定位时最好不要在空腹时进行，同时要注意保暖，打造影剂时要密切观察患者情况，做好应急准备。

【案例 9-7-2】
患者，男，51岁，鼻咽癌，T3N2M0，行同期放化疗，头颈肩热塑膜固定，用Varian加速器做IMRT，患者此刻正在机房接受第13次照射，治疗进行到一半，治疗师突然在监控荧屏发现患者在治疗床上双手乱舞，双脚乱蹬，情况紧急，治疗师马上中断出束进入机房……

问题：请问该如何进行应急处理，分析是什么原因，要吸取什么教训。

【案例 9-7-2 分析】
应急处理：马上停机，进入机房拆除固定装置，降低治疗床，查看患者情况，做出初步判断。如果患者呼吸、心跳正常，扶患者下床到外面休息，了解原因并做相应处理；如果患者情况危急，一位治疗师马上通知医生护士到场，并做好转运准备，另一位治疗师马上展开急救。

分析原因：本例中患者戴着头颈肩面罩接受放射治疗，由于原来接受化疗，恰好治疗过程发生呕吐，这时呕吐物无法排出，造成患者呼吸道堵塞，患者不由自主地挣扎。

吸取教训：在治疗过程中有时会碰到患者呕吐这种情况，如果是胸腹盆腔肿瘤患者一般不会发生危险，但如果是头颈部患者，在戴着头颈肩面罩接受治疗过程中发生呕吐，治疗师如果没有及时发现，会造成患者窒息死亡，所以在治疗过程中治疗师一定要注意在监控荧屏前观察患者的情况，有异常情况发生马上停止出束并放出患者。在业界确实也发生过由于患者呕吐导致窒息死亡的案例，希望这个案例能引起大家的重视。

放射治疗的安全是整个医疗安全的重要组成部分，贯穿于整个放射治疗过程。无论临床医生、治疗师还是护士都要十分重视这个问题，做好应对措施才能确保真正的安全。放射治疗的安全主要涉及设备、患者和工作人员三个方面，下面从放射治疗师的角度进行讨论。

一、放射治疗设备的安全

放射治疗设备属于大型医疗设备，价格昂贵、结构复杂、对环境温度、湿度要求高。作为操纵此类设备的放射治疗师首先要经过专业的培训，熟悉所操作设备的性能，了解其基本结构及原理并通过相应的考核，取得相应的资格证书（大型医疗设备资格证）才能操作大型放射治疗设备。其次对所有的放射治疗设备在交付使用之前都要制定机器的操作规程，操作规程的制定一般由工程师、物理师、治疗师一起讨论并参考生产厂家对设备的要求及本科室的实际情况共同制定，对于不同类型的设备操作规程有所不同，基本上应该是一台设备对应一个操作规程，不可张冠李戴。最后，在有了操作规程之后，治疗师每天使用机器时一定要严格按照操作规程来操作才能确保设备的安全，切不可贪图一时的方便，投机取巧。治疗师应清醒地意识到，不规范的操作不仅会造成设备的损坏，同时也可能对患者、同事甚至自己造成不可挽回的伤害。规范的操作不仅可以延长设备的使用周期，同时也能确保设备稳定运行，确保医疗质量。

下面这两个例子也许能让大家加深对安全问题的认识。

某医院用一台钴-60治疗机在治疗一例宫颈癌患者时，采用仰卧位、盆腔前后、左右四野等中心对穿照射，治疗最后一个射野时机架处于180°，治疗结束时按操作规程应该先将机架转回零度，然后降低治疗床，最后再扶患者下床。但该治疗师为了节省时间，没有先把机架转回零度，而是一边降低治疗床一边扶患者下床，而没有注意到这时治疗机架是在180°，治疗机头就在床的下面且机头与治疗床之间的距离很近，而此时治疗师的注意力在患者下床上，没注意到治疗床正在下降，直到治疗床与治疗机的机头碰撞才猛然发现，但为时已晚，治疗床受碰撞变形，患者几乎从床上滑到地下。这本来是一个很普通的病例，由于治疗师没有严格遵守操作规程，贪图一时方便，而造成机器损毁和患者受惊吓（图9-7-1）。

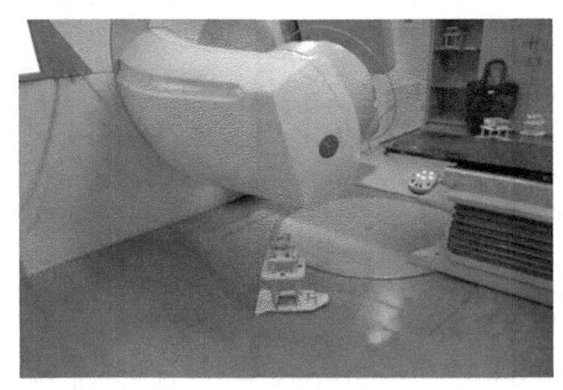

图 9-7-1　安全示例

某医院用一台 Elekta 的加速器给患者做电子线治疗，按操作规程治疗结束后本应将电子线托架放回指定的安全位置，但治疗师并没有这样做，贪图一时方便，将电子托架从机头拆下来后顺手放在附近的地板上，之后另外一个患者接受鼻咽癌的九野调强治疗，治疗师摆位后未模拟旋转一圈即开始给患者治疗，机架在一个角度治疗后就自动转到另外一个角度，这时恰好电子线托架放置在机架的旋转范围内，治疗师未注意到机架旋转范围内有障碍物，等机架旋转到某一个角度时，机头外壳的侧面与电子线托架发生碰撞，造成电子线托架变形、加速器机头外壳破裂、射野等中心点移位。Elekta 加速器的机头虽然有防撞保护的感应圈，但在这种情况是无法起到防撞保护作用的。在这次事件中治疗师犯了两个错误：一是没有养成将电子线托架放到指定安全位置的习惯；二是对于旋转治疗，没有养成治疗前检查机器旋转范围是否有障碍物的习惯。

治疗师的一个小小疏忽就有可能导致机毁人亡的重大医疗事故，给医院、患者甚至治疗师自己造成严重的影响。所以每个放射治疗师一定要树立安全责任意识，把安全责任意识培养成为自己的临床工作习惯并把这种习惯贯穿于职业生涯。只有养成良好的工作习惯，按操作规程要求进行日常医疗实践才能确保安全。

二、患者的安全

患者的安全至关重要，上面所讲的设备安全通常与患者安全紧密联系在一起，由于操作不当造成设备出问题也可能导致患者出现安全问题。设备安全问题可通过花费时间和金钱进行维修解决，但患者若发生安全问题轻则赔偿损失、影响医院信誉，重则当事人有可能获刑坐牢。

作为治疗师，在工作中为了防止发生安全事故，可以分析一下造成安全事故的几种情况，然后针对这些情况进行相应的处理。

1. 由于对设备操作不当造成的安全问题　例如，前面所举的案例，假如治疗师先将机架转回0°，然后降低治疗床，最后才扶患者下床，便不会发生机器和患者的安全事故；又如患者在上、下治疗床时一般要把床降至最低位，同时使床处于"锁"的状态，如果治疗师为了贪图快捷在治疗床处于高位时，借助脚垫让患者上下治疗床，有时因疏忽大意而使治疗床处于"非锁"状态，造成患者上、下床时滑倒；又如个别靶区偏向一侧的患者，要把治疗床移到离中线一定的位置，旋转治疗时机架有可能与对侧床边碰撞，所以要先模拟一次，检查机头是否会与治疗床边缘相碰撞，否则会造成严重事故；再比如机架固定角度垂直治疗、托盘装有铅挡块或者用电子线治疗、机头装有电子线托架时，治疗结束时应将治疗床降低并将床移开到离机头一定位置，先"锁"床然后再扶患者下床，最后再卸下电子线托架或者拿走铅挡块、取下托盘。如果不按操作规程顺序，没有先降床及移床而是先卸下电子线托架或者卸下托盘就有可能造成挡块脱落砸伤患者或者电子线托架撞伤患者。所以患者安全的前提是治疗师按操作规程来操作机器。

2. 在实施治疗过程中患者由于各种原因突发一些应急情况　治疗师要懂得一些急救常识，懂得急救流程，平时进行急救训练和急救演习。这样碰到患者有突发情况时才不至于手忙脚乱，做到及时施救。日常工作中治疗师要注意观察患者的一般情况，对于放射治疗合并化疗、年老体弱、儿童等患者要特别留意。患者的应急情况包括坠床、鼻咽大出血、呕吐、窒息、昏倒、昏迷等。为了应对患者出现的应急情况，在放射治疗室或者附近应配备抢救车、常用急救药品、氧气等，由专人管理、定期检查。如果碰到应急情况发生，其中一位治疗师马上通知值班医师、值班护士及患者主管医师到现场处理并准备好急救车、转运床、氧气等物品；另一位治疗师在现场做处理：若患者出现鼻咽大出血、大咯血等紧急情况时，应让其头偏向一侧，避免窒息，若患者发生呕吐，及时清理口腔呕吐物，若患者突发心脏病、呼吸停止或者晕倒，应立刻判断患者有无意识及呼吸，对无反应、无呼吸、无脉搏者立即启动心肺复苏程序，一边进行急救一边等待医生和护士的到来，并协助他们做好下一步的急救工作。事后应详细填写事件记录，完整叙述事故原因、经过及处理情况，并上报科室领导。

3. 在治疗过程各个环节由于人为错误造成的安全问题　前面两种情况造成的安全问题只要治疗师在日常工作中多加注意，严格按操作规程办事，相对来讲比较容易克服。但在治疗过程中各个环节由于人为错误造成的安全问题不大容易被发现，给患者带来严重的安全隐患。

首先程序上要符合规范，从体位固定、CT/MR 模拟定位、靶区勾画、计划设计、剂量验证、体位验证、医生确认、治疗实施，严格按顺序先后进行，如放射治疗计划完成后尚未进行剂量验证，治疗师不能给予体位验证。体位验证后，临床医生未审核、未签名确认，治疗师不给予治疗，同时每个环节的亲身经历者要对前面各个环节进行检查复核，发现问题及时反馈。

其次，治疗师作为放射治疗计划的执行者，是整个放射治疗环节的末端，前面各个环节如果有差错只要还没有执行就只是纸上谈兵的阶段，没有给患者造成实际伤害。所以治疗师日常工作中不但要要求自己不出错，还要担负起对上游各个环节的核查，最好是采用双人检查制度，每查对一项就标记一项，最后两人签名确认，发现问题及时向相关人员反映。

【案例 9-7-3】
患者，男，52 岁，食管鳞癌术后病理活检切缘阳性而行吻合口放射治疗，此患者从体位固定到实施治疗的各个环节都符合要求，X 射线模拟定位机复位拍片、治疗机下 EPID 验证片、DRR 三片对比，体位重合非常好，医生签名确认可以治疗（图 9-7-2）。在实施治疗的过程中治疗师非常认真负责，仔细研究了这三张片子，虽然重复性很好，但常识告诉他食管癌放射治疗时治疗深度不会那么浅，再仔细研究放射治疗计划单，发现扫描的中心点坐标 X、Y、Z 为 0.07、0.0、3.85，而摆位坐标 X、Y、Z 为 0.07、0.0、0.35，再用 CBCT 进行验证发现腹背方向有 3.29cm 的误差，该治疗师马上把这种情况反馈给医生和物理师，原来在计划的设计环节，治疗摆位中心的坐标与定位扫描中心的坐标混淆，幸好及时发现并修改了摆位中心点坐标，否则将给这例患者带来严重后果。

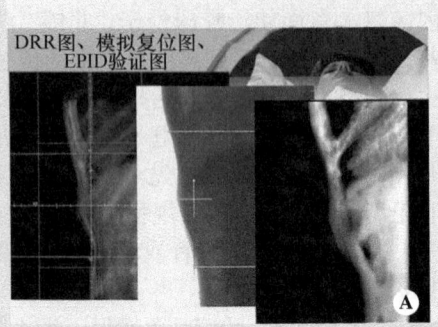
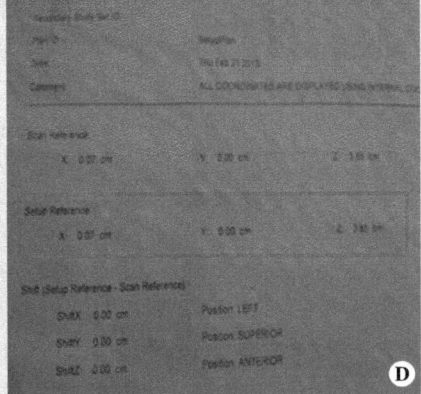
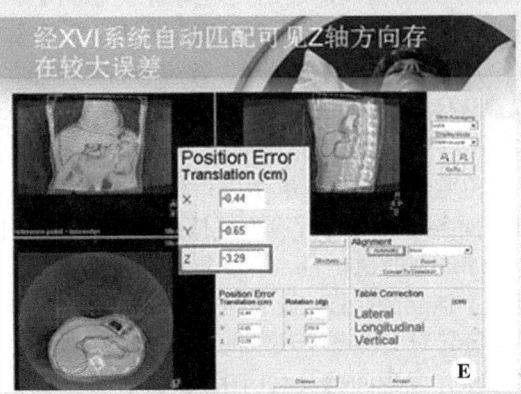

图 9-7-2　食管癌放射治疗前确认

【案例 9-7-4】

患者患鼻咽癌用 Elekta Synergy 加速器行 9 野调强放射治疗，放射治疗计划完成后经过模拟定位机复位验证、治疗机 EPID 验证、医生审核签名、治疗师实施治疗，在治疗过程中治疗师发现整个照射野范围多叶光栅 MLC 全部打开，与平时治疗时 MLC 不停地滑动且照射范围很小完全不一样（图 9-7-3）。治疗师马上把患者放出来，再重新调出计划空转一次观察到 MLC 仍然全打开，马上通知物理师和医生到场处理，经查找原因，发现原来在导入计划时没有将 MLC 的指令打钩，治疗时就变成了方形野，这例患者幸好碰到一位认真负责的治疗师，及时发现问题，将一场严重的放射治疗事故消灭在摇篮之中。

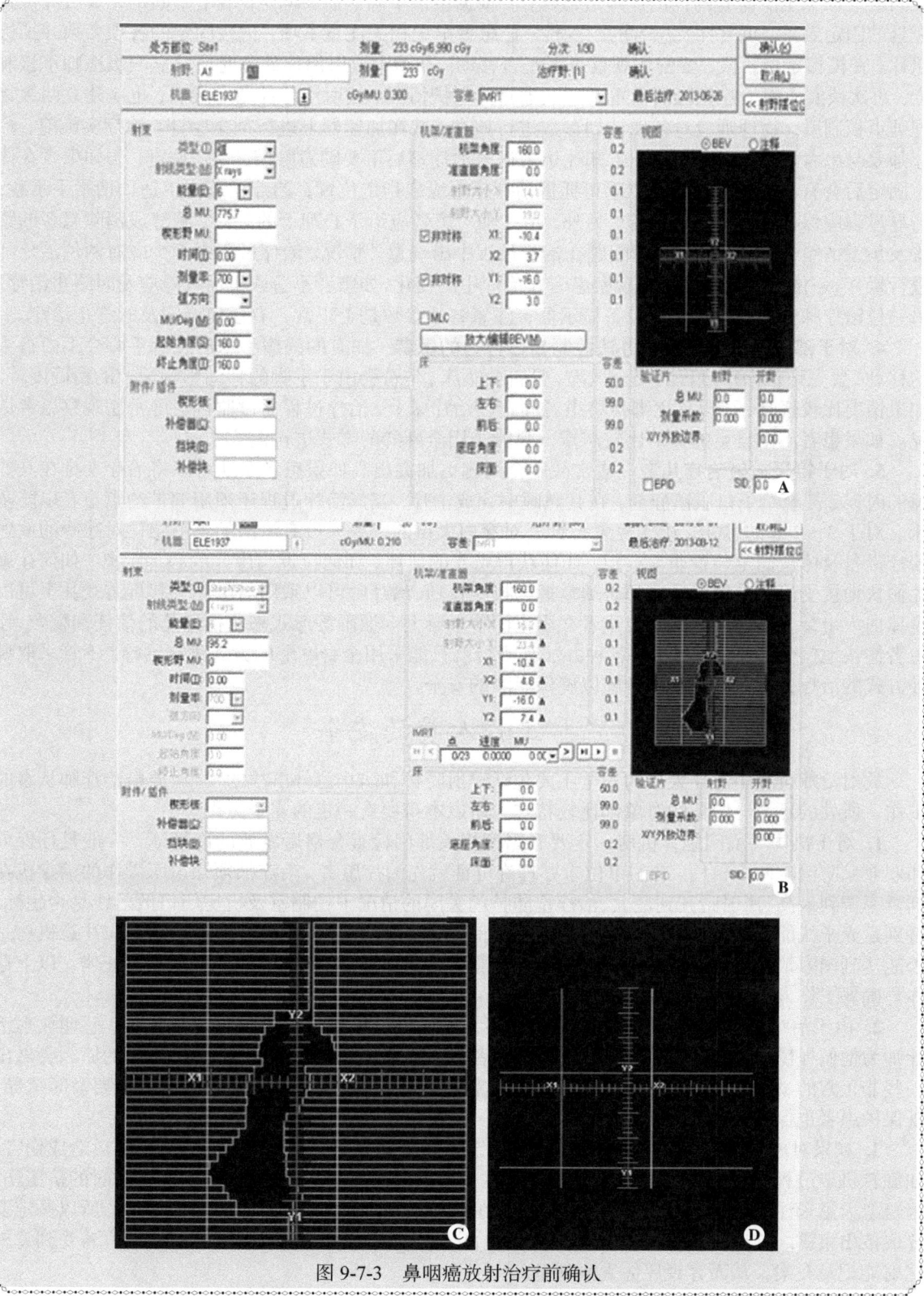

图 9-7-3 鼻咽癌放射治疗前确认

从以上的案例中可以看出放射治疗事故可以发生在整个放射治疗流程中的任何环节,所以在体位固定过程中至少应有两位治疗师进行操作,根据申请单确认需要固定的部位,固定完成后应检查模具的固定效果、重复性及患者的耐受性。让患者牢记相关注意事项,记录固定的各项参数并拍摄照片。在模拟定位阶段,要密切观察患者是否移动。在给定放射治疗处方时应建立两级医师审核制度,再次核实放射治疗靶区的设置及危及器官的保护情况。放射治疗计划完成后,也应建立两级物理师审核制度,物理师应对各项计划参数进行核查,并在加速器上进行剂量验证。治疗实施前,治疗师要与患者进行详细的沟通,告知让患者进入治疗室后不要随意触摸开关、按键;告知患者在体位固定后会有治疗床的移动,双手可抓握治疗床边缘或指定位置;治疗中若有不适,请举手示意;治疗过程应保持标记线的清晰等。另外,治疗师对患者应给予心理上的关怀,减轻或消除患者的紧张及焦虑情绪,避免患者因心理问题在治疗过程中出现意外情况。治疗过程中至少应有两位治疗师进行操作,一位治疗师负责密切观察患者在治疗中的变化,如患者不适或机器故障应及时终止治疗。另一位治疗师密切观察治疗机设备显示器,注意各项参数是否正常,有任何疑问及时终止治疗。

4. 对于部分意识障碍没有办法控制自己行为的患者 如有的脑瘤手术后患者手脚会不由自主的移动,要先评估治疗过程的安全风险,是否会坠床、是否会由于手脚的移动影响治疗的精确度等。如果情况比较轻微,可以采用绑带将患者固定在治疗床上,治疗过程通过监视荧屏密切观察患者情况。如果患者不由自主的移动比较严重,只能采用全麻醉的方式进行治疗。

5. 对于接受放射治疗儿童 通常往安全问题更加突出。如果患者年幼可以将治疗安排在其熟睡的时候,甚至给予口服镇静剂,在其熟睡中完成治疗,当然治疗过程还须用绑带约束患者以防坠床。对于3~7岁的患儿,由于经常打针,对穿白大褂的医务人员有深深的恐惧感,对冰冷的放射治疗设备及体位固定装置非常抗拒,如何获得患儿的信任、如何拉近与患儿的心理距离、如何让患儿愉快地接受治疗是放射治疗师必须掌握的技能技巧,治疗师可以采用与患儿一起玩游戏甚至可以脱掉白大褂穿上卡通人物的服装或者在固定面罩上绘上卡通画等形式来获得患儿的信任和配合,让患者愉快地接受治疗,当然如果各种办法都不行就只能采用全身麻醉的方式进行治疗。不管采取哪种方式的治疗,都要做足安全措施以确保患者的安全。

三、工作人员的安全

放射治疗过程中工作人员的安全主要包括辐射防护和防止意外事故的发生。放射治疗师从事的工作、所处的环境、服务的对象都比较特殊,所以本身要有一定的安全意识。

1. 对于机房环境问题,机房一定要有国家相关部门检查合格后发放的许可证,一般是环保局和职业病防治院两个机构。有的单位未办理许可证就先治疗患者,治疗师须知道所操作的治疗机在剂量率调到最高、照射野开到最大、治疗室防护门关闭的情况下控制室及机房门口散射线是否超标,特别是光子线能量大于10兆时中子线是否超标。另外一个问题即机房的通风问题,应注意机房是否能达到国家最低要求(每小时4次)的换气量。还应检查机器的联锁应急开关是否正常。以上这些是确保工作人员安全的前提。

2. 由于治疗师服务对象都是恶性肿瘤患者,绝大部分患者经过治疗后恢复健康,感谢放射治疗师为他们提供的精心治疗,但也有极个别患者由于病情、家庭、经济、社会等方面的原因会做出一些非正常的举动,所以日常工作中要注意观察患者的情绪,对充满负能量的患者要及时疏导,既保护患者也保护自己。

3. 如果对放射治疗相关设备操作不当、缺乏安全责任意识,同样也可能对工作人员造成伤害。如旋转机架过程中机架碰撞致伤;装卸托架时,托架上面铅块滑落致伤;关闭治疗室门时的挤压伤;因疏忽大意未注意到有同事(或者其他人)还在机房里而出束治疗,造成意外照射等,所以一定要养成按出束键之前确认安全的好习惯。另外,治疗师一定要按照规定佩戴个人剂量计,若受到意外照射能记录在案,从而客观评估受照剂量。

(林承光)

本 章 小 结

放射治疗的质量保证是指经过周密计划而采取的一系列必要的措施,保证放射治疗整个过程中的各个环节按国际标准准确和安全地执行。质量保证即按照一定的标准度量和评价整个治疗过程中的服务质量和治疗效果。质量控制是通过采取必要的措施保证质量、保证治疗计划的顺利执行并通过不断修改其服务过程的某些环节,以达到新的质量保证水平。本章通过概述介绍常规的机器机械精确精度、机器输出量的均匀性和稳定性、激光系统等的质量保证内容,以及验证频率和方法。再从放射治疗设备、模拟定位设备及放射治疗流程三个大方面对放射治疗的质量保证和质量控制进行阐述。应重点学习各设备及各过程的质量保证内容及评价标准,在实际工作中能够进行检测、评估并修正,确保放射治疗的精确性。

图像引导放射治疗技术的目的就是使治疗实施时靶区位置与计划时位置一致,IGRT 可以定义为:在患者进行治疗前、治疗中或治疗后利用各种影像设备获取患者相关影像资料,对肿瘤、正常组织器官或患者体表轮廓等进行定位,并能根据其位置变化进行调整,以达到靶区精确放射治疗和减少正常组织受照剂量的放射治疗技术总称,分为在线引导方式与离线引导方式。目前大多采用在线引导的方式,即在放射治疗前获取患者的影像并与参考影像进行配准得到误差值,根据配准结果对误差进行修正,使误差结果在可接受范围后再进行放射治疗。常见的 IGRT 技术有验证胶片、kV 级 X 射线平面成像、电子射野验证设备、锥形束 CT、MV CT 和光学表面成像、超声引导放射治疗、MR 引导放射治疗等。IGRT 的完整流程包括系统安装和验收、选择放射治疗技术以确定相应的 IGRT 措施、确定是否植入基准点、IGRT 参考图像的获取、IGRT 图像的获取、IGRT 图像与参考图像的配准、配准结果的确认、根据配准结果确定合适的纠正误差范围、IGRT 系统定期 QA、IGRT 相关数据的存储管理。图像引导放射治疗不仅可以纠正摆位误差与分次间的器官位移,还可以发现器官位移、变形、肿瘤治疗后反应、邻近器官的变化、体表轮廓变化等,为修改计划自适应放射治疗提供可靠的依据。放射治疗中器官运动管理主要包括呼吸运动、器官的运动及其体积的变化。呼吸运动的管理方式通常有 4D CT、呼吸门控技术、屏气技术、追踪技术等。其他器官如食管、胃、直肠、膀胱、前列腺等对放射治疗过程有生理运动及体积变化的影响,在放射治疗中应当注意。

放射治疗的安全是整个医疗安全的重要组成部分,贯穿于整个放射治疗过程。无论临床医生、治疗师、护士都要十分重视安全问题,做好应对措施才能确保真正的安全。

思 考 题

1. 质量控制与质量保证的目的有哪些?
2. 简单描述机器输出量的均匀性和稳定性。
3. 简述什么是 AQA 测试和 E2E 测试。
4. 直线加速器的质量保证内容有哪些,其一般参照什么标准进行评估?
5. 放射治疗流程中主要的质量保证内容有哪些?
6. 在放射治疗实施过程中放射治疗师应注意的事项有哪些?
7. 简述图像引导放射治疗的概念。
8. 常见的图像引导放射治疗设备有哪些?
9. 简述图像引导的放射治疗流程。
10. 放射治疗的安全包括哪几个方面?

第十章　放射治疗网络建设及管理

【学习目标】
1. **记忆**　放射治疗网络建设的重要性。
2. **理解**　放射治疗局域网络的软硬件构成。
3. **运用**　放射治疗局域网络在临床应用中的流程和功能。

第一节　放射治疗网络

放射治疗网络是放射治疗科重要的组成部分和联系纽带,利用一个服务器和多个终端将各种放射治疗设备如模拟定位机、医生工作站、治疗计划系统、直线加速器等联成一体(图10-1-1)。

放射治疗过程涉及多种影像及治疗设备,包括多个治疗环节,需要不同专业人员共同完成,有大量的数据和图像信息需要传输、保存、归类及查询,这些都依赖于放射治疗局域网络。

利用放射治疗局域网络系统可以实现对设备、人员的有效管理及监控,实现工作流程的优化管理,不仅提高了工作效率,也减少了许多差错的发生,数字化网络系统已成为放射治疗不可缺少的组成部分。

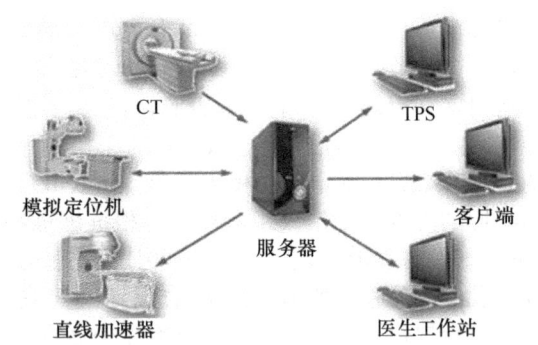

图 10-1-1　放射治疗网络系统

随着现代科学技术的发展,放射治疗技术日新月异,不同厂家生产的各种先进仪器、设备也越来越多地被应用到临床治疗中,放射治疗网络系统将原有的彼此孤立的不同厂商设备组成一个网络整体,各设备间实现完全信息共享,提高了工作效率,减少了差错,提高了治疗的精确性。常用的网络有 Varian 公司的 ARIA(8.6 版本以前称为 VARIS)网络系统、Elekta 公司的 MOSAIQ 网络系统、Siemens 公司的 LANTIS 等。

放射治疗局域网络不仅可以与医院 PACS 系统和 HIS 系统结合,还可以进行多中心的远程医疗和远程医疗质量控制,如远程靶区勾画和审核、远程放射治疗计划设计和审核及远程放射治疗质控管理等。

放射治疗网络由硬件和软件及文件格式传输协议组成,下面就这三个方面内容作一介绍。

一、放射治疗网络硬件系统

放射治疗网络硬件系统一般包括服务器(server)、工作站(workstation)、路由器(router)和交换机(switch)、外围网络设备等。还涉及影像设备、治疗设备、治疗计划工作站、医生工作站、剂量验证工作站、位置验证工作站等。如 Elekta 公司的 MOSAIQ 网络系统就包括 MOSAIQ 数据库服务器、SYNERGISTIQ 工作站、物理师工作站、医生工作站、技师工作站、机柜套件、不间断电源、以太网交换机、治疗室套件、标准键盘鼠标、条码打印机、条码枪、数码摄像头等。

根据放射治疗科各设备的用途,可以将其分成3个子网,分别为:①治疗子网,包括治疗工作站、MLC 控制工作站、XVI 工作站等;②计划子网,包括 TPS 工作站、医生工作站等;③外部子网,包括模拟定位机、CT 模拟定位机、MR 模拟定位机、PET-CT 成像仪等。三个子网设置不同的网段(分属三个不同的域),每个子网具有不同 IP 地址段,再分别与影像数据服务器和治疗数据服务器连接，最后勾画出整个放射治疗网络的网络拓扑结构图（图 10-1-2）。

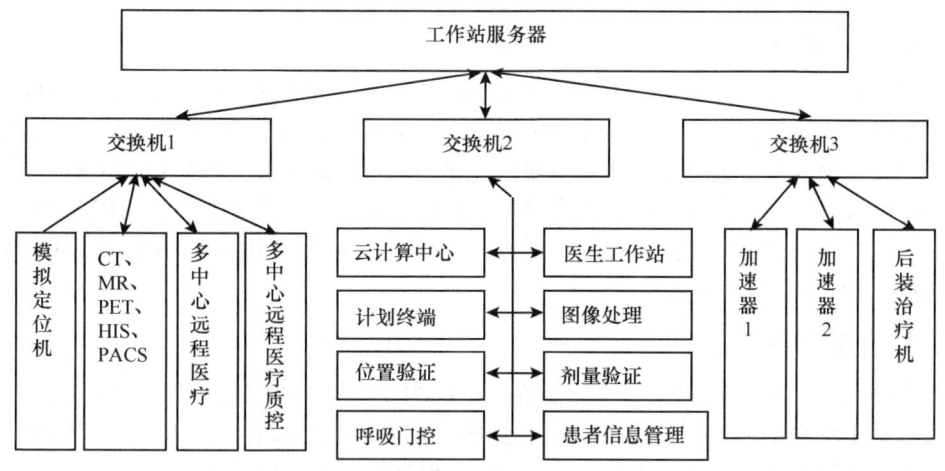

图 10-1-2 放射治疗设备网络结构示意图

（一）服务器

如图 10-1-2 所示，服务器是放射治疗网络的核心，它给用户提供共享的资源。服务器必须能够同时处理大量的数据文件和高速进行数据吞吐，同时必须长时间稳定地工作，其冗余设计能够自动修复错误。服务器可使用户在最短的时间内调用到任何可用的数据。服务器的配置规格，根据网络上所需要处理的数据量大小会有很大不同，通常使用巨大内存和海量磁盘空间，以应对日渐增长的数据需求。如 VARIS 网络服务器技术参数配置为双路至强 E5 处理器、128GB 内存、6TB 容量的磁盘阵列，由数据服务器和影像服务器组成。

（二）工作站

工作站或者客户端是指网络上的一台台电脑，它们通过路由器和交换机与服务器通讯，在与服务器交换数据的过程中完成用户所指定的任务。应用程序大部分在本地电脑上完成运算，也有些工作站不负责运算，而是把运算放在服务器上进行。在本地进行运算可以减少网络负载，而在服务器上进行运算会增加网络负载。

（三）路由器和交换机

交换机的作用是使同一个广播域下的电脑可以互相访问，当需要逻辑上划分不同的广播域时，可以采用 VLAN 技术，VLAN 技术可以有效降低网络风暴的产生和杜绝网络病毒的大范围传播。路由器则起到中继作用，使不同广播域下的电脑可以互相访问，三层交换机也具备路由功能。

（四）外围网络设备

网络中还需要用到很多外围设备，如治疗机房中远程连接到工作站的显示器、打印机、摄像头、扫描仪、读卡器等，它们都需要连接到当前的网络和操作系统。

二、放射治疗网络软件系统

网络软件包括服务器软件、客户端软件、杀毒软件及操作系统更新，通过 TCP/IP 网络传输协议进行通信，肿瘤信息管理系统为核心业务管理软件，包括人员管理、质控列表、系统安全、系统库、目录和应用程序等。DICOM RT 服务器软件，能够从外部的影像设备和治疗计划系统上，将 DICOM RT 图像和 DICOM RT 计划传送到数据库。电子病历系统用户许可证用于治疗处方的准备和编辑及常规的病历编辑。授权用户可通过终端工作站查看日常计划活动，对患者、工作人员、设备资源或部门资源执行自动调度任务。

（一）服务器软件

服务器软件提供的是一个操作系统，它能够管理服务器上的所有资源，包括：磁盘存储、打印机服务、附加组件、远程连接等。该操作系统必须支持多任务管理，提供应用程序访问权限，管理客户端、外围设备地址及数据通信，支持海量终端请求。它同时还须管理网络中的组织结构、完整性、访问数据位置的权限，此外，还必须管理和修复错误的数据。服务器软件可以在不同的硬件平台上运行并且与其他不同操作系统的服务器进行交流，目前放射治疗网络中常用的操作系统有 Windows Server、Unix、Sun Solaris 等。

（二）客户端软件

客户端和工作站也有自己的一套软件配置，大多数网络客户端就是一台电脑工作站，能够运行一套应用程序，调用存储在服务器上的数据信息。客户端软件包括操作系统和一系列网络应用软件，操作系统目前有 Windows、Unix、Linux、Mac 等。根据用户不同的需求，大部分应用软件在客户端上运算，只在网络上进行数据存储和信息交换，这些应用软件包括图像管理、文字处理、数据分析、信息系统等。

（三）杀毒软件及操作系统更新

杀毒软件是用于消除电脑病毒、木马和恶意程序的一种软件。杀毒软件具有主动监控、查杀病毒、自动升级、恢复数据等功能，是电脑防御系统的重要组成部分。操作系统更新服务是操作系统供应商用于修复漏洞、防止攻击所提供的服务。大部分的医疗机构都是采用封闭的局域网，所以用户可以采用 WSUS 等方法更新电脑的操作系统。

三、放射治疗网络文件格式及传输

传输协议包括 TCP/IP（transmission control protocol/internet protocol）协议、DICOM（digital imaging communication in medicine）协议、HL7（health level 7）协议等。TCP/IP 协议是一个标准的网络传输协议，它支持 DHCP 和 WINS，是目前应用最为广泛的网络传输协议。放射治疗局域网络中，常用的格式为 DICOM3.0 和 DICOM RT，DICOM RT 是针对放射治疗的扩充，对 DICOM 接口的支持是放射影像和放射治疗设备的标准配置。文件传输主要内容包括患者定位数据、患者治疗数据；治疗数据包括照射野大小、射野方向、多叶光栅、治疗床位置、照射剂量等，通常采用 DICOM 或 DICOM RT 文件格式传输保存。国际上应用最为广泛标准化卫生信息传输协议是医疗领域不同应用之间的电子传输协议。HL7 集合了不同厂商的应用软件界面设计的标准格式，使得各个医疗机构实现在异构系统间进行数据交互。目前 HL7 主要应用于 HIS/RIS 领域，目的在于规范 HIS/RIS 系统及其设备之间的通信，涉及病房和患者信息管理、化验系统、药房系统、放射系统、收费系统等各个环节。HL7 的宗旨是开发和研制医院数据信息传输协议和标准、规范临床医学和管理信息格式、降低医院信息系统互连的成本、提高医院信息系统之间数据信息共享的程度。

第二节 放射治疗网络应用管理及维护

以放射治疗流程的顺序说明放射治疗网络的功能和应用。

1. 患者信息 放射治疗网络系统可与医院的信息系统相连，包括收费管理网络 HIS 系统和影像网络管理 PACS 系统，也可在放射治疗网络终端工作站录入信息，包括患者的姓名、放射治疗号、性别、年龄、病因、家庭住址、联系电话等，还可拍近照和制作条形码建立肿瘤电子病历，电子病历中可包括肿瘤诊断信息和放射治疗处方。

2. 预约 通过放射治疗网络可以进行 CT 定位预约、计划申请预约、加速器治疗预约等。

3. 定位 摆位照片上传到放射治疗网络系统，定位的影像资料通过放射治疗网络传输至治疗计划系统。

4. 计划信息确认和验证 在放射治疗网络上进行治疗计划自动核查、EPID 审核、导入 RTP、排程、工作安排、状态标注等。

5. 治疗实施和记录 包括叫号系统，放射治疗网络上可进行剂量跟踪，监视是否达到临床治疗剂量等。

6. 报表统计 各种类型的统计报表，可根据不同条件，筛选出符合相关条件的患者列表，如治疗室开关机时间、治疗人次、新患者数统计等；可根据不同筛选条件得到相关的报告表单，如放射治疗处方表单、诊断条件筛选、治疗超越记录等。

目前国际上比较流行的三个放射治疗信息系统分别为 ARIA、MOSAIQ、LANTIS 系统。在国外，放射治疗信息系统的发展和应用已经相当成熟，工作的流程基本实现了电脑桌面化。基本上所有的工作都可在时间表中安排，借助电子邮件系统，工作任务一目了然。国内的医院由于客观条件的限制，大多时候需要职工电话联系，有时甚至需要亲自到现场安排工作，效率低下。放射治疗网络与信息系统作为放射治疗科工作开展的载体，在整个放射治疗科的诊疗活动中起着非常关键的作用。下面就放射治疗网络的应用和管理进行介绍。

一、放射治疗网络应用

（一）放射治疗局域网络应用

1. 规范放射治疗流程 合理配置各部门和人员分工，将科室人员按工作范围设定不同的使用权限。系统管理员拥有最高权限，负责整个系统的参数设置、维护、故障处理等工作；物理师的权限为治疗计划的设计、放射治疗中的质量保证（QA）和质量控制（QC）工作；医师的权限为在医生工作站勾画肿瘤靶区、危及器官，设定处方剂量及审批放射治疗计划；技师只能执行计划，没有权限对计划进行修改。

2. 计算机化管理 对所有进行放射治疗的患者实行计算机化管理，详细记录患者的个人信息、健康状况、诊断结果、CT 模拟定位图像、治疗计划方案和参数、治疗的日程安排等，有助于日后进行疗效分析、随访和总结，大大提高管理效率。

3. 监测和限制 对每一位患者的治疗参数、加速器的机械性能参数及误差进行监测和限制。每次对患者照射完成后，系统都会回写治疗记录到服务器，当照射次数和剂量达到计划限定值后，系统会发出警告，不能继续照射，避免技术员在操作中发生差错。当加速器机架、准直器角度、MLC 叶片位置、治疗床床值等参数与治疗计划不一致或超出允许范围时，系统也会警告并不执行照射，进一步保障了患者的安全。

4. 图像管理 对图像资料进行集中管理，将 CT/MR 图像、模拟定位图像、三维重建图像、实时影像图像等各类图像统一存放在影像服务器上，网络上的工作站终端可以随时调用，既方便了工作人员使用和管理，也降低了数据丢失的风险。

（二）放射治疗局域网络功能

1. 放射治疗网络应用流程 ①通过各种设备获取患者影像资料，以便确定肿瘤的位置和范围、正常组织和器官位置；②根据肿瘤和正常器官的相对位置确定射线的入射方向、照射范围，随后进行剂量计算和计划设计；③治疗前验证：包括位置验证和剂量验证；④实施治疗并在治疗中获取并保存治疗数据（图 10-2-1）。

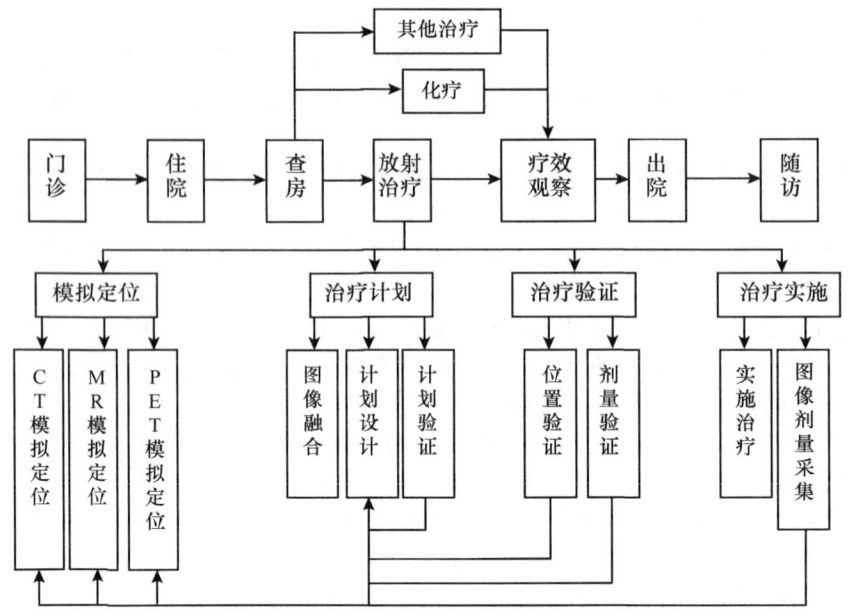

图 10-2-1 放射治疗网络应用流程

2. 工作人员权限及分工 放射治疗局域网内录入了放射治疗相关工作人员的基本情况，分为系统管理员、工程师、物理师、护士、医师和技师（图10-2-2），按各类人员的工作范围，设定不同的使用权限，分为查看、修改和确认三个级别。

系统管理员负责整个网络的设置、维护及故障处理，为最高级别；工程师负责机器的参数设置、调整和维修；物理师负责治疗计划设计、照射野验证、剂量验证，物理师和工程师均无处方权；护士负责患者注册登记和临床治疗，无处方权；医师分为住院医师和主管医师，住院医师负责患者的注册登录及患者资料的修改，无处方权；主管医师负责处方剂量设定和计划确认，待治疗计划确认后，技术员治疗师方可进行治疗，对首次接受治疗的患者须主管医师现场确认。技术员只可对医师确认的治疗方案实施治疗并核对照射野及治疗参数，对处方剂量无修改权限。

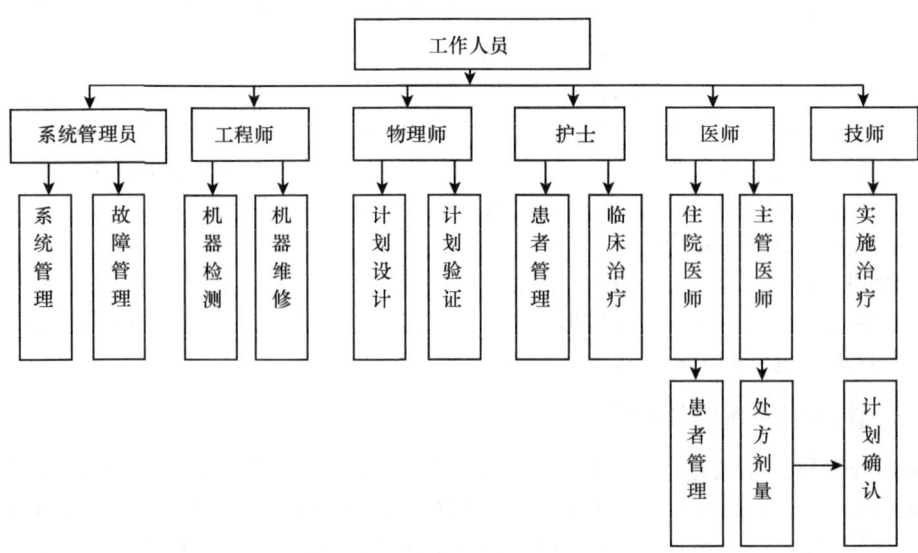

图 10-2-2 工作人员网络权限及分工

3. 患者资料管理 对放射治疗患者实行网络化管理，包括患者姓名、首诊时间、病变部位、病理类型、年龄、性别、主管医师、治疗方案的设计、照射技术、治疗机和射线种类、射线能量、源皮距、治疗深度、照射野大小、多叶光栅形状和叶片位置、机架角度、准直器角度、治疗床角度、楔形板角度、组织补偿厚度、电子线限光筒大小、总剂量、单次剂量、治疗次数及患者接受治疗的时间和剂量等，还包括患者接受其他治疗的情况，如手术、化疗、热疗及腔内治疗等（图10-2-3）。

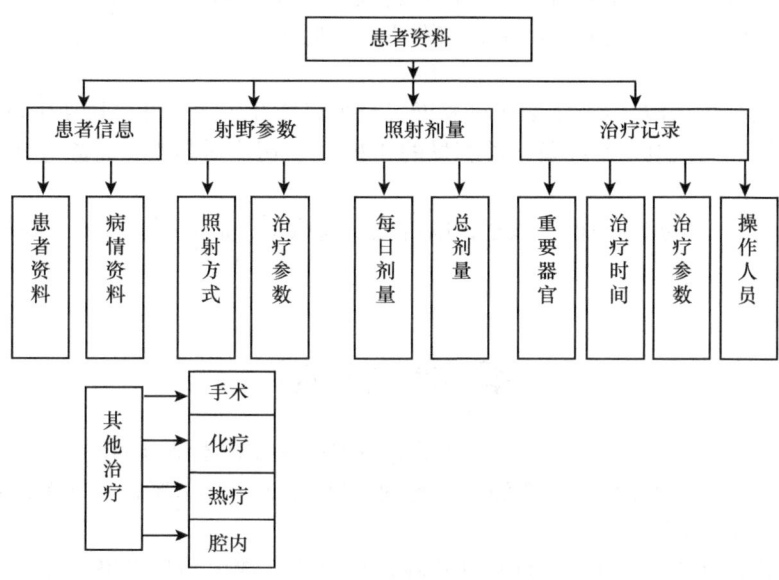

图10-2-3 患者资料网络化管理

放射治疗局域网络系统可将模拟定位图像、CT、MR 图像、实时影像图像、治疗计划三维重建的射野图像及患者复查的各类图像，通过网络系统上传到患者电子病历档案内，随时可通过网络电脑终端进行调用。影像信息的传输有两种方法：一是从影像设备（CT、MR、DR、CR、DSA 等）通过网络输入（采集）接口将数字化图像直接传输并存储到图像工作站；二是通过光盘等介质传输图像信息。管理、存储图像数据的方法有短期存储和长期存储两种，可用于快速检索。放射治疗局域网络具有图像处理功能，可对各种图像（CT、MR、模拟定位图像、治疗计划图像和实时影像图像等）进行对比度调节、图像拉伸、放大、锐化、黑白反转、测量等处理；可同时显示两套或两套以上不同序列图像，以便对其进行对比分析；可利用治疗机实时影像系统获得 EPID 或 CBCT 验证图像与定位或计划时二维或三维图像进行融合比对，验证照射野的准确性；还可将治疗前、中、后的 CT、MR 等图像与治疗后复查的图像进行对比分析，进行随访，观察疗效。

二、放射治疗网络维护

保证网络的安全和稳定，是放射治疗信息系统得以良好运行的基本条件。应用放射治疗局域网络系统可提高质量和安全、提高效率、改善治疗结果、分析临床疗效及多中心数据共享。放射治疗网络维护需要做到以下几点。

1. 服务器机房需要提供足够维护空间，须确保服务器环境温度 20～25℃；相对湿度 40%～60%；服务器机柜附近提供一个 220V/10A 三相供电插座，一个 220V/15A 三相供电插座，电压波动范围 203～228V 并确保插座真实接地，插座离机柜距离不超过 1m。

2. 确定工作站到服务器的网线数量，每台工作站需要 1 根网线，TPS 室必须额外预留 3 根备用线，用于解决临时的设备调整。

3. 每台加速器到服务器须保证 4 根网络连线，并必须提供 1 根预留连线。

4. 第三方输入设备，如 CT、MR、第三方 TPS、第三方模拟定位机等，每一套设备需要 1 根网线连接加速器服务器；第三方输入设备必须支持 Dicom Export 功能。

5. 须规划好网络 IP 地址，运用虚拟网技术划分好各个交换式以太子网。各个放射、放射治疗设备安装时，请该设备厂方工程师按医院规划设置好 IP 地址及子网掩码，记录好各 DICOM 及 DICOM RT 参数（如主机名、AET、PORT 口等）。

6. 各电脑终端连接线，可用 6 类或超 5 类双绞线及 RJ45 水晶头自制，但必须严格按照 ANSI/EIA/TIA-568A/B 标准，否则会严重影响网速。千兆终端连接线不可自制，须采购专用千兆连接线。

7. RIS 中心机房与综合布线配线架尽量靠近以减少光纤及千兆光纤模块使用量。

8. 中心机房须独立供电，并配备足够容量的 UPS，机房应做防雷、防静电处理并注意防尘及满足温度湿度的要求。

9. 交换式子网划分须控制规模、数量，以避免广播风暴，造成网络性能下降甚至瘫痪。

（包超恩）

本 章 小 结

数字化放射治疗网络是计算机技术、统计学等与现代医疗技术结合的新兴产物，一个理想的放射治疗信息系统应该是整合了所有的资源和所有的信息，把各个环节紧密地联系在一起并创建工作流程，分工明确，简洁高效。

放射治疗网络由硬件和软件及文件格式传输协议组成，放射治疗网络硬件系统一般包括服务器、工作站、路由器和交换机、外围网络设备等。网络软件包括服务器软件、客户端软件、杀毒软件及操作系统更新。传输协议包括 TCP/IP 协议、DICOM 协议、HL7 协议等。

放射治疗网络功能包括规范放射治疗流程，计算机化管理、监测和限制，图像管理等。

放射治疗网络系统不仅可以提高医院的管理水平，提高工作效率，节约成本，还起到在整个治疗过程中质量控制的作用。

思 考 题

1. 放射治疗网络建设的重要意义是什么？
2. 放射治疗网络硬件系统由哪几部分构成？
3. 简述放射治疗相关工作人员分工情况和职责范围。

第十一章　肿瘤患者放射治疗过程中的心理干预

【学习目标】
1. **记忆**　肿瘤患者的心路历程。
2. **理解**　放射治疗师对肿瘤放射治疗患者的心理评估和心理干预。
3. **运用**　放射治疗师与患者的沟通技巧。

在医学迅速发展的时代，生物医学模式正向生物-心理-社会医学模式转变，肿瘤患者的心理问题受到越来越广泛的重视，肿瘤心理学成为近年来发展迅速的新兴学科。肿瘤患者在正确的心理干预下得到与其情况相符的心理治疗，可以提高其放射治疗的效果。NCCN 指南推荐肿瘤医务工作者对肿瘤患者进行心理评估和心理干预，用恰当的沟通技巧与患者交流，促使患者减轻心理痛苦水平、减少严重心理痛苦的发生率，以期为放射治疗带来更好的疗效。

第一节　肿瘤患者的心路历程

肿瘤被人们看作是最恐怖的疾病，"肿瘤等于死亡"的错误观念深深地印在人们的头脑中。所以一个人一旦患上肿瘤，不仅身体上经受痛苦，心理上更会受到巨大的冲击，产生一系列心理反应。通常，其反应规律与一般历程表现有如下特征。

一、发现期心理特征

在发现期，患者看了检查结果或得知自己患了肿瘤后，会顿时惊呆，方寸大乱甚至晕厥，这种震惊称为"诊断休克"。很多患者回忆表示当时大脑一片空白，都不知道是怎样过来的。发现期的心理特征较为短暂，只会持续数小时或数日。在发现期患者会产生吃不好、睡不好、情绪不好、生物钟紊乱的现象，会有进一步加重病情、肿瘤长大、癌细胞扩散转移的情况发生。

二、确诊期心理特征

当病情得到确诊后，患者的心理会转变为确诊期的心理特征，一般会有以下几个特征。

（一）休克恐惧

从发现期到确诊期的过程中患者的恐惧不安、悲伤、痛苦等情绪会进一步加剧，经过一段时间后患者会从噩耗中清醒，表现为没有食欲、失眠甚至精神异常。

（二）否认怀疑

等患者从强烈的情绪中冷静下来以后，便会开始怀疑诊断的正确性，并在潜意识中使用否认的心理防御机制来缓解内心的紧张和不安。患者也会怀着希望到处检查，期望得到否定肿瘤的诊断。

（三）愤怒沮丧

确诊期的患者会出现易激动、愤怒、暴躁、爱发脾气甚至有攻击性行为的情况，尤其会对身边的亲人、陪护人员发作。其饮食、睡眠等生活习惯受到严重影响。同时，患者又会表现出沮丧、悲哀、抑郁等负面情绪甚至感到绝望，出现自杀倾向的行为。

（四）接受适应

随着时间推移，患者会主动或被动地接受和适应身患肿瘤的事实，情绪逐渐平静，但是难以恢复到患病前的心理状态，陷入长期的焦虑和抑郁之中。

三、治疗期心理特征

随着患者对肿瘤的适应，其紧张、焦虑、抑郁的心态可以暂时缓解，但由于治疗过程中的副作用或病情变化而出现新的心理问题，患者的情绪也随之变化：

当得知是肿瘤但还没有转移、手术切除是目前首选方法时，患者非常愿意接受手术治疗，认为自己的病通过手术可以治疗，感到希望就在眼前，充满信心，会积极配合医生，希望医生把自己的肿瘤切除，让自己解脱出来。

当接受放射治疗、化疗后，由于严重的治疗反应和毒副作用，如恶心呕吐、乏力、脱发、白细胞、血小板减少，皮肤破坏，肝肾功能受损等表现，又会导致患者产生不良的心理反应，不想接受放射治疗、化疗之苦，因此产生焦虑抑郁的情绪甚至产生轻生念头，对治疗失去信心。

有些患者虽已经接受过手术治疗和放化疗，但由于种种原因，复查时又出现转移病灶或原发病灶增大，患者会发生更严重的心理问题，怀疑药物的疗效，担心自己没有治愈的希望而更加绝望。

部分肿瘤患者由于家庭经济问题，会因付不起治疗的费用而产生心理问题，担心人财两空，拒绝治疗。也有部分患者本人求生欲望很强，要求治疗，但由于家境贫困，没有经济来源，无法得到资助而绝望。

四、预后期心理特征

肿瘤患者接受手术及放化疗等一系列治疗方案，这些治疗方法都会在患者的身体和心理上留下巨大创伤和阴影，这就需要患者在预后期主动调整心态，积极面对生活。预后期肿瘤患者的心理特征主要为：

患者经过复杂的治疗过程，难免会给身心带来创伤，如部分放射治疗患者出现皮肤反应、头发脱落等身体及外表上的改变，这些都给患者的心理造成较大的阴影，在短期内，患者会无法融入原来的生活圈。

随着患者的生活自理能力逐渐恢复，家属对患者的陪护会有所减少，患者会感到孤独、寂寞，害怕受到歧视，担心社会地位的改变，易产生自卑心理，这都不利于患者的预后恢复和生活质量的提升。

虽然患者已被告知预后良好，可以恢复正常生活，但是患者仍然会不自主地害怕疾病复发，担心肿瘤转移或者发生并发症。

预后期患者也普遍存在经济上的忧虑，担心家里的经济情况，害怕成为家庭成员的负担，这导致患者常出现焦虑、抑郁等负面情绪，严重影响了患者的家庭社会功能。

综上所述，肿瘤患者的种种心理问题都会影响肿瘤治疗的效果。放射治疗师是临床放射治疗的一线工作者，与患者接触次数最多、时间最长，所以须及时了解患者心理问题，予以疏导解决，努力为肿瘤患者提供心理治疗和帮助，提高其治疗效果和生活质量。

第二节 放射治疗患者的心理评估

放射治疗患者治疗周期通常持续一个半月左右，时间跨度较大，同时随着治疗的进展、身体状态的变化、患者认知的改变等都会对其心理产生影响，准确地评估患者放射治疗期间的心理状况对放射治疗工作的开展起着重要的作用。

一、放射治疗患者心理评估的一般过程

根据心理评估的目的不同，其一般过程也有一定的区别。对放射治疗患者进行心理评估的目的是筛查在放射治疗过程中产生心理痛苦的风险水平，对严重心理痛苦的患者及时干预、转诊；对心理痛苦水平较低的患者有针对性地进行信息支持及干预，以减轻其心理痛苦对疾病进展及治疗产生的不良影响，帮助患者顺利完成治疗。放射治疗患者心理评估的一般过程是放射治疗师在放射治疗前通过合理的心理评估方法对患者进行心理评估，明确患者的心理状态是否会对此次放射治疗的疗效产生影响。若发现患者心理痛苦水平较高，放射治疗师须根据患者的实际情况进行心理干预，并决定此次放射治疗是否继续进行。

二、放射治疗患者心理评估的方法

临床工作中放射治疗师对放射治疗患者的心理评估方法主要有：

1. 观察法 是放射治疗师通过观察肿瘤放射治疗患者脸色、精神状态、行为表现、照射部位皮肤、病情发展情况等，直接或间接地对患者进行心理评估的方法。

2. 交谈法 放射治疗前，放射治疗师会与患者或其家属进行放射治疗宣教，通过面对面的语言交流来对患者进行心理评估，交谈法是放射治疗患者心理评估最主要的一种方法。

3. 调查法 当部分放射治疗患者拒绝与放射治疗师沟通交流，甚至拒绝接受放射治疗时，放射治疗师从其他相关的人或材料进行调查，间接地对患者心理进行评估的一种方法。

4. 心理测验法 放射治疗师在放射治疗前、放射治疗过程中和放射治疗结束后会通过标准化、数量化的心理评定量表对患者进行心理测验，对放射治疗患者的心理状态进行评估。心理测验是对患者心理现象的某些特定方面进行系统评定，得到的结果更为客观。

三、临床放射治疗中常用的心理评定量表

临床放射治疗中常用的心理评定量表为抑郁评定量表（SDS）和焦虑评定量表（SAS）。

（一）抑郁自评量表

抑郁自评量表（self-rating depression scale，SDS）由 Zung 编制于 1965 年，是用于精神药理学研究的量表之一，因使用简便，应用颇广。

SDS 按症状出现频度评定，分 4 个等级：没有或很少时间，少部分时间，相当多时间，绝大部分或全部时间。若为正向评分题，依次评为粗分 1、2、3、4。反向评分题，则评为 4、3、2、1。评定时间为过去一周内，把各题的得分相加为粗分，粗分乘以 1.25，四舍五入取整数即得到标准分。抑郁评定的临界值为 T=53，分值越高，抑郁倾向越明显。中国常模：分界值为 53 分，53～62 分为轻度抑郁，63～72 分为中度抑郁，72 分以上为重度抑郁（表 11-2-1）。

表 11-2-1　抑郁自评量表（SDS）

请仔细阅读每一条，把题目的意思看明白，然后按照自己最近一周以来的实际情况，对下面的 20 个条目按 1~4 级评分：①很少；②有时；③经常；④持续。

序号	题目	①很少	②有时	③经常	④持续
1	我觉得闷闷不乐，情绪低沉				
2	我觉得一天中早晨最好				
3	我一阵阵哭出来或觉得想哭				
4	我晚上睡眠不好				
5	我吃得跟平常一样多				
6	我与异性密切接触时和以往一样感到愉快				
7	我发觉我的体重在下降				
8	我有便秘的苦恼				
9	我心跳比平常快				
10	我无缘无故地感到疲乏				
11	我的头脑跟平常一样清楚				
12	我觉得经常做的事情并没有困难				
13	我觉得不安而平静不下来				
14	我对将来抱有希望				
15	我比平常容易生气激动				
16	我觉得做出决定是容易的				
17	我觉得自己是个有用的人，有人需要我				
18	我的生活过得很有意思				
19	我认为如果我死了，别人会生活得好些				
20	平常感兴趣的事我仍然照样感兴趣				

抑郁自评量表（SDS）的计分标准及注意事项：

1. 计分方式　①、②、③、④依次计 1、2、3、4 分。第 2、5、6、11、12、14、16、17、18、20 题反向计分，即①、②、③、④依次计 4、3、2、1 分。

2. 统计结果　总分（20 个项目所得分之和）。标准 T 分（标准分=原始总分×1.25 并四舍五入取整数）。

注：量表总分值仅作为参考而非绝对标准，应根据临床（要害）症状来划分；对严重症状的抑郁患者，评定有困难。

3. 评定注意事项　表格由评定对象自行填写，在自评者评定之前，一定要把整个量表的填写方法及每条问题的含义都弄明白，然后作出独立的、不受任何人影响的自我评定。

（二）焦虑自评量表

焦虑自评量表（self-rating anxiety scale，SAS）由 Zung 于 1971 年编制，从量表构造的形式到具体评定的方法，都与抑郁自评量表（SDS）十分相似，它也是一个含有 20 个项目、分为 4 级评分的自评量表，用于评出焦虑患者的主观感受。近年来，SAS 成为了解焦虑症状的一种相当简便的临床工具。

SAS 采用 4 级评分，主要评定项目为所定义的症状出现的频度，其标准为："1"表示没有或很少有时间有；"2"是小部分时间有；"3"是相当多时间有；"4"是绝大部分或全部时间都有。评定时间为过去一周内,把各题的得分相加为粗分,粗分乘以 1.25,四舍五入取整数即得到标准分。焦虑评定的临界值为 T=50,分值越高,焦虑倾向越明显(表 11-2-2)。

表 11-2-2 焦虑自评量表(SAS)

下面有 20 条文字,请仔细阅读每一条,把意思看明白,每一条文字后有四级评分,表示:没有或偶尔;有时;经常;总是如此。然后按照自己最近一星期的实际情况,对下面的 20 个条目按 1~4 级进行评分:①很少;②有时;③经常;④持续。

序号	题目	①很少	②有时	③经常	④持续
1	我觉得比平时容易紧张和着急				
2	我无缘无故地感到害怕				
3	我容易心里烦乱或觉得惊恐				
4	我觉得我可能将要发疯				
5	我觉得一切都很好,也不会发生什么不幸				
6	我手脚发抖打颤				
7	我因为头痛、颈痛和背痛而苦恼				
8	我觉得容易衰弱和疲乏				
9	我觉得心平气和,并且容易安静坐着				
10	我觉得心跳得快				
11	我因为一阵阵头晕而苦恼				
12	我有晕倒发作,或觉得要晕倒似的				
13	我呼气吸气都感到很容易				
14	我手脚麻木和刺痛				
15	我因胃痛和消化不良而苦恼				
16	我常常要小便				
17	我的手常常是干燥温暖的				
18	我脸红发热				
19	我容易入睡并且一夜睡得很好				
20	我做噩梦				

焦虑自评量表(SAS)计分标准及注意事项:

1. 计分方式 本量表按 4 级评分(1~4 级),①、②、③、④依次计 1、2、3、4 分;第 5、9、13、19 题反向计分,即①、②、③、④依次计 4、3、2、1 分。

2. 统计结果 总分(20 个项目所得分之和)。标准 T 分(标准分=原始总分×1.25 并四舍五入取整数)。

3. 评定注意事项 表格由评定对象自行填写,在自评者评定以前,一定要把整个量表的填写方法及每条问题的含义都弄明白,然后作出独立的,不受任何人影响的自我评定。

在开始评定之前应先由放射治疗师指着临床评定量表告诉患者:"下面有 20 条文字,请仔细阅读每一条,把意思弄明白,然后根据您最近一星期的实际情况,在适当的方格里划钩(√)。每一条文字后有 4 个方格,分别代表没有或很少(发生)、少部分时间、相当多时间或全部时间。"如果患者的文化程度太低,不能理解或看不懂自评量表问题的内容,可由放射治疗师逐条念给他听,让患者独自作出评定。一次评定可在 10 分钟内填完。

SDS 与 SAS 可以对患者进行有效的心理评估,但有部分肿瘤患者填该评定量表时存在一定的困难,需要家属或放射治疗师在旁进行辅助。对这部分患者我们也可以使用焦虑筛查量表(GAD-7)、抑郁症筛查量表(PHQ-9)及心理痛苦温度计量表(DT)(表 11-2-3)等更简易的量表对患者进行心理评估。

表 11-2-3　心理痛苦温度计量表

心理痛苦温度计量表				
姓名：	年龄：	病区：	填表日期：	
亲爱的患友，您好：感谢您对我院的支持和信任，我院全体医护人员衷心祝您早日康复！下面请认真填写这份问卷，如实告诉我们什么原因或者哪里的不舒服使您感到痛苦，以及痛苦的程度。我们会尽量减轻您的痛苦，给予您更多的人文关怀。				
首先，请在最符合您近一周所经历的平均痛苦水平的数字上画"√"。				
没有痛苦　1　2　3　4　5　6　7　8　9　10　极度痛苦				
接着，请指出下列哪些选项是引起您痛苦的原因并在该项目前打"√"				
实际问题	□ 无时间精力照顾孩子/老人		身体问题	□ 外表/形体
	□ 无时间精力做家务			□ 洗澡/穿衣
	□ 经济问题			□ 呼吸
	□ 交通出行			□ 排尿改变
	□ 工作/上学			□ 排便改变（便秘、腹泻）
	□ 周围环境			□ 进食
交往问题	□ 与孩子/老人相处			□ 疲乏
	□ 与伴侣相处			□ 水肿
	□ 与亲友相处			□ 发热
	□ 与医护人员相处			□ 头晕
情绪问题	□ 抑郁			□ 消化不良
	□ 恐惧			□ 口腔不适
	□ 孤独			□ 恶心
	□ 紧张			□ 鼻子干燥/充血
	□ 悲伤			□ 疼痛
	□ 担忧			□ 性
	□ 对日常活动丧失兴趣			□ 皮肤干燥
	□ 睡眠问题			□ 手/脚麻木
	□ 记忆力下降			□ 身体活动受限制
	□ 注意力不集中		其他问题：_____	
信仰/宗教问题	□ 信仰/宗教问题			

部分医院也会组织长期接触放射治疗患者、对放射治疗患者有一定了解的放射治疗医师、治疗师以及心理评估专家合作，根据不同的肿瘤分别制订一些具体的量表及评估方法。量表的制订需要前期进行大量的准备工作，需要考虑到不同肿瘤患者的特点及接受度，需要通过沟通使患者认识到心理评估的必要性，这些都要投入大量人力及时间。

放射治疗患者常用临床自评量表填写时须注意评定时间范围，通常为过去的一周内；评定结束时，放射治疗师应仔细检查一下自评结果，提醒患者不要漏评某一项目，也不要在相同一个项目里打两个钩，避免重复评定；如果用来评估放射治疗患者对疗效的心理感受，应在开始放射治疗前让患者评定一次,然后至少应在放射治疗结束时让患者再自评一次,以便通过自评量表总分变化来分析该放射治疗患者的心理感受变化情况。在放射治疗期间的评定,其时间间隔可由放射治疗师或医生自行安排。

四、放射治疗过程中常见心理问题

放射治疗疗程较为漫长,患者无法快速清晰感受到疗效而产生的不信任情绪及治疗产生的一系列不良反应(如皮肤破溃、黏膜损伤、疼痛、消化道反应、吞咽困难、进食障碍、血象降低、身体虚弱等)带来的痛苦,治疗费用昂贵带来的经济负担,生活方式及社会关系发生变化,正常社交被破坏,兴趣爱好受到限制,家庭支持不足等,这些都会降低患者的治疗信心,从而使其产生不良情绪,致使放射治疗患者出现心理问题。放射治疗过程中出现的心理问题会直接影响放射治疗的实施和疗效,我们只有及时发现问题、分析原因、找出对策,才能解决患者的心理负担,保证放射治疗工作的正常开展和放射治疗计划的准确实施。

所以,放射治疗师不仅需要掌握精湛的放射治疗技术,而且要能对肿瘤患者的心理正确评估,以期对患者进行正确、合适的心理干预,为患者的放射治疗带来更好的疗效。

第三节 放射治疗患者的心理干预

心理干预是指在心理学理论指导下有计划、按步骤地对一定对象的心理活动、个性特征或行为问题施加影响,使之朝预期目标变化的过程。对肿瘤放射治疗患者心理干预的原则:及时给予肿瘤患者适当的心理干预,帮助患者尽快适应自己的身心变化,配合肿瘤的放射治疗;同时帮助患者减轻心理痛苦,提高生活质量。针对放射治疗患者出现的心理问题,我们的目标是通过心理干预,减轻或解除患者的心理负担,使之能积极配合放射治疗,提高治疗质量。

一、成年放射治疗患者的心理干预措施

成年肿瘤放射治疗患者的心理问题干预措施一般可根据问题来源划分为两类:①主观认知带来的心理问题:通常认知的不足和错误可以通过放射治疗师的宣教来解决。②客观事实带来的心理问题:包括患者自身性格问题、家庭问题、社会关系变化等所带来的影响。这需要相关人员一起参与,相互协助,共同干预解决。

(一)干预措施的主要方法

1. 面对现实,合理宣泄 委婉地告知患者,虽然现实不容易接受,但是一直逃避也无济于事。只有先接受现实,然后采取正确的方式来宣泄心中的痛苦,如痛哭、向别人倾诉、适当运动等,才能解决自己的心理问题,让自己的身体和心理为之后的放射治疗做好充足准备。值得注意的是一定要选择正确的宣泄途径,否则,错误的宣泄方式必然会导致更痛苦的后果。

2. 了解放射治疗知识,正确认识肿瘤放射治疗 努力提高患者及家属对肿瘤放射治疗知识的知晓度,发放放射治疗科普小册子,举办放射治疗相关专题讲座,建立网上交流平台,鼓励咨询医生、查阅资料,让患者正确认识肿瘤的放射治疗。只有对放射治疗有了一定的了解,提前做好放射治疗不良反应的应对措施及放射治疗的心理准备,患者内心的焦虑、恐惧才会有所降低。同时,需要使患者及时认识到放射治疗是一个复杂的、个体化的过程。避免不同个体之间相互传递错误信息及没有必要的恐慌感,鼓励患者多与治疗师及主管医生交流,对来源不明的信息要有求证意识。

3. 寻找放射治疗康复案例,积极鼓励患者 定期邀请有放射治疗经历的患者和他们的家属介绍经验,让患者学习应对各种困难的方法并保持积极乐观的态度,从而促进患者疾病及心理的康复。

4. 鼓励患者与患者之间沟通 可以将相同病种的肿瘤患者安排在同一时间段治疗,鼓励彼此间分享放射治疗过程、注意事项及饮食信息等方面信息,可以有效避免患者对放射治疗的不熟悉感,

减轻发生不良反应时患者不知如何应对而出现的焦虑不安的情绪。

5. 寻找情感支持　鼓励患者回归正常的家庭角色及社会角色，使其获得有效的情感支持。提倡在不影响正常治疗的情况下逐渐恢复正常社交。同时，可以寻找与肿瘤放射治疗相关的患者团体组织，由于遭遇相似，患者之间更容易相互理解、相互支持。

6. 丰富患者生活　培养兴趣爱好，努力转移注意力。在保证休息的基础上也要积极丰富患者的生活。家属应该保持良好的情绪，争取带动患者的情绪，使之积极乐观。这种良好的情绪有助于患者身心的康复，使其积极配合治疗，达到更好的疗效。

7. 鼓励患者积极表达情感　整个放射治疗过程时间跨度较大，在整个疗程中放射治疗师应鼓励肿瘤患者积极表达内心的痛苦、不安、焦虑等负面情绪。临床放射治疗中常出现患者不愿或不便对亲属表达情感的情况，放射治疗师应担当倾听患者心声的角色，使患者情感得以表达，这样不但会减轻患者负面情绪，还能使其获得支持、关心和帮助。

8. 通过干预患者家属心理间接干预患者心理　主动与患者家属进行沟通，强调重视心理问题的必要性，告知心理问题可能对放射治疗效果产生影响，鼓励家属以积极乐观的心态改变患者心态，坚定其治疗的信心。

9. 寻求公益团体帮助　部分家庭经济条件不好的肿瘤患者应积极寻求公益团体帮助，争取在社会的帮助下缓解经济压力，减轻家庭负担，减少患者因为治疗费用而产生的心理问题。

10. 药物治疗干预　患者心理问题严重、放射治疗师干预无效时，应告知患者及家属到心理科进行心理咨询，可在药物辅助下进行心理干预治疗。

（二）放射治疗患者心理干预的效果主要体现

心理干预可以帮助肿瘤放射治疗患者了解放射治疗知识，正确应对放射治疗不良反应，合理处理情绪问题，改变消极观念，树立积极的心态配合放射治疗。可以帮助建立支持患者治疗的家庭关系，从而提高患者生活质量。研究表明不同的心理干预方法都能有效地控制肿瘤患者的焦虑和痛苦，心理干预的效果不低于药物治疗。

【案例 11-3-1】
患者，女，38 岁，性格内向，与人和善。体检查出左侧乳房有乳腺肿块，进一步诊断为乳腺癌。确诊后，患者出现紧张、焦虑、失望、抑郁、恐惧等负面情绪。乳腺根治术后，接受放射治疗，患者紧张、焦虑、烦躁的负面情绪没有好转，放射治疗过程中与放射治疗师配合度不高，出现手臂上举困难、皮肤反应严重等问题，多次中止放射治疗进程。
问题：
　　1. 请对该案例进行简要分析。
　　2. 放射治疗师应如何对患者进行心理干预？

【案例 11-3-1 分析】
此案例中，由于乳腺是女性的生理性标志器官，治疗带来的身体上的残缺严重影响患者的自信心，很多患者无法面对有缺陷的自己，无法面对未来的生活，也担心会影响与丈夫的关系，许多乳腺癌患者长期对此避而不提，这更加加重了紧张、焦虑、失望、抑郁等心理问题，从而引起放射治疗配合度不高，出现不良反应。对此患者心理治疗的主要目标是帮助其重新树立自信心，使其学会敞开心扉，改善其紧张、焦虑等负面情绪，缓解患者身心上的巨大创伤。干预措施为：
　　1. 在患者确诊为乳腺癌后，向患者介绍乳腺癌的诊疗常识、治疗方案，介绍乳腺癌的种类等，让患者知道只要积极治疗，乳腺癌的生存率非常高，缓解其过度担忧的情绪。
　　2. 讲解放射治疗过程中可能出现的不良反应及应对方法，如放射治疗过程中应尽量穿宽松棉质衣服，保护好皮肤，不可用碱性肥皂等冲洗照射部位；鼓励患者多做功能训练，避免出现手臂水肿无法上举的不良反应，让患者做到心中有数。

3. 给乳腺癌患者安排同一放射治疗机器，使治疗时间相对集中，让患者多接触接受放射治疗并积极配合的相似患者，让患者之间相互鼓励，减轻焦虑。

4. 鼓励患者与曾经接受过类似手术且已经痊愈的女性认识并与之联系沟通，通过成功者的现身说法帮助患者度过心理调适期；告知患者今后可做乳房重建，使其相信一侧乳房切除不会影响家庭生活、工作和社交。

5. 对其丈夫进行心理辅导，鼓励夫妻双方坦诚相待，让丈夫以良好的情绪和心态接受妻子手术后身体形象的变化，积极鼓励、关心和支持妻子治疗。

【案例 11-3-2】
患者，男，60 岁，性格外向、善交际。体检 CT 显示肺小结节，进一步诊断为肺癌后，表现焦虑、失眠，不愿交流。住院接受手术治疗后，接受同步放、化疗过程中，患者出现体重下降，体膜不贴合，白细胞下降等现象，焦虑、悲观等心理问题进一步加重，放射治疗配合度不高，影响治疗。
问题：针对患者的情况，放射治疗师应该如何对其进行心理干预？

【案例 11-3-2 分析】
这一案例中，由于传统的恐癌观念使患者承受着巨大的心理压力，出现了焦虑、忧郁等心理问题，对患者心理治疗的主要目标是改善患者焦虑、抑郁的状态。干预措施主要为：

1. 放射治疗前：鼓励和安慰患者，给予患者心理支持和心理疏导，让其释放内心的痛苦，消除过度的恐惧、悲观情绪，激发其战胜疾病的信心。嘱咐患者饮食要多样化，补充营养，摄取蛋白质，保持体重及良好精神状态，做好心理准备接受放射治疗。

2. 放射治疗过程中：给患者详细讲解肺癌放射治疗的相关知识，使其正确面对放射治疗反应，配合放射治疗师摆位，保证疗效。鼓励患者学习有效的心理应对方法，消除各种心理问题。

3. 放射治疗结束后：嘱咐患者定期复查，鼓励其多与家属、朋友、病友交流，培养兴趣爱好。树立积极向上的乐观心态，重新融入社会生活当中去。

二、儿童放射治疗患者的心理干预措施

由于心智的发育、所处环境的改变、陪同父母的情绪等均可影响患儿的心理活动，所以儿童放射治疗患者与成年患者的干预措施有所差别，一般可分为直接干预和间接干预。我们既可以在条件允许的情况下直接与患儿交流沟通，同时父母作为儿童最亲密、最直接的监护人，对儿童的影响最大，我们通过分析、干预家长的心理活动来影响儿童的心理也是理想的、有效的途径。

（一）直接干预

1. 给患儿详细介绍放射治疗的流程 与患儿父母相互配合告知或参观放射治疗的一般过程，通过亲切的讲解及实地的观看来缓解患儿对放射治疗的恐惧与不安。

2. 在不影响放射治疗的情况下满足患儿需求 通过了解患儿喜好，制作其喜欢的动画人物主题模具（图 11-3-1），也可在治疗时通过给予适当的零食、玩具、

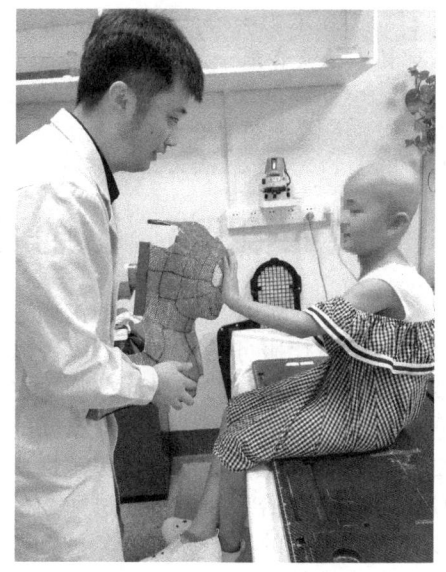

图 11-3-1　个性化模具

播放音乐视频等方式对患儿的心理进行干预，消除其紧张情绪，配合治疗。

3. 处理患儿的情绪问题　耐心地倾听患儿的表达，既有利于情感的交流，又能了解到患儿内心的感受。在放射治疗前应处理好患儿哭闹的情绪，经常表扬、鼓励其接受放射治疗的勇气，同时应让家人多陪伴。

4. 减轻疼痛　高度重视儿童肿瘤患者的疼痛问题。儿童肿瘤患者的疼痛常伴有恐惧、绝望和孤独的心理反应，这会加重疼痛的主观感受，让患儿无法配合放射治疗。处理的原则首先是采取各种措施减轻和消除疼痛，再考虑疼痛出现后的心理问题。

（二）间接干预

1. 主动与患儿家长进行沟通，详细介绍放射治疗相关知识、先进设备的科学性及可靠性；正确对待患儿病情，接受事实，相信医学科学的先进性并举成功案例，组织家长之间相互交流、沟通及鼓励。

2. 主动向家长交代病情、放射治疗方案等情况，了解患儿的家庭背景、社会关系、经济状况等，对患儿家长的心情表示理解，强调放射治疗的必要性和可行性，鼓励家长以积极乐观的心态、坚定的信心，克服困难，配合放射治疗师对患儿进行放射治疗。

3. 及时发现患儿的痛苦心理，密切关注，真诚地关心、抚慰。讲解小儿肿瘤的发展规律、治疗前景及新进展，使家长正确认识小儿肿瘤放射治疗，消除错误观念，鼓励家长有信心、不要轻易放弃。

【案例 11-3-3】
　　患儿，女，5 岁，髓母细胞瘤，开始治疗时哭闹不愿配合，每次需要等到睡着或者药物安定后才能开展放射治疗，配合程度差，体位重复性不高，增加了放射治疗难度。
问题： 针对儿童患者的特殊性，放射治疗师应该如何对其进行心理干预使其配合治疗？
【案例 11-3-3 分析】
　　这一案例中患者年龄较小，存在做各项检查及放射治疗不合作、要求回家等问题，主要是对医院环境陌生，有不同程度的紧张和恐惧心理，对其心理干预的目标主要是消除恐惧。干预措施主要为：
　　1. 详细介绍放射治疗的过程：通过讲解或者播放视频消除放射治疗的陌生感，熟悉放射治疗的程序。
　　2. 在不影响治疗的前提下满足患者的合理需求：制作个性化模具，准备患者喜欢的零食玩具、播放音乐、治疗过程中家属通过话筒讲话陪同等。
　　3. 积极鼓励：不定期给患儿赠送小礼物并亲切交谈拉近距离，赞许、嘉奖勇气，树立其信心，使其积极配合放射治疗。

第四节　放射治疗师与肿瘤患者沟通的技巧

　　放射治疗师与患者之间的沟通是影响医患关系及放射治疗疗效的重要因素。良好的沟通是良好放射治疗服务的基础，是体现医学人文关怀的重要环节，也是患者寻求医学帮助的基本需要。缺乏沟通技巧的放射治疗师，在医患关系中表现为对患者缺乏共情，在其言语及非言语沟通中，都可能伤害肿瘤患者及家属的自尊和尊严甚至侵犯患者的权利。在放射治疗过程中，不良的沟通方法还会增加患者医源性应激的风险，给患者的精神和躯体带来损害。所以在放射治疗工作中放射治疗师需要通过适当的沟通方法和合理的沟通技巧与患者建立良好的医患关系，以期得到患者的信任和配合。只有在患者信任和配合的前提下，放射治疗师才可以给患者做出精确又有效的治疗。

一、放射治疗师与患者沟通的基本方法

（一）合理选择沟通形式

根据患者的情况及沟通目标来选择合理的沟通形式，包括语言沟通、非语言沟通。放射治疗师与患者最常用的是语言沟通，如放射治疗宣教、不良反应应对方法等，这些通常都会用语言交流的方式告知患者及家属；部分涉及医学知识普及和医学决策时通常需要书面沟通，如宣教手册、放射治疗同意书、定位 CT 造影剂告知通知书等。

（二）选择恰当的沟通场所

临床放射治疗中应根据放射治疗所进行的步骤来选择恰当的沟通场所。沟通场所与沟通内容相吻合，能大大提高沟通的成功率，如签署放射治疗患者知情同意书应在医患沟通室内完成，放射治疗知识宣教普及、医患交流会、工休座谈会等应在放射治疗会议室内完成，首次放射治疗患者宣教应在放射治疗机房内完成等。

（三）合理利用沟通技巧

放射治疗师应根据患者的性别、年龄、病种、病情、文化背景等的不同选择不同的沟通技巧，对每位患者使用不同但又恰到好处的沟通技巧可以有效地建立良好的医患关系，使患者更好更积极地配合放射治疗。

二、放射治疗师与患者沟通的基本技巧

（一）语言沟通技巧

语言交流是放射治疗师和患者之间最主要的交往方式，放射治疗师询问病情、了解病史、摆位放射治疗及健康指导都是通过交流沟通来完成的，只有用适当的沟通技巧，才能准确地表达和传递信息，让患者对放射治疗有正确的理解。放射治疗师常用的语言沟通技巧有：

1. 尊重接纳患者，争取信任 在放射治疗过程中，保持尊重与接纳是沟通的开始，不论患者的年龄、性别、身份与职业，放射治疗师都应用符合患者文化背景的方式表达对患者的尊重与接纳。对患者的称呼、帮助患者拿放模具等，都能体现对患者的尊重与接纳。放射治疗师要积极在交流中取得患者信任，只有基于信任的沟通，患者才能更好地接受沟通的内容，从而配合放射治疗师的操作治疗。

2. 认真聆听，正确共情

（1）耐心认真地聆听患者放射治疗过程中的感受，对患者的放射治疗感受予以恰当的回应和解释，设身处地地体验患者的疾病和痛苦并表达理解，让患者感到自己被关注和尊重、被理解和接纳，从而更愿意配合放射治疗，这非常有利于良好医患关系的建立。

（2）如果放射治疗师缺乏共情，很容易在沟通过程中出现障碍，主要表现为：①患者感到放射治疗师对自己不理解和不关心而失望，因此不再与放射治疗师沟通交流，结果导致放射治疗师很难进行放射治疗前的评估，影响放射治疗进程与疗效。②放射治疗师因为没有站在患者的角度，而是更多地立足于自己，所以很难真正理解患者的问题与需要，做出沟通方式没有针对性。同时也容易导致出现对患者的不耐烦、反感甚至批评，使患者感受到伤害而失去对放射治疗师的信任。

3. 明确目标，合理提问 与放射治疗患者的沟通应以安抚患者的心理问题和身体上不良反应为目标，围绕此目标适当提问获取信息并表达支持和关怀，直到解决了患者的心理问题和不良反应为止。由于放射治疗时间跨度较大，可按需要分阶段和分次沟通，最终达到总的目标。正确而又有技巧的提问，既不会让患者觉得不舒服、不想回答，也不会给患者反复重复自己病情的机会。

4. 控制沟通信息、适当解释　放射治疗师与患者的沟通需要控制沟通过程中的信息，传递与沟通目标有关的信息，双方就此信息交换意见，不要偏离目标、提供与目标无关的信息。如关于放射治疗时间的问题，应围绕治疗的频率、频次、具体治疗时长、登记报到时间等相关信息进行沟通。解释是言语技巧中比较复杂的一种，它取决于放射治疗师的理论知识的储备和临床经验的丰富程度。解释时，应针对患者的问题，作出合理的解释，否则可能造成患者的不满意。影响解释效果的因素并不是单一的，它不仅取决于掌握放射治疗知识的多少，还在于如何灵活地、熟练地运用放射治疗知识。

5. 控制语言、语调和语速　放射治疗师与患者沟通时应通俗易懂，少用医学术语。通常要求放射治疗师与患者保持目光接触并在患者注意力集中时，以简练清晰的语言传递放射治疗信息。对不同的对象，语言的速度、音量的大小都应有所不同，对老人、虚弱患者，要注意语速慢些。语音的高低，以患者容易听清、情绪平静、态度明确、真诚为宜。

6. 契合文化背景，有效指导　放射治疗师沟通时应注意患者的种族、信仰、习俗、生活方式等，不同的患者可能来自不同的文化背景，避免因文化背景的不同引起沟通上的差错。应用放射治疗的专业知识有效指导患者的体位、穿着、饮食等方面的注意事项。做指导的时候，叙述应该清楚，要让患者真正理解指导的内容。同时避免以权威的身份出现，强迫患者执行，若患者不理解、不接受，效果就差甚至无效，还会引起患者的反感，甚至产生矛盾，引发医疗纠纷。

如何选择合理的方法与患者交流沟通是每一位放射治疗师都需要深入学习的课程，只有医学知识和技能而缺乏沟通技能，是无法成为一名好的放射治疗师的。

【案例 11-4-1】

患者，男，46 岁，鼻咽癌。放射治疗 10 次颈部出现皮肤反应后，咨询放射治疗师保护皮肤的方法。因治疗师一边回答问题一边忙于其他工作，患者认为治疗师在敷衍他，对回答不满意并对治疗师进行了投诉。

问题：放射治疗师在与患者沟通时犯了哪些错误，怎样才能避免与患者发生矛盾？

【案例 11-4-1 分析】

1. 此案例中，患者提问时，治疗师没有认真倾听并予以正确共情，同时回答问题时也没有通过目光接触来回答患者问题，表现出了不尊重的行为，最终导致了矛盾的发生。

2. 放射治疗师在患者询问有关皮肤反应问题时，应先放下手头其他工作，通过观察与交谈对患者进行心理评估，评估其是否因出现不良反应产生了焦虑、不安、烦躁等心理问题。沟通时应合理利用语言沟通技巧和非语言沟通技巧，通过观察照射部位皮肤，查看反应状况，告知患者鼻咽癌放射治疗过程中会出现的皮肤反应，消除其紧张焦虑情绪，并面对面地回答患者保护皮肤的方法，教其皮肤保护剂的使用方法，以获得患者的信任。

（二）非语言沟通技巧

非语言沟通技巧是放射治疗师通过目光、表情、动作等非语言行为与患者进行信息交流的一种方式。在日常的放射治疗工作中，这些非言语行为可将放射治疗师的一些信息非常真实地传达给患者。因此，放射治疗师在平时要不断学习，努力通过非语言行为与患者进行信息交流，同时更应该能读懂患者的非言语行为，以取得患者的信任。

1. 重视仪表　放射治疗师的仪容仪表会影响患者对其第一印象，在工作中，放射治疗师都应穿统一样式的工作服，保持衣服干净整洁。不恰当的装扮会使放射治疗患者对放射治疗师产生信任危机，影响放射治疗的顺利实施。

2. 体态姿势　体态和姿势是非语言沟通的重要渠道之一。当患者痛苦呻吟或者呕吐时，我们应主动靠近患者并微微弯腰询问状况，适当抚摸其躯体或为其擦去泪水，会给患者体贴、温暖的感受。我们可以通过身体接触表达关心、体贴、理解、安慰和支持的情感，如搀扶患者上、下治疗床，帮助行动不便的患者穿脱衣服等，这些行为可以产生良好的非语言沟通效果。

3. 面部表情　放射治疗师可以通过坦诚的微笑来缓解患者放射治疗过程中的紧张和焦虑的情绪，微笑是建立良好沟通的关键。当然，放射治疗师也并非在任何情况下都微笑，当患者疼痛难忍、内心痛苦时，要向其表示同情及理解，积极给予帮助。

4. 目光接触　目光的接触通常是表示尊重和愿意倾听。放射治疗师要善于发现目光接触中所提示的信息、感受到患者的反馈，更要善于运用目光接触支持和鼓舞患者，让患者感受到被重视，为患者提供情感支持。

5. 解读非语言行为　工作中放射治疗师需要将患者的身体语言和当时的背景环境、患者的情绪等结合起来分析，才能较为正确地解读患者非语言行为并以此作为交流沟通的基础。

总之，一名合格的放射治疗师不仅需要掌握放射治疗技术，更需要掌握放射治疗患者的心理，对放射治疗患者的心理做出全局的把控，发现问题及时采取恰当的干预措施，用合适的沟通技巧为患者解决心理问题，增强患者战胜疾病的信心，以期为患者带来更好的放射治疗效果，提高患者的生活质量。

（孙　丽）

本 章 小 结

在医学迅速发展的时代，生物医学模式正向生物-心理-社会医学模式的转变，肿瘤患者的心理问题受到越来越广泛的重视，肿瘤心理学成为近年来发展迅速的新兴学科。肿瘤患者在正确的心理干预下得到与其相符的心理治疗，可以提高肿瘤患者放射治疗的效果。

肿瘤患者在身体和心理上会有巨大的心理压力，产生一系列心理反应，通常可分为发现期、确诊期、治疗期和预后期。患者的种种心理问题会对肿瘤的治疗产生影响。放射治疗师应当及时了解患者心理问题，予以疏导解决，努力为肿瘤患者提供心理治疗和帮助，提高其治疗效果和生活质量。心理评估的主要方法有观察法、会谈法、调查法、心理测验法及临床评定量表。评估完成后，应当及时给予肿瘤患者适当的心理干预，帮助患者尽快适应自己的身心变化，配合肿瘤的放射治疗，同时可帮助患者减轻心理痛苦，提高生活质量。针对放射治疗患者出现的心理问题，我们的目标是通过心理干预，减轻或解除患者的心理负担，使之能积极配合放射治疗，提高治疗质量。

医患沟通是放射治疗师与患者之间的信息交流方式，是影响医患关系最重要的因素。良好的沟通是良好放射治疗服务的基础，是体现医学人文关怀的重要环节，也是患者寻求医学帮助的基本需要。医患交往中，只有在心理需求得到满足时，才能形成良好的医患关系，这是医患交往中最根本的一项原则。所以一名合格的放射治疗师需要尽量合理地满足放射治疗患者的需求，以期得到患者的信任和配合。只有在患者信任和配合的前提下，放射治疗师才可以给患者做出精确又有效的治疗。

思 考 题

1. 放射治疗患者的心理干预措施有哪些？
2. 放射治疗师应该如何正确的共情？缺乏共情会有什么表现？
3. 简述肿瘤放射治疗患者常见的心理反应。
4. 简述放射治疗师与患者沟通的基本技巧。

参 考 文 献

陈济，张纪良，刘鸿，等，2016. 肿瘤患者家属对肿瘤患者心理治疗的态度研究[J]. 肿瘤预防与治疗，1：35-39.
陈俊超，王佳舟，徐志勇，2011. 放射治疗网络与信息系统[J]. 中国医学物理学杂志，28（5）：2913-2916.
崔念基，卢泰祥，邓小武，2015. 实用临床放射肿瘤学[M]. 广州：中山大学出版社.
姜乾金，2010. 医学心理学[M]. 2版. 北京：人民卫生出版社.
林承光，翟福山，2016. 放射治疗技术学[M]. 北京：人民卫生出版社.
刘明辉，陈萌蕾，顾筱莉，等，2014. 晚期恶性肿瘤患者心理状况初步分析[J]. 中国癌症杂志，24（11）：852-856.
任雯廷，陈辛元，戴建荣，2015. 磁共振放射治疗模拟定位技术应用现状与问题[J]. 中华放射肿瘤学杂志，24（1）：93-96.
吴智理，张九堂，倪千喜，等，2015. 放射治疗信息管理系统的研发与应用[J]. 中华放射肿瘤学杂志，24（6）：680-683.
徐慧军，段学章，2018. 现代肿瘤放射物理与技术[M]. 北京：原子能出版社.
许森奎，姚文燕，胡江，等，2015. 鼻咽癌发泡胶个体化塑形与标准化头枕放射治疗体位固定精度比较[J]. 中华放射肿瘤学杂志，24（2）：196-199.
徐向英，曲雅勤，2017. 肿瘤放射治疗学[M]. 3版. 北京：人民卫生出版社.
姚树桥，杨彦春，2013. 医学心理学[M]. 6版. 北京：人民卫生出版社.
朱泓政，廖灿培，钟宇行，2015. 浅谈 Varian ARIA 放射治疗网络系统的建设及应用[J]. 医疗装备，28（3）：18-19.